이 책은 우리의 영문법에서 잘못된 5가지를 지적하고
이들을 수정한 책이다

정확한 영문법
완벽한 5형식

(2016)

문의 5형식 79개 + 축약형 1개
형용사 유형 7개
총: 87개 유형으로 확대

윤 만 근

정확한 영문법 완벽한 5형식

© 윤만근, 2016

1판 1쇄 인쇄__2016년 01월 30일
1판 1쇄 발행__2016년 02월 10일

지은이__윤만근
펴낸이__홍정표
펴낸곳__글로벌콘텐츠
　　　　등록__제25100-2008-24호
　　　　이메일__edit@gcbook.co.kr

공급처__(주)글로벌콘텐츠출판그룹
　　　　대표__홍정표
　　　　편집__노경민 송은주　디자인__김미미　기획·마케팅__노경민　경영지원__안선영
　　　　주소__서울특별시 강동구 천중로 196 정일빌딩 401호
　　　　전화__02) 488-3280　팩스__02) 488-3281
　　　　홈페이지__http://www.gcbook.co.kr

값 27,000원
ISBN 979-11-5852-081-6 93740

※ 이 도서의 국립중앙도서관 출판예정도서목록(CIP)은 서지정보유통지원시스템 홈페이지(http://seoji.nl.go.kr)와 국가자료공동목
　　록시스템(http://www.nl.go.kr/kolisnet)에서 이용하실 수 있습니다.(CIP제어번호: CIP2016000926)

정확한 영문법 완벽한 5형식

윤만근 지음

글로벌콘텐츠

목 차

머리말　　　　우리의 영문법에서 잘못된 5가지

　　저의 졸저(拙著)『새로운 5형식, 새로운 영문법(2014)』에 관심을 보여주신 독자 여러분들에게 먼저 감사를 드립니다. 여러 가지 질문도 해주신 독자 여러분들에게 더욱 진심으로 감사드리며, 이제『정확한 영문법, 완벽한 5형식(2016)』을 발간하게 되었습니다.

㉮　이 책은 우리의 영문법에서 "잘못된 점, 5가지"를 지적하고 이들을 수정한 책이며,

㉯　"영문법 영역"은 우리나라에서 발행한 어떤 영문법 책보다, 가장 많은 영역인 "22장 (Chapter 22)"으로 확대하고, 그 내용도 완벽하게 보완한 책입니다.

　　원어민들의 영문법 책과 원어민들의 도움을 받아가면서, 또 우리나라 영문법 책의 잘못된 점 ⑤가지를 지적하고, "중앙 영어영문학회"에서 발표를 하면서, 이 잘못된 점 5가지를 확인하고, 점검한 후, 이제 2016년도에,『정확한 영문법, 완벽한 5형식』을 출판하게 되었습니다. **"머리말"**에서는 문제를 지적하고, **"서론"**에서는 구체적인 해법을 제시합니다.

①　문의 5형식은 원래 C. T. Onions(1971)의 논문에서 시작되었습니다만, 그의 논문의 내용은 우리들에게는 구체적으로 알려지지 않았습니다. 그래서 문의 5형식에서, 각 형식마다, 몇 개의 유형이 존재하는지 모르고 있었습니다.

　　그런데 그 시대의 저명한 학자인 A. S. Honrby(1975: 13)에서는 문의 5형식 대신, 문의 25형식, 80개 유형을 제시했습니다. 대부분의 영문법 학자들은 25형식 80개 유형인 Hornby(1975)의 문형은 문의 5형식과 전혀 다른 이론으로 생각하고 있으나, 자세히 분석해보면, Hornby(1975)의 25형식, 80개 문형도, 완벽하게 Onions(1971)의 5형식으로 나타낼 수 있습니다. 저의 **『정확한 영문법, 완벽한 5형식(2016)』**은 Hornby(1975)의 유형을, Onions의 5형식으로 재분류한 것입니다. 재분류한 전체적인 분석도표는 본론의 (17)번을 보시고, 구체적인 내용은 각 "동사 유형"을 보는 것이 좋습니다. 각 유형마다, 명확한 유형의 수가 정확하게 결정될 때, 우리의 영어교육 토대가 확고하게 결정된다고 확신합니다. 여기서는 먼저 5형식의 각 유형마다, 몇 개의 동사 유형이 있는지 확인해 보기로 하겠습니다. 다음 표를 보십시오.

　　　1형식　　4개 유형
　　　2형식　　31개 유형　　부정어 축약형 1개 추가: 전체 32개 유형.
　　　3형식　　10개 유형
　　　4형식　　9개 유형
　　　5형식　　25개 유형

　　　　전체 79개 유형　　부정어 축약형 1개 추가: 총 80개 유형.

　　전체 80개 유형으로 완벽하게 제시했습니다. 위와 같이 동사 유형을 명확하고, 확고하게 제시함으로써, 현재 우리의 영문법에서 잘못 제시되고 있는 문제들이 나타나고 있습니다. 이 잘못된 문제들은 동사 유형을 정확하게 이해함으로써, 자동적으로 해결이 됩니다.

　　두 번째 문제가 아래 ②번에 제시된 "부사보어"의 문제이고, 세 번째 문제는 아래 ③번에서 제시된 "be + to infinitive" 구조를 "형용사(구)"로 잘못 해석하는 문제입니다.

　　②번에서 제시되는 "부사보어"의 문제와, 그 해결책도 동시에 나오게 되었습니다. 그리고 또 ③번의 "be + to-부정사(구)를" 형용사(구)로 해석하는 점도, 잘못되었다는 것이 밝혀지게 됩니다. 이와 같이 문의 5형식에서 각 형식마다 나타나는 유형의 형태가 여러 가지 문제해결에 튼튼한 기초를 제공하고 있음을 부인할 수 없습니다. 지금까지 우리가 사용하는 문의 5형식은 원어민이 아닌 우리가 알고 있는 영어로, 문의 5형식을 만들어 사용하기 때문에, 무엇이 잘못되었나 하는 것을 판단하지 못하고 있습니다. 이제 아래에서 두 번째 문제인 "부사보어" 문제부터 보기로 하겠습니다.

② 둘째 문제는 우리나라에서 출판된 영문법 책의 대부분은 **"부사보어"**를 전혀 다루지 않거나, 너무 가볍게 다루고 있는 점을 지적하고자 합니다. 그러나 이 문제는 Hornby(1975)의 문형을 보면, 2형식 문형에서 5개의 부사보어 유형이 있고, 5형식 문형에서는 6개의 부사보어 유형이 있습니다. 전체적으로 보면, 문의 5형식에서 11개의 부사보어 유형이 분명이 존재합니다. 그런데 현재 우리의 영문법은 "부사보어의 중요성"을 전혀 무시하고 있습니다.

이 책에서 제시되는 "부사보어" 유형을, 새로운 Onions의 "문의 5형식 유형번호"로, 좀 더 구체적으로 제시하면 다음과 같습니다.

2형식 부사보어 5개의 "유형번호"

1. ⑧ Onions 2-4 (30쪽)
2. ⑩ Onions 2-6 (32쪽)
3. ⑱ Onions 2-14 (40쪽)
4. ⑲ Onions 2-15 (42쪽)
5. ㉕ Onions 2-21 (49쪽)

5형식 부사보어 6개의 "유형번호"

1. (56) Onions 5-1 (105쪽)
2. (57) Onions 5-2 (106쪽)
3. (58) Onions 5-3 (107쪽)
4. (59) Onions 5-4 (108쪽)
5. (60) Onions 5-5 (109쪽)
6. (61) Onions 5-6 (110쪽)

예컨대, 가장 평범한 be 동사나, 일반 자동사 walk 및 put 동사 등은 "부사"를 보어로 선택하는 동사들입니다. 또 부사적 불변화사(adverbial particles: on, off, away 등)도 "부사보어"입니다. "부사보어"는 앞에서 제시한 것과 같이, 문의 2형식에 5개의 유형이 있고, 문의 5형식에는 6개의 유형, 모두 11개의 유형이 있는데, 현재 우리나라에서 출판되고 있는 영문법 책에서는 이들을 전혀 제시하지 못하고 있기 때문에, 이 점을 문제로 지적합니다. 바깥 세계를 보지 않고, 우리가 알고 있는 문장 유형으로만, 문의 5형식을 만들어서 가르치는 것은 잘못된 것임을 지적합니다. Hornby(1975: 24)는 예컨대, 이 책 40쪽의 ⑱ (Onions 2-14)에서, 19개 예문을 제시하고, "명사가" "부사보어"로 나타나는 예를 보여주고 있습니다. 명사를 부사보어로 제시한 문법책을 보신 적이 있습니까?

(1) "주격 부사보어"(문의 2형식): "동사가 자동사일 때," Your friends are "here."에서 here도 부사보어이고, 장소를 나타내는 전치사(구)도 부사보어가 되고, 부사적 불변화사(adverbial particles)사도 부사보어가 되고, "거리," "기간," "무게," "가격" 등을 나타내는 명사도 "부사보어"가 됩니다. 다음 e-h의 예를 보라. 구체적인 내용은 위에서 제시된 각각의 부사보어 유형의 내용을 참조하시기 바랍니다.

a. He is handsome. (주격 형용사보어)
b. She became an English teacher. (주격 명사보어)
c. Your friends are here. (주격 부사보어) Hornby(1975: 16)
d. My house is near the station. (주격 부사보어) Hornby(1975: 16)
e. The flowers cost ten dollars. (가격) (주격 부사보어) ⑱ (Onions 2-14)
f. They had come/gone a long way. (거리) (주격 부사보어) ⑱ (Onions 2-14)
g. The box weighs five kilograms. (무게) (주격 부사보어) Hornby(1975: 24)
h. The meeting lasted two hours. (기간) (주격 부사보어) Hornby(1975: 24)

(2) "목적격 부사보어"(문의 5형식): "거리, 기간, 무게, 가격" 등을 나타내는 명사들은 그 "명사 자체"가 "5형식에서도, 부사보어"로 나타난다. 아래 (2)의 f, g를 보시기 바랍니다.

a. We elected him chairman. (목적어 명사보어)
b. He made her happy. (목적어 형용사보어)
c. I put the milk in the refrigerator. (목적어 부사보어) Hornby(1975: 58)
d. I put the book down. (목적어 부사보어) Hornby(1975: 58)
e. I put the book on the table. (목적어 부사보어) Hornby(1975: 58)
f. The detective followed the suspected man all afternoon. (기간) (목적어 부사보어) Hornby(1975: 58)
g. This bicycle has carried me 500 miles. (거리) (목적어 부사보어) Hornby(1975: 58)

③   셋째, "He is to come here tomorrow."와 같은 표현을 우리의 영어 문법책에서는 "be + to-부정사(구)"를, "명사"로 보기도 하고, "형용사"로 보기도 합니다. 그러나 두 가지 유형으로 보는 것은 분명히 잘못된 것입니다. 오직 "명사(구)"의 역할을 할 뿐입니다. 그럼에도 불구하고, 이 ③번에 제시된 유형의 예문을 형용사로 설명하는 영어 문법책이 100%입니다. 이 "be + to-부정사(구)"는 "명사보어"이지, "형용사보어"가 절대로 아니라는 것을 증명하기 위해서, 다음 Hornby(1975: 20-21)의 예를 먼저 인용합니다.

(1) Hornby(1975: 20-21)

The verb "be" may be followed by an infinitive or an infinitive phrase (active or passive) "as the nominal part of the predicate."

해석: 동사 be는 "술부의 명사적 부분"으로서, to-부정사 및 to-부정사구를 (능동 구문이든, 수동 구문이든) 뒤따라올 수 있게 한다.

Table 12   Hornby(1975: 20-21)

Subject + be +	to-infinitive(phrase)	= nominal part of the predicate (술부의 명사적 부분)
1. This house is	to let/to be let.(BrE)	= to rent/to be rented.(AmE)
2. The best is yet	to come.	
3. What's (How much is)	to pay? = How much is there to pay?	
4. Who's	to blame? = Who's to be blamed?	
5. The causes are not far	to seek.	
6. You're	to be congratulated.	

김진만 역("혼비 영문법" 1988: 33) 서울. 법문사.
1-6번까지는 형용사로 번역했는데, 이것은 분명히 잘못된 번역이다.

7. My aim was	to help you.	
8. To know her is	to like her.	
9. All you have to do is	to fit the pieces together.	
10. The thing to do is	to pretend you didn't hear.	
11. His greatest pleasure is	to sit in the pub talking to his friends.	

Hornby(1975: 20-21)에 의하면, 위 1-11의 예문 전체가 "---하는 것이다"로 명사적 용법으로 해석됩니다. 형용사적 해석은 전혀 없습니다. 다음 우리말 해석을 봅시다.

1. 이 집은 세놓는/세놓아지는 것이다.
2. 가장 좋은 일들은 아직 앞으로 오게 되어 있는 것이다.
3. 얼마를 갚아야 하는 것입니까?
4. 누가 비난을 받는 것입니까?/비난을 받아야 하는 것입니까?
5. 그 원인을 찾는 것은 멀지 않습니다.
6. 당신은 축하를 받게 되어 있는 것입니다.
7. 나의 목적은 당신을 도우는 것입니다.
8. 그녀를 아는 것은 그녀를 사랑한다는 것입니다.
9. 당신이 해야 할 모든 일은 그 조각들을 함께 맞추는 것입니다.
10. 해야 할 일은 당신이 못들은 척 하는 것입니다.
11. 그의 가장 큰 기쁨은 그의 친구들과 이야기 하면서 술집에 앉아 있는 것입니다.

그런데 김진만 교수는 위의 예문에서 "1-6은 형용사적인 [--할]의 뜻이고, 7-11의 경우는 명사적인 [--하는 일]의 뜻이다."라고 번역했습니다. 이것은 분명히 잘못된 번역입니다. 위 (1)의 내용을 어떤 원어민에게 물어보아도, Hornby(1975: 20-21)의 내용은 모두 명

<u>사보어로 해석한다는 것을 다시 한 번 밝혀둡니다</u>. 그런데 위 김진만 교수가 "be + to-부정사(구)"를 "형용사(구)"로 해석한 것이, <u>잘못된 해석의 첫 출발점이 된 것으로 봅니다</u>. 또 다음 (2)에서 Michael Swan의 예문도 참고로 살펴봅시다.

(2) Michael Swan(2005: 265)도 "be + to-부정사구"는 "명사보어"라고 밝히고 있습니다. 다음에 제시된 그의 예를 봅시다.

An infinitive phrase can be used after *be* <u>as a subject complement.</u>
(to-부정사는 be 동사 다음에 와서 <u>명사 주격보어로</u> 사용될 수 있다)

    a. Your task <u>is to get across the river</u> without being seen.
      (너의 임무는 (남에게) 보이지 않게 강을 건너는 <u>것이다</u>)

    b. My ambition <u>was to retire at thirty.</u>
      (나의 야심은 30세에 은퇴하는 <u>것이었다</u>)

이와 같은 문장에서 to-부정사가 명사의 기능을 갖고 있기 때문에, 다음 c, d와 같이, "<u>가주어 it</u>"와 "<u>진주어 to-부정사 구조</u>"로 재구성될 수 있다고 했습니다.

    c. <u>It</u> is your task <u>to get across the river</u> without being seen.
    d. <u>It</u> was my ambition <u>to retire at thirty.</u>

위와 같은 문제의 지적이 우리나라의 영어 교육의 발전에, 조금이나마 도움이 되고, 영어교육 발전에 기여하기를 바라면서, 이 책을 다시 출판합니다.

④   넷째, "동사 유형이 아닌", "7개의 형용사 유형"을 인정해서, 동사 유형과 함께 가르쳐야 한다고 주장합니다. 왜냐하면 우리의 영문법에서는 "형용사 유형"을 다른 문법책이 전혀 없기 때문입니다. 그러나 Hornby(1975: 139-148)는 7개의 형용사 유형을 제시했는데, 이것을 이 책에서도 포함시켰습니다. 특히 형용사 유형 (AP 1A)는 아래 a, b와 같이, 동사의 목적어나, 전치사의 목적어가 주어의 위치에 나타나는 문장을 설명할 수 있습니다. 지금까지, 우리나라에서 출판된 어느 영문법 책에서도, 가르치는 선생님들이 이해할 수 있고, 또 배우는 학생들이 이해할 수 있도록 형용사 유형을 제시한 책이 없었습니다. 다음 예문을 보십시오.

    a. <u>John</u> is easy to please.   (Chomsky: 1957)
    b. <u>The story of her sufferings</u> was painful to listen to.   (Hornby: 1975)

위의 두 문장의 주어, <u>John</u>, 및 <u>The story of her sufferings</u> 등은 문장의 주어의 위치에 나타나지만, 주어가 아니라, 동사나, 전치사의 목적어이기 때문입니다. 이와 같은 문제 때문에, Noam Chomsky(1957)의 변형생성문법이 출현하게 된 것이고, 그의 분석 결과를 당연히 받아들여서, 그 내용을 학생들에게 가르쳐야 합니다. Chomsky(1957)의 분석 내용은 "나뭇가지 그림(tree diagrams)"으로 제시한 것인데, 변형생성문법적인 분석은 이 책의 부록 3장에 제시했으니 참조하시기 바랍니다.

그런데 동일한 내용을 Hornby(1975: 139-141)는 그의 형용사 유형 (AP 1A)로, 학교 영문법을 통해서, 알기 쉽게, 제시한 내용이 이 책에 제시되어 있습니다. 이 문제는 뒤에서 제시된 138-145쪽의 형용사 유형 ⑧을 참조하시기 바랍니다. 그래서 이 책은 동사 유형 80개와 형용사 유형 7개를 포함시켜, 전체 87개 유형을 제시합니다.

⑤   다섯째, 영어에서 문장을 기술하고, 서술하는 방법을 서법(敍法)이라 하는데, 이 서법을 영어로는 mood라 하는 것은 잘 알려져 있습니다. 그런데, 이 서법의 세 가지 종류 중에서, 마지막 3번이 다음 3번과 같이 잘못 해석되고 있습니다.

1. 직설법: 어떤 사실을 있는 그대로 표현하는 방법; 평서문, 의문문, 감탄문 등.
2. 명령법: 상대방에게 명령, 요구, 금지 등을 표현할 때 쓰임.
3. 가정법(Subjunctive): 사실과 다른 것을 가정하거나, 상상할 때 쓰임. (X)
   이것은 잘못된 해석입니다. 위 3번은 가정법이 아니라 "기원법/소원법"이다.

(1) 영어에서는 세 가지의 법(mood)의 유형이 있는데, 첫째, 직설법(Indicative Mood), 둘째, 명령법(Imperative Mood), 셋째는 기원법(Subjunctive Mood)이 있습니다. 그런데 이 기원법(Subjunctive Mood)을, 우리나라에서 발행된 모든 사전에서는 "가정법"으로 잘못 번역되어 있습니다. 이것은 완전히 잘못된 오역입니다. 우리나라에서 출판된 두산동아 출판사의 프라임(Prime) 영한사전(2013)과 민중서림의 에센스(Essence) 영한사전(2008)에서도 모두 Subjunctive Mood를 가정법으로 잘못 제시하고 있습니다. 이런 이유 때문에, 스마트 폰이나, 핸드폰으로 Subjunctive Mood를 찾아보면, 모두 가정법으로 나타납니다. 그러나 원어민들이 쓰는 "Google"에서 Subjunctive (Mood)를 찾아보면, "소원법/기원법"으로 나타납니다. 이것을 보면, 우리의 사전이 잘못 변역했다는 것이 100% 분명합니다. 따라서 Subjunctive Mood는 가정법이 아닙니다.

그래서 우리나라에서 발행된 여러 가지 영어 문법책 및 심지어, 국가 공무원 채용시험 기관이 사용하는 영어시험 문법책 "9급 멘토 영어(2009: 183. 오권영, 이연)"와 "성문 기본 영어(2008: 95. 송성문)", 능률교육 출판사의 "Z Zone(2010: 86. 이찬승)"에서도 "Subjunctive Mood"를, If-절이 쓰이는, 가정법으로 잘못 표현되고 있습니다. 이것은 반드시 수정되어야 한다고 주장합니다.

(2) 우리가 알고 있는 "If-절로 나타내는 가정법"을 원어민들은 여러 가지 문법용어로, 표현하고 있습니다. "Conditions(조건)"나 "Conditions and Suppositions(조건과 가정)" 또는 "Contrary to-the-fact Statements(사실과 반대되는 표현)", "If (clause)" 등으로 다양하게 나타내고 있습니다. 그래서 영어에서 "가정법"에 해당하는 통일된 하나의 "문법용어"는 없습니다. 또 원어민들은 가정법을 전혀 Subjunctive (Mood)로 표현하지 않습니다.

그러면 "기원법(Subjunctive Mood)"은 무엇을 말하는 것일까요? 기원법은 한 마디의 표현으로 "소원/소망"을 표현하는 용어입니다. 그런데 이 기원법은, 특히 미국영어에서만은 주절의 동사, 형용사, 또는 명사의 쓰임에 따라, 종속절에서 달리 나타납니다(상세한 내용은 이 책의 8장 Subjunctive Mood를 참조하십시오). 예컨대, "The doctor suggested (that) she not smoke."를 봅시다. 주절에 suggested라는 동사가 나타나고, 종속절에서는 that she not smoke.로 나타났습니다. 종속절의 동사는 "원형동사"이고, 부정문이지만 부정의 조동사 do/does/did를 쓰지 않는 것이 특징입니다.

최근에 발간된 "Collins Cobuild(2001: 1554)"의 English Dictionary for Advanced Learners를 보면 "subjunctive"의 정의를 다음과 같이 정의하고 있습니다.

"In English, a clause expressing a wish or suggestion can be put in Subjunctive, or in the subjunctive mood, by using the base form of a verb or were."
(영어에서는 소원이나 또는 제안을 표현하는 절(clause)을 "동사의 원형"이나 "were"를 사용해서, 기원 또는 기원법으로 표현할 수 있다)

이 사전에서는 다음과 같은 예를 제시하고 있습니다.

(a) He asked that they be removed. (그는 그들이 제거되어져야 한다고 요청했다)
(b) He asked that she do the work right now.
    (그는 그녀가 그 일을 지금 곧 하도록 요청했다)
(c) I wish I were somewhere else. (나는 내가 다른 곳이 있었기를 기원합니다)

기원법(Subjunctive)은 상위 절에서, 다음 ⓐ, ⓑ, ⓒ와 같은 특별한 동사, 형용사, 또는 명사 유형이 기원법을 유도합니다. 그리고 이 기원법의 종속절에서는 주어의 성, 수, 인칭에 관계없이 동사의 "원형"이나, 또는 현실과 반대되는 일을 가정할 때에는 "were"가 쓰입니다. 특히 "미국영어"(AmE)에서는 that-절에서, 중요하고, 소망스러운 일을 제안하거나, 추천하고, 요구할 때, 다음과 같은 3가지 유형이 주절에 나타나고, 이들의 종속절에서 "세 가지 기원법의 유형"이 나타납니다.

ⓐ 주절에 ask, demand, desire, insist, prefer, recommend, require, suggest 등의 동사가 나타나는 유형과,
ⓑ 주절에 It + be + vital, essential, important, necessary 등의 형용사가 나타나는 유형과,
ⓒ 주절에 recommendation, requirement, suggestion, demand 등 명사가 주어, 목적어 및 보어로 나타나는 유형으로 구분된다. 이 문법 이론은 이미 잘 열려져 있다.

우리나라에서 발행되는 영문법 책에서는 "이 기원법(Subjunctive Mood)"에서, 가정법 현재, 가정법 미래, 가정법 과거, 가정법 과거완료, 혼합 가정법 등, 모든 가정법의 유형을 다 제시하고 있는데, 이것은 대단히 잘못된 것이고, 우리의 학생들에게 크게 잘못 가르치고 있는 것입니다.

기원법의 예에서는 우리들이 알고 있는 여러 가지 유형의 가정법은 전혀 없습니다. 왜냐하면 위에서 제시한 기원법(Subjunctive)에서는 위 ⓐ, ⓑ, ⓒ에서 제시된 기원법의 유형에 따라 나타나기 때문입니다. 이 기원법의 종속절에서는 주어의 인칭에 관계없이 동사의 "원형"이나 또는 현실과 반대되는 경우에는 "were"가 쓰입니다. 더 구체적인 것은 뒤에서 제시되는 제8장의 내용을 참조하기 바랍니다. 이 기원법은 미국영어와 영국영어에서는 다음과 같이 서로 다른 표현으로 나타나는 것은 이미 잘 알려진 것이다.

(1) Mr. Johnson prefers that she (should) speak with him personally.
(Johnson 씨는 그녀가 직접 그와 이야기해야 하는 것이 좋겠다고 했다)

    1. should speak   (BrE)
    2. speak   (AmE)

(2) The recommendation/suggestion that we (should) be evaluated was approved.
(우리들이 당연히 평가를 받아야만 한다는 충고/제안은 승인되었다)

    1. should be   (BrE)
    2. be   (AmE)

(3) It is important/essential that the data (should) be verified.
(그 자료가 당연히 입증되어야 하는 것은 중요하고/필수적인 것이다)

    1. should be   (BrE)
    2. be   (AmE)

(4) 이 기원법의 유형에서는 미국영어의 경우, 부정문에 조동사 "does/do/did"를 쓰지 않는다.

We felt it desirable that he not leave school before eighteen.
(우리는 그가 18세 전에 학교를 그만두지 않아야만 하는 것이 바람직하다고 느꼈다)

    1. not leave   (AmE)
    2. (should) not leave   (BrE)

위의 예문들이 기원법을 나타내는 대표적인 예들입니다.

그런데, A Grammar of Contemporary English(1972: 76-77)의 필자인, 영국식 영문법 학자들인 Quirk, Greenbaum, Leech, Svartvik의 내용을 보기로 합시다. 이들은 현대영어에서는 기원법이, 중요한 문법항목이 아니기 때문에, 일반 문법이론으로 대체되고 있다고 했습니다.

That-절에 나타나는 "명령적인 기원법(mandative subjunctive)"이라는 인상적인 제목 하에 성, 수, 인칭에 상관없이 원형동사가 쓰인다고 말하고 있으나, 이 기원법의 사용은 주로 형식적(formal style)인 미국영어에서 나타나고 있다고 했습니다. 즉, 미국영어(AmE)에서는 아직도 그대로 기원법 형태의 형식적 문법이 쓰이고 있다고, 영국영어를 주로 쓰는 영문법 학자들이 인정하고 있습니다.

그러나 영국영어나, 비-형식적인 문체에서는 일반적으로 to-부정사 구조나, 또는 "should + 원형동사" 형을 쓴다고 말하고 있습니다. 다음 (1)의 a 형은 형식적 기원법의 형태이고, (1)의 b 형은 비-형식적 영국식 일반 문장입니다. 그리고 (2)의 a, b, c는 "were" 형식의 기원법입니다.

(1) a. We <u>ask</u> that <u>individual citizen watch</u> closely any developments in this country.
     (각 시민은 이 나라의 어떤 개발이라도 주의 깊게 주시할 것을 요청하는 바이다)
     b. We <u>ask</u> the <u>individual citizen to watch</u> closely any developments in this country.

     a. It is <u>necessary</u> that <u>every member inform</u> himself of these rules.
     (모든 회원들이 이 규칙들을 스스로 숙지하는 것이 절대적으로 필요하다)
     b. It is <u>necessary</u> that <u>every member should inform himself</u> of these rules.

(2) 또 "were" 형식의 기원법은 기원법의 의미와 가정법의 의미가 함께 교차되는 영역입니다. 그러나 <u>기원법과 가정법이 의미하는 초점이 다릅니다.</u> 다음 예를 보시기 바랍니다.

     a. <u>I wish I were a bird</u>.   (기원법/가정법 양쪽이 공통으로 사용하는 영역)

     b. I <u>wish</u> I were a bird. ⇒   ① 기원법은 "<u>--을 바란다</u>"는 "wish"를 강조하고,
         I wish I were a bird. ⇒   ② 가정법은 "<u>--이라면</u>" 이라는, "If"를 강조한다.

     다음 d번에서는 비-형식적인 표현으로, BrE에서는 were 대신에 was를 쓰기도 합니다.

     c. If I (were/was) rich, ---   (가정적/기원적 양쪽의 의미로 현대영어로 표현)
         <u>If she (were/was) to do something</u> like that, ---
         He spoke to me <u>as if I (were/was) deaf</u>.   (가정적인 의미)
         <u>I wish I (were/was) dead</u>.   (기원적인 의미)

위에서 ⑤가지 잘못된 문법 사항을 지적하고, 정정하면서, 필자 본인도 이것을 지금까지 잘 모르고 있었음을 부끄럽게 생각합니다. 지금 필자의 심중은, 지금 당장 우리나라의 모든 영문법 학자들이나, 영어 선생님들께서, 저의 졸저(拙著)를 읽어보시지도 않을 것이고, 저의 주장에 따라 수정해서 가르치지도 않을 것이라고 믿습니다. 따라서 이 책은 먼저 영어선생님들, 영문법 책을 만드시는 영문법 학자들께서 먼저 보아주시고, 논평을 해주시기 바랍니다.

그러나 훗날 어느 때가 되면, 저의 주장이 옳다고 인정하고, 받아들일 것으로 확신합니다. 왜냐하면, 지난번 저의 졸저(拙著)를 읽어보시고, 공감해주신 선생님들이 상당히 많이 계시기 때문입니다. 수정의 속도가 느릴지라도, 편안한 마음으로, 기다리면서, 저의 이 ⑤가지 주장이 앞으로 우리나라의 영어교육 발전에 조금이나마 도움이 되기를 기대하면서, 여러 가지 영문법 영역을 더욱 보완하고, 오자와 탈자를 보완 수정하여, 2016년도에 다시 출판하게 되었습니다.

서론　　　　완벽한 문의 5형식을 보라

　　우리나라의 영어교육은, C. T. Onions(1971)의 문의 5형식의 내용을 전혀 모르면서, 막연하게, 전적으로 5형식에 의존하고 있는 점은 잘못된 것이라고 본다. 동 시대의 A. S. Hornby(1975)는 문의 25형식 80개 유형을 제시했는데, 그는 1954년에 문의 25형식을 제시한 후, 이를 수정하고 보완해서 1975년의 "Guide to Patterns and Usage in English"를 출판했다. 여기에서 거의 완벽한 영어문형을 제시하고, 1974년에는 25형식 80개 문형을 이용한 "Oxford Advanced Learner's Dictionary of Current English"(Oxford University Press)도 출판했다.

　　Hornby의 25형식 80개 동사 유형은, 영어를 모국어로 하지 않는 외국인의 영어교육에 필요한 문형을 오랜 기간을 통해 연구한 끝에, 제시한 완벽한 유형이다. 반면 현재 우리가 알고 있는 Onions의 문의 5형식은 그런 완벽성이 없는 막연한 5형식이다. 따라서 우리가 알고 있는 5형식에서는, 각 문형마다, 몇 개의 유형이 있다고 제시하지 못하고 있다.

　　따라서 상식적으로 Hornby의 25형식 80개의 동사 유형을 제시한, Hornby의 완벽성을 두고 보면, 정해진 문의 동사 유형이 없는 "우리의 5형식"은 비교의 상대가 되지 못한다. 그리고 또 Onions의 논문은 오래된 논문이고, 우리는 그의 논문을 직접 읽어 볼 수 없는 문법 이론이다. 그럼에도 불구하고, 우리나라에서는 문의 5형식이라는 편협한 구조를 통해서, 영어교육을 하다 보니, 우리들 자신을 우물 안의 개구리로 만들어서, 바깥 세계를 모르게 만들고 있다.

　　그 결과 나타난 문제점이 바로 앞 "머리말"에서 지적한 5가지 문제점이다. 이 "서론"에서는 그 5가지 문제점에 대한 구체적인 해법을 제시하고, 뒤에서 제시된 "문법편"에서도, 다시 한 번 논의된다. 첫째, 영어에서 "보어"를 "명사와 형용사"로만 한정시킨 것은 대단히 잘못된 것이다. 영어에서는 보어가 명사, 형용사, "부사" 등 세 가지로 사용되고 있는데, 우리나라에서 수능영어를 선도하는 EBS(2011. 기특한 고등영문법 즐겨 찾기: p 4. 집필자: 박기문, 전길수) 조차도 보어는 "형용사와 명사"라고 한정시키고 있다. 그런데 부사는 오직 He plays tennis well/badly. He seldom/often plays tennis.와 같이 선택적으로만 사용되는 품사라고 가르쳐서는 안 된다. 왜냐하면, 부사가 반드시 필요한 경우가 있다. 그런 부사가 "부사보어"이다.

① 예컨대, 가장 평범한 be 동사나, 일반 자동사 walk 및 put 동사 등은 "부사"를 보어로 선택하는 동사들이다. 또 부사적 불변화사(adverbial particles: on, off, away 등)도 "부사보어"이다. "부사보어"는 앞 "머리말"에서 제시한 것과 같이, 문의 2형식에 5개의 유형이 있고, 문의 5형식에는 6개의 유형, 모두 11개의 유형이 있는데, 현재 우리나라에서 출판되고 있는 영문법 책에서는 이들을 전혀 제시하지 못하고 있기 때문에, 이 점을 문제로 지적하고, 그 해법을 제시한다. 바깥 세계를 보지 않고, 우리가 알고 있는 문장유형으로만, 문의 5형식을 만들어서 가르치는 것은 잘못된 것임을 지적한다. 다음 예를 보자:

⑴ 주격 부사보어(문의 2형식): 장소를 나타내는 전치사(구)도 부사보어가 되고, 부사적 불변화사(adverbial particles)도 "부사보어"가 된다. "거리, 기간, 무게, 가격" 등을 나타내는 아래 예 d, e, f, g의 명사, ten dollars, a long way, five kilograms, two hours는 모두 "주격부사보어"의 역할을 한다.

a.	He is handsome.	(주격 형용사보어)
b.	She became an English teacher.	(주격 명사보어)
c.	My house is near the station.	(주격 부사보어)
	Your friends are here.	(주격 부사보어) Hornby(1975: 16)
d.	The flowers cost (자동사) ten dollars.	(주격 부사보어) Hornby(1975: 24)
e.	They had come/gone (자동사) a long way.	(주격 부사보어) Hornby(1975: 24)
f.	The box weighs (자동사) five kilograms.	(주격 부사보어) Hornby(1975: 24)
g.	The meeting lasted (자동사) two hours.	(주격 부사보어) Hornby(1975: 24)

(2) 문의 5형식의 "목적격 부사보어": 아래 (2)의 예에서, **"기간, 거리"를** 나타내는 **f, g를** 보라. "all afternoon"과 "500 miles"는 명사이지만, 여기서는 부사보어이다.

a.	We elected him chairman.	(명사보어)
b.	He made her happy.	(형용사보어)
c.	I <u>put</u> the milk <u>in the refrigerator.</u>	(부사보어) Hornby(1975: 58)
d.	I <u>put</u> the book <u>down.</u>	(부사보어) Hornby(1975: 58)
e.	I <u>put</u> the book <u>on the table.</u>	(부사보어) Hornby(1975: 58)
f.	The detective followed the suspected man <u>**all afternoon**</u>.	(목적어 부사보어) Hornby(1975: 58)
g.	This bicycle has carried me <u>500 miles</u>.	(목적어 부사보어) Hornby(1975: 58)

② 둘째로, 거의 100% 우리나라 영문법 책에서 "be + to-infinitive"구조를 형용사(구)로 제시하기도 하고, 또 명사(구)로 제시하기도 한다. 어떻게 동일한 구조를 두 가지 다른 유형으로 분석하고 있는가? <u>형용사적 용법은 없고 오직 "명사적 용법만"</u> 존재한다.

앞 **머리말**에서 제시했던 Hornby(1975: 20-21)의 예와 Michael Swan(2005: 265)의 예를 아래 (1), (2)에서 다시 한 번 확인하기로 한다.

(1) Hornby(1975: 20-21)

The verb "be" may be followed by an infinitive or an infinitive phrase (active or passive) "<u>as the nominal part of the predicate.</u>"
(동사 be는 <u>**"술부의 명사적 부분**(명사보어)"으로서,</u> to-부정사(구)가 (능동 구문이든, 수동 구문이든) 뒤 따라올 수 있게 한다.

(2) Michael Swan(2005: 265)

An infinitive phrase can be used after *be* <u>as a subject complement.</u>
(to-부정사(구)는 be 동사 다음에 와서 <u>명사 주격보어로</u> 사용될 수 있다)

a. Your task <u>is to get across the river</u> without being seen.
   (너의 임무는 (남에게) 보이지 않게 <u>강을 건너는 것이다</u>)
b. My ambition <u>was to retire at thirty.</u>
   (나의 야심은 30세에 <u>은퇴하는 것이었다</u>)

이와 같은 문장에서 to-부정사가 명사의 기능을 갖고 있기 때문에, 다음 c, d와 같이, <u>"가주어 it"와 "진주어 to-부정사 구조"</u>로 재구성될 수 있다고 했다.

c. <u>It</u> is your task <u>to get across the river</u> without being seen.
d. <u>It</u> was my ambition <u>to retire at thirty</u>.

그럼에도 불구하고, EBS가 발간한 "고교 영어 구문 투어"(2013년 1월 20일 발간: 집필자; 황진호; pp. 44-45, 47) 및 EBS가 발간한 "고등 영문법 즐겨 찾기"(2011년 1월 20일 발간: pp. 45-48: 부정사의 용법, 제11, 12강 집필자; 박기문, 오건석)도 동일하게 "be + to-infinitive 구조"를 두 가지로 설명하고 있다. 우리나라에서 발행되는 모든 영문법 책에서 2016년 현재까지 그대로 "형용사적 용법"으로 설명하고 있는데, <u>이것은 100% 잘못된 것이다. 2016년까지 국내에서 발행된 잘못 해석한 내용을 일일이 언급하지 않기로 한다.</u>

이찬승의 Grammar Zone(2010. 능률교육 출판사: p. 123)에서도 동일하게 설명하고 있다. 그러므로 국내에서는 100% 정확한 문법이론을 제시하지 못하고 있는 것이 분명하다. 그저 두 가지 용법으로 알아 두라는 것이다. 형용사적 용법으로 예를 든 것은, 편의상 "성문 기본 영어"(송성문. 2009: 14)의 예인, 다음 (3)을 보기로 하자. 다음 (3) a, b, c, d, e 에서 오른쪽 괄호 속의 "예정", "의무", "가능", "운명", "의지" 등은 문장 전체의 의미로, 그와 같이 밝혀두었는데, 이들이 <u>추상명사</u>이기 때문에, "<u>be + to-부정사구</u>"에서, to-부정사를 "형용사"로 보아서는 안 된다. 왜냐하면, "이 to-부정사구는 <u>명사(구)</u>이기 때문이다."

이제 "be + to-부정사(구)"가 "명사보어"임을 증명하고자 한다. 다음 송성문의 (3) a, b, c, d, e의 예문에서, 괄호 안의 해석은 "필자의 것이고", "괄호 밖의 것은 송성문의 해석이다." 괄호 안의 해석과 같이 "···하는 것이다."로 먼저 해석해서, "be + to-infinitive 구조가" "명사 보문 구조"임을 알게 한 후에는, 우리말에 어울리는 괄호 밖의 해석을 사용하는 것은 좋다고 본다. 다음 예에서 화살표 우측의 예문을 보자. 이 예문들은 모두 "be + to-부정사구"가 명사구임을 밝혀주고 있다. 즉, "주격 명사보어"로 나타날 수 있으므로, 도저히 형용사로는 볼 수는 없다. 나머지 예문도 동일하게 설명된다.

이 "be + to-부정사구"를 명사구임을 밝히기 위한, 점검용 문장은 주어진 문장과 의미가 반드시 동일할 필요는 없지만, "be + to-부정사 구조"는 그대로 유지해야 하고, 또 본동사는 반드시 be 동사이어야 한다. 왜냐하면 기본구조가 "<u>be + to-부정사 구조</u>"이기 때문이다. 아래 (3) a에서 "are <u>to meet</u>"가 형용사(구)라면, "to meet"를 명사구로 사용해서, 화살표 우측에 "<u>To meet him here</u> is expected of us."로는 절대로 변형시킬 수 없다. 다음 예문을 주의 깊게 살펴보자.

(3) a. We <u>are to meet</u> him here. (예정)
(우리는 그를 여기서 "<u>만나는 것이다</u>") "만나게 될 것이다/만날 예정이다."

⇒ <u>To meet him here</u> is expected of us.

b. You <u>are to start</u> at once. (의무·명령)
(너는 곧 (즉시) <u>출발해야 하는 것이다</u>) "너는 곧 (즉시) 출발해야 한다."

⇒ <u>To start at once</u> is necessary for you to catch the bus.

c. Nothing <u>was to be seen</u>. (가능)
(<u>보여진 것은 아무 것도 없었다</u>) "아무 것도 보이지 않았다"

⇒ <u>It</u> was my intention <u>to be seen by every one at the party so that I could show them that I was a successful businessman.</u>
(그 파티에서 내가 성공적인 사업가였다는 것을 보여줄 수 있도록, 사람들에게 <u>나를 보여준 것은 나의 의도였다</u>)

d. The poet was <u>to die</u> young. (운명)
(그 시인은 젊어서 <u>죽게 되었던 것이었다</u>) "그 시인은 젊어서 죽을 운명이었다."

⇒ <u>To die young</u> was the fate of the poet.

e. You must work hard if you <u>are to succeed</u>. (의지)
(네가 <u>성공하려고 하는 것이라면</u>, 너는 열심히 공부해야 한다)
"네가 성공하려고 한다면 열심히 공부해야 한다."

⇒ <u>If to succeed</u> is your intention, you must work hard.
(성공하는 것이 너의 진정한 의도라면, 너는 열심히 일해야 한다)

그리고 성문 출판사의 송성문에 의하면, 다음 (4) a는 부정사의 명사적 용법으로 분석하고, 반면 동일한 구조를 가진 (4) b는 형용사적 용법으로 보았다. 그런데 문제는 동일한 구조로 된 것 중에서, 왜 어떤 것은 형용사로 보며, 또 어떤 것은 명사로 보느냐에 대한 설명이 전혀 없다. 우리나라에서 발간된 다른 영문법 책에서도, 왜 "be + to-infinitive 구조"가 "형용사(구)"인가 하는 것을 설명한 책은 전혀 없다.

(4) a.　His job is to sell cars. (명사적 용법)
　　b.　He is to sell his car. 　(형용사적 용법) (형용사적 용법이 아님)

　　그런데 송성문의 (4) b도 "be + to-infinitive 구조"인데 "to sell his car"를 "형용사"라 했지만, 이것을 다음 (5) b에서, 문장의 주어명사로 변형시킬 수 있다. 주어명사로 변형시킬 수 있기 때문에, 그것은 분명히 형용사가 아니라, 명사(구)이다. 도저히 형용사로는 볼 수 없다. "이와 같은 변형은 우리나라에 와 있는 어떤 원어민에게 물어보아도 다 인정되고 있다는 것을 여기에서 강조해 둔다." 이 변형문은 청주대학교 원어민 교수부장 Warren R. Smith 교수가 직접 확인해준 문장들이다.

(5) a.　To sell cars is his job.
　　b.　To sell his car is expected of him.
　　　　(그가 그의 차를 판다는 것은 그에 의해 기대되고/예정되어 있다)

　　다음은 "능률교육 연구소"(저자: 장옥희, 김종빈, 김수민, 이종은)에서 발행한 Fan Club 1316 Level 2(2010: 20)와 Level 3(2010: 8)과 2014년도의 개정판(김동숙, 박효진, 유재민, 이민혜)의, Level 2(2014: 20), Level 3(2014: 8)에서도 동일하게 "be + to-infinitive 구조"를 형용사적 용법에 포함시키고 있지만, 왜 이 구조가 형용사인가를 설명하지 못하고 있다. 단지 형용사로 보라는 것뿐이다. 2016년에도 그대로 쓰이고 있다. 다음 (6)의 예를 보자.

(6) < be + to-v> 의 형용사적 용법: (형용사적 용법이 아님)

　　a.　예정　He is to go to London tomorrow.
　　b.　의무　You are to be back home by 7.
　　c.　가능　No one was to be seen on the street.
　　d.　운명　I was to fall in love with you.
　　e.　의도　If you are to have good friends, you must be good.

　　위 (6) a, b, c, d, e에서도, 문장의 전체적인 의미로, 예정, 의무, 결과, 운명, 의도 등의 용어를 사용하고 있다. 그러나 중요한 것은, 이 문장에서 "be + to-infinitive 구조"는 형용사(구)가 아닌, 명사(구)이다. 앞 ②의 (3), (4)에서처럼, 이 구조들도 "명사(구)임"을 증명하고자 한다. 다음 (7) a, b, c, d, e에서 화살표 오른쪽의 to-부정사(구)는 명사로서, 각 문장의 주어역할을 하고 있다. 만일, 이 to-부정사구가 형용사(구)라면, 이와 같은 변형은 불가능한 것이다.

(7) a.　He is to go to London tomorrow. (noun complement)
　　　　⇒ To go to London tomorrow is already planned by him.
　　　　　(내일 London으로 가는 것은 이미 그에 의해서 계획되어 있다)

　　b.　You are to be back home by 7. (noun complement)
　　　　⇒ To be back home by 7 is your obligation or duty.
　　　　　(7시까지 돌아오는 것은 너의 책무요 또는 의무이다)

　　c.　No one was to be seen. (noun complement). (보여진 사람은 아무도 없었다)
　　　　⇒ It was not so important for me to be seen in the club.
　　　　　(그 club에서 내가 나 자신을 보여준 것은 그렇게 중요한 것은 아니다)

　　d.　I was to fall in love with you.
　　　　⇒ To fall in love with you was my fate.
　　　　　(당신과 사랑에 빠진 것은 나의 운명이었다)

　　e.　If you are to have good friends, you must be a good person.
　　　　　(네가 좋은 친구를 갖고자 하는 것이라면, 너는 좋은 사람이어야 한다)

　　　　⇒ If to have good friends is your intention, you must be a good person.
　　　　　(좋은 친구를 갖는 것이 너의 의도라면. 너는 좋은 사람이어야 한다)

⇒ Suppose that <u>to have good friends</u> <u>is</u> your intention, then you must always be good to them.
(좋은 친구를 갖는 것이 너의 진정한 의도라면. 너는 항상 그들에게 좋은 사람이어야만 한다)

위의 화살표(⇒) 우측에 제시된 것은 회화체로는 잘 쓰이지 않는다는 것은 모두 잘 알고 있다. 그러나 문어체에서는 정확하고 완벽하다. 회화만 가르치고, 영문법을 모르는 원어민들은 위의 표현을 보고서, "<u>나는 그런 표현을 쓰지 않는다.</u>"라고 말한다. 그래서 아래 (9)-(10)에 제시된 Michael Swan의 예를 제시했더니, 그때야 그는 "나는 영문법을 잘 모른다고 실토했다." 이것은 필자가 직접 겪은 경험임을 밝혀둔다. 영문법을 모르는 원어민들은 위의 예를 보고 종종 "나는 그렇게 말하지 않는다"라고 말한다.

그리고 이번에는 "It--(for/of) + 명사 + to-부정사의 구조"로 나타내어서, 다시 한 번 이 to-부정사구가 명사임을 증명하고자 한다. "It--(for/of) + 명사--to-부정사의 구조"는 우리 모두가 알고 있는 것 같이, "for/of + 명사"는 의미상의 주어이고, It는 가주어이고, to-부정사가 이 문장의 진주어가 되는 것은 이미 알려진 사실이다. 만일 to-부정사가 형용사이라면, 도저히 이 구조는 영어로 성립되지 않는 것은 너무나 당연한 것이다. 이제 앞 (7)의 내용을 다음 (8) a, b, c, d, e를 통해서, 명사구 유형으로 변형시켜보자.

(8) a. He <u>is</u> <u>to go to London tomorrow.</u> (noun complement)
⇒ <u>It</u> is expected of <u>him</u> <u>to go to London tomorrow.</u>

b. You <u>are</u> <u>to be back home by 7.</u> (noun complement)
⇒ <u>It's</u> your obligation <u>for you</u> <u>to be back by 7.</u>

c. No one <u>was</u> <u>to be seen.</u>
⇒ <u>It</u> is not so important <u>for him</u> <u>to be seen, or</u>
<u>not to be seen in the company by our staff members.</u>

d. I was <u>to fall in love with you.</u>
⇒ <u>It</u> was fate <u>for me</u> <u>to have fallen in love with you.</u>

e. If you <u>are</u> <u>to have good friends</u>, you must be a good person.
⇒ If <u>it</u> is your intention <u>for you</u> <u>to have good friends,</u>
you must be a good person.

이제 앞 머리말 (2)에서 제시된, 원어민 영문법 학자, Michael Swan의 "Practical English Usage(2005: 265)"의 예를 다시 보기로 하자.

(9) An infinitive phrase can be used after *be* <u>as a subject complement</u>.
(to-부정사는 be 동사 다음에 와서 <u>명사 주격보어로</u> 사용될 수 있다)

a. Your task <u>is to get across the river</u> without being seen.
(너의 임무는 (남에게) 보이지 않게 강을 건너는 것이다)

b. My ambition <u>was to retire at thirty</u>
(나의 야심은 30세에 은퇴하는 <u>것이었다</u>)

이와 같은 문장에서 to-부정사가 명사의 기능을 갖고 있기 때문에, 다음 (10)과 같이, "<u>가주어 it</u>"와 "<u>진주어 to-부정사 구조</u>"로 재구성될 수 있다고 했다.

(10) a. <u>It</u> is your task <u>to get across the river</u> without being seen.
b. <u>It</u> was my ambition <u>to retire at thirty</u>.

그리고 앞 ②의 (1)에서 제시된 Hornby(1975: 20-21)도 아래 (11)에서 "be + to-부정

사(구)"가 뒤에 따라오면, 그 문장이 능동구조이든, 수동구조이든, 모두 "술부의 명사적 부분, 즉, 명사보어"라고 정의하고 있다. 다음 (11)로 다시 보자.

(11) Honrby(1975: 20-21)

The verb "be" may be followed by an infinitive or an infinitive
phrase (active or passive) "as the nominal part of the predicate."
(동사 be는 "술부의 명사적 부분"으로서, to-부정사(구)를 (능동 구문이든
수동 구문이든) 뒤 따라올 수 있게 된다)

그리고 위 (11)에서, Hornby도, "술부의 명사적 부분"의 의미로 사용했다. 왜냐하면, 능동/수동문의 변형은 "be + to-부정사 구조에서" to-부정사가 명사(구)이어야, 즉, "명사적 기능"을 소유할 때에만 수동/능동문이 나타나기 때문이다. 즉, be 동사의 보어로, to-부정사(구)가 명사의 역할을 할 때만, 능동이나, 수동문으로 변형되기 때문이다. 다음 (12), (13)의 예를 보자.

(12) a. The house is to let.   (그 집은 세놓는 것이다)   Hornby(1975: 20)
      b. The house is to be let.   (그 집은 세놓아지는 것이다)   Hornby(1975: 21)

(12) a의 능동문 구조는, (12) b의 수동의 구조와는 의미가 다르지만, 모두 명사(구)의 역할을 하는 것만은 분명하다. 즉, "세놓는 것", 또는 "세놓아지는 것" 두 가지 의미로 해석되는데, 모두 명사(구)로 인정된다. 다음 (13) a, b도 동일하게 설명된다.

(13) a. Who is to blame?   (누가 비난을 받는 것인가?)   Hornby(1975: 20)
      b. Who is to be blamed?   (누가 비난을 받게 되는 것인가?)   Hornby(1975: 21)

위 (13) a의 능동문 구조인 "is to blame."과 (13) b의 수동문 구조인 "is to be blamed."는 별개의 구조로 나타나지만, 이 구조가 명사(구)의 기능을 갖는다고 Hornby는 위 (11)에서 밝히고 있다.

앞의 설명과 예문에서, 이 유형의 "to-infinitive 구조"는 모두 명사(구), "명사보어"라는 것은 이미 다 알고 있는 문제이다. 이제 각 예문의 오른쪽, 또는 왼쪽에 "예정", "의무", "가능", "운명", "의지" 등과 같은 표현을 사용할 수도 있지만, 이 표현들은 그 문장의 전체적인 의미가 그와 같다는 것이지, 이와 같은 용어 때문에 "to-infinitive 구조"를 형용사로 보아서는 안 된다.

(13) Hornby(1975: 37)에서는 위에서처럼 "예정", "의무", "가능", "운명", "의지" 뿐만
      아니라, "소원", "의향", "합의", "조급함", "짜증", "결과" 등으로 다양하게 문장 전체의 내용을 표시하고 있지만, 여기서는 그 예를 모두 들지 않기로 한다. 상세한 내용은 뒤에서 제시되는 (VP 4F), ㉟ (Onions 2-31)의 "해설"을 참조하기 바란다. Hornby는 위와 같이, 동일한 유형을 두 개나 제시했다. 즉, 동사 유형 (VP 1)인 ⑯ (Onions 2-12)는 "be + infinitive phrase"가 "명사보어"인 것을 보여주기 위한 것이고, 동일한 유형인 (VP 4F)인 ㉟ (Onions 2-31)은 문장 전체가 갖는 여러 가지 전체적 의미를 제시하기 위한 것이다.

이제 앞에서 제시한 분석으로 "be + to-infinitive 구조"는 "명사보어 구조"라는 것이 분명히 밝혀졌다. 더 이상 구조적으로 분석하고, 설명할 필요가 없다고 본다. 그러나 마지막으로, 수동형의 구조를 통해서 다시 한 번 논쟁의 초점을 살펴보기로 한다. 즉, 위 (11)에서 Hornby는 "be + to-infinitive 구조"가 "능동문이든" "수동문이든" 상관없이 명사보어가 된다고 했지만, 좀 더 구체적으로 살펴보자.

앞 (12) a, b와 (13) a, b에 제시된 것은, Hornby(1975: 20-21)의 예이다. 영국영어에서는 명사 "세"와 동사 "세놓다"를 let로 표현하고, 미국영어에서는 rent가 명사, 동사로 사용된다. 또 사역동사 let로도 사용된다. 따라서 이들을 "형용사"로 인정해서, "be + to-infinitive"구조를 형용사로 보려고 하는 의도도 전혀 인정되지 않는다. 그러므로 과거분사를 형용사로 보아서 "is to be let"나 "is to be blamed"의 전체구조를 형용사로 볼

수 없게 된다. 그러나 be 동사가 아닌, seem, appear, happen 등의 자동사 다음에, 예컨 대, "He seems to be disappointed."같은 문장에서 disappointed는 형용사로 인정된다. 이와 같은 예는 이 책의 뒤에서 제시되는 63쪽의 ㉜ (Onions 2-28)에서부터, 65쪽의 ㉞ (Onions 2-30)을 참조하거나, 일반 동사 look, become, sound 등이 나타나는 47쪽의 ㉓ (Onions 2-19) 및, 뒤에서 제시되는 제13장 "형용사"에서 298쪽의 ⑳을 참조하라.

이와 같은 문법적 이론은 이미 오래 전에, Hornby(1975)에서 논리적으로 제시되었다. 그럼에도 불구하고 우리나라에서는 아직까지도 "be + to-infinitive" 구조를 형용사로 보고 학생들에게 잘못 가르치고 있다는 것은, 수치스러운 일이다. 이 잘못된 예를 즉시 모든 영 문법 책에서 모두 수정해야 한다고 주장한다.

(15) 우리나라에서 발간된 모든 영문법 책에서 100% "be + to-infinitive 구조가" 여전히 전과 같이, "형용사"의 역할을 한다고 주장하는 분이 계시거나, 반대로 필자의 주장이 잘못되었다고 주장하는 영문법 학자가 계신다면, 필자에게 연락해 주십시오. 또 필자의 이 책에서 제시되는, ⑤가지 잘못된 점을 지적했는데, 이 지적에 대해서 이의가 있거나, 질문을 하실 분이 계시면, 이 책의 뒤에 제시된 필자의 휴대전화로 연락주시면 감사하겠습니다.

그리고 두 번째 문제인 부사보어도, 앞에서 지적한 것과 같이, 당연히 2형식 문형과 5형 식 문형에 포함되어야 한다고 주장한다. 2형식 문형에서는 5개 유형이 있고, 5형식 문형에서 는 6개 유형이 있는데, 현재 우리의 문의 5형식에는 "부사보어"라는 용어조차 없다. 우리는 너무 바깥세상을 모르고 우리들만의 문의 5형식을 만들어 가르치고 있는 것이 분명하다.

③ 세 번째 문제는, 현재 우리의 문의 5형식에, Hornby(1975)의 25형식 80개 유형을 정확하게 대체시켜 넣는 것이다. 이것은 이 책의 표지에, 책의 제목으로 제시되어 있다. 이 문제가 가장 중요하고, 큰 문제이지만, 전혀 어려움이 없이, 완벽하게 해결되어 진다. 이 것은 본론 (17)에서, Hornby의 유형을 어떻게 Onions의 5형식에 옮겨 넣게 되는가를 설명 하고 있는데, 잠시 후에 그 내용을 보게 될 것이다.

④ 네 번째 문제는, 문의 5형식 같은 "동사 유형"으로만 영어문장을 완전히 설명할 수 없다. 필요한 것은 바로 "형용사 유형"이다. 앞에서 언급한 것 같이, 영어에서는 적어도 7개의 형용사 유형을 포함시켜야 완벽한 영어교육 문형이 된다고 본다. 따라서 동사 유형 외에, 형 용사 유형을 추가하고자 하는 것이다. 이 형용사 유형은 뒤에서 제시되는 본론의 ⑱에서 먼저 그 유형을 간단히 설명하고, 구체적인 내용은, 동사 유형에 이어서, 바로 유형번호 ㉧번부터 ㉧ 번까지 제시된다.

⑤ 다섯 번째, "머리말"에서 지적한 바와 같이, 우리나라에서 발행한 보든 영어사전들이 "Subjunctive (Mood)"를 가정법으로 잘못 해석하고 있기 때문에, 그 피해가 대단히 크다. 우리가 알고 있는 가정법을 원어민들은, Conditions, Conditions and Suppositions, Contrary to-the-fact Statements 및 If-clause등으로 표현한다. Subjunctive (Mood)는 가정법이 아니라, "기원법/ 소원법"이다. 이 내용은 앞 머리말에서 길게 논의되었고, 또 이 책의 문법편 8장에서 자세히 논의되기 때문에 되풀이하지 않기로 한다. 그러나 여기서 잘못된 번역의 예를 하나만 인용하 기로 한다.

최근 "시사영어사"인 YBM이 번역한 Practical English Usage(Michael Swan: 2005) 에서, Michael Swan 교수는 Subjunctive를 "기원법"으로 설명하고 있는데, 이 설명마저도, "가정법"으로 잘못 번역했으니, 참으로 개탄할 일이다. YBM이 번역한 "실용어법 사 전"(Practical English Usage: 2012년 1월 10일 발행)에서, subjunctive를 가정법으로 나 타내고 있다. YBM이 번역한 책의 703-704쪽에 나타난, 다음 567번의 번역 내용인 1, 2, 3, 4는 전혀 가정법의 내용이 아니다. 이것은 기원법/소원법의 내용이다. 다음 15쪽에서, "실용어법 사전"에 제시한 5, 6, 7번의 "Subjunctive"의 잘못 번역한 내용을 보시기 바랍니 다.

5, 6, 7 subjunctive 가정법 (X) ("가정법"이 아니라 "기원법"이다)

| 1. 가정법의 정의: | (703쪽 하단과 704쪽) ⇒ | 기원법의 정의 | 로 수정되어야 한다.

여기 1, 2, 3, 4의 사각형 속의 제목 하에, 제시된 설명은 "가정법"에 대한 설명이 아니라, "기원법"에 대한 설명이다. 왜냐하면, 제시된 모든 예문들은, 가정법의 예문이 아니라, 기원법의 예문들이기 때문이다. 아래에 제시된 모든 예문은 이 책의 8장 기원법에 제시된 예문과 글자 하나 다르지 않은 동일한 기원법 예문들이기 때문이다.

| 2. that she see: | "가정법의 원형동사"가 아니라, "기원법의 원형동사 이어야 한다."

지금까지 남아 있는 "가정법"이 아니라, "지금까지 남아있는 기원법" 동사는 몇 가지에 불과하여, -(e)s가 없는 3인칭 단수동사의 현재형 (예: she see, he have) 및, be 동사의 특수형 (예; I be, he were) 정도다. 다음 a, b, c, d, e가 가정법 예문인가? 전혀 아니다. (8장 기원법 250쪽의 (1)의 a, c, d와 동일한 예문이다)

8장 기원법 250쪽 (1)의

a. It is essential that <u>every child have</u> the same educational opportunities.:　**a**
b. Our advice is that <u>the company invest</u> in new equipment.:　**c**
c. The judge recommended that <u>Simmons remain</u> in prison for life.:　**d와 동일함.**

또 아래 d번도, 부정문으로 된 "가정법이 아니라," "부정문으로 된 기원법의 종속절에서는 조동사 do를 쓰지 않는다."로 해석해야 한다. (아래 d는 8장 기원법 251쪽의 (5)번과 완전히 동일한 문장이다.)

8장 기원법 251쪽의

d. We felt it desirable that he <u>not leave</u> school before eighteen.　**(5)번과 동일함.**

아래 e에서 상위 절에 과거형 동사를 쓰고, 종속절에서 2인칭 현재형을 쓰도, 시제일치가 잘못된 것이 아니다. 기원법에서는 "원형동사"가 쓰이기 때문이다. 이것은 가정법과 아무 관련이 없는 문장이다. (아래 e번은 8장 기원법 252쪽 (10)의 (f)번과 동일한 문장이다)

e. I <u>recommended</u> that <u>you move</u> to another office.　**8장 기원법 252쪽의 (10)의 f와 동일함.**

| 3. be | 아래 a, b의 종속절에서도 be 동사의 경우 "I be," "you be"가 나타나므로 "가정법"이 아니라, "기원법에 쓰인 원형동사이기 때문이다. 따라서 가정법의 예문이 아니다. (아래 a, b의 예문은 8장의 기원법 252쪽의 (10)의 e, g번과 동일한 문장이다)

8장의 기원법 252쪽의 (10)의 e, g번과 동일함.

a. It is important that Helen <u>be present</u> when we sign the papers.　**(g번)**
b. The director asked that <u>he be</u> allowed to advertise for more staff.　**(e번)**

| 4. 관용구 | 아래 고정된 관용구도, "가정법"의 예문이 아니고, "기원법"의 예문인 것은 너무나 분명하다. 아래 a, b의 예문이 어떻게 가정법의 예문인가?

(4. a, b의 예문은 8장 기원법 253쪽 ⑦번의 1, 3번과 동일한 예문이다).

a. God save the Queen!　　(하느님께 소원을 비는 기원법의 예문이다)　　(1번)
b. God bless you!　　(3번)

더 구체적인 전체 기원법의 내용은 "문법편"의 "제8장 기원법"을 참조하시기 바란다.

만일 한국어를 이해하는 원어민이 위의 번역문을 읽어본다면 대단히 실망할 것이다. 전혀 다른 이야기를 하고 있기 때문이다. 위와 같은 번역은 Michael Swan 교수의 명예에 손상을 입히고, 정확한 영어를 가르쳐야할 YBM 출판사에도, 대단히 큰 오점을 남기는 일이 된다.

본론　　　　　1. 지금까지 사용하고 있는 문의 5형식

　　우리나라에서 사용되는 영문법 이론은 C. T. Onions의 문의 5형식이 절대적이다. 그런데 Onions 논문의 원본을 갖고 있는 사람은 거의 한 사람도 없어 보인다. 왜냐하면, 영문법 책을 쓰는 학자들 중에서, 한번도 Onions 원문의 한 구절이라도 인용하는 사람이 보이지 않기 때문이다.

　　필자도 Onions 논문의 원본을 읽어본 적이 없다. 단지 문의 5형식을 제안한 사람의 이름이 C. T. Onions라는 것 이외는 아는 것이 전혀 없다. 우리나라에서 발간된 영문법 책을 통해서 5형식의 이론을 알고 있는 것이 전부이다. 따라서 필자가 알고 있는 5형식 이론이 Onions의 원문의 이론과 비슷한지 확인할 방법조차 없다. 한국의 모든 영어문법 학자들도 필자와 비슷한 처지에 있을 것으로 믿어진다. 그러나 막연하지만 아래와 같이, 아주 간단하게 5형식의 요점만 요약해 보고자 한다.

지금까지 사용되고 있는 문의 5형식

(16)
　　　　　주어 + 자동사 + 부사 (수의적으로 선택)
　1.　We eat and drink <u>every day</u>.
　　　We sleep <u>at night</u> and wake up <u>in the morning</u>.

　　　　　주어 + 자동사 + 보어 (형용사/명사)
　2.　He is busy.
　　　She became an English teacher.
　　　You looked tired.

　　　　　주어 + 타동사 + 목적어
　3.　I know him well.
　　　We all enjoyed the movie.

　　　　　주어 + 타동사 + 간접목적어 + 직접목적어
　4.　She　　gave　　me　　　　a present.
　　　We　　bought　her　　　　a beautiful dress.
　　　They　asked　　him　　　a tough question.

　　　　　주어 + 타동사 + 목적어 + 목적보어 (형용사/명사)
　5.　We　　elected　him　　president.
　　　He　　made　　her　　happy.

　　그런데, 위 문의 4형식에서, 수여동사 give, buy, ask 등이 나타나면, 수여동사의 이론에 의해서, "주어 + 간접목적어 + 직접목적어"의 어순이 "주어 + 수여동사 + 직접목적어 + 전치사(to/for/of) + 간접목적어"의 순서로 변형된다. <u>그러면 이 구조에서, "전치사구 (to/for/of) + 간접목적어"는 부사구로 변해서, 문의 3형식으로 변한다고 가르치고 있는 문법책도 있다. 그러나 Hornby(1975: 53-54)에 의하면, 4형식에 그대로 남겨두고 있다.</u> 즉, 그대로 4형식 구문이라고 했다. 이것도 우리가 잘못 가르치고 있는 것이 분명하다. <u>이 책의 91쪽에 제시된, ㊽ (Onions 4-2)의 "해설"을 참조하라.</u>

　　Onions의 문형이론이 필자에게는 깊이 잘 알려져 있지 않기 때문에, 위에서 제시한 기본문형 내에 어떤 다른 문형이 존재하고, 또 각 문형에, 변형된 문형이 몇 개가 있다고 말할 수도 없다. 따라서 문의 5형식은 이정도로 간단히 언급하기로 한다. 위 (16)에서 제시한 요약된 Onions의 기본 문의 구조와는 비교할 수는 없지만, Hornby(1975)는 25개의 기본 문형과, 각 문형을 세분화시키고, 또 변형된 유형을 합하여, 모두 80개의 동사 유형을 제시했다. 그래서 한국에 깊이 뿌리를 내린 이 Onions의 5형식을 Hornby의 문형으로 보완해서, 수정된 Onions의 5형식을 제안하고자 하는 것이 이 책을 쓰는 목적이다.

2. Hornby(1975)의 25형식 80개 문형도 요약하면 Onions의 5형식과 동일하다

Onions와 Hornby의 동사 유형을 비교해보면, 1형식과 2형식의 순서만 바뀌어 있다. 다음 a, b 는 Hornby 동사 유형의 첫 두 가지 순서이다. 자동사 유형인 (VP 2A)와 BE 동사 유형인 (VP 1) 만 그 순서를 바꾸면, 나머지는 아래 (17)의 도표와 같이, Onions의 5형식과 동일하게 된다.

   a. (VP 1)   S + BE + Complement/adverbial adjunct
   b. (VP 2A) S + vi

이와 같은 방법으로 Hornby의 동사 유형을 그대로 Onions의 문의 5형식에 정확하게 옮겨 넣을 수 있다. 그러면, Hornby의 25개 문형(Hornby 1975: 13)을 먼저 아래 (17)에 제시하고, 이 유형을 Onions의 5형식에 분류해 넣어보기로 한다. 다음 (17)에서 Hornby의 (VP 2A)만 Onions의 (VP 1)로 바꾸면 된다. 이 Hornby의 (VP 2A)는 완전 자동사로만 형성 되는 유형이다. 그래서 위 b의 (VP 2A)가 a의 Onions의 (VP 1)로 바꾸어지기만 하면, 나머 지는 Onions의 문의 5형식과 완전히 동일하다.

그러면 아래 (17)에서 "Onions의 제1형식 문형 (VP 1-4)"라는 표현이 나타나는데, 이 것은 1형식 문형에 4개의 문의 유형이 있다는 말이다. 그리고 2형식 문형에는 32개의 유형 이 있고, 3형식에는 10개의 유형이, 4형식에는 9개의 유형이, 5형식에는 25개의 유형이 있 다는 표시이다. 그런데 아래 제시된 Hornby의 25개 문형 중, 어떤 것은 변형이 적용되어, 여러 개의 유형으로 나타나, 전체 80개 유형이 된다. 아래 Hornby의 기본 25개 문형에서, 변형으로 나타나는 문형의 수를 포함해서, 맨 우측에, 그 문형의 수를 제시했다. 다음 (17) 의 오른쪽에 각 문형의 기본 유형과 그 유형에서 변형된 유형의 수를 합쳐서 표시하고 있 다. 그러면, 전체 기본 문형과 변형된 문형의 수는 ①부터 ⑳까지 구체적으로 제시된다.

(17) | Onions의 제1형식 문형 (VP 1-4) | 유형의 수

(VP 1) S + vi (VP 1-4)   (4)

            | Onions의 제2형식 문형 (VP 2-32) |

(VP 2A) S + BE + complement/adverbial adjunct (2)   부사보어 2개   (13)
(VP 2A) S + vi (VP 1-4)로 인상
(VP 2B) S + vi + (for) + adverbial adjunct   부사보어 1개   (1)
(VP 2C) S + vi + adverbial adjunct   부사보어 1개   (1)
(VP 2D) S + vi + adjective/noun/pronoun   (5)
(VP 2E) S + vi + present participle (phrase)   부사보어 1개   (1)
(VP 3A) S + vi + preposition + noun/pronoun/gerund   (2)
(VP 3B) S + vi + (preposition + it) + clause   (1)
(VP 4A) S + vi + to-infinitive (phrase)   (1)
(VP 4B) S + vi + to-infinitive (phrase) (VP 4 A, B, C)   부사수식어   (1)
(VP 4C) S + vi + to-infinitive (phrase)   (1)
(VP 4D) S + vi SEEM/APPEAR, etc + (to be) + adjective/noun   (2)
(VP 4E) S + vi SEEM/APPEAR/HAPPEN/CHANCE + to-infinitive phrase (1)
(VP 4F) S + vi BE + to-infinitive (phrase)   주격 명사보어   (1)
(VP 5) S + anomalous finite + infinitive (phrase): 유형의 수에 포함되지 않음.
     (VP 5)의 구체적인 내용은 이 책의 동사 유형 ㊱의 (Onions 2-32)를 참조하라.

            | Onions의 제3형식 문형 (VP 3-10) |

(VP 6A) S + vt + noun/pronoun   (1)
(VP 6B) S + vt + noun/pronoun   (1)

(VP 6C)	S + vt + gerund (phrase)	(1)
(VP 6D)	S + vt + gerund (phrase)	(1)
(VP 6E)	S + NEED/WANT, etc + gerund (phrase) (passive meaning)	(1)
(VP 7A)	S + vt + (not) + to-infinitive (phrase)	(1)
(VP 7B)	S + HAVE/OUGHT, etc + (not) + to-infinitive (phrase)	(1)
(VP 8)	S + vt + interrogative pronoun/adverb + to-infinitive (phrase)	(1)
(VP 9)	S + vt + that-clause	(1)
(VP 10)	S + vt + dependent clause/question	(1)

Onions의 제4형식 문형 (VP 4-9)

(VP 11)	S + vt + noun/pronoun + that-clause	(1)
(VP 12A)	S + vt + noun/pronoun (IO) + noun/pronoun (phrase) (DO)	(1)
(VP 12B)	S + vt + noun/pronoun (IO) + noun/pronoun (phrase) (DO)	(1)
(VP 12C)	S + vt + noun/pronoun + noun/pronoun (phrase)	(1)
(VP 13A)	S + vt + noun/pronoun (DO) + to + noun/pronoun (phrase)	(1)
(VP 13B)	S + vt + noun/pronoun (DO) + for + noun/pronoun (phrase)	(1)
(VP 14)	S + vt + noun/pronoun (DO) + preposition + noun/pronoun (phrase)	(3)

Onions의 제5형식 문형 (VP 5-25)

(VP 15A)	S + vt + noun/pronoun (DO) + adverb (phrase)	부사보어 1개	(1)
(VP 15B)	S + vt + noun/pronoun (DO) + adverbial particle	부사보어 2개	(2)
	S + vt + adverbial particle + noun/pronoun (DO)	부사보어 1개	(1)
(VP 16A)	S + vt + noun/pronoun (DO) + to-infinitive (phrase)	부사보어 1개	(1)
(VP 16B)	S + vt + noun/pronoun (DO) + as/like/for + noun (phrase)/clause	부사보어 1개	(1)
(VP 17A)	S + vt + noun/pronoun + (not) + to-infinitive (phrase)		(1)
(VP 17B)	S + vt + noun/pronoun + (not) + to-infinitive (phrase)		(1)
(VP 18A)	S + vt + noun/pronoun + infinitive (phrase)		(1)
(VP 18B)	S + vt + noun/pronoun + infinitive (phrase)		(1)
(VP 18C)	S + vt + noun/pronoun + bare-infinitive (phrase)		(1)
(VP 19A)	S + vt + noun/pronoun + present participle (phrase)		(1)
(VP 19B)	S + vt + noun/pronoun + present participle (phrase)		(2)
(VP 19C)	S + vt + noun/pronoun/possessive + -ing form of the verb		(1)
(VP 20)	S + vt + noun/pronoun + interrogative + to-infinitive (phrase)		(1)
(VP 21)	S + vt + noun/pronoun + dependent clause/question		(1)
(VP 22)	S + vt + noun/pronoun/gerund (DO) + adjective		(1)
(VP 23A)	S + vt + noun/pronoun (DO) + noun (phrase) (object complement)		(1)
(VP 23B)	S + vt + noun/pronoun (DO) + noun (phrase) (subject complement)		(1)
(VP 24A)	S + vt + noun/pronoun (DO) + past participle (phrase)		(1)
(VP 24B)	S + HAVE + noun/pronoun (DO) + past participle (phrase)		(1)
(VP 24C)	S + HAVE/GET + noun/pronoun (DO) + past participle (phrase)		(1)
(VP 25)	S + vt + noun/pronoun (DO) + (to be) + adjective/noun		(2)

실제유형 79개: 위 (VP 5)까지 합쳐서 전체 80개 유형

그런데 Hornby(1975)가 위와 같이 "25형식" "80개 문형"을 사용했지만, 그 내용은 위의 분석과 같이, Onions의 문의 5형식과 동일하다.

그리고 이미 앞에서 언급한 것 같이, 동사 유형만으로만 문형이 완전하다고 할 수는 없다. 왜냐하면 다음 (18)에서 7개의 형용사 유형을 포함시켜야만, 비로소 기본 표현의 방법이 완전 하게 갖추어 지기 때문이다. 아래 AP 1A, B, C, D, E에서, 그 문의 구조와 형용사 유형에 따라 to-부정사(구)는 다양한 역할을 한다.

3. 새로운 형용사 유형(Adjective Patterns)

(18) ㉛ AP 1A. John is <u>easy</u> <u>to deceive</u>.   (to-부정사는 명사적 용법)

㉜ AP 1B. Jim is <u>eager</u> <u>to please</u>.   (to-부정사는 부사 수식어)

㉝ AP 1C. You are <u>silly</u> <u>to make such a mistake</u>. (to-부정사는 부사 수식어)

㉞ AP 1D. The weather is <u>likely</u> to be fine.   (to-부정사는 부사 수식어)

㉟ AP 1E. Jim was the <u>first</u> <u>to arrive</u>.   (to-부정사는 부사 수식어)

(위 AP 1E에서 the first가 형용사가 되는 이유는 (AP 1E)의 설명을 보라.)

㊱ AP 2.   고정된 관용구 및 각종 전치사와 함께 사용

a. 고정된 관용구의 형용사의 예:
<u>Are</u> you <u>afraid of</u> the dog?
He <u>was aware of</u> having done wrong.

b. 여러 가지 전치사와 함께 사용되는 형용사의 예:
She was <u>angry with</u> him <u>for</u> having broken his promise.
What's he <u>worried about</u>?

㊲ AP 3.   절(clause)을 유도하는 형용사의 예:

a. She was not aware (of) how much her husband earned.
She was not aware that her husband earned $ 50 dollars a week.

b. afraid와 sorry 뒤에서는 that-절의 that이 생략된다.
They were anxious that you should return.
I'm afraid I shall have to leave now.
I'm sorry you can't come.

c. that-절 이외의 나타나는 종속절의 예:
I'm not quite sure <u>how</u> to do it.
I'm not sure <u>why</u> he wants it.
We were worried about <u>where</u> you had to go.

(19)   위에서 제시된 동사 유형과 형용사 유형을 그대로 받아들인다면, 이제 문의 5형식의 각 유형마다 몇 개의 동사 유형이 있다고 말할 수 있다. 앞 (17)에 제시된 Onions의 동사 유형 표를 보면, 문의 5형식의 각 유형마다 몇 개의 동사 유형이 있다는 것을 분명히 밝힐 수 있다. 따라서 Hornby의 동사 유형을 Onions의 5형식 문형에 정확하게 대체시켜 넣게 된다.

이제 Hornby의 전체 80개 문형을 Onions의 5형식 문형에 맞추어 분류해 넣은 것이 분명하다. 그러나 현재까지 사용하고 있는 Onions의 5형식은 그 내용이 Hornby(1975)에 비교하면, 문형마다 정해진 유형이 없었다. "부사보어"처럼 잘못된 것도 있고, 앞에서 논의된 "be + to-부정사(구)"도 잘못 해석되고 있었다. 따라서 필자는 Onions의 현재 5형식 내용을 유형마다, 구체적으로 올바른 유형을 제시하는 것이 중요하다고 생각되어, 이 책을 발간하는 것이다. 그리고 Hornby나 Onions는 모두 영국 영문법 학자들이다. 앞 기원법에서 본 것처럼, 우리에게 잘 알려진 미국식 영어와 영국식 영어가 어휘나 문법이론적인 면에서 다른 점이 너무나 많다. 그래서 영국영어는 "BrE"로, 미국영어는 "AmE"로 명시하기로 한다. 이제 다음 쪽에서부터 동사 유형이 제시된다.

제1부 동사 유형: ①에서부터 ⑧⑨까지

Verb Pattern 1

Onions의 1형식 문형 (VP 1-4)

1: Onions의 문의 "1형식"을 (VP 1-4)와 같이 표시한다. 이것은 1형식에, 4개의 동사 유형이 있다는 의미이며, 아래의 ① (Onions 1-1)은 그 첫 번의 유형임을 표시하는 것이다.

그러면 이제 Onions의 1번 유형에 어떤 문장이 있을 수 있는지, 그 유형을 먼저 살펴보고자 한다. 문의 1형식의 기본 구조는 "주어 + 완전자동사"만으로 형성되는 구조이다. 예컨대, "Fishes swim."(fish는 단수형을 쓰지만, Hornby의 원문을 인용한 것임)과 같이 주어와 정형동사만으로 문장이 완성된다. 그러나 보통 "He was breathing heavily."와 같이 진행형으로 변형될 수도 있고, 또 heavily와 같은 부사수식어가 수의적으로, 선택적으로 추가될 수도 있다. 그러면 문의 구조는 "주어 + 완전자동사 + (부사수식어)"로 되는데, 이 기본 구조에 몇 가지 변형된 유형이 나타난다. 먼저 첫째 문형 ① (Onions 1-1)을 보자. 주어가 의문대명사이면, 의문문도 나타난다. 이 문형에서는 "보어나" "부사보어"가 존재하지 않는다. 그러나 부사수식어(adverbs)는 괄호 내의 예와 같이 선택적으로 사용될 수 있다.

① Onions 1-1   (VP 1A) 완전 자동사

예문표 1   Hornby(1975: 22)

Subject +	vi	(adverb)
1. We all	breathe, drink and eat	(everyday).
2. The sun	was shining (most)	(midday/at noon).
3. The moon	rose	(silently).
4. It	was raining	(heavily).
5. That	will do.	
6. Who	cares?	
7. A period of political unrest	followed.	
8. Everything	fits.	
9. The car	won't start.	
10. Whether we start now or later	doesn't matter.	

위 1번에서는, everyday, 2번에서는 most가 부사로 오고, 또 그 다음 시간부사로, midday/at noon, 3번에서는 silently, 4번에서는 heavily 등이 사용될 수도 있다. 그런데, 주어가 "막연하고", "길 때에는" 변형이 적용되어 유도부사 there가 앞에 나타나고, 그 다음에 동사가 오고, 마지막에 주어가 온다. 이와 같이 문의 1형식이 변형되는 것이다.

1-1   예문표 1의 해석

1. 우리는 (매일) 숨쉬고, 먹고, 마신다.
2. 해가 (가장/한낮에/정오에) 빛나고 있다.
3. 달이 (조용히) 떠올랐다.
4. 비가 (심하게) 오고 있었다.
5. 그것이면 좋습니다.

6. 누가 상관하니?
7. 정치적인 불안의 시기가 따라 왔다.
8. 모든 일이 잘 들어맞는다.
9. 차(승용차)가 시동이 걸리지 않는다.
10. 우리는 지금 떠나든 또는 후에 떠나든 상관없다.

해설:
1. drink, eat는 자동사(vi)도 되고 타동사(vt)도 된다. 위 1에서는 자동사로
   사용했지만, 다음과 같이 타동사로 사용되는 것이 보통이다.

   We ate hamburgers and drank juice at lunch.

   5번의 do는 여기서
   a. 자동사로 "쓸 만하다", "족하다", "충분하다"라는 의미를 갖는다.
      보통 will, won't와 함께 쓰인다.
   b. 의문문, 부정문에서는 do가 의미가 없는 "조동사로"로도 쓰이고,
   c. 타동사로는 "…을 하다"의 의미를 갖는다.

6. care: 걱정, 근심, 관심. (명사)
   의문문에서, "관심을 갖다/염려하다"로 자동사로 쓰였다. (자동사)

8. fit는 자동사, 타동사로도 쓰이는데,
   여기서는 "알맞다/맞다"로 자동사이다. (자동사)

영어 단어: period(시기),   political(정치적인),   unrest(불안한),
          follow(뒤따라오다),   whether(…인지 어떤지),   matter(물질, 문제)
          matter: 의문문, 부정문에서 "중요하다, 문제가 되다" (자동사)

② [Onions 1-2]   문형 1-1의 변형 1

2: 주어가 모호하거나, 또는 길 때, 유도부사 there는 다음 예문표 2의 2, 4에서처럼 다른
   부사구가 앞, 또는 뒤에 나타나도록 허용한다.

예문표 2   Hornby(1975: 22)

There + vi +	Subject
1. There followed	a long period of peace and prosperity.
2. At a later stage there arose	new problems that seemed insoluble.
3. There comes	a time when we feel we must make a protest.
4. Later there developed	a demand for new and improved methods.
5. There entered	a strange little man.

수정: 위 2번의 At a later stage there arose new problems with seemed insoluble.에서
     위 예문 2와 같이 with는 that로 수정되어야 정문이 된다.
     (Hornby의 원문이 잘못된 것이다).

위 (1-2)의 유형에서 쓰인 유도부사 there는 "완전 자동사" follow, arise, come, develop,
enter 등과 함께 쓰인 것이다. 우리나라의 영문법 학자들 중에는, be 동사를 1형식 유형으
로 제시하고 있는데, be 동사는 2형식 유형이지, 1형식의 "완전 자동사"가 아님을 여기서
확인할 수 있다.

5번의 A strange little man entered.가 정상적이나, 위 5와 같이 유도부사 there를 사용한 것은 특별한 문체적인 style이다.

1-2 예문표 2의 해석

1. 평화와 번영의 긴 시대가 왔다.
2. 그 다음 단계에서 해결할 수 없을 것 같은 새로운 문제가 생겼다.
3. 항의해야 한다고 우리들이 느끼는 때가 온다.
4. 후에 새롭고 개선된 방법에 대한 요구가 나타났다.
5. 이상한 작은 남자가 들어왔다.

영어 단어와 숙어

at a later stage: 후의 단계에서   improve: 개선하다
arise, arose, arisen: 일어나다   method: 방법
insoluble: 해결할 수 없는
protest: 항의/make a protest: 항의하다
later: 후에
develop: 발전하다/발생하다   enter: 들어오다
demand: 요구   strange: 이상한

③ Onions 1-3   문형 1-1의 변형 2

3: 주어가 절(clause)이거나, to-부정사(구)일 경우에는, 가주어 it가 앞에 나타나고, 진주어로 to-부정사(구)나, 절(clause)이 뒤에 나타난다. 서술문, 의문문, 부정문도 동시에 나타날 수 있다. 아래 예문에서, 가주어 "It…when/whether/to-부정사" 및 "의미상의 주어, 즉, for + 명사,"와 "진주어 to-부정사"로 나타나기도 한다.

예문표 3   Hornby(1975: 23)

It + vi +	subject (clause or to-infinitive phrase)
1. Does it matter	when we start?
2. It does not matter	whether we start it now or later.
3. It only remains	to wish you both happiness.
4. It only remains	for me to thank all those who have helped to make this reunion such a happy occasion.
5. It wouldn't have done	to turn down his request.

1-3 예문표 3의 해석

1. 우리가 언제 떠나야 한다는 것이 문제가 되는가?
2. 우리들이 지금 그것을 시작하든 또는 후에 하든 문제가 되지 않는다.
3. 두 분에게 행복을 비는 것만이 남아있을 뿐이다.
   ⇒ 남은 문제는 두 분에게 행복을 비는 것뿐이다.
4. 내가 이 재회의 모임을 그토록 행복한 행사가 되도록 하는데 도와준 모든 사람들에게 감사를 드리는 일만 남아있다.
5. 그의 요구를 거절하는 것은 잘하는 일이 아니었을 것이다.

문법 문제

1. 1번은 It…when의 구조이다. 즉, "when 이하가", 진주어이고, It는 가주어이다.
2. 2번은 It…whether의 구조이다. 즉, whether 이하가 진주어이고, It는 가주어이다.
3/5 번은 It…to의 구조이다.
4. 4번은 It…for…to의 구조이다. "for me"가 의미상의 주어이고, to thank 이하가 진주어이고, It는 가주어이다.

Onions 1-4   문형 1-1의 변형 3

4: That-절이 자동사, seem, appear, happen, chance, follow 다음에 나타날 경우에는 가주어 it를 반드시 사용한다. 즉, * "That he has been ill appears."라 하지 않고, 대신 가주어 it가 앞에 나타나고, 진주어로 that-절이 뒤에 나타난다. 예컨대, It appears that he has been sick/ill. 이라 하기 때문이다.

예문표 4   Hornby(1975: 23)

It + vi	subject (that - clause)
1. It would seem	(that) the rumours have some truth in them.
2. It seemed	(that) the day would never end.
3. It seems	(that) the socialists will be elected.
4. It appears	(that) the plane did not land at Rome.
5. It seems (to be)	(that) you're not really interested.
6. It (so) happened	that I was not in London at that time.
7. It (so) chanced	that we weren't in when she called.
8. It doesn't follow	that he's to blame.

1-4   예문표 4의 해석

1. 그 소문은 (그 속에) 어떤 사실이나/진실을 가지고 있는 것 같다.
2. 그 날이 결코 끝나지 않을 것 같았다.
3. 사회당원들이 선출될 것 같다.
4. 그 비행기는 로마에 착륙하지 않은 것 같다.
5. 너는 정말로 흥미가 없는 것 같이 보인다.
6. 그때 나는 우연히 London에 있지 않았던 것 같다.
7. 그녀가 방문했을 때, 우리는 우연히 집에 없었다.
8. 그가 나쁘다고는 할 수 없다.

해설: 위 3, 5, 6, 7은 뒤에서 제시되는 ㉜ (Onions 2-28)의 (VP 4D)와 같이 변형될 수도 있다.

3. The socialists seem to have been elected.
   (사회당원들이 당선되었던 것 같다).

5. You don't seem to be really interested.
   (너는 정말 흥미가 없는 것 같다).

6. I happened to be out of London at the time.
   (그때에 나는 우연히 London에 있지 않게 되었다).

7. We chanced to be out when she called.
   (그녀가 방문했을 때 우리는 우연히 외출 중이었다).

단어/숙어 해설

rumour/rumor: 소문
chance: 우연/기회(명사):
chance: 어쩌다가 … 우연히 일어나다(동사)/happen도 이와 같은 동사의 뜻이다.
follow: 당연히 결과로 …이 되다. It … that의 구조에서 이와 같은 의미를 갖는다.

위 8번은 "(당연히/결과적으로) 그가 나쁘다고 할 수 없다."의 의미이다.

1형식 문형의 총정리

주의 앞에서 제시된 4개의 자동사 유형 중에서, "완전한 자동사"는 ①-④에 제시된 몇 개뿐이다. **그런데, be 동사는 완전자동사가 아니다. 우리나라에서 영어문법책이나, 영어작문 책을 만드시는 학자들 중에는, be 동사를 1형식에 포함하는 분들도 있으나, 이것은 대단히 잘못된 것임을 여기에서 밝혀둔다. be 동사는 반드시 보어를 갖는 2형식 동사이다. 앞 1형식 문장에서는 be 동사는 전혀 나타나지 않았음을 주목해 보자.**

① care, arise, matter, seem, appear, happen 등 극히 소수의 자동사만이 "완전자동사"이다. 그 외의 자동사들은 동시에 타동사의 의미를 갖는다. 앞 Onions 1-1, 1-2, 1-3에서 제시된 자동사들은 대부분 타동사적인 다른 의미도 갖는다.

② 또 "자동사 + 전치사 + 명사"에서, 자동사 + 전치사는 자동사(구)가 되고, 다시 "전치사 + 명사"는 부사수식어가 되는 경우가 대단히 많기 때문이다.

③ 그리고 "타동사 + 전치사 + 명사"도 자동사의 역할을 하기 때문에, 자동사를 정확히 이해하기가 쉬운 일이 아니다. 우선 위 ②에서 언급한 경우는, 자동사를 수식하는 부사구를 두는 경우인데, 다음 Ⓐ의 예를 보자. 이때 전치사 on은 이중의 역할을 한다. 즉, on은, rely on으로 자동사구가 되고, 또 on me로 부사 수식어가 된다. 아래 Ⓑ - Ⓕ의 다양한 예들을 보기로 하자.

Ⓐ
a. You can rely on me.

   b. rely on   me

   자동사구   부사수식어

Ⓑ
   a. You have to <u>do your homework</u> first.   do는 타동사
   b. When in Rome, <u>do as the Romans do</u>.   do는 자동사/as the Romans do는
      (로마에서는, 로마인들이 하는 대로 하라)   부사절
   c. Every vote <u>counts in</u> election.   count는 타동사이지만 뒤의 전치사와
      (선거에서는 모든 표가 중요하다)   함께 자동사로 변한다.

Ⓒ 타동사로 혼돈하기 쉬운 자동사   타동사 + 전치사 = 자동사
   a. Happiness <u>consists in</u> contentment.
      (행복은 만족하는 것에 있다)

b. Her family <u>consists of</u> five people.
    (그녀의 가족은 5명으로 구성되어 있다)

c. He <u>graduated from</u> Seoul National University.
    (그는 서울대학교를 졸업했다)

d. I don't <u>object to</u> her marriage.
    (나는 그녀의 결혼에 반대하지 않는다)

e. My effort <u>resulted in</u> failure.
    (나의 노력은 실패로 끝났다)

위의 예문에서 타동사 뒤에 전치사가 나타나고, 명사가 나타나면, 모두 자동사가 된다. 이와 같은 이야기는, 문의 2형식에서 제시되는 ㉖ (Onions 2-22) 및 ㉗ (Onions 2-23)을 참조하라.

Ⓓ 동사 tell의 특별한 표현

동사 tell은 타동사도 되고, 또 자동사로도 쓰인다. 자동사로 쓰일 때에는, tell 다음에 "전치사"가 오고, 그 다음에 항상 "명사"가 나타난다.

a. Her tears <u>told of the sorrow</u> in her heart.   (자동사)
    (그녀의 눈물은 그녀 마음의 슬픔을 말해준다)

b. There is no <u>telling about the weather</u>.   (자동사)
    (날씨는 알 수 없는 것이다)

Ⓔ 다음 a, b, c는 tell의 관용적인 표현이다.   (자동사)

a. How can I <u>tell</u>?   (자동사)
    (어떻게 내가 알 수 있겠는가?)

b. It is the man behind the gun that <u>tells</u>.   (자동사)
    (총보다 그것을 사용하는 사람이 문제이다)

c. Every shot <u>told</u>.   (자동사)
    (백발백중이다)

Ⓕ 다음 동사들은 "<u>타동사/자동사</u>"로 쓰이나, "<u>자동사</u>"일 때, 수동의 뜻을 갖는다.

sell, read, feel, drive, print, wash, build, cook, translate 등의 동사들은 일반적인 경향을 나타내며, 양태부사인 well, easily, badly 등과 함께 쓰인다.

a. This car <u>drives</u> easily.
    (이 차는 쉽게 운전된다)

b. This books <u>sells</u> well.
    (이 책은 잘 팔린다)

c. These books <u>read</u> easily.
    (이 책들은 쉽게 읽혀진다)

d. These oranges <u>peel</u> well.
    (이 오렌지들은 쉽게 껍질이 벗겨진다)

Onions의 2형식 문형 (VP 2-32)

⑤ | Onions 2-1 | 명사보어 　(VP 2A)

5: 앞 Onions (1-4)의 (VP 1) 유형에서는 목적어나 보어를 선택하지 않는 자동사만 사용하는 유형이었는데, (Onions 2-1)에서부터 (Onions 2-13)까지는 be 동사를 사용하는 유형에 대해서 설명한다.

① 2형식 유형에서, 뒤에서 제시되는 ⑨ (Onions 2-5)의 유형은 유도부사 there가 부사보어의 역할을 하면서 문장의 앞에 나타났지만, 다른 2형식 문장은 "주어 + 동사" 다음에 보어가 온다. be 동사는, 주격보어로 명사, 대명사, 소유 대명사, 형용사, 부사(구), 전치사구, to-부정사(구), 및 절(clause)을 선택한다. 아래에 제시되는 ⑤ (Onions 2-1)은 be 동사가 주격보어로, 명사, 대명사, 동명사, 그리고 의문문에서는 변형에 의해서, 의문대명사를 선택한다. 종전의 영문법에서는 보어가 형용사, 명사로 한정되어 있었으나, 여기서는 "부사보어"를 포함시킨다. 뒤에서 제시되는 ⑧ (Onions 2-4), ⑩ (Onions 2-6)은 be 동사가 갖는 부사보어 유형이고, ⑱ (Onions 2-14), ⑲ (Onions 2-15), ㉕ (Onions 2-21)은 일반 동사가 부사보어를 갖는 유형이다. 이들은 모두 "주격 부사보어"이다.

② 2형식 유형에는 "자동사 + 전치사 + 전치사의 목적어"를 두는 유형도 있다. 이 유형은 ㉖ (Onions 2-22)에서 ㉛ (Onions 2-27)까지 6개의 유형으로 나타난다. 이 유형은 "자동사 + 부사수식어"의 형태가 된다. 이제 ⑤ (Onions 2-1)의 유형을 보자. 아래 2-1 유형의 10-13번에서는 be 동사의 보어로 의문대명사 who, what, how 등이 나타난다.

예문표 5 　　　　　　　　　　　　　　　　　　　　　　　　Hornby(1975: 14)

Subject + be +	noun/pronoun
1. This is	a book.
2. His father is	a lawyer.
3. The total was	seventy-three.
4. Seeing is	believing.
5. The boys were	about the same height.
6. It's	me.
7. That's	mine.
8. Whether he will agree is	another question.
9. Those shoes are	not my size.

Interrogative + be +	Subject
10. Who is	that?
11. What color is	her hair?
12. What age is	she?
13. How much are	cabbages today?

| 2-1 | 예문표 5의 해석

1. 이것은 책이다.

2. 그의 아버지는 변호사이다.
3. 합계는 73이다.
4. 보는 것이 믿는 것이다.
5. 그 소년들은 거의 같은 키였다.
6. 나야./그것은 나다.
7. 저것은 나의 것이다.
8. 그가 동의할지 어떨지는 다른 문제이다.
9. 이 신들은 나의 신발치수가 아니다.

의문문

10. 저 사람은 누구냐?
11. 그녀의 머리는 무슨 색이냐?
12. 그녀는 몇 살이냐?
13. 오늘은 양배추가 얼마냐?

단어 및 숙어

5. height: 키/높이

 6 | Onions 2-2 | 형용사보어　(VP 2A)

6:　이 문형에서는 주격보어가 형용사인 경우를 제시한다. 형용사는 분사인 경우도 있다. 아래 7-11의 예는 한정적인(attributive adjective) 형용사로 사용되지 않고, 오직 서술적으로만 사용되는 형용사이다.

예문표 6 　　　　　　　　　　　　　　　　　　　　　　　　　　Hornby(1975: 15)

Subject + be　+	adjective
1.　It was	dark.
2.　We're	ready.
3.　The children were	exhausted.
4.　The statue will be	life size.
5.　Mary's	charming.
6.　That he will refuse is	most unlikely.
7.　Don't be	afraid.
8.　The children are	asleep.
9.　Is he	still alive?
10.　I was	not afraid of that.
11.　The ship is	still afloat.

해설　어떤 형용사는 술부에서 to-부정사와 함께 사용되는 것이 있다. 이 유형은 동사 유형으로 설명할 수 없는 문제이기 때문에, 동사 유형에 이어서, 바로 "형용사 유형"에서 설명한다. 예컨대, "I am glad to see you." 같은 유형도 "형용사 유형" 으로만 설명될 수 있다. 더욱 "Mary is easy to please."에서, to-부정사의 목적어는 Mary 이다. 즉, (Mary를 기쁘게 하는 것은 쉽다)이다. 따라서 Mary는 주어의 위치에 있지만, 사실은 목적어이다. 이 문장은 다음과 같은 세 가지 변형을 통해서 나타난다. 더 구체적인 것은 뒤에서 제시되는 형용사 유형 ㉛을 보라. 형용사 유형은 ㉛번에서 ㊲까지 제시되어 있다.

a. Mary is easy <u>to please</u>. (Mary를 기쁘게 하는 것은 쉽다)
위 a에서 to please의 목적어가 Mary이기 때문에, to-부정사구를 앞으로 이동시키고, Mary를 please 다음에 두면, 다음 b와 같이 된다.

b. "<u>To please Mary is easy</u>."로 된다.
이 b에서 줄친 부분을 가주어 it로 대체하고, to-부정사구를 뒤로 이동시키면 다음 c와 같이 된다.

c. "<u>It</u> is easy <u>to please Mary</u>."가 된다. c에서 목적어 Mary를 가주어 It의 자리로 이동시키면, 앞 a와 같이 된다. 이 변형의 과정을 영어 문법에서 인정하고 받아들여야 한다. 더 구체적인 논의는 형용사 유형 ㉛을 보라.

위와 같은 형용사 유형이 존재하기 때문에, 동사 유형만으로는 완벽한 문장유형을 제시할 수 없다는 것을 밝혀둔다.

2-2	예문표 6의 해석

1. 날씨가 어두워 졌다.
2. 우리는 준비가 되었다.
3. 아이들은 지쳐 있었다.
4. 그 동상은 실물 크기일 것이다.
5. Mary는 매력적이다.
6. 그가 거절한다는 것은 거의 있을 수가 없다.
7. 두려워하지 말라.
8. 아이들은 자고 있다.
9. 그는 여전히 살아 있나요?
10. 나는 그것을 두려워하지 않았다.
11. 그 배는 여전히 떠있다.

문법 문제:

위 ⑥ (Onions 2-2)에서 사각형 속의 형용사, afraid, asleep, alive, afraid of, afloat 등은 철자 a-로 시작되는 형용사로서, 이들은 모두 be 동사의 보어로만 사용되고, 명사 앞에 나타나 뒤의 명사를 수식하지 않는 형용사들이다.

 | Onions 2-3 | 형용사보어 (VP 2A)

7: 아래 문형에서는 <u>형용사가 아니면서, 형용사 역할을 하는 "전치사구"</u>를 다룬다. 즉, "be 동사 + <u>전치사구</u>"가 "형용사"의 역할을 하는 예를 들고 있다.

예문표 7   Hornby(1975: 15)

	Subject +	be +	prepositional group (= adjectives)
1.	She is		in good health. (= well)
2.	Your memory is		at fault. (= faulty)
3.	We were all		out of breath. (= breathless)
4.	At last he was		at liberty. (= free)
5.	This poem is		beyond me. (= too difficult)
6.	We are		not out of danger. (= safe)

7.	The question is	of no importance. (= unimportant)
8.	Everything is	in good order. (= working well)
9.	The machine is	out of order. (= not working)
10.	This letter is	for you. (= intended for you)

앞 서론인 "완벽한 문의 5형식을 보라"에서 길게 논의했던 "be + to-부정사"는 형용사가 아니면서, 형용사로 보았던 구조였는데, 위 ⑦ (Onions 2-3), 예문표 7로 다시 한 번 결론이 난다. 즉, "be + to-부정사"는 분명히 형용사가 아닌데, 형용사의 역할을 한다고 우리나라에서 출판된 모든 영문법 책에 나타나 있다. 그 주장이 맞다면, 이 유형의 예문표에 나타나야 하는데, 전혀 나타나지 않았다. 그 이유는, "be + to-부정사"는 형용사가 아니라, "명사보어"여서다. 왜냐하면 <u>"be + to-부정사 구조에서"</u> to는, 전치사가 아니라, "to-부정사"이기 때문이다. 위의 예에서 "be + to-전치사" 유형은 영어에서 전혀 없기 때문이다.

2-3	예문표 7의 해석

2-3은 전치사구가 형용사의 역할을 하는 예를 들고 있다.

1. 그녀는 건강이 좋다.
2. 너의 기억은 잘못되었다.
3. 우리들은 모두 숨이 찼다.
4. 드디어 (마침내) 그는 자유로워졌다.
5. 이 시는 내게 너무 어렵다.
6. 우리는 아직 위험을 벗어나지 못했다.
7. 이 문제는 중요하지 않다.
8. 모든 것이 잘 정돈되어 있다.
9. 그 기계는 고장이 났다.
10. 이 편지는 너에게 온 것이다.

해설: 7의 The question is <u>of no importance</u>.에서 of의 역할을 보기로 하자:

위에서 전치사 of는 소유격의 뜻을 갖는 것이 아니라, 뒤의 명사 no importance를 동일한 어원의 형용사로 변화시키는 역할을 한다. 즉, no importance ➡ un-important로 변형시킨다는 말이다.

다른 예를 든다면

It is <u>of no use</u> <u>crying over the spilt milk</u>.
(엎질러진 우유에 대해서 울어보아도 소용없다)

아래 a의 예문에서 "crying over spilt milk"는 진주어이고, 앞의 It는 가주어이다. 그러면 전치사구 <u>of no use</u>에서 of는 소유를 의미하는 전치사가 아니라, 뒤의 명사 use를 형용사인 useful로 변형시키는 역할을 한다. 그러면 아래 a가 b와 같이 변형되어 나타난다.

a. It is <u>of</u> no <u>use</u> crying over the spilt milk.

      ↘ useful

b. It is <u>no useful</u> crying over spilt milk. (b에서 "no"의 의미를 "useless"에 포함하면, c와 같이 된다)

c. It is <u>useless</u> crying over spilt milk.

이와 같은 용법에 관한 더 많은 예와 설명은, 이 책의 "문법편" "제21장 전치사" 392쪽에 제시된 ⑪의 예들을 참조하라.

 **8** Onions 2-4 부사보어 1 (VP 2A)

8: 이 문형에서는 "부사"가 주격보어로 나타나는 문장을 다룬다. 이 부사보어는 아주 어려운 구조가 아니라, 초등학교 수준의 영어문장이다. 그러나 그전의 Onions의 문의 5형식에서는 부사가 주격보어로 나타난다는 문법이론 조차 전혀 없었다. 그러나 be 동사의 이 유형에 제시된 부사는 분명히 모두 "부사보어"이다. 다음 예를 보자.

예문표 8   Hornby(1975: 16)

	Subject + be +	adverbial adjunct(부사보어)
1.	Your friend is	here.
2.	The book you are looking for is	here.
3.	The others are	there.
4.	It is	there.
5.	The train is	in.
6.	The concert was	over.
7.	The whole scheme is	off.
8.	My house is	near the station.
9.	Everything between them was	at an end.
10.	A plan of the town is	on page 23.
11.	Was anyone	up?

해설:

here, there는 보통 문장의 끝에 나타나나, 감탄문에서는 문장의 앞에 올 때가 있다.

1. Here's your friend!
2. Here's the book you're looking for!
3. There are the others!
4. There it is!

위 10과 11은 다음과 같이 바꾸어 쓸 수도 있다.

10. There's a plan of the town <u>on page 23</u>.
11. Was there anyone <u>up</u>?

2-4 예문표 8의 ⑧ (Onions 2-4)는 모두 "부사보어"를 갖는 유형이다.

1. 너의 친구는 여기에 있다.
2. 네가 찾고 있는 책이 여기에 있다.
3. 다른 사람들 (다른 것들)은 저기에 있다.
4. 그것은 저기에 있다.
5. 열차가 들어와 있다.
6. 음악회는 끝났다.
7. 모든 계획은 중단되어 있다.
8. 나의 집은 역 가까이에 있다.
9. 그들 사이에 모든 일이 끝났다.
10. 이 도시(마을)의 계획은 23page에 있다.
11. 누군가가 일어나 있었나?

그런데 Hornby(1975)는 "부사보어"를 영어로 "adverb complement"라는 용어를 사용하지 않고 "adverb adjunct(부사 부가어)"라는 용어를 사용하기 때문에, "부사보어"라는 의미를 우리가 바로 느끼지 못하는 결점이 있다. 그러나 "adverb adjunct"는 분명히 "부사보어"라는 의미이다.

Hornby가 그의 사전에서 "adjunct"의 의미를 정의한 내용을 보기로 하자:

adjunct: In grammar, words or phrases <u>added to qualify or define another word</u> in
           a sentence.
           (문법용어로, 한 문장 내에서 다른 단어에 Ⓐ <u>어떤 자격을 주도록</u>,
           또는 Ⓑ <u>어떤 정의를 내리도록</u> "<u>추가된 단어나 구</u>")

① modifier는 "수식어"로 해석되고
② adjunct는 자격을 주도록 <u>추가된, 부가된, 보충된</u> 어구로 해석된다.

위 ①은 흔히 사용하는 "수식어"라는 의미이고,
   ②는 어떤 자격을 갖추도록, "추가된/보충된 단어"로 해석된다.

그러면 앞 예문표 ⑧ (Onions 2-4)에서는 here, there, in, over, near the station 등이 be 동사 다음에 <u>부가되어/보충되어/</u>한 문장을 완성하게 된다로 해석해야 된다. 따라서 adverbial adjunct는 "부사수식어"가 아니라, "부사보충어/부사보어"라는 의미로 사용된다.

 9 | Onions 2-5 | 유도부사가 주어 앞에 나오는 유형

(VP 2A)

9: 이 유형의 "Be" 동사는, 유도부사 "there"와 함께 쓰인다. **그래서 이 유도부사가 "부사보어"의 역할을 한다.** 그런데 be 동사는 반드시 "보어"를 갖는 2형식 동사이다. 이 (2-5)의 유형은 영어에서 "(--이 있다./-- 존재한다)"의 의미를 나타내는 가장 대표적인 **"관용적인"** 표현이기 때문에, 독립적인 부사보어로는 인정하지 않고. **"유도부사"**라 부른다. 부사보어는 한 문장에서 3개까지 나타날 수 있다. 그래서 다음 (2-6)에서는 유도부사 there 와 함께 "장소부사," "시간부사"가 나타나는 유형이 제시된다.

예문표 9   Hornby(1975: 16-17)

	There + be +	Subject
1.	There was	<u>a large</u> crowd.
2.	There won't be	<u>enough</u> time.
3.	There is	<u>no</u> doubt <u>about it</u>.
4.	There is	<u>still</u> time <u>for us to see the movie</u>.
5.	There has been	<u>too much idle</u> gossip.
6.	There is	a man <u>waiting to see you</u>.
7.	There is	<u>no</u> accounting <u>for tastes</u>.
8.	There was	<u>every</u> reason <u>for him to be satisfied</u>.
9.	There are <u>still</u>	<u>many</u> things <u>worth fighting for</u>.
10.	There can be	<u>very little</u> doubt <u>about his guilt</u>.
11.	There can't have been	<u>much</u> traffic <u>so late at night</u>.
12.	There have been	<u>many such</u> incidents.
13.	There must be	a mistake <u>somewhere</u>.
14.	There is	<u>only</u> one man <u>qualified for the job</u>.

1. 큰 군중이 있다.
2. 충분한 시간이 없을 것 같다.
3. 그것에 대해서는 의심할 여지가 없다.
4. 아직도 우리는 그 영화를 볼 시간은 있다.
5. 쓸모없는 소문들이 너무나 많았다.
6. 당신을 만나려고 기다리는 사람이 있다.
7. 좋고 싫은 데엔 이유가 없다.　　　　　　　(사람마다 취향이 매우 다르다) (속담)
8. 그는 만족할 여러 가지 이유들이 있었다.
9. 아직도 싸울 가치가 있는 많은 일들이 있다.
10. 그가 죄가 있다고 의심할 일은 거의 없다.
11. 그렇게 늦은 밤에 교통이 혼잡했을 리가 없다.
12. 많은 그와 같은 사고들이 있어왔다.
13. 어딘가에 잘못이 있음이 틀림없다.
14. 그 일에 자격을 갖춘 사람은 오직 한 사람이 있다.

7. There is no accounting for tastes.
    (사람마다 취향이 매우 다르다) (속담)

　　　위의 예 (2-5)의 유형은 영어에서 **"관용적인 표현으로 쓰이는 대표적인 표현이다."** 따라서 앞에 나타난 유도부사 "there" 외에 **"장소부사"**나 **"시간부사"**를 쓸 수도 있다. 즉, "어디에" 큰 군중이 있다. 라고 말하는 것이 보통이기 때문이다. 예컨대 There was a large crowd **on the playground**.로 표현하는 것이 보통이다.

 Onions 2-6　　　부사보어 2　(VP 2A)

10: 이 유형의 문장은 앞 ⑧ (Onions 2-4)의 유형으로 바꿀 수 있다. 그러나 특히, 구어체에서는 ⑩의 (Onions 2-6)이 보통 많이 쓰인다. 예컨대, 잡지에서 지도가 있을 때, "A map is page 23."라고도 하지만, "There is a map on page 23."로 표현하는 것이 더 좋다. 그리고 이 유형에는 부사보어가 반드시 필요하다. 왜냐하면 아래 예문 1번에서, "in this room"이라는 장소를 나타내는, 부사구가 없다면, 이 문장은 완전한 문장이 될 수 없기 때문이다. 즉, There are three windows.만으로는 완전한 문장이 될 수 없다. "어디에 세 개의 창문이 있다."라고 말해야 하기 때문이다. 따라서 장소부사, in this room이 "be 동사"의 "부사보어"이다.

예문표 10 　　　　　　　　　　　　　　　　　　　　　　　　　　Hornby(1975: 17)

	There + be + subject		adverbial adjunct(부사보어)	
1.	There are	three windows	in this room.	(장소부사)
2.	There was	a thunderstorm	in the night.	(시간부사)
3.	There are	several hotels	in this town.	(장소부사)
4.	Are there	many apples	on your trees this year?	
			(장소부사)　　　(시간부사)	
5.	There is	a plan of the town	on page 23.	(장소부사)
6.	There are	some problems	here.	(장소부사)

위 1번에서 There are three windows가 완벽한 문장인데, 왜 "in the room"라는 부사구가 필요한 것이냐고 질문할 수도 있다. 이 질문은 중요한 질문이다. 즉, "무엇이 있다"라는 말을 할 때는, "그것이 어디에 있다"라는 표현이 추가되어야만 완벽한 문장이 되기 때문에 "부사보어"가 필요한 것이다.

2-6 예문표 10의 해석: 1-6은 장소부사/시간부사를 나타내는 유형이다.

1. 이 방에는 창문이 세 개가 있다.
2. 밤에 한 차례의 번개 치는 폭우가 있었다.
3. 이 도시에는 몇 개의 호텔이 있다.
4. 금년에 너의 사과나무에 많은 사과가 열렸는가?
5. 23 page에 그 도시의 도시계획이 있다.
6. 여기에 몇 가지 문제가 있다.

위 ⑩ (Onions 2-6)이 앞 ⑧ (Onions 2-4)의 부사보어 유형과 다른 점은, 후자에서는 먼저 유도부사 there를 사용하고 그 다음에 be 동사가 오고, 주어가 오고, 장소부사가 맨 뒤에 오지만, ⑩ (Onions 2-6)에서는 주어명사가 맨 앞에 나타나는 점이 다르다.

(11) Onions 2-7 　　형용사/명사보어　(VP 2A)

11: 주어가 to-부정사(구)일 때에는 가주어 it를 사용하는 것이 보통이다. 이때, 주격보어는 형용사 및 명사가 된다.

예문표 11 　　　　　　　　　　　　　　　　　　　　　Hornby(1975: 18)

It + be +	adjective/noun +	to-infinitive(phrase)
1. It is	so nice	to sit here with you.
2. It would have been	much wiser	to reduce the speed.
3. It is	a pity	to waste them.
4. It would be	a mistake	to ignore their advice.
5. It is	such a relief	to hear you laughing again.
6. It was	a pleasant surprise	to be told that I had been promoted.
7. It is no	exaggeration	to say that no actor surpassed him in the part of Othello.

2-7 예문표 11의 해석

1. 당신과 함께 여기에 앉아있는 것은 정말로 멋있는 일이다.
2. 속도를 줄이는 것이 아주 현명했을 것이다.
3. 그들을 낭비하는 것은 참 딱한 일이다.
4. 그들의 충고를 묵인하는 것은 잘못일 것이다.
5. 네가 다시 그 전처럼 웃는 것을 (소리를) 들으니 아주 안심이 된다.
6. 내가 승진했다는 것을 듣는 것은 기쁘고도 놀라운 일이었다.
7. Othello 역에 그를 능가할 배우가 없다고 해도 지나친 과장은 아니다.

영어 단어

reduce: …을 줄이다   ignore: 무시하다
pleasant: 유쾌한   promote: 승진하다
exaggeration: 과장/허풍   surpass: 능가하다

1. 이 2-7 유형의 문 구조는 It…to의 구조로서, to-이하가 진주어이고, 앞의 It는 가주어이다.
2. 그리고 be 동사의 보어는 형용사나 명사를 선택한다.

 Onions 2-8   형용사/명사보어 위 2-7의 변형 (VP 2A)

12: 아래 예문표 12는 위 2-7의 예문을 how나 what을 사용하여 감탄문으로 바꾼 예이다.

예문표 12   Hornby(1975: 18)

How/what + adjective/noun	(it + be) + (it: 가주어)	to-infinitive(phrase) (to-부정사: 진주어)
1. How nice	(it is)	to sit here with you!
2. How much wiser	(it would have been)	to reduce the speed!
3. What a pity	(it is)	to waste them!
4. What a mistake	(it would be)	to ignore their advice!
5. What a pleasant surprise	(it was)	to be told that I had been promoted!

2-8   예문표 12의 해석

위 2-8은 앞 2-7의 술부를 감탄문으로 바꾼 점이 다르다.

1. 너와 함께 여기에 앉아 있는 것은 얼마나 좋은가!
2. 속도를 줄이는 것이 훨씬 현명했었을 것을!
3. 그들을 낭비하는 것은 얼마나 딱한 일인가!
4. 그들의 충고를 무시하다니 큰 잘못이다!
5. 내가 승진했다는 소식을 듣는 것은 얼마나 놀라운 기쁨인가!

13 | Onions 2-9 | 형용사/명사보어 (VP 2A)

13: 진주어가 동명사이거나, 동명사구일 때에는 가주어 it를 사용한다. 문법적으로
It--to"의 구조가 존재하는 것같이, 이 구조는 "it---ing"의 동명사 구조로 인정된다.

예문표 13   Hornby(1975: 19)

It + be +	adjective/noun +	Subject(gerund phrase)
1. It is	so nice	sitting here with you.
2. It is	no good	hoping for help from the authorities.
3. It won't be	much good	complaining to them.
4. It wouldn't be	any good	my talking to him.
5. It is	no good	crying over spilt milk.
6. It was	a difficult business	getting everything ready in time.
7. It is	wonderful	lying on the beach all day.
8. It wasn't	much use	my pretending I didn't know the rules.
9. It is not	worth-while	losing your temper.
10. It was	really worth-while	running that youth club last year.
11. It isn't	much fun	being a light house keeper.

2-9 | 예문표 13의 해석

1. 당신과 함께 여기에 앉아있는 것이 참 좋다.
2. 당국으로부터 도움을 기대하는 것은 좋은 일이 아니다.
3. 그들에게 불평하는 것은 이로울 것이 별로 없다.
4. 그에게 내가 말하는 것은 좋을 것이 아무것도 없을 것이다.
5. 엎질러진 우유에 대해서 울어 보았자 좋을 것은 전혀 없다.
   (지난 일을 원망해도 소용이 없다)
6. 모든 일을 시간에 맞게 준비하는 것은 어려운 일이었다.
7. 온종일 해변에 드러누워 있는 것은 참 좋은 일이다.
8. 내가 그 규칙을 모르고 있었던 것처럼 해보았자 이로울 것이 별로 없었다.
9. 네가 화를 내는 것은 정말로 소용이 없다.
10. 작년에 그 청년 클럽을 운영한 것은 정말로 보람이 있었다.
11. 등대지기가 되는 것은 아주 재미있는 일은 아니다.

해설: 4는 "It wouldn't be any good for me to talk to him."으로 변형될 수 있고,
8은 "It wasn't much use for me to pretend (that) I didn't know the rules."로
변형된다.

영어 단어

authority: 권위, 권력   authorities: (정부, 시) 당국, 공공기관들
complain: 불평하다   pretend: …인 체하다
lose one's temper: 화내다   run: 달리다/…을 운영하다
a light house: 등대   a light house keeper: 등대지기

 **Onions 2-10**   명사보어   (VP 2A)

14: 주격보어로 접속사 that-절, 또는 관계대명사 what 및 관계부사로 유도되는 절이
    나타난다.

예문표 14   Hornby(1975: 19)

Subject + be +	clause
1. The trouble is	(that) all the shops are shut.
2. Is this	what you are looking for?
3. What delighted me most was	that they were singing for the pure joy of it.
4. Everything was	as we had left it.
5. This is	where I work.
6. My suggestion is	(that) we should plant more trees in the streets.

2-10   예문표 14의 해석

1. 문제는 모든 상점이 문을 닫았다는 것이다.
2. 이것이 네가 찾고 있는 것이었나?
3. 나를 가장 즐겁게 했던 것은 그들이 노래를 순수한 기쁨으로 불렀다는 것이다.
4. 모든 것은 우리가 두고 갔던 그대로였다.
5. 이곳이 내가 일하는 곳이다.
6. 나의 제안은 거리에 더 많은 나무를 심자는 것이다.

영어 단어

delight: 기쁨/기쁘게 하다   plant: 식물/…을 심다
pure: 순수한   leave: 떠나다/남겨놓다
suggestion: 제안   leave/left

 Onions 2-11   형용사/명사보어   (VP 2A)

15: 주어가 절(clause)일 때에는 가주어 it가 사용되고, 주격보어로 형용사 및 명사를
     갖는다.

예문표 15   Hornby(1975: 20)

It + be +	noun/adjective +	clause
1. It was	a pity	(that) you couldn't come.
2. It was	lucky	(that) you left when you did.
3. It is	strange	he should have said that.
4. It's	possible	he didn't get your message.
5. It's	splendid news	that you've found a job.
6. It's	likely	(that) they will announce their engagement soon.

7. It was	a mystery	how the burglars got in.
8. It's	doubtful	whether he'll be able to come.
9. It'll be	a great day	when the peace treaty is signed.
10. It'll be	a long time	before we ask him round again.
11. It would be	sad	if that happened.
12. It's	time	you started.
13. It's	high time	the children were in bed.
14. It's	time	you did some work.

예문표 15의 해석

1. 네가 올 수 없었든 것은 애석한 일이였다.
2. 네가 그때 떠난 것은 (그렇게 한 것은) 다행한 일이었다.
3. 그가 그런 말을 했었다니 이상하다.
4. 그가 너의 전달문을 못 받았을 수도 있다.
5. 네가 직장을 얻었다니 굉장한 뉴스다. (소식이다).
6. 그들은 그들의 약혼을 곧 발표할 것 같다.
7. 도둑이 어떻게 들어왔는지 수수께끼 같다.
8. 그가 올지 안 올지 의심스럽다.
9. 평화조약이 체결되면 그 날은 위대한 날이 될 것이다.
10. 우리가 그를 다시 초대하는 일은 먼 훗날일 것이다.
11. 만일 그런 일이 일어난다면 슬픈 일이다.
12. 네가 출발해야 할 시간이다.
13. 아이들이 이제 자야할 시간이다.
14. 이제는 네가 어떤 일을 해야 할 때다.

영어 단어 및 숙어

engagement: 약혼, 약속, 맹세 　　　　　　　　burglar: 도둑
get in: 들어오다

2번의 It was lucky (that) you left "<u>when you did</u>."에서 "when you did"는 그 앞의 동사 "left"를 강조하는 역할을 한다.

10번의 "ask a person (a)round"는 "어떤 사람을 자택으로 초빙하다"의 의미이다.

문법 문제: 위 12-14의 종속절은 "가정법 과거"의 if-절처럼, 과거형 동사가 사용된다. 종속절의 의미는 "이미 그렇게 해야 할 때이다"라는 의미를 갖는다. 다음 가정법 과거와 비교해 보라.

가정법 과거: If I <u>were</u> a bird, I would fly in the sky.

위 문장은 실현 불가능한 일을 나타내나, 위 12-14는 이미 그렇게 했어야 했는데, 좀 때가 늦은 감이 있지만, 지금 바로 실행에 옮겨야 한다는 의미를 갖는다.

위 12-14는 이 책의 제9장, 가정법 259쪽에서 ⑦번 "If-절에 의존하지 않는 가정법" ⑦의 (5), 또는 261쪽의 ⑪번을 참조하라.

16 | Onions 2-12 | 명사보어 (VP 2A)

16: Hornby(1975: 20-21)

The verb "be" may be followed by an infinitive or an infinitive phrase (active or passive) "as the nominal part of the predicate."
(동사 be는 "술부의 명사적 부분"으로서, to-부정사(구)가 (능동 구문이든, 수동 구문이든) 뒤따라올 수 있게 한다). 위의 내용은 윤만근(2016)의 앞 서론 (3)-⒀에서 구체적으로 길게 논의된바 있다.

예문표 16   Hornby(1975: 20-21)

Subject + be +	to-infinitive(phrase) = nominal part of the predicate (술부의 명사적 부분)
1. This house is	to let/to be let.(BrE) = to rent/to be rented.(AmE)
2. The best is yet	to come.
3. What's (How much is)	to pay? = How much is there to pay?
4. Who's	to blame? = Who's to be blamed?
5. The causes are not far	to seek.
6. You're	to be congratulated. (그러나 "혼비 영문법"(서울: 법문사 1988: 33)에서 김진만 교수는 1-6 번까지는 형용사로 번역했는데 이것은 분명한 오역이다)
7. My aim was	to help you.
8. To know her is	to like her.
9. All you have to do is	to fit the pieces together.
10. The thing to do is	to pretend you didn't hear.
11. His greatest pleasure is	to sit in the pub talking to his friends.

2-12 예문표 16의 해석 : 기본적으로, "---하는 것이다"로 모두 명사적 용법으로 해석된다.

1. 이 집은 세놓는/세놓아지는 것이다.
2. 가장 좋은 일들은 아직 앞으로 오게 되어 있는 것이다.
3. 얼마를 갚아야 하는 것입니까?
4. 누가 비난을 받는 것입니까?/비난을 받아야 하는 것입니까?
5. 그 원인을 찾는 것은 멀지 않습니다.
6. 당신은 축하를 받게 되어 있는 것입니다.
7. 나의 목적은 당신을 도우는 것입니다.
8. 그녀를 아는 것은 그녀를 사랑한다는 것입니다.
9. 당신이 해야 할 모든 일은 그 조각들을 함께 맞추는 것입니다.
10. 해야 할 일은 당신이 못들은 척 하는 것입니다.
11. 그의 가장 큰 기쁨은 그의 친구들과 이야기 하면서 술집에 앉아 있는 것입니다.

해설: ㉝ (Onions 2-28), ㉞ (Onions 2-30)에서, 본동사가 seem, appear, happen 등으로 나타난 다음에, "to be + 과거분사"는 형용사로 인정된다. 예컨대, He seems to be disappointed. 에서 disappointed는 형용사로 인정된다.

Onions 2-13   형용사/명사보어 (VP 2A)

17: 의미상의 주어 "for + 명사"와 "to-부정사 구조"가 나타날 때에는 가주어 it가 사용되어 앞으로 나오고, 진주어로 to-부정사(구)가 뒤에 나타난다.

예문표 17   Hornby(1975: 21)

It + be + adjective/noun	for + noun/pronoun	+ to-infinitive(phrase)

1.	It was hard	for him	to live on his small pension.
2.	Is it easy	for a rich widow	to find a handsome husband?
3.	It was unusual	for a Victorian lady	to earn her own living.
4.	It's no uncommon thing	for her husband	to be away for weeks at a time.
5.	It was a rule	for men and women	to sit apart.
6.	Isn't it a relief	for us	to be alone together at last?
7.	It'll be quite all right	for you	to leave early.
8.	It's impossible	for there	to be a happier family.
9.	Isn't it more reasonable	for young people	to wear what they like?
10.	It's difficult	for anyone	to be angry with her.
11.	It would be wrong	for these first offenders	to be sent to a prison where there are hardened criminals.

2-13 예문표 17의 해석

1. 그가 그의 적은 연금으로 살아가는 것이 힘들었다.
2. 부유한 과부가 잘 생긴 남편을 얻는 것이 쉬울까?
3. Victoria 왕조 시대의 여성이 그녀 자신의 삶을 살아간다는 것은 평범한 일이 아니었다.
4. 그녀의 남편이 한 번에 몇 주 동안 집을 떠나있는 것은 이상한 일이 아니었다.
5. 남녀가 서로 떨어져 않는 것이 하나의 규칙이었다.
6. 우리가 드디어 함께 홀로 있게 된 것은 아주 안도감을 주는 일이 아닌가?
7. 당신이 일찍 출발해도 아무 상관이 없습니다.
8. 이보다 더 행복한 가정이 있을 수 없다.
9. 젊은 사람들이 그들이 좋아하는 옷을 입는 것은 아주 타당한 일이 아닐까요?
10. 누구라도 그녀에게 화를 내는 것은 어려운 일이다.
11. 초범자들을 상습 범죄인들이 있는 형무소로 보내진 것은 잘못된 것이다.

해설: "It --for --to"의 구조에서 "주어가 길 때", 가주어 it가 앞으로 나온다. 다음 a, b를 비교해 보자. a는 가주어 it로 제시되었고, b는 진주어인 to-부정사구를 사용했다.

a. Isn't it only right for women to receive the same pay as men for the same work?
(여성들이 남성들과 동일한 일을 하고서 동일한 보수를 받는 것이 정당하지 않는가요?)

b. For women to receive the same pay as men for the same work is only right.
(여성들이 남성들과 동일한 일을 하고서 동일한 보수를 받는 것이 정당하다)

술부에 형용사가 나타나면, 변형으로 다음과 같은 감탄문을 만들 수 있다.
1. <u>How hard it was</u> for him to live on his small pension!
6. <u>What a relief it is</u> for us to be alone together at last!
10. <u>How difficult it is</u> for anyone to be angry with her!

영어 단어
no uncommon thing: 평범한 일　　　　　　reasonable: 타당한
be away for weeks: 몇 주 동안 떠나 있다　　first offenders: 초범자
prison: 형무소　　　　　　　　　　　　　hardened criminals: 상습 범죄인

 Onions 2-14　　부사보어 3　(VP 2B)

18: 이 (VP 2B), ⑱ (Onions 2-14) 유형에서부터 be 동사가 아닌, 일반 자동사를 다루
는데, 먼저 자동사 다음에 "부사보어"가 나타나는 문장을 보기로 하자. We walked
and walked.(우리는 걷고 또 걸었다)는 어떤 문맥 내에서는 인정될 수 있지만, 독립된 문장으
로서 무엇인가 좀 부족한 점이 나타나는 문장이다. We walked and walked <u>until
midnight/(for) five miles.</u>는 완벽하다. 이런 경우에, <u>until midnight/(for) five miles.</u>에서
until midnight는 부사수식어이고 (for) five mines는 "부사보어"가 된다. **아래 1-19의 예에서
"부사보어"는 모두 명사로 나타난 것을 확인해 보자.**

예문표 18　　　　　　　　　　　　　　　　　　　　　　　　Hornby(1975: 24)

Subject + vi +	(for) + adverbial adjunct(명사 부사보어)
1. We walked	(for) five miles.
2. He has travelled	thousands of miles
3. They had come/gone	a long way.
4. The forests stretch	(for) hundreds of miles.
5. He jumped	two meters.
6. The meeting lasted	two hours.
7. The play ran	(for) more than two years.
8 Won't you stay	(for) the night?
9. We waited	(for) half an hour.
10. The flowers cost (me)	five dollars.
11. The thermometer rose	ten degrees.
12. The temperature fell	several degrees.
13. The box weighs	five kilograms.
14. A little kindness goes	a long way.
15. Tuning the piano took (him)	three hours.
16. The top of the desk measures	one meter by two meters.
17. My watch loses	two minutes a day.
18. Will our stock of coal last (us)	the winter?
19. "Your heart is not strong," said the doctor, "but it will last you	your lifetime.

1. 우리는 5마일을 걸었다.
2. 그는 수천 마일을 여행하고 있다.
3. 그들은 멀리서 왔다./그들은 멀리 가버렸다.
4. 숲은 수백 마일로 뻗쳐 있다.
5. 그는 2미터를 뛰었다.
6. 그 모임은 두 시간 계속되었다.
7. 그 연극은 2년 이상 공연되었다.
8. 오늘밤에 자고 가지 않겠니?
9. 우리는 30분을 기다렸다.
10. 그 꽃은 (나에게) 5달러 비용이 들었다.
11. 온도계는 10도 올랐다.
12. 온도는 몇 도 내려갔다.
13. 그 상자는 5킬로그램 나간다.
14. 작은 친절이 오래 간다.
15. 피아노 조율이 (그에게) 3시간 걸렸다.
16. 책상 윗면은 세로 1미터, 가로 2미터로 측정되었다.
17. 내 시계는 하루 2분 늦는다.
18. 석탄의 재고가 올 겨울을 견딜까?
19. "당신의 심장은 튼튼하지는 못하나, 당신의 평생 동안 그대로 유지될 것입니다"라고 의사는 말했다.

해설　위 ⑱ (Onions 1-14)에서는 **"주격 부사보어"가 모두 명사로 나타났다.** 거리 (distance), 기간(duration), 무게(weight), 가격(price) 등은 나타내는 문장에서, 나타난 동사가 위 ⑱ (Onions 2-14)에서처럼, 자동사이면, "부사보어(adverbial adjunct)"가 반드시 필요하다. 그러나 아래 a, b에서는 동사가 타동사로 사용되면, 그 뒤의 명사는 목적어이다.

a. We <u>weighed</u> that box.　　타동사 (목적어)
b. We <u>measured</u> the box.　　타동사 (목적어)

아래 c, d에서 weigh와 measure는 "자동사"이므로 그 다음에 나타난 것은 "부사보어"이다.

c. The box <u>weighs</u> "2 kilograms."　　　　　　　　　　　(부사보어: 명사)
d. The box <u>measured</u> "30 centimeters by 20 centimeters."　(부사보어: 명사)

　위 c, d에서는 weighs와 measured는 자동사이므로, <u>"2 kilograms"</u>와 <u>"30 centimeters by 20 centimeters"</u>는 "명사로 된 부사보어"가 된다. 그런데, cost는 상업적인 용도로 사용할 때는 <u>타동사가</u> 된다. 그때에는 cost는 그것의 "목적어"를 갖는다.

e. The construction of the 10 story building <u>costed</u> "<u>the company</u>" "<u>three million dollars</u>." (이중 목적어를 갖는다)

f. The manufacturing of the food <u>will cost</u> "<u>him</u>" "<u>a lot of money</u>." (간접목적어, 직접목적어로서 2개의 목적어를 갖는다)

*** 아래 예에서는 cost, weigh, measure가 "be" 동사로 대체될 수도 있다. be 동사로 대체되면, 이들은 모두 명사보어가 된다.

g. The flowers <u>are</u> five dollars.
h. This box <u>is</u> five kilos.
i. The top of the desk <u>is</u> one meter by two meters.

"one meter by two meters"에서 "by"는 곱하기를 나타낼 때 사용된다. 즉, 세로 1미터 "곱하기" 가로 2미터의 넓이를 갖는다는 의미이다.

앞에서도 언급했지만, 종전의 문의 2형식 문장은 모두 "보어"를 선택하는 문장이다 그런데 앞의 예문표 18에서 나타난 동사들은 보통 "부사보어"도 갖고, "부사수식어"도 갖는다.

여기서 "부사수식어(modifiers)"와 "부사보어(adjuncts)"의 성격을 분명히 밝히고 넘어가기로 하자.

앞 예문표 18의 1번의 예를 보자.

①. We walked <u>fast</u>. 이때 fast는 부사로서 앞의 동사 walked를 수식하는 "부사수식어"가 된다.

②. We walked (for) five miles. 이때 (for) five miles는 부사수식어도 아니고, walk가 자동사이기 때문에 동사의 목적어도 아닌, 바로 명사로 된 "부사보어"이다.

③. We walked <u>fast</u> (for) five miles. 이 문장으로 본다면, fast는 부사수식어이고, (for) five miles는 여전히 명사로 된 부사보어이다.

위 ①, ②, ③의 예에서 fast는 "부사수식어(modifier)"이고, (for) five miles는 "부사보어(adjunct)"이다. ②, ③에서 (for) five miles는 이 문장에서 부족한 의미, 즉, "걸어간 거리"를 밝혀주고/보충해주는 역할을 한다. 그래서 "adjuncts(부가어/보충어)"라 한다. Hornby는 부사보어의 경우에는 반드시 adjuncts라는 용어를 사용했다. 따라서 위 ①은 1형식 문장이고, ②, ③은 부사보어를 갖는 2형식 문장이다.

⑲ Onions 2-15 부사보어 4 (VP 2C)

19: 이 (VP 2C) 문형에서도 "자동사"와 "부사적 불변화사", 즉, "부사보어"를 나타내는 구조를 다룬다. 아래 1-5의 예문에서는 부사적 불변화사가 나타므로 "부사보어"이고, 6-10에서는 부사적 불변화사 다음에 전치사구가 오기도 하지만, 모두 부사보어이고, 12의 예문에서는 두 가지 다른 부사구가 나타나기도 한다. 부사가 연속적으로 나타날 때에는, 장소부사와 방향부사가 시간부사를 앞선다. 이 19의 예문표에서는 이와 같이 다양한 부사 유형이 함께 나타나나, 모두 "부사보어"의 역할을 한다.

예: We arrived <u>here</u> yesterday.

예문표 19   Hornby(1975: 25)

	Subject + vi	+	adverbial adjunct
1.	My hat blew		off.
2.	Go		away!
3.	Won't you sit		down?
4.	Please come		in.
5.	We must turn		back.

6. Go on. I'll soon catch	up <u>with</u> you.
7. It's getting	on <u>for</u> the midnight.
8. He looked	up <u>from</u> his book.
9. Don't turn	aside <u>from</u> your chosen path.
10. I must push	on <u>with</u> my work.

11. She went   upstairs.
12. We didn't go   anywhere last week.
13. The toys were lying   all over the floor.
14. We talked   face to face.
15. I shall go   by train/car, on foot.
        shall: BrE.(문법편, 조동사의 "단순미래" 참조)
16. He <u>backed</u>   <u>into/out of</u> the garage.
17. Consumption <u>averaged</u>   <u>out at</u> 200 gallons a day.
18. They were fighting   tooth and nail.
19. It looks   like rain.
20. It looks   as if it were going to rain.
21. He looks   as though he had seen a ghost.
22. He behaves   as if he owned the place.
23. She is working   as a tourist guide.
24. Do you think I could pass   as a Frenchman?

2-15	예문표 19의 해석

1. 내 모자가 날아갔다.
2. 나가!
3. 앉으시지요?
4. 들어오세요.
5. 우리는 돌아가야만 합니다.
6. 먼저 가세요. 곧 당신을 따라갈 게요.
7. 자정(한밤중)에 가까워 간다.
8. 그는 책에서 눈을 돌려 쳐다보았다.
9. 네가 선택한 길에서 벗어나지 마라.
10. 나는 내 일을 밀고나가야만 합니다.
11. 그녀는 2층으로 올라갔다.
12. 우리는 지난주에 아무 데도 가지 않았다.
13. 그 장난감들은 온 바닥에 널려 있었다.
14. 우리는 얼굴을 맞대고 이야기 했다.
15. 나는 기차로/승용차로/걸어서 갈 것이다.
16. 그는 (차를) 뒤로 몰아서 차고로 들어갔다/나왔다 했다.
17. (석유) 소비량이 하루 평균 200 갤런이 되었다.
18. 그들은 필사적으로 싸우고 있었다.
19. 비가 올 것 같다.
20. 마치 비라도 올 것 같은 날씨였다.
21. 그는 마치 유령이라도 본 것처럼 보인다.
22. 그는 마치 (그가) 그곳을 자신이 소유하고 있는 것처럼 행동한다.
23. 그녀는 관광 안내원으로 일하고 있다.
24. 당신은 내가 프랑스인으로 통한다고 (인정받는다고) 생각하세요?

문법 문제:

동사가 활동적인 경우, 예컨대, come, go, walk, run 등이 나타나면, 부사 "home"을 사용하고, 아래 예문, c, d와 같이 비-활동적인 경우에는 "at home"이 사용된다.

예: a. They <u>went</u> <u>home</u>.
    b. They <u>ran</u> <u>all the way</u> <u>home</u>. (all the way는 거리를 나타내는 부사보어임)
    c. I'll <u>stay</u> <u>at home</u> this evening. (비활동적 동사 stay 뒤에는 at home을 쓴다)
    d. I'll <u>remain</u> <u>at home</u>. (비활동적 동사 remain 다음에 at home을 쓴다)

*** 이 예에 나타난 home, at home, all the way home도 모두 "부사보어"이다.

영어 숙어

17. average out at (to)는 "평균 … 얼마가 되다"의 의미이다.
18. tooth and nail: 결사적으로/필사적으로
21/22. as though/as if: 마치 …인 것처럼

 Onions 2-16 형용사보어 (VP 2D)

20: 이 문형에서는 동작의 "시작", "발전과정", "최종단계" 또는 "상태의 변화" 등을 나타내는 데 쓰이는, turn, get, grow, go, fall, become 등의 동사가 나타나고, 보어는 모두 형용사로 나타난다.

예문표 20   Hornby(1975: 26-27)

	Subject + vi	adjective
1.	The leaves are turning	brown.
2.	Don't get	angry.
3.	He is growing	old.
4.	Her dreams have come	true.
5.	The meat has gone	bad.
6.	The milk has turned	sour.
7.	The well has run	dry.
8.	She fell	ill.
9.	His jokes are becoming	boring.
10.	The position of headmaster has fallen	vacant.
11.	The material is wearing	thin.

예문표 20의 해석

1. 나뭇잎들은 갈색으로 물들어 가고 있다.
2. 화내지 마세요.
3. 그는 계속 늙어가고 있다.
4. 그녀의 꿈이 실현되었다.
5. 그 육류고기는 상해버렸다.
6. 그 우유는 시어버렸다.
7. 그 우물은 말라버렸다.
8. 그녀는 병이 들었다.
9. 그의 농담이 지루해지고 있다.
10. 교장의 자리가 공석이 되었다(비어있다).
11. 그 옷감(천)이 닳아 해어지고 있다.

해설: 다음 예에서는 동사 come 다음에, "un-"으로 된 접두사가 과거분사와 결합되어 나타난다.

예: My shoe lace/This knot has <u>come un-done</u>. (이 매듭이 풀렸다)

The flap of the envelope <u>come un-stuck</u>. (봉투의 덮개가 붙지 않았다)

㉑ Onions 2-17   형용사보어 (VP 2D)의 변형

21:   이 문형에서는 감각동사(smell, taste, feel) 등이 오고 보어로 형용사가 온다.

예문표 21   Hornby(1975: 27)

Subject + vi +	adjective
1. The dinner smells	good.
2. These roses do smell	sweet!
3. Silk feels	soft and smooth.
4. The pheasant tasted	delicious.
5. The medicine tastes	horrible.

예문표 21의 해석

1. 그 저녁 식사는 맛있는 냄새가 난다.
2. 이 장미들은 냄새가 좋구나!
3. 비단은 부드럽고 매끄럽게 느껴진다.
4. 꿩고기는 아주 맛이 좋다.
5. 이 약은 맛이 지독하다.

해설: 2번의 예문 These roses <u>do</u> smell sweet!에서 do는 강조의 의미로 사용되었다.

Onions 2-18 형용사보어 (VP 2D)의 변형

22: 이 문형에서는 형용사를 보어로 하는 여러 가지 다른 자동사를 제시하고 있다.

예문표 22   Hornby(1975: 27)

Subject + vi +	adjective
1. She married	young.
2. Please keep	quiet.
3. Do lie/stand/sit	still!
4. You're looking	lovely.
5. Everything looks/appears	different.
6. The door blew	open/shut.
7. I am feeling	fine.
8. He remained	silent.
9. One of the tigers broke	loose.
10. The coin rang	true/false.

2-18 예문표 22의 해석

1. 그녀는 젊어서 결혼했다.
2. 좀 조용히 해주세요.
3. 좀 가만히 누워/서/앉아 있어라.
4. 당신은 아름답게 보이는군요.
5. 모든 것이 다르게 보인다.
6. 문은 활짝 열렸다./쾅 닫혔다.
7. 나는 기분이 좋다.
8. 그는 조용히 있었다.
9. 호랑이 중에 한 마리가 탈출했다.
10. 그 동전은 정말로 땡그랑 소리가 난다./그 동전은 땡그랑 소리가 나지 않았다.

영어 숙어:

9번의 One of the tigers <u>broke loose</u>. 에서 break loose는
    "탈출하다"의 의미를 갖는다.

해설: 그러나 * "He married old."라고는 하지 않는다.

23 | Onions 2-19 | 형용사보어 (VP 2D)의 변형

23: 이 문형에서는 "동사의 과거분사"가 형용사로 사용되는 경우를 제시하고 있다.

예문표 23 Hornby(1975: 28)

Subject + vi +	adjectival past participle
1. You look	tired.
2. How did they become	acquainted?
3. You sound	surprised.
4. She looked	delighted/annoyed.
5. He appeared	perplexed.

| 2-19 | 예문표 23의 해석 |

1. 너는 지쳐 보인다.
2. 그들을 어떻게 알게 되었나?
3. 너는 놀란 것처럼 보인다.
4. 그녀는 즐거워/괴로워 보인다.
5. 그는 난처하게 보였다.

acquaint: 알게 되다   delight: 기뻐하다
annoy: 괴로워하다   perplexed: 난처한/당혹한
perplex: 난처하게 하다/당혹하게 하다

해설: 동사의 과거분사가 모두 형용사의 역할을 하는 것은 아니다.
     a tired look은 되지만, * He looked killed.는 안 된다.

24 | Onions 2-20 | 명사보어 (VP 2D)의 변형

24: 이 문형에서도 앞 ⑳ (Onions 2-16)에서 언급한, fall, become, turn, make, look 등의 동사가 쓰이나, 주격보어로, 명사, 대명사, 재귀대명사 등이 나타난다.

예문표 24 Hornby(1975: 28)

Subject + vi +	noun/reflexive pronoun
1. He died	a millionaire.
2. He lived and died	a bachelor.
3. Let us part	good friends.
4. He fell	(a) victim to her charms.
5. She will <u>make</u>	a good wife.
6. Peter and Eva <u>make</u>	a handsome couple.
7. The story of adventure <u>makes</u>	fascinating reading.
8. He proved	a true friend.
9. She doesn't look	her age.
10. You are not looking	yourself today.

11. From these heated debates
     the Prime minister emerged   victor.
12. On leaving school, he became   a sailor.
13. Is it wise for a general to turn   politician?

| 2-20 | 예문표 24의 해석 |

1. 그는 백만장자로 죽었다.
2. 그는 독신으로 살다가 죽었다.
3. 좋은 친구로 헤어지자. (사이좋게 헤어지자)
4. 그는 그녀의 매력에 희생자가 되었다.
5. 그녀는 좋은 아내가 될 것이다.
6. Peter와 Eva는 멋있는 부부가 될 것이다.
7. 그 모험담은 재미있는 독서거리가 된다.
8. 그는 진정한 친구로 증명되었다.
9. 그녀는 나이보다 젊어 보인다.
10. 너는 오늘 너 자신같이 보이지 않는다.
11. 이 열띤 토론에서 수상이 승리자로 나타났다.
12. 학교를 나오자마자, 그는 선원이 되었다.
13. 장군이 정치가가 되는 것이 현명한 것인가?

영어 단어 및 숙어

a millionaire: 백만장자   a bachelor: 결혼하지 않은 총각
a victim: 희생자   adventure: 모험
fascinate: 황홀하게 하다 (vt)   heated: 열띤
        /흥미를 끌다 (vi)
debate: 토론   emerge: 나타나다
victor: 승리자   sailor: 선원
a general: 장군   a politician: 정치가

위 12에서 "on (upon) ···ing"은 "···을/를 하자마자"의 의미를 지닌 숙어로 해석된다.

해설: 위 1, 2, 3은 be 동사로 표현될 수도 있다.

1. He was a millionaire when he died.
2. He was a bachelor all his life.
3. Let us be good friends as we apart.

4에서 fall은 앞 ⑳ (Onions 2-16)에서 제시된, "동작을 유발하는" 유형의 동사로서, fall ill 이라 한다면, "become ill"의 뜻으로 해석된다.

위 5, 6, 7에서 "make"는 "prove to be", "turn out to be", 또는 단순히, "be"의 뜻으로 이 문형에 포함시켰다. 그러나 많은 사전들은 이 make를 타동사로 표현하고 있다.

위 13에서 turn은 그 다음에 나타나는 명사에 "관사 없이" 사용되는 것에 유의하라.

Onions 2-21　　서술적 부사보어 5　(VP 2E)

25:　이 문형에서는 "현재진행형"이 "서술적 부사보어(predicative adjunct)"로 사용된다.

예문표 25　　　　　　　　　　　　　　　　　　　　　　Hornby(1975: 29)

Subject + vi +	present participle (phrase)
1. The children came	running to meet us.
2. The birds came	hopping around my window.
3. He came	hurrying to her bedside as soon as he knew she was ill.
4. She lay	smiling at me.
5. Do you like to go	dancing?
6. He stood	addressing the strikers at the factory gate.
7. We soon got	talking.
8. The sunshine came	streaming through the window.

2-21　예문표 25의 해석

1. 아이들은 우리를 만나려 뛰어 왔다.
2. 새들이 내 창문 주위로 깡충깡충 뛰어 왔다.
3. 그는 그녀가 아프다는 것을 알자마자 그녀의 침대 옆으로 서둘러 왔다.
4. 그녀는 나에게 미소를 보내면서 누워 있었다.
5. 당신은 춤추러 가고 싶으냐?
6. 그는 공장의 정문에서 파업자들에게 연설을 하면서 서 있었다.
7. 우리들은 곧 이야기를 시작하게 되었다.
8. 햇빛은 창문을 통해서 흘러들어왔다.

영어 단어 및 숙어

stream: 흐르다/흘러나오다　　　streaming through: …을 통해 흘러나오는/흘러들어 오는
as soon as: …하자마자 곧　　　factory gate: 공장 정문
beside: 옆에 (전치사)　　　　　besides: 그밖에, 게다가 (부사)
address: 주소 (명사)/연설하다 (동사)

해설　Onions 2-21에 나타난 동사들은 모두 자동들인데, 자동사를 수식하면, ① "부사수식어"가 된다. 그러나 이 자동사 본래의 의미에, **다른 의미를 추가해서, 보충해서 사용하면**, ② **"부사보어"가 된다.** 다음 예를 보자.

a. He came <u>very slowly</u>.　　(대단히 천천히 왔다)　　부사수식어
b. He <u>came running</u>.　　　　(달려왔다)　　　　　　부사보어

"달려왔다"는 말은 다른 말로 표현될 수 없다. come이라는 자동사에 "오는 모습을 **추가시킨, 부가시킨**" 표현이다. 아래에 제시된 예를 보자:

1. came running　　　　　(달려왔다)　　(부사보어)
　 came walking　　　　　(걸어왔다)　　(부사보어)
　 went running　　　　　(달려갔다)　　(부사보어)

　 He came riding a bike.　　(그는 자전거를 타고 왔다)
　 He came driving his car.　(그는 그의 승용차를 몰고 왔다)

He came hopping	(그는 팔짝 팔짝 뛰어왔다)
They went hurrying	(그들은 서둘러 갔다)
They went creeping	(그들은 기어갔다)
go dancing	(춤을 추러 가다)
go swimming	(수영을 하러 가다)
go hunting	(사냥하러 가다)
go camping	(캠핑을 하러 가다)
go skating	(스케이트를 타러 가다)

2.
lie smiling at me	(나에게 미소를 보내며 누워있다)
get (become) talking	(이야기를 하게 되다)
stand addressing	(연설하며 서 있다)

　　위 1번의 예들은 go, come의 본래의 의미에서 다른 의미를 추가해서, 보충해서, 사용 되는 표현이므로, 부사보어이다. 2번의 예는 lie, get, stand의 원래의 의미에, 다른 의미를 보충한, 추가된 의미로 사용되었다. 그래서 부사보어이다.

Verb Pattern 3

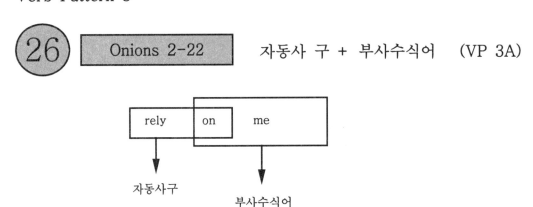

26 Onions 2-22　　자동사 구 + 부사수식어　(VP 3A)

26: 　Onions의 문의 2형식에 포함될 또 하나의 특별한 자동사는 "자동사 + 전치사"로 만들어, 전체를 "하나의 자동사구"로 사용하는 것이다. 그런데 타동사도 "타동사 + 전치사"의 구조가 되면, 자동사로 변화하는 동사들이 있다.

　　우리는 영어를 읽고 해석하고, 영어문장을 분석하는데, 동사가 자동사인가, 타동사인가를 알아두는 것이 중요하다. 그런데 영어 단어 중에는 원래부터 자동사인 것도 있고, 동일한 동사가 자동사도 되고, 타동사도 되는 것도 있고, 그 다음 원래는 타동사인데, 뒤에 전치사와 함께 결합하여, 자동사로 되는 것도 있다. 그 유형을 아래에서 간단히 제시해보기로 한다.

A: 원래부터 자동사 (vi)인 동사들:
　　live, sleep, come, go, walk, lie(눕다/거짓말하다), care, rise, stay, remain 등등

B: 자동사 (vi)와 타동사 (vt)의 모양은 동일하지만, 자동사와 타동사에 따라
　　의미가 달라지는 동사들:

eat, drink	(vi): (먹다/마시다)	/	(vt): (…을 먹다/마시다)
leave	(vi): (떠나다)	/	(vt): (남겨놓다)
hurt	(vi): (…이 아프다)	/	(vt): (…을 다치다)
stand	(vi): (서다)	/	(vt): (…을 참다)
write, read	(vi): (쓰다/읽다)	/	(vt): (…을 쓰다/읽다)
waste	(vi): (쇄약해지다)	/	(vt): (…을 낭비하다) 등등

C: 타동사 (vt)가 뒤의 전치사와 결합하면 자동사 (vi)가 되는 동사들:

apply, ask, arrange, plan, pray, prepare, send, wait 등등. (Hornby. 1975: 31)

이제 위 C에 제시된 타동사가 바로 다음에 나타나는 전치사와 함께, 하나의 단위를 이루게 되면, 자동사로 변한다. 다음의 예들을 보기로 하자.

1. apply: vt. We have applied the theory to many problems.
                            (우리는 그 이론을 많은 문제해결에 적용시켰다)

                  vi. He has applied for the job.
                            (그는 그 일자리에 응모했습니다)

2. arrange: vt. She arranged everything in the room in order yesterday.
                            (그녀는 방 안의 물건들을 어제 말끔히 정리했다)

                  vi. They have arranged for a picnic.
                            (그들은 소풍준비를 했습니다)

3. ask: vt. She asked him a question.
                            (그녀는 그에게 한 가지 질문을 했다)

                  vi. They asked for attention.
                            (그들은 주의를 요청했다)

4. call: vt. They called me out.
                            (그들은 나를 불러내었다)

                  vi. They called on me yesterday.
                            (그들은 어제 나를 방문했다)

5. plan: vt. We planned the dinner party yesterday.
                            (우리는 어제 저녁 파티를 계획했다)

                  vi. We have planned for the tomorrow's meeting.
                            (우리는 내일 모임에 대한 계획을 세웠습니다)

6. plead: vt. He has pleaded her case so far.
                            (그는 그녀의 사건을 지금까지 변호했습니다)

                  vi. The child pleaded with her mom to take him to the movie.
                            (그 아이는 그를 영화관에 데려가도록 엄마에게 애원했다)

7. pray: vt. We pray God for help.
                            (우리는 하나님께 도와달라고 기도합니다)

                  vi. We have prayed for pardon.
                            (우리는 용서해달라고 빌었습니다)

8. prepare: vt. They will prepare the table.
                            (그들은 식탁을 준비할 것입니다)

                  vi. They have prepared for the test.
                            (그들은 시험 준비를 해왔습니다)

9. provide: vt. We have provided him with food.
                (우리는 그에게 식품을 제공했습니다)

            vi. We have <u>provided for</u> urgent needs.
                (우리는 긴급한 필요성에 대비해 왔습니다)

10. ring: vt. We ring the bell at every hour.
                (우리는 매 시간마다 종을 울립니다)

            vi. We must <u>ring (call) for</u> an ambulance.
                (우리는 응급차를 불러야합니다)

11. wait: vt. He waited his turn.
                (그는 그의 차례를 기다렸다)

            vi. He has <u>waited for</u> an hour.
                (그는 한 시간을 기다렸습니다)

위의 11개의 예문에서 제시된 예들은 타동사가 자동사로 변화되는 예들이지만, Onions 2형식에서는 자동사로 된 2형식 유형만 다루기로 한다.

27:   앞의 ㉖ (Onions 2-22)의 예문과 같이, 많은 자동사가 전치사와 함께 사용되어, 하나의 "자동사구"로 되고, 전치사는 그것의 목적어 명사와 함께 앞의 자동사를 수식하는 부사수식어의 역할을 한다. 이와 같이, 전치사는 두 가지 역할을 한다. 앞 자동사와 함께 자동사구를 형성하고, 그 다음 전치사의 목적어와 함께 앞 자동사를 수식하는 부사수식어의 역할을 한다. 다음 자동사구가 그 예가 된다. succeed <u>in</u>, rely <u>on</u>, rely <u>upon</u>, depend <u>on/upon</u> 등등. 어떤 동사는 두 개 이상의 전치사와 함께 사용될 수 있다.

Complain <u>to</u> someone <u>about</u> something.
Compare one thing <u>to/with</u> another.

"He <u>gave me</u> an apple."(그는 "<u>나에게</u>" 사과 하나를 주었다)에서는 gave는 타동사이다. 그러나 "He <u>relied on</u> me."(그는 "나에게" 의존했다)에서는 <u>on me</u>는 자동사 부사 수식어로 변한다. 우리말로는 동일한 "나에게"로 해석되나, "<u>rely on</u>"에서는 전치사와 함께 자동사가 되고, <u>on me</u>는 부사수식어가 된다.

이와 같은 이유 때문에, 먼저 이 문형에서는 주어 + 자동사 + 전치사 + (명사/대명사/동명사)로 나타날 수 있는 문형만을 다룬다. 그런데, 자동사가 아닌, 앞에서 제시된 10여 개의 타동사도, 타동사의 의미와 자동사의 의미를 둘 다 갖고 있다. 그 이유는 그 타동사 다음에 전치사를 허용하게 되면, 자동사의 역할을 하기 때문이다. 예컨대, We planned the dinner party yesterday.(어제 우리는 저녁 파티를 계획했다)일 때에는 타동사가 되고, 반면, We <u>planned for</u> the dinner party yesterday.(어제 우리는 저녁파티에 대한 계획을 세웠다)에서는 <u>planned for</u>는 자동사로 된다.

이제 ㉖ (Onions 2-22)의 예를 보자. 아래 예에서는 "자동사가 전치사와 하나의 단위를 이루어", "자동사(구)"로 나타나는 예이다. 이것을 가늘고, 약한 선("_____")으로 표현하고, 그 다음 전치사와 명사의 연결은 굵고 검은 선("_____")으로 표현하기로 한다. 이것이 다음 ㉗ (Onions 2-23)의 유형이다.

예문표 26   Hornby(1975: 30)

Subject + vi +	preposition +	noun/pronoun/gerund
1. You can <u>rely</u>	on	me.
2. You can <u>rely</u>	on	my discretion.

3. You can <u>rely</u>   <u>on</u>   my being discreet.

4. Can I <u>count</u>   <u>on</u>   <u>your help</u>?

5. The success of the picnic will <u>depend on</u>   the weather.

6. He <u>succeeded</u>   <u>in</u>   solving the problem.

7. Do you <u>believe</u>   <u>in</u>   getting up early?

8. He <u>failed</u>   <u>in</u>   his attempt.

9. What has <u>happened</u>   <u>to</u>   them?

10. We must <u>send</u>   <u>for</u>   a doctor.

| 2-22 | 예문표 26의 해석 |

1. 당신은 나에게 의존할 수 있다.
2. 너는 나의 신중성에 의존할 수 있다.
3. 너는 나의 신중함에 의존할 수 있다.
4. 당신의 도움을 기대해도 될까요?
5. 소풍의 성공여부는 날씨에 달려있을 것이다.
6. 그는 그 문제를 푸는데 성공했다.
7. 당신이 아침 일찍 일어나는 것을 믿을 수 있습니까?
   (당신이 아침 일찍 일어난다고 자신 있게 말할 수 있나요?)
8. 그는 그의 계획에 실패했다.
9. 그들에게 무슨 일이 생겼나?
10. 우리는 의사를 모셔 와야 한다.

이 문형은 앞 (Onions 2-14)의 문형과 구별되어야 한다. 앞 (Onions 2-14)에서는 전치사구가 "<u>부사보어</u>"이기 때문이다. 예컨대, 다음 a, b, c, d의 줄친 부분은 "자동사 + 전치사"로 된 구문이 아니라, "부사보어적인" 의미를 갖기 때문이다.

a. The toys were lying <u>on the floor</u>.   (줄친 부분은 부사보어)
b. The toys were lying <u>under the table</u>.
c. The toys were lying <u>near the door</u>.
d. The toys were lying <u>by the window</u>.

해설 문장이 수동태가 될 때, 전치사는 과거분사 다음에 나타난다,

1. You can rely one me. ⇒ I can be relied "on."
10. We must send for a doctor. ⇒ A doctor must be sent "for."

영어 단어 및 숙어

attempt: 시도/계획 (명사) 시도하다 (동사)   rely on: …에 의존하다
count on: …에 의지하다/기대다   depend on (upon): …의지하다/의존하다
succeed in: …에 성공하다   believe in: …을 믿다
fail in (vi): …에 실패하다   send for: …를 부르러 보내다

fail (vt): He failed history.(그는 역사 시험에 떨어졌다)

28: ① <u>타동사 + 전치사</u> + <u>명사/대명사</u> 다음에 "to-부정사"가 뒤따라오면, 이 타동사는 "<u>자동사</u>"가 된다. 예컨대, 아래 예문표 27의 1번의 동사 advertise는 원래는 타동사로 "I advertised my house for sale."(나는 나의 집을 팔려고 광고를 내었다)는 분명히 타동사이다. 그러나 이 타동사도 아래 예문 1번과 같이, 바로 뒤에 전치사 for를 두면, 자동사가 되고, 뒤에 "to-부정사보어"를 갖는다. 이 말은 "한 젊은 소녀가 어린이들은 돌보도록 광고를 내었다"로 해석된다. 그러므로 to-부정사는 앞의 자동사를 수식하는 일종의 "부정사-보어 (infinitive complement)"이다: <u>(Hornby 1975: 30쪽의 1. 59를 참조하라)</u>. 다시 말하면, 아래 예문표 27에서 "for/to/on/with + 명사"는 "의미상의 주어가 되고" to-부정사(구)는 앞의 자동사구를 수식하는 "부사수식어"가 된다.

② 아래 4번은 앞 ㉖ (Onions 2-22)와 같이 "자동사 + 전치사"로 나타나는 구조는 그대로 자동사 구가 된다. 따라서 예문표 27은 앞 (VP 3A)와 같은 유형이다.

예문표 27   Hornby(1975: 30)

	Subject + vi +	preposition +	noun/pronoun +	to-infinitive
1.	They <u>advertised</u>	for	a young girl	to look after the children.
2.	We're <u>waiting</u>	for	our new car	to be delivered.
3.	They're <u>hoping</u>	for	the dispute	to be settled.
4.	I <u>rely</u>	on	you	to be discreet.
5.	I'll <u>arrange</u>	for	a taxi	to meet you at the station.
6.	Everyone was <u>longing</u> for		the holidays	to begin.
7.	She always <u>wished</u>	for	everyone	to be happy.
8.	I'll <u>vote</u>	for	you	to captain the team.
9.	I <u>appealed</u>	to	the children	to make less noise.
10.	She <u>pleaded</u>	with	me	to give up the plan.

8. vote for: 찬성하다   captain: 통솔하다/지휘하다

2-22 예문표 27의 해석

1. 그들은 젊은 소녀가 아이들을 돌보도록 광고를 내었다.
2. 우리는 우리들의 새 차가 인도되도록 기다리고 있다.
3. 그들은 그 분쟁이 해결되도록 희망하고 있다.
4. 나는 네가 신중한 것에 의지한다. (나는 너의 신중성에 의지한다)
5. 나는 택시가 역에서 너를 만나도록 준비할 것이다.
6. 모든 사람들이 휴가가 시작되기를 기다리고 있다.
7. 그녀는 항상 모든 사람들이 행복하기를 원했다.

8. 나는 당신이 그 팀을 통솔하는 것에 대해서 찬성할 것이다.
9. 나는 어린이들이 좀 조용히 하도록 부탁했다.
10. 그녀는 내가 그 계획을 포기하도록 간청했다.

| 해설 | 전치사 for와 to-부정사를 함께 사용하는 동사들은 apply, arrange, ask, call, long, plan, plead, prepare, ring, send, telephone, vote, wait 등이다. (Hornby 1975: 31) |

1. apply: I have applied for the job to work with her.
             (나는 그녀와 함께 일하기 위해서 그 일에 응모했다)

2. arrange: He has arranged for a taxi to pick her up at the airport.
             (그는 공항에서 그녀를 태워오도록 택시를 준비했다)

3. ask: They have asked for attention to be paid to the disabled man.
             (그들은 그 불구의 사람에게 주의를 기울이도록 요청했다).

4. call: They will call for you (to visit your house) to get some help.
             (그들은 도움을 얻기 위해 당신을 방문할 것이다)

5. long: They are longing for him to say something.
             (그들은 그가 무엇을 말해주기를 고대하고 있다)

6. plan: We'll plan for our children's future to ensure a better life for them.
             (우리는 우리들의 어린들의 미래를 위해, 좀 더 좋은 생활을 확인할
             수 있도록 계획할 것이다)

7. plead: The lawyer has pleaded for his accused friend's freedom to avoid
             a long prison sentence.
             (그 변호사는 그의 친구가 장기간의 형무소에 갈 판결을 피할 수 있도
             록, 그의 피소된 친구의 자유를 변호해 왔다)

8. pray: We prayed for our dying friend to recover.
             (우리는 죽어가는 친구가 건강을 회복하도록 기도를 했습니다)

9. prepare: He has been preparing very hard for the final exam to get good
             grades. (그는 좋은 성적을 얻기 위해서 기말시험을 열심히 준비해 오고 있습니다)

10. provide: We should provide for our children to gain a good education.
             (우리는 우리의 어린이들이 좋은 교육을 받을 수 있게 대비해야만 한다)

11. call/ring (BrE): She called for the porter to help with her luggage.
             (그녀는 그녀의 짐을 옮기는데 도움을 받기 위해 짐꾼을 불렀다)

12. send: We must send for a man to repair our TV.
             (우리는 TV를 수리하도록 사람을 부르러 보내야만 한다)

13. telephone: I'll telephone for him to come soon.
             (나는 그가 즉시 오도록 전화를 할 것이다)

14. vote: We'll vote for him to be elected in the upcoming election.
             (우리는 다가오는 선거에서 그가 당선되도록 투표하겠다)

위의 예에서 줄친 부분의 to-부정사(구)는 앞에 있는 자동사를 수식하는 부사구가 된다.

그런데, 이 (Onions 2-23) 문형에서 "타동사 + 전치사"로 나타나는 자동사 구조를 포기하고, 타동사 구조로 바꾸려면, 전치사를 제거하고, to-부정사(구)를 명사보어로 사용하는, 문의 5형식 구조를 선택할 수 있다. 그래서 타동사로 사용하면, 앞 (Onions 2-23)의 3, 5, 9, 10을 다음 A와 같이, 전치사가 없는 타동사로 재구성할 수 있다(Hornby. 1975: 31). 이때 to-부정사(구)는 5형식의 "명사 목적보어"가 된다.

A: 3. They want (hope) the dispute to be settled.
(그들은 분쟁이 해결되기를 원한다)

5. I'll order (arrange) a taxi to meet you at the station.
(나는 택시가 역에서 당신을 태워올 것을 지시할 것이다)

9. I begged (appealed) the children to make less noise.
(나는 어린이들이 조용히 할 것을 부탁했다)

10. She urged (pleaded) me to give up the plan.
(그녀는 내가 그 계획을 포기할 것을 촉구했다)

반면, (전치사 + 명사/대명사) + to-부정사(구)에서, "to-부정사(구)만 포기하면" 앞 (Onions 2-22)의 예문표 26의 문형과 같은, 단순한 자동사 구조가 된다. 다음 B의 예문을 보자:

B: 1. They advertised for a nursemaid.
(그들은 보모를 구한다고 광고를 내었다)

2. We're waiting for the delivery of our new car.
(우리는 우리의 새 차의 배송을 기다리고 있다)

3. They are hoping for the settlement of the dispute.
(그들은 분쟁의 해결을 희망하고 있다)

4. I rely upon your discretion.
(나는 너의 신중성에 의지한다)

(VP 3A)인 앞 문형 (Onions 2-22)에서, 주어가 that절이면, 가주어 it가 사용될 수 있기 때문에 완전한 자동사 구문이 된다. 다음 예를 보자:

a. It occurred to me that you might like to know what has been planned.
(무엇이 계획되었는지 네가 알고 싶을 것이라고 내가 느껴진다)

b. Has it ever occurred to you that she might not wish to marry you?
(그녀가 너와 결혼을 원하지 않고 있지 않나 하는 생각을 한 적이 있니?)

또 다음 예문의 관계절에서의 어순을 주목해 보자. 다음 a는 앞 (Onions 2-22)처럼 자동사 구문이다. 그리고 b, c, d, e의 관계절에서도 줄친 부분은 모두 앞의 명사 a man과 the proposal을 수식하므로 a와 같은 자동사 구문이 된가. 그러나 b, c, d, e는 동사가 명사보어를 갖는 점이 다르다.

a. I can rely on that man.
(그는 내가 의지할 수 있는 사람이다)

b. He is a man I can rely on
(그는 내가 의비할 수 있는 사람이다)

c. He is a man on whom I can rely.
(그는 내가 그에게 의지할 수 있는 사람이다)

d. What was the proposal <u>you consented to</u>?
  (당신이 동의해준 제안이 무엇이었나?)

e. What was the proposal <u>to which you consented</u>?
  (당신이 동의해준 것에 대한 제안이 무엇이었나?)

이제 앞 (Onions 2-23)의 예문표 27의 예문과 앞 A의 5형식 구조를 대조시켜보면 다음 C와 같이 요약될 수 있다.

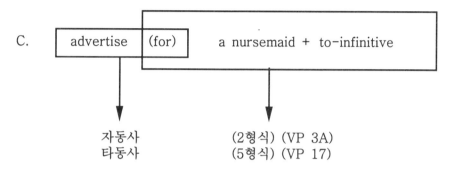

C. advertise (for) a nursemaid + to-infinitive

자동사   (2형식) (VP 3A)
타동사   (5형식) (VP 17)

앞 (Onions 2-23)의 예문표 다음에 제시된 14개의 타동사는 전치사 for와 함께 쓰이기 때문에 모두 자동사(구)이다. 문의 5형식인 (VP 17)에서는 전치사가 쓰이지 않는다. 5형식의 (VP 17)과 같게 하려면 전치사를 사용하지 않고, 완전 타동사로 선택하면, 뒤에 나타나는 to-부정사(구)는 명사보어가 된다. 그것이 바로 위 A의 예문이다.

28 Onions 2-24   자동사 구 + 부사수식어   (VP 3B)

29: 아래 예문표 28의 기본구조를 "Subject + vi + (preposition + it) + clause"로 표시하고, (전치사와 대명사 it)는 생략될 수 있다고 Hornby는 제시했다. 왜 이렇게 가정했을까? 그 이유는 아래 예문 1-4에서 자동사 insist (on), agree (with), complain (of), boast (of)와 같이 항상 전치사와 함께 나타나고, 이들 전치사의 목적어명사는, 바로 it---that 구조의 가주어 it라는 것이다. 그래서 아래 예문 1-4에서는 "<u>전치사 + it</u>"가 삭제되었다고 본 것이다. 정말 명석한 관찰이라고 본다. 이렇게 분석되어야만 1-4의 동사는 자동사로 남을 수 있고, 타동사로는 인정될 수 없다. 여기서, 왜, 어떻게 "전치사 + 그것의 목적어 it가 생략되는가" 하는 것은 아래 예문 5-9의 해설을 보자.

관계대명사나 접속사 that 앞에 나타날 수 있는 전치사는, "in that(…라는 점에서)", "save that(…임을 제외하고)", "not withstanding that(…라 하더라도)" 이외에는 어떤 전치사도 나타날 수 없기 때문이다.

그 다음 아래 예문 5-9에서 "see to <u>it that</u>"의 동사구를 볼 수 있는데, 이 it도 it---that 구조의 가주어이고, 진주어는 that 이하로 나타나는 것이다. 따라서 앞 1-4의 기본 구조와 동일하다. 이 "see to it that"는 사전에 숙어로 나타나 있다. 그런데 <u>"to it"</u>는 보통 생략된다. 그리고 예문 10-18에서는, "종속 의문절"로 "전치사 + <u>who, what, whether, where, how</u>" 절을 둘 수 있다. 그러므로 이들은 모두 전치사와 함께, "부사수식어 절이 된다." 이런 경우에는 전치사가 탈락하기도 하고, 그대로 남기도 한다. 이와 같은 Hornby의 분석은 어떤 다른 원어민 영문법 학자들보다도, 명석한 통찰력으로 이 구조를 자동사 구조로 분석했다고 본다. 이 3가지 유형의 공통점은 모두 자동사 뒤에 전치사가 나타나고, 그 전치사의 목적어는 가주어 it이거나, 10-18에서처럼 전치사 다음에 부사절이 나타났다. 따라서 자동사(구) 다음에 부사수식 절의 역할을 한다.

해설 앞 ㉖ (Onions 2-22), ㉗ (Onions 2-23)의 "부사수식어" 이론을, 이 ㉘ (Onions 2-24)에서도 적용시켜, "자동사를 수식하는 부사수식어"로 표현하고 있다. 다음 예문표 28에서, 예문 1-4에서는 "전치사 + it"를 모두 삭제함으로써, 타동사처럼 보이지만, 실제로는 자동사이고, 전치사와 그것의 목적어는 부사수식어라는 것을 증명하고, 또 강조하고 있다.

예문표 28   Hornby(1975: 32)

Subject + vi + (preposition + it) + clause

---

1. He insists   (on it 삭제) that he was nowhere near the scene of the crime.
2. I agree   (with it 삭제) that it was a mistake.
3. He complained (of it 삭제) that he had been underpaid.
4. He boasted   (of it 삭제) that he had never had a serious illness.
5. We'll see   (to it)   that she gets home early.
6. We'll see   (to it)   that these old folk get better pensions.
7. Can you answer (to it)   that the accused man was at your house that evening?
8. You may depend upon it   that the newspaper accounts are exaggerated.
9. I'll answer   for it   that this man is honest.
10. Have you decided (on)   where you will spend your holiday?
11. Everything depends on   whether they've got the courage of their convictions.
12. I don't care   (about 삭제) whether he approves or disapproves.
13. Who cares   (about 삭제) what the neighbours might say?
14. I'm worried   (about)   how the money was spent.
15. They couldn't agree (about) who should do the work.
16. I hesitated   (about)   whether to accept the invitation.
17. It was hard to decide (on)   where to go for help.
18. Just look   (at)   what you've done.

---

9. answer for: 책임지다/보증하다

다음 동사들이 왜 자동사 (vi)/타동사 (vt)인가 그 이유를 잘 살펴보자:

wait (vi):   Please wait (for) a minute. 부사보어   (VP 2B) ⑱ (Onions 2-14)
              Let's wait for his recovery. 자동사   (VP 3A) ㉖ (Onions 2-22)
wait (vt):   He waited his turn.   타동사   (VP 6A) ㊲ (Onions 3-1)
await (vt):   I awaited your reply.   타동사   (VP 6A) ㊲ (Onions 3-1)
fail (vi):   The scheme failed.   완전자동사 (VP 1A) ① (Onions 1-1)
fail in (vi): He failed in his exam.   자동사   (VP 3A) ㉖ (Onions 2-22)
fail (vt):   a. He failed me at the last minute. (그는 마지막에 나를 실망시켰다)
              b. He failed history.   (그는 역사시험에 떨어졌다)

2-24   예문표 28의 해석

1. 그는 범행의 현장 부근에 있지 않았다고 주장한다.
2. 나도 그것이 잘못되었다는 것에 동의한다.
3. 그는 불충분한 보수를 받았다고 불평한다.
4. 그는 한 번도 중병을 앓아본 적이 없다고 자랑했다.
5. 그녀가 일찍 집에 가도록 조치하겠습니다.
6. 이 노인들이 더 좋은 연금을 받도록 조치하겠습니다.
7. 피고가 그날 밤에 당신의 집에 있었다고 증언할 수 있겠지요?
8. 신문의 기사가 과장된 것이라고 생각해도 좋을 것입니다.
9. 이 사람은 정직하다고 나는 보증할 것입니다.

10. 당신은 어디에서 휴가를 보낼지 결정하셨습니까?
11. 모든 것은 (그들이) 그들의 신념에 대한 용기를 갖고 있느냐에 달려있습니다.
12. 나는 그가 찬성하든 안 하든 상관하지 않습니다.
13. 이웃 사람들이 무엇이라 말하든 누가 상관할 것이냐?
14. 나는 그 돈이 어떻게 쓰였나를 걱정하는 것이다.
15. 누가 그 일을 해야만 하느냐에 대해서 그들은 합의할 수 없었다.
16. 나는 그 초대를 받아들일지 어떨지를 주저하고 있었다.
17. 어디에 가서 도움을 요청할지 결정하기가 어려웠다.
18. 네가 한 일을 좀 보아라.

 위의 예문 중에서 다음 6개의 문장은 단문으로 구조를 재구성했지만, 동사 유형은 여전히 "(VP 3B)의 자동사"이다. 의미도 동일하다. 그러나 아래 예들은 접속사 (that, what, where 등)를 제거하고 전치사의 목적어를, 명사, 동명사로 대체하여 단문으로 만들었다.

2. I <u>agree with you</u> about its **being** a mistake.
3. He <u>complained of</u> **being** underpaid.
4. He <u>boasted of</u> never **having** had a serious illness.
7. Can you <u>answer to</u> his **having** been in your house that evening?
9. I'll <u>answer for</u> **this man's honesty**.
11. Everything <u>depends on</u> their **having** the courage of their conviction.

"<u>say</u>"는 타동사이다. 그래서 "Please say where you want to go."는 (VP 10)의 예문의 하나이다. 즉, 타동사이다. "<u>wonder</u>"는, 예컨대, "I'm wondering (about) where to go for the holidays."에서처럼, 전치사 "about"와 함께 사용될 수도 있다. 따라서 "wonder"는 (VP 3B)인, 자동사 구조로, 또는 (VP 10), 타동사 구조로도 사용될 수 있다. <u>즉, 뒤의 전치사의 유무에 따라, 자동사/타동사로 변형될 수 있다.</u> 다음 예를 보자:

Mr. A:　I <u>wonder why</u> Jane hasn't come.　(VP 10)　타동사
Mrs. A:　I was <u>wondering about</u> that, too.　(VP 3B)　자동사

Verb Pattern 4

30: 타동사도 to-부정사와 함께 사용된다. 이것은 뒤에서 제시되는 ㊷번의 (VP 7A)이다. 이때 to-부정사는 타동사의 목적어가 된다. 그러나 자동사도 역시 다음 (VP 4A)에서 처럼 to-부정사와 함께 사용되지만, 이 to-부정사는 자동사를 수식하는 부사가 된다. 이 유형이 (VP 4)이다. 이 (VP 4)는 (VP A, B, C, D, E, F)의, 6가지 유형으로 세분화 된다.

 ㉙　│ Onions 2-25 │　자동사를 수식하는 부사수식어 　(VP 4A)

31: 이 유형 (VP 4A)에서, 자동사는 to-부정사(구)와 함께 사용되는데, 여러 개의 하위 문형으로 분류된다. 그런데 아래 to-부정사도 모두 "**부사수식어**"이다. "자동사 다음에 나타나는 to-부정사"는 "목적", "결과"를 나타낸다. <u>그러므로 자동사를 수식하는 "부사 수식어"가 된다.</u>

Subject + vi +	to-infinitive (phrase)	
1. We stopped	to have a rest.	(목적)
2. We went	to hear the concert.	(목적)
3. He got up	to answer the phone.	(목적)
4. He stood up	to see better.	(목적)
5. Someone has called	to see you.	(목적)
6. They ran	to help the injured man.	(목적)
7. I come	to bury Caesar, not to praise him.	
8. He came	to see that he was mistaken.	(결과)
9. How do you come	to know that?	(결과)
10. Now that I come	to think of it…	
11. How can I get	to know her?	
12. The swimmer failed	to reach the shore.	(결과)
13. Will he live	to be ninety?	
14. I hope I live	to see men on Mars.	
15. The people grew	to believe that she was a witch.	(결과)
16. We stand	to lose a large sum of money.	
17. It was so dark we couldn't see	to read.	(결과)

10. now that: "…한 이상"/"…이니까" (접속사)

2-25   예문표 29의 해석

1. 우리는 휴식을 취하려고 (하던 일을) 멈추었다.
2. 음악연주를 들으러 갔다.
3. 그는 전화를 받으려 일어났다.
4. 그는 더 잘 보려고 일어났다.
5. 누군가가 너를 만나려고 방문했다.
6. 그들은 그 부상자를 도우려 달려갔다.
7. 나는 Caesar를 묻으러 왔지, 그를 칭찬하러 오지 않았다.
8. 그는 그가 잘못한 것을 알게 되었다.
9. 너는 어떻게 그것을 알게 되었니?
10. 그것에 대해서 "…을 생각해 본 이상"/"…을 생각해 보니까"…
11. 어떻게 하면 그녀를 알 수 있을까? ⇒ 어떻게 하면 그녀와 가까워질 수 있을까?
12. 그 해엄치는 사람은 해변에 닿지 못했다.
13. 그가 90세까지 살 수 있을까?
14. 나는 화성인을 볼 수 있을 때까지 살 수 있기를 희망한다.
15. 사람들은 그녀가 마녀인 것을 믿게 되었다.
16. 우리는 엄청난 액수의 돈을 잃게 되는지도 모르는 처지에 있다.
17. 너무 어두워서 우리는 (글자를) 읽을 수가 없었다.

해설   1-7에서 to는 in order to로 목적을 나타낸다.

8은 a. He eventually saw that he was mistaken. 또는
   b. The time came when he saw that he was mistaken.으로
      다시 쓸 수 있다.

위 11은 "How can I make her acquaintance?"로
   16은 "We are in a position where we may lose a large
      sum of money."로 표현될 수도 있다.

30   Onions 2-26   to-부정사로 된 자동사 수식어   (VP 4B)

32:   아래 예문표 30의 to-부정사는, 앞 2-25에 나타난 "자동사"의 "to-부정사 수식어 (the infinitive adjunct)"와 동일하지만, 동등절(co-ordinate clause)이나, 또는 종속절(subordinate clause)의 역할을 하는 점이 앞의 예와 전혀 다르다. 이 (Onions 2-26), (VP 4B)의 유형은 원어민의 언어직관이 없으면, 알기 힘든 문장이다. 왜냐하면, 외관상으로는 하나의 문장으로 되어있지만, 이 문장들의 의미는 "and"로 연결된 두 개의 복문으로 해석되거나, 아니면 종속절로 해석되기 때문이다. 다시 말하면, 이 말을 아래 1번의 경우를 이용하여 설명하면, 자동사 turn과 to see가 동등하게, "and"로 연결되어 있는 것과 같다. 그러면 해석은, "돌아서니, 해지는 것이 보였다."로 해석하거나, 아니면, "돌아섰을 때, 해지는 것이 보였다."로 종속절과 같이 해석하라는 것이다. "결코, 해가지는 것을 보기위해서, 그는 돌아섰다"로 해석해서는 안 된다.

    즉, 이 문형에서 앞에 나타나는 동사가 자동사이므로, 먼저 자동사로 해석하고, to-부정사(구)는, 그 다음에 나타난 동작으로 해석한다는 것이다. 따라서 "…하기 위해서 …했다"로 해석해서는 안 된다. 목적이 아니라 "결과"로 해석한다. 따라서 자동사의 보어와 같은 성격을 갖는다. 다음 예문표 30과 그것을 영어로 해설한 문장을 대조해 보자.

예문표 30   Hornby(1975: 34)

Subject + vi	to-infinitive (phrase) = co-ordinate or subordinate clause
1. He <u>turned</u>	to see the sun setting.
2. The drunken man <u>awoke</u>	to find himself in a ditch.
3. The good old days <u>have gone,</u>	never to return.
4. Electronic music <u>has come</u>	to stay.
5. He <u>glanced up</u>	to see the door slowly opening.

해설   위 예문표 30의 예문을 영어로 달리 표현하면 다음과 같다.

1 = He <u>turned</u> and saw the sun setting.
2 = He <u>awoke</u> and found himself in a ditch. or When he <u>awoke,</u> he found himself in a ditch.
3 = The good old days <u>have gone</u> and will never return.
4 = Electronic music <u>has come</u> and will stay.
5 = He <u>glanced up</u> and saw the door (which was) slowly opening.

2-26   예문표 30의 해석

1. 그가 돌아서니, 해가 지는 것이 보였다.
2. 술에 취한 그 남자는 <u>깨어보니</u>, 도랑에 빠져 있었다.
    (또는) 그가 깨어났을 때, 그 자신이 도랑에 빠져 있었다는 것을 알았다.
3. 그 좋은 <u>시절은 가고</u>, 결코 돌아오지 않을 것이다.
4. 전자음악이 <u>들어와서</u>, 이제 정착하게 될 것이다.
5. 그가 힐끗 <u>쳐다보니</u>, 문이 천천히 열리고 있었다.

Onions 2-27 to-부정사로 된 자동사 수식어 (VP 4C)

33:　이 구조는 앞 (VP 3A)서처럼 자동사가 전치사와 함께 사용되어서 자동사로 된 구조로 대체될 수도 있다. 따라서 "to-부정사로 된 부사수식어(the infinitive adjunct: Hornby. 1975. 34: 1. 64)"는 "몇 개의 자동사" 뒤에 나타날 수 있다. 어순은 명사의 기능을 갖는 (VP 7)의 타동사 구조와 동일하다. 그러나 의미는 자동사를 수식하는 "부사수식어의 의미를 나타내어야 한다. 아래에 제시된 해석을 보라. 이때 to-부정사는 "부사로 해석해야 한다." "명사(구)로 해석해서는 안 된다."

예문표 31　　　　　　　　　　　　　　　　　　　　　　　　Hornby(1975: 34)

Subject + vi	+	to-infinitive (phrase)
1. Don't bother/trouble		to meet me.
2. She hesitated		to tell anyone.
3. They agreed		not to appose my plan.
4. She was longing		to see her family again.
5. Would you care		to go/come for a walk with me?
6. Harry aims		to become a computer expert.
7. Will she consent/agree		to marry him?
8. She shuddered		to think of it.
9. We all rejoiced		to hear of your success.

2-27　예문표 31의 해석

1. 나를 만나려고 애쓰지 마십시오.
2. 그녀는 누구에게 알리는 데 주저했다.
3. 그들은 나의 계획에 반대하지 않기로 동의했다.
4. 그녀는 다시 그녀의 가족을 만나고자 열망하고 있었다.
5. 나와 함께 산책을 하는 데 관심이 있는가요?
6. Harry는 컴퓨터 전문가가 되는 데 목표를/목적을 두고 있다.
7. 그와 결혼하는 데 그녀가 승낙/동의 할 것인가요?
8. 그녀는 그것을 생각하면 몸서리난다/친다.
9. 우리 모두는 당신의 성공을 듣고서, 기뻐했다.

해설:　위 예문표 31의 구조는, "동사 + 전치사"가 결합되어서 자동사가 되는 앞 (Onions 2-22) (VP 3A) 구조로 대체될 수도 있다. 즉, 위 예문표 31의 1-9 중에서 다음 7개의 예문이 to-부정사 대신에, 전치사로 대체되면, 이들은 "부사적 의미"가 더 강하게 살아난다.

1. Don't <u>bother/trouble about</u> meeting me.
2. She <u>hesitated about</u> telling anyone.
3. They <u>agreed to</u> my plan.
5. Would you <u>care for</u> a walk with me?
6. Harry <u>aims at</u> becoming a computer expert.
8. She <u>shuddered at</u> the thought of it.
9. We all <u>rejoiced at</u> the news of your success.

32 Onions 2-28 형용사/명사보어 (VP 4D)

34: 동사 seem, appear, prove 등은 to-부정사와 함께 사용된다. 만일 to be 다음에 보어로, 형용사나, 명사가 오게 되면, "to be"는 삭제될 수 있다.

This appears (to be) an important matter.
The wound proved (to be) fatal.
Their inquiries proved (to be) hopeless.

A: 그러나 형용사가 "명사 앞에 사용하는 한정적 형용사가 아닌 (attributive)", "서술적으로만 사용될 때에는 (predicatively)" "to be"가 삭제되지 않는다.

The baby seems to be asleep/awake.
He seemed to be afraid. (Cf. He seemed frightened.)

B: "과거분사가 형용사의 역할을 할 경우에는" to be 다음에 나타날 수 있다.

He seemed to be disappointed.

C: 이 문형에서 "--ing" 형태의 동사가 나타날 때, 이것은 동사로 쓰인 "현재분사"이지, 형용사가 아니다. 그래서 to be의 형태가 생략되지 않는다. 이 문형의 예문으로는 뒤에서 제시되는 ㉞ (Onions 2-30), (VP 4E)의 예문표 34를 보라.

전치사 to와 명사, 대명사가 함께, "to us"로 나타나는 (VP 4D)에서는 아래 예문표 32의 4번처럼, to us가 동사 다음에 나타날 수도 있고, 특출함을 나타내기 위해, 5번의 예문처럼 "to me"가 문장의 앞에 나타날 수도 있다.

예문표 32 Hornby(1975: 35)

	Subject + seem/appear	(to be) + adjective/noun
1.	He seemed	(to be) surprised at the news.
2.	She seems	(to be) so young.
3.	This seems	(to be) a serious matter.
4.	The situation seems (to us)	(to be) quite hopeless.
5.	(To me) his new book doesn't appear	(to be) as interesting as his others.
6.	His happiness seems	(to be) complete.
7.	He doesn't seem	(to be) able to cope any more.
8.	I seem	(to be) unable to solve this problem.
9.	He seemed	(to be) unable to get out of the habit.

2-28 예문표 32의 해석

1. 그는 그 소식에 놀란 듯했다.
2. 그녀는 아주 젊어 보인다.
3. 이것은 심각한 문제로 보인다.
4. 이 상태는 (우리에게) 전혀 가망성이 없는 것처럼 보인다.
5. (나에게는) 그의 새로운 책이 그의 그 전의 책만큼 흥미가 없는 것처럼 보인다.
6. 그의 행복은 완벽한 것같이 보인다.
7. 그는 더 이상 어찌할 수 없는 것처럼 보인다.
8. 나는 이 문제를 해결할 수 없는 것처럼 보인다.
9. 그는 그 습관에서 벗어날 수 없는 것처럼 보인다.

영어 단어

cope: 대처하다/극복하다   complete: 완성하다/완벽한
be able to/be unable to: 할 수 있는/할 수 없는   get out of: …을 벗어나다

위 8/9는 구어체에서 can/could을 사용해서 다음과 같이 표현할 수 있다.

8. I can't seem to solve this problem.
9. He couldn't seem to get out of the habit.

 Onions 2-29   형용사/명사보어   (VP 4D)의 변형

35:   아래 예문표 33은 앞 (VP 4D)의 예문표 32의 변형이므로 동일한 (VP 4D)의 항목
      내에서 다룬다. 주어가 to-부정사이거나, 동명사 또는 절(clause)일 경우, 가주어 it는
seem, appear 등과 함께 사용된다. 그러나 이 문형에서는 보통 "to be"가 삭제되고, 앞 ㉛
(Onions 2-28)과 같이 형용사 및 명사를 보어로 한다.

예문표 33   Hornby(1975: 36)

It seem/appear +	adjective/noun	+ to-infinitive (phrase)/gerund/clause
1. It seemed	pointless	to go any further.
2. It seems	a pity	to waste them.
3. It seemed (to me)	wise	not to ask too many questions.
4. It doesn't seem	much good/much use	going on.
5. It appears	unlikely	that we shall arrive in time.
6. It seems	probable	that I'll be sent abroad next year.

| 2-29 | 예문표 33의 해석

1. 더 이상 앞으로 나아가는 것은 무의미하게 보였다.
2. 그들을 낭비하는 것은 딱하게 (애석하게) 보인다.
3. (나에게는) 너무 많은 질문을 하지 않는 것이 현명하게 보였다.
4. 계속하는 것은 별로 좋지 않은 것 (소용이 없는 것) 같다.
5. 우리가 시간에 맞게 도착할 것 같지 않다.
6. 나는 아마 내년에 해외로 파견될 것 (보내질 것) 같다.

34 | Onions 2-30 | 형용사/명사보어 (VP 4E)

36: 동사 seem, appear, happen, chance 등은 to-부정사와 함께 사용된다. 앞 (VP 4D)의 ㉜ (Onions 2-28) 예문표 32에서 이 동사들은 보어로 형용사, 명사가 뒤따라 올 때, to be는 보통 삭제된다. 그러나 만일 형용사보어가 서술적으로만 사용되는, awake, afraid 등과 함께 사용 되면, to be는 삭제되지 않는다.

다음 예문표 34에서는, seem, appear, happen 뒤에 to be가 나타나는 용법에 대해서 설명한다: 다음 ①, ②, ③, ④의 구조에서는 "to be"가 생략되지 않는다: 즉, <u>asleep형</u>, <u>진행형</u>, <u>과거분사형</u>, <u>완료수동형</u>, 앞에서는 <u>to be</u>가 삭제되지 않는다.

①. 서술적 형용사 앞에   (아래 1번의 to be asleep/afraid/alive)
②. 진행형 현재분사 앞에   (아래 2번의 to be enjoying), (아래 3번의 to be swinging)
③. 동사의 과거분사 앞에   (아래 4의 to be <u>expected</u>),
④. 예문표 34의 5/6의 동사 happen 다음에 (<u>to be out/in.</u>) 에서도 to be가 삭제되지 않는다.

⑤. 그러나 다음 7, 8, 9의 "완료부정사" 또는 "완료수동 구조" 앞에서는 to be의 "be"가 삭제된다.

　　7. 완료부정사   (to have revealed)
　　8. 완료수동   (to have been resented)
　　9. 완료수동   (to have been bribed)

⑥. 아래 10, 11, 12에서는 seem, appear, happen, chance의 동사가 (<u>to be 동사 이외의</u>) to-부정사와 함께 사용되는 경우를 보여주고 있다.

예문표 34   Hornby(1975: 36)

Subject + seem/appear happen/chance	to-infinitive (phrase)
1. The baby seems	to be asleep.
2. You seem	to be enjoying the party.
3. The electorate seems	to be swinging against Labour.
4. Some sort of answer seems	to be expected of me.
5. If you ever happen	to be in London, come and see me.
6. She happened	to be out when I called.
7. The survey appears	to have revealed some interesting facts.
8. My inquiries appear	to have been resented.
9. Some members of the committee seem	to have been bribed.
10. I <u>seem</u>	to remember meeting him somewhere.
11. He <u>appears</u>	to have many friends.
12. We <u>chanced</u>	to meet in the park that morning.

1. 그 애기는 잠든 것 같다.
2. 당신은 파티를 즐기고 있는 것 같다.
3. 유권자들은 노동당에 등을 돌리는 듯 보인다.
4. 어떤 종류의 답을 나로부터 듣고 싶은 것 같다.
5. 어쩌다 London에 오게 되면, 나를 찾아 주세요.
6. 내가 방문했을 때 그녀는 마침 외출 중이었다.
7. 그 조사는 어떤 흥미 있는 사실을 밝혀 낸듯하다.
8. 내 질문이 화나게 했던 것처럼 보인다.
9. 그 위원회의 어떤 회원은 뇌물을 받았던 것처럼 보인다.
10. 나는 그를 어디서 만났던 기억이 있는 것 같다.
11. 그는 많은 친구를 가지고 있는 듯하다.
12. 우리는 그날 아침에 우연히 공원에서 만났다.

해설:

   *"The baby seems asleep."는 정문이 못된다. 왜냐하면 asleep는 서술적 형용사이기 때문에 to be 다음에 나타나야 한다. 따라서 "The baby seems <u>to be</u> asleep."로 되어야 한다. 그러나 (to be)가 생략될 수 있는 "The baby seems (to be) quite happy/satisfied."는 정문이다. 이 문형은 앞 (VP 4D)이다. 위 예문 9, 11, 12를 앞 (VP 4D) 예문표 33으로 전환하는 것이 가능할 수도 있다.

9. It seems that some members of the committee have been bribed.
11. It appears that he has many friends.
    "happen"은 "so"와 함께 사용할 수도 있다.
12. It (so) happened that she was out when I called.

Onions 2-31   명사보어   (VP 4F)

37:   이 유형은 앞 (Onions 2-12)와 동일한 구조이다. 이것은 앞 본론 (19)에서도 언급한
      문제이다. 그러나 (Onions 2-31)에서는 "be + to-부정사 구조가" 갖는 다양한 화자
의 의도를 표현하는 것이 그 목적이다. 즉, 상호 합의에 의한, 또는 요구나, 명령의 결과에
의한, <u>주선/준비(arrangement)</u>를 나타낸다. 또 의문문은 어떤 사람의 소원에 대한 질문과 비
슷한 것이다. 이 (Onions 2-31)에서는 어떤 문법적인 기능을 설명하려고 하는 것이 아니라,
"<u>전체 문장이 갖는 내적인 의미</u>"나, "<u>화자가 갖는 내적인 의도</u>"를 나타내는 것이 그 목적이
다. 그러나 중요한 것은 예문표 35의 to-부정사는 모두 "<u>be 동사의 명사보어</u>"라는 것을 기억
해 두어야 한다. <u>형용사의 기능은 전혀 없다.</u> 앞 서론 ②의 (3)-(13)에서 분석된 예를 참조하
기 바랍니다. 아래에 제시되는 예문표 35의 해석에서, "줄 친 부분의 명사적" 해석이 원칙이
나, 괄호 내의 해석은 자연스러운 해석이다.

예문표 35   Hornby(1975: 37)

Subject + BE +	to-infinitive (phrase)
1. John and I are	to meet at the station at six o'clock.
2. We are	to be married in May.
3. We were	to have been married last year.
4. At what time am I	to come?
5. When am I	to call (ring) you up?
6. Am I	to stand here for ever?
7. You're always	to think of me as your friend.
8. I am	to inform you that ......
9. Nobody is	to know.
10. How am I	to pay my debts?
11. The waiter was	not to be seen.
12. As I was	about to say···
13. This I was	only to learn later.
14. The new building is	to be six stories (storeys: BrE) high.
15. He was	never to see his wife and children again.

    이 유형은 앞에서 제시된 (Onions 2-12)의 유형과 동일한 유형이다. 그러나 (Onions
2-31)에서는 "be + to-부정사"를 통해서 화자가 제시하는 다양한 의미를 표현하는 것이
그 목적이다. 이 유형이 갖는 의미는 "화자가 갖는 내적인 심정", 또는 "문장 전체가 갖는
내적인 의미"를 나타내는 데 있다. 그 내용은 아래 해설을 참조하라.

2-31   예문표 35의 해석

1. John과 나는 6시에 역에서 만나게 되어 있는 <u>것이다.</u> (만나게 되어 있다)
2. 우리는 오월에 결혼하게 되어 있는 <u>것이다.</u> (되어 있다)
3. 우리는 지난해 결혼하기로 되어 있었던 <u>것이다.</u> (그러나 하지 못했다)
4. 내가 몇 시에 오게 되어 있는 <u>것인가요?</u> (오면 될까요?)
5. 언제 내가 전화를 하면 되는 <u>것입니까?</u> (하면 되나요?)
6. 나는 영원히 여기에 서있어야 하는 <u>것입니까?</u> (하나요?)
7. 너는 항상 나를 너의 친구로 생각하고 있는 <u>것이다.</u> (생각하고 있다)
8. 나는 that 이하의 말을 당신에게 말하게 되어 있는 <u>것이다.</u> (명령에 의한 지시로)
                                                              (되어 있다)
9. 아무도 알게 되어 있지 않는 <u>것이다.</u> (약속에 의한 결과) (있지 않다)

10. 나의 빚을 어떻게 갚아야 하는 <u>것입니까</u>? (상대방의 소원, 의향) (어떻게 갚을까요?)
11. 사환은 보이지 않았던 <u>것이다</u>. (결과) (사환은 보이지 않았다)
12. 내가 막 …을 말하려고 하던 참이었던 <u>것이다</u>. (의도) (말하려고 하던 참에)
13. 이것은 내가 후에야 알게 되었던 <u>것이다</u>. (결과) (알게 되었다)
14. 새 건물은 6층 높이로 되어 있는 <u>것이다</u>. (약속, 계획) (되어 있다)
15. 그는 그의 부인과 아이들을 다시는 만나지 못하게 된 것이다. (운명)

(된 것이 그의 운명이었다)

> **해설**

1, 2, 3은 <u>합의(약속, 계획)</u>된 것을 나타낸다.
4, 5는 <u>상대편의 소원, 의향, 의도</u>를 묻는 말이다.
6은 조급함이나 짜증을 나타낸다.
7은 강한 확신을 나타낸다.
8은 내가 당신에게 that 이하의 사실을 알려주도록 "<u>지시</u>"를 받았다. 즉, (<u>명령에 의한</u>) "<u>결과</u>"를 나타낸다.

9. 아무도 알아서는 안 된다. "<u>(약속에 의한) 결과</u>로 "<u>의도</u>"를 나타낸다.
10. How can I pay my debts?는 상대방의 (<u>소원, 의향</u>)을 묻는 것이다.
11. 사환은 보이지 않았던 <u>것이다</u>. (<u>결과</u>)
12. As I was on the point of saying---.: 내가 막 …을 말하려고 했던 것이었을 때,

("---하던 참에…"): (<u>의도</u>)

13. I did not learn this until later.는 "이것은 내가 후에야 알게 되었던 <u>것이다</u>." <u>결과</u>
14. The new building will be (or is designed to be) six stories high. (<u>약속/계획</u>)
15. It was his destiny never to see his wife and children again. (<u>운명</u>)

영어 단어

for ever: 영원히　　　　debt: 채무/부체　　　　destiny/fate: 운명

문법 문제: a. We <u>were to have been married</u>:　　　결혼하기로 했었다.
　　　　　b. You <u>should have come</u> to the party:　　왔어야만 했다.
　　　　　(그러나 실제로는 "하지 못했다/오지 못했다"의 의미를 갖는다)

Verb Pattern 5

㊱　| Onions 2-32 |　　　(VP 5)

38: **㊱**번 유형은 문의 5형식에 들어갈 수 없는 유일한 문형이기 때문에, 무색으로 표현한다. Onions의 종전의 문형에도 들어갈 수 없는 유일한 문형이다

　이 문형에서는 뒤의 부록 1장에서 언급한 것 같이, "변칙정형동사(anomalous finites)" 인 will/would, shall/should, can/could, may/might, must, dare, need, 그리고 do/did/done이 사용되는데, 이들은 의문형, 부정형, 그리고 강조 긍정문에서 사용된다. "변칙 정형동사"란 이 조동사들과 부정어 not가 축약되는 것을 말한다. 즉, is not는 isn't로 will not가 won't처럼 축약되는 조동사를 말하는 것이다. 이 책의 부록 제1장의 1.1 "정의 (definition) 편"과 제2장의 "서법조동사 편"을 참조하라. 이 "변칙정형동사" 다음에는 원형부 정사(bare infinitive)가 나타난다. 그밖에 You had better==You'd better, He would rather,/He would sooner==He'd rather/He'd sooner 등도 이 축약문형에 포함된다.

Hornby는 왜 이 변칙정형동사를 하나의 문형형성에 필요한 유형이라고 생각했을 것인가? 예컨대, 문장의 맨 앞에 축약형이 <u>Won't</u> you come home early tonight?로 나타나거나, <u>Didn't he</u> tell it to you yesterday?같이 나타날 때, 원어민들은 won't를 풀어서 <u>Will not you</u> come home early tonight?라고 하던가, 또는 Didn't he를 풀어서 <u>Did not he</u> tell it to you yesterday?라고 말하지 않기 때문에, 이 축약된 표현이 문형을 형성하는 하나의 구성소로 본 것이다. 특히 부가의문문에서는 절대적이다. 왜냐하면, 부가절은 항상 축약된 형태로 말하기 때문이다. You are hungry, aren't you? 라고 하지, 이것을 축약시키지 않은 원래의 단어를 사용해서, <u>are not you?</u> 라고는 절대로 말하지 않기 때문이다. 즉, 이 축약형을 풀어서 그대로 말하면 문법적인 영어가 되지 않기 때문이다.

따라서 이 축약형은 ①. 본동사가 자동사냐, 타동사냐를 구분하지 않고, ②. 부정문을 표현하는 것 자체가 선택적인 표현이기 때문에, 아래 예문에서 볼 수 있는 것 같이, 1, 3, 6, 7, 8, 10, 11번과 같은 문장은 부정어 not가 전혀 나타나지 않은 긍정문도 제시된다.

그러므로 이 "변칙 정형동사"는 자동사 유형이 끝나고, 타동사의 유형이 시작되는 경계 선상에 두어야 할 문형이라고 보아서, 이 시점, 이 위치에 두기로 한다. 수많은 원어민 영문법 학자들 중에서 이 "변칙정형동사"의 역할을 이와 같은 하나의 문형으로 설정한 것은 Hornby뿐이라고 생각된다. 자동사와 타동사가 그 성격이 서로 전혀 다르지만, 부정어 not와 축약된다는 점에서는 서로 공통점을 갖는 것이다. 다음 예를 보자.

예문표 36   Hornby(1975: 38)

Subject + anomalous finite	bare infinitive (phrase)	
1. You may	leave now.	(자동사)
2. You **mustn't**	do that.	(타동사)
3. Can you	come early?	(자동사)
4. You **needn't**	wait.	(자동사)
5. Don't you	like her?	(타동사)
6. Does he	want anything?	(타동사)
7. Oh, but you did	say so!	(자동사)
8. You will	find it in that box.	(타동사)
9. I didn't dare	tell anyone.	(타동사)
10. You had better	start at once.	(자동사)
11. He said he'd sooner	die than betray his friend.	(자동사)

2-32   예문표 36의 해석

1. 너는 지금 떠나도 좋다.
2. 너는 그것을 해서는 안 된다.
3. 너 좀 일찍 올 수 있니?
4. 너는 기다릴 필요가 없다.
5. 너는 그녀를 좋아하지 않니?
6. 그는 어떤 것을 원하고 있나?
7. 아, 그런데 네가 그렇게 말했잖아!
8. 너는 그 상자 속에서 그것을 찾아 볼 수 있을 것이다.
9. 나는 감히 누구에게도 말하지 않았다.
10. 너는 즉시 떠나야 한다.
11. 그는 그의 친구를 배신하기보다는 차라리 죽겠다고 말했다.

영어 숙어: He would sooner die than betray his friend.
         (그는 그의 친구를 배신하기 보다는 차라리 죽겠다).

　　이 축약의 형태는 문어체의 영어보다 구어체의 영어에서는 거의 100% 사용되기 때문에, "언어는 말이지 글이 아니다.(Language is speech, not writing.)"라는 이 명제(命題)에 초점을 맞추는 것이다. 모든 언어는 먼저 구어로 존재했는데, 후에 그 구어에 맞는 문자가 만들어 졌다는 주장이요, 가설이다.

2형식 문형의 총정리

　　2형식 동사 유형은 단일 유형으로는 가장 많은 32개 동사 유형을 갖고 있다. 종전의 문의 5형식에서는, 문의 2형식은 명사보어와 형용사보어만 있다고 했고, 지금도 이렇게 가르치고 있다. 이것이 잘못된 것으로 본다. 명사보어 및 형용사보어 외에 분명히 부사보어도 존재하고, 그 외에 부사 수식어 유형도 존재한다.

위에서 밝힌 32개 유형에서,

명사보어:	5
형용사보어:	6
명사/형용사 공용 보어 구조:	8

종전의 2형식으로 설명되는 19개 유형

부사보어:	5
부사수식어:	6

종전의 2형식으로는 설명하지 못하는 11개 유형

보어가 없는 유도부사
there 구조, (Onions 2-5):   1
축약형 구조, (Onions 2-32):   1

"축약형 (Onions 2-32)" 포함 총계: 32개 유형으로 분류함.

① 보어 중에는 다음과 같이 "부사보어 유형, 5개가 존재한다."

　　앞의 예문 (Onions 2-4),
　　　　　　(Onions 2-6),
　　　　　　(Onions 2-14),
　　　　　　(Onions 2-15),
　　　　　　(Onions 2-21) 등 5개 유형은 부사보어를 갖는 유형이다.

② He plays tennis well/badly.에서 "부사는 있어도 되고 없어도 되는 그런 성격을 지닌 부사만 있는 것이 아니다." 다음 6개 부사유형은 모두 특수한 의미나, 기능을 갖는 "부사유형"이다.

(Onions 2-22)	(자동사 + 부사수식어 구조)
(Onions 2-23)	(문의 2형식/5형식으로 나타낼 수 있는 특수한 구조)
(Onions 2-24)	(전치사 + 목적어가 생략되는 특별한 구조)
(Onions 2-25)	(목적/결과를 나타내는 구조)
(Onions 2-26)	("and"나 종속절의 의미로 해석되는 특수구조)
(Onions 2-27)	(to-부정사를 부사로만 해석해야하는 특수 구조)

　　위 6개 유형은 부사 수식어 유형이지만, 모두 특별한 의미나 기능을 갖고 있기 때문에, 부사유형의 구조로 반드시 가르쳐야 한다고 주장한다.

Verb Pattern (VP 6-10)

39: 이 (VP 6-10), 즉, (VP 6, 7, 8, 9, 10)의 문형들은 타동사에 관한 것이다. 아래 (Onions 3-1) 유형에서부터 (Onions 3-5) 유형까지는 "보어"나 "부사수식어(adjunct)" 가 나타날 수 있어나, 필수적인 것은 아니다. 예컨대, "I enjoyed the concert."는 그 자체로 완벽한 것이다. 그러나 "I put the book down."에서는 부사수식어 down이 부사보어로 꼭 필요하다. 따라서 이 문장은 문의 5형식에서 다룬다. 이 3형식 문형에서는 동사가 목적어를 갖는데, 이 목적어는 명사, 대명사, 동명사가 된다. 따라서 목적어가 명사, 대명사, 동명사에 따라, 또 그 동사의 성격에 따라, (VP 6)은 (VP 6 A, B, C, D, E)까지 5개 문형으로 세분화 된다. 그리고 아래와 같이 (Onions 3-1)에서 (Onions 3-10)까지 10개의 유형이 있다.

(Onions 3-1)	(VP 6A)	(Onions 3-6)	(VP 7A)
(Onions 3-2)	(VP 6B)	(Onions 3-7)	(VP 7B)
(Onions 3-3)	(VP 6C)	(Onions 3-8)	(VP 8)
(Onions 3-4)	(VP 6D)	(Onions 3-9)	(VP 9)
(Onions 3-5)	(VP 6E)	(Onions 3-10)	(VP10)

Verb Pattern 6

Onions의 3형식 문형 (VP 3-10)

(37) **Onions 3-1**　　(VP 6A)

40: 다음 (VP 6A), (Onions 3-1)의 유형은 목적어를 명사, 대명사로 한정한다. 여기에서 do 동사는 조동사가 아닌, 완전 타동사인 것이 특징이다. 어떤 부사보어도 필요하지 않지만, 시간부사, 빈도부사, 기간(duration) 부사 등은 첨가될 수 있다.

예문표 37　　　　　　　　　　　　　　　　　　　　　　Hornby(1975: 38-39)

	Subject + vt +	noun/pronoun
1.	They did	very little work that day.
2.	Nobody answered	my question.
3.	We all enjoyed	the movie.
4.	I've lost	my way.
5.	The company has bought	several new aircraft.
6.	You've boiled	the rice (for) too long.
7.	We all had	a good time.
8.	We shall make	an announcement tomorrow.　shall: BrE
9.	Have you made	your bed yet?
10.	Has anybody here seen	Kelly?
11.	I love	you.
12.	In recent years, our farmers have been producing	more food than the country needs.
13.	An idea struck	me.
14.	The news that Tom had failed	his exams surprised us.
15.	Jane's reckless driving angered	her father.
16.	The workmen dug	a deep hole.
17.	Have you ever climbed	that mountain?
18.	The car turned	the corner too fast.

19. Can your horse jump   that gate?

위에 제시된 예문표 37에서

5. aircraft는 단수. 복수 동형으로 사용된다.
14. The news that Tom had <u>failed his exams</u> surprised us.에서 <u>failed</u> his exams는
    타동사이다. 그러나 <u>failed in</u> his exams이라 한다면 이 구조는 자동사(구)로 된다. 이것은
    앞 (Onions 2-22)와 동일한 유형에 속한다.

17의 up, 18의 around, 19의 over는 불변화사로서 수의적으로 사용할 수 있다.

| 3-1 | 예문표 37의 해석 |

1. 그들은 그날 거의 일을 하지 않았다.
2. 아무도 나의 질문에 답하지 않았다.
3. 우리 모두가 그 영화를 즐겼다.
4. 나는 길을 잃었습니다.
5. 그 회사는 몇 대의 새로운 항공기를 구입했습니다.
6. 너는 쌀을 너무 오래 삶았다.
7. 우리 모두가 즐거운 시간을 보냈다.
8. 우리는 내일 발표를 하나 할 것입니다.   shall: 영국영어
9. 너 벌써 침대를 폈니? (벌써 잘 준비를 했니?)
10. 여기에 있는 누군가가 Kelly를 보았습니까?
11. 나는 당신을 사랑합니다.
12. 최근에 와서 우리의 농부들은 우리나라가 필요로 하는 이상의 식량을 생산해 왔습니다.
13. 어떤 생각이 하나 떠올랐다.
14. Tom이 시험에 실패했다는 소식이 우리를 놀라게 했다.
15. Jane의 분별없는 운전이 그녀의 아버지를 화나게 했다.
16. 일꾼들은 깊은 구멍을 팠다.
17. 너는 저 산에 올라가본 적이 있니?
18. 그 승용차는 그 모퉁이를 너무 빨리 돌았다.
19. 너의 말이 저 대문을 뛰어넘을 수 있니?

해설: 위 1, 9, 12는 수동구조로 변형될 수 있다.

1. Very little work was done that day.
9. Has your bed been made yet?
12. In recent years <u>more food</u> has been produced <u>than</u> the country needs.
12. 유도부사 there를 삽입시켜서 표현할 수도 있다.
    In recent years, <u>there</u> has been produced <u>more</u> food <u>than</u> the country needs.

14/15와 같은 문장의 주어는 가주어 it로 대체되는 것이 가능한데, 이 경우에는 to-부정사가
    진주어로 나타난다. 이런 구조가 때때로 더 선호된다.

14. <u>To hear that Tom had failed his exams</u> surprised us. ⇒
    <u>It</u> surprised us <u>to hear that Tom had failed his exams</u>.
15. <u>To see Jane driving recklessly</u> angered her father. ⇒
    <u>It</u> angered Jane's father <u>to see her driving recklessly</u>.
16. 결과를 나타내는 목적어의 예는 다음과 같다.
    The workmen made a deep hole by digging. (일꾼들은 파서 깊은 구멍을 내었다)
Cf: He was digging his garden. (그는 그의 정원을 파고 있었다.)

38 Onions 3-2   (VP 6B)

41: 이 문형에 나타난 문장들은 <mark>수동태로 전환이 안 되는 문장이다</mark>. 경험을 나타내는 뜻의 have는 앞 (Onions 3-1) (VP 6A) 유형의 예문 7에서처럼, "We all had a good time."을 "A good time was had by all."로 바꿀 수 있다. 그러나 have가 "소유하다 (possess)", "먹다(have/eat)", "약을 먹다(take)", "마시다" 등의 의미를 가진, 아래 (Onions 3-2)의 예문 1-3은 수동태로 바꾸지 못한다. 또 재귀동사 (목적어가 "…self"를 갖는 경우)와 동족목적어 (I dreamed a happy dream last night.)를 갖는 문장들도 수동태로 바꿀 수 없다.

예문표 38   Hornby(1975: 40)

Subject + vt +	noun/pronoun
1. He has got	good charm.
2. She has	blue eyes.
3. Have you had	breakfast yet?
4. Please behave	yourself.
5. Have you hurt	yourself?
6. He dreamed	a most extraordinary dream.
7. She laughed	a merry laugh.
8. She smiled	her thanks.
9. He nodded	(his) approval.
10. The girls giggled	their appreciation of my compliments.

3-2 예문표 38의 해석

1. 그는 멋있는 매력을 갖고 있다.
2. 그녀는 파란 눈을 갖고 있다.
3. 벌써 아침식사를 했니?
4. 점잖게 처신해라.
5. 너 다쳤니?
6. 그는 가장 특별한 꿈을 꾸었다.
7. 그녀는 즐거운 듯이 웃었다.
8. 그녀는 미소로 감사를 대신했다.
9. 그는 끄덕이면서 (그의) 찬성을 표시했다.
10. 그 소녀들은 나의 칭찬에 대한 감사로 킬킬 웃었다.

해설: 구어체에서는 흔히 동족목적어는 부사로 바뀐다.

  7. She laughed <u>a merry laugh</u>. ⇒
    She laughed <u>merrily</u>.
  9. He nodded approvingly (or in approval).

39 | Onions 3-3 | (VP 6C)

42: 이 (Onions 3-3)과 다음 (Onions 3-4)만이 동명사 목적어를 선택한다. 그런데 2개의 유형으로 구분하는 것은, 후자인 (Onions 3-4)는 (Onions 3-6)과 같이 to-부정사 목적어를 선택하기 때문이다. 먼저 아래 분류된 유형을 보자.

(Onions 3-3):　　　She enjoys playing tennis.　──────▶　동명사만 선택

(**Onions 3-4[a]**):　She likes swimming.──────────▶　동명사와
(**Onions 3-4[b]**):　She likes to swim in the afternoon. ──▶　to-부정사 선택

(**Onions 3-6/3-4[b]**)포함: She prefers to go to concerts.──▶　to-부정사만 선택

　　항상 동명사 목적어를 선택하는 (Onions 3-3)은, "to-부정사 목적어"를 선택하는 (Onions 3-6)의 유형에는 쓰이지 못한다. 단 아래 (Onions 3-3)의 예문표의 예문 중, 14-15의 forget/remember가 "과거의 의미를 갖지 않고", 또 16의 try도 "시험 삼아 --을 해보라"라는 의미를 갖지 않으면, (Onions 3-6)의 "to-부정사 유형"에도 쓰일 수 있다. 그러나 위 (Onions 3-4[a]) 유형의 동사들은 대부분 (Onions 3-6)의 유형에서도 쓰인다. 그런데 (Onions 3-4[a]) 유형의 동사가 (Onions 3-6) 유형으로 변화하는 경우에는, 동사들마다 (Onions 3-6)으로 변화하는 조건이 각각 다르다. 다음 76쪽 (Onions 3-4)의 예문표 40의 **"해설"**을 보라.

예문표 39　　　　　　　　　　　　　　　　　　　　　　　Hornby(1975: 41-42)

Subject + vi +	gerund (phrase)
1. She enjoys	playing tennis.
2. Have you finished	talking?
3. I couldn't help	laughing.
4. Would you mind	coming earlier?
5. Do you mind	waiting a bit longer?
6. You should practice	speaking English whenever you can.
7. He grudged	having to pay such high taxes.
8. How could he avoid	paying so much?
9. She resented	being spied on when she was sunbathing in the garden.
10. To persuade him took (need)	some doing.
11. It won't stand	being handled roughly.
12. I can't stand	travelling in the rush-hour.
13. Please stop	talking.
14. I shall never forget	hearing Maria Callas sing the part of Madame Butterfly. "shall: BrE."(문법편, 조동사 ⑤를 참조)
15. I remember	going to Convent Garden to hear her.
16. Try	clearing it with petrol (gas).

16. petrol(BrE)/gas-(oline)(AmE)　　　　　휘발유
　　 petrol station(BrE)/gas station(AmE)　　주유소

1. 그녀는 테니스를 즐깁니다.
2. 너 이야기를 끝냈니?
3. 나는 웃지 않을 수 없었다.
4. 좀 일찍 올 수 없겠니?
5. 좀 더 오래 기다릴 수 있겠나?
6. 네가 할 수 있을 때는 언제나, 영어로 말하는 연습을 해야 한다.
7. 그는 그런 많은 세금을 지불해야하는 것을 싫어했다.
8. 어떻게 해서 그렇게 많은 돈을 내는 것을 피할 수 있었을까?
9. 그녀가 정원에서 일광욕을 했을 때 (다른 사람이) 몰래 본 것에 대해서 분개했다.
10. 그를 설득하는 일에, 무엇을 해야 할 필요가 있었다. ⇒
    그를 설득하는 것은 그냥 되지 않았다.
11. 거칠게 다루는 것은 참을 수 없을 것이다.
12. 출퇴근 시간에 내가 차타고 여행하는 것은 참을 수 없다.
13. 말을 좀 멈추세요. ⇒ 말 좀 그만 하세요.
14. Maria Callas의 Madame Butterfly 역의 노래를 들은 것을
    나는 결코 잊을 수가 없다.   shall: 영국영어
15. 나는 그녀의 노래를 듣기위해 Convent Garden에 간 것을 기억한다.
16. 휘발유로 그것을 시험 삼아 한번 지워봐라.

해설: 10:   "take"는 "need"의 의미
          11/12:   "stand"는 "endure, bear (참는다)"라는 의미
          13: Cf "We stopped to talk."에서 stop는 자동사이다. 따라서
               "이야기를 하기 위해" <u>하던 일을 멈추었다</u>로 해석한다.
               앞 (Onions 2-25)의 1번을 참조하라. (VP 4A)

참조: 14/15: forget/remember는 3-3유형에서, 의미의 변화가 있을 때에만
                 (Onions 3-6)번 유형에서도 사용되나, 의미가 달라진다.
                 이것은 (Onions 3-6) 유형의 해설을 보라.

          16:      "try + 동명사"는 "시험 삼아 …를 해보라"의 의미이다. 이 try는
                 또 "I tried to clean it"에서처럼 to-부정사를 사용하는 (Onions 3-6)의
                 유형으로도 사용된다. 이때 to-부정사로 된 "to clean it"는
                 try 동사의 목적어 명사이다.

(VP 6C)의 유형에 쓰이는 동사들은 다음과 같다.

admit	advise	advocate	avoid
begin	begrudge	consider	contemplate
continuous	defend	defer	deny
describe	discontinue	dislike	enjoy
entail	excuse	face	fancy
finish	forbid	forget	grudge
hate	can't help	imagine	intend
involve	justify	like	love
mean	mind	miss	necessitate
postpone	prefer	prevent	propose
recall	recollect	recommend	regret
remember	report	resist	start
suggest	try	understand	

give up (smoking)   leave off (raining)
go on (working)   set about (doing something)

43: 이 문형에서는 동사가 대부분 동명사를 사용하나, to-부정사를 사용하는 동사들도 상당히 많다. like swimming과 like to swim 간의 차이는 아래 (Onions 3-4)의 해설을 참조하라.

예문표 40   Hornby(1975: 41)

Subject + vt +	gerund (phrase)
1. She likes	swimming.
2. He began	talking about his family.
3. Don't start	borrowing money.
4. She loves	having breakfast in bed.
5. I hate	having to refuse every time.
6. He prefers	walking to going by car.
7. She can't bear	seeing animals treated cruelly.
8. He can't endure	being disturbed in his work.
9. I will continue	working while my health is good.
10. The child dreads	going to bed in the dark.

3-4 예문표 40의 해석

1. 그녀는 수영을 좋아한다.
2. 그는 그의 가족에 대해서 말하기 시작했다.
3. 돈 꾸기를 (빌리기를) 시작하지 마라.
4. 그녀는 침대에서 아침식사 하는 것을 좋아한다.
5. 나는 매번 (남의 부탁을) 거절하는 것이 싫다.
6. 그는 차로 가는 것 보다 걸어가는 것을 좋아한다.
7. 그녀는 동물을 잔인하게 다루는 것을 보면, 참지 못한다.
8. 그는 그의 일이 방해받는 것을 참을 수 없다.
9. 나는 나의 건강이 허락하는 한, 일을 계속할 것이다.
10. 그 아이는 어두움 속에서 잠자리로 가는 것을 무서워한다.

해석: 6번의 prefers walking 다음의 to는 전치사로 "…보다"의 의미로 사용된다.

해설 "좋아하는 것"과, "선호하는 것"을 나타내거나, 그것의 반대인 "싫은 것"을 일반적으로 서술할 경우에는 동명사로 나타나는 앞 (Onions 3-3)을 사용한다. 뒤에서 제시된 "to-부정사를 사용하는" (Onions 3-6)의 유형은 다음과 같은 조건들이 충족되어야 한다:

① "특정한 경우에 대해서 서술하거나, 묻는 경우에 더 많이 사용된다."
② 특히 would (should) like to…/would prefer to…로, 보통 to-부정사를 사용하기 때문에 더욱 그러하다. 다음 예를 보자.

A: a. I like swimming. (일반적인 표현)
   b. I wouldn't/shouldn't like to swim in that cold lake.

위 b에서는 "in that cold lake"라는 조건과 "would/should을 사용하기 때문에, to-부정사를 사용하는 것이 보통이다.

   c. Would you like to go for a swim this afternoon?
      "this afternoon"이라는 조건과 would을 사용하기 때문에 to-부정사를 사용한다.

d. They prefer staying indoors when the weather is cold. (일반적인 선호의 표현)
   <u>Would you prefer</u> to stay at home <u>this evening</u>?

   위 d에서도 "this evening"이라는 특별한 시간과, "의지를 묻는 would 때문에"
   to-부정사를 쓰는 것이다. 다음 e-g의 예를 보자.

e. I <u>should prefer</u> <u>not to go out</u>.에서도 "should이 사용되므로 to-부정사를 사용한다.
f. I don't like going to the theater alone. (일반적인 표현)
g. <u>I'd like</u> to go to the theater <u>if you'll go with me</u>.

   위 g에서는, "if you'll go with me"라는 조건과, would을 사용하기 때문에,
   to-부정사를 사용하는 것이 보통이다.

B: 그러나 begin, start는 두 가지 경우에 동일하게 사용된다.

   He began/started borrowing money. He began/started to borrow money.

C: 이 동사들이 "진행형 시제"로 사용될 때에는 (VP 7)의 (Onions 3-6) 유형인 to-부정사를
   사용한다. 다음 예를 보자:

   It's beginning to rain.   (*It's beginning raining.)
   He's beginning to learn English.   (*He's beginning learning English.)

D: "begin" 동사 다음에, "이해하다"를 의미하는 understand, see, realize가 사용될
   때에는 to-부정사를 사용한다.

   예: I begin <u>to see/to understand</u> how it works.
       (* I begin seeing how it works.)는 안 된다.

E: "시작하다"는 의미의 관용어구인 set about는 (Onions 3-4)의 동명사를 선택하나, 동
   일한 의미의 start out는 (Onions 3-6)의 to-부정사 유형을 사용한다. 다음 예를 보자.

   예: As soon as the storm ended, we <u>set about</u> repairing the damage.
                                  (Onions 3-4) (VP 6D)
       He <u>started out</u> to write his report. (Onions 3-6) (VP 7A)

F: 동사 like, continue는 (Onions 3-4)의 유형과 "to-부정사는 (Onions 3-6)의 유형"에 동일
   하게 사용된다. 그러나 그것의 반의어인 dislike와 discontinue는 동명사만을 선택하는
   (Onions 3-4)의 동명사 유형에만 나타난다.

   예: That horse dislikes wearing blinkers.
       (* That horse dislikes to wear blinkers)는 영어가 아니다.

G: "계속하다"는 의미로 keep나 keep on, go on을 사용하면서, "…ing 형"을 사용하지만,
   이것은 동명사가 아니고, "현재분사"이다.

   예: Why do they keep/keep on/go on <u>laughing</u> all the time?

(VP 6D)에 주로 사용되는 동사들은 다음과 같다.

(can't) bear	commence	continue	dread
endure	hate	intend	like
love	prefer	regret	start

Onions 3-5   (VP 6E)

44:    동사 need, want, won't/wouldn't bear 뒤에 나타나는 동명사는 수동의 의미를 갖는다.

예문표 41   Hornby(1975: 43)

Subject + need/want, etc	+ gerund (phrase) (with passive meaning)	
1. The garden needs	watering.	(= to be watered)
2. He will need	looking after.	(= to be looked after/cared for)
3. My shoes want	mending.	(= need to be repaired)
4. His wife needs	tactful handling.	(= to be handled carefully)
5. It won't bear	thinking of.	(= to be thought about)
6. His language wouldn't bear	repeating.	(= was too bad to be repeated).

3-5   예문표 41의 해석

1. 정원에 물이 주어지는 것이 필요하다.
   ⇒ 정원에 물을 줄 필요가 있다.
2. 그는 (누군가의) 보살핌을 받아야 할 필요가 있을 것이다.
   ⇒ 그는 누구의 보살핌을 받을 필요가 있다.
3. 내 신은 수선이 필요하다.
   ⇒ 내 신은 수선을 받을 필요가 있다.
4. 그의 부인을 솜씨 있게 다룰 필요가 있다.
   ⇒ 그의 부인을 솜씨 있게 다루어야 한다.
5. 그 일을 생각하는 것조차도 참을 수 없다.
   ⇒ 그 일은 생각하기도 싫다.
6. 그의 말이 되풀이 되는 것은 참을 수 없다.
   ⇒ 그의 말은 도저히 되풀이할 것이 못된다.

해설:

5. won't bear는 동명사와 함께 사용된다. 그러나 can't bear는 3-4 유형에서처럼 동명사와도 함께 사용되고, 또 3-6 유형의 to-부정사와 함께 사용되기도 한다.

   예: She can't bear seeing/to see animals treated cruelly.

Verb pattern 7

 Onions 3-6 [앞 3-4 (b) 포함] (VP 7A)

45: 이 문형에서는 동사 뒤에 to-부정사가 따라온다. to-부정사를 부정할 때는 to-부정사 앞에 not가 온다. I am not learning to swim은 정문이지만, *I am learning not to swim은 비문이다. 예컨대, come, seem, appear 뒤에 to-부정사가 오는 경우는, (Onions 2-26)의 자동사 유형을 보라. 그러나 예컨대, agree같은 동사는 (Onions 2-26)의 자동사 유형, 또는 (Onions 3-6)의 타동사 유형일 수도 있다. 이때 to-부정사는 모두 목적어 명사 이다.

46: to-부정사를 "목적어"로 갖는 (VP 7A) 유형과, have와 ought가 to-부정사와 함께 "목적어"로 나타나는 (VP 7B) 유형이 있다. 다음 ㊸의 (VP 7B)를 보라.

예문표 42   Hornby(1975: 43-44)

Subject + vt +	(not) + to-infinitive (phrase)
1. I prefer	(not) to start early.
2. Do they want	to go?
3. It's begun/started	to rain.
4. What do you intend	to do about it?
5. He pretended	not to see us.
6. He's agreed	(not) to let the family know.
7. Would you like	to come with me?
8. Do you remember	to post my letter?
9. Sorry, but I forgot	to post them.
10. We hope/expect/propose	to organize a youth club.
11. He promised	never to get drunk again.
12. I never thought	to see you here.
13. He thinks	to deceive us.

3-6   예문표 42의 해석

1. 나는 일찍 출발하기 (출발하지 않기)를 좋아한다.
2. 너는 가기를 원하니?
3. 비가 오기 시작했다.
4. 그것에 대해서 어떻게 하기를 의도하니? ⇒ 어떻게 할 작정이니?
5. 그는 우리를 보지 못한 것처럼 했다. ⇒ 우리를 못 본채 했다.
6. 그는 가족들이 알도록 하는데 (모르도록 하는데) 동의했다.
7. 나와 함께 가겠습니까?
8. 내 편지 부치는 것을 잊지 마세요. ⇒ 잊지 않고 부치세요.
9. 미안합니다. 그런데 편지 부치는 것을 잊었습니다.
10. 우리는 청년클럽을 조직할 것을 희망/기대/제안합니다.
11. 그는 결코 다시는 술에 취하지 않을 것을 약속했다.
12. 나는 너를 여기서 만날 줄을 생각하지 못했다.
13. 그는 우리를 속일 생각이다.

해설 remember/forget는 (Onions 3-3) 유형의 동명사와 (Onions 3-6) 유형의 to-부정사 유형에 동일하게 사용된다. remember/forget가 "과거의 …을 기억하고 있다"의 경우에는 (Onions 3-3) 유형이다.

예: I remember <u>posting your letter</u>.
    I remember <u>meeting you in Rome two years ago</u>.
    I shall never forget <u>hearing him play Chopin</u>.

remember가 "<u>…을 잊지 않도록 기억하고 있다</u>"의 의미일 때는 (Onions 3-6)의 유형이다.

예: Please remember <u>to post my letter</u>.
    I forgot <u>to buy you flowers for your birthday</u>.

think는 보통 뒤에서 제시되는 (Onions 3-9) 유형 "think that…."에서 사용된다.

이 (Onions 3-6) 유형의 12는 다음과 같이 다시 쓸 수 있다:

    I didn't expect to see you here.

13은 He has the idea that he may deceive us.로 바꿔 쓸 수 있다.

공식용어에서 ask와 say는 (Onions 3-6) 유형 "to-부정사"에 속한다.

    She asked to come with us.
    Mother says to come in at once.

㊸ Onions 3-7 (VP 7B)

47: "동사 have는 이 문형에서 의무"를 나타낸다. 대화체에서는 have got to가 더 일반적이다. 그러나 have got to는 have to를 대신하나, have to 보다 덜 빈번하게 사용된다. 또 Have we to/Do we have to/We haven't to/We don't have to 등은 모두 have to가 must의 의미로 사용된다. ought도 이 문형에 속한다. 그러나 이 ought는 (Onions 3-6) 유형에도 사용될 수 있다. 그러나 이때, to-부정사는 모두 "목적어 명사"라는 것을 기억해 두어야 한다.

예문표 43   Hornby(1975: 44)

Subject + have/ought	(not) to-infinitive (phrase) (noun function)
1. You'll have	to go.
2. Have we	to answer all these questions?
3. Do you often have	to work overtime?
4. You don't have	to go to school on Saturday, do you?
5. You ought	(not) to complain.

1. 너는 "가야 할 <u>것이다.</u>"
   ⇒ 너는 가야만 한다.
2. 우리는 이 모든 질문에 대답해야 하는 <u>것입니까?</u>
   ⇒ 대답해야 합니까?
3. 당신은 종종 특근을 해야 하는 <u>것입니까?</u>
   ⇒ 해야 합니까?
4. 너는 토요일에 학교에 안 가도 되지?
5. 너는 불평을 해야만 (안 해야만) 할 것이다.

　위의 유형에서 to-부정사가 명사의 역할을 한다는 것을 분명히 알아두어야 할 것이다. <u>위 1번의</u> 예에서 "have to go"는 "가야할 것이다."의 의미를 갖는다. 또는, "가야할 의무"를 가지고 있다고 보면 될 것이다. 그러나 자연스러운 해석은 물론 "가야만 한다"로 해석한다.

앞 (VP 7 A, B) 유형의 구조는 다음 a, b와 같고, 이 유형에 쓰이는 동사는 c와 같다.

a.　(VP 7A) S + vt + (not) + to-infinitive (phrase)

b.　(VP 7B) S + HAVE/OUGHT, etc + (not) + to-infinitive (phrase)

c.　(VP 7A, B)에 사용되는 동사들은 아래와 같다.

ache(= long)	afford	arrange	attempt
(can/could) bear	begin	bother	cease
choose	claim	continue	contrive
dare	decide	decline	deserve
determine	dread	endeavor	expect
fail	forbear	forget	hate
learn	like	long	love
manage	mean(= intend)	need	omit
plan	prefer	presume(= venture)	pretend
profess	promise	propose	purport
reckon	refuse	resolve	seek
start	swear(= promise, make an oath)		threaten
trouble	undertake	want	wish

Verb Pattern 8

44 | Onions 3-8 | (VP 8)

48: 이 문형에서는 동사의 목적어가 "의문대명사"이거나, "의문부사", 또는 whether이며, 그 뒤에 to-부정사가 따라온다.

예문표 44   Hornby(1975: 45)

	Subject + vt +	interrogative pronoun/adverb + to-infinitive
1	I don't know	who to go to for advice.
2.	She couldn't decide	what to do next.
3.	She couldn't think	what to give the children for Christmas.
4.	Have you settled	where to go for your holidays?
5.	You must learn	when to give advice and when to be silent.
6.	I'll ask/inquire	how to get there.
7.	Do you know/see	how to do it?
8.	She didn't know	whether to laugh or cry.
9.	I was wondering	whether to stay here another week.
10.	How can you tell	which button to press?

3-8 예문표 44의 해석

1. 나는 조언을 얻고자 누구에게 가야할지 모르겠다.
2. 그녀는 다음에 무엇을 해야 할지 결정할 수 없었다.
3. 그녀는 크리스마스에 아이들에게 무엇을 주어야 할지 생각이 나지 않았다.
4. 너는 휴가로 어디에 가야할지 결정을 했니?
5. 당신은 언제 충고를 하고, 언제 조용히 있어야 할지 배워야 합니다.
6. 나는 어떻게 거기에 가는지 물어볼 것이다.
7. 당신은 그것을 어떻게 하는지 알고 있습니까?
8. 웃어야 할지, 울어야 할지 그녀는 알지 못했다.
9. 나는 일주일 더 여기에 있어야 할지 어떨지 생각하고 있었다.
10. 어느 버튼을 눌러야 할지 어떻게 알 수 있나요?

해설: to-부정사의 주어가 "본문장의 주어와 다를 때", 뒤에서 제시되는 (Onions 3-10)의 유형을 사용한다.

Do you know how to do it?   (Onions 3-8) 유형   주절의 목적어
Do you know how he did it?   (Onions 3-10) 유형   독립된 종속절

a. There are five caps.
b. They have the same color and same size.
c. Can you <u>tell</u> which is yours?

위 c에서 tell은 "말하다"의 의미를 갖는 것이 아니라, 어느 것인가 "알 수 있느냐"로 "알다"의 의미를 갖는다.

즉, can과 함께 사용된, 의문문, 긍정문에서 "알다"의 의미를 갖는다.

(Onions 3-8)인 (VP 8) 유형의 구조는 다음 a와 같고, 이 유형에 쓰이는 동사들은 b와 같다.

a. (VP 8) S + vt + 의문대명사/의문부사 + to-infinitive (phrase)
b. (VP 8)에 쓰이는 동사들은 다음과 같다.

ask	consider	debate	decide
discover	explain	forget	guess
inquire	know	learn	observe
perceive	remember	see	settle
tell(= ascertain, decide about)		think(= form an opinion about)	
understand	wonder	find out	

Verb Pattern 9

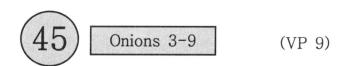

45 Onions 3-9 (VP 9)

49: 이 문형에서는 동사의 목적어가 that-절로 나타난다. 자주 쓰이는 say, wish, hope, think, expect, believe 등의 동사 뒤에 나타나는 접속사 that는 흔히 생략된다. 또 생략되는 것이 보통이다. 그러나 자주 쓰이지 않는 decide, suggest, intend와 같은 동사가 사용되는 경우에는 격식을 차린 문체에서는 that가 생략되지 않는다. 동사 feel이 비-감각적인 의미로 쓰일 때에는 이 문형으로 사용된다. 또 동사 hear가 "알다 (learn)", "알려지다 (be informed)"의 의미로 사용될 때에도 이 문형으로 사용된다.

예문표 45   Hornby (1975: 46-47)

	Subject + vt +	that clause
1.	I suppose	you'll be there.
2.	I wish	you wouldn't interrupt.
3.	We all hope	you will be able to come.
4.	Do you think	it'll rain?
5.	He said	he was busy.
6.	I hear	you've been abroad.
7.	I don't think	there'll be time to visit the museum.
8.	I see	you've broken the teapot.
9.	We felt	you'd like to know.
10.	I see	there has been another bank robbery.
11.	He doesn't believe	(that) my intentions are serious.
12.	She suggested	(that) we should start early.
13.	Do you doubt	that I can do it?
14.	The students decided	(that) they would support the demonstration.
15.	He admitted	(that) he was wrong.
16.	We intended	that you should be invited.
17.	He hinted (to me)	that I was being cheated.

1. 나는 네가 거기에 오리라고 생각한다.
2. 나는 네가 방해하지 않기를 바란다.
3. 우리는 모두 네가 올 수 있기를 바라고 있다.
4. 너는 비가 오리라고 생각하니?
5. 그는 바빴다고 말했다.
6. 나는 네가 해외에 다녀왔다고 알고 있다.
7. 박물관을 방문할 시간이 있을 것이라고 나는 생각하지 않는다.
8. 네가 차 주전자를 깼다고 알고 있다.
9. 우리는 네가 알고 싶어 한다고 생각했다.
10. 또 다른 은행 절도사건이 있었다고 알고 있다.
11. 그는 나의 의도가 진지하다는 것을 믿지 않는다.
12. 그녀는 우리가 일찍 출발해야 한다고 제안했다.
13. 너는 내가 그것을 할 수 있다는 것을 의심하니?
14. 학생들은 데모를 지지할 것을 결의했다.
15. 그는 그가 잘못이었다고 인정했다.
16. 우리는 너를 초대할 의향이 있었다./우리는 네가 초대되어야 한다는 의향이 있었다.
17. 그는 내가 속고 있다고 (나에게) 귀뜸해 주었다.

해설: 위 예문표에 나타난 어순을 다른 표현으로 바꾸는 방법도 있다.

5의 say는 다음 a와 같이 말할 수도 있고, b와 같이 말할 때는 접속사 that가 생략된다. (아래 b의 <u>삽입구의 예를 들기 위해</u>, 위 5의 예와는 전혀 다른 문장으로 예를 제시했다)

    a. We may say that this is an exceptional case.
    b. This, <u>we may say</u>, is an exceptional case.

11의 believe도 다음 b의 삽입구의 예를 들기 위해, 11번과는 다른 예를 제시했다.

    a. He believed that the educational system was in need of reform.
    b. The educational system, <u>he believed</u>, was in need of reform.

    위 b에서 어순이 바뀌면 that이 나타나지 않는다는 것에 유의하자.

7/10위 예문처럼 유도부사 there가 나타나면 보통 that이 삭제된다.

위 (VP 9)에 쓰이는 어떤 동사들은 (VP 14)의 유형에서도 역시 쓰인다. 예컨대, admit, confess, explain, suggest 등이다.

    He confessed that he had been wrong. (Onions 3-9) 유형: (VP 9)
    He confessed his mistake to me.   (Onions 4-8) 유형: (VP 14)

    앞 (Onions 2-22) 유형의 예문표 27이나, (Onions 2-23)의 예문표 28과 같이, that-절과 함께 사용되는 몇 가지 "자동사들"이 있다. 이 문장의 동사들은 전치사와 함께 사용된다: 예컨대, insist upon, agree to, complain of/about, boast of/about 등이다.

실제에 있어서는 이 동사들이 자동사인가, 타동사인가 하는 것은 중요하지 않다.

    앞 (VP 1A)의 (Onions 1-4) 유형에서처럼, 가주어 it와 함께 자동사 다음에 that-절이 나타나는 것에 유의하자. 그 구조는 It seems/appears/follow that……와 같다.

예컨대, believe, expect, hear, hope, notice, see, suppose, think와 같은 몇몇 동사들은 서술적인 that-절을 so로 대체할 수도 있고, 또 부정적인 that-절은 not로 대체할 수도 있

다. 이 표현들은 진술이나, 질문에 대한 응답 내지는 의견을 말할 때 쓰인다.
예컨대, "It's going to rain."이라는 표현에,

> "I hope not."나
> "Yes I think so." 등으로 답할 수 있다.

이 동사들과 함께, so는 문장의 앞에 올 수도 있고, 또 문장의 끝에 올 수도 있다. 예컨대,
"So I believe."도 될 수 있고, "I believe so."도 될 수 있다.

보통 사용되는 구조는 다음과 같다:

So I see/notice/believe/hear.
So I said/saw/thought/believe.
So I've heard/noticed.

I believe/hope/suppose/expect/think so.
I believe/hope/think so.
I don't think/didn't say so.

(VP 9)의 유형은 다음 a와 같고, (VP 9)에 쓰이는 동사들은 b와 같다.

a. (VP 9):   S + vt + that-clause
b. (VP 9)에 주로 사용되는 동사들은 다음과 같다.

acknowledge	add	admit	allege
allow(= concede)	argue	believe	command
confess	decide	declare	demand
demonstrate	deny	desire	doubt
expect	explain	fancy(= think)	fear
feel	hear	hope	imagine
intend	know	mean	mind(= take care)
move(= propose as resolution)		notice	object
perceive	prefer	promise	propose
prove	realize	recommend	regret
require	report	resolve	say
see(= perceive, understand)		show	specify
state	suggest	suppose	think
understand	urge	wish	

Verb Pattern 10

46 | Onions 3-10 | (VP 10)

50: 이 (VP 10) 문형에서는 동사의 목적어가 종속절이거나 또는 종속 의문절이 되는 경우이다. 이 절은 관계대명사 또는 관계부사, 또는 관계대명사 what (the thing which)이나 whether로 유도될 수 있다.

예문표 46   Hornby(1975: 47-48)

	Subject + vt +	dependent-clause/question
1.	I don't know	who she is.
2.	I wonder	where that music is coming from.
3.	The judge has to decide	who the money belongs to.
4.	How can anyone tell	who was responsible for the accident?
5.	I wonder	which of them will win.
6.	Do you know	whose car this is?
7.	We were debating/discussing	where we should go for our holidays.
8.	Come and see	what we have found.
9.	I wonder	why she is always late.
10.	I'll ask/find out	when the train leaves.
11.	Can you suggest	where I can park the car?
12.	Does anyone know	how it happened?
13.	Does anyone know	how many people are likely to come?
14.	She asked	whether I took sugar in my tea.
15.	No one seemed to know	whether the plane will leave on time.
16.	This shows	how wrong you were.

3-10   예문표 46의 해석

1. 나는 그녀가 누구인지 모른다.
2. 나는 저 음악이 어디에서 들려오는 것인지 궁금하다.
3. 판사는 그 돈이 누구의 것인지 판정해야 한다./소속되는 것인지 판정해야 한다.
4. 그 사고는 누구에게 책임이 있는지 누가 알 수 있나?
5. 그들 중 어느 팀이 이길지 궁금하다.
6. 너는 이 차가 누구의 차인지 알고 있니?
7. 우리는 휴가를 어디로 갈 것인지 논의 중이었다.
8. 우리가 찾아낸 것을 와서 봐라.
9. 나는 왜 그녀가 항상 지각하는지 궁금하다.
10. 언제 그 기차가 떠나는지 물어볼/알아볼 것이다.
11. 내가 차를 어디에 주차할 수 있는지 알려주겠니?
12. 어떻게 그 일이 발생했는지 누가 알고 있는가요?
13. 얼마나 많은 사람들이 올 것 같은지 누가 알고 있나요?
14. 내 홍차에 설탕을 넣는지 그녀는 물었다.
15. 비행기가 제시간에 떠날 것인지 어떤지 아는 사람이 없는 것 같았다.
16. 이것이 바로 네가 얼마나 잘못된 것인가를 보여주고 있다.

해설: "종속 의문절"은 강조를 받기 위해서, 때로는, 문의 앞자리에 올 수도 있다.

예: Whether the plane will leave on time, no one seems to know.

종속 의문절에서, 앞에서 생략된 "선행사"를 이해하고, 그 명사를 수식할 때도 있다.

예: I remember (the time) when cigarettes were one third of the price (that) they are now. (that)는 접속사.

"어떤 자동사는 어순에 관한 한, Onions 3-10과 같은 문형으로 사용되는 것도 있다. 이 문제에 대해서는 (Onions 2-23) 유형에서 "10, 12, 13, 14, 15, 16, 17"과 "해설 내용"을 보라." 즉, 앞 (Onions 2-23) 유형에서는 주절의 동사가 "타동사 + 전치사"로 되어서 모두 자동사로 되는 경우를 설명하고 있다.

(VP 10)의 구조는 다음 a와 같고, 이 유형에 쓰이는 동사들은 b와 같다.

a. (VP 10): S + vt + 종속 의문대명사/의문부사.

b. (VP 10)에 사용되는 동사들은 다음과 같다.

ask	debate	decide	deliberate
determine	discover	discuss	doubt
imagine	know	reveal	say
show	suggest	tell(= ascertain)	understand
wonder			

3형식 문형의 총정리

해설 우리는 흔히 like, love, hate 등의 동사는, "동명사"와 "to-부정사"를 서로 바꾸어 사용할 수 있다고 믿고 있다. 그러나 앞에서 이미 언급된 것 같이, "좋아하는 것"과, "선호하는 것"을 나타내거나, 그것의 반대인 "싫은 것"을 표현할 때에는 일반적으로 동명사로 나타나는 앞 (Onions 3-3)을 사용한다. 그러나 "to-부정사를 사용하는" 앞 (Onions 3-6) 및 (Onions 3-7)의 경우는 다음과 같은 조건에서만 쓰인다. 다음 해설을 보기로 하자.

① 특정한 경우에 대해서 서술하거나, 묻는 경우에 "to-부정사"가 더 많이 사용된다.
② 특히 would (should) like to…/would prefer to…로, 보통 to-부정사를 사용하기 때문에 더욱 그러하다. 다음 예 A, B, C, D, E, F를 보자.

A: a. I like swimming. (일반적인 표현)
    b. I wouldn't/shouldn't like to swim in that cold lake.

        위 b에서는 "in that cold lake"라는 조건과 "would/should을 사용하기 때문에, to-부정사를 사용하는 것이 보통이다.

    c. Would you like to go for a swim this afternoon?

        위 c에서도, "this afternoon"이라는 조건과 would을 사용하기 때문에 to-부정사를 사용한다.

d. They prefer <u>staying</u> indoors when the weather is cold. (일반적인 선호의 표현)

e. <u>Would you prefer</u> to stay at home <u>this evening</u>?

　　e에서도 "this evening" 이라는 특별한 시간과 "의지를 묻는 would 때문에" to-부정사를 쓰는 것이다.

f. I <u>should prefer</u> <u>not to go out</u>. f에서도 "should이 사용되므로 to-부정사를 사용한다.

g. I don't like going to the theater alone. (일반적인 표현)
h. <u>I'd like</u> to go to the theater <u>if you'll go with me</u>.

　　그러나 h에서는, "if you'll go with me"라는 조건과 would를 사용하기 때문에, to-부정사를 사용하는 것이 보통이다.

B: 그러나 begin, start는 두 가지 경우에 동일하게 사용된다.

He began/started borrowing money.
He began/started to borrow money,

C: 이 동사들이 "진행형 시제"로 사용될 때에는 (VP 7)의 (Onions 3-6) 유형인 to-부정사를 사용한다. 다음 예를 보자:

It's beginning to rain.　　　　　(* It's beginning raining.)
He's beginning to learn English.　(* He's beginning learning English.)

D: "begin" 동사 다음에, ("이해하다"를 의미하는) understand, see, realize가 사용될 때에는 to-부정사를 사용한다.

예: I begin <u>to see/to understand</u> how it works.
(* I begin seeing how it works.)는 안 된다.

E: "시작하다"는 의미의 관용어구인 set about는 (Onions 3-4) (VP 6D)의 동명사를 선택하는 반면, 동일한 의미의 start out는 (Onions 3-6) (VP 7A)의 to-부정사 유형을 사용한다. 다음 예를 보자.

예: As soon as the storm ended, we <u>set about</u> repairing the damage.
　　　　　　　　　　　　　　　(Onions 3-4) (VP 6D)
He <u>started out</u> to write his report.　(Onions 3-6) (VP 7A)

F: 동사 like, continue는 동명사 (Onions 3-4)의 유형과 "to-부정사 (Onions 3-6) 유형"에 동일하게 사용된다. 그러나 그것의 반의어인 dislike와 discontinue는 동명사만을 선택하는 (Onions 3-4) 동명사 유형에만 나타난다.

예: That horse dislikes wearing blinkers. (blinkers: 말의 눈가리개)
(* That horse dislikes to wear blinkers)는 영어가 아니다.

Verb Pattern 11

51: 이 유형의 동사들은 보어를 갖는 5형식의 타동사이거나, 또는 간접목적어를 갖는 4형식의 타동사와 함께 사용된다. 그러나 여기서는 4형식 문형만을 다룬다.

Onions의 4형식 문형 (VP 4-9)

47 | Onions 4-1 | (VP 11)

52: 이 유형의 동사들은 4형식 타동사이고, 그 다음에 명사 또는 대명사(유생 명사: "animate noun" 이어야 함)가 간접목적어로 오고, 뒤에 that-절이 따라 온다.

예문표 47   Hornby(1975: 48)

	Subject + vt	noun/pronoun	that-clause
1.	He warned	us	that the roads were icy.
2.	I convinced	him	that I was innocent.
3.	She assured	me	that she intended to come.
4.	They told	us	that there had been an accident.
5.	We must remind	him	that there's a party on Saturday night.
6.	He satisfied	himself	that he'd tried all the keys.
7.	The workers told	their employers	that they wanted more money.

4-1 예문표 47의 해석

1. 그는 우리에게 길이 얼어있다고 경고했다.
2. 나는 무죄였다고 그에게 납득시켰다.
3. 그녀는 올 의향이 있다는 것을 내게 확약했다.
4. 그들은 사고가 있었음을 우리에게 말했다.
5. 토요일 밤에 파티가 있다는 것을 그에게 일깨워 주어야 한다.
6. 그는 모든 열쇠가 잠겨있나 확인해보고 스스로 만족했다.
7. 노동자들은 그들이 더 많은 돈을 바란다고 주인에게 알렸다.

6. try the door (all the keys): 문이 잠겨있는지 (자물쇠가 잠겨 있는지) 확인해 보다.

해설: 위의 유형에 대한 대체유형이 종종 가능하다. 이 유형에 있는 문장들은 뒤에서 제시되는 (Onions 4-7)번 유형으로 다음과 같이 나타낼 수도 있다. 즉, 간접목적어 다음에 전치사 of가 관용적으로 나타나는 (Onions 4-7) 유형으로 표현할 수도 있다.

1. He warned us <u>of</u> the icy state of the roads.
2. I convinced him <u>of</u> my innocence.
3. She assured me <u>of</u> her intention to come.
7. The workers told their employers <u>of</u> their wish for more money.

앞 "(Onions 3-9)번 유형"에 쓰이는 어떤 동사들은 "(VP 11)의 (Onions 4-1)번 유형"으로 나타낼 수도 있다:

I promised (her) that I would write regularly.

Verb Pattern 12

| Onions 4-2 | (VP 12A) ⟶ | Onions 4-5 |

(Onions 4-2)의 유형에 수여동사의 변형규칙이 적용되면, 97쪽의 (Onions 4-5)와 같은 예문으로 변형됨)

53: (Onions 4-2)의 (VP 12A) 유형의 동사 뒤에 직접/간접목적어가 나타나는데, 이 두 목적어에 수여동사 변형규칙이 적용되면, 뒤에서 제시되는 97쪽의 (Onions 4-5) 유형처럼, 간접목적어 앞에, to-전치사가 나타난다. (VP 12A) 유형의 간접목적어는 대부분 유생물(animate) 목적어이어야 한다. 그러나 뒤의 (Onions 4-5)를 보면 어떤 경우에는 유생물 목적어가 아닌 경우에도 쓰인다.

54: 이 유형에 나타나는 동사들은 give, tell, teach, send, bring, show, write 등으로 알고 있는데, 아래 예문에서 Hornby는 위의 동사 외에, 다양한 동사들을 포함시키고 있다: pay, lend, hand, pass, wish, blow, deny, grudge, leave, allow, owe, offer 등도 쓰이고 있다. 한 가지 부언해 둘 것은, 한번에 30여 개의 문장에 수여동사 변형규칙을 적용한 결과를 제시한다면, 그 도표가 너무 방대하게 보이기 때문에, 먼저 절반 정도는, 수여동사 적용이전의 구조로 제시하고, 그 다음에 나머지 반은, 수여동사 변형 규칙이 적용된 결과를 제시하고 있다. 따라서 여기서는 Hornby의 방식을 따르기로 한다.

예문표 48   Hornby(1975: 49)

	Subject + vt	noun/pronoun (IO)	noun/pronoun (phrase) (DO)
1.	Have they paid	you	the money?
2.	Will you lend	me	your pen, please?
3.	He handed	her	the letter.
4.	Will you please pass	me	the salt?
5.	Won't you tell	us	a story?
6.	A holiday by the sea will do	you	a lot of good.
7.	They all wished	him	a safe journey.
8.	She blew	him	a kiss.
9.	He denied/grudged	her	nothing.
10.	He left	her	everything he possessed.
11.	Don't give	yourself	airs.
12.	He gave	the dog	a bone.
13.	I will read	you	the letter.
14.	He doesn't owe	me	nothing.
15.	Put	him	this question.
16.	He allows	himself	no rest.
17.	He made	me	a good offer.

| 4-2 | 예문표 48의 해석 |

1. 그들은 너에게 그 돈을 갚았니?
2. 너 내게 너의 펜을 좀 빌려주겠니?
3. 그는 그녀에게 그 편지를 건네주었다.
4. 소금을 좀 내게로 넘겨주세요?
5. 네가 우리에게 이야기를 하나 들려주지 않겠니?

6. 해변에서 하루의 휴가는 너에게 많은 좋은 것을 줄 것이다.
7. 그들은 모두 그에게 안전한 여행을 빌었다.
8. 그녀는 그에게 (손시늉으로) 키스를 보냈다.
9. 그는 그녀에게 무엇이나 마다하지 않았다.
10. 그는 그녀에게 그가 가진 모든 것을 남기고 떠났다. (죽었다)
11. 너 자신에게 허풍을 주지마라. ⇒ 허풍을 떨지 마라.
12. 그는 개에게 뼈다귀 하나를 주었다.
13. 내가 너에게 그 편지를 읽어주겠다.
14. 그는 내게 빚진 것이 없다.
15. 그에게 이 질문을 해봐.
16. 그는 자신에게 휴식을 주지 않았다. ⇒ 그는 휴식을 취하려 하지 않았다.
17. 그는 내게 좋은 제안을 했다.

| 해설 | 위의 예에서처럼 간접목적어는 보통 짧다. 뒤에 제시되는 (Onions 4-5)번 유형에서는 전치사 to 다음에 긴 명사구가 보통 따라온다. 다음 a, b 두 문장을 비교해 보자. |

a. He told <u>us</u> the news.   (VP 12A)   (Onions 4-2)번 유형.
b. He told the news <u>to everybody in the village</u>.   (VP 13A)   (Onions 4-5)번 유형.

    Onions 4-2의 예문표 48의 11/16과 같이, 재귀대명사가 간접목적어로 나타날 때는, 다음 예 ①의 11/16과 같이 직접/간접목적어의 어순을 바꿀 수 없다. 그래서 아래 11번은 *"Don't give airs to yourself" (잘난 체 하다)로 바꿀 수 없으며, 16번도 바꿀 수 없다. "16번의 *He allows no rest to himself."도 정문이 아니다. 간접목적어는 보통 직접목적어를 앞선다. 그러나 간접목적어가 인칭 대명사이고 직접목적어가 it나 them일 때, (대화체에서는) 종종 예외로 나타날 수도 있다. "Give me it/them."이나 "Give it/them me."로 둘 다 사용될 수 있다. 이 (Onions 4-2)번 유형에 쓰이는 동사는 직접목적어와 to-전치사(구)로 된 간접목적어가 자리를 바꾼 결과는, 뒤에서 제시된 (Onions 4-5)번 유형에 나타난다.

    우리나라에서 발행된 모든 영문법 책에서는 위 (Onions 4-2)번 유형이 간접목적어와 직접목적어의 위치를 바꾸면, 3형식 문장으로 변화된다고 설명하고 있으나, Hornby(1975)는 3형식 문형으로 바꾸지 않고, 그대로 4형식 유형에 포함시키고 있다. 즉, (Onions 4-2)번은 뒤에서 제시되는 (Onions 4-5)번 유형으로, 그대로 4형식에 남겨두고 있다. 또 (Onions 4-3)번 유형도, 뒤에서 제시된 (Onions 4-6)번 유형으로 그대로 4형식에 포함시키고 있다. 이것으로 미루어 보아서, 간접목적어와 직접목적어의 자리를 바꾸면, 3형식 문장으로 된다고 가르치는 것은 잘못된 것이 분명하다. 그리고 재귀대명사가 나타나는 문장은 아래 ①의 (Onions 4-2)번 유형에서만, 수여동사의 변형규칙을 적용할 수 없다. 다음 ①의 11, 15번을 보라.

① 1. Have they paid the money <u>to you</u>?
    2. Will you lend your pen <u>to me</u>, please?
    3. He handed the letter <u>to her</u>.
    4. Won't you please pass the salt <u>to me</u>?
    5. Won't you tell a story <u>to us</u>?
    6. A holiday by the sea will do a lot of good <u>to you</u>.
    7. They all wished a safe journey <u>to him</u>.
    8. She blew a kiss <u>to him</u>.
    9. He denied/grudged nothing <u>to her</u>.
  10. He left everything he possessed <u>to her</u>.
  11. *Don't give airs to yourself.   (이 문장은 비-문법적이다)
  12. He gave a bone <u>to the dog</u>.
  13. I will read the letter <u>to you</u>.
  14. He doesn't owe nothing <u>to me</u>.
  15. Put this question <u>to him</u>.
  16. *He allows no rest to himself.   (이 문장도 비-문법적이다)
  17. He made a good offer <u>to me</u>.

49 | Onions 4-3 | (VP 12B) ⟶ | Onions 4-6

(Onions 4-3)의 유형에 수여동사의 변형규칙이 적용되면, 99쪽의 (Onions 4-6)과 같은 예문으로 변형됨)

55: (Onions 4-3)의 (VP 12B) 유형의 동사들도 직접/간접목적어가 나타나는데, 여기에 수여동사의 변형규칙이 적용되면 간접목적어 앞에 for-전치사가 나타나서, (Onions 4-6)번 유형으로 변형된다. 뒤에서 제시되는 99쪽의 (Onions 4-6)의 예들은 다음 예문표 49의 예들에 수여동사 변형규칙을 적용시킨 것이 아니라, 이 유형에 쓰이는 다른 예문들에 수여동사 변형규칙을 적용한 결과이다. 이것은 이 유형에 쓰이는 많은 동사들을 함께 제시 하기보다, 먼저, 수여동사 변형규칙이 적용되기 전의 예문을 보여주고, 나머지 한 번의 경우에는 수여동사 변형규칙을 적용시킨 결과를 보여주려고 하는 것이다. 그리고 앞 (Onions 4-2)와는 달리, 이 유형에서는, 간접목적어로 나타난 재귀대명사와 직접목적어는 그 위치를 서로 바꿀 수 있다. 다음 7/8의 재귀대명사는 수여동사 변형규칙이 적용되면, 그 앞에 for 전치사를 둘 수 있다.

예문표 49   Hornby(1975: 50)

	Subject + vt	noun/pronoun (IO)	noun/pronoun (phrase) (DO)
1.	Are you going to buy	me	some?
2.	Did you leave	me	any?
3.	Can you get/find	me	a copy of the book?
4.	I've found	us	a new flat (apartment).
5.	She cooked	her husband	a delicious meal.
6.	Her dress making earns	her	enough to live on.
7.	He ordered	himself	a bottle of champagne.
8.	She made	herself	a new dress.
9.	Will you do	me	a favor?
10.	His parents chose	him	a sensible but plain-looking wife.
11.	Can you spare	me	a few minute of your valuable time?
12.	Save	me	some of them.
13.	Will you please call	me	a taxi?

4-3 예문표 49의 해석

1. 너는 내게 얼마를 좀 사주겠니?
2. 네가 내게 얼마쯤 남겨두었나?
3. 네가 내게 그 책 한 권을 사/찾아 주겠니?
4. 나는 우리가 살 아파트 하나를 찾았습니다.
5. 그녀는 그녀의 남편에게 맛있는 식사를 요리해 주었다.
6. 그녀는 옷을 만들어 그녀가 살기에 넉넉한 벌이를 합니다.
7. 그는 그 자신이 샴페인 한 병을 주문했다.
8. 그녀는 그녀 자신이 새 옷 한 벌을 만들었다.
9. 내 부탁 하나를 들어주겠니?
10. 그의 양친은 그에게 현명하나 평범한 부인을 선택해 주었다.
11. 선생님의 귀중한 몇 분의 시간을 저에게 좀 내어주시겠습니까?
12. 그것의 얼마를 내게 좀 남겨다오.
13. 저에게 택시 한 대를 불러주시겠습니까?

해설

1. 뒤에서 제시되는 (VP 13B)인 (Onions 4-6)번 유형에서는 전치사 for 뒤에, 다음과 같은 긴 명사구가 따라 온다. Are you going to buy <u>some</u> "<u>for your brothers and sisters?</u>"

3/4번의 간접목적어 me, us는 유생물이다. 그러나 어떤 문장에서는 "무생물인 장소를 나타내는 간접목적어"가 나타날 수도 있다. 다음 예를 보자.

I've found <u>a place on my book shelves</u> for this huge dictionary.

위의 문장을 "*I've found this huge dictionary a place in the shelf."로 바꿀 수는 없다. 간접목적어에 무생물을 사용하는 예문은 뒤에 제시되는 (Onions 4-4)번 유형을 보라.

4. flat(BrE)/apartment(AmE).

Onions 4-3 유형에서는 예문표 49의 7/8번과 같이 재귀대명사가 간접목적으로 나타나는데, 여기서는 수여동사의 변형규칙이 적용되어, 재귀대명사 앞에, 전치사 for를 사용할 수 있다. 미국 영어에서는 앞 예문표 7/8의 예문 자체보다, 다음 7/8과 같이 간접목적어인, <u>for himself/for herself</u>가 문장의 뒤에 나타나는 것을 더 선호한다.

7. He ordered a bottle of champagne <u>for himself</u>.
8. She made a new dress <u>for herself</u>.

11. 위 11의 문장에는 애매성이 전혀 없다. 그러나 다음 a, b 문장과 비교해 보자. 다음 a의 문장은 a의 의미와 동시에, b와 같은 의미로도 해석된다.

a. Have you <u>a few minutes to spare</u> for me?
(나를 위해 몇 분간 시간을 좀 내주겠니?)

b. Can you do without me <u>for a few minutes</u>?
(잠시 내가 자리를 떠나도 되겠니?/잠시 내가 없어도 너는 일할 수 있니?)

위 b의 "for a few minutes"는 부사적 수식어이며, me는 "do without (spare)"의 직접목적어로 사용되었다.

12를 뒤에서 제시되는 (Onions 4-6)번 유형으로 전환하면 다음과 같다:

Save some of them <u>for me</u>.

13을 (VP 23A)의 5형식 문장 "She called him a fool."과 비교해보라.

이 (VP 12B)에 사용되는 동사는 뒤 100쪽의 동사 유형 표 (VP 13B)의 b를 참조하라.

Hornby는 간접목적어와 직접목적어의 위치를 서로 바꿀 때, 전치사 of를 쓰는 것을 하나의 동사 유형으로 보지 않았다.

아래 예 a, b의 경우, 즉, 동사 ask의 경우에만 적용되고, 또 직접목적어가 question이나 favor의 경우에만 적용된다. 그러나 c의 Would you do me a favor?라는 의문문에서는, 직접목적어가 do 다음에 나타나면, 간접목적어 앞에는 for 전치사가 온다. 따라서 다음 예문 a, b의 경우만으로, 하나의 동사 유형으로 설정하기에는 충분하지 않다고 보았다.

a. He asked me many difficult questions.
   He asked many difficult questions of me.

b. May I ask you a favor?
   May I ask a favor of you?

c. Would you do me a favor?
   Would you do a favor for me?

오히려 다음 예와 같이, 동사의 특성에 따라, 관용적인 용법으로, of가 더 빈번하게 나타나고 있다. 다음 예를 보자.

앞 (Onions 4-1)에서 나타난 동사 warn, convince, assure, tell 등은 이 동사들의 특성에 따라, 다음과 같이 of-전치사를 동반하고 나타난다는 것을 앞 (Onions 4-1)의 해설에서 이미 언급했다.

1. He warned us of the icy state of the roads.
2. I convinced him of my innocence.
3. She assured me of her intention to come.
7. The workers told their employers of their wish for more money.

또 뒤에 제시되는 (Onions 4-7)의 예문표 53에서도 여러 개의 유형이 나타난다.

2. They accused him of stealing the jewels.
13. She reminds me of her mother.
16. He told me of his intention to resign.

위와 같이 동사들의 특성에서 전치사 "of"가 나타나는 것이 더 빈번하므로, 간접목적어와 직접목적어의 위치를 서로 바꿈으로서 나타난다고 볼 이유가 없기 때문에, 이를 하나의 동사 유형으로 묶지 않았다.

 50 | **Onions 4-4** | (VP 12C) (수여동사의 규칙이 적용되지 않은 유형)

56: 이 문형에서는 "간접목적어"와 "직접목적어"라는 용어를 사용하지 않는 다양한 문장들을 설명하고자 한다. 대신 간접목적어와 직접목적어 자리에 단순히 "명사/대명사", "명사/대명사"라는 용어만 사용한다.

(Onions 4-2)번 유형과 (Onions 4-3)번 유형에서는 동사에 의해서 표현되는 유생목적어 즉, 행동을 받아들이는 수혜자를 나타내는 간접목적어가 사용되었다. 그런데 이들 문형에서는 give somebody something, get somebody something에서와 같이 간접목적어는 "유생물(animate)"이다. 이 문장들은 전치사 to와 함께 (Onions 4-5)번, (VP 13A)로, 또 전치사 for와 함께 (Onions 4-6), (VP 13B) 유형으로 변형될 수 있다.

그런데, (Onions 4-2)번 유형에 나타나는 어떤 동사들은 전치사 to를 사용하는 (Onions 4-5)번 유형으로 변형시킬 수 없다. "He bears me a grudge." (그는 내게 원한을 품고 있다)는 "He bears a grudge against me."로 바꿀 수는 있다. "Will you play me a game of chess?"도 "Will you play me at chess?"나 "Will you play a game of chess with me?"로는 바꿀 수는 있고, "Give your hair a good brushing."은 "Brush your hair well."로 바꿀 수 있다.

그러나 Onions 4-4 문형에서는 (Onions 4-2)번, (Onions 4-3) 유형이 (Onions 4-5)번, (Onion 4-6)번 유형으로 변형되는 유형에는 들어가지 못하나, 어순이 동일한 구조를 갖고 있다. 예컨대, 아래 예문 50에서 2-6/11번은 동사, give, bring, 그리고 8-18번은 유생물 간접목적어를 두고 있지만, **수여동사 변형규칙이 적용되지 않는다.** 아래 7번을 제외하고는 수여동사 규칙으로 설명할 수 없다. 왜 수여동사 규칙이 적용되지 않는가? 이전의 4형식에서는 이런 유형의 문장을 제시하고, 수여동사 규칙이 적용될 수 없는 예라고 설명하지 못했다. 여기서는 수여동사의 규칙이 아닌, 여러 가지 다른 표현으로 설명하고 있다.

예문표 50   Hornby(1975: 51)

	Subject + vt	noun/pronoun	noun/pronoun (phrase)
1.	He struck	the door	a heavy blow.
2.	He gave	the door	a hard kick.
3.	I must give	the room	a good airing .
4.	She gave	him	a warm smile.
5.	Give	your hair	a good brushing.
6.	I never gave	the matter	a thought.
7.	May I ask	you	a favor?
8.	Ask	him	his name.
9.	I envy	you	your fine garden.
10.	May God forgive	us	our sins.
11.	His books bring	him	$ 1000 a year.
12.	She caught	him	one in the eye.
13.	Will you play	me	a game of chess?
14.	He bears	me	a grudge.
15.	That will <u>save</u>	me	a lot of trouble.
16.	Can't I <u>save</u>	you	the trouble of doing that?
17.	He took	the dog	a long walk.
18.	This heroic deed cost	him	his life.

4-4	예문표 50의 해석

1. 그는 문을 세게 두들겼다.
2. 그는 문을 세게 찼다.
3. 나는 그 방에 충분한 환기를 시켜야 하겠다.
4. 그녀는 그에게 따뜻한 미소를 보냈다.
5. 너의 머리를 잘 좀 빗어라.
6. 나는 그 일에 대해서 생각해본 적이 없다.
7. 너에게 부탁 하나 해도 되겠니?
8. 그에게 그의 이름을 물어봐.
9. 나는 너의 멋있는 정원이 부럽다,
10. 하느님이시여, 우리에게 우리의 죄를 용서해 주십시오.
11. 그가 쓴 책이 그에게 매년 1천 dollar의 수입을 가져 온다.
12. 그녀는 그의 눈에 한 대 때렸다.
13. 너 나와 체스(chess) 한판 두겠니?
14. 그는 내게 원한이 있다.
15. 그것이 나에게 많은 수고를 덜게 할 것이다.
16. 내가 당신에게 그것을 하는 수고를 덜어 드릴 수 있을까요?
17. 그는 개를 대리고 멀리까지 산책을 했다.
18. 이 영웅적인 행동은 그에게 그의 생명을 잃게 했다.

해설	위 1-6은 다음과 같이 다르게 말할 수 있다.

1. He struck the door heavily.
2. He kick the door hard.
3. I must air the room well.
4. She smiled warmly at him.
5. Brush your hair well.
6. I never thought about the matter.

7/8의 ask는 목적어가 하나일 때에도 사용된다.

⑴ Why don't you ask a policeman?
    Don't ask so many silly questions.

  그러나 ask는 두 개의 목적어를 갖는 경우에도 쓰인다.

⑵ I asked <u>the policeman</u> <u>the way to the museum.</u>

7은 다음과 같이 표현할 수도 있다. May I ask a favor of you?

8의 문장은 그러나 "*Ask his name of him."으로 바꾸는 것은 옳지 않다.

9의 envy는 ask와 같이, 하나의 목적어를 둘 수도 있고, 두 개의 목적어를 둘 수도 있다.

⑴ She envies Jane.
    She envies her success.

  위의 두 문장을 하나로 묶을 수도 있다.

⑵ She envies Jane her success.

10. 이 문체는 성서적인 문체이다. forgive의 일반적인 문형은 (Onions 4-7)번 유형인데,
    다음과 같이 표현된다.

    "forgive someone for something."

  15/16의 save는 save somebody trouble(아무에게 수고를 덜어주다)의 save와 같은 용
법이므로, "save a child from drowning."은 "물에 빠진 아이를 구해내다"의 (VP 14)인
(Onions 4-7)의 동사 save 유형과는 다르다.

17. 이 문장을 더욱 평범한 문장으로 다음과 같이 표현할 수도 있다.
    He took the dog (out) for a walk.

18. 18의 cost를 앞 (Onions 2-14)의 예문에 제시된 cost와 비교해 보라. 18의 cost는
    타동사이며, "…이 그의 생명을 잃게 하다."로 해석되고, 앞 (Onions 2-13)의 10번
    cost는 자동사이므로, "…이 …얼마의 비용이 들었다"로 해석되어 그 의미가 다르다.

  이 (Onions 4-4) 문형에서 사용되는 동사들은 수많은 다른 유형으로 나타날 수 있는데,
이들의 대부분은 고정된 구조로 나타난다. 예컨대, lead somebody a pretty dance(아무를
이리 저리 끌고 다녀서 괴롭히다), kiss somebody goodbye/goodnight(아무에게 작별 인사
를/잘 자라는 키스인사를 하다)처럼 사용된다.

  "He bet me $ 5 that Python would win the Derby."라는 문장은 다음 그림과 같이,
간접목적어와 두 개의 직접목적어를 갖고 있다. 이 문장의 의미는 "그는 Python(말의 이
름)이 Derby(영국의 경마장)에서 이긴다고 내게 $5를 걸었다."이다. <u>me는 간접목적어이
고, 두 개의 직접목적어 $5와 that-절을 갖는다.</u> 이것은 두 개의 직접목적어가 동격으로
해석되기 때문에 가능한 것이다.

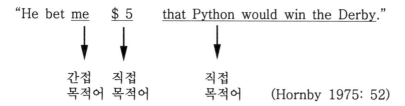

"He bet <u>me</u> $ 5   that Python would win the Derby."

           ↓   ↓   ↓

          간접   직접   직접
          목적어 목적어   목적어   (Hornby 1975: 52)

Verb Pattern 13

57: 이 유형의 동사는 간접목적어와, 직접목적어의 위치를 서로 바꾸었을 때, 간접목적어 앞에 전치사-to가 뒤따라오는데, 이 전치사구의 목적어는 유생물 명사이어야 한다. 그래서 이 문형은 앞 Onions 4-2에서 직접목적어와 간접목적어가 그 위치를 바꾸어 나타난 유형으로, 다음 (Onions 4-5)가 된다.

다음 (VP 13A)는 동사 뒤에 명사/대명사가 오고, 그 다음 전치사-to가 유도하는 전치사구가 따라온다. 아래 예문표 51의 예에서처럼 전치사의 목적어는 3번과 13번의 예문을 제외하고는 모두 유생물 명사이다.

 51 **Onions 4-5** (VP 13A)

앞 (Onions 4-2)의 유형에 수여동사의 변형규칙이 적용되어 to-전치사 구로 변형된 구조

58: 이 문형에서는 간접목적어 앞에 전치사-to가 나타나서, "Give something to somebody." 같은 문장으로 나타난다. 앞 (Onions 4-2)번 유형에서 이 문장이 "Give somebody something."이었지만, 이 유형에서는 간접목적어 앞에 전치사-to가 나타난다.

예문표 51   Hornby(1975: 53)

Subject + vt	noun/pronoun (DO)	to + noun/pronoun (phrase)
1. She read	the letter	to all her friends.
2. He sold	his old car	to one of his neighbors.
3. He still owes	a lot of money	to the tax office.
4. He won't lend	money	to anyone.
5. Please pass	this note	to a man in the corner.
6. He offered	drinks	to everyone in the bar.
7. They told	the news	to everyone in the village.
8. Don't show	the letter	to any of your friends.
9. I've sent	presents	to most of my family.
10. They offered	the job	to Peter.
11. They awarded	the first prize	to Christina.
12. The prisoner wrote	a long letter	to the President.
13. They gave	quite a lot of publicity	to the Minister's speech.
14. He reads	his poems	to anyone who'll listen.
15. (The) management made	a new offer	to the workers.

4-5 예문표 51의 해석

1. 그녀는 모든 그녀의 친구들에게 그 편지를 읽어주었다.
2. 그는 그의 오래된 (헌) 차를 그의 이웃의 한 사람에게 팔았다.
3. 그는 아직도 세무서에 낼 돈이 많다.
4. 그는 누구에게도 돈을 빌려주지 않을 것이다.
5. 이 쪽지를 구석에 있는 저 사람에게 넘겨주세요.
6. 그는 술집에 있는 모든 사람에게 술을 제공했다. ⇒ 권했다.
7. 그들은 그 소식을 마을에 있는 모든 사람에게 전했다.
8. 그 편지를 너의 친구 중 누구에게도 보이지 마라.

9. 나는 내 가족의 거의 모든 사람에게 선물을 보냈다.
10. 그들은 그 일을 Peter에게 주었다.
11. 그들은 Christina에게 일등상을 수여했다.
12. 그 죄수는 대통령에게 긴 편지를 썼다.
13. 그들은 장관의 연설에 대해서 많은 홍보를 했다.
14. 그는 듣고자 하는 모든 사람에게 그의 시를 낭독해 준다.
15. 경영자측은 노동자들에게 새로운 제안을 했다.

해설:

① 전치사구가 대조나 강조를 위하여 문장의 앞에 올 경우도 있다.

<u>To his favorite daughter</u> he sent a cheque for $ 50, but to his son he sent only a cheap fountain pen.
(그는 좋아하는 딸에게는 50달라 수표를 보냈고, 아들에게는 값싼 만년필을 보냈다)

② 전치사구가 직접목적어 보다 짧을 때는 동사 바로 뒤에 오는 경우도 있다.

He gave <u>to his friends</u> much of the time he should have given to his wife and children. (그는 처자식과 보내야 할 시간의 대부분을 친구들과 보냈다)

They hoped that the United Nation would bring <u>to smaller countries</u> freedom from colonialism and imperialism, and peace instead of war.
(그들은 국제연합이 약소국가들에게 식민주의와 제국주의로부터 전쟁 대신, 평화를 가져다 줄 것을 희망했다)

③ 수동태의 구문도 가능하다. 수동태의 주어로서는 다음 각 예문 b에서처럼, 전치사 뒤에 오는 명사/대명사가 좋으나, 직접목적어도 수동문의 주어가 될 수 있다.

a. Peter was offered the job.
b. The job was offered <u>to Peter</u>.

a. The Minister's speech was given quite a lot of publicity.
b. Quite a lot of publicity was given <u>to the Minister's speech</u>.

④ (VP 13 A) 유형의 구조는 다음 a와 같고, 이 유형에 쓰이는 동사들은 b와 같다.

a. S + vt + noun/pronoun (DO) + <u>to + noun/pronoun phrase</u>.

b. (VP 13 A) 유형에 쓰이는 동사들은 다음과 같다.

allot	allow	award	bring	
cause (eg. pain to one's friends)		deal (eg. playing cards)		
do (as in do good to somebody)		fetch	give	
grant	hand	lend	offer	
owe	pass	proffer	promise	
recommend	refuse	render	restore	
send	show	teach	tell	
write	deny	read	sell	throw

Onions 4-6　　　　　　(VP 13B)

앞 (Onions 4-3)에 수여동사의 변형규칙에 의해 for-전치사구로 변형된 구조

59: 　(Onions 4-6) (VP 13B)는 "간접/직접목적어의 순서로 나타난 앞 (Onions 4-3)"에서,
　　　 두 목적어의 위치가 바꾸어지면, 간접목적어 앞에 전치사 for가 나타난다. 전치사 뒤
의 명사/대명사는 유생물(animate noun)이어야 한다. 우리나라에서는 buy, make, get 등이
대표적인 동사로 사용되지만, Hornby는 위의 3가지 동사를 포함해서 약 30개 유형의 동사
가 이 유형에 쓰인다고 했다. 이 유형의 맨 끝에 제시된 동사 유형표를 참조하라.

예문표 52　　　　　　　　　　　　　　　　　　　　　　　　Hornby(1975: 54)

Subject + vt +	noun/pronoun (DO)	for + noun/pronoun (phrase)
1. I've bought	some chocolate	for you.
2. She has made	coffee	for all of us.
3. She made	a new party dress	for her youngest daughter.
4. Please boil	enough rice	for ten people.
5. Please leave	some of the strawberries	for your sister.
6. I'll get	what I can	for you.
7. Won't you play	a Beethoven sonata	for me?
8. We must choose	suitable presents	for nephews and nieces.
9. Can you cash	this cheque	for me?
10. Will you do	a favor	for a friend of mine?
11. If you're going to the public library, please bring	two or three novels	for your mother.
12. Save	some of them	for me.
13. Please ask Bill to call	a taxi	for Mrs. Robinson.

4-6　　예문표 52의 해석

1. 나는 네게 주려고 chocolate를 좀 사왔다.
2. 그녀는 우리 모두에게 주려고 커피를 만들었다.
3. 그녀는 그녀의 막내딸에게 새 파티 드레스를 만들어 주었다.
4. 열 사람에게 줄 충분한 밥을 지어주십시오.
5. 너의 누이에게 줄 얼마의 딸기를 좀 남겨 놓아라.
6. 내가 할 수 있는 것은 무엇이든, 너를 위해, 구해줄 것이다.
7. 나를 위해서 Beethoven sonata를 연주해 주지 않겠니?
8. 조카와 질녀(조카딸)에게 줄 적당한 선물을 골라야겠다.
9. 내게 이 수표를 현금으로 바꾸어 주실 수 있습니까?
10. 내 친구의 부탁을 하나 들어주겠니?
11. 만일 네가 공공도서관에 간다면, 너의 엄마에게 줄 두서너 권의 소설책을 빌려와라.
12. 그 중의 몇 개는 내게 주도록 남겨놓아라.
13. Robinson 부인이 탈 택시를 한 대 불러오도록 Bill에게 부탁해라.

해설: 　위 예문 중에서 (Onions 4-3)번 유형으로 다시 바꾼 몇 가지 예를 제시한다.

1. I've bought <u>you</u> some chocolate.
3. She made <u>herself</u> a new dress.

4. Please boil <u>me</u> an egg.
6. I'll get <u>you</u> what I can.
10. Will you do <u>me</u> a favor?
11. Bring <u>me</u> some, too.
12. Save <u>me</u> some.
13. Please call <u>me</u> a taxi.

위 (Onions 4-6)번 유형의 동사들은 주로 구어체에 쓰이는 것이 특징이다. 예컨대, reach는 "손을 뻗쳐 누구를 위해 …을 잡아주다"의 의미로 사용되는데, 그 예가 바로 다음과 같은 것이다. "Can you <u>reach</u> that book on the top shelf for me?"이다. 이 말을 (Onions 4-2)번 유형으로 바꾸면 다음과 같다. "Please reach me that book."인데, 이 표현은 구어체의 예문이다.

전치사의 목적어가 비-생물체(inanimate)일 때에는, 다음 예와 같이 뒤에서 제시되는 (Onions 5-1) 형식의 첫째 문형인 (VP 15A)가 사용된다.

We must buy a new carpet <u>for this room</u>.
(*We must buy this room a new carpet.)는 안 된다.

(VP 13B) 유형의 구조는 다음 a와 같고, 이 유형에 쓰이는 동사들은 b와 같다

a. S + vt + noun/pronoun (DO) + for + noun/pronoun phrase.

b. (VP 13B) 유형에 쓰이는 동사들은 다음과 같다.

boil	bring	build	buy
call	cash	choose	cook
do	fetch	gather	get
grow	leave	make	paint
order(= place an order for)		play	prepare
reach	save	spare	write

Verb Pattern 14

60:   이 유형의 동사 뒤에는 직접목적어로 명사/대명사가 따라오고, 그 다음 전치사구가 따라온다. 어순은 (Onions 4-5)번 유형 및 (Onions 4-6)번 유형과 동일하다. 그런데, (Onions 4-7)번 유형에서는 전치사의 목적어가 (Onions 4-2)번 유형이나, (Onions 4-3)번 유형처럼 직접목적어가 먼저 오고 간접목적어가 그 뒤에 나타나지 않는다. 그리고 전치사는 to, on, of, with 등으로 다양하다. 예컨대, 동사 give는 아래 a, b의 변형이나, b, a의 변형이 허용되자만, c, d의 동사 explain은 c, d로의 변형을 허용하지 않고, 또 d, c의 변형도 허용하지 않는다.

a.   Give something to somebody. (Onions 4-5번 유형)을
b.   Give somebody something.   (Onions 4-2번 유형)으로 다시 바꾸어 질 수 있다.

그러나 (Onions 4-7)번 유형의 동사인 explain은 항상 간접목적어 앞에 전치사 to가 따라 다닌다.

c.   Explain something to somebody.를
d.   *Explain somebody something.으로, 즉, (Onions 4-2번 유형)처럼 바꿀 수 없다.

그러나 다음 e, f의 예를 보자.

e.   I explained the difficulty of it to him.
f.   I explained to him the difficult of it.

위의 예에서 "to him"이 직접목적어 뒤에 나타나나, 그 앞에 나타나나, 동일하게 "to him"은 허용된다. 그러나 다음 (Onions 4-7)의 유형에 나타나는 동사들은 "직접목적어를 동사 바로 다음에 오게 하고, 전치사구는 항상 문의 끝에 나타난다."

 Onions 4-7   수여동사와 같은 이동이 없는 전치사구
(VP 14)

이와 같은 문형은 종전의 Onions의 5형식에서는 전혀 제시하지 못했다. (Onions 4-7)번 유형의 어순은 뒤에서 제시되는 5형식 문형의 타동사가 부사보어를 갖는 (VP 15)와 동일하다. 예컨대, The secretary showed me into the manager's office.는 아래 예문표 53의 구조와 동일하다. 그러나 (Onions 4-7)번 유형과 5형식 타동사 (VP 15)와의 차이점은, 5형식의 (VP 15)에서는 전치사(구)가 그 기능이 다양해진다는 것이다. 즉, 이 전치사(구)는 위치나 방향을 나타내는 전치사(구)가 되거나, here, there, up, down, in, out 같은 부사구가 될 수도 있다.

반면, (Onions 4-7)번 유형에 쓰이는 "동사"는 "항상 일정한 전치사와 밀접하게 관련되어 있다." 예컨대, "congratulate someone on something"에서 on은 불변적이어서 다른 전치사로 대체되지 않는다. 또는 "compare one thing to/with another"에서도 전치사는 to나 with로 정해져 있다.

(Onions 4-7)번 유형에 쓰이는 동사들은 많다. 예컨대, 사전의 단어들은 "take somebody by surprise"(아무를 놀라게 하다)와 같은 숙어를 유용하게 설명하고 있고, 또 이 동사(구)를 비슷하게 대체할 동사구로서 "inspire confidence into someone/inspire someone with confidence"(아무에게 자신을 불어 넣다)와 같은 표현도 잘 설명되어 있다.

이 문형에서 동사의 어순은 바뀔 수 있다. 만일 직접목적어가 길면, 전치사구가 앞으로 나올 수도 있다. 이때 직접목적어가 to-부정사이거나, 절이거나, 또는 종속 의문절일 때에는 가목적어 it가 동사 뒤에 나타날 수도 있다. 이와 같이 변형된 예문은 (Onions 4-9)번 유형에 제시되어 있다.

	Subject + vt +	noun/pronoun (DO)	preposition + noun/pronoun (phrase)
1.	We congratulated	him	on his success.
2.	They accused	him	of stealing the jewels.
3.	He spends	a lot of money	on records.
4.	Don't waste	your time	on that nonsense.
5.	Thank	you	for your kind help.
6.	What prevents	you	from coming earlier?
7.	I explained	my difficulty	to him.
8.	She speaks	English	to her husband
	and	Swedish	to her children.
9.	Add	these vegetables	to the stew.
10.	Compare	the copy	with the original.
11.	He compared	the heart	to a pump.
12.	He admitted	his guilt	to the police.
13.	She reminds	me	of her mother.
14.	Have I asked	too much	of you?
15.	I put	the question	to him.
16.	He told	me	of his intention to resign.
17.	They played	a trick	on their young sister.

9. stew: 육류고기와 야채 및 과일을 넣어서 끓인 영국식 요리; 우리의 찌개와 비슷함.

4-7	예문표 53의 해석

1. 우리는 그의 성공을 축하했다.
2. 그들은 그를 보석절도 죄로 고발했다.
3. 그는 레코드를 사는데 많은 돈을 사용한다.
4. 그런 실없는 일에 너의 시간을 낭비하지 마라.
5. 너의 친절한 도움에 (너에게) 감사한다.
6. 무엇이 너를 일찍 못 오게 하는 것이냐?
7. 나는 그에게 나의 어려움을 설명했다.
8. 그녀는 남편에게는 영어를, 아이들에게는 스웨덴 말을 한다.
9. 그 스튜우(stew)에 이 야채를 넣어라.
10. 복사본을 원본과 비교해보라.
11. 그는 우리의 심장을 펌프에 비유했다.
12. 그는 경찰에게 그의 죄를 시인했다.
13. 그녀는 나에게 그녀의 어머니를 생각나게 한다.
14. 내가 너에게 너무 많은 것을 요구했나?
15. 나는 그에게 그 질문을 했다.
16. 그는 나에게 그가 사직하겠다는 의향을 밝혔다.
17. 그들은 그들의 여동생에게 장난을 걸었다.

Onions 4-8　　(VP 14)의 변형 1

61: 이 유형에서는 전치사구가 직접목적어 앞에 오는 예문을 제시한다. 이것은 직접목적어가 길거나, 또는 that-절일 때 나타난다.

예문표 54　　　　　　　　　　　　　　　　　　　　　　　　Hornby(1975: 56)

	Subject + vt +	preposition + noun/pronoun	noun phrase/clause (DO)
1.	He spends	on books	much more than he spends on clothes.
2.	I explained	to him	the impossibility of granting his request.
3.	Add	to the stew	all the meat and vegetables. left over from last night.
4.	She expressed	to her husband	her conviction that buying a new car was an unnecessary extravagance.
5.	He confessed	to me	that he had fallen asleep during the meeting.
6.	He admitted	to himself	that what he really needed was peace and quiet.

4-8　예문표 54의 해석

1. 그는 옷에 돈을 쓰는 것보다 책에 훨씬 더 많은 돈을 쓴다.
2. 나는 그의 요구를 들어줄 수 없는 이유를 그에게 설명했다.
3. 그 스튜우(stew)에 어제 밤부터 남아있는 모든 고기와 체소를 넣어라.
4. 그녀는 남편에게 새 차를 구입하는 것은 불필요한 낭비라는 그녀의 소신을 밝혔다.
5. 그는 회의 중에 잠이 들었다는 것을 나에게 고백했다.
6. 그는 그가 정말로 필요했던 것은 평화와 안정이었다는 것을 자인했다.

 Onions 4-9　　(VP 14)의 변형 2

62: 이 문형에서는 직접목적어 자리에 "가목적어 it"를 두고, "진목적어" 자리에는 to-부정사구나, that-종속절 등을 둔다.

예문표 55　　　　　　　　　　　　　　　　　　　　　　　　Hornby(1975; 57)

	Subject + vt +	it + preposition + noun/pronoun	to-infinitive phrase, that-clause, etc
1.	I must leave	it to your own judgement	to decide whether you should offer your resignation.
2.	Do we owe	it to society	to help in the apprehension of criminals?
3.	Why don't you bring	it to his attention	that you're too ill to go on working?
4.	You mustn't take	it upon yourself	to spend such a large sum without the Treasurer's approval.
5.	I put	it to you	that this man could not possibly have been so cruel and heartless.

1. 너의 사표 제출여부는 너 자신의 판단에 맡겨야 하겠다.
2. 범인 채포에 협력하는 것이 사회에 대한 우리의 의무인가요?
3. 몸이 아파서 일을 계속할 수 없다는 것을 왜 그에게 알리지 않았는가?
4. 그런 많은 돈을 회계인의 승인 없이 너 멋대로 사용해서는 안 된다.
5. 나는 이 사람이 그렇게 잔인하고 무정한 짓을 했을 리가 없다는 것을 너에게 분명히 말해 둔다.

해석: 4. 그와 같이 많은 돈을 재무담당자의 승인 없이 마음대로 사용해서는 안 된다.
　　　5. 나는 이 사람이 아마 그렇게 잔인하고 무정한 짓을 했을 리가 없었다는 것을 분명히 밝혀둔다.

해석: 5번의 "put"은 "말하다/표현하다"의 의미.

4형식 문형의 총정리

① 앞에서도 언급한 바와 같이, 수여동사 유형의 구조인, "4형식 구조에서" 간접목적어가 "for + 명사"나, "to + 명사"로 변형되어 문장의 끝으로 이동하여도, 3형식 문장으로 변형되는 것이 아니라, 여전히 4형식 문장이라고 밝히고 있다. 우리나라에서 발간된 대부분의 영문법 책에서는 3형식 문장이 된다고 하는 점은 잘못된 것이다.

② 9개 4형식 문형의 요약

(1) Onions 4-1: S + vt + Animate IO + that-clause.

(2) Onions 4-2: S + vt + Animate IO + DO.
수여동사 변형규칙에 의해, 간접목적어에 to-전치사구로 변형되기 전의 유형.

(3) Onions 4-3: S + vt + Animate IO + DO.
수여동사 변형규칙에 의해, 간접목적어에 for-전치사구로 변형되기 전의 유형.

(4) Onions 4-4: S + vt + Object + Object.
수여동사 변형규칙이 적용될 수 없는 유형.

(5) Onions 4-5: S + vt + DO + to-phrase.
위 (Onions 4-2)에 수여동사 변형규칙이 적용된 유형.

(6) Onions 4-6: S + vt + DO + for-phrase.
위 (Onions 4-3)에 수여동사 변형규칙이 적용된 유형.

(7) Onions 4-7: S + vt + DO + on, of, for, from, to, with 등 다양한 전치사구조로 결정되어 있는 유형.

(8) Onions 4-8: S + vt + 전치사구 + 명사구/Clause로 나타나는 유형.

(9) Onions 4-9: S + vt + 가목적어 it + 전치사구 + to-부정사구/that-clause.

Verb pattern 15

Onions의 5형식 문형 (VP 5-25)

 Onions 5-1   부사보어 1 (VP 15A)

63: 이 Onions의 5형식에서는 동사가 부사보어나 또는 부사보어 어구와 함께 사용된다. 이 유형은 (VP 15A, B)로 세분화 된다.

64: 이 유형에서는 전치사구로 된, 부사보어구가 자유롭게 형성된 예들을 볼 수 있다. 앞 3형식에서는 부사나 부사구가 사용된 예를 제시했는데, 그것은 그 문형에서 없어서는 안 될 요소는 아니었다. 예컨대, "She plays tennis."는 3형식 문장이다. 부사적인 표현을 사용해서, "She plays tennis well/badly."라던가, "She often/seldom plays tennis."라 말할 수 있다. 그러나 아래 예문표 56의 1번의 동사 put은 3형식 동사가 아니다. "*I put the book."은 영어가 아니다. 동사 put은 "I put the book <u>on the table</u>."이나, "I put the book <u>down</u>."처럼 <u>부사나, 부사구가 반드시 필요하다</u>. 따라서 "on the table"이나, "down" 은 이 문장의 "<u>부사보어</u>"이다.

예문표 56   Hornby(1975: 58)

Subject + vt +	noun/pronoun(DO)	adverb adjuncts (phrase)
1. Please put	the milk	in the refrigerator.
2. Ask David to move	these chairs	next doors.
3. Don't let the child put	his head	into the plastic bag/ out of the car window.
4. The secretary showed	me	into the manager's office.
5. The detective followed	the suspected man	for two hours/all afternoon.
6. This bicycle has carried	me	500 miles.
7. They kept	the child	indoors.
8. Don't get	that girl	into trouble.
9. When I called on, I found	Tom	in/out/at his desk/ in the garden/in the bed with flu.

5-1   예문표 56의 해석

1. 그 우유를 냉장고에 넣어 두어라.
2. 이 의자들을 옆집으로 옮기도록 David에게 얘기해라.
3. 그 아이가 그의 머리를 플라스틱 백 속에 넣거나/차 창문 밖에 내밀지 않도록 해라.
4. 그 비서는 나를 지배인의 사무실로 안내했다.
5. 그 형사는 용의자를 두 시간 동안/오후 내내 미행했다.
6. 이 자전거는 나를 500마일이나 실어다 주었다.
7. 그들은 그 아이를 집 안에 있게 했다.
8. 그 소녀를 난처하게 만들지 마라.
9. 내가 방문했을 때, Tom은 집에 있었다/집에 없었다/그의 책상에 있었다/
　　　　　　　　　　　　　　정원에 있었다/독감에 걸려 침대에 누워 있었다.

해설: 이 유형의 부사는 보통 문장의 끝에 온다. "*Please put on the table the book."은 영어가 아니다.

그러나 부사적 어구가 대조를 나타내기 위해서는 동사와 직접목적어 사이에 올 수도 있다.

Please put in these packing cases all the books from the shelves in my study, and in those large packing cases, all the books from the shelves in the living room.
(이 포장 상자에 나의 서제의 서가에 있는 모든 책을 넣고, 저 큰 포장상자에는 거실 서가에 있는 모든 책을 넣어라)

위 9는 "when I called on Tom"이라는 부사구를 문장의 뒤에 둘 수도 있다:

Tom was in,/out,/at home,/not at home,/not at his desk./in the garden,/ in the bed with flu, when I called on Tom.

 Onions 5-2   부사보어 2 (VP 15B)

65: 이 (VP 15B) 유형에서는 "부사적 불변화사(adverbial particle)"가 쓰이고 있다. 이 부사적 불변화사는 대부분 부사이면서도 또한 전치사의 역할도 한다. 예컨대, on/off, in/out, up/upon, back, away 등이 그러하다. 동사의 목적어가 명사나, 짧은 명사구일 때, 부사적 불변화사가 목적어 명사 앞/뒤에 나타날 수 있다. 만일 명사구가 길다면, 뒤에서 제시되는 (Onions 5-4)의 부사보어 형식처럼, 부사적 불변화사는 그 명사구 앞에 나타난다. 그러나 (Onions 5-2)에서는 부사적 불변화사가 문장의 맨 뒤에 나타나는 예를 먼저 보기로 하자.

예문표 57   Hornby(1975: 58-60)

Subject + vt +	noun/pronoun (DO)	adverbial particle
1. Put	your shoes	on.
2. Take	your coat	off.
3. Lock	your room	up.
4. Did you wind	the clock	up?
5. She gave	them all	away.
6. Please bring	them	in.
7. He cleared	the rubbish	away.
8. Switch	the radio	on/off.
9. Don't throw	that old hat	away.
10. The mob broke	the doors	down.

| 5-2 | 예문표 57의 해석

1. 너의 신을 벗어라.
2. 너의 외투를 벗어라.
3. 너의 방을 잠그라.
4. 시계의 태엽을 감았니?
5. 그녀는 그들을 (다른 사람에게) 다 주어버렸다./그들을 다 버렸다.
6. 그들을 대리고 들어오세요.
7. 그는 쓰레기를 말끔히 치웠다.

8. 라디오의 스위치를 켜라/끄라.
9. 그 헌 모자를 버리지 마라.
10. 폭도들은 그 문들을 부숴버렸다.

해설: 위 4, 7, 10은 수동문이 가능하다:
      4. Was the clock wound up?
      7. Was the rubbish cleared away?
     10. The doors were broken down by the mob.

 58   Onions 5-3   부사보어 3 (VP 15B)의 변형 1

66: 이 부사적 불변화사는 직접목적어가 "명사"이거나, "짧은 명사구"일 때에는 그 목적어 명사 앞에 나타난다. 이 유형은 부사보어 (Onions 5-2)가 변형된 유형이다. 그런데, 아래 11-12의 예는 고정된 표현으로 사용된다.

예문표 58   Hornby(1975: 59)

	Subject + vt	adverbial particle	noun/pronoun (DO)
1.	Put	on	your shoes.
2.	Take	off	your coat.
3.	Lock	up	your room.
4.	Did you wind	up	the clock?
5.	She gave	away	her old books.
6.	Please bring	in	those chairs.
7.	He cleared	away	the rubbish.
8.	Switch	on/off	the radio.
9.	Don't throw	away	that hat.
10.	The mob broke	down	the doors.
11.	You mustn't <u>lay</u>	<u>down</u>	the law.
12.	How did they <u>bring</u>	<u>about</u>	these reform?

5-3   예문표 58의 해석

1. 너의 신을 신어라.
2. 너의 외투를 벗어라.
3. 너의 방을 잠그라.
4. 그 시계의 태엽을 감았니?
5. 그녀는 그녀의 헌 책을 (다른 사람에게) 주었다.
6. 저 의자들을 안으로 들어 넣어라.
7. 그는 쓰레기를 말끔히 치웠다.
8. 라디오의 스위치를 켜라/끄라.
9. 그 헌 모자를 버리지 마라.
10. 폭도들은 그 문들을 부숴버렸다.
11. 너는 독단적인 말을 해서는 안 된다.
12. 그들은 어떻게 이 계획들을 수행했을까?

4. 4번의 "wind up"은 "태엽을 감는다"는 의미로 사용되었는데, 요사이 시계는 전지를 교체하고 있다. 그래서 다음과 같이 말하면 좋을 것이다.

Did you <u>replace</u> the old batteries <u>by</u> new ones in the clock?이 좋을 것이다.

해설: 11, 12는 부사적 불변화사가 "보통" 동사 바로 다음에 고정된 표현으로 쓰이는 예이다. 그 의미는 다음과 같다:

해석: 11. lay down the law(독단적인 말을 하다/법을 무시하다),
12. bring about(야기하다. 해내다. 수행하다)

 59 | Onions 5-4 | 부사보어 4 (VP 15B)의 변형 2

67: "직접목적어"가 "길 때에는" 부사적 불변화사는 "보통" 직접목어 앞에 온다. 앞의 부사보어 (Onions 5-3)은, 그 앞의 (Onions 5-2)의 변형이다. 그런데 부사보어 (Onions 5-4)는 부사보어 (Onions 5-3), (Onions 5-4)와는 상관없이 일반적으로 목적어가 길면 나타나는 유형이다.

예문표 59   Hornby(1975: 59-60)

	Subject + vt +	adverbial particle +	noun phrase (DO)
1.	Why don't you put	on	those green shoes you bought a week ago?
2.	You'd better take	off	your wet overcoat and those muddy shoes.
3.	Lock	up	all the valuables in your room before you go away.
4.	Did you wind	up	the clock in the dining room?
5.	She gave	away	all the school books she no longer needed.
6.	Please bring	in	those chairs we left out on the lawn.
7.	He cleared	away	all the rubbish that had accumulated in front of the garden.
8.	Don't forget to switch	off	the lights in the rooms downstairs.
9.	Don't throw	away	anything that might be useful later on.
10.	The mob broke	down	the doors guarding the main entrance.

| 5-4 | 예문표 59의 해석 |

1. 일주일 전에 산 저 녹색 신을 신으면 어떤가?
2. 너는 젖은 외투와 저 흙투성이의 신발을 벗는 것이 좋겠다.
3. 네가 떠나기 전에 모든 귀중품을 너의 방에 넣고 방을 잠그라.
4. 식당에 있는 시계의 태엽을 감았나?
5. 그녀는 더 이상 필요 없는 모든 학교 교과서를 (다른 사람에게) 주어버렸다.
                    /모든 학교 교과서를 버렸다.
6. 잔디밭에 내 버려 둔 저 의자들을 안으로 들여 넣어라.
7. 그는 정원 앞에 쌓인 모든 쓰레기를 말끔히 치워버렸다.
8. 아래층 방의 전등을 끄는 것을 잊지 마라.
9. 후에 쓰게 될지 모르는 어떤 것도 버리지 마라.
10. 앞 정문 출입구 방호문을 폭도들이 부셔버렸다.

해설: 어떤 동사구에서는, 부사적 불변화사가 고정된 위치를 갖는다.
예: to find in/out (at home/not at home)에서, in과 out는 목적어 뒤에 온다.

We <u>found</u> him <u>in</u> at home.   We <u>found</u> him <u>not</u> at home
We <u>found</u> him <u>out</u> at home.

Verb Pattern 16

68:    이 문형에서는 직접목적어 다음에 "부사보어 (adverbial adjunct)"가 뒤따라온다. 이
유형은 (VP 16A, B)로 하위분류된다.

 Onions 5-5   부사보어 5 (VP 16A)

69:    이 동사문형 (VP 16A)에서는 직접목적어 다음에 "부사보어"가 뒤따라온다. 다음
예문표 60의 예문과 또 다음 예 a는 "부사보어"이다. 이 동사 유형은 다시 두 가지
로 세분화 된다. a의 부사보어는 to-부정사인데, 이 to-부정사는 in order to나 so as to의
뜻으로 나타나고, 이것은 목적 또는 의도된 결과를 나타낸다. 어순으로 보면, 뒤에서 제시되
는 "5형식 명사보어 (to-부정사) 1"과 같으므로, 거기서는 동사 뒤에 나타나는 목적어 명사
/대명사와 to-부정사 전체가 함께 명사 목적어인 점이 다르다. 즉, 다음 예 b와 같은데, 이
것은 명사구이다. 그래서 아래 b의 to-부정사는 이 문장의 목적어 명사보어이다.

예: a. I sent Tom <u>to buy some fruit</u>.   (Onions 5-5)   부사보어   (VP 16A)
         (부사보어)
      b. I want Tom <u>to buy some fruit</u>.   (Onions 5-7)   명사보어 1. (VP 17)
         (명사보어)

예문표 60   Hornby(1975: 60-61)

Subject + vt + noun/pronoun (DO)		to-infinitive (phrase)
1. He brought	his brother	to see me.
2. I'm taking	this magazine	to read on the plane.
3. They gave	a party	to celebrate their success.
4. I will need	at least two weeks	to finish the job.
5. They left	me	to do all the dirty work.
6. He opened	the door	to let the cat out.
7. We make	our shoes	to last.
8. He took	the medicine	(in order) to please his wife.
9. You must do	what the doctor tells you	(so as) to get well quickly.

5-5   예문표 60의 해석

1. 그는 그의 동생이 나를 만나도록 데리고 왔다.
2. 나는 비행기 안에서 읽으려고 이 잡지를 가지고 간다.
3. 그들은 그들의 성공을 축하하려고 파티를 열었다.
4. 내가 이 일을 끝내기 위해서는 적어도 2주일이 필요할 것이다.
5. 그들은 모든 더러운 일은 (내가) 하도록 나에게 맡겼다.
6. 그는 고양이가 나가도록 문을 열었다.

7. 우리들은 구두를 오래 신도록 만든다.
8. 그는 그의 부인을 즐겁게 하기위해 약을 먹었다.
9. 네가 빨리 회복하기 위해서는 의사가 너에게 말한 대로 해야 한다.

해설: 7은 "We make our shoes so that they <u>will last</u>."이다. 즉,
"not wear out quickly"이다.
Cf You must make these shoes <u>last</u>.도 같은 의미의 예이다.

그러나 위 Cf의 예와 비슷한, 뒤에서 제시되는, (VP 18A)도 목적어 다음에 원형부정사가
나타나지만, 이것은 명사보어이다.

예: Did you hear John <u>leave</u> the house?

"부사보어"로 설정한 이유

이제 왜 Hornby는 위 예문표 60에서 to-부정사구를 "부사보어"로 인정했는지, 예문표
의 1번의 예를 보면서, 그 이유를 살펴보자.

1. He brought his brother <u>to see me</u>.
(그는 그의 동생이 나를 만나도록 데려왔다.) to-부정사의 의미상의 주어가
his brother이다.

위에서 He brought his brother.만으로는 문장이 완전하지 못하다. 즉, 그의 동생을 데
려온 이유를 보충해 주어야 완전한 문장이 된다. 따라서 to see me는 의미를 보충해 주는
"부사보어"이다. 즉, to see me의 주어가 his brother이다. 만일 to see me를 부사수식어
로 인정했다면, 이 문장은 5형식 문장에 포함시키지 않고, 3형식 문장에 포함시켰을 것이
다. 그러나 이 문장이 5형식 문장에 포함된 것으로 보아서, 이 to see me의 주어가 his
brother이기 때문이다. 따라서 "부사보어"이다.

 61 | Onions 5-6 | 부사보어 6 (VP 16B)

70: 이 동사문형 (VP 16B)에서는 직접목적어 다음에 전치사 as, like, for 등이 따라오기도
하고, 또는 as if, as though로 유도되는 절(clause)이 따라온다.

예문표 61   Hornby(1975: 61)

	Subject + vt + noun/pronoun (DO)	as/like/for + noun phrase/ clause
1.	They've hired a fool	as our football coach.
2.	He carries himself	like a soldier.
3.	He began his career	as a teacher.
4.	I can't see myself	as a pop singer.
5.	He imagined himself	as the saviour of his country.
6.	Don't accept everything you see on the TV	as true/as if it were the truth.
7.	Put it	like this.
8.	Will you take this woman	as your wife?
9.	Can we take this document	as proof of his guilt?
10.	She mistook me	for twin sister.

예문표 61의 해석

1. 그들은 바보를 우리들의 축구코치로 채용했다.
2. 그는 군인처럼 행동한다.
3. 그는 선생으로서 그의 경력을 시작했다.
4. 나는 내 자신을 대중가요 가수로 보지 않는다.
5. 그는 자기 자신을 그의 나라의 구세주로 생각한다.
6. TV에서 네가 보는 모든 것을 진실로/진실인 것처럼 받아들여서는 안 된다.
7. 그것을 이와 같이 표현(말)해 보라.
8. 당신은 이 여성을 당신의 부인으로 맞이할 것인가?
9. 우리들은 이 문서를 그의 범죄 증거로 받아들일 수 있을까?
10. 그녀는 나를 나의 쌍둥이 언니로 잘못 알았다.

이 (Onions 5-6)도 앞의 (Onions 5-5)와 동일한 이유로 부사보어가 된다.

해석: 2의 carry(행동하다)
　　　7의 put(표현하다)

해설: 목적어가 길 때에는, 예컨대, 아래 c와 같이, 목적어가 to-부정사로
　　　된 구조일 때에는, 가목적어 it를 가진 구조로 나타난다. 다음 예를
　　　보자:

a. We regard this as wasteful.
b. We regard this process as wasteful.
c. We regard it as unnecessary to use such expensive machinery
   for only eight hours a day.

　　　(그렇게 비싼 기계를 하루 8 시간만 가동시킨다는 것은 비-경제적이라고
　　　생각한다.)

10번의 mistake와 동사 take(= think, assume)는 "…을 잘못 생각하다,
　　　잘못 가정하다"의 의미로 사용할 때에는 전치사 for와 함께 사용한다.

(VP 16 B) 유형의 구조는 다음 a와 같고, 이 유형에 쓰이는 동사는 b와 같다.

a. S + vt + noun/pronoun (DO) + as/like/for + noun(phrase)/clause

b. (VP 16 B) 유형에 사용되는 동사들은 다음과 같다.

accept	acknowledge	class	characterize
consider	describe	know	recognize
regard	take(= accept)	treat	use
for와 함께 사용하는 동사: mistake,		take(= think, assume)	

Verb Pattern 17

71: 이 유형에서는 동사 뒤에 명사, 대명사가 따라오고, 또 to-부정사가 뒤따라온다.
이 유형은 (VP 17A, B)로 하위분류된다.

 62 | Onions 5-7 | 목적어 명사보어 1 (to-부정사 사용)
(VP 17A)

72: 동사 유형 (VP 17A)에서는 동사 뒤에 명사/대명사가 따라오고, 또 to-부정사가 함께
따라온다. 이 동사 유형은 다음과 같이 두 유형으로 세분화 된다. (Onions 5-7)의 명
사보어 1 (VP 17A)에서는 다음 예의 b번과 같이 수동 구문이 가능하다.

a. They warned <u>us</u> not to be late.
b. We were warned not to be late.　　　　(수동형)

c. They persuaded <u>the drunken man</u> to leave.
d. The drunken man was persuaded to leave.　(수동형)

뒤에서 제시되는 "(Onions 5-8) 명사보어 2 (VP 17B)"에서는 다음 예의 b와 같이 수동 구문
이 불가능하다.

a. They liked us to visit them.
b. *We were liked to visit them.
c. This event decided me to resign.
d. *I was decided by this event to resign.

예문표 62　　　　　　　　　　　　　　　　　　　　　　　Hornby(1975: 62)

	Subject + vt +	noun/pronoun	(not) + to-infinitive (phrase)
1.	I warn	you	not to believe a word he says.
2.	The barrister urged	the judge	to be merciful.
3.	We can't allow	them	to do that.
4.	Didn't I ask	you	not to make so much noise?
5.	He dared/challenged	me	to jump across the stream.
6.	They advised	him	to accept the offer.
7.	Did he mean/intend	us	to share the cost of the dinner?
8.	The officer ordered	the men	to advance.
9.	His salary enabled	him	to have a holiday abroad.
10.	They persuaded	me	to go with him.
11.	I've never known	her	to tell lies.
12.	They <u>led</u>	me	<u>to believe</u> there was no danger.
13.	He <u>gave</u>	me	<u>to understand</u> that he could help me.

2. barrister(BrE) 법정의 변호사/lawyer(AmE): 변호사

| 5-7 | 예문표 62의 해석

1. 그가 말하는 말 한마디도 믿지 말 것을 너에게 경고한다.
2. 그 법정의 변호사는 재판관에게 관대히 처분해줄 것을 촉구했다.
3. 우리들은 그들이 그런 짓을 하는 것을 허용할 수 없다.

4. 그렇게 시끄럽게 하지 않도록 내가 너에게 말하지 않았던가?
5. 그는 내게 그 개울을 감히 건너뛸 수 있으면 뛰어보라고 했다.
6. 그들은 그가 그 제안을 받아들일 것을 충고했다.
7. 그는 저녁식사 비용을 우리들 각자가 부담하게 할 작정이었던가?
8. 그 장교는 병사들이 전진할 것을 명령했다.
9. 그의 봉급이 그가 해외에서 휴가를 보낼 수 있게 했다.
10. 그들은 내가 그와 함께 갈 것을 설득했다.
11. 나는 그녀가 지금까지 거짓말을 결코 하지 않는 것으로 알고 있다.
12. 그들은 내게 위험성이 없다는 것을 믿게 했다.
13. 그는 나를 도울 수 있다는 것을 내가 믿도록 했다.

위에서 to-부정사는 모두 명사구가 된다. 해석은 우리의 표현에 맞게 부사(구)로 해석해도 "명사(구)임을" 알아두어야 한다.

해설: 다음은 위의 예를 수동태로 바꾼 것이다.

1. I was warned not to believe a word he says.
2. The judge was urged to be merciful.
3. They can't be allowed to do that.
4. Weren't you asked not to make such a noise?
5. I was dared/challenged to jump across the stream.
6. He was advised to accept the offer.
7. Were we meant/intended to share the cost of the dinner?
8. The men were ordered to advance.
9. He was enabled to have a holiday abroad.
10. I was persuaded to go with him.
11. She was never been known to tell lies.

12/13은 고정된 동사구의 예이다:

12. "lead someone to believe"(누구에게 …을 믿게 하다)와
13. "give somebody to understand"(누구에게 …을 이해시키다)의 의미를 갖는다.
    그리고 이들의 수동문도 다음과 같이 가능하다:

12. I was led to believe there was no danger.
13. I was given to understand that he could help me.

(VP 17A) 유형의 구조는 다음 a와 같고, 이 유형에 쓰이는 동사들은 다음 b와 같다.

a. (VP 17 A): S + vt + noun/pronoun (DO) + as/like/for + noun(phrase)
   or clause.

b. 이 유형에 쓰이는 동사들은 다음과 같다.

advise	allow	ask	beg	beseech
bribe	cause	challenge	command	compel
dare(= challenge)	direct	drive(= compel)	empower	enable
encourage	entice	entitle	entreat	expect
forbid	force	help	impel	implore
incite	induce	instruct	intend	invite
know	lead	mean(= intend)	oblige	permit
persuade	predispose	press(= urge)	request	require
tell	teach	tempt	urge	warn
get(causative v)				

목적어 명사보어 2 (to-부정사 사용)
(VP 17B)

73: 이 동사 유형에서는 수동변형이 나타나지 않는다. 즉, 주절의 구조만으로는 수동형이
나타나지 않는다. 타동사 want, like, dislike, wish, prefer 등이 이 유형에 속한다.

예문표 63   Hornby(1975: 63)

Subject + vt +	noun/pronoun	(not) + to-infinitive (phrase)
1 He doesn't want	anyone	to know that he's going away.
2. He likes	his wife	to dress colorfully.
3. Do you wish	me	to stay?
4. Would you prefer	me	not to come tomorrow?
5. She can't bear	me	to be unhappy.
6. Will you help	me	to carry this box upstairs?
7. You wouldn't want	another war	to break out.

5-8   예문표 63의 해석

1. 그는 아무도 그가 떠나는 것을 알기를 원하지 않는다.
2. 그는 그의 부인이 화려하게 옷을 입는 것을 좋아한다.
3. 너는 내가 (여기에) 머물기를 원하니?
4. 너는 내가 내일 오지 않는 것이 좋으냐?
5. 그녀는 내가 불행한 것을 참지 못한다.
6. 내가 이 상자를 2층으로 옮기는 것을 네가 도와줄 수 있니?
7. 너는 또 다른 전쟁이 터지는 것을 원하지 않겠지.

위 63의 예와 같이, 수동형이 쓰일 수 없는 타동사는 많지 않으나, 이들은 "좋다", "싫다", 또는 "선호" 등을 나타내는 동사들이며, 동사 like나 want가 가장 흔하게 사용된다. 타동사 help도 원형부정사나, to-부정사와 함께 이 유형에서 사용된다. 6번을 다시 인용하면 다음 a와 같다.

a.   Will you help me (to) carry this box upstairs?

동사 like는 또 뒤에서 제시되는 ⑦ (Onions 5-15), (VP 19C)의 유형에서 다음 b의 1, 2, 3과 같은 유형으로도 사용된다.

b.   1. We don't <u>like</u> them <u>to come</u> late.
      2. We don't <u>like</u> them <u>coming</u> late.
      3. We don't <u>like</u> <u>their coming</u> late.

위 2, 3 두 가지 유형은 ⑦ (Onions 5-15), (VP 19C)의 예문표 70에서 다시 논의 된다.

 위의 예문표 63의 예들로부터는 수동태를 사용할 수 없다고 했지만, 타동사의 목적어로 가주어 it를 쓰고, 그 뒤의 to-부정사를 수동형으로 변형시킬 수 있다. 그러면, 위 1번은 다음 1번과 같이 변형된다.

1. He doesn't want it <u>to be known</u> that he's going away.
    (그는 그가 떠나는 것이 알려지는 것을 원하지 않는다)

위 2번도 **"to-부정사"**를 수동형으로 만들 수 있다.

2. He likes his wife <u>to be</u> colorfully <u>dressed</u>.
   (그는 그의 부인이 화려하게 "옷이 입혀지는 것을/옷을 입는 것을" 좋아한다)

   그런데, be 동사를 "to-부정사"로 만들면, 흔히 유도부사가 there와 함께 쓰인다. 그래서 다음 3-8번과 같은 문장이 된다. **이 문장들은 수동형으로 변형된 문장이 된 것은 아니지만**, 관용적으로 there와 함께 쓰인다.

3. You wouldn't want <u>there</u> <u>to be another war</u>.
   (당신은 또 다른 전쟁이 일어나는 것을 원치 않을 것이다)

4. I don't want <u>there</u> <u>to be any trouble</u>.
   (나는 어떤 문제가 일어나는 것을 원하지 않는다)

5. He meant <u>there</u> <u>to be no in-discipline</u>.
   (그는 규율이 해이해지는 일이 없도록 다짐했다)

6. Would you like <u>there</u> <u>to be a meeting</u> to discuss the problem?
   (당신은 그 문제를 논의할 회의를 여는 것을 좋아하지요?)

7. I expect <u>there</u> <u>to be no argument</u> about this.
   (이것에 대해서는 논쟁이 없기를 기대한다)

8. I should prefer <u>there</u> <u>to be no discussion</u> of my private affairs.
   (나는 내 사적인 문제에 대한 논의가 없기를 바란다)

이 유도부사 there가 수동형과 함께 쓰이는 경우는, 이 책의 뒤에서 제시되는, **문법편, 제7장, 수동태** 245쪽 ⑫, (3)**의 1-4를 참조하시기 바랍니다**.

Verb Pattern 18

74: 이 유형에서는 동사가 명사, 대명사와 함께 쓰이고, 또 뒤에 원형부정사가 함께 사용된다. 그러나 수동문에서는 to-부정사가 나타난다. 이 유형은 (VP 18A, B, C)로 세분화 된다.

 64 | Onions 5-9 | 목적어 명사보어 3 (감각동사 사용) (VP 18A)

이 동사 유형 (VP 18A)에서는 동사 뒤에 명사/대명사와 함께 "원형부정사(bare infinitive)"를 사용한다. 그러나 수동형 구문에서는 to-부정사가 나타난다. 이 동사 유형은 다시 세 가지로 세분화 된다. 이 유형의 동사는 감각동사 see, watch, hear, feel, notice 등을 사용하며, 이 감각동사는 명사보어를 두는데, 뒤에서 제시되는 (Onions 5-11)의 명사보어 5에도 쓰인다. 이 문형에서 목적어 보어는 원형동사로 되어 있는데, 왜 "명사보어"가 되는 것인가? 그 이유는 ---하는 "것을"/---"을" 듣다, 보다, 느끼다" 등은 "물리적 감각 (physical perception)"으로 "명사적 의미"를 갖는다. 즉, "원형동사"와 상관없이 목적어 "명사보어"로 나타난다. 다음 예 a, b의 의미를 보자.

a. I saw the man cross the road.   (5-9)   (명사보어 3),   (감각동사) (VP 18)
b. I saw the man crossing the road. (5-12) (명사보어 6),   (감각동사) (VP 19)

(Onions 5-9) "명사보어 3"의 감각동사는 동작이 완결되었음을 나타내는 것이지만, "(Onions 5-12)의 감각동사"는 진행 중인 동작을 나타낸다. 위 a는 그 남자가 길을 건너간 "것을" 의미하며, 그가 길을 건너 간 것을 보았다는 "것을" 의미한다. b의 문장은 그 남자가 길을 건너가고 있을 때, 그를 "보았다는 것을" 의미하므로, 그는 횡단을 시작한다던가, 횡단을 끝낸 것을 보았다는 것은 아니다.

예문표 64   Hornby(1975: 64)

	Subject + vt +	noun/pronoun	+	bare infinitive (phrase)
1.	Did anyone hear	John		leave the house?
2.	Did you see/notice	anyone		go out?
3.	We felt	the house		shake.
4.	I once saw	Oliver		act the part of Othello.
5.	I have heard	people		say that…
6.	Watch	that boy		jump.

5-9 | 예문표 64의 해석

1. 누군가 John이 집을 나가는 것을/소리를 들었나?
2. 너는 누가 나가는 것을 보았니?
3. 우리는 집이 흔들리는 것을 느꼈다.
4. 나는 언젠가 Oliver가 Othello의 역을 하는 것을 보았다.
5. 나는 사람들이 "…하는 것을 들었다."
6. 저 소년이 점프(jump)하는 것을 주목해 보라.

해설: 위의 예문을 수동형으로 바꾼 예에서는 더욱 "명사적 성격"이 확실히 나타난다.

1. Was John heard <u>to leave</u> the house?   (---나가는/떠나는 <u>것을</u> 들었니?)
2. Was anyone seen <u>to go out</u>?   (---나가는 <u>것이</u> 보였니?)
5. People have been heard <u>to say that</u>… (or) I have heard it said that…
                              (---라고 말하는 <u>것을</u>---)

그러나 동사 see, feel이 <u>"감각"</u>이 아닌, <u>"지각(mental perception)"</u>의 뜻, 즉, "(--을알다/이해하다)"로 쓰일 때에는 5형식의 "(Onions 5-9)의 명사보어 3"이 아닌, 아래 예문 b, d와 같이, 3형식 동사 유형 ㊺ (Onions 3-9)로 <u>타동사의 목적어</u>로 나타난다.

a. I <u>saw</u> him hit the cat.   (VP 18)   5형식
   (나는 그가 고양이를 때리는 <u>것을</u> <u>보았다</u>)
b. I <u>saw</u> (that) he disliked the cat.   (VP 9)   3형식
   (나는 그가 고양이를 싫어하는 <u>것을</u> <u>"알았다"</u>)
c. I <u>saw</u> him leave the room.   (VP 18)   5형식
   (나는 그가 방을 나가는 것을 <u>보았다</u>)
d. <u>I saw</u> (that) he disapproved of what was happening. (VP 9)   3형식
   (나는 그가 일어난 일을 못마땅해 하는 것을 <u>"알았다"</u>)

(VP 18A): S + vt + noun/pronoun + bare infinitive (phrase)
(VP 18A)에 주로 사용되는 동사들은 다음과 같다.

feel	hear	notice	observe	see
watch	listen to	look at		

 Onions 5-10   명사보어 4 (사역동사 make/let 사용)
                               (VP 18B)

75: 이 동사 유형에 사용되는 동사는 감각을 나타내지 않는 소수의 동사들이다. 사역동사 make/let(--을 만들다/--을 허용하다: 따라서 원형동사가 와도 명사로 해석한다)와 이 사역동사와 비슷한 의미를 지닌 force/compel을 비교해보라. 그리고 사역동사 let와 이 let와 비슷하게 허락을 나타나내는 allow/permit 등과도 비교해보라. 아래에서 사역동사 (18B)와 일반 동사 (VP 17)과의 차이점을 살펴보자: 이 문형에서도 목적어 다음에 "원형동사"가 오지만, 앞 (Onions 5-9)에서 언급한 것과 같은 이유로 모두 "명사보어"이다.

They made me <u>do it</u>.   (VP 18B) (그들은 내가 그것을 하게 만들었다)
They forced/compelled me <u>to do it</u>. (VP 17) (그들은 내가 그것을 하게 강요했다)

Please let me <u>go</u>.   (VP 18B) (제발 내가 가게 허락해 주세요)
Please allow/permit me <u>to do it</u> (VP 17) (제발 내가 그것을 하게 허락해 주세요)

사역동사 다음에는 목적어 명사가 오고, 그 다음 원형동사가 오지만, force, compel, allow, permit 다음에는 to-부정사가 오는 것이 다르다. 그러나 아래 예문표 65는 사역동사와 동사 help, 그리고 <u>동사 know가 완료형에서는 목적어 다음에 사역동사와 같이, 원형동사를 사용한다.</u>

예문표 65   Hornby(1975: 65)

Subject + vt +	noun/pronoun +	bare infinitive (phrase)
1. What <u>makes</u>	you	think so?

2. Let	justice	be done.
3. We can't let	the matter	rest here.
4. She bade	Sir Lancelot	rise.
5. Shall I help	you	carry that box upstairs?
6. I've never known	him	sing so beautifully before.
7. Have you ever known	her	lose her temper?
8. I've known	experts	make this mistake.
9. Can we make	the murder	look like an accident?
10. Can we make	the scheme	appear/seem practicable?

영어숙어 7. lose one's temper: 화내다

5-10 예문표 65의 해석

1. 무엇이 너를 그렇게 생각하게 하니?/무엇이 네가 그렇게 생각하는 것을 만들었나?
2. 공정하게 하라./공정이 이루어지는 것을 허용하라.
3. 그 문제를 여기서 쉬게 하는 것을 허용할 수 없다./쉬게 할 수는 없다.
4. 그녀는 Lancelot 경이 앞장설 (분발할) 것을 요청했다.
5. 제가 그 상자를 2층으로 옮기는데 도와 드릴까요?/옮기는 것을 도와 드릴까요?
6. 나는 그가 그렇게 아름답게 노래하는 것을 전에는 알지 못했다.
7. 그녀가 화내었다는 것을 들어본 적이 있느냐?
8. 나는 전문가들도 이런 실수를 한다는 것을 알고 있습니다.
9. 우리는 그 살인사건을 사고처럼 보이게 하는 것을/보이게 만들 수 있을까?
10. 그 계획을 실행 가능한 것 같이 만들 수 있을까?

해설: 수동문의 예: 수동으로 변형시키면 to-부정사가 나타난다.

7. Has she ever been known to loose her temper?   (--화내는 것을---)
8. Experts have been known to make this mistake.   (--이런 실수를 하는 것을--)
9. Can the murder be made to look like an accident? (사고처럼 보이게 하는 것을-)

현대 영어에서는 위 예문표 65의 5번 bid는 별로 쓰이지 않으며, (VP 17)의 tell, order, command 등이 잘 쓰인다.

She told/ordered/commanded Sir Lancelot to rise.

Let는 "Let me go."나 "Let just be done."(공정하게 하라)에서는 명령의 조동사로 사용되었다. 이것의 수동 구문은 없다. "* The matter cannot be let to rest here."라고는 하지 않으며, allow를 사용해서, "The matter cannot be allowed to rest here."라고는 말한다. Let는 go, fall, slip과 함께 쓰일 때, 어순이 규칙대로 안 되는 수도 있다. "인칭대명사"는 let 바로 뒤에 와서 제대로의 어순이 된다.

Let it/him/her/them go.
Don't let it/him/her/them fall/slip.

**그러나 명사의 경우는 "명사가" go, fall, slip 등의 뒤에 온다.

a. Let go the rope. (줄을 놓아라)/(줄이 놓아지는 것을 허락하라)
b. The ship let go its anchor. (배는 닻을 내렸다)/(닻을 내리는 것을 허용하라)
c. He let fall a hint of his intention. (let fall: 무심코 입에서 튀어나오다)
   (그는 깜박 잊고 자기 속셈을 나타내는 것을 허용하다)
d. Don't let slip any opportunity of practising your English.
   (영어를 익힐 어떤 기회도 놓치지 마라)/(놓치는 것을 허용하지 마라)

위의 c나 d처럼 명사가 길 때에는, let와 뒤따르는 동사의 연결이 긴밀하다. 이것에 반해, 위 a에서는 "Let the rope go."도 가능하다. 특히, 동사 know가 (VP 18B)에 쓰일 때는, 앞 예문표 65의 6, 7, 8에서처럼 주로 완료시제, 때로는 과거시제로 쓰인다. 그리고 종종, 빈도를 나타내는 부사(seldom, often, never 등)를 수반한다.

(VP 18B)의 유형에 쓰이는 동사들은 bid, help, know, let, make 등이다.

 66 | Onions 5-11 | 목적어 명사보어 5 (사역 동사 have 사용)
(VP 18C)

76: 동사 have는 ① "…를 해주기 바란다"의 "wish(소원)"의 의미나,
② "…를 경험하다"의 "experience(경험)" 의미나, 또는
③ "…시키다(cause)"의 의미를 나타낼 때, 이 동사 유형이 사용되며,
세 가지 모두 "명사보어"의 의미를 갖는다.

예문표 66   Hornby(1975: 66)

	Subject + have +	noun/pronoun +	bare-infinitive (phrase)
1.	What would you have	me	do?
2.	Would you have	the Government	control our lives completely?
3.	We would like to have	our friends	visit us on Sunday.
4.	Please have	the porter	take these suitcases to my room.
5.	I had	a most extra-ordinary thing	happen to me yesterday.
6.	I got	the barber	to cut my hair.

5-11   예문표 66의 해석

1. 제게 무엇을 시키려고 하십니까?   (의역)
   당신은 내가 무엇을 해줄 것을 원하십니까?   (직역)
2. 당신은 정부가 우리들의 생활을 완전히 통제하기를/통제할 것을 바라는 것입니까?
3. 우리는 우리 친구들이 일요일에 우리를 방문해 주는 것을 원합니다. (직역)
                               방문해 주기를 원합니다.   (의역)
4. 짐꾼이 이 가방들을 내 방으로 나르도록 해주십시오.   (의역)
                    나르는 것을 시켜 해주십시오.   (직역)
5. 나는 어제 가장 특별한 일을 "경험했다"/특별한 일이 나타나는 것을 경험했다.
6. 나는 그 이발사가 나의 머리를 깎도록 시켰다./머리를 깎는 것을 시켰다.

해설: 위 1, 2, 4는 다음과 같이 말하는 것이 보통이고, 구어체 적이다.

1. What do you want me to do?
2. Would you like the Government to control…
4. Please tell the porter to take…   (or) Please have these suitcases taken…

해설 6번의 get은 사역동사인데, 다른 사역동사와 달리, to-부정사를 선택하기 때문에, 이 문형에 포함시킨다. 더욱 상세한 내용은 (Onions 5-11/5-13/5-22/5-23)을 참조하라. 특히, ⑱의 (Onions 5-23)의 "해설"과 제4장 "원형부정사" ②의 (5)번을 참조하라. 위의 예문 1-6에서 목적어 명사는 모두 그 뒤에 나타나는 원형동사의 주어이다. 그러나 6번의 get은 to-부정사를 선택하는 점이 다르다.

Verb Pattern 19

77: 이 유형에서는 동사 뒤에 명사, 대명사가 뒤따라오고, 그 뒤에 "…ing" 형의 동사가 온다. 이 목적어와 "동사의 …ing"형이 "목적보어"를 형성한다. 이 유형은 동사 유형 (19 A, B, C)로 세분화 되는데, ⑥⑦ (Onions 5-12), ⑥⑧ (Onions 5-13), ⑥⑨ (Onions 5-14), ⑦⓪ (Onions 5-15)에 나타나는 "현재분사형"이, "현재분사"냐, "동명사"냐 하는 논쟁을 피하기 위해서, 보통 "---ing form"(---ing 형태)으로 부르게 된다. 이 문제는 문법편 제5장 동명사 220-225쪽의 ②-⑥ 및 225쪽에서 결론을 내린 ⑦을 참조하라. 이 결론에서 "--ing form"은 동명사로 증명되었다.

 Onions 5-12 목적어 명사보어 6 ("…ing" 사용)
(VP 19A)

78: 이 동사 유형에서는 동사 뒤에 명사/대명사가 오고, 현재분사형인 "…ing 형태"가 온다. 그러나 "---ing 형태"는 목적어의 "동명사보어"로 해석되는 것이 자연스럽다. 이 동사 유형은 또 세 가지 유형으로 세분화 된다. 이 유형에 사용되는 동사는 (VP 18A)에도 쓰이는데, 시각, 청각, 촉각 등 물리적 감각을 나타내는 동사와 화학적 감각인 냄새를 맡는 smell도 포함된다. 그러나 smell은 앞 (VP 18A)에는 쓰이지 않고, "I <u>feel</u> something <u>smelling</u>."은 바로 이 (VP 19A)의 유형에 쓰인다.

예문표 67　　　　　　　　　　　　　　　　　　　　　　　　　　Hornby(1975: 67)

	Subject + vt +	noun/pronoun +	present participle (phrase)
1.	They saw	the thief	running away.
2.	They heard	voices	calling for help.
3.	Can you smell	something	burning?
4.	She could feel	her heart	beating wildly.
5.	Did you notice	anyone	standing at the gate?
6.	We saw	two of the students	being carried off by the police.
7.	We watched	them	being bundled into the police van.
8.	She doesn't like to see	animals	being treated cruelly.

6. be carried off: 실려 가다.
8. be bundled into: 묶여 넣어지다.

5-12 예문표 67의 해석

1. 그들은 도둑이 달아나는 <u>것을</u> 보았다.
2. 그들은 (누가) 도와 달라고 외치는 <u>것을</u>/소리를 들었다.
3. 당신은 무엇인가 타는 <u>것을</u>/냄새를 맡을 수 있지?
4. 그녀는 심장이 심하게 뛰는 <u>것을</u> 느낄 수 있었다.
5. 누구인가 문간에 서 있는 <u>것을</u> 보았습니까?
6. 우리는 두 학생이 경찰에 연행되어 가는 <u>것을</u> 보았다.
7. 우리는 그들이 경찰차에 실려지는 <u>것을</u> 지켜보았다.
8. 그녀는 동물들이 잔인하게 다루어지는 <u>것을</u> 보기 싫어한다.

해설: (VP 19A)와 (VP 18A)의 차이점은 이미 앞에서 언급되었다. (VP 18A의 해설 참조).

또 다른 예를 든다면 다음과 같다:

I saw Paul <u>go into</u> a shop. (VP 18A) (--- 들어가는 <u>것을</u> 보았다)
I saw Mary <u>looking into</u> a shop window. (VP 19A) (---보고 있는 <u>것을</u> 보았다)

수동태 구문의 예:

1. The thief was seen <u>running away</u>.
2. Voices were heard <u>calling for help</u>.

동사구 look at, listen to도 (VP 19A)에 쓰인다.

Just <u>look at</u> the rain <u>pouring down</u>!
We <u>listened to</u> the band <u>playing in the park</u>.

(VP 19 A) 유형에 쓰이는 동사들은 다음과 같다.

feel	glimpse	hear	notice	observe
perceive	see	smell	watch	listen to	look at

68 Onions 5-13　　목적어 명사보어 7 ("…ing" 사용)
　　　　　　　　　　　　　　　　(VP 19B)

79: 이 동사의 유형에는 "감각을 나타내지 않는 동사", 예컨대, find, awake, leave 등이 사용되며, 어순이 (VP 19A)와 동일하고, 현재분사형인 "…ing 형태가" 쓰인다. 이 현재분사는 모두 앞 (Onions 5-12)와 같이 "목적어 명사보어"가 된다. 이 유형은 (Onions 5-12)에서부터 (Onions 5-15)까지 동일하게 연장된다. 그러므로 앞으로 보어의 해석은 자연스럽게 목적어 "명사보어"로 해석되어야 한다.

예문표 68　　　　　　　　　　　　　　　　　　　　　Hornby(1975: 68)

Subject + vt +	noun/pronoun +	present participle (phrase)
1. I found	him	dozing under a tree.
2. When he awoke,		
he found	himself	being looked after by a pretty young nurse.
3. They found	the lifeboat	floating upside down.
4. We mustn't keep	them	waiting.
5. Keep	the ball	rolling.
6. They left	me	waiting outside.
7. They left	me	wondering what would happen next.
8. This set	me	thinking.
9. My clumsy mistake set	the girls	giggling.
10. Don't let me catch	you	doing that again.
11. Please start/get	the clock	going.
12. How can we get	things	moving?
14. The explosion sent	things	flying in all directions.
15. A phone call sent	him	hurrying to London.

5-13　　예문표 68의 해석

1. 나는 그가 나무 밑에서 <u>졸고 있는 것을</u> 발견했다.
2. 그가 깨어났을 때, 그는 예쁘고 젊은 간호원의 <u>보살핌을 받고 있는 것을</u> 발견했다.

3. 그들은 구명보트가 전복되어 <u>떠있는 것을</u> 발견했다.
4. 우리는 그들을 기다리게 해서는 안 된다. (<u>기다리는 것을</u> 지속시켜서는 안 된다)
5. 공이 계속 굴러가도록 해라. (공이 <u>굴러가는 것을</u> 지속하게 하라)
6. 그들은 나를 밖에서 기다리게 내버려 두었다.
7. 그들은 내가 그 다음에 무엇이 일어날까 생각하게 내버려 두었다.
8. 이것이 나를 계속 생각을 하게 했다.
9. 나의 어설픈 실수가 그 소녀들이 킥킥 웃게 만들었다.
10. 네가 다시 그 짓을 하는 것을 잡지 않게 하라. ⇒ 그런 짓을 다시 하면 그만두지 않겠다.
11. 그 시계가 가도록 해주세요.
12. 어떻게 일들이 굴러가게 할 수 있을까?
13. 그 폭발은 물건들을 사방으로 날려 보냈다
14. 한 통의 전화가 그를 London으로 달려가게 했다.

해석: 8. 이 일로 나는 생각에 잠겼다. 10. 다시 그와 같은 일을 하면 그만 두지 않겠다.

해설: 위 1의 동사 find 뒤에, "명사/대명사 + 현재분사" 대신에 that이 유도하는 절이 올 경우가 있는데, 그렇게 되면 (VP 9)가 된다.

I found that he was dozing under a tree.

다음 Cf (참조)의 예를 보자.
Cf   find somebody in/out the office.
     find somebody at home/not at home.
     find somebody at his desk/in bed.

(VP 19 B) 유형에 쓰이는 동사들은 다음과 같다.

bring	catch	depict	discover	draw
find	get	imagine	keep	leave
paint	send	set	show	start

take 데리고 가다: (I took the children swimming [= for a swim])

 69   Onions 5-14   목적어 명사보어 8 (VP 19B)의 변형

80: 동사 have는 "허용하다/허락하다(allow/permit)"의 뜻으로 사용되며, 예문표 69의 1, 2, 3에서 can't, won't와 함께 이 유형에서 쓰인다. 또 have는 다른 예문이 보여주듯, "결과나 경험"을 나타내기 위해서 이 유형에서 사용된다.

예문표 69   Hornby(1975: 69)

	Subject +	have +	noun/pronoun +	present participle (phrase)
1.	I can't have		you	doing that.
2.	We can't have		them	forcing their views on everyone else.
3.	I won't have		you	<u>banging away</u> at your drum in my study, David.
4.	He soon had		them all	laughing.
5.	I'll have		you all	speaking English well.
6.	We should soon have		the mists	coming down on us.
7.	While he had		this threat	hanging over him, he was quite unable to work.

예문표 69의 해석

1. 나는 네가 그 일을 하는 것을 허용하지 않겠다.
2. 우리는 그들의 견해를 다른 사람에게 강요하는 것을 허용하지 않겠다.
3. 나는 David가 내 서재에서 북을 열심히 치는 것을 허용하지 않겠다.
4. 그는 곧 그들 모두를 웃게 했다.
5. 나는 여러분들 모두가 영어를 잘 하게 (만들 것이다) 할 것이다.
6. 곧 안개가 우리 쪽으로 내려올 것이다.
7. 그가 이 협박에 휘말리고 있는 동안에, 그는 아주 일을 할 수 없었다.

해석: 3의 bang away: "열심히 …을 하다"
해설: 위의 예문을 다음처럼 표현을 바꿀 수도 있다.

1. I can't allow you to do that.
3. I won't allow you to bang away…
4. Soon they were all laughing as the result of what he had said./he had done. etc.
6. The mists will soon be coming down on us.
7. Because of this threat which was hanging over him, he was quite unable to work.
   (그에게 엄습해오는 불안 때문에, 그는 아주 일을 할 수 없었다.)

70 ┃ Onions 5-15 ┃ 목적어 명사보어 9 (VP 19C)

81: (VP 19A)나 (VP 19B)와 동일한 어순을 가진 동사 유형, 즉 "동사 + 명사/대명사
    + …ing"이라는 어순으로 사용되는 많은 동사들이 있다. 다음 예들을 비교해 보자:
    이들은 뒤에서 제시된 동명사의 논의에서 모두 "동명사"로 입증되었다.

a. I caught <u>him stealing</u> apples from my garden.

b. Can you imagine <u>these fat men climbing</u> Mt. Kenya?
   이 b 대신에 다음과 같이 말할 수도 있다.

c. Can you imagine <u>their climbing</u> Mt. Kenya?
   이 c의 climbing은 동명사이다. 그런데 또 다음과 같이 말할 수도 있다.

d. Can you imagine <u>them climbing</u> Mt. Kenya?
   이 d에서 climbing은 "<u>현재분사</u>"이며, (VP 19B)와 형태는 동일하다, 그러나
   인칭대명사의 경우, 그 대명사를 소유격으로 바꾸는 점이 다르다.

   (a). Do you remember <u>him telling</u> us about it?
   (b). Do you remember <u>his telling</u> us about it?   (VP 6C) 3형식

   위 (b)는 (VP 6C)의 유형이다. 또 "고유명사인 사람의 이름"의 경우도 소유격으로 바꾸는
   것은 간단하다.

   (c). Do you remember <u>Tom telling</u> us about it?
   (d). Do you remember <u>Tom's telling</u> us about it? (VP 6C) 3형식

   그런데, 목적어가 단순한 명사/고유명사나 인칭대명사가 아닌 두서너 개의 낱말로 되었
을 경우에는, 소유를 나타내는 아포스트로피(')를 사용할 수 없다. 따라서 다음과 같은 하나
의 유형만 사용된다.

(e). Do you remember <u>Tom and Mary</u> <u>telling</u> us about it?　　(VP 19B)

위 (e)의 문장에서 "…ing"은 동명사로서, 앞에 소유격이 와야 한다고 주장하는 문법학자도 있다. H. Sweet는 그의 책 New English Grammar에서 이런 "…ing" 형을 "half gerund (반-동명사)"라 부르고 있다. 그러나 이와 같은 "…ing" 형을 동명사로 보느냐, 반-동명사로 보느냐, 또는 현재분사로 볼 것이냐 하는 것은 실제로는 중요한 일이 아니다. 아래 예문표 70에서는 소유격으로 쓰이는 경우의 예문도 있다. "…ing" 형에 대해서는 문법편 제5장 동명사 220-225쪽의 ②-⑥ 및 결론인 224쪽의 ⑦을 참조하라. 모두 "동명사"이다.

예문표 70　　　　　　　　　　　　　　　　　　　　　　　　　　Hornby(1975: 70)

Subject + vt +	noun/pronoun (possessive)	+ "…ing form" of the verb
1.　I can't understand	him/his	leaving so suddenly.
2.　Can you imagine	me/my	being so stupid?
3.　Does this justify	you/your	taking legal action?
4.　I love this place and I want to stop	it/its	being turned into a tourist trap.
5　We'll fight to prevent	these houses	being torn down.
6.　I can't remember	my parents	ever being unkind to me.
7.　Do you mind	my brothers and sisters	coming with us?
8.　I can't understand	anyone	treating children cruelly.
9.　Do you favor	boys and girls of sixteen	being given the right to vote?
10.　These radicals contemplate	people of all classes	being reduced to the same social level.
11.　Can you imagine	anyone	being so silly?
12.　She can't bear	her husband	making fun of her.

5-15	예문표 70의 해석

1. 나는 그가 그렇게 갑자기 떠나는 것을/그의 갑작스러운, 출발을 <u>이해할 수 없다</u>.
2. 너는 내가 그렇게 어리석다고/나의 그런 어리석음을, <u>생각할 수 있니?</u>
3. <u>이것이</u> 네가 소송을 제기하는 것을/너의 소송제기를, <u>정당화 할 수 있니?</u>
4. <u>나는</u> 이곳을 사랑하고, 이곳이 관광객의 올가미로 변화되는 것을/이곳의 관광객 올가미로의 변화를/<u>중지하기를</u> (막아주기를) <u>원합니다</u>.
5. 우리는 이 가옥들이 철거되는 것을 막기 위해 싸울 것입니다.
6. 나는 부모님들이 나에게 불친절 했던 것을 기억할 수가 없습니다.
7. 나의 형제자매들이 우리와 함께 가도 상관하지 않겠니?
8. 나는 어떤 사람이 어린이들을 잔인하게 다루는 것을 이해할 수 없습니다.
9. 당신은 16세의 소년 소녀들에게 투표할 권리를 주는 것을 찬성하십니까?
10. 이 극단주의자들은 모든 계층의 사람들을 동일한 사회 계층으로 하향 조정하는 것을 구상하고 있다.
11. 누군가가 그렇게 어리석을 수 있다고 생각하니?
12. 그녀는 남편이 그녀를 놀리는 것을 참지 못한다.

해설 위 1-4의 예문에서는 him/his, me/my, it/its에서처럼 목적어나 소유격 중 어느 것도 사용할 수 있는 예이다. 다른 예문의 경우는, "명사/대명사(anyone)나 또는 명사구를 사용하는 것이", 소유격을 쓰는 것보다 더 선호된다고 했다.

해석: 10. 이 과격적인 사람들은, 모든 계층의 사람들이, 동일한 수준의 사회적 계층으로 격하시키는 것을 구상하고 있다.

Verb Pattern 20

82: 이 유형에서는 동사 뒤에 명사, 대명사가 오고, 그 다음에 의문대명사나, 의문부사, 또는 whether가 나타나서 to-부정사를 유도한다. 이 유형은 4형식 문형인 (VP 12A) 와 비슷하다. 다음 예를 비교해보자.

Tell me your name.   (VP 12A)   (4형식: Onions 4-2)
Tell me where to put it.   (VP 20)   (5형식: Onions 5-16)   명사보어

71   Onions 5-16   목적어 명사보어 10 (VP 20)

82: 이 동사 유형에서는 동사 뒤에 명사/대명사가 오고, 그 다음에 의문대명사/의문부사/ whether 등이 유도하는 to-부정사가 온다.

예문표 71   Hornby(1975: 71)

Subject + vt +	noun/pronoun +	interrogative + to-infinitive (phrase)
1. I showed	them	how to do it.
2. Tell	me	whether to trust him or not.
3. Ask	your teacher	how to pronounce the word.
4. They told	us	where to shop cheaply.
5. I don't like people to tell	me	what to do and what not to do.
6. I wonder who taught	Jane	how to manage her husband so cleverly.
7. Will you advise	me	which of them to buy?
8. Ask	him	what to do next.

5-16   예문표 71의 해석

1. 나는 그들에게 그것을 어떻게 하는지 (하는 방법을) 보여 주었다.
2. 그를 믿어야 할지 어떨지 내게 말해 주세요.
3. 그 단어를 어떻게 발음하는지 너의 선생님에게 물어보라.
4. 그들은 우리가 어디에서 싸게 살 수 있는지 알려 주었다.
5. 나는 "무엇을 하라", "무엇을 하지 말라"고 나에게 말하는 사람들을 좋아하지 않는다.
6. 누가 Jane에게 그녀의 남편을 그렇게 영리하게 다루도록 가르쳐 주었는지 궁금하다.
7. 그들 중에서 어느 것을 사야할지 나에게 충고해 주시겠어요?
8. 그 다음에 무엇을 하면 좋은지 그에게 물어보세요.

해설: 위 (VP 20)을 다음 (VP 21)로 바꾸어 말할 수 있는 경우가 종종 있다.

1. I showed them <u>how they should do it</u>.   (VP 21)
4. They told us <u>where we could shop cheaply</u>.   (VP 21)

Verb Pattern 21

 Onions 5-17   목적어 명사보어 11 (VP 21)

83: 이 동사 유형은 (VP 20)과 비슷하나, (VP 21)에서의 의문사는 to-부정사가 아니라, "의문 종속절을 유도한다는 점이" (VP 20)과 다르다. 이 유형에서는 if가 조건절을 유도하는 if와 혼동할 우려가 없는 한, whether와 같은 의미로 바꾸어 사용할 수 있다.

예문표 72   Hornby(1975: 71)

	Subject + vt +	noun/pronoun +	dependent clause/question
1.	Tell	me	what your name is.
2.	Ask	him	when the next plane leaves.
3.	Can you tell	me	how high it is?
4.	They asked	me	whether/if I had ever been there before.
5.	Show	me	where you used to live.
6.	She told	me	why she had come.

5-17   예문표 72의 해석

1. 너의 이름이 무엇인지 알려주세요.
2. 다음 비행기가 언제 떠나는지 그에게 물어봐.
3. 그것이 얼마나 높은지 내게 말해줄 수 있니?
4. 그들은 내가 전에 그곳에 가본 적이 있는지 내게 물었다.
5. 당신이 옛날 살고 있었던 곳을 내게 보여주십시오.
6. 그녀는 왜 왔나 그 이유를 내게 말했다.

해설: 이 유형은 (VP 20)과 마찬가지로, (VP 12A)와 비슷하다. 다음 두 문장을 비교해 보자.

a. Tell me your name.   (VP 12A) (4형식: Onions 4-2)
b. Tell me **what your name is**.   (VP 21)   (5형식: Onions 5-17)

<u>"종속 의문절이 (VP 12A)"</u>와 다르다.

(VP 12A)의 수여동사 구조는 (VP 13A)로 바꿀 수 있으나, (VP 20)/(VP 21)은 (VP 13A)로 바꾸어 말할 수는 없다.

   왜냐하면 (VP 13A)는 수여동사 구조에서 직접목적어 다음에 to-전치사구가 나타나지만, 의문종속절을 전치사(구)로 변형할 수는 없기 때문이다.

Verb Pattern 22

73 | Onions 5-18 | 목적어 형용사보어 1 (VP 22)

84: 이 유형의 동사는 직접목적어로 명사/대명사/동명사가 오고 형용사가 보어로 뒤에 따라온다.

예문표 73   Hornby(1975: 72)

Subject + vt	noun/pronoun/gerund + (DO)	adjective
1. We painted	the ceiling	green.
2. Could you push (keep)	the door	shut?
3. She flung	all the windows	open.
4. The cat licked	the saucer	clean.
5. The Governor set	the prisoners	free.
6. The workmen hammered	the metal	flat.
7. She boiled	the eggs	hard.
8. She dyed	her hair	green.
9. They beat	the poor boy	black and blue.
10. The drunken men shouted	themselves	hoarse.
11. They later slept	themselves	sober.
12. The barber cut	your hair	very short.
13. Have I made	my meaning	clear?
14. The news struck	me	dumb with amazement.
15. The blister on my heel made	walking	painful.
16. I want to see	you	happy.
17. He wished	himself	dead.
18. They found	the birdcage	empty.
19. He likes	his coffee	strong.
20. He bores	me	stiff.
21. Sing	it	loud and clear.
22. It's better to leave	somethings	unsaid.
23. I drank	the milk	hot.
24. The speaker held	his audience	spellbound.
25. Don't let	your dog	loose.
26. We proved	him	wrong.
27. How did you get	yourself	so dirty?

5-18 | 예문표 73의 해석

1. 우리는 천장을 녹색으로 칠했다
2. 문을 밀어서 닫아 주시겠습니까?
3. 그녀는 모든 창문을 활짝 열었다.
4. 고양이는 접시를 깨끗이 핥았다.
5. 지사는 죄수들을 석방시켰다.
6. 직공들은 그 금속을 두들겨 평평하게 (납작하게) 폈다.
7. 그녀는 달걀을 딱딱하게 삶았다.

8. 그녀는 머리를 녹색으로 염색했다.
9. 그들은 불상한 소년을 시퍼렇게 멍들도록 때렸다.
10. 그 술 취한 사람들은 목이 쉬도록 외쳤다.
11. 나중에 그들은 자면서 술이 깼다.
12. 이발사는 너의 머리를 아주 짧게 깎았다.
13. 내 말 뜻을 알아들었습니까?/나의 말뜻을 내가 분명하게 했나요?
14. 그 소식을 듣고 나는 놀라서 말문이 막혔습니다./
    그 소식은 나에게 놀라운 충격으로 다가왔다.
15. 발뒤꿈치의 물집이 걸을 때 나를 아프게 했다.
16. 나는 네가 행복한 것을 보고 싶다.
17. 그는 자신이 죽었으면 하고 원했다./그는 스스로 죽기를 원했다.
18. 그들은 새장이 빈 것을 발견했다.
19. 그는 진한 커피를 좋아한다.
20. 그는 나를 아주 지루하게 했다.
21. 크게 분명한 소리로 노래를 불러라.
22. 어떤 일은 말하지 않고 내버려 두는 것이 더 좋다.
23. 나는 우유를 데워서 마셨다.
24. 연사는 청중을 마법으로 매혹시켰다.
25. 너의 개를 풀어놓지 마라.
26. 우리는 그가 틀렸다는 것을 입증했다.
27. 어떻게 해서 너는 그렇게도 더러운가?

해설: 직접목적어가 긴 명사구이면, 형용사가 앞에 올 수도 있는데,
     그것이 보통이다. 다음을 문장을 비교해 보자:

The Governor <u>set</u> the prisoners <u>free</u>.
The Governor <u>set free</u> all the prisoners whose offences were purely political.

He made his views <u>clear</u>.
He made <u>clear</u> his views on this unusual proposal.

　　주어가 to-부정사구일 때, 가주어 it를 사용해서, to-부정사구를 뒤로 돌릴 수 있다.

To see animals being cruelly treated makes her furious.
<u>It</u> makes her furious <u>to see animals being cruelly treated</u>.

　　직접목적어가 명사나 대명사가 아닌, to-부정사구, 동명사구, 종속 의문절, 또는 that이
유도하는 절이 사용될 경우는, 가목적어 it를 사용해서 형용사가 바로 그 뒤에 온다.

He made his objection clear.
He made <u>it</u> clear <u>that</u> he objected to the proposal.
You have not made <u>it</u> clear <u>whether</u> financial help will be forthcoming.

The blister on my heel made <u>it</u> painful <u>to walk</u>.
Do you find <u>it</u> pleasant <u>to live in a small village</u>?
Jane found <u>it</u> dull <u>working at the kitchen sink all day</u>.

10/11에서 동사 shout, sleep는 재귀대명사를 목적어로 택하고 있다.
10은 They shout until they were hoarse.
11은 They became sober during sleep.의 뜻이다.

18의 의미는 다음과 같은 어구를 더하면 분명해 진다: when they came down to breakfast.
즉, "They found the birdcage empty when they came down to breakfast.(아침을 먹으려
내려왔을 때, 새장은 비어 있었다)"

18을 "They found the empty birdcage.(아무 것도 없는 새장을 발견했다)"와 비교해 보라. 22의 동사 leave는 "unsaid"와 같이, un-이 붙은 동사의 과거분사와 함께, 이 동사문형에서 사용된다. 22처럼 "Some things are better left unsaid."라는 수동형 문장으로 나타내는 것이 보통이다.

(VP 22) 문형에서처럼 형용사가 언제나 문장 끝에 오는 것은 아니다. 예컨대, "make good one's escape(도망에 성공하다 = succeed in one's attempt to escape)", 또 "make good a claim(주장, 요구를 관찰하다 = be successful in one's claim)", 등의 make good은 형용사 good이 동사와 목적어 중간에 놓인다. 이와 같은 관용구는 사전에 나와 있다.

(VP 22) 유형에 쓰이는 동사들은 다음과 같다.

beat	cut	dye	fill	find	get
hammer	hold	keep	like	leave	lick
paint	render	set	sleep	turn	wash
wipe	wish				

bake (eg. bake it hard)   burn (eg. burn it black)
drive (eg. drive someone mad)   eat (eg. eat oneself sick)
hold (=consider)   lay (eg. lay the country waste)

Verb Pattern 23

 74 | Onions 5-19 | 목적어 명사보어 12 (VP 23A)

85: 이 동사 유형에서는, 동사 뒤에 명사/대명사가 직접목적어로 오고, 다시 명사/대명사가 목적보어 (VP 23A)로, 또는 주격보어로 (VP 23B)가 온다. (VP 23B)의 경우는 동사 바로 뒤에 오는 명사나 대명사는 목적어가 아니라, 부사구 (for + 명사, 또는 to + 명사로 된)로 해석된다. 우선 주격보어가 아닌, 목적격보어로 나타나는 동사 유형부터 보기로 한다.

예문표 74   Hornby(1975: 74)

	Subject + vt +	noun/pronoun + (DO)	noun(phrase) (object complement)
1.	They made/declared elected/appointed	Newton	President of the Royal Society.
2.	Do you want to make	acting	your career?
3.	She's made	the job	a success.
4.	I make	the total	sixty.
5.	It's Andrew who made	the group	what it was.
6.	He seduced the girl but later made	the girl	his wife.
7.	They wanted to crown	Caesar	King.
8.	They named	the baby	Richard but usually call him Dick.
9.	The team have voted	me	their new captain.
10.	She has dyed	her hair	a beautiful shade of green.
11.	The invaders found and left	the place it	a prosperous village a scene of desolation.

1. 그들은 Newton을 영국 학술원 회장으로 선언했다/선출했다/임명했다.
2. 너는 배우노릇을 평생 직업으로 하고 싶은가?
3. 그녀는 그 일을 성공시켰다.
4. 나의 계산으로는 총계가 60이다.
5. 그 그룹을 그렇게 만든 것은 바로 Andrew이다.
6. 그는 그 소녀를 유혹해서 후에 그녀를 그의 부인으로 만들었다.
7. 그들은 Caesar를 왕위에 앉히기를 원했다.
8. 그들은 그 아기를 Richard로 이름을 지었으나 평소에는 Dick라 부른다.
9. 그 팀은 나를 그들의 새 주장으로 선출했다.
10. 그녀는 그녀의 머리를 아름다운 녹색의 색조로 염색했다.
11. 침범자들이 왔을 때에는 그 곳이 번창한 마을이었으나, 떠날 때에는 황폐한 모습으로
　　남겨두었다.

해설: 위 1의 elect, declare 등의 동사 다음에 목적보어의 명사가, 예컨대, president,
　　chairman처럼 하나뿐인 직책을 말하는 경우, 그 앞에 정관사를 생략한다.

　　직접목적어가 명사나 대명사가 아니고, to-부정사구나 that이 유도하는 절이면, 가목적어
it를 사용한다.

　a. They have made it an offence to drive a motor vehicle with more
　　 than a certain percentage of alcohol in the blood.
　　 (혈액 중에 일정비율 이상의 알코올 성분을 가지고 운전하는 것을 위법으로 했다)
　b. They have made it a condition that only the best materials shall be used.
　　 (최고의 재료만 사용한다는 것을 조건으로 했다)

수동문으로 바꾼 예:

1. Newton was made President of the Royal Society.
8. The baby was named Richard but is usually called Dick.

　　어떤 동사는 (VP 23A)에도 (VP 25)에도 사용된다. 차이는 to be를 생략하는가, 않는가에
달려있다.

He declared himself (to be) the leader of the organization.
You consider yourself (to be) a genius, don't you?

(VP 23A)에서는 to be를 생략하나, (VP 25)에서는 생략할 수도 있고, 생략하지 않을 수도 있다.

 75 | Onions 5-20 | 5형식의 주격 명사보어 13 (VP 23B)

86: 문의 5형식에서의 "유일한 주격 명사보어"

예문표 75　　　　　　　　　　　　　　　　　　　　　　　　　Hornby(1975: 74)

Subject + vt +	noun/pronoun +	noun (phrase) = (subject complement)
1. This wool should make	me	a good thick sweater.
2. Jill has made	Jack	an excellent wife.

예문표 75의 해석

1. 이 양털은 "**나에게(for me)**" 좋은 두꺼운 sweater를 만들어줄 것이다.
2. Jill은 "<u>Jack에게(for Jack)</u>" 훌륭한 부인이 되었다.

해설: 위 1/2는 다음과 같이 다른 말로 표현할 수 있다.

1. This wool should make a good thick sweater <u>for me</u>.
2. Jill has been an excellent wife <u>for Jack</u>.

76 Onions 5-21 　　　　형용사보어 (과거분사) 2 (VP 24A)

87: 이 유형에서는 동사 뒤에 명사/대명사가 오고, 그 뒤에 과거분사가 온다. 이 유형에서는 have가 다음 (Onions 5-22)의 have와 그 의미가 다르기 때문에, 별도로 다루기 위해서, (VP 24 A, B, C)로 세분화 된다.

예문표 76　　　　　　　　　　　　　　　　　　　　　　　　　Hornby(1975: 75)

Subject + vt +	noun/pronoun + (DO)	past participle (phrase)
1. Have you ever heard	a pop song	sung in Japanese?
2. Have you ever seen	the mountain	covered in snow?
3. You must make	yourself	respected.
4. He couldn't make	himself	heard.
5. You should make	your views	known.
6. We found	the house	deserted.
7. They found	themselves	stranded at the airport.
8. We want	the work	finished by Saturday.
9. I'll see	you	dammed first.

해설:

위 (VP 24A)의 (Onions 5-21)은 목적어 다음에 동사의 과거분사가 나타나는데, 이 과거분사는 모두 앞의 명사를 수식하는 형용사이기 때문에, 목적어의 "형용사보어"가 된다.

5-21　　예문표 76의 해석

1. 일본어로 불러지는 대중음악을 들은 적이 있니?
2. 눈으로 덮인 그 산을 본적이 있니?
3. 당신은 자신을 존경받도록 해야 한다./존경받는 당신자신을 만들어야 한다.
4. 그는 자신의 목소리를 들리도록 만들 수 없었다./
   자신의 목소리를 들리게 하는 그 자신을 만들 수 없었다.
5. 당신은 당신의 견해를 알리도록 해야 한다. ⇒ 자신의 견해를 타인들이 알도록 해야 한다.
6. 우리는 버려져있는 그 집을 발견하게 되었다.
7. 그들은 공항에서 <u>좌초된 그들 자신을</u> 발견했다.
8. 우리는 토요일까지 끝낸 그 일을 원합니다./
   우리는 그 일을 토요일까지 끝내기를 원합니다.
9. 네가 먼저 지옥에 가는 것을 나는 볼 것이다.

Onions 5-22 목적어 형용사보어 (과거분사) 3 (VP 24B)

88: 동사 have가 이 유형에 사용되면, 아래 예문표 77의 1-9에서처럼, 주어가 받는 "경험, 고통, 손해"를 나타낸다. 또 10/11에서처럼, "준비, 소유"를 나타내기도 한다.

예문표 77   Hornby(1975: 75)

Subject + vt +	noun/pronoun + (DO)	past participle (phrase)
1. She's had	her handbag	stolen.
2. King Charles I had	his head	cut off.
3. The pilot had	his plane	hijacked.
4. The soldier had	his left leg	amputated.
5. I've recently had	my appendix	removed.
6. I've not yet had	a street	named after me.
7. Last week we had	all our windows	broken by hooligans.
8. This week we've had	the house	broken into by thieves.
9. She's having	her eyes	tested.
10. We have	your medicine	prepared now.
11. I've	no money	left.

5-22 예문표 77의 해석

1. 그녀는 핸드백을 도둑맞았다.
2. Charles I세의 왕은 목이 잘렸다.
3. 그 조종사는 그의 비행기를 공중에서 납치당했다.
4. 그 군인은 그의 왼쪽 다리를 (수술에서) 절단했다.
5. 나는 나의 맹장을 최근에 제거했다.
6. 나는 아직 내 이름이 붙여진 거리는 없다.
7. 지난주에 우리 집의 모든 창문이 깡패들에 의해서 깨져버렸다.
8. 이번 주에 우리 집에 도둑이 들어왔다.
9. 그녀는 그녀의 눈을 검사받고 있다.
10. 우리는 지금 당신의 약을 준비했습니다.
11. 나는 돈이 한 푼도 남아있지 않다. ⇒ 없다.

해설: 위 예문에 나타난 have 동사와 be 동사 간에, 다음 예와 같이, 의미상의 연관이 있음을 보여주고 있다.
  She has blue eyes. = Her eyes are blue. (위의 예문에 제시되지 않은 예)
  9는 Her eyes are being tested.로 말할 수 있다.
  10은 Your medicine is prepared now. = We have prepared your medicine now.
  11은 There's no money left. = I don't have any money left.

78 Onions 5-23   목적어 형용사보어 (과거분사) 4 (VP 24C)

89: 동사 have, get은 (VP 24C) 유형에 사용되며, 사역의 뜻을 나타내고, 수동의 의미를 나타낸다.

예문표 78   Hornby(1975: 76)

Subject + have/get	+ noun/pronoun (DO)	+ past participle/to-infinitive/gerund (phrase)
1. I must have/get	my hair	cut.
2. Let's have/get	our photograph	taken.
3. I'll just get	myself	tidied up.
4. Why don't we have/get	the house	painted?
5. You'll have to get	the tooth	filled.
6. I'll have/get	the matter	seen to.
7. Can we have/get	the program	changed?
8. I got	him	to prepare for our journey.
9. My parents got	my dream	to come true.
10. Don't get	him	talking about his illness.
11. Once we got	the heater	going, the car started to warm up.

5-23 예문표 78의 해석

1. 나는 나의 머리를 깎아달라고 해야겠다.
2. 사진을 찍자. <== 사진을 (다른 사람에 의해) 찍히도록 하자.
3. 나는 (나 자신의) 몸단장을 좀 해야겠다.
4. 집에 페인트칠을 하면 어떨까?
5. 너는 그 충치를 치료해 채워 넣어야 한다. (요사이 치과에서는 흔히 "보충" 치료라 부른다)
6. 나는 그 문제를 어떻게 처리하도록 할 것입니다.
7. 우리는 그 프로그램을 변경시킬 수 있습니까?
8. 나는 그로 하여금 나의 여행 준비를 하도록 부탁했다.
9. 나의 부모님들은 나의 꿈이 이루어지도록 모든 노력을 다했다.
10. 그에게 그의 병에 대해서 이야기 하지 않도록 하십시오.
11. 일단 우리가 히터를 작동시키면, 차는 따뜻하게 될 것입니다.

해설 get은 사역의 의미를 지니고 있는데, 목적어 다음에 to-부정사를 선택할 수도 있다. 목적어는 사람이거나, 사물일 수도 있다. 이때, 부탁/설득/권유의 의미나, 어려움이 있었음을 나타낸다. 다음 예를 보자:

a. I got him to carry my bag.   (나는 그에게 나의 가방을 들게 했다: 부탁해서)
b. My parents got my dream to come true. (나의 부모님들은 나의 꿈이 실현되도록
                                          했다: 권유와 설득과 힘든 노력으로)
c. I can't *get* that child to do to bed. (나는 그 아이에게 침대를 정리하게 시킬 수
                                          없다: 시켜도 말을 듣지 않는다)
d. See if you can get the car to start. (네가 그 차의 시동을 걸 수 있는지 한번 시험
                                          해 보라: 시동을 걸기가 힘들다)
위 10/11번은 Michael Swan(2005: 200) 224의 1번의 예를 인용한 것임.

해석: 3. tidy up 몸단장을 하다
       6. see to 처리하다

Verb Pattern 25

79 | Onions 5-24 | 목적어 형용사/명사보어 (VP 25)
(명사보어 14/형용사보어 5)

90: 이 동사 유형에 사용되는 대부분의 동사는 "<u>의견, 판단, 신념, 추측, 선언</u>" 또는 "<u>지적</u> <u>지각(mental perception)</u>"을 나타낸다. 이 유형의 동사 뒤에는 "명사/대명사(직접목 적어/또는 간접목적어) + to be + 형용사/명사"가 따른다. 아래 예문표에서처럼 이 to be는 생략되는 경우가 있다.

이 유형은 격식을 차린 문체로 특별한 것인데, 구어체보다는 문어체로 사용되는 것이 일 반적이다. 구어체에서는 that이 유도하는 절(VP 9)을 사용하는 것을 더 선호한다. 아래에 두 가지 예문이 제시되었다: 두 번째의 예문표 80은 목적어 자리에 가목적어 it를 사용하고, 진목적어 자리에 명사/대명사가 아닌, 긴 어구가 사용되는 유형의 예가 나타난다. 즉, 가목 적어 it를 사용하고, 진목적어는 that-절, to-부정사구, 전치사구 이하가 된다. 먼저 가목적 어를 사용하지 않은 (VP 25)의 첫째 유형부터 보기로 하자.

예문표 79   Hornby(1975: 76-77)

	Subject + vt +	noun/pronoun + (DO)	(to be) adjective/noun (phrase)
1.	Most people considered	him	(to be) innocent.
2.	They all felt	the plan	to be unwise.
3.	We believe	it	to have been a mistake.
4.	Everyone reported	him	to be the best man for the job.
5.	I should guess	her	to be about fifty.
6.	He declared	himself (to be)	the leader of the organization.
7.	All the neighbors supposed	her	to be a widow.
8.	I considered	what he said	(to be) unimportant.
9.	I know	this	to be a fact.
10.	I have always found	Jonathan	friendly/a good friend.
11.	They knew	the man	to have been a spy.
12.	The weather bulletin reports	the roads	(to be) clear of snow.
13.	In Britain we presume	a man	(to be) innocent until he is proved guilty.

5-24 | 예문표 79의 해석

1. 대부분의 사람들은 그가 무죄라고 여기고 있습니다.
2. 그들은 모두 그 계획이 현명치 못하다고 느꼈다.
3. 우리는 그것이 잘못이었다고 믿는다.
4. 모든 사람들은 그가 그 일에 적격자라고 보고했다.
5. 나는 그녀가 50세쯤 되었다고 생각한다.
6. 그는 스스로 그 조직의 지도자로 선언했다.
7. 모든 이웃 사람들은 그녀가 과부라고 생각했다.
8. 나는 그가 말한 것은 중요하지 않다고 생각한다.
9. 나는 이것을 사실로 알고 있다.
10. 나는 Jonathan을 친한 친구/좋은 친구로 알고 있다.
11. 그들은 그 남자를 스파이였었다는 것을 알고 있었다.

12. 일기예보는 도로의 눈이 깨끗이 치워졌다고 보도했다.
13. 영국에서는 사람이 유죄로 입증될 때까지는 죄가 없는 것으로 생각한다.

해설: (VP 9)로 바꾼 예:
1. Most people considered (that) he was innocent.
7. All the neighbor supposed (that) she was a widow.

수동형으로 바꾼 예문:

2. The plan was felt to be unwise.
13. In Britain a man is presumed (to be) innocent until he is proved guilty.

직접목적어를 절(clause)로 표현하면 다음과 같이 된다:

The custom, which I think barbarous, ⋯ (내가 야만적이라고 생각하는 이 관습은, ⋯)

The accused man, whom I considered (to be) innocent ⋯
    (나는 무죄라고 보았던 그 피고는 ⋯)

The visitor, who(m) I guessed to be about thirty ⋯
    (30세 정도로 보이는 그 방문객은 ⋯)

She is not so young as I supposed her to be.
    (그녀는 내가 생각했던 것만큼 젊지 않다)

 80 | Onions 5-25 | 가목적어보어 (형용사/명사) (VP 25의 변형)
(명사보어 14/형용사보어 6)

91: 직접목적어가 명사나 대명사가 아니고, that이 유도하는 절, to-부정사구, 동명사, 또는 "for/of + 명사/대명사 + to-부정사"일 때에는 직접목적어 자리에 가목적어 it를 둔다.

예문표 80   Hornby(1975: 80)

	Subject + vt +	it adjective + /noun	clause/phrase, etc.
1.	Do you think	it odd	that I should live alone?
2.	Do you think	it odd	for/of me to live alone?
3.	People no longer consider	it strange	for men to let their hair grow long.
4.	Everyone thought	it very foolish	of you to climb the mountain without a guide.
5.	I think	it a scandal	that there's so much racial prejudice still about.
6.	Don't you consider	it wrong	to cheat in examinations?
7.	One day they may think	it right	to thank us for all we've done.

| 5-25 | 예문표 80의 해석

1. 너는 내가 혼자 사는 것이 이상하다고 생각하나?
2. 너는 내가 혼자 사는 것이 이상하다고 생각하니?

(2번은 1번과 의미는 동일하나, "for me/of me"라는 의미상의 주어가 나타나는 것이 1번과 다를 뿐이다.)

3. 사람들은 남자들이 그들의 머리를 길게 기르는 것을 이제는 이상하게 여기지 않는다.
4. 모든 사람들은 네가 안내원 없이 등산을 하는 것을 바보스럽게 생각했다.
5. 아직도 그렇게 인종적 편견이 있다는 것은 수치스러운 일이라 생각된다.
6. 시험에서 부정행위를 하는 것을 나쁘다고 생각하지 않나?
7. 어느 날 세상 사람들이 우리 모두가 한 일에 대해서 감사하다고 생각하는 것이 옳다고 생각하게 될지도 모른다.

5형식 문형과 전체 문형의 총정리

지금까지 문의 5형식의 분석에서 다음과 같은 분석결과가 나타났다.

전체 25개 유형 중에서,

1. 목적어 부사보어: 6
2. 목적어 명사보어: 14
3. 주격명사보어: 1
4. 목적어 형용사보어: 4   계: 25

5. 목적어 명사/형용사
   공용보어: (2) = 위 형용사보어 4에, 명사와 공용 형용사보어를 추가하면, 형용사보어는 전체 6개임.

지금까지 논의된 내용을 요약하면, 문의 5형식에서도 목적어보어로, "부사보어"가 나타났다. 그러나 종전의 Onions의 5형식에서는 "목적어 부사보어"가 전혀 제시되지 않았다. "목적어 부사보어"는 한 가지 유형만 존재하는 것이 아니라, 5형식에서는 Onions 5-1, 5-2, 5-3, 5-4, 5-5, 5-6까지 모두 6개의 부사보어 유형이 있는데, 이중에서 5-1, 5-5, 5-5는 일반 타동사가 나타나면서 보여준 부사보어 구조이다. 그러나 5-2. 5-3, 5-4는 "부사적 불변화사(adverbial particles)"에서 나타난 예들이다.

앞 (Onions 5-5)에서 이미 설명이 되었지만, 왜 이 유형이 부사보어인지 다시 설명한다. (Onions 5-5)의 다음 예 a를 보면, to-부정사 to see me의 의미상의 주어는 his brother 이다. 따라서 해석은 "그는 그의 동생이 나를 만나도록 대려 왔다."이다. 그러므로 "목적어 부사보어"이다.

a. (Onions 5-5) 예문표 60의 1번: He brought his brother <u>to see me</u>.
b. (Onions 5-6) 예문표 61의 1번: They've hired a fool <u>as our football coach</u>.

위 b의 (Onions 5-6)의 경우도 "a fool as our football coach"에서, 바보를 채용했는데, 바보를 어떤 직위에 채용한 것인가를 보충 설명해야 하기 때문에, as our football coach는 목적어 a fool의 "부사보어"이다.

만일 이들을 동사를 수식하는 "부사수식어"로 본다면 이 유형들은 3형식 문장이 되어야 한다. 그러나 Hornby는 이 문장들을 5형식 문장에 포함시키고 있는 이상, 이 유형들은 목적보어로 "부사보어"를 갖는 유형임에 틀림없다. 따라서 이들을 영어문법에 당연히 추가시키고, 이 이론을 인정해야 한다고 주장한다. 그리고 종전의 문의 5형식에서는 목적격보어만 있다고 기술했으나, 앞 (Onions 5-20)과 같이, 5형식에서도 "주격 명사보어"가 존재한다는 것도 포함시켜야 할 것이다.

Onions의 문의 5형식이 Hornby의 25개 형식으로 확장되어 완벽하다고 할 수 있다. 6개의 부사보어 구조를 제외하고, 명사보문 구조가 14개, 형용사 보문 구조가 4개, 그리고 형용사/명사 공용 보문구조가 2개, 5형식에서 주격 명사보어 유형이 1개, 전체 25개의 문 유형으로 확인되었다. 형용사 보문구조와, 형용사/명사 공용보문 구조는, 그 전의 문의 5형식과 동일함을 확인할 수 있으나, 명사보문 구조는 14개라는 Hornby의 분석이 더욱 구체적임을 알 수 있다.

그러나 앞 본론 (17)에서 언급한 것 같이, Hornby의 전체 80개 유형을 요약하면, Onions의 문의 5형식으로 압축할 수 있다. 따라서 이점에 있어서는 Onions의 5형식 이론의 타당성을 인정한다. 그렇지만 현재의 5형식은 그 내용으로 보면, 각 형식마다 몇 개의 동사 유형이 있는지 확실한 유형의 수가 없었고, 또 앞에서 본 것같이 잘못된 것도 있었다.

앞 목차에서 제시된 것 같이 문의 5형식에 따라서 Hornby(1975)의 25형식 80개 문형을 Onions의 5형식으로 재분류하면 다음과 같이 제시된다.

문의 1형식   4개
문의 2형식   32개
문의 3형식   10개
문의 4형식   9개
문의 5형식   25개

전체   80개 문형

이제 동사 유형에 이어서, 다음 제2부에 제시된 7개의 형용사 유형을 보기로 하자.

제2부 새로운 형용사 유형(Adjective Patterns):

81 에서부터 **87** 까지

아래에서 7가지 형용사 유형의 대표적인 문장을 제시한다.

1. AP 1A (형용사 + to-부정사)　　(It is easy to deceive John.)
2. AP 1B (형용사 + to-부정사)　　(Mary is eager to please.)
3. AP 1C (형용사 + to-부정사)　　(It's wrong of Jim to leave.)
4. AP 1D (형용사 + to-부정사)　　(The weather is likely to be fine.)
5. AP 1E (형용사 + to-부정사)　　(John was the first to arrive.)

6. AP 2　　(형용사 + 전치사 + 명사/대명사)　　(She was afraid of the dog.)
7. AP 3　　(형용사 + (전치사) + 절)　　(I'm sure that he'll come soon.)

　　그런데 위 (AP 1-5)의 유형에서 사용되는 형용사는 "to-부정사"가 바로 뒤에 나타난다. "It + be +형용사 + to-부정사"의 구조에서, 형용사가 변화됨에 따라, 5가지 유형으로 분류될 수 있다: 즉, (AP1 A, B, C, D, E) 유형으로 변형된다.

81 형용사 유형 (AP 1A)

　　먼저 다음 ① a와 같은 (AP 1A) 유형에서, 동사의 목적어가 가주어 It의 위치로 이동하게 하는 대표적인 형용사는 easy, difficult, hard(= difficult), safe, dangerous 등 5개의 형용사들이 있고, 또 ① b와 같은 전치사의 목적어가 가주어 It의 위치로 이동하게 하는 형용사는 painful, pleasant, (im)possible, exciting, thrilling 등의 형용사들이 있다.

①. Chomsky(1957)

① a. <u>John</u> is easy to deceive.
　　b. <u>To listen to the story of her sufferings</u> was painful to listen to.

위 ① a의 문장은, 다음 (1)과 같은 기저구조에서, 아래 (2), (3)과 같은 변형에 의해, 형성된 문장이다. 이것이 Chomsky(1957)의 변형이론이다.

(1) <u>It</u> is easy <u>to deceive John</u>.　　기저구조: John을 속이는 것이 쉽다.

(2) <u>To deceive John</u> is easy.　　① 진주어 "to deceive John"이 It의 위치로 이동.

(3) <u>John</u> is easy to deceive.　　② 동사 deceive의 목적어 "John만" 가주어 It의 위치로 이동.

(1) <u>It</u> was difficult <u>to find the house</u>.　　기저구조: 그 집을 찾는 것이 어렵다.

(2) <u>To find the house</u> was difficult.　　① 진주어 "to find the house"가 It의 위치로 이동.

(3) <u>The house</u> was difficult to find.　　② find의 목적어 "the house"가 가주어 It의 위치로 이동.

그 다음 위 ① b의 예는 Hornby(1975)에서 제시된 것인데, ① a의 예와 동일한 역할을 한다고 했다. 그런데, ① b의 예는 동사의 목적어가 아닌, 전치사의 목적어가 가주어 It의 위치로 이동하는 점이 다르지만, ① a, b, 두 가지 문장이 모두 "It---to-infinitive" 구조를 갖는 점은 동일하다. 그래서 Hornby(1975)는 이 두 가지 유형을 형용사 유형 (AP 1A)로 묶어서 설명한다.

(1) It was painful to listen to the story of her sufferings. 기저구조
   (그녀의 고생스러운 이야기를 듣는 것은 괴로웠다)

(2) To listen to the story of her sufferings was painful to listen to.
                                  진주어 to-부정사 이하가 가주어 It로 이동

(2)' Listening to the story of her sufferings was painful to listen to.

       (2)'는 위 (2)의 to-부정사 "To listen"을 동명사 "Listening"으로 대체시킨 문장인데, Hornby는 의미의 변화가 없기 때문에 (2)와 (2)'는 동일하다고 했다.

(3) The story of her sufferings was painful to listen to.
                         전치사의 목적어만 가주어 It로 이동

위의 세 가지 예문의 마지막 (3)의 구조에서 "It + be + (AP 1A)의 형용사 + to-부정사"의 외형적인 주어, (John, The house, the story of her sufferings)는 사실은 to-부정사의 목적어, 또는 전치사의 목적어이다. 그러나 이들이 외형적으로는 주어의 위치를 차지하고 있다. 이와 같은 특수한 형용사 구조가 존재하기 때문에, 이 구조를 학생들에게 반드시 가르쳐야 한다.

위 (AP 1A)의 구조변화를 요약하면, 가주어 It가 나타나는 위치에,

① 진주어인 "to-부정사(구)"가 이동하거나,
② 동사의 목적어나, 전치사의 목적어가 가주어 It의 위치로 이동한다.

이때 가주어 It로 이동한 것은, 동사나 전치사의 목적어이기 때문에, "반드시 목적어로 해석해야 한다." 이런 이유 때문에 이 문장을 해석할 때, 주의해야 한다.

위 세 가지 문장의 주어, John, the house 및 The story of her sufferings, 등은 문장의 주어의 위치에 나타나지만, 주어가 아니라, 목적어이기 때문이다. 이와 같은 문제 때문에, Noam Chomsky(1957)의 변형생성문법이 출현하게 된 것이고, 그의 분석 결과를 당연히 받아들여서, 그 내용을 학생들에게 가르쳐야 한다.

그런데, Chomsky(1975)의 분석 내용은 이 책의 부록 제3장에 제시되어 있다. 그 내용은 나뭇가지 그림(Tree Diagrams)으로 되어 있기 때문에, 언어학을 전공하지 않는 학생들은 이해하기 어렵다고 본다. 그래서 동일한 내용을, 학교 영문법으로 제시한 Hornby(1975)의 분석 내용을 여기서 제시하고자 한다. 위에서 언급된 (AP 1A)의 형용사 유형이 바로 Hornby의 이론이다.

이제 Hornby(1975)의 형용사 유형 (AP 1A)를 보기로 하자.

② (1). 위 ① a 유형에 필요한 (AP 1A) 형용사는 easy, difficult, hard(= difficult), safe, dangerous 등의 형용사들이 있고,

   (2). 위 ① b 유형에 필요한 (AP 1A) 형용사는 painful, pleasant, (im)possible, exciting, thrilling 등의 형용사들이 있다.

   (3). (AP 1A)의 "기저구조"는 "It + be + (AP 1A) + to-infinitive" 유형으로 나타나고, 이때 to-부정사 구조는 이 문장의 "진주어"이다.

③ 형용사 유형 (AP 1A)의 영어문법 (Hornby. 1975: 139-148)

(1) a. It is **easy** to deceive John ①/him ②.
     b. It is difficult to find the house.

(2) 앞에서 제시한 바와 같이 위 두 문장에 다음과 같은 두 가지 변형을 적용시킬 수 있다.

   a. 진주어인 To-부정사(구)를 가주어 It의 자리로 이동시켜, 주어로 변형시킬 수 있다.

   b. 또 동사의 목적어가 John이나, the house 같은 일반명사는 가주어 It의 위치로 이동시켜서, 주어처럼 나타날 수도 있다. 이때 주어는 목적어의 의미로 해석한다.

   c. 그러나 위 (1) a에서 동사의 목적어가 고유명사나 일반명사인 ①은 이동이 가능하나, ②의 "인칭대명사"일 때에는 이동하지 못한다. 왜냐하면, 예컨대, 목적어가 John 대신에, him이 나타나면, him 그대로 be 동사의 주어위치로 이동할 수는 없기 때문이다. 즉, He로 변형되어야 하기 때문이다. 따라서 위 (1) a의 문장에서 목적어가 "인칭대명사"인 경우는 이 (AP 1A)의 "이동 유형에서는" 제외되지만, 독립된 문장인 다음 (3) a, b의 경우는 정문이고, 주어 He는 목적격의 의미를 공유한다. 아래 (3)의 a, b의 분석을 다시 구체적으로 확인해 보자.

(3) 원어민들은 다음 (3) a나, b와 같이 해석한다. 사람에 따라 다소 다르지만, (3) a와 같은 해석이나, b와 같은 의미로 해석된다. 원어민들에게 직접 물어보라.

   a. He is **easy** to deceive.   (그는 속이기가 쉽다) ⇒ 주격 해석
   b. He (그를) is easy to deceive.   (그를 속이기가 쉽다) ⇒ 목적격 해석

그래서 이 Hornby(1975)의 분석 결과는, 학교문법, 즉, 전통적인 문법으로 제시되었기 때문에, 그것을 여기에 제시한다. 이것을 우리의 현대 영어문법에서 활용하기만하면 된다. 또 위③ (1)-(2)와 (3) a, b 내용이 "형용사 유형 (AP 1A)"의 "영어문법"이다.

앞 Chomsky(1957)의 "변형생성 문법이론"은, 반-세기 전에 이미 제시되어서, 전 세계의 영어문법학자들이 다 알고 있는 문법이론인데, 이것을 우리의 "학교 영문법 이론"에 반영시키지 못한 것은, 크게 잘못된 일이라고 본다.

②. Hornby(1975)의 전치사의 목적어 이동에 대한 구체적 분석

위에서 Chomsky(1957)에 이어, Hornby(1975: 140-141)의 제안을 이미 보았지만, 좀 더 구체적으로 살펴보자.

① Hornby(1975)는 위에서, 동사의 목적어뿐만 아니라, 전치사의 목적어도 가주어 it의 자리로 이동한다고 했다. 전치사의 목적어가 가주어 It의 자리로 이동하는 것은, 원래 형용사 유형 (AP 1A)의 형용사들과는 전혀 관련이 없지만, 두 구조의 동질성을 인정해서 전치사의 목적어가 가주어 It로 이동하게 하는 형용사인 painful, pleasant, (im)possible, exciting, thrilling 등을 추가시켰다. 이것은 Hornby의 새로운 발견이요, 또 하나의 특별하고, 중요한 제안이다.

② 다음 (1) a의 내용을 보자.

(1) a. It was painful to listen to the story of her sufferings. (기저구조)

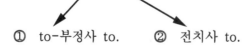

     ① to-부정사 to.   ② 전치사 to.

위 (1) a의 기저문장에는 2개의 to가 나타나는데, 첫 번째 ①의 to는 "to-infinitive(to-부정사)의 to이고, 두 번째 ②의 to는 전치사 to이다. 그런데 이 구조에서 ①의 to-부정사구가 가주어 It의 위치로 이동하면, 아래 (1) b의, To listen to the story of her sufferings was painful.로 나타난다. 이 to-부정사구를 동명사로 대체시키면, (1) c의 Listening to the story of her sufferings was painful.이 된다. 즉, (1) b의 to-부정사 구조를 동명사로 변형시켜도 의미의 변화가 나타나지 않기 때문에 상관없다고 했다(Hornby 1975: 140). 전치사의 목적어 "the story of her sufferings"만 가주어 It의 위치로 이동하면, 다음 (1) d의 문장으로 변형된다. 이것은 앞 Hornby의 ③ (1), (2), (3)의 분석과 동일하다. 단지 아래 (1) c에서, to-부정사구조를 동명사로 대체시킨 점만 다를 뿐이다.

그런데 다음 (2) a에서는 전치사 with의 목적어가 인칭대명사 her로 나타났기 때문에, (2) b의 변형은 가능하나, (2) c의 변형은 허용되지 않는다. 그러나 아래 (1)의 유형 및 (2)의 연속된 구조에서 나타나는 변형이 아닌, 별도의 독립된 (3)의 문장은 전치사의 목적어가 주어의 위치에 나타나도 정문이다. 그러나 그 의미는 실재로 "그녀와 함께"라는 전치사의 목적어 의미를 포함하고 있다.

(1) b. To listen to the story of her sufferings was painful. to-부정사구가 It로 이동.
(1) c. Listening to the story of her sufferings was painful. to-부정사를 동명사로 대체.
(1) d. The story of her sufferings was painful to listen to. 전치사의 목적어가 It로 이동.

(2) a. It has always been easy to get along with her. (기저구조)
(2) b. To get along with her/Getting along with her has always been easy.
(2) c. She/*Her has always been easy to get along with.

(3) She has always been easy to get along with.

위 (2) b, c의 연속되는 변형의 문장에서 전치사의 목적어 her는 "인칭대명사"이므로, 이동하지 못한다. 이것은 앞 (Hornby)의 ③ (3) a, b 의 조건과 동일하기 때문에 전치사의 목적어 이동유형에서 제외되고, 주격 대명사로는 대체될 수 없다. 그러나 위 ③ (3) a, b와 같이, 독립된 문장에서는 정문으로 인정된다.

위 2. ①-②는 Hornby(1975: 140-141)의 새로운 제안이다. 이것은 Chomsky(1957)의 형용사 유형 (AP 1A)에 관련된 새롭고, 특별한 제안이다.

마지막으로, 앞 (AP 1A)의 형용사가 나타나는 문장에서, 목적어가 주어 위치에 나타나는 현상을 Chomsky(1957)의 앞 [1] ①, (1)-(3)의 "변형문법적 이론"으로 잘 설명할 수 있다. 그리고 이와 못지않게, 위 [2] ①-②에서, 전치사의 목적어가 주어의 위치에 나타나는 현상은, Hornby(1975)의 이론으로 설명하는 것도, 앞 Chomsky(1957)의 [1] ①의 (1)-(3)과 마찬가지로, 문법적 설명에 지대한 공헌을 했다고 평가한다.

> 위 [2] ①-②는, 전치사의 목적어가, 가주어의 위치로 이동한 결과인데, Hornby(1975: 140-141)는 이것을 형용사 유형 (AP 1A)와 관련시켜, 새롭게 제시한 것이다. 따라서 위 [2] ①-②는 "전치사의 목적어가 주어의 위치로 이동하는 영어문법이다."

③ 진주어 해석의 문제

이 (AP 1A) 유형의 문장은, 목적어가 맨 앞 주어위치에 나타나지만, 기저구조가 It--to-infinitive 구조이므로, "진주어 부분인 to-부정사까지"를 주어로 해석하는 것이 자연스럽다. 왜냐하면, "기저구조가" 가주어 It와 진주어인 "to-부정사 구조"로 연결되어있기 때문이다. 다음 예문 (1), (2)의 해석을 보자.

(1) John is <u>easy</u> to deceive. (<u>John을 속이는 것은</u> 쉽다)
(가주어 It의 위치로 이동한 John을 목적어로 해석하나, to deceive까지를 포함시켜서 주어로 해석하는 것이 자연스럽다.)

(2) The story of her sufferings was <u>painful</u> to listen <u>to</u>.
(<u>그녀의 고생한 이야기"를"</u> 듣는 것은 괴로웠다)

(가주어 It의 위치로 이동한 전치사의 목적어는 목적어로 해석하나, to listen to의 to-부정사까지를 주어로 해석하는 점은 위 (a)와 동일하다)

그래서 위 (2)에서 "그녀의 고생스러운 이야기를 듣는 것은" 까지를 주어로 해석하는 것이 더욱 자연스럽다. 다음 (3)의 예문도 마찬가지로 "to-부정사"까지를 동시에 주어로 해석하는 것이 좋다고 본다. 문구조의 성격상 전치사의 목적어와 to-부정사가 결합되어 있기 때문이다.

(3) This room is <u>pleasant</u> to work <u>in</u>.
(<u>이 방은 (안에서) 일하기가 (것이)</u> 쾌적하다)   (주어로 해석)

④ 마지막으로, 앞 ① ③, (2) c의 변형과정과, 위 ②, (2), c의 변형과정에 대해서 언급한 한 가지 문제점이 있다. 이 두 가지 변형과정에서, "목적격 인칭대명사"는 그 자리에서 주격 인칭대명사로 변형된 후에, 주어 위치로 이동할 수 없다고 했다. 그 이론은 변형과정 상으로 보면, 타당한 것이다.

(1) 그러나 위 두 가지 유형의 문장과는, "처음부터 독립된" 동사의 목적어나, 전치사의 목적어인 주격 인칭대명사가, 주어 위치에 나타나면 어떻게 되는 것일까? 이 경우에는 두 가지 유형의 문장이, 모두 정문이다. 그러나 주어 위치에 있는 주격대명사의 해석이 모두 <u>"목적격 대명사의 의미가 가미되어 해석된다는 가정 하에,"</u> 두 가지 유형이 모두 정문으로 된다. 다음 예를 보자.

(2) a. <u>He</u> is easy to deceive. ⇒   원어민들에 의하면, He의 의미가 목적격 him의
(<u>"그를"</u> 속이는 것이 쉽다)   해석을 가미한 상태로 정문으로 인정된다고 했다.

b. <u>She</u> has always been easy to get along <u>with</u>. ⇒
(<u>"그녀와"</u>/"그녀와 함께") 사귀는 것은 항상 쉬웠다)

위 (2) a의 He 및 (2) b의 She의 의미는 목적격 her의 의미를 가미한 상태로, 즉, "그를"과 "그녀와 함께,"/"그녀와"라는 의미이므로 정문이 된다고 했다.

위 ④ (1)-(2)의 내용을 잘 이해하기 바랍니다.

⑤ 앞 (AP 1A)의 이론에 근거한 여러 가지 변형.

(1) 아래 1번의 문장에서, 전치사의 목적어 this room이 가주어 it의 자리로 이동하면, 아래 2번의 문장으로, to-부정사나 동명사 주어를 선택하면, 3번과 같은 문장으로 나타난다. 또 how를 사용해서 4번과 같은 감탄문, 5번과 같은 부정 의문문으로도 표현할 수 있다.

1. It is pleasant to work <u>in</u> this room.   (이 방 안에서 일하는 것은 쾌적하다)
2. This room is pleasant to work <u>in</u>.   (이 방은 (안에서) 일하기가 쾌적하다)
3. To work/Working <u>in</u> this room is pleasant.   (이 방에서 일 하는 <u>것은</u> 쾌적하다)
4. How pleasant it is to work in this room!
5. Isn't it pleasant to work in this room?

(2) 아래 1번의 문장에서, 전치사의 목적어를 가주어 It의 자리로 이동시키면, 2번의 문장이 나타나고, to-부정사나, 동명사를 주어로 하면, 3번의 문장이, 1번의 문장을 부정 의문문으로 변형하면, 4번의 문장이 생성된다.

1   It is pleasant <u>to talk</u> to <u>that girl</u>.
2. That girl is pleasant to talk <u>to</u>.   (그 소녀는 말을 <u>나누기가</u> 즐거운 사람이다)
2. To talk/Talking to that girl is pleasant.   (그 소녀에게 말을 거는 <u>것은</u> 즐겁다)
4. Isn't it pleasant to talk to that girl?

(3) 아래 1번의 문장에서 전치사 with의 목적어를 가주어 It의 위치로 이동시키면, 2번 문장이, to-부정사나, 동명사를 주어로 하면, 3번의 문장이, 1번의 문장을 감탄문으로 변형하면, 4번의 문장이 나타난다.

1. It's impossible to work <u>with</u> that man.
2. That man is impossible to work <u>with</u>.   (그 사람과 함께 일하기는 불가능하다)
3. To work/Working with that man is impossible.   (그 사람과 함께 일하는 <u>것은</u> 불가능하다)
4. How impossible it is to work with that man!

(4) 아래 1번의 문장에서 전치사 to의 목적어를 가주어로 It로 이동시키면, 2번 문장이, to-부정사나 동명사를 주어로 하면, 3번 문장이, 감탄문으로 변형시키면, 4번 문장으로 변형된다.

1. It was exciting/thrilling to listen <u>to</u> the story of his adventures.
2. The story of his adventures was exciting/thrilling to listen <u>to</u>.
3. To listen/Listening to the story of his adventures was exciting/thrilling.
4. How exciting/thrilling it was, to listen to the story of his adventures!

   위 (4)의 2는 (그의 모험의 이야기는 듣기가 즐거웠다), 3은 (그의 모험의 이야기를 듣는 것은, 즐거웠다)로, "모험의 이야기를"까지는 목적어로 해석하고, 이어서 "듣는 것은"까지, 주어로 해석하는 것이 더 자연스럽다고 했다.

   나머지 (5)-(8)의 예는 원래 (AP-1A)의 형용사들이다. 그러나 아래 (5)번의 dangerous는 (AP 1A)의 유형이지만, 그 동사구 내에 전치사 in이 나타나면, Hornby(1975: 140-141)에서 제시된 "전치사의 목적어"는, 가주어 It의 위치로 이동할 수 있다.

(5) 아래 1번의 문장에서 전치사 in의 목적어를 가주어 It의 위치로 이동시키면, 2번의 문장이, to-부정사나, 동명사를 주어로 나타내면, 3번의 문장이, 감탄문으로 변형시키면, 4번 문장이 나타난다.

1. It's dangerous to bathe <u>in</u> this river.
2. This river is dangerous to bathe <u>in</u>.   (이 강은 수영하기에 위험스럽다)
3. To bathe/Bathing in this river is dangerous.   (이 강에서 수영하는 것은 위험스럽다)
4. How dangerous it is to bathe in this river!

(6) 아래 1번의 문장에서 동사의 목적어인 some people을 주어로 하면, 2번의 문장이, to-부정사나, 동명사를 주어로 하면, 3번의 문장이, 1번 문장을, 부정 의문문으로 변형하면, 4번의 문장으로 나타난다.

1. It's hard to please some people.   (어떤 사람들은 기쁘게 하기가 어렵다)
2. Some people are hard to please.
3. To please/Pleasing some people is hard.
4. Isn't it hard to please some people?

(7) 아래 1번 문장에서 동사의 목적어를 가주어의 위치로 이동시키면, 2번 문장이, to-부정사나, 동명사를 주어로 하면 3번 문장이, 감탄문으로 변형시키면, 4번 문장이 나타난다.

1. It's difficult to heat these big rooms.   (이 큰 방들을 난방하기가 어렵다)
2. These big rooms are difficult to heat.
3. To heat/Heating these big rooms is difficult.
4. How difficult it is to heat these big rooms!

(8) 아래 1번의 문장에서, to-부정사나 동명사를 주어로 하면 2번 문장이, 1번의 문장을 감탄문으로 변형하면, 3번의 문장이 생성된다.

1. It has always been easy to get along <u>with</u> her. (그녀는 항상 사귀기 쉬운 사람이다)
2. To get along/Getting along with her has always been easy.
3. How easy it has always been to get along with her!

　　앞 "(AP 1A) 유형의 형용사 구조"와 앞 140쪽 ② ⑴의 "전치사의 목적어 명사"는 그대로 가주어 It의 위치로 이동한다. 그러나 141쪽 ② ② ⑵ a, b에서, 인칭대명사가 목적어 her로 나타나면, 이동할 수 없다. 왜냐하면, 인칭대명사 her는 주격 대명사 she로 변형되어야 하기 때문이다.

③ Michael Swan(2005: 260)

　　Chomsky(1957)와 Hornby(1975)에 이어서, Michael Swan(2005: 260)은 새로운 몇 가지 유형을 제시했다. Michael Swan은 동사나 전치사의 목적어를 가주어 It의 위치로 이동하게 하는 (AP 1A) 유형의 형용사에, good, ready, 및 부사 enough와 "too--to-부정사 구조," 및 "It--for--to-부정사 구조"도 추가했다. 다음 ① a. b의 예에서 이동한 경우에는 "목적격 조사" "을/를"을, 이동하지 않은 a'와 b'의 경우에는, "주격조사" "은/는"이 허용되고 있다. 즉, 주격/목적격의 두 가지 다른 조사가 허용되는 경우이다. 왜 아래 a'와 b'의 주어명사에 목적격 조사 "을/를"을 허용해야하는가? 그것은 a' 와 b'의 주어명사는 타동사 understand와 learn의 목적어이기 때문이다. 아래 ② a-d의 예문도 동일한 "It --to-부정사 구조"로 설명되고, 주어는 타동사의 목적어이다. 이것이 곧 주격에 목적격의 의미가 가미되는 현상이다.

① a. It is impossible to understand his theory. ⇒
　 a'. His theory is impossible <u>to understand</u>.
　　(그의 이론<u>은/을</u> 이해하기가 불가능하다)　　　(이동한/이동하지 않은 경우를 통합)

　 b. It is difficult for Europeans to learn Japanese. ⇒
　 b'. Japanese is difficult for Europeans <u>to learn</u>.
　　(일본어<u>는/를</u> 유럽사람들이 배우기가 어렵다)　　(이동한/이동하지 않은 경우를 통합)

　　다음 ②의 예문들도 위 ① a, b와 같은 "It---to-infinitive phrases"의 구조를, "기저 구조"로 가정했다. 위 ①의 예와 같이, 목적격/주격 조사를 사용해도 우리말의 해석에는 별 문제가 없다고 본다.

② a. <u>These berries</u> are <u>good to eat</u>.　　　⇐ It is good to eat these berries.
　　(이 딸기들<u>은/을</u> 먹기가 좋다)　　　　　　(이동한/이동하지 않은 경우를 통합)

　 b. <u>The apples</u> were ripe <u>enough to pick</u>.　⇐ It was ripe enough to pick the apples.
　 (이 사과들<u>은/을</u> 따야할 만큼 충분히 익었다)　　(이동한/이동하지 않은 경우를 통합)

　 c. <u>The letters</u> are <u>ready to sign</u>.　　　⇐ It is ready to sign the letters.
　 (그 서류들<u>은/을</u> 서명하도록 준비가 다 되었다)　　(이동한/이동하지 않은 경우를 통합)

　 d. <u>The box</u> was <u>too heavy to lift</u>.　　　⇐ It was too heavy to lift the box.
　 (그 상자<u>는/를</u> 너무 무거워서 들 수가 없었다)　　(이동한/이동하지 않은 경우를 통합)

③ a. It is nice to talk <u>to</u> her.　　　　　　　　　(③ a, b는 전혀 독립된 문장이다)
　 b. She is nice to talk <u>to</u>.

　　(그러나 b의 She는 "to 전치사"의 목적어의 의미가 가미되어 해석된다. 즉, "그녀에게" 말을 거는 것은 좋다. 로 해석된다)

　 c. It is very easy to get along <u>with him</u>.　　　(③ c, d도 완전히 독립된 문장임)
　 d. He is very easy to get along <u>with</u>.

　　(그러나 d의 He의 의미도, c의 "with him"과 같은 의미가 가미된 표현인 "그와 함께"라는 의미로 해석된다)

해설 앞 (AP 1A)의 논의에서 easy/difficult와 같이 서로 반대되는 뜻의 형용사를 항상 사용할 수 있는 것은 아니다. 다른 형용사들은 그렇게 사용할 수 없는 것도 있다. 원어민들은 다음 (1)번에서 that man을 impossible과는 함께 쓰나, (2)에서 possible은 함께 쓰지 않는다. 대신 it--to부정사 구조인 (3)번으로 표현한다. 마찬가지로, our team이라는 명사는 (4), (5), (6)과 같이 말할 수는 있으나, (7)과 같이 말하지 않는다. 이것은 관용적인 용법이다.

(1) That man is impossible to work with.   (o)
     (그 사람은 함께 일하기란 불가능하다)
(2) *That man is possible to work with.   (x)
     (그 사람은 함께 일하기란 가능하다)
(3) It's possible to work with that man.   (o)
     (그 사람과 함께 일하는 것은 가능하다)
(4) Our team is impossible to defeat.   (o)
     (우리 팀을 패배시키는 것은 불가능하다)
(5) To defeat our team is impossible.   (o)
     (우리 팀을 패배시키는 것은 불가능하다)
(6) It's possible to defeat our team.   (o)
     (우리 팀을 패배시키는 것은 가능하다)
(7) *Our team is possible to defeat.   (x)

만일 위 (6)에서, 동사 defeat 대신에 win/lose라는 자동사를 쓰면, our team이라는 명사는 목적어로 쓰이지 않고, 아래 (8)에서처럼 our team이 주어로 나타난다. 그러면 (8) a, b, c는 자동사로서, 모두 정문이다. 그러나 (8) d, e의 경우는, 타동사로서, 목적어 a/the game이라는 목적어를 갖는 경우로서, 정문이다.

(8) a. Our team cannot win.   (o)
     b. Our team cannot lose.   (o)
     c. Our team cannot be defeated.   (o)
     d. Our team can be lost the game.   (o)
     e. Our team can be won the game.   (o)

따라서 다음 (9), (10)과 같이 말하지 않고, (11)과 같이 말한다.

(9) *To win/lose our team is (im)possible.   (x)
(10) *It's (im)possible to win/to lose our team.   (x)
(11) It's (im)possible to defeat our team.   (o)

(9)-(10)에서 "명사 our team"이 to-부정사(구)로 된 "주어명사"로 나타나면, 형용사 (im)possible과 함께 쓰이게 되는데, 이것이 잘못된 것이다. 대신 형용사 (im)possible은 오직 (11)의 "it---to-부정사 구조"에서만 정문이 되기 때문이다. 그런데, 맨 앞 (1)은 정문이고, (2), (7)번은 비문인 것은 어쩔 수 없는 표현이다. 원어민들이 그렇게 쓰지 않기 때문이다.

(AP 1A) 형용사는 다음 b, d, f처럼 명사 앞에 와서 그 명사를 수식하는 용법에도 사용된다.

a. This nut is hard to crack.   (이 호두는 깨기가 어렵다)
b. This is a hard nut to crack.
c. This question is difficult to answer.   (이 문제는 답하기가 어렵다)
d. This is a difficult question to answer.
e. She is impossible to live with.   (그녀와 함께 살기란 불가능하다)
f. She's an impossible woman to live with.

82 형용사 유형 (AP 1B)

① 앞 (AP 1A)에서는 다음 a, b처럼 주어(S)와 목적어 (O)가 동일한 사람이다.

    a. John (S) is easy to deceive.   (AP 1A)
    b. To deceive John (O) is easy.   (AP 1A)

② 그러나 (AP 1B)에서는 그러한 동일성이 없다.

    a. Mary (S) is anxious to please. (someone/O).   (AP 1B)

    위 예문에서 please의 목적어가 표시되어 있지 않으나 보충할 수 있다.
    다음 예 b는 (AP 1A)와 (AP 1B)의 차이를 더 분명하게 표시하고 있다.

    b. Mary (S) is eager to introduce John (O) to her parents.   (AP 1B)

이 유형에 쓰이는 형용사는 희로애락, 공포 등의 감정을 표시하는 것, 또는 마음이 내킨다든지, 내키지 않는다든지, 놀람, 좋다, 싫다 등과 같은 심적 상태를 표시한다. 또 "--ed" 어미를 갖는 분사적인 형용사로서, 종종 very, rather, quite 등 정도를 나타내는 부사와 함께 잘 사용된다.

③ 이 유형에 사용되는 형용사는 많다. 다음 예들은 이러한 형용사를 사용해서 문장을 형성한 것이다. 아래 예에서 줄친 부분은 동사 유형에는 나타나지 않는다. 그러므로 형용사 유형이 꼭 필요하다.

1. We're all <u>sorry to hear</u> of your illness.
   (네가 아프다는 것을 듣고 우리는 모두 미안했다)

2. We're all <u>glad/happy/relieved to know</u> that you're safe.
   (우리는 네가 안전하다는 것을 알고 기뻤다/행복했다/마음이 놓였다)

3. You should <u>be proud to have</u> such a clever and beautiful wife.
   (너는 그렇게 영리하고 아름다운 부인을 둔 것을 자랑으로 생각해야 한다)

4. He was <u>angry/upset/mortified to learn</u> that he had been left out of the
   team. (mortify: 억제하다, 굴욕감을 느끼다)
   (그는 팀에서 빠졌다는 것을 알고 화냈다/당황했다/굴욕감을 느꼈다)

5. We're immensely <u>delighted/amazed/excited/thrilled to learn</u> of your success.
   (우리는 너의 성공을 듣고서 대단히 기뻐했다/놀라웠다/흥분했다/감격했다)

6. She was <u>afraid/frightened/to go</u> near the big dog.
   (그녀는 그 큰 개 가까이에 가는 것을 무서워했다/두려워했다)

7. You were <u>lucky/fortunate to get</u> such a well-paid job.
   (너는 그렇게 보수가 좋은 일자리를 얻어서 행운이었다/다행이다)

8. You were <u>unlucky/unfortunate not to win</u> the prize.
   (너는 상을 받지 못해, 불운했다/불행했다)

9. Jane's father was <u>alarmed/shocked/infuriated to see</u> his daughter smoking.
   (Jane의 아버지는 그의 딸이 담배피우는 것을 보고 놀랐다/충격을 받았다/격노했다)

10. The children were <u>impatient to start</u>.
    (어린이들은 출발하고 싶어서 안달했다)

11. I was <u>curious to know</u> what he would say about me.
    (나는 그가 나에 대해 무엇이라 말할지 몹시 알고 싶었다)

12. Some people are <u>prone/inclined/disposed to jump</u> to hasty conclusions.
    (어떤 사람들은 속단을 내릴 경향이 있습니다) (disposed: 배치된/…의 기질/자질을 가진)
    (prone: 수그린, 납작해진/--하기 쉬운/--의 경향이 있는)

13. He is/seems <u>reluctant/loath/disinclined/unwilling/hesitant</u>
    <u>to talk</u> about the matter.
    (그는 그 문제에 대해 말하기를 꺼리는/덜 좋아하는/탐탁지 않은/싫어하는/
    주저하는 것 같다)

14. The boys are <u>determined/eager/keen/anxious to have</u> a bicycle like those
    of the children next door. (그 소년들은 이웃 아이들과 같은 자전거를 갖기를 결심
    했다/열렬히 바랐다/간절히 바랐다/열망했다)

15. I should be quite <u>happy/content/satisfied/willing to live</u> in
    the south of France.
    (나는 남부 프랑스에 산다면 아주 행복하겠다/만족하겠다/기꺼이 살겠다)

16. You're <u>welcome/free to use</u> my library.
    (너는 나의 장서/서제를 사용하는 것을 환영한다/자유롭게 사용해라)

17. These clothes <u>are not fit/are unfit to wear</u>.
    (이 옷들은 맞지 않아 입지 못 하겠다/입기에 맞지 않다)

18. The train <u>is due to arrive</u> at 2. 30. (그 열차는 2시 30분에 도착할 예정이다)

19. He's <u>quick/slow to make up his mind</u>.
    (그는 재빨리 결심했다/그는 결심하는데 느리다)

20. I **shall** be <u>able/unable to come</u> to the office tomorrow.　　　　shall: BrE
    (나는 내일 사무실에 올 수 있을 것이다/올 수 없을 것이다)

해설: (AP 1A)의 경우와 같이, (AP 1B)에서도 happy/unhappy, lucky/unlucky,
　　　willing/unwilling, glad/sorry처럼 서로 상반되는 뜻의 형용사가 쓰인다. 그러나 그러
　　　한 형용사가 전부 이 유형으로 쓰이는 것은 아니다.

The children were <u>impatient to start</u>. (어린이들은 출발하고 싶어서 안달했다)는 허용되나
*Children were patient to start.는 허용되지 않는다.

④ to-부정사의 주어가 앞 주절의 정형동사의 주어와 다를 때, 다음 b, d, f, h와 같이
　　to-부정사의 주어가 "(for + 명사/대명사)"로도 나타난다.

a. Harry is anxious to receive a good education.
   (Harry는 좋은 교육을 받기를 열망하고 있다)

b. Harry's parents are <u>anxious for him to receive</u> a good education.
(Harry의 부모님들은 그가 좋은 교육을 받기를 열망하고 있다)

c. The children were impatient to start.
(어린이들은 떠나고 싶어서 안달했다)

d. The children were <u>impatient for the holidays to start</u>.
(어린이들은 휴가가 시작되기를 초조히 기다리고 있다)

e. I'm quite willing to come with you.
(나는 기꺼이 너와 함께 가겠다)

f. I'm quite <u>willing for your brother to join us.</u>
(나는 너의 동생이 기꺼이 우리와 함께 동참해줄 것을 바라고 있다)

g. We're anxious to get off.
(우리는 빨리 내리기를 바라고 있다)

h. We're <u>anxious for everything to be settled.</u>
(우리는 모든 일이 해결되기를 열망하고 있다)

⑤ 이 유형을 사용한 표현법은 다음과 같이 여러 가지로 바꾸어 말할 수 있다.

1. "--ed"의 어미를 가진 분사가 있을 때는, 능동태를 사용해서 바꾸어 말할 수 있다.

   To see Jane smoking <u>alarmed/shocked/infuriated</u> her father.
   (아버지는 Jane이 담배피우는 것을 보고, 놀랐다/충격을 받았다/격노했다)

2. "make"를 사용해서 바꾸어 말할 수도 있다.
   To hear Jane swearing <u>made</u> her father <u>angry/furious</u>.
   (Jane이 욕을 하는 것을 듣고, 그녀의 아버지는 화가 났다/격노했다)

3. to-부정사로 된 "동사를 사용함으로 서" 예컨대, 다음과 같은 말을 유도할 수도 있다. 이와 같은 유형은 동사 유형에는 나타나지 않는다.

   I am sorry to learn… (나는 …라고 하는 것을 알고 유감으로 여긴다)
   I regret to learn…   (나는 …라고 하는 것을 알고 후회 한다/유감으로 여기고 있다)

   We're glad to see…   (우리는 …을 만나서 기쁘다)
   We rejoice to see…   (우리는 …을 만나서/보고서 기쁘다)
   We were eager/anxious to know…   (우리는 …을 알고 싶었다)
   We wanted/longed/yearned to know…   (우리는 …을 꼭 알고 싶었다)
   She was sad to hear…   (그녀는 …을 듣고서 슬펐다)
   She grieved to hear…   (그녀는 …을 듣고서 슬펐다)

   이런 경우에 형용사를 사용한 표현법이 훨씬 일반적이다. 동사 grieve, rejoice, yearn은 구어체에서는 쓰이지 않는다.

83 형용사 유형 (AP 1C)

① (AP 1C)는 앞 (AP 1A)의 구조와 같이, 기본구조를 "It---(of +의미상의 주어) + to-부정사"를 갖는다. 그리고 주어는 항상 유생물 주어이어야 한다. 그래서 이 유생물 "of you"의 주어가 아래 a번의 문장에서, 가주어 It의 자리로 이동하면, 아래 b번과 같은 문장이 되어, b번 문장에서는 "of you"가 삭제된다. 앞 (AP 1A)와 다른 점은 to-부정사로 된 동사의 목적어나, 전치사의 목적어가 가주어 It의 위치로 이동하는 일은 없다. 그러나 가주어 It가 나타나는 위치에 "of you"의 you나, "How"로 시작되는 감탄문/부정감탄문으로 변형시킬 수는 있다. 다음 a, b, c의 예를 보자.

a. It was silly of you to make such a mistake. (a에서 of you 삭제)
(너는 그런 잘못을 해서 바보스러웠다)

b. You were silly to make such a mistake. (a에서 b로 바꿀 수 있다)
(너는 그런 잘못을 해서 바보스러웠다)

c. "How silly of you" to make such a mistake! (a에서 It 대신 How로 대체)

② 이 유형에서는 주어가 "유생물"이어야 한다. 또한 "(of + 주어)"는 삭제되는 일이 있다.

d. It was silly to makes a mistake. 이 유형을 (AP 1A)와 비교해보라.
(실수를 하는 것은 바보스러운 일이다) 이 d에서 (of + 주어삭제)

앞 (AP 1A)에서는 다음 e, f와 같은 "for + 주어"가 사용되었으나, (AP 1C)에서는 사람의 성격을 나타내므로, "for + 주어"는 사용되지 않는다.

e. The house was difficult to find. (for + 주어삭제)
(그 집은 찾기가 어려웠다)

f. It was difficult to find the house. (for + 주어삭제)
(그 집을 찾는 것은 어려웠다)

(AP 1A) 유형의 형용사 easy, difficult 등은, "of"가 사용되는 (AP 1C)에는 사용될 수 없다. of는 사람의 성격에 관한 형용사 뒤에 나타나므로, difficult, easy는 허용되지 않는다.

③ (AP 1C)에 쓰이는 형용사는 많이 있다. 가능한 한 많은 예를 들기 위해, 아래 예문에서는 대체될 수 있는 형용사를 나열했다. 때로는 impudent에 대해서 saucy와 같이 구어체에 쓰이는 단어를 제시하는 일도 있다. (impudent: 경솔한/철면피한) (saucy: 건방진/뻔뻔한) 등. 아래 예문에서,

1. 일반주어 "You are kind to-부정사 구조"나,
2. "It is kind of you to-부정사"의 구조나,
3. 감탄문 "How kind of you--to-부정사" 등, 동일한 구조를 변형시키는 구조에 사용되기 때문에 a, a', a":, b, b', b":, c, c', c": 등의 번호를 부여했다.

a. You're kind/good/decent/civil/to say so. (civil: 정중한/친절한)
(네가 그렇게 말하는 것은 친절하다/좋다/정중하다)
(여기서 decent는 구어체의 형용사이고, kind나 tolerant의 의미를 갖는다.)

a'. It's kind/good/decent/civil of you to say so.
(네가 그렇게 말하는 것은 친절하다/좋다/정중하다)

a". How kind/good/decent/civil of you to say so!
(네가 그렇게 말하다니 얼마나 친절한가/좋은가/정중한가!)

b. Jane was naughty/cruel/spiteful/ill-mannered to pull the kitten's tail.
(Jane이 새끼 고양이의 꼬리를 잡아당기는 것은 심한 장난이었다/잔인했다/
짓궂었다)

b'. It was naughty/cruel/wrong/spiteful/ill-mannered of Jane
to pull the kitten's tail.
(Jane이 새끼 고양이의 꼬리를 잡아당기는 것은 심한 장난이었다/잔인했다/짓궂었다)

c. You were wrong/impudent/rude/impolite/saucy/cheeky to say that to
your mother. (cheeky: 건방진/뻔뻔스러운)
(네가 어머니에게 그렇게 말하는 것은 잘못이었다/건방졌다/버릇이 없었다/불손했다/무
례했다/뻔뻔스러웠다)

c'. It was wrong/impudent/rude/impolite/saucy/cheeky of you to say that
to your mother.
(네가 어머니에게 그렇게 말하는 것은 잘못이었다/건방졌다/버릇이 없었다/불손했다/무
례했다/뻔뻔스러웠다)

c". How wrong/impudent/rude/impolite/saucy/cheeky (it was) of you to say
that to your mother!
(네가 어머니에게 그렇게 말하는 것은 얼마나 잘못이었던가/건방졌다/버릇이 없었다/불
손했다/무례했다/뻔뻔스러웠나!)

d. The boys were clever to solve the problem so quickly.
(그 소년들은 그 문제를 그렇게 빨리 풀다니 머리가 영리했다)

d'. It was clever of the boys to solve the problems so quickly.
(그 소년들은 그 문제를 그렇게 빨리 풀다니 머리가 영리했다)
(It---of + 의미상의 주어 + 진주어)

d". How clever of the boys (they are) to solve the problem so quickly!
(그 소년들은 그 문제를 그렇게 빨리 풀다니 얼마나 머리가 영리한가!)

부정의문문으로 바꾸어 말할 수도 있다. "How/Wasn't---of + 주어" 구조.

e. Wasn't it clever of the boys to solve the problems so quickly?
(그 소년들은 그 문제를 그렇게 빨리 푼 것은 머리가 영리했던 것이 아니었던가?)

e'. Wasn't it kind/polite of Harry to give up his seat in the bus to
the old woman?
(Harry가 버스 안에서 그의 자리를 나이 많은 여성에게 양보해준 것은
얼마나 친절하고/겸손했던 것인가?)

e". How dishonest of him not to return the book he had borrowed!
(그가 빌려갔던 책을 돌려주지 않았던 것은 얼마나 부-정직한 일인가!)

이 (AP 1C)의 유형에서는 위 149쪽 ①, ②의 예문에서 볼 수 있었던 것 같이, "of +
주어삭제" 또는 "for + 주어삭제"를 할 수 있는 예를 보여 주었다.

84 형용사 유형 (AP 1D)

(AP 1D) 유형에서는 형용사 뒤에 to-부정사가 따라오기는 하나, (AP 1A/B/C)의 유형에 들어가지 않은 소수의 형용사가 있다. 미래의 일에 대해서 무엇인가 서술하거나, 질문을 할 때, likely, certain, sure가 이 유형에 쓰인다. probable은 이 유형에 쓰이지 않는다. 이 형용사들은 예언, 예견의 뜻을 나타내는 형용사이다.

1. The weather is likely to be fine.
   (날씨가 좋을 것 같다)

2. Our team is (un)likely to win.
   (우리 팀이 이길 것 같다/이길 것 같지 않다)

3. Your team is certain to win.
   (너의 팀이 이기는 것이 분명할 것이다)

4. We're sure to need help.
   (우리는 분명히 도움이 필요할 것이다)

   위의 문장을 it---that의 구조로 바꾸어 쓸 수 있다.

1. It's likely that the weather will be fine.
   (날씨가 좋을 것 같다)

2. It's (un)likely that our team will win.
   (우리 팀이 이길 것 같다/이길 것 같지 않다)

3. It's certain that our team will win.
   (너의 팀이 이기는 것이 분명할 것이다)

   sure는 가주어 it 뒤에 그다지 쓰이지 않는다. 단, 다음과 같은 표현에는 적절하다.

4. We **shall** need help, that's sure.   shall: BrE
   (우리는 도움이 필요할 것이다. 그것은 확실하다)

   그런데, probable은 뒤에 to-부정사가 따라오는 용법은 없고, it--that-절의 형식으로 쓰인다. 또 부사 probably를 쓰는 일도 있다.

5. It's probable that the weather will be fine.
   (날씨는 아마 좋을 것이다)

6. The weather will probably be fine.
   (날씨는 아마 좋을 것이다)

7. *The weather is probable to be fine.은 허용되지 않는다.

형용사 유형 (AP 1E)

이른바 특정화(specification)한 to-부정사가 서수사나, next/last 뒤에 쓰이는데, 보통 이러한 형용사 앞에는 정관사 the를 붙인다.

1. He's often the first to arrive and the last to leave.
   (그는 종종 맨 먼저 와서 맨 나중에 떠난다)

2. Who will be the next to go?
   (다음에 갈 사람은 누구냐? = 누가 다음에 갈 것인가?)

3. The second to draw a ticket in the lottery is Mr. Robinson.
   (복권 뽑기에서, 복권을 뽑을 두 번째 사람은 Mr. Robinson이다)

또 서수사나, next/last 뒤에, 명사가 올 수도 있다. 그 경우에는 형용사 앞에 반드시 정관사를 붙인다.

4. Who was the first man to walk on the moon?
   (달 표면에 걸어 다닌 최초의 사람은 누구인가?)

 AP 2: (형용사 유형 2)

형용사의 의미가 종종 전치사(구)를 사용함으로서, 명확하게 완성되는 경우가 있다. 그때의 전치사는 뒤에 오는 명사/대명사/동명사/절을 지배하게 된다. 많은 과거분사도 이 유형에 나타난다. 이 전치사는 예컨대, fond of처럼 관용적으로 고정된 것도 있다. 그런데, angry with someone, angry at/about something, anxious for news, anxious about somebody' health 와 같이 의미에 따라 전치사의 선택이 다를 수 있다.

대부분의 형용사는 하나 이상의 유형에서 사용되고 있다. 예컨대, anxious는 (AP 1)에서 "anxious to know"로도 쓰이고, (AP 2)의 "anxious for/about"로도 쓰인다. 또 어미가 "--ed"인 과거분사의 대부분도 (AP 1)과 (AP 2)에서, (amazed/delighted to learn)이나, ("amazed/delighted at")처럼 공통으로 쓰이고 있다.

형용사와 함께 쓰이는 전치사를 기억하려면 실제로 문장이나 회화체의 글에서 용법을 관찰하거나, 용법이 나와 있는 사전을 보는 것이 제일 좋다.

① 다음 예문은 여러 가지 형용사나 과거분사가 여러 가지(전치사 + 전치사의 목적어)와 함께 쓰이는 예를 제시한 것이다.

1. Are you afraid of the dog/afraid of being bitten by the dog/
   afraid of what people will think if you run away from the dog?
   (너는 개가 무서운가/개에 물릴까 두려운가/개를 피해 도망간다면 사람들이
   어떻게 생각할 것인가 걱정인가?)

2. The doctors say that milk is good for you/good for your health.
   (의사들은 우유가 너에게/너의 건강에 좋다고 한다)

3. What's he looking so happy/pleasant/angry/worried/aggrieved about?
   (aggrieve: 학대하다. aggrieved: 괴롭혀진, 기분이 상한)
   (그는 무엇 때문에 저렇게 행복한가/기쁜가/화났는가/걱정하는가/기분이 상했는가?)

4. Aren't you <u>ashamed of</u> yourself/of your behavior/of what you
   did/of having behaved so badly?
   (너는 너 자신에 대해서/너의 행동에 대해서/네가 한 것에 대해서/아주 나쁘게
   행동한 것에 대해서 부끄럽다고 생각하지 않는가?)

5. You must be more <u>accurate in</u> your work.
   (너는 너의 일에 더 정확해야겠다)

6. He was not <u>aware of</u> having done wrong/of his failure.
   (그는 잘못한 것을 깨닫지 못하고 있었다/그는 그의 실패를 깨닫지 못했다)

7. Haste may be <u>productive of</u> errors.
   (서두르면 일을 그르치는 수가 있다)

8. The supply is not <u>adequate to</u> the demand.
   (공급이 수요에 대해서 부족하다/적절하지 못하다)

9. I'm <u>unaware of</u>/quite <u>ignorant of</u> their intentions/ignorant <u>of</u>
   what they intended to do?
   (나는 그들의 의도를 알지 못했다/나는 그들이 의도했던 것을 전혀 모르고 있다)

10. She was angry <u>with</u> him <u>for</u> having broken his promise.
    (그녀는 그가 약속을 어긴 것에 대해서 그에게 화를 냈다)

② 이 유형에서 쓰이는 형용사의 대부분은, 아래 예와 같이 괄호 속의 동사로, 바꾸어 말
하는 편이 좋은 경우가 종종 있다. (형용사 + 전치사)는 격식을 차린 표현법이 되는
경우가 많으며 때로는 과장된 느낌마저 준다.

1. You <u>are forgetful of</u> the fact (You <u>forget</u>) that we have very little money.
   (너는 우리가 돈이 없다는 사실을 잊고 있다) ⇒ (너는 우리가 돈이 없다는 것을 잊었다)

2. I <u>am ignorant of</u> (I do not know) what they intended to do.
   (나는 그들이 의도했던 것을 알아차리지 못했다) ⇒ (나는 그들이 의도했던 것을 모른다)

3. Your work <u>is deserving of</u> (<u>deserves</u>) praise.
   (너의 일은 칭찬을 받을 만하다)

4. Do not <u>be envious of</u> (<u>envy</u>) your neighbours.
   (너의 이웃을 부러워하지 마라)

5. Haste may <u>be productive of</u> (may <u>produce</u>) errors.
   (서두르면 실수를 할 수도 있다)

6. The old man <u>is dependent upon</u> (<u>depends on</u>) the earnings of his children.
   (그 노인은 아이들의 벌이에 의존하고 있다)

7. He <u>was successful</u> (<u>succeeded</u>) <u>in</u> his efforts.
   (그는 그의 노력으로 성공했다)

8. He <u>is desirous of</u> obtaining (<u>desires/wishes/wants to obtain</u>)
   a position in the Civil Service.
   (그는 공무원의 지위를 얻는 것에 열망적이다) = (그는 공무원의 지위를 얻기를
   열망한다/소원한다/원한다)

87 **AP 3: (형용사 유형 3)**

형용사의 의미가 절이나 구를 사용함으로서, 분명해지는 경우가 있다. 전치사를 사용해서 앞 (AP 2)형으로 사용되는 형용사의 경우에는, 전치사가 접속사로 유도되는 절이나 부정사구 앞에 남는 일도 있다. 그러나 대개의 경우는 생략된다. 단, that-절의 경우에는 전치사가 앞에 나타나는 일은 없다.

① 1. She was not aware of the facts.　　(그녀는 그 사실을 알지 못했다)

2. She was not aware (of) how much her husband earned.
(그녀는 그녀의 남편이 얼마나 돈을 버는지 알지 못했다)

3. She was not aware that her husband earned $ 50 a week.
(그녀는 그녀의 남편이 한 주에 50달러의 돈을 버는 것을 알지 못했다)

가능한 경우에는 다른 대체구문을 제시하면서, 형용사 뒤에 that-절이 나·타나는 예를 보기로 하자. afraid와 sorry 뒤에는 that-절의 that이 생략된다.

② 1. They were anxious that you should return./for your return.
(그들은 네가 돌아오는 것을 열망하고 있었다)

2. They were disappointed that you were unable to come/you were at your inability to come. (그들은 네가 올 수 없게 되어 실망하고 있었다)

3. I'm afraid I shall have to leave now.　　(미안하지만 나는 지금 떠나야겠다)

4. I'm sorry you can't come. (네가 올 수 없어서 유감이다)

5. Are you aware that you're sitting on my hat?
(네가 내 모자를 깔고 앉은 것을 알고 있나요?)

6. She's glad/delighted/surprised/astonished/alarmed/disappointed (that) you're going abroad.
(그녀는 네가 외국으로 간다는 것을 기뻐하고/놀라워하고/불안해하고/실망하고 있다)

7. Be careful (that) you don't drop it/how you hold it.
(그것을 떨어뜨리지 않도록 주의하라/그것을 쥐는 방법에 주의하라)

8. Are you sure/certain/confident (that) he's honest/of his honesty?
(그가 정직하다는 것을 확신하십니까?)

③ 형용사 뒤에 that-절 이외의 절이 계속되는 예를 보기로 하자.

1. I'm not quite sure how to do it/how it is done.
(나는 그것을 하는 방법을 확실할 수 없습니다)

2. Be careful how you cross the street. (길을 건너가는 데 주의하라)

3. I'm not sure why he wants it. (왜 그가 그것을 원하는지 잘 모르겠다)

4. We were <u>worried</u> about where you had to go.
(우리는 네가 어디에 가야만 했는지 걱정하고 있었다)

5. He's <u>doubtful</u> (about) whether he can afford it.
(그는 그것을 살만한 여유가 있는지 의심스럽다)

6. He's very <u>fussy</u> (about) how his meals are cooked.
(fussy: 떠들기 좋아하는/까다로운)
(그는 그의 식사가 어떻게 요리되어야 하는지에 대해서 매우 까다롭다)
= 자신의 요리에 대해 까다롭다

7. They were <u>uncertain</u> whether they ought to go/whether to go or not.
(그들은 가야할지, 안 가야 할지 확신이 없었다)

이 외에 가주어 "It + BE + 형용사/명사보어 + to-부정사(구)"로 된 유형은 "동사 유형"에서 다루어지고 있다. 제2형식 동사 유형 ⑪ (Onions 2-7)을 참조하라.

형용사 유형 ⑧⑴ – ⑧⑺ 의 총정리

위의 형용사 유형 중에서, 가장 특별한 것을 다시 강조하면, 물론 ⑧⑴의 (AP 1A)의 유형이다. 즉 변형에 의해서 다음 ① a, b와 같이, 형용사 다음에 to-부정사가 나타나는데, 이 때, 주어위치에 나타난 "John" 및 "The story of her sufferings"는, "목적어로 해석해야 하기 때문이다." 다음 예를 다시 보자.

① a. <u>John</u> is easy to deceive.
<u>John을</u> 속이는 것은 쉽다.

b. <u>The story of her sufferings</u> was painful to listen to.
<u>그녀의 이야기를</u> 듣는 것은 고통스러운 일이었다.

앞 형용사 유형의 대표적인 문장을 제시하면서, 각 유형의 특성을 마무리하고자 한다.

1. AP 1A (형용사 + to-부정사) (<u>John</u> is easy to deceive.)
(주어를 목적어로 해석)

2. AP 1B (형용사 + to-부정사) (Mary is eager to please (someone)).
(보통 목적어는 생략)

3. AP 1C (형용사 + to-부정사) (It's wrong "of Jim" to leave.)
("of + 목적어" 삭제가능)
("for + 목적어" 삭제가능)

4. AP 1D (형용사 + to-부정사) (The weather <u>is likely to</u> be fine.)
(미래의 일을 서술/질문할 때)

5. AP 1E (형용사 + to-부정사) (John was "<u>the first</u>" to arrive.)
(특정화한 형용사로 정관사 the와 함께 씀)

6. AP 2 (형용사 + 전치사 + 명사/대명사) (She was afraid <u>of the dog</u>.)
(of, for, about 등 다양한 전치와 함께 쓰여, 문장의미가 분명하게 됨)

7. AP 3 (형용사 + (전치사) + 절) (I'm <u>sure that he'll come soon</u>.)
(형용사 다음에 절이 나타남)

결론 　　　동사 및 형용사 유형의 총 정리

① 　앞 동사 유형 Onions의 2형식에서는, "부사보어"가 "5개": 즉, Onions 2-4, Onions 2-6, Onions 2-14, Onions 2-15, Onions 2-21이 제시되었고, 5형식에서는 "6개": Onions 5-1, Onions 5-2, Onions 5-3, Onions 5-4, Onions 5-5, Onions 5-6이 제시되었으므로, 전체적으로 11개의 "부사보어" 유형이 있다는 것을 확인할 수 있다.

　　위의 분석은 원어민 영문법 학자인 Hornby(1975)에 근거한 것이므로, 현재 사용되고 있는 문의 5형식에서는 2형식에 5개, 5형식에서는 6개, 전체 11개의 부사보어 유형이 반드시 소개되어야 한다고 결론을 내린다.

② 　그리고 종전의 2형식에서는, 공식적으로, "부사수식어 유형"을 인정하지 않았다. 그러나 앞 2형식의 총정리에서, 밝힌 바와 같이, 6개의 부사수식어 유형도 인정해야 하고, 특히, 부사수식어 중에서는 (Onions 2-26)과 같은 유형은 반드시 강조해서 가르쳐야 한다고 본다.

③ 　동사 유형이 아닌, 7개의 형용사 유형을 인정해야 한다고 본다. 이 형용사 유형은 (Hornby 1975: 139-148)에서 인용한다. 왜냐하면 가장 평범하게 사용되는 I am glad to meet you.나 I am very happy to see you again.등은 동사 유형이 아니라, 형용사 유형에 속하기 때문이다. 그래서 동사 유형 80개와 형용사 유형 7개를 합쳐서, 전체 87개 유형을 인정해야 한다. 그리고 앞에서 본 것 같이 영어에서 가장 특별한 형용사 유형인 "John is easy to deceive."와 The story of her sufferings was painful to listen to.는 (AP 1A)의 형용사 유형에 포함되어 있기 때문이다.

④ 　그 다음 앞에서 논의된 "be + to-infinitive 구조"는 분명하게, "명사보문" 구조이다. 결코 형용사(구)는 될 수 없다는 것을 확인한 것이다. 앞 서론 ②의 예문 (3)-(13)의 예문들이 이를 증명하고 있다. 앞 머리말과 서론에서, Hornby(1975: 20-21)도 이 구조를 "술부의 명사적 부분(the nominal part of the predicate)" 으로 정확하게 표현하고 있다. 즉, "명사 보문구조"라고 표현하고 있다. 형용사(구)라고 한 적이 없다. 우리들의 해석과 이해가 잘못된 것으로부터 형용사(구)로 본 것이다. 우리들의 영문법 책에서 "be + to-infinitive 구조"가 형용사(구)가 될 수 있다는 표현은 모두 수정할 것을 주장한다. 특히, Practical English Usage(2005: 265, Oxford University Press)의 저자 Michael Swan도 필자와 동일한 주장을 하고 있다.

⑤ 　그리고 Onions의 5형식 동사 유형에서, "목적어보어"만 존재하는 것이 아니라, "주격보어"도 나타나 있다. 앞 (Onions 5-20)은 5형식에 나타나는 유일한 "주격 명사보어"의 예이다. 이것도 우리들의 학생들에게 알려주어야 할 하나의 유형이다. 그리고 5형식에서 목적어 보어가 "명사," "형용사"만 있는 것이 아니라, "부사보어"도 분명히 존재한다. (Onions 5-1)에서부터 (Onions 5-6)까지, 6개의 5형식 목적어 "부사보어" 유형이 있다.

⑥ 　우리는 앞 (Onions 2-32) 유형에서 나타난 "변칙정형동사"를 새롭게 발견하게 된 것이다. 즉, "부정축약의 경우", 이 축약형을 풀어서 말하지 않는 것이 사실이다. 앞에서 예를 제시했지만, 다시 한 번 제시하면, 자동사의 경우, You live in Seoul, don't you?에서, 부가의문문을 풀어서 do not you?라고 말하지 않고, 타동사의 경우도 They do like it, don't they?에서, 부가의문문을 풀어서, do not they?라고 말하지 않는다. 풀어서 말하면, 그것은 영어가 아니다. 이 예들은 지금까지 어떤 원어민 학자도 제안한 적이 없는 유형이다.

⑦ 　Onions의 5형식은 Onions 자신의 논문의 내용이 구체적으로 우리에게 알려지지 않고 있는 현 시점에서, 지나치게 모호한 5형식으로 제시되고 있기 때문에, Hornby의 25 형식 80개 동사 유형에, 형용사 유형 7개를 합쳐서, 전체 87개의 유형으로 대체하는 것은 너무나 타당하고, 당연하다고 본다. 우리나라에서는 문의 5형식이 전국적으로 뿌리를 내리

고 있는 현 시점에서, Hornby의 이론으로 바꾸기 보다는, 종전의 문의 5형식을 이와 같은 방법으로 개선하는 것이 더욱 효과적이라고 믿기 때문에, 이 책을 발간하게 되었다. 지금까지 우리가 알고 있는 범위 내에서 문의 5형식을 만들어 가르쳤으나, 이제는 원어민들이 사용하는 영어문형을 그대로 가르쳐야 할 것으로 본다.

이미 위 결론에서 언급한 것 같이 앞 5형식의 80개 "동사 유형"으로는 영어의 모든 문의 형식을 나타낼 수 없기 때문에, 7개의 "형용사 유형"을 첨가시켜야 한다고 주장했다. 이 형용사 유형 중에서, 가장 많이 사용되는 문장과 또 문법적으로 설명해야할 중요한 문장이 어떤 것인가 다시 한 번 정리해 보자:

a. I am glad to meet you.
b. I am happy to see you again here.

c. It is easy to deceive John.
d. John is easy to deceive.
e. The story of her sufferings was painful to listen to.

위의 a, b, c의 문장은 우리가 매일 사용하는 평범한 표현인데, 이것은 앞 80개 동사 유형 내에는 나타나지 않은 "형용사 유형"이다.

그런데 위 d번은 Noam Chomsky(1957)의 변형생성 문법을 탄생하게 만든 문장이며, c번에서 동사의 목적어가 가주어 It의 자리로 이동한 결과로 d번 문장이 나타난다. d번의 줄친 부분의 주어 John은 deceive 동사의 목적어가 가주어 It의 위치로 이동되어 나타난 문장이다. 그러므로 해석할 때는 주어의 위치에 나타나도, 목적어로 해석해야 된다. Hornby(1975)는 위 e번의 "The story of her sufferings"도 뒤에 나타난 전치사의 to의 목적어이므로, 주어의 위치에 나타나지만 목적어로 해석해야 한다. Michael Swan(2005: 260)에서도 비슷한 추가적인 예문을 제시하고 있다.

위 d, e와 같은 특별한 문장은 Chomsky의 변형 생성문법 이론으로 분석한 결과를 이용해서, Hornby의 전통 문법적인 방법으로도, 아무 어려움 없이, 학생들에게 논리적으로 설명할 수 있는 길을 개척했다고 생각된다. "형용사 유형" ⑧의 내용을 잘 가르칠 필요가 있다고 본다.

⑧   "Subjunctive Mood"는 우리가 잘 알고 있는 여러 가지 유형의 "가정법(conditions and suppositions)"이 아니라, "기원법/소원법"이라고 정확히 가르쳐야 한다고 주장한다. 우리는 원어민 영문법 학자들이 발행한 영문법 책과 원어민들이 발행한 사전을 참고로 하여, 이와 같은 실수가 나타나지 않도록 주의해야 할 것이다.

⑨   마지막으로, 이 영문법 책은, 우리나라에서 발행된 어느 영문법 책보다, 가장 정확한 문의 5형식과, 또 어느 영문법 책에서도, 찾아볼 수 없는 7개의 형용사 유형을 포함하고 있고, 우리나라에서 잘못된 ⑤개의 문법이론을 바로 잡으면서, 정확한 문법이론을 제시하고 있는 점이 특징이다. 이 책의 문법편을 참조하기 바랍니다. 잘못된 것은 아니지만 무시되고, 모르고 있는 위 ②, ⑤, ⑥, ⑦과 같은 4개의 문법이론도 합쳐서 위 ⑧개의 내용은 반드시 강조되고 학생들에게 가르쳐야한다고 주장한다.

그러므로 필자는 위에서 제시한 5가지 잘못된 문법이론과, 위 ②, ⑤, ⑥, ⑦의 4가지의 외면되고 있는 문법사항도, 모든 영어문법 책에 반영되기를 희망하고, 이와 같은 필자의 주장이 앞으로 어느 때, 우리 영문법 학계에서도 널리 알려지기를 바라고, 기대하면서, 2016년도의 필자의 졸저(拙著)가 다시 나오게 된 것을 기쁘게 생각합니다.

부록: 제1장 정의 및 변칙정형동사
(Definition and Anomalous Finites)

1.1

"동사라는 용어"의 정의는 유용하지도 않고, 그것에 대한 적절한 정의도 없다. 그러나 동사의 "정형(finite)"과 "비-정형(non-finite)"의 형태를 구분하는 것은 유용하다. "비-정형"에는 부정형(不定形: the infinitive=시제가 없는 현재형), 완료형, to가 있거나, to가 없는 동사형, 현재분사, 과거분사 및 동명사가 여기에 속한다. "정형동사(finite)"는 비-정형동사 이외의 모든 동사가 여기에 속한다. 따라서 be 동사의 비-정형은 (to) be, (to) have been, being, been이다. 반면, be 동사의 정형은 am, is, are, was, were이다. 동사 see의 비-정형은 (to) see, (to) have seen, seeing, seen이며, 정형은 see, sees, saw이다.

"시제가 없는 현재형 동사(the infinitive)"가 to-부정사로 나타날 때, 예컨대, I want to go, I ought to have gone(나는 갔어야 했다)에서 줄친 부분을 "to-부정사(the to-infinitive)"라 부른다. to를 수반하지 않을 때, 예컨대, I must go.나, I should have gone.(나는 가야 했었다)에서, 줄친 부분을 "원형부정사(the bare infinitive)"라 한다. 현재분사와 동명사는 형태가 동일하다. The boys are swimming.의 swimming은 현재분사이고, The boys like swimming.은 동명사이다.

1.2

조동사(auxiliary verbs)는 여러 가지 동사들과 함께 사용되는데, 이 조동사는 다양한 기능을 가지고 있다. 정형조동사인 do는 의문문과 부정문을 형성하는데 사용된다. 정형동사 be는 진행형과 수동문을 만드는 데 사용된다. 또 정형동사 will/would, shall/should, can/could, may/might, must, ought, need, dare와 used (to)를 조동사라 하여, 다른 조동사와 구별된다.

1.3 "변칙 정형동사(anomalous finite = 이하 AF라 함)"란 아래 조동사표에 제시된 정형 조동사 24개를 말한다.

1.4 "결여동사(defective verb)"란 "동사의 접사부분이 없는 동사"를 말한다. 예컨대, must는 부정사(infinitive)도, 분사(participle)도 없다. will, shall, can, may, ought는 결여동사이다.

1.5 "불규칙 동사(irregular verb)"란 과거 및 과거분사의 어미에 -ed가 없는 동사들이다. 예컨대, went/gone, begin/began/begun, take/took/taken, mean/meant, put/put/put와 같은 접사가 없는 동사를 말한다.

1.6 "변칙적인(anomalous)"이란 용어는 아래 도표에서 24개의 정형동사를 말한다.
이 변칙 정형동사가 특히 다른 정형동사와 다른 것은 isn't, weren't, haven't, don't, didn't, can't, shouldn't, oughtn't처럼 not의 축약형과 결합된다는데 있다. (단 *amn't라는 경우는 없다. 또 ain't도 사전에 나타나 있으나 사용되지 않고 있다). 변칙이란 말은 이처럼 not와 결합되는 정형동사에 한하여 쓰인다. 따라서 I haven't finished it. I haven't time to do it now.의 haven't는 변칙동사이지만, I have breakfast at seven.에서 have는 변칙 정형동사가 아니다. Have가 "먹다, 마시다, 받다, 경험하다(experience)"의 의미를 지닐 때에는, 영/미 어느 쪽 영어에서도, 변칙정형동사가 되지 못한다. 즉, "haven't"는 비-문법적이고, 대신 "I don't have …"는 정문이다. 다음 예를 보자.

① a. *I <u>haven't</u> breakfast at seven.   (NOT <u>haven't</u>)   (x)
   b. I <u>don't have</u> breakfast at seven?   (don't have)   (o)
② a. *I <u>haven't</u> coffee for breakfast.   (NOT <u>haven't</u>)   (x)
   b. I <u>don't have</u> coffee for breakfast.   (don't have…)   (o)
③ a. *I <u>hadn't</u> some difficulty in finding the house.   (NOT <u>hadn't</u>)   (x)
   b. I <u>didn't have</u> any difficulty in finding the house   (didn't have)   (o)

따라서 부정어 not와 축약형이 없는 경우에는 다음과 같은 표현이 당연히 허용된다.

④ a.　Do you have(= drink) coffee or tea for breakfast?
　 b.　How often do you have(= receive) English lessons?

조동사　(Auxiliary Verbs)

비-정형 동사			24개의 정형 동사(변칙 정형동사)	
부정사	현재분사	과거분사	현재시제	과거시제
be have do	being having doing	been had done	am, is, are have, has do, does shall will can may must ought need dare	was, were had did should would could might used

이 "24개의 변칙 정형동사"가 반드시 "조동사로 쓰이는 것은 아니다." 다음의 be 정형동사는 조동사가 아닌, 본동사인데, "연결동사(linking verb)"라고도 한다.

Miss. Green is a teacher.
The men are busy.

다음 have 의 정형동사도 조동사가 아니며, 또한 "비-변칙정형동사"이다.

Have you any money?(BrE)
Jane has two brothers.
They had a good holiday.

위에서 언급한 것 같이, 변칙정형동사 중에서, "am not"의 축약형으로 "amn't/ain't"라 하지 않는다. 그리고 used가 뒤에 to-부정사를 첨가하여, used to로 되면, 이것은 과거의 규칙적인 습관, 행동, 상태 등을 나타낸다. 그런데, 이것의 부가 의문문으로, 옛날에는 "You used to live in Leeds, use(d)n't you?" 라고 했으나, 공식적인 표현을 제외하고는, 지금은 거의 부가 의문으로 사용되지 않고 있다. 오히려 You used to live in Leeds, didn't you? 로 표현하고 있다.

그리고 이 변칙 정형동사의 기능은, ① 부정문 형성, ② 의문문 형성, ③ 부정 의문문 형성, ④ 부가 의문문 형성 등, 기타 여러 가지 부정형 구조형성에 절대적인 영향을 미치는 기능을 갖고 있다. 이 세 가지 유형의 문장은 앞에서, 많은 동사/형용사 유형에서 그 예들을 보았음으로, 더 구체적으로 설명하지 않기로 한다. 중요한 것은, 예컨대, 부가의문에서, "He is coming, isn't he?" 에서 축약된 "isn't he?"는 반드시 축약된 부정형 구조로 말해야 한다. 이것을 풀어서 "is not he?" 라고 하면, 이것은 영어가 아니다. 따라서 이 "변칙적 정형동사의 이론이" 하나의 문형을 형성하는 충분한 이유가 되었다.

이 변칙정형동사는 동사 유형인 "(Onions 2-36)"에서 그 필요성을 충분히 언급했기 때문에, 더 이상 논의하지 않기로 한다.

제2장   서법 조동사(Modal Auxiliary Verbs)

2.1

서법 조동사에는 shall/should, will/would, can/could, may/might, must, ought, need, dare, used (to)가 있다. 이들을 결여동사의 정형이라고 한다. 이들 중에서, shall/should, will/would, can/could, may/might, must는 항상 변칙 정형동사가 된다. <u>ought는 항상 to를 수반하고, 표준용법에서 변칙 정형동사가 된다.</u>

a. You <u>oughtn't</u> to stay up so late. (그렇게 늦게 있어서는 안 된다.)
b. <u>Ought</u> you to drink so heavily? (그렇게 많이 마셔야만 하니?)

2.2

> need

그런데, 이 서법조동사 중에서, need와 dare는 조동사의 역할도 하고, 동시에 본동사의 역할도 하기 때문에, 혼돈되는 경우가 많다. 따라서 이 두 가지 서법조동사의 용법을 구체적으로 살펴보기로 한다.

2.3   need가 "서법 조동사"로 사용될 때에는 to를 수반하지 않고, 변칙 정형동사로 사용된다. 조동사로서 과거형 시제는 없으나, "We needn't have hurried."와 같은 완료형에서 부정어 (not)와 함께 쓰기도 한다. 조동사이기 때문에, 3인칭 단수에도, needs가 아닌, need이며, need는 주로 부정문과 의문문에 쓰인다. 간혹 긍정문에도 쓰인다.

그러나 "일반 동사의 문형"인 (VP 6E), 예문표 41에서 "직접목적어로 명사나 동명사를 선택하고" (VP7B), 예문표 43에서는 to-부정사를 선택한다. 이때 need는 "require"나 "be in need of" 즉, "…을 필요로 한다"의 의미를 갖는다. 아래 예는 <u>규칙적 본동사</u>로서의 need의 용법이다.

㊲ (Onions 3-1) (VP 6A)

a. Tom <u>needs</u> a new coat.
b. He doesn't <u>need</u> new shoes.
c. Does he <u>need</u> any new shirts?
d. The work <u>needed</u> time and patience.
e. That blind man <u>needs</u> help.
f. That blind man needs somebody to help him across the street.

㊶ (Onions 3-5) (VP 6E)

a. My shoes <u>need</u> mending.   = (needed to be mended.)
b. He will need looking after.   = (to be looked after/cared for)
c. His wife needs tactful handling. = (to be handled careful)

㊸ (Onions 3-7) (VP 7B)

a. Do you <u>need</u> to work so late?   (본동사)
b. He doesn't <u>need</u> to work so late, does he?   (본동사)

본동사 need나, 서법조동사의 need나, 다같이 "필요와 의무"를 나타내는데 사용되므로, 다음 c-f에서는 의미상으로 거의 차이가 없다. 본동사 다음에는 반드시 to-부정사의 to가 온다.

c. Do you <u>need</u> to work so late?　　　　　(본동사)
d. <u>Need</u> you <u>work</u> so late?　　　　　　(조동사)
e. He doesn't <u>need</u> to work so late, does he?　(본동사)
f. He <u>needn't</u> work so late, need he?　　　(조동사)

변칙 정형동사 need는 미래시제에도 쓰인다. 그 미래시제는 시제부사 Saturday로 나타난다.

g. You <u>needn't</u> come to the office Saturday.　　(미래)

의무나 필요를 나타내는 본동사 need는 must나 have to로 바꾸어 쓰일 때도 있다.

a. Do you <u>need</u> to work so hard?
b. Do you <u>have to</u> work so hard?　　(AmE)
c. <u>Must</u> you work so hard?

d. You'll <u>have to</u> start early if you want to get back before dark.
e. He'll <u>need</u> to hurry if he wants to catch the 2. 15 train.
f. He'll have <u>to hurry</u> if he wants to catch the 2. 15 train.

부정형의 needn't는 의무나 필요가 없다는 의미이며, 긍정의 must, have to에 대응하는 표현이다.

a. He needn't start yet, need he?
b. He must start at once, mustn't he?
c. <u>Need</u> you go <u>yet</u>?---Yes, I must. (벌써 가야 하나?)

"변칙 정형동사 need"는 "<u>문장 속에 부정의 의미가 있을 때</u>"에는, "조동사로서" 서술형 문장에 쓰이는 경우도 있다. 또 다음 c번과 같이, "--하기만 하면 된다"의 의미를 나타낼 경우에도, "조동사 need"와 "원형동사"가 온다. c에서는 본동사로서/원형동사 do가 왔다.

a. He <u>need have no hesitation</u> about asking for my help.
b. No one <u>need go hungry</u> in our Welfare State.
c. All you <u>need do</u> is give me a ring (call) and I'll come at once.
d. He <u>need have</u> no fear of losing his job.

위 c번에 대해서 다시 설명하면, "All you <u>need do</u>"는 "You need do <u>nothing</u> except…"에서, 그 의미가 ①. (… 이외는 할 일이 없다)", 또는 ② "You need only do… (…만 하면 된다)"의 의미가 나타난다. 즉, 이 경우, 조동사 need와 문장의 의미에 따라 "다른 원형동사"를 사용한다. 다음 예를 보자.

e. To become a member of our civil association, one <u>need</u> <u>only</u> <u>attend</u> two meetings a year and <u>pay</u> <u>his or her fees regularly</u>.
(우리의 시민 연합회의 회원이 되려면, 오직 1년에 두 번의 회의에 참석하고, 회비를 정기적으로 "지불하기만 하면 된다")

변칙 정형동사 need는 과거시제는 없으나, 완료형에서 부정어 (not)와 함께 사용될 수도 있다.

f. We needn't have hurried. (서둘러야 했을 필요는 없었다).

이 "<u>needn't have + 과거분사</u>"와 본동사의 need를 사용한 "<u>didn't need to</u>"를 아래의 예에서 비교해 보자.

a. We <u>needn't</u> have hurried. (We have hurried, but now see that this hurry was unnecessary.) (서둘렀었지만, 그럴 필요는 없었다)

b. We didn't <u>need</u> to hurry.
(There was no necessity for hurry whether we did so or not)
(서두를 필요는 없었다) (= 우리가 서둘렀거나 아니었거나 간에)

c. They <u>needn't</u> have gone.
(Although they did go or have gone, it was unnecessary.)
(갔었지만, 갈 필요가 없었다.)

d. They didn't <u>need</u> to go.
(Whether they did go or did not go, it was unnecessary)
(갈 필요가 없었다) (갔거나 가지 않았거나 간에)

2.3

dare

dare도 need와 마찬가지로, 본동사로도 사용되고, 서법조동사로서 변칙 정형조동사로도 사용된다. 변칙 "정형조동사"의 경우는, 조동사이므로 당연히 3인칭 단수 현재시제에도 dares가 아닌, dare이다. 변칙 정형조동사의 dare는 to 없는 원형동사와 함께 쓰고, 주로 의문문과 부정문에 사용되나, 특히 의문사 how와 함께 잘 쓰인다.

a. How <u>dare</u> you speak to me so rudely?
b. How <u>dare</u> he say such rude things about me?
c. She <u>daren't</u> leave the baby in the house alone.
---she's frightened of the danger of fire.
d. <u>Dare</u> he admit it?

위에서처럼 dare는 how 뒤에서 변칙 정형동사로 쓰이나, 부정문에서는 간혹 변칙이 아닌 일반 정형동사로도 사용된다. 본동사로 쓰일 때에는 to-부정사의 to가 나타난다.

a. I don't <u>dare</u> to speak about what happened.
b. He doesn't <u>dare</u> to speak about what happened.

Need의 경우처럼, dare도 문장 속에 부정의 뜻이 들어있을 때에는 서술형 문장에서도 쓰인다.

c. No one <u>dare</u> question the orders of this savage dictator.
d. No one <u>dare</u> disobey the orders of this savage dictator.
e. Would anyone <u>dare</u> predict when this dictatorship will end?

변칙 정형동사 dare의 부정형 daren't는 현재, 과거, 미래의 어느 시제에도 쓰인다.

a. Harry <u>met</u> Mr. Green yesterday but <u>daren't tell</u> him.   (과거시제)
that he had wrecked the car we had borrowed from him.
b. Will you tell Mr. Green that we've wrecked his car?   (미래시제)
c. I <u>daren't tell</u> him.   (현재시제)

<u>본동사로서</u> dare는 (VP 7A), ㊷ (Onions 3-6)으로 쓰이며, 그때에는 흔히 to-부정사를 수반하며, 원형부정사를 수반할 때는 드물다.

a. Does anyone <u>dare</u> (to) call me a liar?
b. Do they <u>dare</u> (to) suggest that we have been dishonest?

"대담하게 맞서다(face boldly)"의 의미로는 (VP 6A), (Onions 3-1)이다.

c. He was ready to <u>dare</u> any danger.

2.4

> used to

used to는 /jústu/ 또는 /jústə/로 발음하며, 부정형 use(d)n't to는 /júsntu/ 또는 /júsntə/라 발음한다. 동사 use/juz/의 과거형 used/juːzd/와 철자는 같으나 발음이 다르기 때문에 주의해야 한다. 그리고 He is not used to hard work.(힘든 일에는 익숙하지 않다)와는 의미가 다르다. 즉, 아래 줄친 a, b의 발음은 동일하나, 의미는 다르다.

a. He <u>is</u> not <u>used to</u> hard work.　　(be used to)　　/justu/jústə/　　(전치사)
b. He <u>used to</u> live in Leeds.　　　　(used to)　　/justu/jústə/　　(to-부정사)
c. This brush <u>is used to</u> paint big pictures.　　/juːzd/tu/　　(to-부정사)

위 a, b, c에서, a와 b는 발음이 /jústu/나 /jústə/로 동일하게 발음되고, c만이 /juːzd/로 발음된다. a와 c는 "be used to"라는 어휘는 동일하나, c에서 used의 발음은 /juːzd/이다. 즉, 수동문에서 동사 use의 과거분사로 사용되었다.

위 a에서, be used to의 "<u>to는 전치사</u>"이고, b에서 "used to"의 "<u>to는 to-부정사</u>"이기 때문에 의미가 달라지는 것이다.

또 위 b의 used to는 "<u>과거의 의미</u>"로만 쓰인다. 그래서 옛 관용적 용법에서는 변칙정형동사였다. 지금도 격식을 차리는 글에서는 변칙정형동사로 쓰인다고 했다. 그러나 현대 구어체에서는, 특히 부가의문문이나, 응답문에서는 변칙이 아닌, 일반 정형동사로도 사용된다.

a. You <u>used to</u> live in Leeds, <u>use(d)n't you/didn't you</u>?
b. There <u>used to</u> be a cinema here, <u>didn't there</u>?

다음 a와 같이, used to 구조에, 수동형이 적용되면, 가주어 it가 문장의 앞에 나타나고, 진주어로 that-절이 뒤따라올 수도 있다. 수동구조가 아니면 b와 같은 구조로 나타난다.

a. It <u>used to be thought</u> that flying was dangerous.　　수동구조
b. People <u>used to</u> think that flying was dangerous.　　능동구조

a. "Brown <u>used to</u> live in Hull." --Oh, <u>did he</u>?
b. <u>Did</u> he <u>used to</u> play football at school?
　 (일반 정형동사 did를 사용한 의문문)

c. <u>Used</u> he <u>to play</u> football at school?
　 (변칙정형동사를 그대로 사용해서 만든 의문문)

not 대신 never가 쓰일 때도 있다.

e. You <u>never used to</u> grumble all the time.

제3장　　　　목적어가 주어로 나타나는 Chomsky의 형용사 유형분석
3.1. 목적어가 주어로 나타나는 형용사 유형(AP 1A)의 문제

Chomsky의 생성문법에서 본 가주어/가목적어 it의 성격

영어 문법에서 유도부사 there는, 문장의 외부로부터 there를 어떤 주어진 문장에 부가시킨다. 보통 문장 앞의 주어의 위치에 둔다. 그러면 "there + 동사 + 주어"의 형태로 나타난다. 그러나 가주어 "It---to---구조"나 "It---that---구조"의 it는 문장의 외부로부터 가져오는 것이 아니라, 문장의 내부 구조에 숨어있는 요소인데, 주로 "내포문"을 외치변형을 시킬 때, 자동적으로 심층에서부터 표층으로 나타나는 요소이다.

앞 형용사 유형 (AP 1A)에 나타난, It is easy to deceive John.의 구조도 바로 이와 같은 구조이다. 그리고 이 "It---to---구조"의 가주어 it는 머리명사가 있는, 내포문의 머리명사와 동일한 위치에 나타난다. 이 예는 뒤에서 제시되는 D. a, b나 E. a, b의 실제의 예에서 확인할 수 있다. 우선 가주어 It가 외적으로 나타난 다음 예를 보자.

①
a.　It is easy to deceive John.　　　(John을 속이기가 (속이는 것이) 쉽다)　심층구조
b.　It is difficult to find the house.　(그 집을 찾기가 (찾는 것이) 어렵다)　심층구조

c.　To deceive John is easy.　　　　　　　　　　　　　　　　　　　　표층구조
d.　To find the house is difficult.　　　　　　　　　　　　　　　　　표층구조

e.　John is easy to deceive.　　　　　　　　　　　　　　　　　　　　표층구조
f.　The house is difficult to find.　　　　　　　　　　　　　　　　　표층구조

그런데 위 ① a, b의 예문은 가주어 it로 된, "It---to---의 구조"로 나타났다. 따라서 위 ① c, d는 진주어인 to-부정사(구)의 구조가, 가주어 it의 자리로 이동한 평범한 예이다. 위 ① a, b와 같은 문장에 왜 it를 가주어로 한 "내포문 Comp(complementizers)"가 앞에 나타나느냐 하는 점에 대해서, 전통문법 학자인 Hornby는 구체적인 이유를 제시하지 못했다.

그러나 Noam Chomsky(1957)는 it의 출현을 논리적으로 설명한다. 바로 위 ①의 심층구조 a, b에서, c, d와 e, f의 예들이 어떻게 나타나느냐를 설명하기 위해, Chomsky(1957)는 변형 생성문법을 제안했다. 즉, 위 ① a, b는 두 개의 변형문을 만들어내는 문장의 심층구조이고, c, d와 e, f는 표층구조라는 것이다. 왜냐하면, ① a, b와 같은 심층구조(기저구조)에, to-부정사(구)의 형태로 된, 진주어명사가 c, d와 같이 나타나기 때문이다. 그런데, 문제는 위 ① a, b에서 어떻게, "표층구조"인 e, f의 문장이 변형되어 나오는가를 설명하기 위해서 변형의 과정을 제시했다.

영어 문법에 관한 현상 중에서, 아마 가장 이상하고, 신비스럽고, 매력적인 연구 대상의 구조가, 바로 이 형용사 유형 (AP 1A)라고 생각한다. (AP 1A)라 이름을 붙인 사람은 Hornby이다. 그러나 이 유형 때문에, Noam Chomsky는 변형 생성문법을 제시했다. 세계에서 언어연구의 방향을 Hornby와 같은 전통적인, 외형적인, 언어 연구에서, 언어구조의 내부에 어떤 기본 유형이 잠재하고 있는가를 연구하는 방향으로 변천해왔다고 본다. 즉, 발화된 언어외부 구조의 분석을 통해서, 그 구조의 내부에 어떤 공통분모가 존재하는 가를 연구해 왔다고 생각된다. 이런 이유 때문에 잠시 이 유형의 분석을 감상하기로 한다.

위 ① a, b가 c, d로 변형되는 문제는, 누구나 인정하고 이해할 수 있다. 그러나 ① a, b에서 e, f로 변형되는 것은 그 이유와 변형과정을 이해하기 어려운 문제이다. 이 문제를 설명하기 위해, Chomsky의 변형생성 문법 이론에서, "심층구조"로부터 "표층구조"로 변형되는 전 과정을 보여주는 것이 적절하리라 본다. 그래서 Hornby의 해설 대신에, Chomsky의 변형 생성문법에서 유도하는 과정을 다음 A에서부터 보기로 하자.

위 문장 ① a의 심층구조:

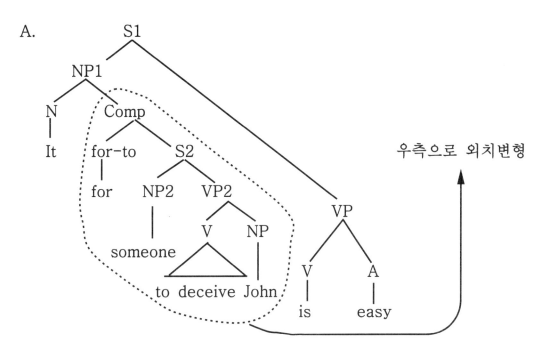

A.

우측으로 외치변형

위 ① A의 수형도에서, for someone은 내포문(Comp: complementizers의 약자)의 "의미 상의 주어"이며, 동시에, to deceive의 주어이다. "속이다(to deceive)"가 나타나면, 속이는 사람이 반드시 존재하기 때문에, Chomksy의 변형생성 문법에서는 속이는 사람이 있는데, 그 사람을 "for some으로 표시하고, to deceive"의 주어로 표시한 것이다. 그리고 또 이 내포문이 우측으로 외치-변형되면, 가주어 It가 is easy의 주어가 된다. 그런데 to deceive는 내포문 전체구조로 본다면, 동사의 역할을 하기 때문에, to deceive를 동사의 범주에 두는 것이다. 그래서 to deceive를 동사 V의 마디 아래에 둔다.

위 A의 심층구조에서 점선으로 줄친 부분을 "내포문"이라 하는데, 이 내포문만 오른쪽으로 "외치-변형"시키면, 다음 쪽의 B와 같이 된다. 이때 가주어 it가 자동적으로 나타난다. Hornby는 이 가주어 it의 성격을 설명하지 못했지만, Chomsky는 주어명사(구)나 목적어 명사(구)가 절(clause)일 경우, 이 명사구가 "외치변형" 될 때, 자동적으로 가주어 It가 나타난다고 했다. 그 다음 의미상의 주어 "for/of someone" 등의 삭제는 Chomsky의 변형문법에서만 나타나는 것이 아니라, Hornby의 전통분법에서도 나타난다. 그 예는 ⑧의 (AP 1C)에 제시되어 있는데, 그 예를 여기서 2개만 인용한다.

1. a. It was difficult <u>for someone</u> to find the house.　(for + 주어 삭제)
   b. It was difficult to find <u>the house</u>.　find 동사의 목적어가 가주어 It로 이동한다.
   c. <u>The house</u> was difficult to find.

중요한 것은, 위 A에서 내포문이 외치변형되기 전에, 위 1. a에서 b로 변형되는 과정에서, 의미상의 주어 "for/of + 명사구"가 삭제될 수 있다. 그 다음 b문이 c로 유도되는 과정은 (AP 1A)의 형용사가 나타나는 구조에서만, 동사의 목적어가 위 c와 같이, 가주어 it로 이동해서 이 문장의 주어가 되는 것이다.

이것을 형용사 (AP 1A)의 문법으로 받아들이면 된다.

다음 예문 2의 silly는 (AP 1A)의 형용사가 아니라, ⑧의 (AP 1C)의 형용사이다. 따라서 아래 2. d 에서 "of + 주어"는 삭제되나, 위 1. c의 예문과 같은 변형은 나타나지 않는다. 즉, 그 이유는 형용사 유형이 다르기 때문이다. 다음 f가 위 1. c와 같은 변형은 인정되지 않는다.

2. d. **It** is silly "_of you_" to make such a mistake.
   e. It is silly to make a mistake.
   f. * Mistake is silly to make.

위 1, 2에서 의미상의 주어 "of/for + 명사구"가 삭제되면, 바로 다음 B와 같은 수형도가 나타난다. 이때 (AP 1A)의 형용사가 나타나면, 동사의 목적어가 가주어 it의 자리로 이동해서, 이 문장의 주어가 된다. 이것이 Chomsky의 분석의 결과인데, 이것을 현대영문법으로 받아들이면 되는 것이다.

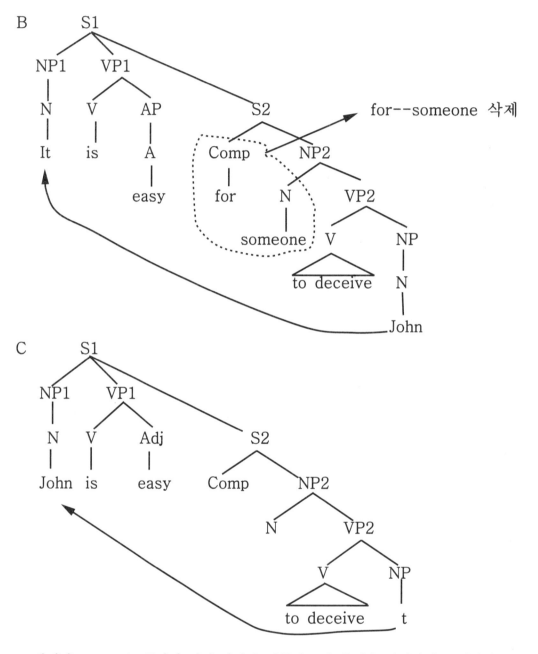

앞에서 Hornby는 문장의 앞에 나타난 가주어 it의 출현을 설명하지 못했지만, Chomsky는 외치변형이 적용되면, 자동적으로 it가 나타난다고 했다. 그 다음 위 B의 It is easy to deceive John.에서 to-부정사의 목적어 John이 가주어 It의 자리로 이동해서 이와 같이 주어가 되면, 이 변형을 Chomsky는 "It-Replacement(It-대체)"라 했다. 위 A, B, C의 예는 독립된 하나의 문장이고, "머리명사(head noun)가 없는 내포문에서 외치변형된 것이다.

3.2. 머리명사(Head Nouns)가 있는 내포문의 분석

이제 "머리명사"가 있는 내포문의 외치변형을 살펴볼 차례이다. 처음부터 머리명사가 나타나는 내포문이 제시되었다면, 이론의 전개가 논리적으로 제시될 수 있었지만, 먼저 제시된 예문이, 앞 4. 1의 ① a와 같은 머리명사가 나타나지 않은 "John is easy to deceive." 이기 때문에, 머리명사가 없는 문장으로부터 분석한 것이다. 이제 다음 D의 a와 같이 머리명사가 나타나는 내포문을 분석해 보기로 하자. 아래 D의 a가 b로 외치 변형된다.

D   a.   The fact that the U.S.S.R is being changed is obvious.
        (소련이 변해가고 있는 사실이 분명하다)
    b.   The fact is obvious that the U.S.S.R is being changed.
        (소련이 변해가고 있는 사실이 분명하다)

위 D의 a에서 내포문이 그 앞의 머리명사 the fact만 남겨 놓고, b에서 우측으로 이동했는데, 이를 수형도로 나타내면 다음 b와 같다.

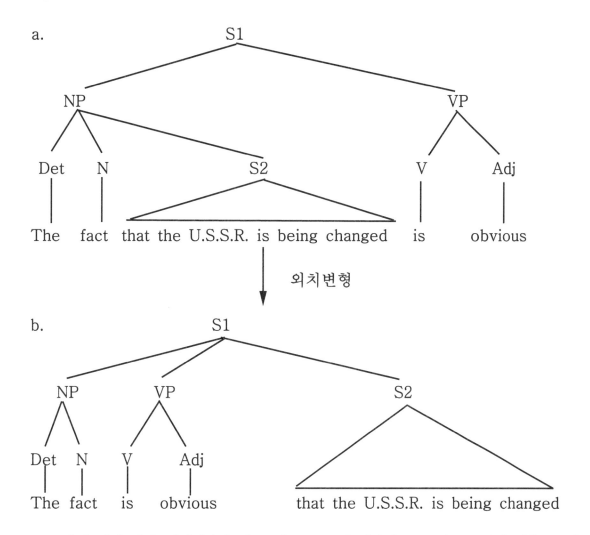

그런데 이와 같이 머리명사가 있는 내포문도, 앞 형용사 구조 (AP 1A)의 심층구조인 "(It) For someone to deceive John is easy."가 앞 A와 같이, 그 내포문 맨 앞의 심층에 항상 (It)이 숨어있다고 가정했다. 그 이유는 다음 E의 a와 같은 머리명사가 없고, 접속사 that로 유도되는 내포문이 외치 변형되면, "머리명사(head noun) 자리에" it가 나타나기 때문

<u>이다</u>. 즉, 머리명사 The fact의 위치와 앞 A, B, C의 가주어 It의 위치가 같다는 것이다. 그러므로 The fact가 나타나면, (it)은 삭제되고, it가 나타나면 "머리명사" The fact는 나타날 수 없다.

아래 E의 a에서 외치-변형된 b와, 머리명사가 나타난 c가 외치-변형된, d를 비교해 보자. b의 It와 d의 The fact가 동일하게 주어의 역할을 하고 있다는 점이 동일하고, 두 문장에서 동사는 모두 bothers이다. 나머지 구조는 동일하다. 따라서 It가 나타나면 The fact는 나타날 수 없고, The fact가 나타나면, It는 나타나지 않는다. 다음 예문의 a, b, c, d를 비교해 보자. 특히 b와 d를 비교해 보면, It와 The fact는 동일한 위치에 나타남을 확인 할 수 있다.

E. a. <u>That Mary plays the piano</u> bothers me.
        (Mary가 피아노를 치는 것이 나를 귀찮게 한다)
    b. <u>It</u> bothers me <u>that Mary plays the piano</u>.

    c. <u>The fact</u> <u>that the Mary plays the piano</u> bothers me.
    d. <u>The fact</u> bothers me <u>that Mary plays the piano</u>.

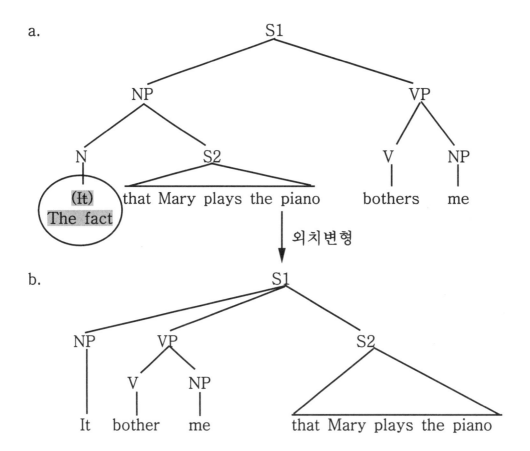

그런데, 주어명사절뿐만 아니라, 목적어 명사의 내포절에서도, 동일한 현상이 나타나고 있기 때문에, 외치변형이 적용되는 주어/목적어 명사절의 내포문의 심층에는 항상 "it가" 존재한다는 이론을 설정하게 된다. 다음 F의 a부터 보기로 하자.

F. a. I doubt (it) that he is innocent.   (나는 그가 무죄라는 것이 의심스럽다)
    b. I doubt <u>it</u> that he is innocent.
    c. I doubt <u>it</u> <u>very much</u> that he is innocent
        (나는 그가 무죄라는 것이 대단히 의심스럽다)

위 F의 a에서 (it)가 없다고 가정하면, that-절이 직접목적어가 된다. 이 말은 외치변형을 하지 않을 경우에는 가목적어 it가 나타나지 않는다는 것이다. 따라서 it는 다음 a의 수형도에서처럼 자동적으로 삭제된다.

그러나 위 b, c와 같이 외치변형을 한다면, it가 that 앞에 나타나서 가목적어가 되고, 진목적어는 that-절이 된다. 이 가목적어 현상은 앞 동사 유형 Onions 4-9와 5-25를 참조하라. 그런데 외치변형을 적용한 것인지, 안한 것인지 무엇을 보고 알 수 있을 것일까? 그것은 위 F의 c를 보면 알 수 있다. F의 c에서는 very much와 같은 부사구가 나타나서 가목적어와 진목적어를 분명하게 분리시켜 놓고 있다. 따라서 외치변형을 하는 명사절의 기저구조 앞에는, 항상 it가 앞 A, B의 수형도에서처럼, 또 위 E의 a, b의 수형도처럼, F의 b, c의 수형도처럼, 기저에 놓여 있다고 가정하게 되었다.

그런데 앞에서 Hornby는 it를 유도부사 there처럼, 문장의 앞에 가주어로 나타나는 것처럼 가정했지만, 더 이상 어떤 설명도 하지 못한다. 그것에 비교하면 Chomsky(1957)의 위의 분석은 훨씬 종합적이고, 설득력 있는 이론이라고 본다. 아래 수형도는 위 F의 a, b, c를 수형도로 제시한 것이다.

a.
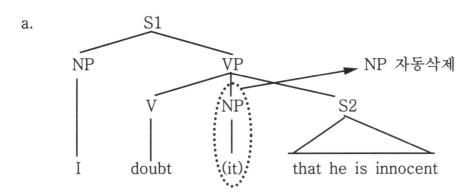

b.
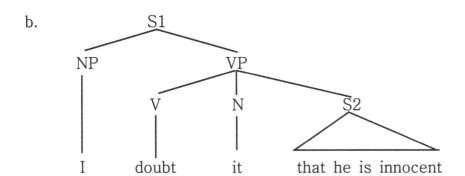

c.
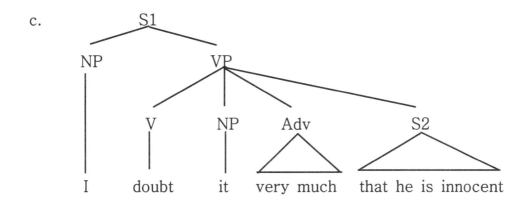

앞 E의 a, b 예문은 주절 내포문에서 it가 나타났지만, 위 F의 b, c 예문인 목적어 내포문에서도 it가 나타났다. 따라서 외치변형이 머리명사가 없는 문의 구조에서도, 동일하게 it가 심층에 숨어있음을 확인할 수 있다.

이제 머리명사가 나타나는 앞 D의 a, b 문장의 구조와 함께, "명사구의 내부구조"를 재구성해 보자. 초기 변형생성 문법에서는 외치변형을 적용할 때, 명사구의 구조를 다음 G와 같이 설정할 수 있었다. 아래 G에서 1, 3번은 선택적인/수의적인 것이고, 머리명사는 필수적인 요소이다. 그런데, 아래 G에서 2번의 머리명사는, 앞 D의 a, b에서는 fact가 되고, 머리명사가 없는 E의 a, b에서나, F의 b, c에서는 심층에서, it가 머리명사를 대신하고, 그 자리에 숨어 있다고 가정했다. 그래서 주절 내포문이나, 목적어 내포문이 외치 변형되면, it가 표면에 나타난다고 보았다.

3.3.   명사구의 내부 구조와 분석의 결과

```
G.  NP: [(Det) - N - (S)]
         The   fact      |
          |     |        |
          |    (it)      |
          1     2        3
```

이와 같은 설명은 필자의 영어통사론(서울. 경진문화사. 2000), 7.2절의 외치변형(154-159)을 참조하라.

그 다음 마지막으로, 앞 변형과정에서 나타난 it의 성격을 요약하고자 한다. 이 문제에 대한 Chomsky의 분석을 요약하면 다음과 같다:

①.   앞 (AP 1A)에 제시된 형용사 구조의 심층에는, "It---to-부정사(구)"가 심층에 숨어있고,
②.   위 F의 b, c와 같은 가목적어 구조에는 "it---that 구조"가 숨어있다고 보았다.

전자에는 앞 A, B와 같은 변형이 적용되고, 후자에는 위 F의 b, c와 같은 변형이 적용된다. 그러면, 전자에서는 it가 앞 A, B에서 "가주어 it"로 나타나고, 후자에서는 it가 위 F의 b, c에서처럼 "가목적어 it"로 나타난다. 두 가지 분석에서, it는 모두 "가주어"가 아니면, "가목적어"로 문장의 심층에 숨어 있다가 외치변형이 적용되면, 비로소 표면에 나타난다.

다시 말하면, 이 it는, 유도부사 there와 같이 외부에서 문장에 삽입되는 것이 아니라, 문장 내부의 심층구조에 존재하다가, 외치변형이 적용되면, 외부로 나타나는 요소라는 것이다.

위 4. 3의 Chomsky의 분석 중에서, ①번의 "가주어 it"만이 (AP 1A)와 관련이 있고, ②번의 "가목적어 it"는 (AP 1A)와는 전혀 관련이 없다. 따라서 ②번은 더 이상 논의하지 않기로 한다. 이제 Chomsky의 분석의 결과에 따라, 앞에서 제시된 (AP 1A)의 "3가지 예문이 구조적으로 서로 어떤 관련이 있는 지 살펴보기로 하자." 다음 예를 보자:

Ⓐ   It is easy <u>to deceive John</u>.
Ⓑ   <u>To deceive John</u> is easy.
Ⓒ   John is easy <u>to deceive</u>.

위 Ⓒ의 John은 Ⓐ에서 deceive 동사의 목적어가 가주어 it의 자리로 이동한 결과로 나타났다. 그런데 Ⓑ문의 구조는 "It----to---의 구조"를 갖고 있다. to-부정사 이하가 진주어이고, 앞의 It는 가주어이다. 그래서 Ⓑ는 to 이하의 진주어가 가주어 it의 자리로 이동한 결과이다.

동사의 목적어뿐만 아니라, 전치사의 목적어도 가주어 it의 자리로 이동된다. 다음 예를 보자.

A. It was painful to listen to the story of her sufferings.
B. The story of her sufferings was painful to listen to.

그런데 동사의 목적어와 전치사의 목적어가 모두 가주어 It의 위치로 이동할 수 있는 것은 동일하다. 다만 전치사의 목적어가 가주어 It로 이동하는 경우에는 형용사의 유형이 다르다. 즉, painful, pleasant, (im)possible, exciting, thrilling 등의 형용사를 쓰는 것이 다르다. 그런데, 이 두 가지 유형이 모두 "목적어를 먼저 해석하고, 그다음 진주어인 to-부정사(구)를 해석하기 때문에, "---을/를 하는 것은" 으로, 해석하고, 마지막에는 "주어처럼" 해석된다. 그러나 어떤 전치사의 목적어는 해석상 "--을/를"과 같이 목적어로 해석되지 않는 전치사들이 많다. 다음 1은 분명히 "John을" 속이는 것은 쉽다로 해석된다. 그러나 다음 2번은 "그 사람과 함께"라 말하면, 목적어처럼 들리지 않는 것이 사실이다. 그러나 전치사의 목적어를 해석한 것은 분명하다.

1. John is easy to deceive.   ("John을 속이는 것은" 쉽다)

2. That man is impossible to work with. ("저 사람과 함께 일하는 것은" 불가능하다)

다음 3번도 4번과 같이 변형시켰을 때, 그 해석이 "목적어 해석처럼" 들리지 않는다.

3. It's dangerous to bathe in this river.
4. This river is dangerous to bathe in. (이 강에서 (안에서), 수영하는 것은 위험하다)

그러나 위 3, 4 두 유형의 구조는 가주어 It와 진주어인 "to-infinitive(구)"를 유지하고 있기 때문에, "---을/를과 전치사의 목적어, 즉, (---와 함께, --의 안에)"로 해석하고, 마지막에 to-infinitive phrases를 해석하기 때문에 주격으로 해석되는 것은 동일하다.

①

(1) 조동사 do (does/did): 의문문, 부정문, 강조문 등을 만들 때 쓰인다.

    a. What do you need?   (의문문)
    b. Don't you like them?   (부정문)

(2) 조동사 am/are/is/was/were/been: 다른 동사에 첨가되어 "진행형"과 "수동형"을 만든다.

    a. Is it raining?   (진행형)
    b. She was asked to sit down. (수동형)

(3) 조동사 have/had: 여러 가지 "완료형"을 만드는데 쓰인다.

    a. What have you done?
    b. I realized that I hadn't turned the light off.

    동사 do, does, did는 본동사로도 쓰이고, 또 조동사로도 쓰인다. 조동사로 쓰일 때에는 본동사 앞에 나타나서, 본동사의 역할을 도와준다. 의문문과 부정문을 형성하는데 쓰이며, 이 두 유형의 문장을 형성하는데 도와줄 뿐, 별도의 의미는 없다. 그래서 조동사라 부른다. 그 외에 본동사의 의미를 강조할 때, 또는 대동사로도 쓰인다. 다음 예를 보자.

(1) 의문문과 부정문에 쓰인다.

    a. What did you do yesterday? (의문문에서, did는 과거형 조동사, do는 본동사)
    b. Do you like swimming?   (do는 의문문 형성)
    c. I do not like hunting.   (do는 부정문 형성)

(2) 시제가 현재이고, 주어가 3인칭 단수일 때, 조동사 does를 사용.

    a. Does she want to go?   (의문문: 현재형 조동사)
    b. Doesn't he like it?   (부정 의문문: 현재형 조동사)

(3) 주어가 1인칭 단/복수, 2인칭 단/복수, 3인칭 복수일 때, do를 사용

    a. Do I have to go?   b. Do we have to go? (do 현재형 조동사: 의문문 형성)
    c. Do you have to go?   d. Do they have to go?

(4) 본동사의 의미를 강조할 때,

    a. I do like it.   b. You do like it.
    c. She does like it.   d. They do want it

(5) 대동사로서 쓰이는 경우

    a. Do you like it?   b. Yes I do. (like it).
    c. They saw the movie.   d. So did I. (I saw it, too)
    e. He likes the cake and she does, too. ⇒ f. (She likes the cake, too)

(6) 이 책의 뒤, 19장 도치구문(Inverted Constructions)의, ⑥c의 내용을 보면, 문장에 조동사로 have나 be 동사가 없는, 본동사만이 나타나는 문장을, 강조/도치시킬 경우, 그 동사의 시제에 맞는 does, do, did의 조동사를 일부러 만들어 사용한다. 다음 예를 보자.

a. I only then understood what she meant. ⇒   도치구문으로 변형
   Only then <u>did</u> I <u>understand</u> what she meant.
   이 때, "did I understand"는 "I understood"와 동일한 것이다.
   (나는 그때서야 그녀가 무엇을 의미했는지 이해했다)

b. Diana rarely shops for anything on line. ⇒   도치구문으로 변형
   Rarely <u>does</u> Diana <u>shop</u> for anything on line.
   이 때, "does Diana shop"는 "Diana shops"와 같은 것이다.
   (Diana는 "인터넷 거래(on line)로" 거의 어떤 것도 구입하지 않는다)

c. We lost not only money, but we were nearly killed. ⇒   도치구문으로 변형
   Not only <u>did</u> we <u>lose</u> money, but we were nearly killed.
   이 때, "did we lose"는 "we lost"와 같은 것이다.
   (우리는 돈을 잃었을 뿐만 아니라, 거의 죽을 정도가 되었다)

② 조동사(can, may, shall, will, must, have to)

(1) can (could)의 용법: 능력/가능성/허가

    a. He <u>can</u> do it by himself.   (그는 그것을 혼자 할 수 있다)
    b. Even experts <u>can</u> make such a mistake.   (전문가까지도 그런 실수를 할 수 있다)
    c. <u>Can</u> I come in? Yes, you <u>can</u>.   (내가 들어갈 수 있나요? 네, 들어올 수 있습니다)

(2) 강한 의문과 부정적 추측 (…일 것이다)

    a. Can it be true?   (그것이 진실일까요?)
    b. It <u>cannot</u> be true.   (그것은 사실일 수 없다)
    c. The rumor cannot be true.   (그 소문은 진실일 수 없다)

(3) 관용적 표현:

    a. cannot …too: (아무리 …해도 지나치지 않는다)

    You <u>cannot</u> be <u>too</u> careful in choosing your wife.
    (네가 너의 부인을 선택하는데, 아무리 신중하다 할지라도/주의를 기울인다 할지라도 지
    나치지 않는다)

    b. cannot but + 동사원형/cannot help …ing (동명사):   "--하지 않을 수 없다"

    I <u>couldn't but do</u> so because I had no money with me then.
    = I <u>couldn't help doing</u> so because I had no money with me then.
    (나는 그때 돈을 갖고 있지 않았기 때문에 그렇게 밖에 할 수 없었다)

    c. I <u>had no choice but go</u> home.   "--하지 않을 수 없다"와 비슷한 표현"
    (나는 집으로 갈 수 밖에 없었다)

    d. He <u>had no alternative to go</u> with her.   "--하지 않을 수 없다"와 비슷한 표현"
    (그는 그녀와 함께 갈 수 밖에 없었다)

(4) may/might: 허가/불확실한 추측

    a. May I see your student ID card?   b. He may be telling a lie.
       (내가 너의 학생 신분증을 볼 수 있니?)   (그는 거짓말을 하고 있는지도 모른다)
    c. The news report may not be true.   d. He may have missed the bus.
       (그 뉴스는 진실이 아닐 수도 있다)   (그가 버스를 놓쳤을 수도 있다)

(5) 기원: May you live long! (선생님께서 오래 사시길 기원합니다!)
　　　May God bless her and help her to be healthy!
　　　(하느님이 그녀에게 축복을 주시고 그녀가 건강하도록 도와주십시오!)

(6) 목적: so (that) …may + 본동사

　　　She studied hard so (that) she might pass the examination.
　　　= She studied hard in order to pass the examination.
　　　(그녀는 시험에 합격할 수 있도록 열심히 공부했다)

(7) 양보: However hard you may try, you cannot finish it today.
　　　(네가 아무리 열심히 시도해 본다 할지라도, 너는 그것을 오늘 끝마칠 수 없다)

(8) 관용적 표현

　　a. You may as well do so.　　　　　　(네가 그렇게 하는 것도 당연하다)
　　b. You might as well go home now.　　(너는 지금 집에 가도 좋다)

(9) must (have to/had to): 의무/필요 (…하지 않으면 안 된다):

　　a. You must do it right now.

　　b. (확실한 추측)
　　　He must be John.　　　　　　　(그는 John 임에 틀림없다)
　　　He must have been a thief.　　(그는 도둑이었음에 틀림없다)
　　　That must have been a very exciting event.
　　　(그것은 대단히 재미있었던 행사임에 틀림없다.)

(10) 강한 금지/강한 요구

　　a. You must not smoke in the office.
　　　(너는 사무실에서 담배를 피워서는 안 된다)

　　b. You must wash your hands before you eat.
　　　(너는 식사하기 전에 너의 손을 씻어야 한다)

(11) have to = must의 대용어
　　a. I have to send an e-mail to her.　　= I must send an e-mail to her.
　　b. She has to go there.　　　　　　　　= She must go there.
　　c. She had to go there.　　　　　　　　= must의 과거: had to

　　다음 a는 must = have to의 의문문에 대한 답
　　　　　b는 긍정형 must에 대한 부정형의 답

　　a. Do I have to finish this today?　　/You must finish this today.
　　b. He must be Mr. Smith.　　　　　　/He cannot be Mr. Smith.

③ will/would의 용법:

단순미래: 단순한 미래의 동작, 상태, 거절 및 예정을 나타내는 것으로 시간이 흘러가면 자동적으로 어떤 일이 이루어질 것이라는 것을 의미한다. 그리고 1, 2, 3인칭 단수/복수에서 모두 will/would이 사용된다. 영국영어에서는 1인칭에 단순미래/의지미래에 동일하게 shall을 쓸 수는 있으나, 지금은 will이 더 흔하게 쓰인다(Michael Swan 2005: 192).

(1) a. I will be a second year student next month.
　　b. My father will be 75 in May.

c. The holidays will soon be here.

(2) 사절/거절 (일반적인 거절)

    a. The car won't start.   (차가 시동이 걸리지 않는다)
                               (2)번의 "거절/부정"은 아래 (6)번의 거절보다 약하다.
    b. I won't do it.

(3) would의 용법 (과거의 반복적 습관) (…하곤 했다)

    a. He would often get up late in the morning.
    b. He would often come back drunk.

(4) 정중한 부탁

    a. Would you do me a favor?   (부탁 하나 들어주겠니?)
    b. Would you please wait here for a minute?   (잠시 여기서 기다려 주시겠습니까?)

(5) 간절한 희망

    a. I would like to go to Canada.
    b. I would like you to be here on my birthday.
      (나는 네가 내 생일날에 여기에 오기를 바란다)

(6) 강한 거절

    a. I would not go there instead of her.   (그녀 대신에 나는 거기에 가지 않겠다)
    b. I wouldn't do that at any cost.   (나는 어떤 일이 있어도 그것을 하지 않겠다)

(7) 관용적 표현: ⓐ would rather… than   ⓑ would rather + he went
                   ⓒ would rather + 원형동사.

ⓐ would rather---than은 "---하는 것 보다---하는 것이 좋다"의 의미이다.

    a. I would rather stay here than go home.
      (나는 집에 가는 것 보다 여기에 머물러 있겠다)

    b. I would rather die than betray my best friend.
      (나는 나의 제일 좋은 친구를 배신하느니 차라리 죽겠다)

ⓑ I would rather + "주어 + 과거시제"형: 이 형식은 화자가 타인에게 어떤 행위를 바랄 때 이 표현을 쓰며, 이 경우에 과거형은 현재나 미래의 의미를 갖는다.

    a. I would rather he went.
      (그가 가주었으면 좋겠다) = 사실은 가지 않고 있다.

    b. Tomorrow is difficult. I would rather you came next week.
      (내일은 어려워. 나는 네가 다음 주에 오면 좋겠다)

    c. My wife would rather we didn't see each other any more.
      (나의 아내는 우리가 이제 헤어지기(서로 보지 않기)를 바란다)

    d. Shall I open the window? I would rather you didn't.
      (창문을 열까요? 열지 않았으면 좋겠다)

ⓒ would rather는 선호의 의미를 나타낸다. **이 때 would rather 다음에는 "원형동사"를 쓴다.** 부정문에서도 not 다음에 "원형동사"를 쓴다.

    a. Would you rather <u>stay</u> here or <u>go</u>?
    b. How about a drink? I would rather <u>have</u> something to eat.
    c. Don't you want to see the movie?
       Yes. But I would rather <u>not go</u> tonight.

④ [조동사 + have + p. p]: 과거에 대한 추측, 유감, 가정 등을 나타낸다.

(1) must have + p. p. = "…이었음에 틀림없다"

    a. She must have told a lie.   (그는 거짓말을 했음에 틀림없다)
    b. He must have arrived by now.   (그는 지금 쯤 도착했음에 틀림없다)

(2) can't have + p. p. = "…이었을 리가 없다"

    a. He can't have read that difficult research paper.
      (그는 그 어려운 연구 논문을 읽었을 리가 없다)
    b. The thief can't have run away far from here.
      (그 도둑이 여기서부터 멀리 도망갔을 리가 없다)

(3) should have + p. p = "…했어야 했지만, 하지 않았다"

    a. You should have studied hard for the exam.
    b. I shouldn't have made such a mistake.

(4) a. <u>should have known better than</u> to-infinitive phrase "--해서는 안 되었었다")
      (-- 보다 더 좋은 방법이 있었을 텐데,/--해서는 안 되었을 것이다: 과거의 의미)

    a'. The teenagers <u>should have known better than</u> <u>to try to drive</u> their car <u>down</u> such a narrow street.
      (10대 젊은이들은 그와 같은 좁은 길에서 차를 운전하지 않았어야 했었다.
      [그러나 실제로는 운전을 했었다] : 과거의 의미)

    b. You <u>should know better than to take an examination</u> without preparing for it.
      (너는 시험 준비를 하지 않고, 시험을 치지 않는다는 것을 알고 있지). [현재 경고의 의미]

    b'. Children, you <u>know better than to talk to strangers</u>.
      (애들아, 너희들은 낯선 사람들에게 말을 걸 만큼 바보는 아니겠지)   [현재 경고의 의미]

    b". You <u>should know better than to leave without saying goodbye</u>.
      (너는 작별의 인사도 없이 떠나지는 않겠지)   [현재 경고의 의미]

(5) may have + p. p = "…이었을는지 모른다." (과거 사실에 대한 추측)

    a. He may have left already.
    b. She may have done the homework.

⑤ shall/should

  의지미래의 유형은 1인칭 will, 2, 3인칭은 shall로 되어 있고, 2, 3인칭의 shall/should은 화자의 의지가 표현되는 것이 특징이다. 영어는 원래 영국에서 시작되었지만, 지금은 전 세계로 퍼져서, 영국이 영문법을 통제할 수 없는 처지에 와 있다. 그래서 2, 3인칭의 shall/should

의 용법은 영국과 미국영어에서 너무나 달라진 점이 많다.

(1) will은 1인칭에서 화자의 의지를 표현.

　　a. I will sure do that work.
　　b. We will not forget it for ever.
　　c. We will do our best.

(2) 2, 3인칭에서는 shall/should이 쓰인다. 먼저 다음 문장의 shall을 보자.

　　You <u>shall</u> have a candy. (내가 너에게 사탕 하나를 주겠다)

이 표현은 영어에서 화자의 의지가 반영된, 표현으로서, 사용할 수 있는 표현의 하나이지만, 지금은 "I will give you a candy."라는 표현을 더 많이, 더 자연스럽게 쓰인다.

그런데 이 표현은 지금 이와 같은 간단한 대화의 표현으로 사용하기 보다는, 더 중요한 일에 대한 판정, 충고, 조언의 경우에는 지금도 여전히 쓰인다. 또한 말하는 사람은 사회적 지위가 높고, 연령으로 보아서도, 손위 사람이, 손아래 사람에게, 어떤 어려운 문제의 판결, 결정, 해결책으로, 충고 및 조언의 방법으로 사용할 수 있는 표현이다. 가령, 법정의 판사가 피고인에게 판결을 내릴 때나 들을 수 있는 법정용어로는 사용될 수 있다. 예컨대, 판사가 피고인을 보고, You shall have prisoned for ten years. (당신에게 징역 10년을 선고 한다)라는 표현에는 어울릴 것이다. 아래에 제시된 도표를 보고 더 신중한 표현에 사용된다는 것을 기억해 두자.

의지미래: 화자의 결심과 의지를 나타내는 경우와 상대방의 의지를 묻는 경우에 쓰인다.
　　　　아래 도표를 이용하는 것이 도움이 된다.

인칭 ＼ 의지 ＼ 문장	평서문 화자의 의지 표시	의문문 상대방의 의지를 물음
1 인칭	I will We will　(--하겠다)	Shall I---? Shall we---? (--할까요?)
2 인칭	You shall---. (내가--하도록 시키겠다)	Will you---? (--- 하시겠습니까?)
3 인칭	He ┐ She ┤ shall They ┘ (내가---하게 하겠다)	Shall he---? Shall she---? Shall they---? (그가/그녀가/그들이---하게 할까요?)

(3) 1 인칭
　　a. I will do my best.
　　b. We will do our best.
　　c. Shall I close the door?
　　　 Yes, please./No, thank you.

(4) 2인칭
　　a. <u>You shall go there</u>. (옛 영국영어)
　　　 ⇒ I will let you go there.
　　　　 (의지 미래)

When <u>shall we</u> meet again?
When will we meet again?
　(단순미래)

b. <u>You shall have this cellphone.</u>　　　(옛 영국영어)
　　⇒ I will give you this cellphone.

(5)　3인칭
　　a. <u>He shall meet you.</u>　　　　　　　(옛 영국영어)
　　　⇒ I will make him meet you.
　　b. He will meet you. (단순미래)
　　c.　<u>Shall he go there?</u>　　　　　　　(옛 영국영어)
　　　⇒ Shall I let him go there?
　　　　Do you want me to let him go there?

　　위에서 별표 **가 붙은 표현보다는 "⇒ 표" 우측의 표현을 사용하는 것이 더 일반적인 표현이고, 좋은 표현이다(Michael Swan. 2005: 192). 위 (3)의 c 같이 의문문에서는 Shall we…?나 Shall I…?로 된 표현은 아무 상관없이 사용될 수 있다. 위 (5)의 c와 비교해 보라.

⑥　had better + 원형동사

　a. You <u>had better leave</u> now. (너는 지금 떠나는 것이 좋겠다)

　　이 표현은 화자의 친구나, 손아래 사람에게는 사용할 수 있어도, 손위 사람에게 사용해서는 안 된다. 그 이유는 "had better + 원형 동사"는, 그 명령의 강도로 보아서, 가장 강력한 must 다음에 오고, 그 다음 should과 같은 조동사가 오기 때문이다. 그리고 "had better + 원형동사"의 표현에서, had가 과거형이지만, 현재의 의미를 나타낸다.
　　손위 사람에게는 다음과 같은 표현을 사용해야 한다.

　b. <u>It is better for you to leave</u> now.

⑦　기원법(Subjunctive Mood)에서 쓰이는 should의 용법: (제8장 참조)

　　기원법에서 중요하고, 바람직하다고 판단되는 일을 언급할 때에는, 주절의 동사로 prefer, ask, demand, recommend, desire, require, insist, suggest 등이 쓰이며, 다음 예의 종속절에서, 영국영어의 경우, should speak로, 미국영어의 경우에는 speak로만 표현된다. 다음 예를 보자.

(1)　Mr. Johnson <u>prefers</u> that she <u>(should) speak</u> with him personally.
　　(Johnson 씨는 그녀가 직접 그와 이야기해야 하는 것이 좋겠다고 했다)

　　1. should speak　　　　　　(BrE)
　　2. speak　　　　　　　　　(AmE)

(2)　주절에 사용되는 주어명사 recommendation, suggestion 도 동일한 현상을 나타낸다.

　　<u>The recommendation/suggestion</u> that we <u>(should) be</u> evaluated was approved.
　　(우리들이 당연히 평가를 받아야만 한다는 충고/제안은 승인되었다)

　　1. should be　　　　　　　(BrE)
　　2. be　　　　　　　　　　(AmE)

(3)　주절에 가주어 It가 나타나고, be important, essential, imperative, necessary와 같은 형용사가 나타나면, 종속절인 that-절에 동일한 현상이 나타난다.

　　It is <u>important/essential</u> that the data <u>(should) be</u> verified.
　　(그 자료가 당연히 입증되어야 하는 것은 중요하고/필수적인 것이다)

　　1. should be　　　　　　　(BrE)
　　2. be　　　　　　　　　　(AmE)

위 ⑥의 예와 같이 종속절의 조동사 예를 하나 더 들기로 한다.

⑧ It's surprising that she <u>should</u>…의 표현: (Michael Swan. 2005: 512)

이미 알고 있거나, 이미 언급된 사실에 대한 개인적인 판단이나, 반응을 나타내는 표현 뒤에 오는 종속절에서는 조동사 should을 쓴다. 이 용법은 미국영어보다, 영국영어에 널리 쓰이는데, 다음 예 a-c는 영국영어이고, d는 미국영어 표현이다.

a. It's surprising that she <u>should</u> say that to you.　　　　　(BrE)
(그런 말을 너에게 하다니 놀랍다)
b. I was shocked that she <u>shouldn't</u> have invited Phyllis.
(그녀가 Phyllis를 초대하지 않았다니 놀랍다)
c. I'm sorry you <u>should</u> think I did it on purpose. (내가 일부러 그랬다고 하니 섭섭해)

그러나 미국영어에서는 이와 같은 용법에 일반적으로 <u>would</u>을 쓴다.

d. It was natural that they <u>would</u> want him to go to a good school.　　(AmE)
(그들이 그를 좋은 학교에 보내려고 원하는 것은 당연하다)

⑨ 규칙/법령에서: …해야 한다

(1) Article 10: All citizens <u>shall</u> be equal before the law.
(제10조: 모든 시민들은 법 앞에서 평등해야 한다)

(2) Freedom of speech <u>shall</u> not be violated.
(언론의 자유는 침해되어서는 안 된다)

⑩ ought to의 용법　　　　　　　　　　　㊸ (Onions 3-7)　　(VP 7B)

(1) 의무를 나타냄: You ought to do your work first.
　　　　　　　　　　ought to의 부정은 "ought not to do"로 표현한다.

(2) We ought not to stay up so late.　　(긍정문)
Ought you to drink so heavily?　　　(의문문)

⑪ need와 dare의 용법: (부록 2장 서법 조동사 2.2 need/2.3을 참조하라)

이 need와 dare는 다음 (1)과 같이 일반 동사와 동일하게 쓰이기도 한다. 일반 동사로 쓰일 때에는, need to/dare to의 형태로 (Onions 3-7)의 유형에 속한다. 이때 일반 동사로, 주어가 3인칭 단수의 경우, needs/dares로도 나타나고, 과거형 needed/dared 로도 나타난다.

(1) 일반적으로 쓰이는 본동사
a. Do you <u>need to</u> work so late?　　　㊸ Onions 3-7　　(VP 7B)
b. Does she <u>dare to</u> leave the baby?　㊸ Onions 3-7　　(VP 7B)
c. Tom <u>needs</u> a new shirt.　　　　　　㊲ Onions 3-1　　(VP 6A)
d. The work <u>needed</u> time and patience.　㊲ Onions 3-1　　(VP 6A)
e. My shoes <u>need</u> mending.　　　　　　㊷ Onions 3-6　　(VP 3E)

(2) 조동사
<u>need와 dare가 "조동사"로 쓰일 때에는 항상 부정어 not와 축약된 형태로 쓰인다.</u> 부정어 not와 축약된 형태를 Hornby(1975)는 "변칙정형 동사"라 했다. (Onions 2-32) (VP 5)를 참조하라. 따라서 need와 dare가 부정문에는 조동사로 쓰인다.

a. He need not (<u>needn't</u>) <u>work</u> so late.　　㊱Onions 2-32　　(VP 5)
b. She dare not (<u>daren't</u>) <u>leave</u> the baby.　㊱Onions 2-32　　(VP 5)

그러나 need/dare는 특이하게 아래 **의문문에서도, 조동사로 쓰이고**, 그 뒤에는 원형동사가 나타난다. 먼저 아래 예문에서 need와 dare가 문의 맨 앞에 나타나서 조동사의 역할을 하는 c, d의 예를 보자.

c. <u>Need</u> you <u>work</u> so late?　　　　　의문문: 조동사
d. <u>Dare</u> he <u>admit</u> it?　　　　　　　의문문: 조동사

need는 문장 내에서 **부정의 의미가 있을 때에도**, 조동사로서 서술문에도 쓰인다.

e. He <u>need</u> have <u>no</u> hesitation about asking for my help.
(그는 나의 도움을 요청하는 것에 대해서 주저할 필요가 없었다)

f. <u>No one</u> <u>need go</u> hungry in our Welfare State.
(우리들의 복지국가에서는 어느 누구도 배가 고플 필요가 없다)

g. He <u>need</u> have <u>no</u> fear of losing his life.
(그는 그의 생명을 잃을 것을 두려워할 필요가 없다)

(3) **dare도 need와 같이 일반 동사 유형으로도 쓰이고**, dare의 특유한 용법으로도 쓰인다. 그러나 dare는 아래 d, e와 같이 how와 함께 의문문에 자주 쓰인다.

a. <u>Does</u> anyone <u>dare</u> (to) call me a liar?
(감히 누가 나를 거짓말쟁이라고 할 수 있나?)

b. <u>Do</u> they <u>dare</u> (to) suggest that we have been dishonest?
(우리가 정직하지 못했다고 그들이 감히 제의할 수 있나?)
c. He <u>dares</u> to say such a thing.　　　　　㊸ Onions 3-7 (VP 7B)
d. How <u>dare</u> you <u>speak</u> to me so rudely?
e. How <u>dare</u> he <u>say</u> such rude things about me?
f. He <u>dare</u> not (daren't) <u>say</u> such a thing.　　　㊱ Onions 2-32 (VP 5)
g. She <u>dare</u> not (daren't) <u>leave</u> the baby alone in the house.
(그녀는 집에 감히 그 애기를 홀로 남겨둘 수 없었다)

(4) dare도 문장 내에서 **부정의 의미가 있을 때에는**, 조동사로서 서술문에도 쓰인다.

a. No one <u>dare</u> <u>question</u> the order of this savage dictator.
(어느 누구도 이 포악한 독재자의 명령에 질의를 할 수 없다)

b. No one <u>dare</u> <u>disobey</u> the order of this savage dictator.
(어느 누구도 이 포악한 독재자의 명령에 불복할 수 없다)

위 a, b는 서술문이므로 dare는 조동사로 쓰이고, 본동사는 question, disobey이다. 그러나 dare가 서술문에서 본동사 일 때에는 다음 c와 같이 3인칭 단수로도 쓰이고, d에서처럼 본동사로도 쓰인다.

c. He <u>dares</u> to say such a thing.　　　　　(3인칭 본동사)
d. He <u>doesn't</u> <u>dare</u> speak about what happened.　　(조동사 다음에 나타난 본동사)

그러나 "부정문과 의문문"에서는 dare 특유의 유형을 갖는다. (부록 제2장 서법조동사 2.3을 참조하라) 이 dare의 용법은 동사 유형으로는 Hornby(1975)도 나타내지 않았다. 영국영어의 특별한 용법이기 때문이다.

e. He <u>dare</u> not <u>say</u> such a word.　　　　(부정문: 조동사)
f. <u>Dare</u> he <u>say</u> such a word?　　　　　　(의문문: 조동사)

⑫ used to의 용법

과거의 규칙적인 습관/행동/상태 (…하곤 했다)

   a. He used to get up early every morning.
   b. He used to live in the country-side.
      = Once he lived in the country-side, but he doesn't live there now.

⑬ 그러나 "be (get) + used to"는 그 의미가 "used to"와 다르다. 이 때 to는 전치사이다.

He <u>is used to</u> eating Korean food now.   (그는 이제 한국 음식을 먹는데 익숙해졌다.)

⑭ **가정법 표현에서 주절만 표현하는 경우**

   (1) She could have met him at the party.
      (그녀는 그 파티에서 그를 만날 수 있었을 텐데)

   (2) He could have gotten fired.
      (그는 해고될 수 있었을 텐데)

⑮ 나타날 수 있는 조동사의 수: 조동사는 본동사 앞에 나타나는데, 보통 조동사는 본동사 앞에 세 개까지 나타날 수 있다. 다음 예를 보자.

(1) It <u>will</u> <u>have</u> <u>been</u> <u>raining</u> (for) a week by tomorrow, if raining continues.
     ①   ②   ③   ④

위 예문에서 ①, ②, ③은 모두 조동사이고 ④번인 raining만이 본동사이다.
(만일 비가 내일까지 계속된다면, 비가 일주일 간 계속 오게 되는 것이다)

(2) We <u>will</u> <u>have</u> <u>been</u> <u>married</u> (for) thirty years by the end of next May.
     ①   ②   ③   ④

(2)의 예에서도, ①, ②, ③은 조동사이고 ④의 married만이 본동사이다.
(다음 5월말이면, 우리는 30년 동안 결혼생활을 계속하게 되는 것이다)

연습문제

① 다음 괄호 내의 요소 중에서 알맞은 말을 선택하세요.

 1. Did you (went/go) to the movie theater yesterday?
 2. Let's have a short break, (shall/will) we?
 3. You need (to know/know) much about it.
 4. Does he need (go/to go) there?
 5. I would like (seeing/to see) the movie again.
 6. She (have/has) to finish the work before lunch.
 7. Susie wants to be a doctor, so she will (must/have to) study hard.
 8. She lives in Seoul. So (does/do) her parents.
 9. She will soon get used to (cook/cooking) Korean food.
10. Can he (speaks/speak) English well?
11. He dare not (to say/say) such a thing.
12. Need you (work/to work) so late?
13. He need (to have/have) no hesitation about asking for my help.
14. No one dare (question/to question) the order of this savage dictator.
15. He (is used to/used to) eating Korean food now.

② 다음 문장의 줄친 부분을 지시대로 바꾸세요.

1. She <u>can</u> improve her English soon.　　　　　(미래시제)
2. He <u>had to</u> go there the next day.　　　　　　(의문문으로)
3. They <u>must</u> help them right now.　　　　　　(의문문으로)
4. Susan <u>must</u> teach her brother.　　　　　　　(과거시제로)
5. He <u>must</u> be Mr. Smith.　　　　　　　　　　(부정문으로)
6. She <u>has to</u> start tomorrow.　　　　　　　　(의문문으로)
7. I know about it, too.　　　　　　　　　　　　(부정문으로)
8. You shall be sentenced for 10 years.　　　　　(I를 주어로)
9. I never saw him again.　　　　　　　　　　　(Never를 시작으로)
10. It is natural that he is proud of his son.　　(may well을 사용해서)

③ 다음 빈칸에 적당한 말을 써 넣으세요.

1. May I use your cell-phone?
   No, you (　　) (　　). Yes, you (　　　)

2. Must I write it with a ball-point pen?
   Yes, you (　　). 　　　No, you (　　) (　　).

3. Mr. Johnson suggests that she (　　) attend the meeting tomorrow.
   a. (영국영어) (　　)
   b. (미국영어) (　　)

4. The recommendation that we (should) be evaluated was approved.
   a. (영국영어) (　　)
   b. (미국영어) (　　)

5. It is essential that the data (should) be verified.
   a. (영국영어) (　　)
   b. (미국영어) (　　)

6. We enjoyed the concert yesterday. You should (　　) seen it.

7. He failed in the exam. He should have (　　) harder for the exam.

8. I would rather stay here (　　) go out.

9. He (　　) be tired after such a hard labor work.

10. He used (　　) live in the country-side.

④ 다음 문장의 줄친 부분의 단어와 의미가 동일하도록 빈칸을 채우세요.

1. She <u>can</u> play the piano very well.
   = She (　　) (　　) (　　) play the piano very well.

2. Do you <u>need to work</u> so late?
   = Need you (　　) so late?

3. Does she <u>dare</u> to leave the baby alone?
   = (　　) she leave the baby alone?

4. You <u>need not (needn't)</u> come here tomorrow.
   = You (   ) (   ) (   ) come here tomorrow.

5. The judge in the court declared, "you <u>shall be prisoned</u> for ten years."
   "I will (   ) you (   ) to prison for ten years."

6. She <u>could not drive</u> a car.
   = She (   ) (   ) (   ) to drive car.

⑤ 다음 문장에서 문법적으로 옳은 것을 고르세요.

   ⑴ She looked lovely and beautiful.
   ⑵ They discussed about their plan.
   ⑶ We reached to Seoul at 3 o'clock.
   ⑷ My brother wants to marry with a rich woman.

⑥ 다음 문장에서 문법적으로 틀린 것을 고르세요.

   ⑴ This cloth is more superior to that.
   ⑵ He explained to me the meaning of the sentence.
   ⑶ She grudges me nothing in the matter of the renovation.
   ⑷ Most traffic accidents result from drivers' carelessness.

⑦ 다음 문장의 괄호에 들어갈 올 바른 단어를 고르세요.

   Mary (   ) Monica full in the face, as if to see what she really meant by
   that argument.

   Ⓐ looked at   Ⓑ looked up   Ⓒ looked for   Ⓓ looked

⑧ 종합 연습문제

   다음 글을 읽고, 아래 질문에 답하세요.

   There are three main parts to the ear: <u>(1)</u> the outer ear, the middle ear, and the
   inner ear. Sound waves (2) (<u>cannot be seen/may not be seen</u>), but (3) <u>they</u> travel
   through the air. The outer ear collects these waves from the air. They go into the ear
   canal and then move on toward the eardrum. The sound waves hit the eardrum just like
   a stick hitting a real drum.

   The vibrations from the eardrum travel into the middle ear. When the sound waves
   reach the tiny bones in the middle ear, they also begin to vibrate. (4) <u>This</u> helps the
   sound waves reach the inner ear. The inner ear has fluid and thousands of little hairs.
   The vibrations make the little hairs (5) <u>to move/move</u>. This changes the vibrations into a
   signal. This signal is then (6) <u>send/sent</u> to the brain.

   ⑴ (:)의 의미가 무엇인가.
   ⑵ 두 가지 표현 중에서 올바른 것을 선택하세요.
   ⑶ they는 무엇을 말하는가?
   ⑷ this의 의미를 말하라.
   ⑸ 두 가지 표현 중에서 올바른 것을 선택하세요.
   ⑹ 두 가지 표현 중에서 올바른 것을 선택하세요.

제2장 시(Time)와 시제(Tense)

① 시(time)와 시제(tense)의 구별

(1) 시와 시제를 혼동해서는 안 된다. 시(time)는 과거, 현재, 미래로 분명하게 구별되는 개념이다. 이것은 모든 사람들이 잘 알고 있는 보편적인 진리이다. 그러나 시제(tense)는 시(time)와 전혀 다르다. 또 이 시제는 언어마다 다르다. 영어의 단순 현재시제(simple present tense)에 대한 예를 몇 개만 들기로 한다.

  a. Mary goes to church every Sunday.
  b. How does John earn his living? He sells books.
  c. The plane leaves Incheon at noon tomorrow.

위에서 goes, sells, leaves 등은 과거에도 그러했고, 현재에도 그러하고, 또 미래에도 그럴 것이라는 것을 포함하고 있는 "포괄적인 현재시제"이다. 그리고 왕래, 발착을 나타내는 동사 go, come, arrive, leave, begin, start 등의 동사는 부사(구)와 함께 쓰여서, 시간표나, 연간 계획표, 행사 일정표가 결정되면, 미래의 일도 현재로 표현한다.

(2) 과거시제도 단순한 과거에만 나타나는 것이 아니라, 과거, 현재, 미래를 포함하는 포괄적인 표현으로 나타날 수도 있다. 다음 예를 보자.

  a. I wrote a letter to my brother yesterday.   (단순과거)
  b. If I wrote to my brother now,
  c. he would receive the letter tomorrow.

위 (2) a의 wrote는 yesterday라는 과거부사와 함께 사용되어서 분명한 과거시제이지만, b의 wrote는 now라는 현재형 부사와 함께 사용되어서, a의 wrote와는 다르다. c의 would는 과거형 이지만 tomorrow라는 미래형 부사와 함께 사용되어서 미래시제를 나타낸다.

(3) 이제 미래형 시제도 동일한 이론으로 표현된다. 다음 예를 보자.

  a. If I wrote to my brother tomorrow,
  b. he would receive the letter on Tuesday next week.

위 (3) a의 wrote는 과거형이지만 tomorrow라는 미래부사와 함께 사용되어서, 미래를 나타내고, b의 would도 과거형이지만 "on Tuesday next week"라는 미래부사 때문에 미래시제가 된다. 따라서 이 예문도 포괄적 미래를 표현한다. 그러므로 영어 문장의 시제는 "주어진 문장에 적용되는 시제의 문법규칙"에 따라 결정된다. 다음 12 시제도 바로 그렇게 설명된다.

② 영어의 시제로 넘어가기 전에 잠깐 "시간(time)"의 "가산 명사화"와 "비-가신명사화"에 대한 언급을 하고자 한다. 다음 두 가지로 구분된다:

(1) 시간의 기간: how long: 비-가산명사

  a. How much time do you need to load the van?
     (van에 짐을 싣는데 얼마나 시간이 필요한가?)
  b. It took quite some time to persuade her to talk to us.
     (그녀가 우리에게 말하도록 설득하는데 상당한 시간이 걸렸다)
  c. This is complete waste of time.
     (이것은 완전한 시간의 낭비이다)

(2) 시간의 가산명사화

a. It took me <u>a long time</u> to get there. (내가 거기에 가는데 오랜 시간이 걸렸다)
b. She was away quite <u>a time</u>. (그녀는 꽤 오래 떠나 있었다)

(3) 시계의 시간

a. Six o'clock would be <u>a good time</u> to meet. (6시가 만나는데 적당한 시간일 것이다)
b. She phoned me <u>at various times</u> yesterday. (그녀는 어제 나에게 여러 차례 전화했다)

이제 영어의 시제문제로 넘어가기로 한다.

③ 영어의 12 시제(tense):

영어에서 사용되는 12 시제문은 다음 ③ 1-12와 같다.

③-1 단순현재: 일반적인 현재: I/We <u>work</u> everyday.

영구적인 여건(permanent situations)이나, 규칙적으로 나타나는 현재행동을 언급할 때, 현재형을 쓴다. 또 항상 되풀이되는 일에 대해서도 현재형을 쓴다. 즉, 우리들의 습관이나, 이미 결정된 일상적인 시간표, 연간 계획표 등에 따라 나타나는 시간을 언급할 때에는 현재형을 쓴다. 또 일반적인 진리, 사실, 격언 등도 현재형으로 표현한다. 즉, 위 ①에서 언급한 "<u>포괄적인 현재시제</u>"는 이 모든 사항을 포함한 "현재시제의 용어"이다. 그리고 주절에 will이 나타날 때에, 부사절은 현재시제로 표현한다. 다음 예들을 보자.

(1) 포괄적 현재 시제

a. The sun <u>rises</u> in the east. 진리
b. The earth <u>goes</u> around the sun. 진리
c. What do frogs <u>eat</u>? 일반적인 습관
d. Mary <u>goes to church</u> every Sunday. 일반적인 습관
e. Monica <u>gets up</u> early in the morning to go to her office. 일반적인 습관

f. If he <u>needs</u> money, I <u>will</u> give him the money. 주절에 will이 오면, 종속절엔 현재
g. I <u>will</u> give her the book, when she <u>comes</u> back. 주절에 will이 오면, <u>종속절엔 현재</u>

(2) 모든 "정해진 시간표," "연중 계획" 등은 현재시제로 표현된다.

a. She <u>told</u> us that her class <u>begins</u> at nine in the morning. 정해진 시간표
b. The plane <u>leaves</u> for New York at noon tomorrow. 정해진 시간표
c. The second semester <u>begins</u> in September in Korea. 정해진 시간표

(3) 그러나 다음 when 종속절의 예와 같이, "<u>주절의 know 동사가 when-절을 둘 경우에는</u>" 종속절에서도, 그대로 will을 사용한다. 위 포괄적 현재시제의 (1)의 f-g번과 비교해보자.

a. I don't <u>know</u> when she <u>will</u> come back.
b. Do you <u>know</u> if (whether) he <u>will</u> come here?
c. I don't <u>know</u> the day when they <u>will</u> go there.

③-2 현재진행형

(1) 기본 형태: "am/are/is + ---ing."

a. I <u>am waiting</u>.
b. <u>Are</u> you <u>listening</u>?

c. She isn't working today.

⑵ 지금 막 일어나고 있는 행동이나, 여건을 언급할 때, 현재진행형이 쓰인다. 말하고 있는 지금, 조금 전, 말하고 있는 동안, 또는 후에도 쓰인다.

a. Hurry up! We are all waiting for you.   (말하기 전에 이미 기다림)
b. What are you doing? I'm writing a letter.   (말하고 있는 동안)
c. Why are you crying? Is something wrong?   (말하고 있는 현재/그 전/후)
d. He is working in Saudi Arabia at the moment.   (말하고 있는 현재)

⑶ 되풀이 되는 행동

a. Why is he hitting the dog?
b. I'm travelling a lot these days.

⑷ 가까운 미래에 대한 이야기

a. What are we doing tomorrow evening?
b. Come and see us next week if you are passing through my town.

⑸ 변화

a. That child is getting bigger and bigger every day.
b. House prices are going up every day.

③-3. 현재완료형

⑴ 기본형태: have/has + past participle

a. I have worked all day.
b. I have broken my leg.

과거에 시작해서 현재까지 지속된 일

⑵ "과거" 또는 "가까운 과거"에서 시작하여 현재까지 완결된 동작은 "현재완료형"으로 표현한다.

a. I have already finished lunch.   (나는 이미 점심을 먹었다)
b. She has gone to England.   (그는 영국으로 가서, 지금 여기에 없다)
c. He has been dead for five yours.   (그분이 돌아가신지 5년이 되었다)
d. How long have you been in Korea?   (한국에 오신지 얼마나 되십니까?)
e. Have you ever been to Hawaii?   (선생님은 지금까지 Hawaii에 가보신 적이 있습니까?)

⑶ 현재완료는 과거에서 시작했지만, 명백한 과거를 나타내는 부사 yesterday, ago, just now, when(의문사)과는 함께 쓰지 못한다. 그리고 현재완료는 다음과 같은 4가지 개념을 나타낸다.

a. 계속: I've been sick in bed for a week.
b. 경험: He has never been to New York.
c. 완료: I've just finished my homework.
d. 결과: She has lost her handbag. (She doesn't have it now)

⑷ 다음 예에서 위 ⑶의 "과거표시 부사"를 확인해 보자.

a. He has gone to America yesterday.   (x)   yesterday: 과거표시 부사
b. He went to America yesterday.   (o)
c. When has he gone to America?   (x)   when: 과거표시 부사

d. When did he go to America?　　　　　　　　　　(o)

(5) 현재완료형에서는 부사 already, yet, ever 등은 허용된다.

　a. 긍정문에서:　He has already arrived.　　　　　　(벌써)
　b. 부정문에서:　He hasn't arrived yet.　　　　　　　(아직)
　c. 의문문에서:　Have the children gone to school yet?　(벌써)
　d. 의문문에서:　Has Tom left yet?　　　　　　　　　(벌써)
　e. 의문문에서:　Have you ever been to New Zealand?　(여태까지, 언젠가)

③-4. 현재완료 진행형

(1) 형태: have/has been + ---ing: 이 때 been은 다음 a와 같이 두 부분으로 분리시켜
　　　　 생각해야 한다.

　a. have/has　　be － en + ing:

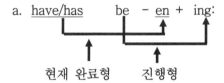

　　　　현재 완료형　　진행형

　b. I have been thinking about you.　　　(나는 당신에 대해서 생각하고 있는 중이다)
　c. Have you been waiting long?　　　　 (너는 오래 기다리고 있었니?)
　d. I haven't been studying very well recently. (나는 최근에 공부를 잘하지 못하고 있었다)

(2) 과거에 시작해서, 지금까지 지속되고 있는 행동이나 여건을 되돌아 볼 때, 우리는 현재완료
　 진행형 시제를 쓴다.

　a. She has been living in Seoul for over three years.
　　(그녀는 3년 이상 서울에서 살아오고 있습니다)

　b. She has been waiting to see you since two o'clock.
　　(그녀는 2시 이래로 당신을 만나기 위해서 기다리고 있습니다)

　c. He has been learning English for three years.
　　(그는 3년 이상 영어를 공부해오고 있습니다)

(3) since의 용법: since가 시간을 언급할 때, 보통 주절에서, 현재완료, 또는 과거완료 두 가지
　 시제를 쓴다. 그리고 since 절에서는 원래 과거형이 쓰이지만, 의미에 따라, 현재완료형도 쓰
　 인다. 다음 예를 보자.

　a. I've known her since 2000s. (NOT I know her since---)　　(현재완료)
　b. I was sorry when Jacky moved to America; we had been good friends since
　　 university days.　　　　　　　　　　　　　　(과거완료)
　c. I've known her since we were at school together.　　(since의 과거형)
　d. I've known her since I've lived in (BrE)/on (AmE) this street.　(since의 현재완료형)
　e. You've drank about ten cups of tea since you arrived.　(since의 과거형)
　f. We visited our parents every week since we bought the car.

　위 ③-4 (1)에서, been은 하나의 단어로 보지만, be가 원형이고 -en은 과거분사인 접미사이
다. 그리고 위 (3) d에서 live in the street는 (BrE)이고,
　　　　　　　　　　　　　　live on the street는 (AmE)이다.

(4) 어떤 행동을 과거에 시작해서, 지금까지 지속되고 있는 것이 아니라, 방금 "완료된" 행동이나, 여건도 현재완료 진행형으로 표현한다.

    a. You look hot. Yes. I have been running   (방금 완료된 행동)
       (너는 더워 보인다. 그래. 나는 달리기를 하고 있었어)

    b. Sorry. I'm late. Have you been waiting long?   (방금 완료된 행동)
       (미안해. 내가 늦었어. 너는 오래 기다리고 있었던가?)

(5) 반복되는 행동

    a. People have been phoning me all day.
       (사람들은 온 종일 나에게 전화를 하고 있습니다)

    b. I've been waking up in the night a lot. I think I'll see the doctor.
       (나는 밤에 자주 잠을 깬다. 나는 의사 선생님을 만나볼가 생각한다)

(6) 시간 표현에서 지금까지 지속되는 기간을 언급할 때, recently, lately, this week, since---, for --등이 쓰이면, "현재완료 진행형"으로 표현한다.

    a. The firm has been loosing money recently.
       (그 회사는 최근에 손실을 보고 있었다)

    b. John has been walking in Yellow Stone Park all this weekend.
       (John은 이번 주 내내 Yellow Stone 공원에서 산책을 할 것이다)

    c. I've been doing a new job since January.
       (1월 이후에 나는 새로운 일을 하고 있는 중이다)

    d. It's been raining for the last three days.
       (지난 3일 동안 비가 계속 내리고 있다)

(7) How long? 이라는 표현과 함께, "얼마나 오래 무엇을 하고 있느냐" 라는 질문에는 항상 반드시 "현재완료 진행형"을 쓴다.

    How long have you been studying English? (얼마나 오래 영어를 공부하고 있습니까?)

③-5. 단순과거:

(1) 형태: "동사원형" + --(e)d/불규칙적 과거형 동사로 과거의 일을 묘사한다.

(2) "단순과거" 시제는 지금 막 끝난 행위나 사건을 물론, 오래 지속되거나, 반복되었던 상황 등, 여러 가지 과거의 일들을 언급할 때 쓰인다. 다음 a, b, c, d는 단순과거형이다.

    a. Peter broke a window last night.   (Peter는 간밤에 창문을 깨었다)
    b. I heard the news an hour ago.   (나는 한 시간 전에 그 소식을 들었다)
    c. I spent all my childhood in the country-side. (나는 유년기를 모두 시골에서 보냈다)
    d. Regularly, every summer, Jane fell in love. (여름만 되면, Jane은 사랑에 빠졌다)

(3) 과거에 있었던 일을 설명하거나, 이야기할 때는 "단순과거"형을 쓴다.

    a. One day, the Princess decided that she didn't like staying at home all day, so she told her father that she wanted to get a job.

(어느 날 공주는 하루 종일 집에만 있는 것이 싫어졌다. 그래서 그녀는 아버님께 직업을 갖기를 원한다고 말했다)

    b. I <u>worked</u> all last weekend.
    c. I <u>saw</u> John yesterday.

⑷ 역사적인 과거사실

    a. The Korean War <u>broke out</u> in 1950.
    b. The Republic of Korea <u>was liberated from</u> Japan in 1945.

③-6. 과거진행형:

⑴ 형태: was/were + ---ing.

⑵ 과거진행형 시제는 "과거의 특정 시점/기간 중에" 진행 중이었던, 상황을 언급한다.

    a. I <u>was working</u> <u>all day long</u>.   (all day long이란 과거부사)
    b. <u>Were</u> you <u>listening</u> to me <u>when I told the story?</u> (when I told의 과거부사)
    c. She <u>was watching</u> TV <u>all evening</u>.   (all evening이라는 과거부사)
    d. What <u>were</u> you <u>doing</u> <u>at 8 o'clock yesterday evening</u>?
                              (at 8 o'clock yesterday evening이란 과거부사)

⑶ "과거의 한 시점"에 진행 중이었던 일:

What <u>were</u> you <u>doing</u> at 8 o'clock yesterday evening? I <u>was watching</u> TV.

과거   at 8 o'clock   현재

⑷ "과거진행형"과 "단순과거"의 관계: "과거진행형"은 "단순과거"가 그 배경이 된다.

종종, "과거진행형"과 "단순과거"를 함께 쓰기도 한다. "과거진행시제"는 이전부터 지속되어 오던 배경적 행위나 상황을 나타내는데, 그 행위 도중에, 발생한 일시적 사건이나 행동이 바로 "단순과거"로 나타난다.

⑸ "과거진행"은 "단순과거"로 본다면, 이전부터 계속되어 온 "배경(background)"이 된다. 다음 도표를 보자.

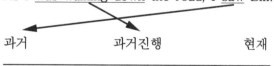

As I <u>was walking down</u> the road, I <u>saw</u> Bill.

과거   과거진행   현재

⑹ "과거진행형"은 "반복적인 행위"는 표현하지 못한다.

    a. I rang the bell <u>three times</u>. (NOT: ~~I was ringing the bell three times~~)
       (나는 초인종을 세 번 울렸다)

    b. When I was a child we made our own amusements.
       (내가 어린이 이었을 때, 우리는 스스로 놀이거리를 만들어 놀았다)
       (NOT: ~~we were making our own amusements~~)

(7) 진행형으로 쓸 수 없는 동사들: (뒤에서 제시되는 197쪽의 ⑥번을 참조하라)

She told (that) she believed Joe was dying.
(NOT: she said ~~she was believing Joe's dying.~~) <u>believe는 현재진행형으로 쓸 수 없음</u>.

(8) "과거진행형"도 "한시적인 행위"나 "상황"에 사용된다.

   a. It happened while <u>I was living in Seoul last year</u>.
   b. When I got home, water <u>was running down</u> the kitchen walls.

③-7. 과거완료형

(1) 형식: had + past participles

(2) "과거완료형"의 기본 의미는 "더 이른 과거, 즉, 대과거"에 두는 것이다. 우리가 과거에 대해서 말할 때, 우리가 말하는 과거보다 그 이전에 이미 일어난 어떤 일을 분명히 하기 위해, 잠시 동안, 그 앞의 순간으로 되돌아가는 것이다.

   a. During our conversation, I <u>realized</u> that <u>we had met before</u>.
      (NOT: ~~I realized that we met before.~~)

   b. When I <u>arrived</u> at the party, Lucy <u>had already gone</u> home.

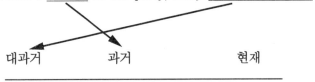

대과거   과거   현재

(3) 앞의 현재완료형과 같이 과거완료형도 4가지 개념을 나타낸다.

   a. 완료: I had just finished dinner when my brother came in.
   b. 경험: Sujin had never been abroad before she went to Hawaii.
   c. 결과: John had lost his wallet, so he couldn't buy anything.
   d. 계속: John had lived in Chicago before he moved to Seoul last year.

(4) 과거완료형이 쓰일 수 없는 경우

과거완료는 위에서 설명한 경우에만 쓰인다. 어떤 일이 단순히 얼마 전에 일어났다는 사실을 언급할 때나, 현재 상황으로 보아 과거의 일을 언급할 때에는 "과거완료"를 쓰지 않는다.

   a. Alex Cary, who worked for my father in 1980s, is now living in Greece.
      (NOT: Alex Cary, ~~who had worked for my father~~, is now living in Greece.)

   b. I <u>left</u> some photos to be developed. Are they ready yet?
      (NOT: ~~I had left some photos---~~)

(5) 과거사실에 "반대되는 가정"은 형태는 과거완료형으로 나타나지만, 과거완료형이 아니다: if, wish, would rather 등이 절을 유도할 때에는 과거사실의 반대의 의미를 나타낸다.

   a. If I <u>had gone</u> to university, I would have studied medicine.
   b. I wish you <u>had told</u> me the truth.
   c. I <u>would rather</u> she <u>had asked me</u> before borrowing the car.
      (나는 그녀가 그 차를 빌리기 전에, 나에게 물어 보았으면, 더 좋았을 것이다)
      이 때, would rather는 "<u>would prefer to (더 좋았을 것이다)</u>"라는 의미로 쓰인다.

(6) "지속된 기간"을 언급할 때에는 단순과거 대신 "과거완료형"을 사용한다.

   a. She <u>told</u> me that her father <u>had been ill</u> since Christmas.
     (NOT: --that her father was ill since Christmas.)

   b. When they <u>got married</u>, they <u>had known</u> each other for 15 years.
     (NOT: ---they knew each other for 15 years)

(7) "과거완료형" 대신 "단순과거형"을 쓰는 경우: after, as soon as 등과 함께 쓸 때.

   우리는 순차적으로 (one after another) 일어난 두 가지 행동이나 사건을 언급할 때, after, as soon as, when, once 와 같은 시간 접속사를 쓰고 있다. 이런 경우에는 보통 <u>과거완료형 을 쓰지 않는다</u>. 이야기하는 그 시점으로 되돌아가지 않고, 단순히 한 사건에서부터 시작해서 앞으로 그 다음 사건으로 나아갈 뿐이다.

   a. <u>After</u> it <u>got</u> dark, we <u>came back</u> home.
   b. <u>As soon as</u> Jane <u>arrived</u>, we <u>sat down</u> to eat.
   c. <u>Once</u> it <u>stopped</u> raining, we <u>started</u> the game again.

(8) 그러나 after, as soon as 다음에, 첫째 행동이, 둘째 행용으로부터 분리되고, 독립된 것이며, 둘째 행동이 시작되기 전에, 첫 번째 일이 완결되었다는 것을 강조하기 위해서, "과거완료형"을 쓸 수도 있다.

   a. She <u>didn't feel</u> the same "after" <u>her dog had died</u>.
   b. "As soon as" he <u>had finished</u> his exams, he <u>went</u> to Paris for a month.

(9) "과거완료"의 이와 같은 사용법은 특히 when과 함께 자주 나타난다. when은 다양한 의미들을 갖기 때문에, 동사의 형태에 의해서 갖는 정확한 시간관계를 보여주어야 한다.

   a. When I <u>had opened</u> the window, I <u>sat down</u> and <u>had</u> a cup of tea.
   b. (NOT: when I opened the window, I sat down and had a cup of tea)

   (이 때, when은 "<u>문을 열고난 다음</u>"이라는 의미를 갖는다. 현재진행형과 비교해 보자:
   I'll come <u>when</u> I have had lunch. ⇒ 현재완료형인 이 문장에서도, 점심을 먹은 다음 나는
                   갈 것이다)의 의미를 갖는다)

(10) 다음 문장은 위 (9)의 문장의 내용과 아주 다르다. 두 문장을 비교해 보라.

   a. When I <u>opened</u> the window, the cat <u>jumped out</u>. 이때는, "문을 열자마자"의 의미다.
   b. "When I <u>had opened</u> the window, the cat jumped out." 라는 b번의 문장보다
     a번의 문장이 더욱 자연스럽다.

(11) 실현되지 못한 희망과 소원:

   "과거완료형"은 실현되지 못한 소원이나, 표현을 할 때에도 쓰인다.

   a. I <u>had hoped</u> we would leave tomorrow, but it won't be possible.
     (나는 내일 떠나기를 희망했었다. 그러나 그것이 가능하지 않을 것 같다)

   b. He <u>had intended</u> to make a cake, but he <u>ran out of</u> time.
     (그는 케이크를 만들기를 원했었다. 그러나 그는 시간이 없었다)

(12) 과거완료형이 It was the first/second time that he <u>had heard</u> her sing.의 구문에도 쓰인다.

a. It was the first time that I <u>had heard</u> her sing.
   (나는 그녀의 노래를 들었던 것은 처음이었다)
b. It was the third time that she <u>had asked</u> the same question.
   (그녀가 똑같은 질문을 했었던 것은 세 번째였다)
c. It was only the second opera I <u>had seen</u> in my life.
   (그것이 내 인생에서 보았던 두 번째 오페라였다)

③-8. 과거완료 진행형

(1) 형식: had been + ---ing

a. What were you doing when we're enjoying horse riding yesterday?
   (우리가 어제 말 타기를 즐기고 있을 때, 너는 무엇을 하고 있었니?)
b. I had been working. (나는 일하고 있었던 중이었다)
c. Where had she been staying during the spring vacation?
   (그녀는 봄방학 동안에, 어디에 머물고 있었던 것인가?)
d. She had been staying at the school dormitory. (그녀는 학교 기숙사에 있었다)

(2) 위의 예와 같이, 과거의 어느 한 시점, 또는 바로 그 직전까지 계속되고 있었던 행동이나, 상황에는 "과거완료 진행" 형이 쓰인다.

a. <u>At that time</u>, we <u>had been living</u> in the caravan for about six months.
   (그 당시 우리는 6개월 정도 이동식 주택에서 살고 있었다)

b. When I <u>found</u> Mary, I <u>could see</u> that she <u>had been crying</u>.
   (내가 Mary를 찾았을 때, 나는 그녀가 울고 있었다는 것을 볼 수 있었다)

(3) 과거완료 진행형: 과거의 어느 한 시점, 또는 바로 그 직전까지 계속되고 있었던 행위나 상황.

I <u>went</u> to the doctor because I <u>had been sleeping</u> badly. (내가 잠을 아주 못자고 있었기
                                                                      때문에 의사선생님을 찾아갔다)

대과거   과거   현재

(4) 계속된 기간: 과거진행 대신 과거완료진행

더 오래된 과거부터 과거의 한 시점까지 지속된 기간을 나타낼 때는 "과거진행"이 아니라 "과거완료 진행"을 쓴다.

a. We <u>had been walking</u> <u>since sunrise</u>, and we <u>were hungry</u>.
   (해가 뜬 이후부터 걸었더니, 배가 고팠다) (NOT: ~~We were walking since sunrise~~)

b. When she <u>arrived</u>, she <u>had been travelling</u> for 20 hours.
   (그녀가 도착했을 때, 그녀는 20시간 동안 여행을 하고 있었다)
   (NOT: ~~she was travelling for 20 hours.~~)

(5) "과거완료 진행시제"와 "단순과거 시제"의 차이

"과거완료진행 시제"는 대체로 <u>한시적인 행동이나, 상황을 언급할 때 쓴다</u>. 장기간 계속되거나, 영구적인 상황에 대해서 언급할 때에는 "<u>단순과거 시제</u>"를 쓴다. 다음 a, b의 두 예를 비교해 보자. a의 과거완료 진행형은 한시적인 행동을 나타내고, b의 단순과거형은 영구적인 상황을 나타낸다.

a. My legs <u>were</u> stiff because I <u>had been standing</u> still for a long time.
(오랫동안 가만히 서 있었기 때문에, 내 다리가 뻣뻣해 졌다)

b. The tree <u>that blew down</u> <u>had stood</u> there for 300 years.
(바람에 쓰러진 그 나무는 300년 동안 그 곳에 서 있었다)

(6) "다음 a의 과거완료 진행시제," "b의 과거완료 시제"는 대체로 행동/행위의 지속성을 강조하고, "단순과거 시제"는 완료의 개념을 강조한다. 다음 a, b의 내용이 이것을 나타낸다.

a. I <u>had been reading</u> science fiction, and my mind <u>was full of</u> strange image.
(나는 공상적인 과학 소설을 읽고 있었다. 그래서 나의 마음은 이상한 생각으로 가덕 찼다)

b. I <u>had read</u> all my magazines, and <u>was beginning</u> to get bored.
(나는 내가 갖고 있었던 잡지들을 모두 읽었다. 그래서 점차 지루하기 시작했다)

(7) 의미상으로 "과거완료 진행시제"가 더 적절해도, 보통 진행형을 쓰지 않는 경우도 있다.

I <u>hadn't known</u> her for very long time when we <u>got married</u>.
(우리가 결혼했을 당시 나는 그녀를 오래 동안 알고 지내는 사이는 아니었다)

③-9. 단순미래: will/shall

전 세계를 통해서, 영국의 극히 일부를 제외하고, 영어사용 지역에서는 단순미래 1인칭 단수/복수의 경우 shall 대신에 will이 사용되고 있다. 구어체에서는 단축형인 I'll, We'll이 보통이다. 부정형인 won't도 shan't 대신에 사용된다. 다만 I won't, We won't는 거부를 나타내는데 쓰인다. 1인칭 주어의 순수미래의 부정에는 I shan't가 사용되어야 하나, 이것마저도 거부를 나타내는 I won't가 대신 사용된다(Hornby. 1975: 96. Note 참조).

그리고 앞에서 조동사를 논의할 때, 언급했지만, 2인칭/3인칭 의지미래의 경우도, I will give you a candy.와 같은 표현을, You shall have a candy.라는 표현으로는 이재 거의 사용하지 않는다. 그러나 2인칭/3인칭의 의지미래는 사회적으로 지위가 높고, 손위의 사람이, 아래 사람에게 권위 있고, 위엄 있는, 정중한 명령이나, 판정, 판결, 권고의 의미로는 지금도 사용된다.

위에서 언급된 것 같이 1인칭 미래는, 의지미래/단순 미래가 모두 이제는 I will/We will로 통합되었다고 본다. 그리고 1인칭의 의문문인 경우 (Shall I…? Shall we…?)를 제외하고, 위에서 언급한 2, 3인칭의 예를 제외하고는 will이 자유롭게 사용된다.

(1) 형태: will + bare infinitive: 영국영어에서는 "I/We <u>shall</u>---." 도 역시 쓰인다.

a. It <u>will (shall) rain</u> tomorrow.
b. Karen <u>will (shall) start work</u> some time next week.
c. It will be cold tomorrow.
d. Where will you spend tonight?

(2) 미래에 대한 정보제공 또는 예측

a. It will be spring soon.
b. Will all the family be at the wedding?
c. Tomorrow will be warm, with some cloud in the afternoon.
e. I <u>shall</u> be rich one day.   (shall: BrE)
f. John will leave tomorrow.
g. You will be sixteen years old in June.
h. Tomorrow will be Sunday.
i. Will there be time to visit the museum?
j. How long will the work take?

(3) 그 외에 몇 가지 관용적인 표현을 보자. 가까운 미래는 다음 c번의 예와 같이 진행형으로도 나타낸다.

    a. I <u>am going to</u> meet my friends at the park.
    b. What <u>are you going to</u> do this afternoon.
    c. I'<u>m meeting</u> John in the evening.
    d. Jane <u>is to be</u> married in June.
    e. When we <u>are about to</u> start, it starts to rain.
    f. It looks as if <u>it is going to</u> snow

(4) 그러나 앞에서도 언급되었지만 예정된, 결정된, 계획된 행사나 일정은 현재시제로 미래를 표현한다.

    a. We <u>leave</u> for New York tomorrow.
    b. Professor Johnson <u>retires</u> next year.
    c. Tomorrow <u>is</u> Monday.
    d. The first train <u>leaves</u> at 7 o'clock.

(5) 이미 알고 있는/결정된 미래의 일은 will을 쓰지 않고, 현재진행형 동사를 쓴다.

    a. I <u>am coming</u> to the party this afternoon.
    b. My sister is going to have a baby.

③-10. 미래진행

(1) 형태: will/shall be + ---ing

(2) 미래의 어떤 시점, 시기부터 시작해서 그 시점, 그 시기를 지나서, 그 다음까지 계속되는 미래의 동작, 상태를 나타낼 때, 미래진행 시제가 사용된다.

    a. I wonder what <u>he will be doing</u> (at) this time tomorrow.
    b. If you don't show up, everyone <u>will be wondering</u> what has happened to you.
    c. His children <u>will be waiting</u> at the airport to meet him when he arrives.
    d. Harry <u>will be doing</u> his military service at this time next year.
    e. This time tomorrow <u>I'll be lying</u> on the beach.
    f. <u>I'll be seeing</u> you one of these days.
    g. Professor Baxter <u>will be giving</u> another lecture on Roman glass-making at the same time next week. (Baxter 교수는 다음 주 이 시간에 로마 시대의 유리 제조에 대한 또 다른 강의를 하게 될 것이다)

(3) 의사 결정에 상관없는 일

    a. Shall I pick up the laundry for you?
    b. Oh, no, don't make a special journey. It's OK. <u>I'll be going</u> to the shops anyway. (세탁물을 가져다줄까? 아니. 일부러 갈 필요는 없어. 괜찮아. 어차피 내가 가게에 갈 거니까)

(4) 상대방의 계획에 대해서 정중하게 말할 때

    c. <u>Will</u> you <u>be staying</u> in this evening?

③-11. 미래완료형

(1) 형태: will have + past participles./영국영어 shall have + past participles

(2) 미래완료는 미래 어느 시점까지의 동작이나, 상태의 완료, 경험, 계속, 결과를 나타낸다. 따라서 미래의 어느 시점을 표현하는 부사구와 함께 쓰일 때가 많다. 다음 예를 보자.

a. I will have finished my homework by tomorrow.
b. By this time next week, I will have crossed the Pacific Ocean.
c. By this time next year, John will have taken his university degree.
d. I will (shall) have finished the repair by this evening.
e. I will (shall) have taught English for twenty years this summer.

③-12. "미래완료 진행형"/"미래완료 수동형"도 미래 진행형의 의미임. (아래 (2)의 c참조)

(1) 형태: will/shall have been + past participles

(2) 미래의 어떤 시점에 계속 진행되고 있을 일을 언급할 때는 "미래완료 진행형"을 쓴다.

a. It will have been raining for a week by tomorrow, if raining continues.
(만일 내일까지 비가 계속 온다면, 일주일 동안 비가 계속 오게 되는 것입니다)

b. She will have been studying English for three years by the next month, if she continues studying of English.
(그녀가 영여공부를 계속한다면, 다음달까지, 3년 동안 영어를 계속 공부하고 있을 것이다)

c. We will have been married (for) thirty years by the next May.　　(미래완료 수동)
(우리는 다음 5월까지 30년 동안 결혼해서 살아오고 있는 것입니다)

(3) 진행형은 미래완료 진행형까지 다양한 형태를 보이기 때문에 진행형의 유형을 가장 간단한 것에서부터 차례로 다시 한 번 살펴보자.

a. She is studying English now.　　　　　　　　　　　　　　(현재 진행)
b. She was studying English when I visited him.　　　　　　　(과거 진행)
c. She has been studying English for two hours by noon.　　　(현재완료 진행)
d. She had been studying English when I came home.　　　　　(과거완료 진행)
e. She will be studying English for two years by the next month,　(미래 진행)
　　if she continues studying of English.
f. It will have been raining for a week by tomorrow, if raining continues. (미래완료 진행)

위의 12개의 예문을 통해서 영어의 12 시제의 대표적인 예를 보았다. 이제 전체적으로 시제 일체에 예외가 되는 사항들을 살펴보고자 한다.

④　시제 일치에서 예외가 되는 경우

주절의 시제가 과거일지라도 종속절의 시제는 현재로 나타나는 경우.

(1) 일반적인 진리나, 현재의 습관을 나타내는 경우.

a. Our teacher said that the earth is round.　　　　　　　진리
b. He said that Mary goes to church every Sunday.　　　　습관

(2) "목전의 사실"이나, "정해진 시간표", "연중행사" 및 "계획" 등은 현재시제로 표현한다.

a. Mother said she doesn't mind how late we get home.　　　목전의 사실: 미래
(어머님은 우리가 아무리 늦게 와도 상관하지 않겠다고 했다)

b. I was surprised what I can do when I try.　　　　　　목전의 사실: 미래
(내가 시도할 때, 내가 할 수 있다는 것을 알고 나는 놀랐다)

c. I <u>heard</u> that you <u>are</u> nearsighted.　　　　　　　목전의 사실: 현재
(나는 당신이 근시라고 들었습니다)

d. She <u>told</u> us that her class <u>begins</u> at nine in the morning.　　정해진 시간표

(3)　역사적인 사실은 주절의 시제에 상관없이 항상 과거시제로 표현된다.

a. The teacher <u>said</u> that Columbus <u>discovered</u> America in 1492.
b. My father <u>told</u> us that the Korean War brake out in 1950.

(4)　상위절이 현재시제로 나타날 때, 허용될 수 있는 종속절의 시제를 살펴보자.

a. I think that　(1)　he is good.　　　　　　　　　　　　(현재)
　　　　　　　　　(2)　he was good.　　　　　　　　　　　(과거)
　　　　　　　　　(3)　he will soon be better.　　　　　　　(미래)
　　　　　　　　　　　(그가 곧 좋아질 것이라고 나는 생각한다)
　　　　　　　　　(4)　he has been good so far.　　　　　　(현재완료)
　　　　　　　　　　　(그는 지금까지 잘하고 있었다고 나는 생각한다)

b. I <u>thought</u> that I <u>must</u> go. ⇒ (I had to go)　　　　(과거)
(나는 가야만 했었다고 생각했다)

c. She <u>said</u> that she <u>must</u> leave. (she had to leave)　　(과거)
(그녀는 떠나야만 했었다고 말했다)

　위 (4) b, c에 제시된 종속절은 모두 문법적으로 허용되는 시제들이다. 그런데 이 예들은 의미
상으로, must는 과거형인 "had to"나, "must + have + p.p."로 대체될 수도 있다. 그런데 위의
경우, 대체형 과거동사 "had to"나, "must + have + p.p."형을 쓰지 않아도, 조동사 must는
"과거형"의 의미를 갖는다. 즉, 위 (4) b, c는 모두 문법적으로 문제가 되지 않는, 일반적으로 허
용되는 문장이다. Michael Swan(2005: 333-334)도 must는 "간접화법의 과거"의 의미로 쓰일
수 있다고 했다. 다음 d, e의 예를 보자. 이와 같은 설명은 일반 영어사전에도 나와 있다.

d. Everybody <u>told</u> me (that) I <u>must stop</u> worrying.　　(⇒ must have stopped)
(모든 사람들이 내가 걱정하지 않았어야만 한다고 나에게 말했다)

e. I felt (that) there <u>must</u> be something wrong.　　(⇒ there must have been
(나는 무엇이 잘못되었음이 틀림없다고 느꼈다)　　　　something wrong)

⑤　"Just"의 시제: 미국영어와 영국영어 간에 차이점이 있다.

(1)　Just가 "지금," "방금." "막"을 의미할 때,

　(a)　"영국영어"에서는, <u>과거 및 현재완료에서 모두 just를 쓴다</u>.

　　a. Where is Eric? He <u>has just gone</u> out.　　(현재완료)
　　b. I<u>'ve just had</u> a brilliant idea.　　　　　(현재완료)

　　c. John <u>just phoned</u>.　　　　　(과거) 전화를 걸었다는 말에 just가 쓰였지만,
　　　 His wife <u>has had</u> a baby.　　이것은 아기탄생의 소식에 연장되는 표현이다)
　　d. Alice <u>just left</u>.　　　　　(과거)

(b) "미국영어"에서는 <u>모든 경우에</u> just를 과거시제에만 쓴다.

   a. Where is Eric? He <u>just went out</u>.   (과거)
   b. Alice (has) <u>just went out</u>.   (과거)
   c. I <u>just had</u> a brilliant idea.   (과거)

(2) 관용구 just now는 "현재시제"와 "과거시제"에 다 같이 쓰이고 있다. 다음 문장을 비교해 보자.

  (a) She <u>is not in</u> just now. Can I take a message?
     a. I <u>saw</u> Phil <u>just now</u>. He <u>wanted to talk</u> to you.
       (과거시제 일 때는 대체로 문미에 온다)
     b. I telephoned Ann <u>just now</u>.

  (b) I ('ve) <u>just now realized</u> what I need to do. (내가 무엇을 해야 하는지 막 깨달았다)
     (이 경우에는 just now가 문의 중앙에 왔다)

(3) 시제(tense)의 의미를 떠나서, "시간(time)과 관계된 다른 관용적인 표현"을 보자.

  (a) just는 "이 순간 (at this moment)," "현재에 가까운" 개념을 강조할 때 쓰인다.

     a. I'll be down in a minute. I'<u>m just</u> changing my shirt. (= right now)
     b. Alice <u>has just phoned</u>. (= a short time ago)
     c. Keith is still around. I <u>saw him just last week</u>. (= as recently as)

  (b) <u>just after</u>, <u>just before</u>, <u>just when</u> 등은 바로 문제의 그 시간을 언급하는 것이다.

     I saw him <u>just after lunch</u>. (= very soon after lunch)

  (c) Just는 only(단지), scarcely(가까스로), nothing more than(그저)의 의미로도 쓴다.

     a. Complete set of garden tools <u>for just</u> 20 dollars!
       (정원 도구 한 세트를 단지 20달러로 구입!)
     b. I <u>just want</u> somebody to love me--that's all.
       (나는 누가 나를 그저 사랑해주기만 하면 되. 그게 다야)
     c. I <u>just caught</u> the train. (나는 겨우 차를 탔다)
     d. There was <u>only just</u> enough light to ready by)
       (겨우 책을 읽을 정도의 불빛이었다)

  (d) Can/Could I just---?로 무리하게 강요하지 않는 다는 어감으로 쓰인다.

     Could I <u>just use</u> your telephone for a moment?

  (e) Just는 "바로," "정확히"라는 의미로도 쓴다.

     a. What's the time? It's <u>just three</u> o'clock.
     b. Thanks. That's <u>just</u> what I wanted.

  (f) Just는 강조의 의미로도 쓴다.

     a. You are <u>just beautiful</u>.
     b. I <u>just love</u> your dress.

⑥ "진행형 표현이 불-가능한 동사"를 "미완결 동사(non-conclusive verbs)"라 한다. 이들은 심적 상태, 지각, 인식, 감정, 소유 등을 나타내는 동사들이다. 다음 동사들을 보자.

(1)	인식:	think, know, see, hear, have, realize, doubt, believe, understand, remember, recognize 등
(2)	의향:	intend, wish, want, mean, desire, refuse, forgive 등
(3)	감정:	like, love, hate, dislike, abhor, please, surprise 등
(4)	소유/소속:	possess, belong to, have, own, owe 등
(5)	포함관계:	include, contain, consist of, constitute, comprise 등
(6)	모양/상태:	be, exist, resemble, differ, seem, look, remain, appear cost, lack 등

위의 단어 중, 보통 쓰이는 의미가 변할 때에는 진행형을 쓸 수도 있다. see가 "--을 보다"의 의미가 아닌, "---를 방문하다"의 뜻으로 의미가 달라지면, 다음 1과 같이 진행형으로 말할 수 있고, "have"가 "소유하다"의 의미가 아니고, "먹다(eat)"라는 의미일 때에도 다음 2와 같이 진행형에 쓰일 수 있다. 그러나 아래 3-4는 진행형같이 보이지만, 3의 including은 전치사이고, 4의 knowing은 동명사이지, 진행형이 아니다.

   a. I am <u>seeing</u>(= paying a visit to) my lawyer this afternoon.   (진행형)
   b. He is <u>having</u> lunch now.   (진행형)
   c. There <u>are</u> seven of us <u>including</u> myself.   (진행형이 아님) (전치사임)
      (나를 포함해서 우리들의 7사람이 있습니다)
   d. There <u>is</u> no <u>knowing</u> what may happen in the future.   (진행형이 아님) (동명사임)
      (미래에 무선 일이 일어날지 알 수가 없습니다)   ⑨ (Onions 2-5) 참조.

연습문제

① 다음 문장이 올바른 표현이 되도록 괄호 안의 단어를 고르세요.

1. She (remains at/remained at) home yesterday.
2. You can leave as soon as he (comes/will come) home.
3. He doesn't know if she (comes/will come).
4. I (understand/am understanding) what he said.
5. I will (be read/have read) this novel twice, if I read it again.
6. I (saw/have seen) him on my way to school this morning.
7. After John (has taken/had taken) a deep breath, he jumped into the water.
8. On a hill, (stands/is standing) a small house.
9. She (is having/was having) lunch when I came to see her.
10. When (has/did) Brian come back home from America?

② 다음 예문의 줄친 부분을 바르게 고치세요.

1. When I finished writing of today's diary, I <u>lay</u> my ball-point pen on the desk.
2. This May next year, I <u>have been teaching</u> English for three years.
3. After he got on the bus, he realized that he <u>has taken</u> the wrong bus.
4. How long <u>have you lived</u> here since you moved into this house?
5. Please, stay in your seat until the bell <u>will ring</u>.
6. My father <u>has come</u> home just now.
7. She <u>is loving</u> you very much.
8. I prefer to do my exercises before I <u>had</u> breakfast.
9. It <u>is</u> very hot since last week.
10. I am going to <u>borrow</u> a house.

③ 다음 문장의 괄호 안의 동사가 의미가 통하도록, 다른 필요한 조동사를 사용해서 그 형태를 바꾸세요.

1. I (be) to the station to see him off.
2. By the time, you get back, I (do) all my work.

3. They Ⓐ (be) married for twenty years. So far they Ⓑ (have) no troubles.
4. I am tired of rain. It (rain) since last Sunday.
5. Five years Ⓐ (pass) since they Ⓑ (marry)
6. The girl (be) sick for the past five days.
7. When I entered the shop, I found that I (lose) my purse.
8. She (wait) to see you when I came back home.
9. I wonder what he (do) at this time tomorrow.
10. She (study) English for two years by the next month, if she continues studying of English.

④ 다음 a 문의 의미로 b 문을 완성하세요.

　　a. As soon as he saw me, he ran way.
　　b. No sooner ＿＿＿＿＿＿＿＿＿＿＿＿＿＿＿＿＿＿＿＿

2. a. 다음 b 문의 공란에 크리스마스 이후로 "아파왔다"는 표현을 완성하세요.
　　b. She told me that her father ＿＿＿＿ ＿＿＿＿ ＿＿＿＿ since Christmas.

3. a. 다음 b 문의 공란에 "나는 그녀가 노래하는 것을 처음 들었다."는 표현을 완성하세요.

　　b. It was the first time that I ＿＿＿＿ ＿＿＿＿ her sing.

4. a. 다음 b 문의 공란에 "그녀가 돌아가신지 5년이 되었다."로 완성하세요.

　　b. She ＿＿＿＿ ＿＿＿＿ ＿＿＿＿ for five years.

5. a. 다음 b 문의 공란에 "우연히 외출했다"는 표현을 영작하세요.

　　b. I ＿＿＿＿＿＿ to be out when my friend came to see me.

⑤ 빈칸에 들어갈 가장 적절한 것을 고르세요.

As a general rule, dogs ＿＿＿＿＿＿＿＿ unless offended.

Ⓐ do not bite　　　　Ⓑ are not biting
Ⓒ will not bite　　　　Ⓓ have not bitten

⑥ 어법상 어색한 것을 고르세요.

Ⓐ The train leaves Seoul at 7 a.m. and arrives at Busan at 9 a.m.
Ⓑ She said her first class starts at 9 a.m. in the morning every day.
Ⓒ Are you believing in his words?
Ⓓ He is having lunch now.

⑦ 어법상 옳은 것을 고르세요.

Ⓐ Bill insisted that he studied hard in his school days.
Ⓑ By the time next year, I will have been a college student.
Ⓒ I have gone to America only once.
Ⓓ She has never seen Mr. Smith last year.

⑧ 밑줄 친 단어의 쓰임이 적절하지 않은 것은?
Ⓐ The new law will be put into effect next month.
Ⓑ That traffic accident effected a propound change in him.
Ⓒ His opinion will not be affected my decision.

Ⓓ A drunken driving has a bad <u>affect</u> on drivers.

⑨ 다음 밑줄 친 부분의 용법이 올바르게 쓰인 것은?

Ⓐ She <u>needs</u> hardly go out late at night.
Ⓑ They told me that I <u>may</u> go home.
Ⓒ You <u>had not better</u> call her up at this time of night.
Ⓓ It is quite natural that such a diligent man <u>should</u> succeed.

⑩ 종합 연습문제

1. 다음 글을 읽고, 아래 질문에 답하세요.

Uncle Frank is a beekeeper. He Ⓐ (has ordered/ordered) a box of bees a month ago, and it (a) has finally arrived. I visited him last weekend and learned how to start a new hive.

Uncle Frank and I Ⓑ (wear/wore) a helmet with a net. We (b) <u>had to</u> protect ourselves from bee stings. Uncle Frank sprayed sugar water on the bees in the paper box. This made their wings Ⓒ (sticky/sweet), so the bees couldn't fly for a few minutes. Then he looked Ⓓ (at/for) the queen bee in the box. The queen is important to the hive, and the other bees will attack to protect her. He carefully took (c) <u>her</u> out of the box and placed her in a new hive which was made Ⓔ (form/of) wood. Next, Uncle Frank dumped the rest of the bees from the box into the hive. Soon the queen <u>would</u> start Ⓕ (lying/laying) eggs, and the hive would grow.
위 문장에 나타난 Ⓐ, Ⓑ, Ⓒ, Ⓓ, Ⓔ, Ⓕ의 괄호 내에서 올바른 단어를 찾으세요.

Ⓐ _____   Ⓓ _____
Ⓑ _____   Ⓔ _____
Ⓒ _____   Ⓕ _____

(a)의 has는 필요한 것인가?   _____
(b)의 had to의 의미는?   _____
(c)의 her는 누구인가?   _____

2. 다음 글을 읽고, 아래 a에서 이 글의 제목으로 적절한 것을 고르세요.

My husband, a professor of English, has had several books published. When he finished writing his latest book, I stopped at the supermarket to pick up some ice cream and champagne. "Celebrating something?" asked the clerk as she Ⓐ <u>bagged</u> Ⓑ <u>my items</u>. "Yes," I replied. "My husband just finished a book." The clerk Ⓒ <u>paused a moment</u>. Ⓓ <u>"Slower reader?"</u>

a.   Ⓐ An Argument   Ⓑ A Publication
     Ⓒ A Celebration   Ⓓ A Misunderstanding

b.   위 줄친 단어의 의미를 써라.

Ⓐ_____   Ⓒ_____
Ⓓ_____   Ⓓ_____

제3장 To-부정사: 1편 To-부정사의 명사적 용법

현대영어에서는 문장의 주어를 "it---be---to--구조" 및 "It --- be---for/of--to--"의 구조로 표현하는 것을 선호해서, 이 두 가지 유형을 문형으로 나타내고 있다: ⑪ (Onions 2-7) 및 ⑰ (Onions 2-13)이 바로 이 문형이다. 그러나 "To-부정사"가 문장의 주어로 표현되는 유형은, 동사 유형으로 나타내지 않고 있다. 동사 유형으로는 나타나지 않지만, 문법적으로는 완벽하다. 다음 예 ① a, b를 보자. Hornby(1975: 16)의 1. 38.에서, "To try was useless." 대신에 "It is useless to try."로 표현하는 것을 선호한다고 했다. 따라서 앞 "서론" (3) a, b, c, d, e에서 "to-부정사(구)를" 문장의 주어로 나타내는 것은, 문어체에서는, 완벽한 문장이다. 즉, 다음 ①의 b도 완벽한 정문이다. 그러나 원어민들은 ① a를 ① b보다 선호할 뿐이다.

① a. It is difficult <u>to lose weight in a week or month</u>.   ⑪ (Onions 2-7)
   b. <u>To lose weight in a week or a month</u> is difficult.

To-부정사(구)를 "주어"로 하는 문의 유형은 없다. 다음 예와 같이 목적어, 보어로만 표현하고 있다. 그러나 위 ①b에서처럼, to-부정사를 주어로 표현하는 것은 완벽한 문장이다.

  a. We like <u>to study English</u>.   ㊷ (Onions 3-6)
  b. My wish is <u>to have a friend of native speakers of English</u>.   ⑯ (Onions 2-12)
  c. Do you know <u>how to swim</u>?   ㊹ (Onions 3-8)
  d. Would you like <u>to come with me</u>?   ㊷ (Onions 3-6)

② 주어로서 to-부정사
  a. <u>To learn English</u> is not an easy job.
  b. <u>To make good friends</u> is important.
  c. <u>To perfect my English</u> requires years of hard study.

③ 목적어로서 to-부정사
  a. I prefer <u>to start early</u>.   ㊷ (Onions 3-6)
  b. Do you want <u>to go</u>?   ㊷ (Onions 3-6)
  c. He promised <u>to go with me</u>.   ㊷ (Onions 3-6)

④ 주격보어 및 목적격보어로서 to-부정사
  a. My wish is <u>to live a happy life</u>.   ㊹ (Onions 3-8)
  b. We asked him <u>to help us</u>.   ㉃ (Onions 5-8)
  c. He doesn't want anyone <u>to know about it</u>.   ㉃ (Onions 5-8)
  d. To know her is <u>to like her</u>.   ⑯ (Onions 2-12)
  e. This appears <u>(to be) an important matter</u>.   ㉜ (Onions 2-28)
  f. He appears <u>to have many friends</u>.   ㉞ (Onions 2-30)
  g. You seem <u>to be enjoying the party</u>.   ㉞ (Onions 2-30)
  h. I seem <u>to remember meeting him somewhere</u>.   ㉞ (Onions 2-30)
  i. The survey appears <u>to have revealed some interesting facts</u>. ㉞ (Onions 2-30)

⑤ 진주어 및 진목적어로서
  a. It is so nice <u>to sit here with you</u>.   ⑪ (Onions 2-7)
  b. I made it a rule <u>to ask questions to my teacher</u>.   ㉟ (Onions 4-9)

⑥ 의문사 + to-부정사
  a. I don't know <u>where to go</u>.   ㊹ (Onions 3-8)
  b. She couldn't decide <u>what to do next</u>.   ㊹ (Onions 3-8)
  c. How can you tell <u>which button to press</u>?   ㊹ (Onions 3-8)

d. Have you decided when to start? ㊹ (Onions 3-8)
e. I was wondering whether to stay here or not. ㊹ (Onions 3-8)
f. I asked him how to get there. (71) (Onions 5-16)

⑦ 관용구 "have to + v-"/"ought to + v-"에 나타나는 목적어

a. Do you often have to work overtime? ㊸ (Onions 3-7)
b. You ought not to complain. ㊸ (Onions 3-7)

⑧ to-부정사는 다음 도표와 같이 변형될 수도 있다.

시제 \ 능동/수동	능동	수동
단순 부정사	to do	to be done
완료 부정사	to have done	to have been done

⑨ 위에서 열거한 to-부정사와 관련된 유형 중에서, "동사의 목적어로 to-부정사를 선택하는 유형은" (VP 7A)인 ㊷ (Onions 3-6)이다. 이 유형에 해당되는 동사들은

agree, begin, like, love, expect, intend, forget, hope, prefer, pretend, propose promise, start, 등등이다.

위 (VP 7A) ㊷ (Onions 3-6)및 (VP 7B) ㊸ (Onions 3-7)에 해당되는 동사들은 다음과 같다.

ache(= long)	afford	arrange	attempt
(can/could) bear	begin	bother	cease
choose	claim	continue	contrive
dare	decide	decline	deserve
determine	dread	endeavor	expect
fail	forbear	forget	hate
learn	like	long	love
manage	mean(= intend)	need	omit
plan	prefer	presume(= venture)	pretend
profess	promise	propose	purport
reckon	refuse	resolve	seek
trouble	undertake	want	wish

연습문제

① 다음 빈칸에 알맞은 단어를 고르세요.

1. I want ______ her before she leaves.
Ⓐ meet Ⓑ meeting Ⓒ met Ⓓ to meet

2. You seem ______ enjoying the party.
Ⓐ to Ⓑ to be Ⓒ to가 없어도 됨 Ⓓ to be가 없어도 됨

3. I've made it a rule ______ care of my old grandmother after school.
Ⓐ to Ⓑ took Ⓒ to take Ⓓ takes

4. They appear ______ have found out an important matter.
Ⓐ to be Ⓑ to Ⓒ to be가 없어도 됨

5. She happened _____ out when I called.
    Ⓐ to be   Ⓑ to   Ⓒ be

6. It seems <u>to be</u> important.

    Ⓐ to be는 삭제해도 좋고, 안 해도 좋다.   Ⓑ to be는 삭제해야 된다.

7. The baby seems to be asleep.

    Ⓐ to be는 삭제해도 좋고, 안 해도 좋다.   Ⓑ to be는 삭제해야 된다.
    Ⓒ to be는 반드시 사용해야 한다.

8. I seem to remember _____ him somewhere.
    Ⓐ to meet   Ⓑ meet   Ⓒ met   Ⓓ meeting

9. He doesn't want anyone _____ about it.
    Ⓐ knowing   Ⓑ to know   Ⓒ knew   Ⓓ know

10. She couldn't decide what _____ do next.
    Ⓐ to   Ⓑ to be   Ⓒ should be   Ⓓ should

②   (   ) 안에서 알맞은 말을 고르세요.

1. I would prefer (to start/starting) early.
2. He expects (to meeting/to meet) us this afternoon.
3. He pretended not (to see/seeing) us.
4. I won't forget (to send/sending) this parcel tomorrow.
5. They promised us (to give/giving) a call this evening.

③   우리말과 의미가 같도록 빈칸에 알맞은 말을 써 넣으세요.

1. 그녀는 다음에 "무엇을 해야 할지" 결정할 수가 없었다.
    She couldn't decide _____ _____ do next.

2. 나는 그에게 거기에 "도착하는 방법"을 물었다.
    I asked him _____ _____ get there.

3. 나는 여기에 "머물러야 할지, 안해야 할지" 생각 중이었다.
    I was wondering _____ _____ stay here or not.

4. "어느 button을" 눌러야 할지 어떻게 알 수 있니?
    How can you tell _____ _____ to press?

5. 나는 "어떻게 당신에게 감사해야 할지" 모르겠다."
    I don't know _____ _____ _____ you.

④   종합 연습문제

다음 글을 읽고, 아래 질문에 답하세요.

1. A very old man wanted Ⓐ <u>to dig</u> his potato garden. However, digging the garden alone was very hard work. Ⓑ <u>His son used to help him</u>, but now he is in prison. The old man wrote a letter to his son. In the letter, he said that planting potatoes would be impossible. Then he received a letter from his son. It said, "Dad, never dig up the garden. I buried all my guns there." The next morning, the police officers came to his garden and dug it up. But they couldn't find any guns. Soon the old man received another letter from his son. It said, "Dad, now plant potatoes."

위 1번의 내용과 같도록, 2번 문장의 괄호 내에 적당한 단어를 넣으세요.

2.   The reason why the man in prison wrote such a letter to his father was to make the potato garden (ⓒ) by the police officers rather than his father. The man in prison deliberately told (Ⓓ) that he had buried all his guns there, so that the police officers should come and dig the garden (Ⓔ) out his guns. Then this happening would help his father not (Ⓕ) his potato garden by himself.

④   Ⓐ. 위 1의 문장에서 Ⓐ의 to-부정사는 어떤 역할을 하는가?
       (   )
      Ⓑ. Ⓑ의 줄친 부분을 해석하세요.
       (   )
      위 2의 문장에서 ⓒ, Ⓓ, Ⓔ, Ⓕ의 괄호 속에 적절한 단어를 써 넣으세요.
      ⓒ. (   )   Ⓓ. (   )
      Ⓔ. (   )   Ⓕ. (   )

제3장 To-부정사: 2편 To-부정사의 형용사적 용법

다음 예에서처럼, anything, something, somebody 등의 명사는 to-부정사가 뒤에 나타나 앞의 명사를 수식한다. 그러나 일반 명사들은 형용사구가 앞/뒤에서 명사를 수식하는데, to-부정사로 된 형용사구는 뒤에서 앞의 명사를 수식한다. 우선 다음 ①과 같은 예를 보자: 아래 ①의 a, b에서는 anything, something 뒤에 수식어로 to-부정사가 나타나는데, 비단 to-부정사로 된 수식어뿐만 아니라, 아래 ① c, d에서처럼 일반 형용사도 그 뒤에 나타난다.

①   anything, something, somebody 등을 수식하는 형용사

   a.   Would you like something <u>to drink</u>?   (to-부정사로 된 형용사구)
   b.   Please give me something <u>to eat</u>.
   c.   I hope he marries someone <u>nice</u>.   (일반 형용사)
   d.   I feel like eating something <u>hot</u>.

②   일반 명사도 뒤에 to-부정사로 된 형용사 수식어를 갖기도 한다.

   a.   Fall is the best season <u>to study</u>.
   b.   He has a lot of homework <u>to do today</u>.
   c.   I have no friends <u>to play with</u>.
   d.   She doesn't have enough time <u>to think about it</u>.
   e.   Is there any good method <u>to learn English</u>?
   f.   He is the only qualified person <u>to do the job</u>.

③   주어명사가 to-부정사의 의미상의 주어가 되는 경우

   a.   He is not a person <u>to neglect his duty</u>.
   b.   She is the only lady <u>to have been selected in the committee</u>.

위 a에서 to-부정사는 바로 앞의 명사 a person의 의미상의 주어가 되고, b에서도 the only lady가 to-부정사의 의미상의 주어이다. 그런데 이 두 개의 명사는 또 그 앞의 문의 주어 He와 She의 주격보어이다. 따라서 위 a, b의 to-부정사는 문의 주어 He와 She의 의미상의 주어가 된다.

④　to-부정사 앞의 명사가 의미상의 목적어가 되는 경우

a.　She has bought a new dress <u>to wear at the party</u>.
b.　We don't have time <u>to lose.</u>

위 a에서 to-부정사인, to wear의 의미상의 목적어는 a new dress이고, b에서도 time이 to lose의 의미상의 목적어이다.

그런데 우리나라에서 발행된 모든 영문법 책에서 공통적으로 "잘못된 것이" 바로 다음과 같은 구조를 형용사로 보는 것이다.

⑤　지금까지 to-부정사의 형용사적 용법으로 잘못 분석된 예문들을 보기로 한다.

A.　We <u>are</u> <u>to meet him here.</u> (예정) "<u>be + to meet him</u>"은 형용사구가 아님.
　　⇒ <u>To meet him here</u> is expected of us.

　　위에서 "To meet him here"가 주어명사로 변형될 수 있기 때문에 be + "to-부정사"는 형용사구가 아니라, "명사보어"이다.

B.　You are to start at once. (의무/명령)
　　⇒ <u>To start at once</u> is necessary for you to catch the bus.

　　B에서도 "To start at once"가 주어명사로 변형될 수 있기 때문에 be + "to start"가 형용사구가 아니라, "명사보어"이다.

C.　Nothing <u>was</u> <u>to be seen.</u> (가능)
　　⇒ <u>To be seen</u> or <u>not to be seen</u> in the school campus is
　　　 not so important. He is a student of this school.

　　C에서도 be + "to be seen"은 주어명사로 변형될 수 있기 때문에 be + "to be seen"이 형용사구가 아니라, "명사보어"이다.

D.　The poet <u>was</u> <u>to die young</u>. (운명)
　　⇒ <u>To die young</u> <u>was</u> the fate of the poet.

　　D에서도 be + "to die young"은 주어명사로 변형될 수 있기 때문에 be + "to die young"이 형용사구가 아니라, "명사보어"이다.

E.　You must work hard if you <u>are</u> <u>to succeed</u>. (의지)
　　⇒ If <u>to succeed</u> <u>is</u> your intention, you must work hard.

　　E에서도 be + "to succeed"가 주어명사로 변형될 수 있기 때문에, 형용사구가 아니라, "명사보어"이다.

F.　a.　His job <u>is</u> <u>to sell cars</u>.　　(명사적 용법)
　　b.　He <u>is</u> <u>to sell his car</u>.　　(형용사적 용법) (X)

　　c.　⇒ <u>To sell his car</u> <u>is</u> expected of him.

　　위 F의 b에서도 "<u>to sell his car</u>"를 주어명사로 변형시킬 수 있기 때문에 be + "to sell his car"는 형용사구가 아니라, "명사보어"이다.

위의 예문에서 "be + to-부정사"에서 필자의 주장과 같이, to-부정사가 "명사보어"라는 것을 입증해주는 것은 Hornby(1975: 20-21)가 제시한 앞 동사 유형 ⑯의 (Onions 2-12)와 Michael Swan(2005: 265)의 예들이 있는데, 여기서는, Practical English Usage의 저자 Michael Swan의 예를 다시 한 번 보기로 한다.

An infinitive phrase can be used after *be* as a noun subject complement.
(be 동사 다음에 나타나는 to-부정사는 "명사 주격보어"로 사용될 수 있다)

a. Your task is to get across the river without being seen.
    (너의 임무는 (남에게) 보이지 않게 강을 건너는 것이다)

b. My ambition was to retire at thirty.
    (나의 야심은 30세에 은퇴하는 것이었다)

이와 같은 문장에서 to-부정사는 명사의 기능을 갖고 있기 때문에, 다음 c, d와 같이, 가주어 It와 진주어 to-부정사구로 재구성할 수 있다고 말하고 있다.

c. It is your task to get across the river without being seen.
d. It was my ambition to retire at thirty.

그러나 우리나라에서는 예외 없이 "be + to-부정사구"를 형용사구로도 볼 수 있다는 이론이 제시되고 있는데, 이제 영어 문법책에서 이 잘못된 점을 제거되어야 한다고 주장한다.

연습문제

① 빈칸에 알맞은 말을 선택하세요.

1. John has no girl-friends _____.
    Ⓐ to talk   Ⓑ talk   Ⓒ to talk with   Ⓓ talking with

2. While I am working in my office, I have little time _____.
    Ⓐ for reading   Ⓑ to read   Ⓒ to reading   Ⓓ in reading

3. I can't find words with which _____ my thanks.
    Ⓐ to express   Ⓑ expressing   Ⓒ express   Ⓓ for expressing

4. I feel like eating something _____.
    Ⓐ cold   Ⓑ to be cold   Ⓒ to cold   Ⓓ to cool

5. He is not a person _____ his duty.
    Ⓐ neglect   Ⓑ to neglect   Ⓒ to be neglected   Ⓓ to be neglectful

② 괄호 내의 제시된 표현 중 알맞은 말을 선택하세요.

1. I have an interesting story (for telling/to tell) you.
2. There isn't any strong team to play (with/against) our team in our town.
3. The student doesn't have any friends (to play/to play with).
4. I need a chair to sit (on/down).
5. Do you have anything special (to talk/talk) to me?

③ 각 예문을 읽고 질문에 답하세요.

1. We need a ball-point pen Ⓐ to write our names and phone numbers
    Ⓑ (   ) and a piece of paper Ⓒ to write them Ⓓ (   ).

Ⓐ to-부정사는 어떤 역할을 하는가?　（　　　　　）
Ⓑ Ⓑ의 괄호에 어떤 전치사가 필요한가?　（　　　　　）
Ⓒ to-부정사는 어떤 역할을 하는가?　（　　　　　）
Ⓓ Ⓓ의 괄호에 어떤 전치사가 필요한가?　（　　　　　）

2. The world is a pleasant place Ⓐ (to live in) Ⓑ as soon as we accept the fact that other people also have a right Ⓒ (to live) Ⓓ as well as ourselves.

Ⓐ의 (to live in)에서 전치사 in의 목적어는 무엇인가?　（　　　　）
Ⓑ 줄친 부분을 해석하세요.　（　　　　）
Ⓒ (to live)는 무엇을 수식하는가?　（　　　　）
Ⓓ 줄친 부분을 해석하세요.　（　　　　）

3. 다음 문장에서 괄호 내에 필요한 전치사를 쓰세요.

a. She accused him (　　　) poisoning her dog.
b. They have no money to buy tickets　(　　　).
c. This apron has no pockets to put things　(　　　).

4. 이 약은 엄격하게 처방한 Ⓐ "지시에 따라 Ⓑ 먹어야 한다."라는 의미에 맞는 단어를 써 넣으세요.

This medicine is Ⓐ (　　　) taken strictly according Ⓑ (　　　) directions.

5. 다음 예문의 줄친 부분이 "명사/형용사 중" 어느 유형의 보어인가를 밝혀라.

a. We are to meet him at the station.　（　　　　　）
b. He seems to be disappointed.　（　　　　　）
c. He is to sell his car.　（　　　　　）
d. The baby seems to be asleep.　（　　　　　）
e. The poet was to die young.　（　　　　　）

③ 종합 연습문제

다음 글을 읽고, 아래 질문에 답하세요.

　　That koalas like Ⓐ to sleep is a well-known fact. They spend about fifteen hours a day sleeping and another five hours resting. Then why do koalas sleep so much? That koalas only eat "eucalyptus leaves" is one of the reasons. Ⓑ They do not give koalas enough energy Ⓒ to run and move around. And Ⓓ that they don't drink water is another reason. They just eat the moisture on the eucalyptus leaves. So they shouldn't waste water in their body. For these reasons, koalas cannot be active and they sleep a lot. They sleep for most of the time and they are awake only when they eat.

1. 위 Ⓐ는 to-부정사에서 어떤 역할을 하는가?　（　　　　　）
2. 위 Ⓑ의 they는 무엇을 가리키는가?　（　　　　　）
3. 위 Ⓒ는 to-부정사에서 어떤 역할을 하는가?　（　　　　　）
4. 위 Ⓓ의 that는 어떤 역할을 하는가?　（　　　　　）

제3장 To-부정사: 3편 To-부정사의 부사적 용법

① 　부사는 동사, 형용사, 다른 부사를 수식하는 요소이므로, to-부정사의 부사적 용법도 동사, 형용사, 다른 부사를 수식한다. 다음 각 예문에서, to-부정사는 앞에 있는 어떤 품사를 수식하는지 살펴보자.

a. We eat to live; we don't live to eat.
(우리는 살기 위해서 먹는다; 우리는 먹기 위해서 살지 않는다)
(동사 수식): to-부정사(구)는 앞의 동사 eat/live 수식

b. I am very pleased to hear that you've won the scholarship to study abroad.
(나는 네가 외국유학을 가는데 장학금을 탔다는 것을 듣고 대단히 기쁘다)
(형용사 수식): to-부정사(구)는 앞의 형용사 pleased 수식

c. You are very kind "of you" to take me to the station.
(네가 나를 역까지 대려다 주어서 "너는 (of you)" 아주 친절하다)
(형용사 수식): to-부정사(구)는 very와 함께, 앞의 형용사 kind 수식

d. How stupid he is to believe such a non-sense!
(그가 그와 같은 실없는 소리를 믿다니 얼마나 바보스러운가!)
(형용사 수식): to-부정사(구)는 부사 How와 함께 앞의 형용사 stupid 수식

e. I thank you very much for your kindness.
　　　　　　　　　　　　　　　　　　(선생님의 친절에 대단히 많이 감사합니다)
(다른 부사 수식): very는 다른 부사 much를 수식하고, much는 앞의 동사 thank를 수식한다.

② 　부사적 요인: 아래, a에서 f까지 부사적 요인이 제시되어 있고, 또 화실표가 수식하는 동사, 형용사, 다른 부사 등을 지적해주고 있다. 무엇이 무엇을 수식하는지 살펴보자.

a. **목적**
She got up early to watch the sunrise.　　　early는 앞의 동사 got up 수식
(그는 해가 뜨는 것을 보기위해서 일찍 일어났다)　to watch the sunrise는 early 수식

He raised his hand to ask a question.　　　앞의 동사 raised 수식
(그는 질문을 하기 위해서 그의 손을 들었다)

b. **원인**
She was happy to meet her family again.　　앞의 형용사 happy 수식
(그녀는 그녀의 가족을 다시 만나서 기뻤다)

We were pleased to hear his quick recovery.　앞의 동사 pleased 수식
(그가 빨리 회복한 것을 듣고서 우리는 기뻐했다.)

c. **이유/판단의 근거**
She must be foolish to believe such a thing.　앞의 형용사 foolish 수식
(그녀는 그와 같은 것을 믿다니 바보스러움에 틀림없다)

How rude of her to say that to her teach　앞의 부사 How와 함께 형용사 rude 수식
(그녀가 그것을 그녀의 선생님께 말하다니 얼마나 무례한가!)

d. **결과**

He <u>left</u> his home town, <u>never to return</u>.의 town 다음의 콤마(,)는 접속사 and/when/after 등위 접속사를 문장의 의미에 맞게 추가시켜 해석하라는 의미이다. 영어의 다른 표현으로는 "He left his home town and never to return."으로 된다. (그는 그의 고향을 떠나 후, 결코 다시 돌아오지 못했다) ㉚ (Onions 2-26) 참조.

The good old days have gone, never to come. have gone, 다음에 and를 추가시켜, 영어의 다른 표현으로, The good old days have gone and never to return.으로 된다. (그 좋은 옛날은 **가고**, 결코 다시 돌아오지 않을 것이다) ㉚ (Onions 2-26) 참조.

e. **조건/양보**

<u>To hear him speak English</u>, you take him for an American.
(그가 영어를 하는 것을 듣는다면, 당신은 그를 미국인이라고 생각할 것이다)
(to-부정사는 문부사의 역할을 함)　　　　　　　　㉛ (Onions 2-27) 참조.

She shudders, <u>to think of it</u>. (to-부정사는 문부사의 역할을 함)
(그것을 생각하면, 그녀는 온 몸이 떨린다)

f. **형용사/다른 부사수식**

a. She is <u>anxious to leave</u>.　　　(그녀는 떠나기를 갈망하고 있다) (형용사 수식)

b. I <u>thank</u> you very much　　　(부사 very는 다른 부사 much 수식하고, much는
　　　　　　　　　　　　　　　　　앞의 동사 thank를 수식한다)

g. **독립적인 to-부정사**

to tell (you) the truth.	to begin with,	so to speak,
사실을 말하면,	우선, 먼저	말하자면
to make the matter worse,	to be sure.	
설상가상으로	확실히	
to be frank (with you),	strange to say,	to be brief. etc.
솔직히 말하면 (너에게)	말하긴 이상하지만	간단히 요약하면

연습문제

① 다음 a의 예문을, b에서는 to-부정사를 사용해서 "부사적 역할을 하는" 문장으로 변형 시키세요.

1. a. Her father was shocked when he heard his daughter smoke.
   b. Her father was shocked (　　　　　　　) his daughter smoke.

2. a. The good old days have gone and will never return.
   b. The good old days have gone, (　　　　　　　). ㉚ (Onions 2-26) 참조.

3. a. He was so tired that he couldn't speak.
   b. He was too tired (　　　　　　　).

4. a. This rope is so strong that it can be used for the tug of war.
   b. This rope is strong enough (　　　　　) for the tug of war.

5. a. She was so stupid that she married such a penniless man.
   b. How stupid she was (　　　　　) such a penniless man.

② 우리말에 맞는 문장이 되도록 괄호 안에 적당한 말을 넣으세요.

1. 그녀는 그와 같은 미남의 남자친구를 "갖게 되어" 매우 만족했다.
   She was very satisfied (　　　　　　) a good-looking boy-friend like him.

2. "그런 말을 하다니", 그는 거짓말쟁이 임에 틀림없다.
   He must be a liar (　　　　　　) such a thing.

3. 그녀는 자라나서 "훌륭한 음악가가 되었다."
   She grew up (　　　　　　) a great musician.

4. "날씨가 너무 더워서" 바깥운동을 할 수가 없었다.
   The weather was (　　　　　　) to take/(to do) outdoor exercises.

5. 나의 형은 열심히 일했지만 "결국에는 실패했다."
   My brother worked hard (　　　　　　)

③ 괄호 속에, 우리말에 맞는 "부사어구"를 넣으세요.

1. 그녀는 그 자신의 차를 살 수 있을 만큼 "충분히" 여유가 있는 부자이다.
   She is rich (　　　　　　) to buy her own car.

2. 그는 첫차를 "타도록" 일찍 일어났다.
   He got up early (　　　　　　) the first train.

3. "그녀가 이야기 하는 것을 듣는다면", 당신은 그녀를 성장한 숙녀가 아니라, 어린 소녀로 생각할 것이다.
   (　　　　　　) her talk, you might take her for a little girl, not a grownup lady.

4. 나는 그렇게 일찍 "떠나게 되어서" 미안합니다.
   I am sorry (　　　　　　) leave so early.

5. 나는 "당신을 기다리게 해서" 미안합니다.
   I am sorry (　　　　　　) kept you waiting.

④ 종합 연습문제

다음 글을 읽고, 아래 질문에 답하세요.

　　You read or write English from left to right. But the Chinese or the Arabs write their language top to bottom or from right to left. Why, then do you write English from left to right? We guess that it's because the ancient Greeks did Ⓐ so. Once ancient Greeks tried Ⓑ to find out an easy way Ⓒ to read and write words. So they put together words in many ways and then read them. They decided that going from left to right was the best way. Later Romans used this way with Latin. English has some of Ⓓ its roots in Greek and Latin. So we read and write English from left to right.

　　In writing letters, however, for left handed persons (or southpaws), it may feel better starting from right to left. Ⓔ (　　　　　　) we are southpaws, it is quite true that going from left to right is more natural and practical than the opposite way.

1. 위 Ⓐ의 의미를 쓰세요.　　　　　　　　　　(　　　　　　　　)
2. 위 Ⓑ는 to-부정사의 어떤 용법인가?　　　　(　　　　　　　　)
3. 위 Ⓒ는 to-부정사의 어떤 용법인가?　　　　(　　　　　　　　)
4. 위 Ⓓ의 의미를 쓰세요.　　　　　　　　　　(　　　　　　　　)
5. 위 Ⓔ의 괄호에 적당한 단어를 넣으세요.　(　　　　　　　　)

제3장 4편 To-부정사의 부정 및 의미상의 주어와 시제

　　To-부정사의 마지막 편에서는, to-부정사의 부정과, to-부정사의 의미상의 주어 및 시제에 대해서 논의한다. 이 세 가지 영역은 to-부정사의 의미해석을 정확하게 하는데 도움을 주기 때문이다. 다음 네 가지 주제를 보자.

① to-부정사의 부정
② to-부정사의 의미상의 주어
③ to-부정사의 시제
④ to-부정사와 함께하는 여러 가지 구문

① to-부정사를 부정할 때에는 바로 그 to-부정사 앞에 부정어 not를 둔다.

a.　I tried <u>not to play</u> computer games.
b.　She asked me <u>not to make</u> any noise.
c.　Try <u>not to be late</u>.

② to-부정사의 의미상의 주어 문제

⑴　"to-부정사" 앞에 나타난 그 문장의 주어가, "to-부정사"의 의미상의 주어가 된다.

a.　<u>He</u> wants <u>to read</u> this book.
b.　<u>He</u> likes <u>to go</u> to the movie theater.
c.　She wishes <u>to go with me</u>.

⑵　"to-부정사" 앞에 나타난 목적어가, "to-부정사"의 의미상의 주어가 되는 경우

a.　I expect <u>you to send</u> your e-mail to me.
b.　He allowed <u>me to do</u> it.
c.　He forced <u>me to help</u> her.
d.　It's important <u>for you to attend</u> the meeting.

⑶　모든 사람을 위한 일반적인 표현: 이 구조는 "It---to-부정사" 구조이므로, to-부정사 이하가 진주어이고, 그 의미는 일반 사람 모두에 적용된다.

a.　It's <u>a good habit</u> <u>to get up early</u> every morning.
b.　It's <u>good for our health</u> <u>to take exercise regularly</u>.

③ to-부정사의 시제의 문제

⑴　현재 시제

a.　She seems (to be) sick.
b.　He seems (to be) happy.
c.　He appears to have many friends.

⑵　과거 시제

a.　They seemed (to be) angry.　　　⇒ It seemed that they were angry.
b.　He seemed (to be) sick.　　　　⇒ It seemed that he was sick.
c.　They seemed to be very late.　⇒ It seemed that they were very late.

(3) 과거 완료

a. He seemed <u>to have been</u> sick.   = It seemed that he had been sick.
b. She seemed <u>to have been</u> happy.   = It seemed that she had been happy.
c. They seemed to have been very late. = It seemed that they had been very late.

④ to-부정사와 함께 하는 여러 가지 구문: 진행형 to-부정사 구문

(1) "It---to-부정사(구)"의 진행구문

a. It's nice <u>to be sitting</u> with you.
b. I noticed that he seemed <u>to be smoking</u> a lot.

(2) "완료형 to-부정사"는 "완전과거형"의 의미와 동일한 의미를 갖는다.

a. It's nice to have finished work.   ⇒ It's nice that I have finished.
b. I'm sorry not to have come on Monday. ⇒ I'm sorry that I didn't come on
                                          Monday.

(3) 수동 to-부정사 구문

a. There's a lot of work <u>to be done</u>.   (했어야 할 일이 많이 있다)
b. She ought <u>to be told</u> about it.   (그녀는 그것에 대해서 들었어야만 했다)
c. It's pleasant surprise <u>to be told</u> that I had been promoted.
   (내가 승진되었다는 것을 듣게 된 것은 놀라운 기쁨이다)

(4) 의무를 강조할 때는, 명사 + to-부정사를 흔히 쓰는데, 이 때 수동형은 능동/수동형 두 가지 형태가 모두 가능한 경우도 있다.

a. There's a lots of <u>work to do/to be done.</u>
b. There are six letters <u>to post/to be posted</u>.
c. Give me the names of people <u>to contact/to be contacted</u>.

행위자에 중점을 둘 때는 보통 능동 부정사를 쓰고, 행위자체 또는 행위의 대상이 되는 사람이나, 사물에 중점을 둘 경우에는 보통 수동형 부정사를 쓴다.

a. <u>I</u> have got work <u>to do</u>.   (행위자에 중점을 두는 경우)
b. They've sent <u>Jane</u> a form <u>to fill in</u>.   (행위대상이 사람일 경우)
c. <u>The carpet to be cleaned</u> are in the garage. (사물에 중점을 둘 때)
d. His desk is covered with <u>forms</u> <u>to be filled in</u>. (사물에 중점을 둘 때)

Be 동사 뒤에서는 대체로 수동형 부정사를 쓴다.

a. These sheets <u>are to be cleaned</u>.
b. This forms <u>is to be filled</u> in ink.
c. The cleaning <u>is to be finished</u> by midday.

⑤ 완료부정사: 과거사실과 반대되는 상황

특정 동사 예컨대, mean, be, would like 뒤에 완료부정사를 쓰면, 실제로는 과거사실과는 반대되는 사실을 나타낸다.

a. I <u>meant to have telephoned</u> you, but I forgot. (또는 I meant to telephone you.)
   (나는 전화를 하려고 했는데, 잊어버렸다)
b. He <u>was to have been</u> the new ambassador, but he fell ill.
   (그는 신임 대사로 임명될 예정이었지만, 병으로 눕게 되었다)

c. I wish I had been there --- I would like to have seen Mary's face when she walked in. (내가 거기에 있었어야만 했는데. Mary가 걸어 들어올 때, Mary의 표정을 봤어야만 했는데)

⑥ 다음과 같은 소망을 표현하는 동사들이 과거시제를 갖고 그 다음에 to-부정사로 된 현재완료형이 나타나거나, 또는 be 동사의 과거형 was, were 다음에 to-부정사로 시작하는 완료형이 오면, <u>과거에 이루지 못한 사실을 나타낸다.</u>

wanted, wished, hoped, intended, expected, desired나 was, were 등등.

a. We were <u>to have been married</u> last year.　　　　(but we weren't)
b. He hoped <u>to have seen</u> him last week.　　　　(but he didn't)

⑦ 의미상의 주어: It---of you/for you ---to-부정사

a. It was silly <u>of you</u> to make such a mistake.
b. It is very kind <u>of you</u> to help me.
c. It was very difficult <u>for me</u> to find the house.

위 ⑦의 a, b, c에서는 "전치사 + 명사/대명사"가 의미상의 주어가 되고, 진주어(문 구조상의 주어)는 to-부정사 이하가 되고, 앞의 it는 가주어이다.

⑧ "일반주어 + 동사 + (전치사 + 명사) + to-부정사"의 구조가 갖는 두 가지 해석의 문제

이 문제는 앞 동사 유형 ㉖ (Onions 2-22)와 ㉗ (Onions 2-23)에서 언급된 것이지만, 그 요점을 간단히 요약하기로 한다. 아래 ㉖ (Onions 2-22)에서 a의 rely는 원래 자동사이고, b번의 count는 자동사/타동사 양쪽의 성격을 갖고 있으나, 뒤에 전치사 on이 나타나, 완전한 자동사로 변형시킨다. 그래서 "자동사 + 전치사"는 자동사(구)를 형성하고, 또 전치사는 그 목적어 명사와 함께, 부사구를 형성해서, 앞의 자동사를 수식하게 된다. 다음 구조를 보자.

⑴ ㉖ (Onions 2-22)

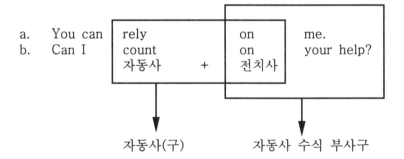

a. (너는 나에게 의존할 수 있다)　　　　(VP 3A)
b. (내가 너의 도움을 기대할 수 있나?)　　　　(VP 3A)

다음 ㉗ (Onions 2-23)을 위 ㉖ (Onions 2-22)와 같이 해석하면 동일한 자동사 구문이 된다. 즉, (Onions 2-22) = (Onions 2-23)이 된다. 이와 같이 해석될 때에는, 아래 ㉗ (Onions 2-23)의 to-부정사구는 그 앞의 자동사를 수식하는 부사수식어가 된다. 이때 동사 advertised는 타동사이지만, 뒤의 전치사와 결합하면, 자동사로 변형되고, hoping도 전치사와 결합하면, 자동사가 된다. 그렇게 되면 두 구조가 모두 (VP 3A)의 2형식 구조가 된다.

그러나 다음 ㉗ (Onions 2-23)에서는 전치사를 제거하고, 명사를 의미상의 주어로 보면, 5형식 문장이 된다.

(2) ㉗ (Onions 2-23) ⇒ ㊽ (Onions 5-7)

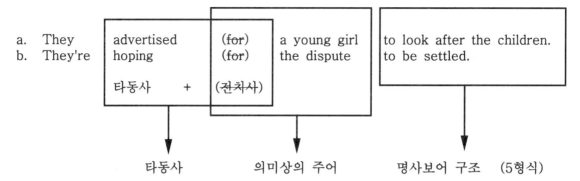

타동사   의미상의 주어   명사보어 구조   (5형식)

(3) 자동사로 인정할 경우:

a. 그들은 어린이들을 돌보도록 어린 소녀를 구하는 광고를 내었다.   ㉗ (Onions 2-23)
b. 그들은 분쟁이 수습되도록 희망하고 있다.   ㉗ (Onions 2-23)

(4) 타동사로 인정할 경우:

c. 그들은 어린 소녀가 어린이들을 돌볼 것을 광고로 내었다.   ㊽ (Onions 5-7)
d. 그들은 분쟁이 해결될 것을 희망하고 있다.   ㊽ (Onions 5-7)

위 ㉗ (Onions 2-23)에서 타동사 advertised와 hoping을 그대로 타동사로 인정하여, 전치사를 제거하면, 명사가 의미상의 주어가 되고, 그 뒤의 "to-부정사구"는 명사보어가 된다. 이렇게 되면 위 ㉗ (Onions 2-23)은 (VP 17)의 5형식 유형의 구조가 된다.

⑨ 분리된 to-부정사의 문제:

다음 예는 어느 영어 문법책에서 인용한 것이다. 이 예문에서는 분리된 to-부정사는 분리되지 않은 to-부정사와 그 의미가 다르다고 해석하고 있으나, 해석은 동일하고, 다만 영미인들이 격식을 차리지 않고 쓰는 영어에서는 흔히 나타나는 문제이다.

a. He agreed <u>to calmly discuss</u> the matter.   (격식을 차리지 못한 영어)
   * (그는 그 문제를 조용히 논의할 것에 동의했다) ⇒   이 해석은 틀린 해석이다.
b. He agreed calmly to discuss the matter.   (격식을 차린 영어)
   (그는 그 문제를 논의할 것을 <u>조용히 동의했다.</u>)

b와 같이 표현해야 하는데, 흔히 위 a와 같이 표현하는 것이 보통이다.
그러나 의미는 동일하기 때문에 위 a와 같은 의미는 없다.

⑩ to-부정사 다음에 동사원형을 생략.

You can have another piece of cake if you want (<u>to</u> [have].)
위의 예에서처럼 to만 남겨놓기도 하고, to까지도 삭제하는 경우도 많다.

연습문제

① 다음 괄호 속에 적당한 단어를 넣으세요.

1. It was careless (   ) you to make the same mistakes again.
2. It is necessary (   ) him to pay his tuition.
3. Can I count (   ) your help?

4. He succeeded by virtue (   ) his hard work rather than his luck.
5. I stepped aside (   ) the guests to come in.
6. I happen (   ) out when she called on me.
7. The thing (   ) you to do is to study hard.
8. It was clever (   ) the boy to solve the problem so quickly.
9. She was not aware (   ) the fact.
10. That man is impossible to work (   ).

② 다음 문장을 "It---that--"의 구조를 사용해서 종속절의 시제를 밝히세요.

1. She seemed to be sick.
2. He seemed to have been sick.
3. She seemed to have been a beauty in her youth.

③ 다음 문장을 먼저 2형식 문장으로 해석하고, 그 다음 5형식 문장으로 해석하라. 2형식 문장으로 해석할 때는 괄호 안에 들어 있는 전치사 for를 사용하고, 5형식 문장으로 해석할 때는 전치사 for는 삭제된 것으로 해석하세요.

1. They advertised (for) a young girl to look after the children.
2. We're waiting (for) our new car to be delivered.
3. They are hoping (for) the dispute to be settled.
4. I'll arrange (for) a taxi to meet you at the station.

④ 다음 문장의 to-부정사의 주어, 또는 목적어에 밑줄을 치세요.

1. My wish is to live a happy life.
2. We asked him to help us.
3. He doesn't want anyone to know about it.
4. Do you know how to swim?
5. They promised us to give a call his evening.

⑤ 다음 두 문장을 해석하세요.

1. We were to have been married last year.
2. He hoped to have seen him last week.

⑥ 종합 연습문제

다음 글을 읽고, 아래 질문에 답하세요.

   A man was driving down the street in a hurry because he had a very important meeting. But unluckily he couldn't find a parking place. He looked up to heaven for a while and asked God Ⓐ (finding/to find) him a parking place. He said, "If you find me a parking space, I will go to church every Sunday and stop Ⓑ (to drink/drinking)!" Just then, he saw a car Ⓒ (move/to move) and Ⓓ leave a parking space. It was very close to him. The man looked up again and said, "Never mind, I just found Ⓔ one."

⑥ Ⓐ 괄호 속의 올바른 단어를 선택하세요.
    Ⓑ 괄호 속의 올바른 단어를 선택하세요.
    Ⓒ 괄호 속의 올라른 단어를 선택하세요.
    Ⓓ leave의 의미를 쓰세요.
    Ⓔ one의 의미를 쓰세요.

제4장 원형부정사(Bare Infinitives)

원형부정사의 용법으로 들어가기 전에, 동사 다음에 목적어가 오고, 그 다음에 앞에서는 to-부정사 유형의 동사를 논의했는데, 여기서는 ① 원형부정사와, ② 현재분사형 동사 및 ③ 과거분사형 동사가 나타나는 동사 유형을 살펴보기로 한다. 순서에 따라 먼저 원형부정사가 나타나는 문장의 유형부터 보기로 한다. 원형부정사란 "앞에 to-부정사가 나타나지 않는" 원형동사를 말한다. 예컨대, 조동사 다음에는 항상 원형동사가 쓰인다. 다음 예를 보자.

① 일반적 개관

(1) 조동사 다음에 (원형동사)

a. She can <u>speak</u> English very well. (원형동사)
b. You may <u>go</u> home now.

앞에 제시된 세 가지 to-부정사와는 달리, 조동사 다음에는 to-없는 원형부정사를 쓴다.

(2) 감각동사 다음에 (원형동사)

감각동사란 see. hear, watch, feel, notice 등을 말한다. 이 동사들 다음에 목적어가 오고, 그 다음에 원형동사가 뒤따라온다. 다음 예를 보자.

a. I saw him <u>cross</u> the road.   (원형동사) ⑭ (Onions 5-9)
b. We heard someone <u>cry</u> in the room.

(3) 그런데, 이 감각동사는 원형부정사 외에, "현재분사형"과 "과거분사형"도 목적어 다음에 오게 한다. 다음 예를 보자.

a. I saw him <u>crossing</u> the road.   (현재분사) ⑰ (Onions 5-12)
b. We heard someone <u>crying</u> in the room.   (현재분사) ⑰ (Onions 5-12)
c. She heard her name <u>called</u> behind her.   (과거분사) ㊀ (Onions 5-21)

위 (3) a, b에서는 능동형의 의미로 현재분사가 사용되었고, c에서는 수동형의 과거분사가 사용되어서, 그녀의 이름이 "불리는 것"을 들었다이다.

(4) 사역동사 make, let, have 다음에 원형부정사가 온다. 다음 예를 보자.

a. They <u>made</u> me <u>do</u> it.   (원형동사) ⑮ (Onions 5-10)
b. Please <u>let</u> <u>me</u> go.   (원형동사) ⑮ (Onions 5-10)
c. Would you like to <u>have</u> our friends <u>visit</u> us on Sunday? (원형동사) ⑯ (Onions 5-11)

(5) 그러나 사역동사가 위 감각동사와 마찬가지로 원형동사만을 사용하라는 것은 아니다. "현재분사"나 "과거분사"도 사용된다.

make + Object + 원형동사/과거분사

a. What <u>makes</u> you <u>think</u> <u>so</u>?   (원형동사) ⑮ (Onions 5-10)
b. I couldn't <u>make</u> myself <u>understood</u> in English. (과거분사) ㊀ (Onions 5-21)
c. He couldn't <u>make</u> himself <u>heard</u>.   (과거분사) ㊀ (Onions 5-21)

(6) have + Object + 원형동사/현재분사/과거분사

a. What would you <u>have</u> me <u>do</u>?   (원형동사) ⑯ (Onions 5-11)

216   정확한 영문법 완벽한 5형식

b. He <u>had</u> us <u>laughing</u> all through the meal.　　　(현재분사) ⑥⑨ (Onions 5-14)
c. I can't <u>have</u> you <u>doing that</u>.　　　　　　　　　(현재분사) ⑥⑨ (Onions 5-14)
d. She <u>has had</u> her handbag <u>stolen</u>.　　　　　　　(과거분사) ⑦⑦ (Onions 5-22)
e. I must <u>have</u> my hair <u>cut</u>.　　　　　　　　　　(과거분사) ⑦⑧ (Onions 5-23)
f. I <u>had</u> my purse <u>stolen</u> on the subway yesterday.　(과거분사) ⑦⑦ (Onions 5-22)

(7) let + Object + 원형동사　　　　　　　　　　　　사역동사

a. We can't <u>let</u> the matter <u>rest</u> here.　　　　　　(원형동사) ⑥⑤ (Onions 5-10)
b. We <u>let</u> him <u>go</u> home and <u>rest</u>.　　　　　　　(원형동사) ⑥⑤ (Onions 5-10)

(8) get + Object + to-부정사　　　　　　　　　　　사역동사

a. I <u>got</u> him <u>to prepare</u> for my journey.　　　　　(to-부정사) ⑦⑧ (Onions 5-23)
b. How can we <u>get</u> thing <u>moving</u>?　　　　　　　　(현재분사) ⑥⑧ (Onions 5-13)
c. Let's <u>get</u> our photograph <u>taken</u>.　　　　　　　(과거분사) ⑦⑧ (Onions 5-23)

(9) help + Object + 원형동사/to-부정사

I <u>helped</u> her <u>(to) carry</u> her bags upstairs.　　　　(to-부정사) ⑥③ (Onions 5-8)

(10) keep + Object + 현재분사/과거분사

a. I am sorry to have <u>kept</u> you <u>waiting</u> so long.　　(현재분사) ⑥⑧ (Onions 5-13)
b. Please, <u>keep</u> the door <u>shut</u>.　　　　　　　　　(과거분사) ⑦③ (Onions 5-18)

② 　이제 다시 원형부정사로 돌아가서 Bare Infinitive의 용법만 보기로 하자.

　원형부정사(bare infinitive)는 사역동사 및 감각동사가 나타나는 구조에 나타난다. 즉, 이 두 유형의 동사 다음에 목적어가 오고, 그 다음에 원형부정사가 온다.

　그런데 아래 (1)번의 e번 know 동사는 사역동사나 지각동사가 아니지만, 완료형으로 나타나면, 그 다음에 목적어가 오고, 원형동사가 온다. 그리고 (1)의 f번 have 동사도 "무엇을 하기를 바라는가?" 뜻으로 사용되는데, 이때에도 원형동사가 사용된다. 다음 (1), (2), (3), (4) 의 예를 보자. 그런데 아래 (1)의 e번의 "have known" 다음에는 일반 사역동사와 같이 원형동사가 온다는 잊어서는 안 된다.

(1) 다양한 유형의 원형동사

a. I <u>saw</u> the man <u>cross</u> the road.　　　　　　　　　⑥④ (Onions 5-9)
b. Did anyone <u>hear</u> John <u>leave</u> the house?　　　　　⑥④ (Onions 5-9)
c. We <u>felt</u> the ground <u>shake</u>.
d. What <u>makes</u> you <u>think</u> so?　　　　　　　　　　⑥⑤ (Onions 5-10)
e. I <u>have never known</u> her <u>lose</u> her temper.　　　　⑥④ (Onions 5-10)
f. What would you <u>have</u> me <u>do</u>?　　　　　　　　　⑥⑥ (Onions 5-11)

(2) 감각동사: see, watch, hear, feel, notice, observe,　⑥④ (Onions 5-9)
　　　　　　　listen to, look at

a. I <u>saw</u> him <u>play</u> the piano.　　　　　　　　　　⑥④ (Onions 5-9)
b. I <u>felt</u> myself <u>shiver</u> with freezing cold.　　　　　⑥④ (Onions 5-9)
c. We <u>watched</u> soccer players <u>play</u> soccer games.　⑥④ (Onions 5-9)
e. We <u>noticed</u> Peter <u>study</u> in his room.　　　　　⑥④ (Onions 5-9)
f. They <u>observed</u> pigeons <u>fly out</u> from their nests.　⑥④ (Onions 5-9)
g. We listened to her <u>sing</u>.

h.   Look at him <u>eating</u>.(BrE)   Look at him <u>eat</u>(AmE)

(3) 사역동사: make, let, help, <u>have known</u>   ⑯ (Onions 5-10)
                have,   ⑯ (Onions 5-11)
                get   ⑬ (Onions 5-8)

a.   We can't <u>let</u> the matter <u>rest</u> here.   ⑯ (Onions 5-10)
b.   Shall I <u>help</u> you <u>carry</u> your bags?   "
c.   Can we <u>make</u> the murder <u>look</u> like an accident?   "
d.   <u>Let</u> justice <u>be</u> done.   "
e.   Please <u>have</u> the porter <u>take</u> these suitcases upstairs.   ⑯ (Onions 5-11)

(4) 관용적인 표현

a.   You would better <u>come and talk to me</u>.
b.   I would rather <u>stay here</u> than <u>go out</u>.
c.   You may as well <u>go home and rest</u>.
e.   He does <u>nothing but write letters on a piece of paper</u> without saying a word.
f.   I <u>could not but admire</u> the ingenuity for Mr. Smith.
g.   I had <u>no choice but</u> to follow his advice. (예외)

   위 (4)의 g번은 "have no choice but" 다음에 원형동사가 아닌, to-부정사가 온 것으로,
앞의 원형부정사와 다른 예문이다.

(5) 사역동사 중에서 have와 get의 차이점: <mark>get은 목적어 다음 "to-부정사"를 둘 수 있다.</mark>

a. get:	I got	him (사람)	to prepare my bags.	⑱ (Onions 5-23)
b. get:	I can't get	the car (사물)	to start.	

   위의 예와 같이 사역동사 get은 to-부정사와 함께 쓰이는데, 사람/사물에 동시에
사용되나, 부탁/설득/권유의 위미와, 어려움이 있었음을 나타내는 경우에 쓰인다.
앞 ⑱ (Onions 5-23)의 "해설"을 참조하기 바란다.

연습문제

①   다음 예문에서 틀린 곳을 찾아 바르게 쓰세요.

1.   I would rather not to accept his offer.
2.   I will get him finish his homework today.
3.   He had the maid cooked food.
4.   The baby does nothing but to cry.
5.   We heard her to play a Mozart's sonata on the piano.
6.   She felt cold water to fall down on her head.
7.   You would better to get up earlier than before.
8.   I cannot but to agree to his request.
9.   I observed him to shed tears.
10.   He didn't allowed me stay here.

② 다음 예문에서 틀린 것이 없다면 O, 있다면 X를 하세요.

1. We watched birds fly high in the sky. ( )
2. She couldn't but to admire his courage to save her from drowning. ( )
3. I have known even experts make this mistake. ( )
4. Can we make our plan seems practicable? ( )
5. Would you like to have our friends to visit us on Sunday? ( )
6. I will have her put the garbage away in the garden. ( )
7. I would rather starve than steal. ( )
8. She got him carry the baggage. ( )
9. Susan made John to drive her to her home. ( )
10. I'll have him deliver the present this afternoon. ( )

③ 다음 괄호 내의 표현 중에서 올바른 것을 선택하세요.

1. All you have to is (do/does) your best.
2. The police moved quickly (preventing/to prevent) a riot.
3. We saw her (swim/swims) in the lake.
4. You had better not (smoke/to smoke) to keep your body healthy.
5. It is necessary (for/of) you to go there.
6. The book was too difficult for me (to read/read it).
7. I have never known her (lose/to lose) her temper.

④ 다음 밑줄 친 부분을 어법에 맞게 바르게 고치세요.

1. She heard someone to call her name in the crowd.
2. We had no choice but laugh at the sight.
3. He seems to visit The British Museum last year.
4. I could not but to admire her brave behavior.
5. We would better to be getting back to the house soon.
6. I made them to finish the work by six.
7. I have got him prepare for my journey.

⑤ 종합 연습문제: 다음 글을 읽고, 아래 질문에 답하세요.

Someone is doodling during a meeting. People say the person is not paying attention. Is this really the case? A new study suggests Ⓐ otherwise.

In the study, researchers divided forty participants Ⓑ (   ) two groups. They asked each group to listen to a short tape. But they made one group Ⓒ (그리다) some shapes while listening. On the tape, a woman made a lot of small talk about a birthday party. She mentioned eight place names. She also talked about eight people who were coming to the party.

Ⓓ To the researchers' surprise, the group who doodled remembered the information on the tape better. They remembered 7.5 pieces of information (out of 16) on a average. The non-doodlers remembered 5.8. The researchers say: Ⓔ perhaps doodling kept participants from daydreaming. It also helped them Ⓕ (초점을 맞추다) as they listened to Ⓖ (boring/bored) information.

⑤ Ⓐ의 otherwise.를 해석하세요.
　Ⓑ의 괄호 속에 들어갈 전치사를 넣으세요.
　Ⓒ 문맥에 맞게 "그리다"를 영어로 써 넣으세요.
　Ⓓ의 줄 친 부분을 해석하세요.
　Ⓔ의 줄 친 부분을 해석하세요.

Ⓕ "초점을 맞추다"를 문맥에 맞게 표현하세요.

Ⓖ 괄호 속의 단어 중, 맞는 것을 선택하세요.

제5장 동명사(Gerunds)

① 동명사의 일반적인 용법

동명사는 to-부정사와 같이, 주어의 역할도 할 수 있고, 2형식에서는 be 동사의 보어도 되고, 3형식에서 타동사의 목적어 역할도 하고, 5형식에서 목적어의 명사보어의 역할도 한다. 그리고 동명사는 다음 도표와 같이 변형될 수도 있다

태	능동	수동
단순형	doing	being done
완료형	having done	having been done

우선 다음 예를 보자.

1. <u>Learning English</u> is not an easy job.   동명사주어
2. <u>Traveling by car</u> is a good way to see the country-sides.
3. My hobby is <u>riding horses</u>.   동명사보어
4. I <u>remember</u> seeing her somewhere before.   ㊈ (Onions 3-3)
5. I will never <u>forget</u> meeting him at the party for the first time. ㊈ (Onions 3-3)
6. <u>Try</u> cleaning it with gas.   ㊈ (Onions 3-3)
7. John <u>finished</u> washing the dishes after the party.   "
8. I <u>enjoy</u> reading detective stories.   "
9. She is proud of <u>being successful</u>.   ⑦ (Onions 2-3)
10. He is sure of <u>going with us</u>.
11. He is not ashamed of <u>wearing old clothes</u>.
12. The garden needs <u>watering. (= to be watered)</u>.   ㊶ (Onions 3-5)
13. I can't understand him <u>leaving</u> so suddenly.   ㊲ (Onions 5-15)
14. Do you remember Tom <u>telling</u> us about it?   ㊲ (Onions 5-15)

위에서 1, 2는 동명사가 문장의 주어로, 3은 be 동사의 보어로 사용되는 예를 든 것이다. 4, 5의 remember, forget은 과거의 일에 대해서 언급하는 것이고, 6의 try는 "시험 삼아 해 보라"라는 경우에 동명사를 목적어로 한다. 7, 8의 enjoy, finish는 대표적으로 동명사를 목적어로 선택하는 동사이고, 9에서는 "is proud of"라는 관용구 뒤에, 형용사 <u>successful</u>을 바로 명사로 만들 수 없기 때문에, "He is proud of (that <u>he) is successful</u>."의 기저구조를 가정해서, "is successful"을 명사화 하려면, is가 being으로 변형되어 "being successful"로 나타나야 한다. 10, 11의 경우도 9의 경우와 동일한 이유로 of가 나타나면 그것의 목적어는 명사가 되어야 하기 때문에, 동명사로 되어 나타난 것이다. 12번의 동사 needs는 동명사를 목적어로 선택할 수 있는 동사이다. ㊶ (Onions 3-5)의 예를 보라. 그리고 13/14의 예는, 5형식의 목적어 명사보어의 역할을 한다. ㊲의 (Onions 5-15)가 그 유형이다.

이제 먼저 2형식의 동사 유형에 나타나는 관용적인 용법을 좀 살펴보자. 특별한 문의 구조에 따라 동명사가 나타나는 경우가 있다. 즉, "There is--" 다음에 동명사가 오는 경우와 또 "It----동명사" 구조가 바로 그것이다. "It----동명사 구조"는, "It---to-부정사" 구조와 동일한 역할을 한다. 먼저 ⑨ (Onions 2-5)의 동사 유형을 보자. 이 유형은 다음 ② (1)의 유형과 같다. 그 다음 ②의 (2)의 예를 보면, 앞의 It는 가주어이고, "동명사" 이하가 진주어이다. 이 유형은 ⑬ (Onions 2-9)의 예문이다.

② 동사 유형에서 ⑨ (Onions 2-5)의 "there + be + <u>동명사주어/명사주어</u>"와
⑬ (Onions 2-9)의 "It + be + <u>동명사주어</u>"로 나타나는 두 가지 구조를 보자.

(1) ⑨ (Onions 2-5)의 예문   Hornby(1975: 16-17)

There + be +	Subject
1. There is	<u>a man</u> waiting to see you.
2. There is	<u>no accounting</u> for tastes.
3. There are still	<u>many things</u> worth fighting for.
4. There have been	<u>many such incidents</u>.
5. There must be	<u>a mistake</u> somewhere.
6. There is	<u>only one man</u> qualified for the job.
7. There is	<u>no knowing</u> what may happen in the future
8. There is	<u>no accounting</u> for tastes.

다음 (2)에서는 진주어가 동명사(구)일 때, 가주어 it를 사용한다. 문법적으로 It--to"의 구조가 존재하는 것같이, 이 구조는 "it---ing"의 동명사 구조로 인정된다. 그런데 다음 (2)의 ⑬ (Onions 2-9)의 유형에서는, 아래 도표에서 볼 수 있는 것처럼, 동명사(구)가 진주어로 나타난다.

(2) ⑬ (Onions 2-9)의 예문   Hornby(1975: 19)

It + be +	adjective/noun +	Subject (gerund phrase)
1. It is	so nice	<u>sitting here with you</u>.
2. It is	no good	<u>hoping for help from the authorities</u>.
3. It won't be	much good	<u>complaining to them</u>.
4. It wouldn't be	any good	<u>my talking to him</u>.
5. It is	no good	<u>crying over spilt milk</u>.
6. It was	a difficult business	<u>getting everything ready in time</u>.
7. It is	wonderful	<u>lying on the beach all day</u>.
8. It wasn't	much use	<u>my pretending I didn't know the rules</u>.
9. It is not	worth while	<u>losing your temper</u>.
10. It was	really worth while	<u>running that youth club last year</u>.
11. It isn't	much fun	<u>being a light house keeper</u>.

(3) Michael Swan(2005: 271)도 위 (2)의 예문 5번을 통해, 다음과 같은 예들을 제시했다. Michael Swan은 특히 any/no good, any/no use 또는 (not) worth 등이 쓰일 때는, 위 ⑬ (Onions 2-9)와 같은 표현이 쓰인다고 했다.

a. It's (of) no use crying over spilt milk.
   (엎질러진 우유에 대해서 울어보았자 소용없는 일이다)
b. It won't bemuch good complaining to them.
   (그들에게 불평하는 것은 좋을 것이 별로 없다)
c. It's no good talking to him --he never listens.
   (그에게 이야기 하는 것은 좋지 않다.--그는 결코 듣지 않는다)
d. Is it any use expecting them to be on time?
   (그들이 제시간에 오리라고 기대하는 것이 유용한 일인가?)
e. It's no use his/him apologizing --I shall never forgive him.
   (그가 사과하는 것은 소용없는 일이다--나는 결코 그를 용서하지 않겠다)

③ 위 (3) e의 두 개의 다른 문장구조를 다음 ⓐ, ⓑ로 다시 제시한다. 아래 ⓐ, ⓑ는 모두 2형식 구조인데, ⓐ는 목적격 명사 him을 두고 있다. 이 him이 apologizing의 의미상의 주어이다. ⓑ는 "소유격 + 동명사 형"의 구조이다. 다음 두 개의 문장을 비교해 보자.

(1) ⓐ "It's no use <u>him apologizing</u>."　　　　(2형식 문장)　　⑬ (Onions 2-9)
　　(그가 사과하는 것은 쓸모없는 일이다)

　　ⓑ "It's no use <u>his apologizing</u>."　　　　(2형식 문장)　　⑬ (Onions 2-9)
　　(그의 사과는 쓸모없는 일이다)

　　위 ⓑ의 apologizing은 분명한 동명사로 본다. 왜냐하면 그 앞에 소유격의 인칭대명사 his가 있기 때문이다. 그러나 ⓐ의 <u>him apologizing</u>은 ⓑ의 apologizing과 다르다. 그러면 현재분사인가? 현재분사라고 보기도 어렵다. 왜냐하면 위 ② (2), (3)에 제시된 ⑬ (Onions 2-9)의 모든 예들에서, "It is---동명사" 구조가 나타나는데, "동명사" 이하가 "진주어"로 "명사"의 역할을 하고 있기 때문이다. 위 (3) a를 다음과 같이 변형시킬 수도 있다.

　　ⓒ "<u>Crying over spilt milk</u> is (of) no good."　　⑬ (Onions 2-9)의 변형

　　그러므로 위 ③ ⓐ의 "him apologizing"에서 apologizing을 도저히 "현재분사"라고 할 수는 없다. 위 ③ ⓐ의 문장에서 "…ing"은 동명사이므로, 그 apologizing 앞에 소유격 대명사가 와야 한다고 주장하는 문법학자도 있었다. H. Sweet는 그의 책 New English Grammar에서 이런 "…ing" 형을 "half gerund(반-동명사)"라 부르고 있다. 그러나 이와 같은 "…ing" 형을 "동명사"로 보느냐, "반-동명사"로 보느냐, 또는 "현재분사"로 볼 것이냐 하는 것은 실제로는 중요한 일이 아니다. 그래서 Hornby(1975: 70)는 단순히 "동사의 …ing 형"이라 부르고 있다.

(2) 이제 Hornby(1975)의 분석을 보자. 위 2형식의 논쟁을 5형식으로 옮겨서 논의하고자 한다. 다음 (VP 19B) ⑱ (Onions 5-13)과 (VP 19C) ⑳ (Onions 2-15)에서, 쓰이는 동사는 다르지만, 그 어순은 동일하다고 했다.

다음 5형식의 (VP 19B)의 예문은 find, keep, leave 등의 동사가 쓰이는 문형이다.

⑱ (Onions 5-13)　　　　(VP 19B)　　　　　　　　Hornby(1975: 68)

Subject	+	vt	+	noun/pronoun	+	present participle (phrases)
1. I		found		him		<u>dozing</u> under a tree.
2. They		found		the lifeboat		<u>floating</u> upside down.
3. We mustn't		keep		them		<u>waiting</u>.
4.		Keep		the ball		<u>rolling</u>.
5. They		left		me		<u>waiting</u> outside.

다음 (VP 19C)에서는 understand, imagine, justify, remember, mind 등의 동사들이 쓰인다. 그러나 동사 + 목적어 + "---ing 형태"의 어순은 동일하다. 그런데 이 유형에서는 "소유격 + 동명사 형"을 허용한다. 앞 ⑬ (Onions 2-9)와 동일하다.

(3) ⑳ (Onions 5-15)　　　　(VP 19C)　　　　　　　　Hornby(1975: 70)

Subject	+	vt	noun/pronoun (possessive)	+	"---ing form" of the verb
1. I can't <u>understand</u>			him/his		<u>leaving</u> so suddenly.
2. Can you <u>imagine</u>			me/my		<u>being</u> so <u>stupid</u>?
3. Does this <u>justify</u>			you/your		<u>taking</u> legal action?
4. I can't <u>remember</u>			my parents		ever <u>being unkind</u> to me.
5. Do you <u>mind</u>			my brothers		<u>coming with us</u>?

앞 Hornby(1975: 70)의 (3) ⑩ (Onions 5-15)에서, 우측 상단에 "---ing form of the verb" 라는 표현을 쓰고 있다. Hornby(1975: 70) 뿐만 아니라, Michael Swan (2005: 269)의 293번에 제시된 "---ing forms"에서도 동일한 주장을 하고 있다.

In *Practical English Usage* the expression "--ing form" is used except when there is a good reason to use one of the other forms.
(*In Practical English Usage*에서는 다른 용어를 써야할 특별한 이유가 없는 한 "--ing 형"이라는 용어를 대표적으로 쓰고 있다)

이렇게 "---ing form (--ing 형태)"라는 용어를 사용함으로서, 이것이 "현재분사"냐, "동명사"냐 하는 문제에 대해서 더 이상의 논쟁을 피하고자 하는 것이 그 목적이다. 그러나 "---ing form"은 앞 ②의 (2), (3)의 "---ing 형"은, 이미, "동명사"로 입증되었다. 그러면 이제 다시 한 번 Hornby (1975)의 아래 5형식 문의 예들을 점검해보자.

④ 앞 ②의 (2), (3)의 내용을, 5형식에 적용한 예들을 아래에 제시했다. 다음 예문 중에서 5형식인 ⑩ (Onions 5-13)과 ⑩ (Onions 5-15)를 비교해 보자.

(1) (a) I found him <u>dozing</u> under a tree.　　　　　　19B ⑩ (Onions 5-13)
　　(b) Can you imagine <u>these fat men climbing</u> Mt. Kenya?　19C ⑩ (Onions 5-15)
　　　　이 (b)형 대신에 다음 (2) (a)와 같이 말할 수도 있다.

(2) (a) Can you imagine <u>their</u> climbing Mt. Kenya?　　　19C ⑩ (Onions 5-15)
　　　　이 (2) (a)의 climbing은 동명사이다. 그런데 또 다음
　　　　(b)와 같이 them climbing으로도 표현할 수 있다.

　　(b) Can you imagine <u>them</u> <u>climbing</u> Mt. Kenya?　　19C ⑩ (Onions 5-15)

위 (2) (b)에서 climbing이 "---ing 형태"라면, 앞 ⑩ (Onions 5-13)과 형태는 동일하다. 그러나 (VP 19C)에서는 인칭대명사 him을, 아래 (d)처럼, 자유롭게 소유격 his로 바꿀 수 있는 점이 ⑩ (Onions 5-13)과 다르다.

　　(c) Do you remember <u>him</u> <u>telling</u> us about it?　5형식 (VP 19C): ⑩ (Onions 5-15)
　　(d) Do you remember <u>his</u> <u>telling</u> us about it?　5형식 (VP 19C): ⑩ (Onions 5-15)

그런데 "고유명사인 사람의 이름"의 경우, 아래 (3)과 같이, 소유격으로 바꾸는 것은 간단하다.

(3) (a) Do you remember <u>Tom</u> <u>telling</u> us about it?
　　(b) Do you remember <u>Tom's telling</u> us about it?

이 5형식 19C ⑩ (Onions 5-15)에서 쓰이는 remember, mind, imagine 등의 동사는 항상 동명사를 선택하기 때문에, "현재분사형"이라는 명칭 대신에 "---ing form"으로 표현하자고 제안했다. 즉, 이들은 이제 동명사로 증명되었다.

그런데, 앞 2형식, ⑬의 (Onions 2-9)에서도 주어 위치에 "소유격 (possessive) + 동명사형"을 쓰는 경우도 있는데, 더 많은 예를 만들 수도 있다. 이 소유격을 사용하는 점이 5형식의 (VP 19C): ⑩ (Onions 5-15)와 동일하다. 앞 ③ ⓑ의 예를 하나만 다시보기로 하자. It's no use <u>his</u> apologizing.이 바로 그것이다.

⑤ 동사 mind 다음에 목적어 형태 me를 둔다: 즉, Do you mind <u>me</u> <u>smoking</u>?

그러나 "비-형식적 표현"에서는 동사 다음, "목적어 + 동명사"를 선택하는 것이, 동사 다음 "소유격 + 동명사"를 쓰는 것보다, 더 평범하다고 했다. 즉, 5형식인, Do you mind me smoking?이, Do you mind <u>my/John's</u> smoking? 보다 더 많이 쓰인다고 했다. 이것은 Michael Swan(2005: 270-271)의 295번 4에서 표현하고 있다.

특히, 감각동사 see, hear, watch, feel 등이 쓰이면 다음 c와 같이 5형식으로 "목적어

+ 동명사"로, 표현되고, 또 전치사가 쓰이는 경우에도, e번에서처럼 "목적어 + 동명사"를 선택한다고 했다. 소유격 + 동명사는, 아래 d와 같이 말하지 않는다고 했다.

- a. Do you mind <u>me smoking</u>?　　　　　　　　(5 형식)　⑦ (Onions 5-15)
- b. Do you mind my/John's smoking?　　　　　　(5 형식)　⑦ (Onions 5-15)
- c. I saw him getting out of the car.　　　　　(5 형식)　⑰ (Onions 5-12)
- d. (NOT ~~I saw his getting out of the car.~~)　(5 형식)　⑭ (Onions 5-9)
- e. She was angry <u>at</u> Lina <u>trying to</u> lie to her.
　　(그녀는 Lina가 그녀에게 거짓말하려고 한 것에 화가 났다)

⑥ 이제 "감각동사"를 사용하면서, 동일한 내용을 제시한 Michael Swan(2005: 222)에서, 그의 242번의 내용을 보기로 한다. see, hear, notice, watch 등이 나타나면, "원형동사"나, 또는 "--ing 형태"가 뒤에 따라온다. 다음 ⑥ (1)에서 그 예문이 제시된다.

앞 ② (1)-(3) 및 ③-⑥의 내용을 보면, 이 "---ing 형태"는 5형식의 "명사보어"로 해석되는 것이 정확하다고 했다. 그런데, 다음 (1) a, b의 예문은 감각동사 see, hear 다음에 원형동사와 "---ing 형태"로 두 가지 유형을 쓸 수 있다.

(1)　a. They saw Mary cross/<u>crossing</u> the road.
　　　b. I heard him go/<u>going down</u> the stairs.

위의 두 가지 예는 의미상으로 차이가 있다. 원형동사가 나타날 때는, 어떤 행동이나, 여건(events)의 전체를 보았다/들었다는 것을 의미하고, 진행형이 나타날 경우에는 어떤 행동이나, 여건이 진행 중인 것을 의미한다. 그러므로 진행형은 "반복되는 동작이나 여건을 나타낸다." 다음 예를 보자. 이런 경우에는 오직 "---ing 형"(동명사 형)만 쓸 수 있다.

- c. I saw <u>him</u> <u>throwing</u> stones at the other children.
- d. I <u>could</u> see John <u>getting</u> on the bus.　　(영국영어: BrE)
- e. (NOT ~~I could see John get on the bus.~~)

위 (1) d에서 영국영어에서는 감각동사 see, hear, feel, smell, taste 등이 쓰일 때, 특정한 시점에서는, can 조종사를 반드시 사용하나, 미국영어에서는 조종사 can 없이, I see, hear 등으로 사용한다(Michael Swan. 2005: 102의 125번 참조하라).

(2)　그러나 감각동사 see, hear 등이 나타나는 문장이 수동형으로 제시되면, to-부정사가 나타난다.

- a. He <u>was</u> never <u>heard</u> <u>to say</u> "thank you" in his life.
　　(그는 생전에 "감사합니다"라고 인사하는 법이 없었다)
- b. Justice must <u>be done</u>; it must <u>be seen</u> to be done.
　　(정의는 실현되어야만 한다; 실현된다는 것을 보여주어야만 한다. (입증되어야 한다)

위와 같은 수동문에서는 "---ing 형"이 쓰일 수 없다. 그러나 수동형이 아닌, 다음과 같은 c번의 문장에서는 "---ing 형"이 쓰이고, 그 "---ing 형" 앞에는 <u>소유격의 대명사를 쓸 수 없다</u>.

- c. I saw Mary crossing the road.　　　(5형식의 "목적어 + 동명사"는 허용함)
- d. (NOT ~~I saw Mary's crossing the road.~~)　(5형식의 "소유격 + 동명사"는 불허함)

(3)　위와 같이 감각동사를 사용할 때, "<u>소유격 + 동명사가 아닌</u>," 오직 "목적어 +---ing의 형태"만 쓰인다고 했다. 그러면, 원어민들은, 소유격 인칭대명사보다, 목적격 "대명사" 다음에 "목적격 명사보어"를 사용하는 5형식을 선택하게 된다. 위에서 제시된 이야기를 종합하면, 원어민들은 감각동사 다음에 목적어가 오고, 그 다음에 "--ing 형"이 나타날 때는, 5형식의 "목적어 + 동명사"의 표현을 선택한다는 것이다. 이것이 정확한 결론이다. 그래서 5형식 감각동사 다음의 표현에서는 다음 b, d의 소유격을 쓰는 것은 잘못된 것이고, a, c와 같은 5형식의 "목적어 + 동명사보어"를 선택한다고 했다.

a. I saw him getting out of the car.
b. (NOT ~~I saw his getting out of the car~~). (Michael Swan. 2005: 271)의 295의 4번
c. They saw Mary crossing the road.
d. (NOT ~~They saw Mary's crossing the road.~~) (Michael Swan. 2005: 223)의 2번

⑦ 앞 "---ing form" 논쟁의 총 정리 및 결론

앞 ③-⑥에서 길게 논의된 것 같이, 일반적인 표현에서는 Do you mind my/John's smoking? 이라는 5형식의 "소유격 + 동명사 형"을 쓴다. 그러나 다음과 같은 5형식의 "목적어 + 동명사보어"형, 즉, "Do you mind me/John smoking?"형을 쓰는 경우를 선호한다고 했다. 특히 감각동사 다음에는 "소유격 + 동명사 형"인, 아래 d는 쓰이지 않는다고 했다. 다음 예를 보자.

a. Do you mind my/John's smoking?   (5형식 소유격 + 동명사 목적어)
b. Do you mind me/John smoking?   (5형식 목적어 + 동명사 목적어)
c. I saw him getting out of the car. (5형식 목적어 + 동명사 목적어) (지각동사 사용시)
d. (NOT ~~I saw his getting out of the car.~~)   (5형식의 소유격 동명사)

결론: 지금까지의 논의를 통해서 다음과 같은 2가지 결론을 내린다.

 1. 앞 동사 유형 ⑨ (Onions 2-5), ⑬ (Onions 2-9), ⑱ (Onions 5-13), 및
    ⑰ (Onions5-15)의 동사 유형에서 나타난 "--ing form"은 모두 "동명사"이다.

 2. 특히 5형식 유형에서는, "소유격 + 동명사" 형태보다, "목적어 + 동명사" 유형을
    원어민들은 더 선호한다. 그 이유는 감각동사가 나타날 경우에는, "소유격 + 동명사"
    유형을 허용하지 않기 때문이다.

---

⑧ 동명사는 완료형, 수동형, 부정형으로도 표현된다.
    a. 완료형: Having slept for seven hours, I felt marvellous.   (분사구문)
    b. 수동형: She loves being looked at.   (수동형)
    c. 부정문: Not knowing what do to, I went home.   (부정동명사)
           She's angry about not having been invited.   (부정구문)

⑨ 동명사를 유도하는 품사:

다음 (1)은 동사가 동명사를 목적어로, 전치사는 동명사/명사를 목적어로,
     (2)는 전치사가 동명사/명사를 목적어로,
     (3)은 형용사가 동명사를 목적어로 하는 몇 가지 예를 보자.

(1) I prefer swimming to walking.   (동사의 목적어/전치사의 목적어)

(2) I feel like kicking the bucket.   (전치사의 목적어)
    He behaves like soldiers.

(3) a. It's worth talking to Joe.   (형용사의 목적어)
    b. It's worth repairing the car.
    c. Is it worth visiting Leicester?

(4) worth 대신에 worthwhile도 쓰이는데, 특히 "시간을 소비할 가치"를 언급할 때 사용한다.
    또 worthwhile 다음에는 to-부정사도 사용한다.

    a. Is it worthwhile visiting Leicester?
    b. We thought it might be worthwhile to compare the two years' accounts.
       (2년 동안의 회계결과를 비교해 보는 것은 가치가 있다고 생각했다)

그런데 다음 ⑩의 예들은 관용적인 표현으로 예를 제시하지만, 어떤 것은 순수한 관용적인 표현이나, 그러나 대부분의 관용적인 표현도 자세히 보면, "동사, 전치사, 형용사" 등 세 가지 품사의 목적어로 동명사가 나타난다. 그러므로 관용적인 표현도, 이 세 가지 품사에 따라 결정된다. 따라서 ⑩의 관용적 표현에 이어서, 가장 많은 예를 보이는 "세 가지 품사의 목적어인" ⑪로 넘어가기로 한다.

⑩ 관용적 표현: 이 유형의 표현들은 "순수한 관용적인 표현"일 수도 있고, 또 전치사/형용사의 "목적어"일 수도 있다.

⑴ cannot help "--ing" = cannot but + 원형동사.
   (…하지 않을 수 없다)   (순수한 관용적 표현)
   She looks so funny that I <u>cannot help laughing</u>.

⑵ be worth "--ing form" = It is worthwhile to--.   (--할 가치가 있다)
   The play is <u>worth</u> "<u>seeing</u>".
   (형용사 worth는 동명사 선택)

⑶ I'm not used <u>to</u> "drinking" strong whisky.   (---에 익숙해 있다/없다)
   (전치사 to가 목적어로 drinking 선택)

   I'm not used <u>to</u> New York traffic.
   (전치사 to가 목적어로 명사 New York traffic 선택

⑷ be opposed <u>to</u> "<u>--ing/noun</u>".   (…에 반대하다)
   (전치사 to가 목적어로 drinking 선택)
   I'm opposed <u>to drinking</u>.
   I'm not opposed <u>to</u> his decision

⑸ devoted oneself <u>to</u> "<u>--ing/noun</u>".   (…에 전념하다)
   (전치사 to가 목적어로 명사 또는 "--ing form" 선택)
   He devoted himself <u>to</u> his study.
   He devoted himself <u>to swimming</u>.

⑹ When it comes <u>to</u> --ing: (…라고 한다면)
   When it comes <u>to fishing</u>, he is the best.
   (전치사 to는 동명사 선택)

⑺ with a view <u>to</u> --ing: (…을 기대하여)
   He is painting his house with a view <u>to selling it</u>.
   (전치사 to는 동명사 선택)

⑻ What do you say <u>to</u> --ing?:   (…하는 것이 어때?)
   What do you say <u>to eating</u> out this evening?
   (전치사 to는 동명사 선택)

⑼ looking forward <u>to</u>.   (…을 고대하다)
   (전치사 to는 동명사 또는 명사 선택)
   We are looking forward <u>to meeting</u> you again.
   We are looking forward <u>to winter vacation</u>.

⑽ object to --ing: (…을 반대하다)
   We object <u>to smoking</u> in this room.
   (전치사 to는 명사 또는 동명사 선택) We object <u>to his suggestion</u>.

⑾ Always check the oil <u>before starting</u> the car.
   (전치사 before는 전치사의 역할도 하고 접속사의 역할도 한다)

⑿ We're talking <u>about</u> moving to the country.
(전치사 about는 동명사 선택)

⒀ I'll <u>get around (round BrE) to</u> the washing up sooner or later.
(전치사 to가 명사 또는 동명사 선택)

⑪ 전치사의 목적어로 나타나는 동명사

⑴ It goes <u>without</u> <u>saying</u> that-- = It is needless to say that- (…은 말할 것도 없다)
without라는 전치사의 목적어로 동명사 saying이 나타난다.

   a. You cannot make an omelette <u>without</u> <u>breaking</u> eggs.
     (달걀을 깨지 않고 오믈렛을 만들 수 없다)

   b. She cannot see a sad movie <u>without</u> <u>crying</u>.
     (without는 전치사) (그녀는 울지 않고, 영화를 못 본다)

⑵ On (Upon) --ing = as soon as….   (…하자마자)
<u>On (Upon)</u> <u>returning</u> home, he went straight to bed.
On/Upon의 전치사 다음에 동명사가 왔다.

⑶ feel like --ing = feel inclined to.   (--하고 싶다)
I feel <u>like</u> <u>relaxing</u> at a hot spring after a week of hard work.
like가 전치사이므로 동명사가 온다.

⑷ make a point <u>of</u> "<u>--ing</u>" = make a point <u>of</u> "<u>doing</u>" something:
(…하는 것을 규칙(습관)으로 하고 있다.)

(to make a special effort to do something).
of 전치사가 목적어를 요구한다.

⑸ be on the point <u>of</u> "<u>--ing</u>" = be about to   (막 …을 하려고 하다)
(of는 전치사) (= be about to + 동사원형)
I was just on the point <u>of</u> <u>calling</u> you.

⑹ be far <u>from</u> "<u>--ing</u>" = not at all. certainly not.
("결코 …이 아닌") 전치사 from이 동명사를 요구한다.

Your work is far <u>from</u> "<u>being</u>" satisfactory.
기저 구조가 "from <u>is satisfactory</u>"에서 "is"가 "<u>being</u>"으로 명사화되어야
"is far from being satisfactory."로 나타날 수 있는 것이다.

⑺ A prevent B <u>from</u> "<u>--ing</u>":   (…가 …하는 것을 막다)   (방해하다)
전치사 from이 동명사를 요구한다.

His cold prevented him <u>from</u> <u>going out to work</u>.

⑫ 동명사와 to-부정사를 목적어로 선택하는 동사들

⑴ 동명사만을 선택하는 동사들:

stop, finish, enjoy, mind, keep, consider, avoid, give up, quit, imagine, stand(참다), delay, postpone, advocate(주장하다), miss(놓치다), involve, risk, practice

⑵ to-부정사만을 선택하는 동사들:
want, wish, decide, hope, ask, expect, refuse, plan, promise

(3) 동명사와 to-부정사 모두 선택하는 동사들:

like, love, hate, begin, start, continue, <u>regret, remember, forget, try</u> 위 (3)에 나타
난 동사들 중에서, begin, start 만은 동명사와 to-부정사 양쪽에 다 사용될 수 있다.
그러나 begin, start가 진행형으로 사용될 때에는 to-부정사만을 선택한다.
다음 예를 보자.

　　It is beginning to rain.은 허용하나,
　*It is beginning raining.은 허용하지 않는다.

　　그리고 like 와 continue도 양쪽에 다 쓰이는데, 이들의 반의어인 dislike와 discontinue는
동명사만을 선택한다. 동명사와 to-부정사의 사용에 대한 Hornby의 해설은 ⑩ (Onions 3-4)
의 "해설"에 제시되어 있으니 참고하기 바란다.

연습문제

① 　다음 괄호 내의 표현 중 올바른 것을 선택하세요.

1. It is no use (to try/trying) to persuade him.
2. She stopped (eating/to eat) when she found a fly in her food.
3. He felt like (crying/to cry) when he saw the sad movie.
4. How did you manage (to get/getting) something to eat?
5. We remember (to see/seeing) her at the party a week ago.
6. He regrets (turning down/to turn down) her kind offer.
7. She looks so funny that I cannot but (laughing/laugh).
8. The movie was worth (to see/seeing).
9. I prefer walking (than/to) driving a car.
10. I am used to (get/getting) up early.

② 　의미가 통하도록 빈칸에 들어갈 적절한 단어를 선택하세요.

1. She objected _____ treated like a child.
　Ⓐ being　　　　　Ⓑ to being　　　　　Ⓒ having　　　　　Ⓓ to be

2. It goes without _____ that he will succeed in the future.
　Ⓐ saying　　　　　Ⓑ say　　　　　Ⓒ to say　　　　　Ⓓ being said

3. Would you mind _____ the meaning of the this sentence to the students?
　Ⓐ explain　　　　　Ⓑ to explain　　　　　Ⓒ having explained Ⓓ explaining

4. Can you imagine _____ famous as an actor?
　Ⓐ to become　　　　　Ⓑ to becoming　　　　　Ⓒ his become　　　　　Ⓓ him becoming

5. Don't forget _____ the door when you go out.
　Ⓐ to lock　　　　　Ⓑ locking　　　　　Ⓒ to be locked　　　　　Ⓓ lock

6. I am used _____ my own breakfast.
　Ⓐ to making　　　　　Ⓑ to make　　　　　Ⓒ to made　　　　　Ⓓ making

7. He devoted himself to (　　　　).
　Ⓐ be studying　　　　　Ⓑ his study　　　　　Ⓒ be studied　　　　　Ⓓ being studied

8. We object to (　　　　) in this room.
　Ⓐ smoke　　　　　Ⓑ be smoking　　　　　Ⓒ being smoked　　　　　Ⓓ smoking

9. Your work is far from (　　　　).

Ⓐ being satisfactory   Ⓑ being satisfaction   Ⓒ being satisfied   Ⓓ satisfying

10. When it comes to (   ), he is the best.
   Ⓐ driving   Ⓑ be driving   Ⓒ be driven   Ⓓ have been driven

③ 다음 밑줄 친 부분 중 어법상 어색한 것을 골라 바르게 고치세요.

1. I <u>could</u> not <u>help</u> <u>accept</u> <u>his advice</u>.
      ①   ②   ③   ④

2. I have <u>never</u> dreamed of <u>you are</u> <u>able to</u> have time <u>to visit me</u>.
          ①   ②   ③   ④

3. Peter <u>doesn't feel</u> ashamed of <u>having scolded</u> <u>in front of</u> <u>his classmates</u>.
         ①   ②   ③   ④

4. I <u>left</u> the house <u>this morning</u> <u>without</u> <u>lock</u> the door.
     ①   ②   ③   ④

5. <u>Remembering</u> <u>such a</u> many <u>people's names</u> <u>are</u> really difficult.
       ①   ②   ③   ④

④ 종합 연습문제

다음 글을 읽고, 아래 질문에 답하세요.

Most Internet addresses begin with WWW, the initials for the World Wide Web. Some people think that the World Wide Web is the same thing as the Internet. But this is not true. The Internet is a largest network of computers around the world. It connects millions of computers together. The World Wide Web, on the other hand, is a tool that allows people to organize, link, and browse pages on the Internet.

Tim Berners-Lee invented this powerful tool in 1989. He was born in London in 1955 and studied physics at Oxford University. While working in a physics laboratory called CERN in Geneva, Switzerland, he felt the need to develop a tool to share information over the Internet. ① <u>Thanks to his invention</u>, anyone can get to the huge amount of information on the Internet quickly and easily.

His work is regarded by some as being important as Gutenberg's printing press. Undoubtedly, ② <u>he could have been rich or famous</u>. But he didn't want the spotlight or money. In fact, ③ <u>he still has fought hard to make sure that nobody owns the World Wide Web</u>. Thus, the tool is free for all, and it will remain so. Berners-Lee was knighted by Queen Elizabeth II in 2004 for his contribution to the world.

Ⓐ Internet을 발명한 사람은 누구인가?
Ⓑ Internet의 주소 WWW는 무엇의 약자인가?
Ⓒ Internet의 발명은 무엇에 비유할 만큼 중요한 발명이라 했는가?
Ⓓ 이렇게 훌륭한 도구를 발명해서 돈과 명성을 얻었는가?
Ⓔ 발명한 사람이 얻은 것은 무엇인가?

①의 줄친 부분만 해석하세요.
②의 줄친 부분만 해석하세요.
③의 줄친 부분만 해석하세요.

제6장 분사(Participles): 제1편 분사

앞 제5장 "동명사"에서 왜 "현재분사형"을 "--ing 형"으로 부르게 되었는지 그 이유는 이미 명확하게 밝혀졌기 때문에 그대로 "--ing 형"으로 부르기로 한다. 즉, 앞 5장 ③의 ⓐ, ⓑ번을 아래에 다시 인용한다.

    ⓐ It's no use him apologizing.   5형식: ⑦⓪ (Onions 5-15)
    ⓑ It's no use his apologizing.   2형식: ⑬ (Onions 2-9)

위 ⓑ 문장에서 apologizing은 분명히 진주어 동명사이다. ⓐ의 문장을 두고서, 영문법 학자들은 "현재분사형"이냐, "동명사"냐, "반-동명사"냐의 논쟁이 제시되었는데, 논리적으로는 "동명사"로 판정되었지만, 편의상 "--ing 형태"로 부르면서 논쟁을 끝낸 것이다. 그래서 다음 "현재분사형"도 동일하게 "--ing 형태"로 부르기로 한다.

① "현재분사"와 "과거분사"의 여러 가지 역할과 기능

(1) "--ing 형"과 "--ed 형/또는 불규칙형 과거분사"는 동사의 일부로 쓰이거나, 형용사처럼 쓰일 때, "현재분사" 또는 "과거분사"라 한다. 그러나 이 "현재분사"나 "과거분사"는 적절한 명칭이라 할 수 없다(Michael Swan 2005: 378 408번). 이 두 가지 형태는 모두 과거, 현재, 미래 시제에도 쓰일 수 있기 때문이다. 다음 예문 중에서, b와 d만이 그 명칭에 맞는 표현이고, 나머지 a, c, e, f는 그 명칭에 맞지 않는다.

    a. She <u>was crying</u> when I saw her.   (과거시제/*현재분사가 아님)
    b. Who <u>is</u> the man <u>talking</u> to Elizabeth?   (현재분사)
    c. This time tomorrow, I'<u>ll be lying down</u> on the beach.   (미래시제/*현재진행이 아님)
    d. It <u>was broken</u> in the storm.   (과거분사)
    e. The kids <u>are excited</u>.   (현재시제/*과거분사형이 아님)
    f. The new school <u>is going</u> to be <u>opened</u> <u>next week</u>.   (미래시제/*과거분사형이 아님)
          (미래형 현재분사) (미래형 과거분사) (미래형부사)

(2) 현재분사와 과거분사는 조동사 be/have 동사와 결합해서, 진행형, 완료형, 수동형을 만든다.

    a. It <u>was raining</u> when I got home.   be 조동사 사용   (과거진행형)
    b. I'<u>ve forgotten</u> your name.   have 조동사 사용   (현재완료형)
    c. You'<u>ll be told</u> as soon as possible.   will be 조동사 사용   (미래수동형)

(3) 형용사적 용법: 줄 친 현재/과거 분사들은 형용사처럼 쓰일 수 있다.

    a. I love the noise of <u>falling</u> rain.
    b. John has become very <u>boring</u>.
    c. She says she's got a <u>broken</u> heart.
    d. The house looked <u>abandoned</u>.   ㉓ (Onions 2-19)

(4) 진행형이 때로는 "부사보어"로 쓰이기도 한다.

    a. She <u>ran screaming</u> out of the room.   서술적 부사보어   ㉕ (Onions 2-21)
    b. We <u>go shopping</u> this afternoon.   서술적 부사보어   ㉕ (Onions 2-21)
    c. He <u>went hunting</u> yesterday.   서술적 부사보어   ㉕ (Onions 2-21)

(5) 다른 단어들과 결합하여 구와 절의 형태를 이루기도 한다.

a. Who's the fat man <u>sitting in the corner</u>.   the man을 수식하는 형용사구
b. <u>Having lost</u> all my money, I went home.   분사구문
c. Most of the people <u>invited to the party</u> didn't turn up.   형용사구
d. <u>Rejected by all his friends</u>, he decided to be a monk.   분사구문

② 현재분사는 능동/과거분사는 수동: "--ing 형"은 형용사나, 부사처럼 쓰이면 능동의 의미를 갖는다.

(1) a. <u>falling</u> leaves (= leaves that fall)   (떨어지는 나뭇잎들)
    b. a <u>meat eating</u> animals (= an animal that eats meat)   (육식동물)
    c. She walked out <u>smiling</u>. (= she was smiling)   동시동작 (분사구문)

과거분사가, 형용사나 부사처럼 쓰이면, 대체로 수동의 의미를 갖는다.

    d. a <u>broken</u> heart (= a heart that has been broken)
    e. He lived alone, <u>forgotten by everyone</u>.   (모든 사람들로부터 잊힌 채/부사적용법)
      (= He had been forgotten by everyone)

(2) interested과 interesting 등

interested, bored, excited 등은 사람이 느끼는 기분이나 감정을 나타낸다. 그리고 interesting, boring 등은 사물이 인간에게 기분이나, 감정을 나타나게 할 때 쓰인다. 간혹 사람도 아래 h번처럼 interesting으로 표현하게 될 경우도 있다.

    a. I <u>was</u> very <u>interested</u> in the lesson.
    b. The lesson was very <u>interesting</u>.
    c. I didn't enjoyed the party because I was <u>bored</u>.
    d. It was terribly <u>boring</u> party.
    e. The children always <u>get excited</u> <u>when Granny comes</u>.   (할머님이 왔을 때)
    f. Granny takes the children to <u>exciting places</u>.
    g. His explanation <u>made me very confused</u>.
    h. He's very <u>confusing writer</u>.

예외: 대부분의 과거분사형은 수동의 의미를 지닌다고 하지만, 많은 예외의 예들이 있다.

    a. a <u>fallen</u> leaf. (= a leaf that has fallen)
    b. <u>advanced</u> students (= students who have advanced to a high level)
      (NOT ~~students who have been advanced~~)
    c. <u>developed countries</u>   h. an <u>escaped prisoner</u>
    d. <u>increased activity</u>   i. <u>faded colors</u>
    e. <u>grown up</u> daughter   j. <u>swollen ankles</u>
    f. a <u>retired</u> general
    g. Rescuers are still working in the ruins of <u>collapsed hotel</u>.

(3) 능동의 의미를 나타내는 과거분사: 고급형 몇 개의 과거분사는 <u>능동의 의미</u>로 사용되어지나, <u>부사와 함께 쓰인다</u>.

    a. a <u>well</u> <u>read</u> person (NOT ~~a read person~~)
      잘/많이 읽은 사람: 박식한 사람
    b. a <u>much</u> <u>travelled</u> man
      부사   형용사: 많이 여행한 사람
    c. <u>recently</u> <u>arrived</u> immigrants (최근에 도착한 이민자들)
      부사   형용사

d. The train just arrived at platform six is the delayed 13: 15 from Boston.
         부사 형용사

(4) 몇 개의 능동형 과거분사는 be 동사 다음에 쓰일 수 있다.

    a. She is retired now.
    b. Those curtains are badly faded.
    c. My family are all grown up now.
    d. This class is most advanced.

recovered, camped, stopped, finished, gone 등은 be 동사 다음에 쓰일 수 있으나 보통
명사 앞에서는 쓰이지 않는다.

    a. Why are all those cars stopped at the crossroads?   (but NOT a stopped car)
    b. I hope you are fully recovered from your operation.
    c. We are camped in the field across the stream.
    d. Those days are gone now.   (그 옛날은 지금 지나갔다)

③ 형용사로 쓰이는 현재분사/과거분사

(1) an interesting book   a lost dog   a falling leave
    The upstairs toilet windows are broken.   screaming children
    His idea is exciting.

(2) 형용사 역할을 하는 분사는 목적어를 선택할 수 있다. 이 때 어순에 주의해야한다.

    a. English-speaking Canadian   (NOT speaking English Canadian)
    b. a fox hunting man.
    c. Is that watch self-winding?

(3) 명사 앞에서 분사가 다른 단어와 결합하여 복합어처럼 쓰인다.

    a. quick growing trees   빨리 자라는 나무들
    b. government inspired rumors   정부가 조장한 소문들
    c. the above mentioned point   위에서 언급한 요점
    d. a recently built houses   최근에 건설된 집들

(4) 명사 뒤에 오는 분사: the people questioned

명사를 규명하거나 한정하기 위해서, 명사 뒤에서 분사를 쓰기도 하는데, 이것은 앞에
나온 명사를 한정하는 관계대명사의 용법과 비슷하다.

    a. We couldn't agree on any of the problems discussed.
       (- the problems that were discussed)
       (우리는 논의된 문제들 중에서 어느 것에도 합의할 수 없었다)
    b. The people questioned gave very different opinions.
       (= The people who were questioned---)
       (질문을 받은 사람들은 매우 다른 의견들을 제시했다)
    c. I watched the match because I knew some of the people playing.
       (나는 선수들 중에서 몇 사람을 알기 때문에 그 경기를 관람했다)
    d. I got the only ticket left.
       (나는 마지막 남은 표를 구입했다)

(5) 위치에 따른 의미의 차이점

a. a <u>concerned</u> expression (= a worried expression)　　　　걱정스러운 표정
b. the people <u>concerned</u> (= the people who are/were affected)　　관계자
c. an <u>involved</u> explanation (= a complicated explanation)　　복잡한 설명
d. the people <u>involved</u> (= the people who are/were involved)　관계된 사람들
e. an <u>adopted</u> child (= a child who is brought up by people who are not
　　　　　　　　　　his/her biological parents)　　　　　　　　입양아
f. the solution <u>adopted</u> (= the solution that is/was chosen)　채택된 해결책

(6) much, very: 과거분사와 함께 사용

a. He's (very) <u>much admired</u> by his students. (NOT ~~very admired~~)
b. Britain's trade position has been (very) <u>much weakened</u> by inflation.

(7) 과거분사가 형용사로 쓰이면, 대체로 very로 수식한다. 특히 심리상태, 감정, 반응 등을 표현하는 과거분사 앞에서는 관용적으로 very를 쓴다.

a. a <u>very</u> frightened animal　　　몹시 놀란 동물들
　(NOT ~~much frightened animal~~)
b. a <u>very</u> shocked expression　　　크게 충격을 받은 표정
c. The children were <u>very</u> bored.
d. She looked <u>very</u> surprised.

amused의 경우 very와 (very) much 둘 다 사용이 가능하다.

a. I was <u>very amused</u>/<u>much amused</u>/<u>very much amused</u> by Miranda's performance.

예외적인 경우:

a. That's Alice, unless I'm (<u>very</u>) <u>much mistaken</u>.
　(NOT ~~unless I'm very mistaken~~)
b. He's <u>well known</u> in the art world.　　(NOT --~~very known~~)

(8) frightened by/frightened of

수동형 동사 뒤에 by를 써서, 행위나 작용의 주최를 밝힐 수 있으나, 형용사처럼 쓰인 과거분사 뒤에는 다른 전치사도 쓰인다. 다음 각 a, b의 쌍을 비교해 보자.

a. She was <u>frightened by</u> a mouse that ran into the room.
　(그녀는 방에 뛰어든 쥐 때문에 소스라지게 놀랐다)
b. She's always <u>been</u> terribly <u>frightened of</u> dying.
　(그녀는 늘 죽음을 두려워했다) frightened는 이 때 심리상태를 나타낸다.

a. The kids were so excited <u>by the music</u> that they kept screaming.
　(아들은 그 음악에 너무 신이 나서 계속 소리를 질렀다)
b. Joe's <u>excited about</u> the possibility of going to the States.
　(Joe는 미국에 갈지도 모른다는 가능성에 마음이 설렜다)

a. I was <u>annoyed by</u> the way she spoke to me.
　(나는 그녀의 말투가 거슬렸다)
b. I was <u>annoyed with</u> you.
　(나는 너 때문에 짜증이 난다)

a. The burglar was <u>surprised by</u> the family coming home unexpectedly.
(그 도둑은 갑자기 집으로 돌아온 가족 때문에 깜짝 놀랐다)
b. I am <u>surprised at/by</u> your attitude. (나는 너의 태도에 놀랐다)

a. He was badly <u>shocked by</u> his fall. (나는 그의 몰락에 몹시 충격을 받았다)
b. We were <u>shocked at/by</u> the prices of London. (London의 물가에 경악했다)

다른 예들:

a. His whereabouts are <u>known to</u> the police. (그의 행방은 경찰이 알고 있다)
b. The hills are <u>covered in</u> snow.
c. Look at the mountain top <u>covered with</u> snow.

위 b, c에서 cover가 자동사일 때, 전치사 in을 사용해서, "<u>covered in</u>"으로 완전자동사를 만들고, 그 다음 "<u>in snow</u>"로 앞의 자동사를 수식하는 부사수식어가 된다. 이 유형은 앞 동사 유형 ㉕ (Onions 2-22) 및 ㉖ (Onions 2-23)을 참조하자. 위 c의 "<u>covered with</u> snow"는 타동사이다.

d. The room was <u>filled with</u> thick smoke.

(9) 특이한 과거분사: 몇 가지 과거분사의 옛 형태는 특정어구에서 명사를 수식하는 역할을 한다.

a. drunken laughter/singing   b. a sunken wreck/ship
c. rotten fruit/vegetables
d. drunken driver/drunken driving은 현대영어의 표현이고, 법정용어로는 drunk driver로도 쓰인다.

④ 분사는 아래 예와 같이 명사의 앞/뒤에서 명사를 수식한다.

1. Please give a candy to the <u>crying</u> child. (우는 아기에게 사탕을 하나 주십시오)	앞
2. Who is the child <u>sleeping</u> over there? (저기에 자고 있는 어린이는 누구인가요?)	뒤
3. The lady <u>driving</u> a new car is my English teacher. (새 차를 운전하고 있는 여성은 나의 영어선생님이다)	뒤
4. The new bike <u>ridden</u> by a friend of mine was stolen yesterday. (내 친구가 타던 새 자전거는 어제 도난당했다)	뒤
5. <u>Disappointed</u> Mary by the result of her exam is coming here. (시험결과에 낙심한 Mary가 여기로 오고 있다)	앞
6. He bought a <u>used</u> car. (그는 중고차를 샀다)	앞

분사는 주격보어/목적격보어로도 쓰인다.

1. The child came <u>crying</u>.　(그 아이는 울면서 왔다)	주격보어
2. He got (became) <u>excited</u>.　(그는 흥분했다)	주격보어
3. We saw him <u>talking</u> to a boy in the park. (우리는 그가 공원에서 한 소년과 이야기하고 있는 것을 보았다)	목적보어
4. We have never heard him badly <u>spoken</u> of. (우리는 그를 나쁘게 말하는 것을 들어본 적이 없다)	목적보어
5. He sat <u>fascinated by</u> the performance of circus clowns. (그는 서커스 단원들의 묘기에 매혹되어 앉아 있다)	주격보어

⑤ 현재분사는 능동/과거분사는 수동의 의미를 갖는다.

1. The barking dogs often help catch criminals.   능동
   (짖는 개는 종종 범인을 잡는데 도움을 준다)
2. We often find some student sleeping in class.   능동
   (우리는 수업 중에 졸고 있는 학생을 볼 수 있다)
3. He felt himself watched all the time.   수동
   (그는 항상 감시를 받고 있는 것을 느꼈다)
4. I cannot make myself understood in English.   수동
   (나는 나 자신을 영어로 의사소통을 할 수 있게 만들 수 없다)
5. People living in the country-side live longer.   능동
   (시골에 사는 사람들은 더 오래 산다)
6. A rolling stone gathers no moss.   능동
   (굴러다니는 돌에는 이끼가 끼지 않는다)
7. Look at the mountain top covered with snow.   수동
   (눈으로 덮인 산 정상을 보라)
8. A wounded soldier was carried away by an ambulance.   수동
   (부상당한 군인은 구급차로 실려 갔다)

⑥ 동사 유형으로 살펴보면 다음과 같다.

1. He came running.   (주격 부사보어)   ㉕ (Onions 2-21)
   (그는 뛰어서 왔다)   (주격보어)
2. I felt someone touching my shoulder.   ㉗ (Onions 5-12)
   (나는 누가 내 어깨를 만지는 것을 느꼈다)   (목적보어)
3. They sometimes felt themselves watched by someone.   ㉚ (Onions 5-21)
   (그들은 때때로 누군가에 의해 감시를 받고 있다는 것을 느꼈다)   (목적보어)
4. She can't make herself understood in English.   ㉚ (Onions 5-21)
   (그녀는 영어로 의사소통을 할 수 없었다)   (목적보어)
5. He had his watch repaired.   ㉚ (Onions 5-21)
   (그는 그의 시계를 수리하게 했다)   (목적보어)
6. They got their bags stolen.   ㉚ (Onions 5-21)
   (그들은 그들의 가방을 도난당했다)   (목적보어)

⑦ 주격 "부사보어"

1. We go shopping.   (우리는 장보러 간다)   ㉕ (Onions 2-21)
2. We go swimming.   (우리는 수영하러 간다)   (주격보어)
3. We go hunting.   (우리는 사냥하러 간다)

⑧ 관용적 표현

1. We go swimming tomorrow.
   (우리는 내일 수영하러 간다)
2. They kept fishing despite the heavy rain.
   (그들은 폭우를 무릅쓰고 낚시를 계속했다)
3. He looked depressed.
   (그는 침울해 보였다)
4. The students are busy preparing for the exams.
   (학생들은 시험 준비에 바쁘다)
5. The fire kept burning all night.
   (불은 온밤 내내 계속 탔다)
6. He had hard time supporting his family.
   (그는 그의 가족을 부양하는 데 어려움을 겪었다)

제2편 분사구문(Participle Clauses)

① 분사구문의 다양한 의미

1. 시간을 나타내는 경우

a. <u>Opening the door</u>, I found newspapers on the floor.　　(when)
b. <u>Putting down the book</u>, I went to the door to open it.　　(after)

2. 이유를 나타내는 경우

a. <u>Feeling cold</u>, he put on his coat.　　(as)
b. <u>Not knowing what to do next</u>, I asked my friend to help me.　　(because)

3. 조건을 나타내는 경우

a. <u>Turning to left</u>, you will find a book store.　　(if)
b. <u>Other conditions being equal</u>, this is better than that.　　(if)

4. 양보를 나타내는 경우

a. <u>Living next door in the same apartment</u>, we often don't meet.　　(though)
b. <u>Being rich</u>, we can't buy happiness　　(though)

5. 연속 동작을 나타내는 경우

a. The train left Seoul at 7, <u>reaching</u> Daejeon at 8.　　(and reached)
b. The fire-fighters rushed into the burning house, <u>searching</u> for
anyone who might still be trapped inside.　　(and searched)

6. 동시 동작을 나타내는 경우

a. They went away, <u>waiving their hands</u>.
b. <u>Smiling brightly</u>, she entered her new house.
c. She sat on the rock with her hair <u>streaming in the wind</u>.

7. 부대상황: "…한 채로"

a. He sat <u>with his eyes closed</u>.
b. He was looking at the pictures <u>with his arms folded</u>.

② 분사구문 작성 방법: 분사구문의 종류와 생략되는 요소

1. 주절의 주어와 분사절의 주어가 같은 경우:

a. 접속사 (when, as, while, after)를 먼저 삭제한다.
b. 부사절의 주어와 주절의 주어가 동일하면, 부사절의 주어를 삭제한다.
c. 부사절의 동사원형에 "-ing"을 붙인다.

예: ~~When I~~ enter the house, I unlock the front door.
　　⇒ Entering the house, I unlock the front door.

2. 주절의 주어와 부사절의 주어가 다를 경우, 부사절의 주어는 그대로 두고, 접속사만 생략한다.

    a. ~~As~~ it is fine, we went on a picnic.
    b. ⇒ It being fine, we went on a picnic.

3. 완료 분사구문: 부사절의 시제가 주절의 시제보다 앞서는 경우, "완료분사 구문 (having + p. p)"를 쓴다. 이때, 접속사와 부사절의 주어만 생략한다.

    a. ~~As he~~ had finished his homework, he went out to play.
    b. ⇒ Having finished his homework, he went out to play.

4. 진행형 분사 및 수동진행형 분사구문인 "<u>being</u> running, <u>being</u> compared" 또는 "완료진행의 having been + 과거분사"에서 "<u>being</u>"과 "<u>having been</u>"은 생략될 수 있다. 다음 예를 보자:

    a. ~~When I~~ was running to school in a hurry, I heard someone calling me behind.
        ⇒ (Being) running to school in a hurry, I heard someone calling me behind.

    b. ~~If he~~ is compared with her, he learns faster.
        ⇒ (Being) compared with her, he learns faster.

    c. ~~As he~~ was born and brought up in Canada, he speaks English well.
        ⇒ (<u>Having been</u>) born and brought up in Canada, he speaks. English well.

위 a, b, c의 내용은 본동사를 제외한 "조동사"는 삭제될 수 있다는 것을 의미한다.

5. Misrelated Participle (잘못 관련된 분사구문): 분사구문의 의미상의 주어가 주절의 주어와 다를 경우, 즉, 잘못 관련된 경우에는 종종 잘못된 용법으로 간주된다. 그렇지만 실제로는 이런 문장이 널리 쓰이고 있다. 특히 주절의 주어가 가주어가 It 이거나, 일종의 가주어의 기능을 하는 there의 경우에는 자연스럽게 쓰인다.

    a. <u>Looking out of the window of our hotel room</u>, <u>there was</u> a wonderful range of mountains. (호텔방에서 창밖을 내다보니, 멋진 산맥이 펼쳐져 있었다)
    b. <u>Being French</u>, <u>it's surprising</u> that she's such a terrible cook. (그녀가 프랑스인인데도, 그토록 요리 솜씨가 형편없다는 것은 놀라운 일이다)
    c. <u>Having so little time</u>, <u>there was</u> not much that I can do. (시간이 너무 없어서, 내가 할 수 있는 일이 많지 않았다)

6. 마지막으로 유도부사 there가 "명사"로 인정되어, "there being"의 분사구문으로 나타나는 예를 보기로 한다.

    a. What's the chance <u>of there being</u> an election this year? (올해에 선거를 치를 (있을) 가능성은 얼마나 되는가?)
    b. <u>There being</u> no more performances today, we'll have to wait until next time. (오늘은 더 이상의 공연이 없기 때문에, 우리는 다음 기회까지 기다려야 한다)

위 a의 <u>there being</u>은 앞의 전치사 of의 영향을 받아서 <u>there is</u>가 <u>there being</u>으로 변형되어, <u>there being</u>의 분사구문으로 나타났고, b의 <u>there는 유도부사가 아니라, 하나의 가주어 명사로 인정한 것이다</u>. 따라서 b에서 there는 위 5의 there와 같이, 완벽한 가주어 명사의 역할을 한다. 앞 동사 유형 ⑨ (Onions 2-5)에서 제시된, 5, 10, 11, 12 등의 예를 보면, 유도부사 there는 진주어명사가 엄연히 따로 그 문장 내에 존재하지만, 그 문장 내에서, "가주어 명사"의 역할을 하고 있다. 물론 동사의 성, 수 인칭의 일치관계는 진주어에 의해서 결정되지만, "<u>가주어</u>"로서, 주어역할을 한다.

7. 접속사 + 분사구문

다양한 접속사나, 전치사 뒤에 "--ing 형"의 분사구문을 쓸 수 있다. 많이 쓰이는 전치사/접속사는 after, without, before, since, when, while 등이 있다.

    a. <u>After</u> talking to you, I always feel better.
       (너와 대화를 나누고 나면, 늘 기분이 좋아진다)
    b. <u>When</u> telephoning from abroad, dial 1865, not 01865.
       (해외에서 전화를 걸 때, 01865가 아니라, 1865를 돌려라)
    c. Depress clutch <u>before</u> changing gear.
       (기어를 바꾸기 전에, 클러치를 풀어라)
    d. <u>On</u> being introduced, Americans often shake hands.
       (미국인들은 소개를 받으면, 보통 악수를 한다)
    e. They left <u>without</u> saying goodbye.
       (그들은 작별인사도 없이 떠났다)
    f. She's been quite different <u>since</u> coming back from America.
       (그녀는 미국에서 돌아 온 후, 아주 달라졌다)

③ 비-인칭 독립 분사구문:

strictly speaking:	"엄격히 말해서"	judging from: "…으로 판단하건데"
frankly speaking:	"솔직히 말해서"	roughly speaking: "대충 말해서"
considering:	"…을 고려해 보면/…을 감안해서"	
generally speaking:	"일반적으로 발해서"	
talking (speaking) of:	"이야기가 나왔으니 말인데"	

연습문제

① 올바른 문장이 되도록 괄호 내의 알맞은 표현을 선택하세요.

1. She was looking for (her disappearing/her disappeared) wallet.
2. The (excited/exciting) girl ran all the way home.
3. The soccer game was very (excited/exciting).
4. The boy was (interested at/interested in) biology.
5. They found the shopping mall (crowded/crowding) with customers.
6. She lay down (exhausted/exhaustingly).
7. Look at the girl (singing/sung) an English song.
8. She had her photograph (taking/taken).
9. She wanted her film (printed/printing).
10. The (bored/boring) movie made us sleepy.

② 밑줄 친 부분을 어법에 맞게 고치세요.

1. <u>Not to know what to do</u>, he called his brother for help.
2. She can play the piano with her eyes <u>closing</u>.
3. He finished his homework, <u>to go out</u> to play.
4. He cheered his team with his national flag <u>waves</u> high up over his head.
5. <u>There was</u> nothing to do in the afternoon, she went shopping.
6. <u>Being</u> fine in the morning, they went on a picnic.
7. <u>Walk</u> along the street, he came across a friend of his.
8. The horror movie wasn't very <u>frightened</u> to me.
9. He cut himself, <u>as shaved</u> in the morning.
10. I felt completely <u>humiliating</u> when my teacher scolded me in class.

③ 다음 문장을 "분사구문"으로 바꾸세요.

1. As she was rich, she was envied by the people in her neighborhood.
2. As it is a very nice day, we are going on a picnic.
3. As she lived in Beijing, she is fluent in Chinese.
4. As I didn't hear anything about them, I was very worried.
5. As he was born and brought up in New Zealand, he speaks English well.
6. If he is compared with her, he learns skating faster.
7. As he ate a lot of kimchi everyday in Korea, he doesn't feel like eating it any more.
8. As it was likely to rain, she took her umbrella with her.
9. As it had rained all day, unpaved roads in the country-side were very muddy.
10. As I didn't feel well, I wasn't able to go to school yesterday.

④ 다음 분사구문을 일반 문장으로 바꾸세요.

1. Having breakfast as usual, I started my own work.
2. Other conditions being equal, this is much better than that.
3. The sun having risen, the farmer went out to work.
4. There being no trees and plants in the garden, the house looked rather dull.
5. She lay down on the floor, with the dog sleeping at her feet.
6. He sat on the floor, with his head buried in his hands.

⑤ 밑줄 친 부분 중, 어법상 어색한 것을 찾아 바르게 고치세요.

1. <u>Having hurt</u> in the car accident, the driver was taken to hospital.
2. The child went home, with tears <u>run down</u> on its face.
3. I am very sorry to have kept you <u>waited</u> so long.
4. You should not leave your engine <u>run</u> as you wait here.
5. The bride looked <u>satisfying</u> with the diamond ring.
6. You have a customer <u>waited</u> for you at the entrance.

⑥ 종합 연습문제.　다음 글을 읽고, 아래 질문에 답하세요.

　　The manager of a store was passing the packing room, and saw a boy Ⓐ <u>stands</u> against a box, Ⓑ <u>whistles</u> cheerfully. "I beg your pardon, but aren't you George?" asked the manager. "Yes, I am." the boy answered politely. "How much are you Ⓒ <u>pay</u> a week?" The manager asked. "Ten dollars, sir." "Here is your salary. You are Ⓓ <u>fire</u>!"

　　Ⓔ <u>Believed</u> that he had made a wise decision, the manager asked the foreman, "When did we hire the boy?" "We never hired him; he just delivered a package from another store," the foreman said.

　　위의 문장에서 줄친 Ⓐ, Ⓑ, Ⓒ, Ⓓ, Ⓔ를 올바른 "분사의 형태"로 고치세요.

Ⓐ ＿＿＿＿＿＿＿　　　　　　　Ⓓ ＿＿＿＿＿＿＿

Ⓑ ＿＿＿＿＿＿＿　　　　　　　Ⓔ ＿＿＿＿＿＿＿

Ⓒ ＿＿＿＿＿＿＿

Ⓕ 그리고 위 문장 전체를 읽고, 지배인이 퇴직금을 주고 해임한
　소년에 대해서 웃기는 이야기를 30자 이내로 서술하라.

제7장 수동태(Passive Voice)

① 수동태의 기본 형식

    a. <u>He</u> loves <u>her</u>. ⇒ <u>She</u> is loved <u>by him</u>.
    b. <u>Mr. Kim</u> wrote <u>our text books</u>. ⇒ <u>Our text books</u> were written <u>by Mr. Kim</u>.

②   a. They speak English in New Zealand.
    b. English is spoken in New Zealand (by them).
    c. More rice and meat will be needed in the future.

    위의 예로부터 능동문과 수동문의 성격을 비교 분석해보면, 주어가 동작을 나타내는 문장이 능동문이고, 주어가 동작을 받아들이는 문장이 수동문이다. 앞 ①a의 예에서는 인칭대명사가 사용되었기 때문에 목적어가 수동문에서 주어로 나타나면, her에서 she로 바꾸어진다. 그러나 ①b의 고유명사나, 일반 명사는 그런 변화가 나타나지 않는다. 그리고 능동문의 동사가 현재이면, 수동문의 동사도 현재이어야 하고, 과거면 과거이어야 한다. 그 다음 수동문에서는 동사가 "be + 과거분사 + by + 명사"의 형태로 변한다.

    1. <u>John</u> kicks the ball. ⇒ The ball is kicked <u>by him</u>.
    2. <u>Mary</u> visited him. ⇒   He was visited by <u>her</u> (Mary).

    위의 예에서 John과 Mary는 고유명사일지라도 여성/남성이 구별되므로 수동문에서는 대명사로 변하여 나타나고, 시제는 능동/수동에 그대로 반영된다. 그리고 위 ②c에서는 수동문이지만 "by + 명사가"구가 나타나지 않았다. 이것은 능동형이 없거나, 행위자를 나타낼 필요가 없다고 생각될 때에는 나타내지 않기 때문이다. 다음 예를 보자.

예: Many people were killed in the Korean war in 1950s.

③   문의 12개의 시제문 유형 중에서, 첫 8개 유형만 수동형이 가능하다.

① 현재	② 과거	③ 미래:	3개의 기본시제 문장
④ 현재완료	⑤ 과거완료	⑥ 미래완료:	3개의 완료형 문장
⑦ 현재진행	⑧ 과거진행	⑨ 미래진행:	3개의 진행형 문장
⑩ 현재완료진행	⑪ 과거완료진행	⑫ 미래완료진행:	3개의 완료진행형 문장

    앞에서부터 8개 시제문까지의 목적어만 수동형의 주어로 변형시킬 수 있다. 그러나 나머지 4개, 즉 ⑨ 미래진행, ⑩ 현재완료진행, ⑪ 과거완료진행, ⑫ 미래완료진행형은 논리적으로 수동문을 만들 수는 있지만, 실제로 사용되지 않는 문장이다. 다음 8개 시제문 유형의 목적어만 수동문의 주어가 된다. 다음 예를 보자.

④   8개 시제문 유형의 능동문   수동문

1. He writes a letter. ⇒   A letter <u>is</u> written by him.
2. He wrote a letter. ⇒   A letter <u>was</u> written by him.
3. He will write a letter. ⇒   A letter will <u>be</u> written by him.
4. He has written a letter. ⇒   A letter has <u>been</u> written by him.
5. He had been written a letter. ⇒   A letter had <u>been</u> written by him.
6. He will have been written a letter. ⇒ A letter will have <u>been</u> written by him.

7. He is writing a letter. ⇒   A letter <u>is being written</u> by him.
8. He was writing a letter. ⇒   A letter <u>was being written</u> by him.

앞 12개의 기본 시제문 중에서 위 8번까지는 수동 구문이 가능하다. [진행문 수동유형] 중에서 위 7/8번만 허용하고, 나머지 9-12번 유형의 문장은 논리적으로 수동 구문을 만들 수는 있지만, 실제로는 사용하지 않는다. 즉, ① <u>미래 진행수동형</u>, ② <u>현재완료 진행수동형</u>, ③ <u>과거완료 진행수동형</u>, ④ <u>미래완료 진행수동형</u>은 실제로 쓰이지 않는다. 논리적으로는 아래 9-12와 같이 4개의 수동형을 만들 수 있지만, 이들은 너무 어색하다고 했다 (Michael Swan. 2005: 386). 412의 2번 해설 중, 386쪽의 맨 위의 표현을 참조하자. 즉, 9/12의 예문에서, being이 쓰이는 바로 앞의 be나 been은 쓸 수 없다는 말이다.

9.   미래 진행수동형: (x) A letter will (shall) ~~be~~ being written by him
10. 현재완료 수동진행형: (x) A letter has ~~been~~ being written by him.
11. 과거완료 수동진행형: (x) A letter had ~~been~~ being written by him.
12. 미래완료 수동진행형: (x) A letter will (shall) have ~~been~~ being written by him.

⑤   여러 가지 **"진행/완료" 수동형**

우리는 시제가 단순한 현재/과거형으로 된 다음 (3), (6)번의 수동형을 주로 사용하지만, 원어민들은 다음 (2), (4), (5), (7), (8)과 같은 "진행/완료 수동형"도 많이 쓰고 있다.

(1)   미래 수동형: [will (shall) be + p.p.]   Shall은 영국영어(BrE)

   You <u>will be told</u> (the story) soon enough. (너는 곧 [그 이야기를] 충분히 듣게 될 것이다)

(2)   여러 가지 <u>완료 수동형</u>에서, 조동사 "been"의 역할은 다음 (2) b, c와 같이 분석된다.

  a. Everything <u>will have "been" done</u> by Monday. (모든 일이 월요일까지 완료되어질 것이다)

  b. 위 been을 "be - en"으로 나누어 다음 c와 같이 두 부분으로 생각해야 한다.

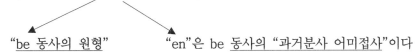

   <u>"be 동사의 원형"</u>   "en"은 be <u>동사의 "과거분사 어미접사"</u>이다

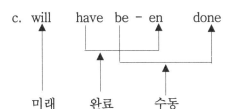

  c. will   have be - en   done

      미래   완료   수동

(3)   단순현재 수동형: [am/are/is + p.p.]

   English <u>is spoken</u> here. (여기서는 영어가 쓰입니다)

(4)   앞 7/8의 두 가지 "진행수동형"도 다음 (4) c와 같이 being을 "be-ing"<u>으로</u> 나누어 생각해야 논리적으로 "진행수동형을" 이해할 수 있다.

  a. Excuse the mess; the house <u>is "being" painted</u>.
    (지저분한 것을 용서해 주십시오; 집을 페인트로 칠하고 있는 중입니다)

  b. 위 a의 being을 다음 c와 같이 두 부분으로 나누어 생각해야 된다.

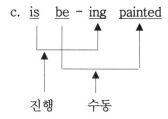

c. is be - ing painted

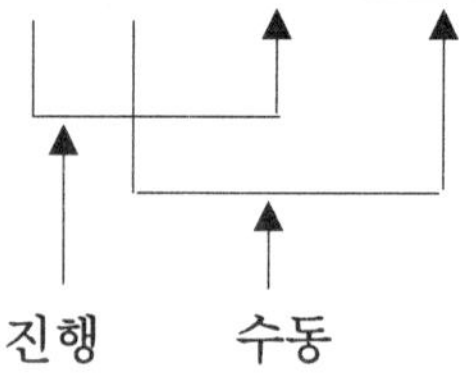

(5) 현재완료 수동형: [have/has been + p.p.] (이 "완료 수동형"도 위 (2). b, c와 같이 분석된다)

Has Mary been told the story? (Mary는 [그 이야기를] 들었습니까?)

(6) 단순과거 수동형: [was/were + p.p.]

I was not invited, but I went. (나는 초대 받지 않았지만, 나는 갔다)

(7) 과거진행 수동형: [was/were being + p.p.] ("진행 수동형"도 위 (4) b, c와 같이 분석된다)

I felt as if I was being watched. (나는 감시받고 있었던 것처럼 느꼈다)

(8) 과거완료 수동형: [had been + p.p.] (이 "완료 수동형"도 위 (2). b, c와 같이 분석된다)

I knew why I had been chosen. (나는 왜 선발되었던 것인지 그 이유를 알았다)

⑥ 수동형의 be 대신으로 쓰이는 get 동사

위에서는 지금까지 수동형의 기본구조로서 "be + p.p."의 형태만 제시했는데, 영어에서는, be 동사 대신에 get 동사를 쓰는 경우가 많다. 다음 예를 보자.

1. My watch got broken while I was playing with the children.
   (나는 아이들과 노는 동안 내 시계가 고장 났다)
2. He got caught by the police driving at 120 mph.
   (시속 120킬로로 운전하다가 경찰에 붙잡혔다)
3. I get paid on Friday. (나는 금요일에 봉급을 받는다)

⑦ 4형식 수여동사의 수동형 문제

(1) 다음 a와 같은 문장이 있다면, 아래 (1) b와 같이 DO인 the book이 IO 앞으로 이동하면 IO 앞에 전치사 to가 필요하다. 이것은 수동화 문제를 논의하기 전에 반드시, 확인해 두어야 할 문제이다. 왜냐하면, 수동화 이동이 나타나면, 자동적으로 IO와 DO의 위치가 바꾸어지기 때문이다. to-전치사에 관한 것은, 동사 유형 (48) (Onions 4-2)와 (51) (Onions 4-5)를 참조하고, IO 앞에 전치사 for를 붙이는 경우는 동사 유형 (49) (Onions 4-3)과 (52) (Onions 4-6)을 참조하자. 그리고 전치사 of를 첨가하는 유형은 아래 ⓐ-ⓒ와 같은 한 가지 동사와 목적어 question에 한정되어 있다.

a. He gave her the book.	
b. He gave the book to her.	IO 앞에 전치사 to가 필요함
c. The book was given to her. (by him).	IO 앞에 전치사 to가 필요함
d. She was given the book. (by him).	IO의 수동주어
ⓐ He asked me a question.	
ⓑ I was asked a question by him.	IO의 수동주어
ⓒ A question was asked of me by him.	IO 앞에 전치사 of가 필요함

(2) 4형식 문장에서 "부적절한" IO(간접목적어)와 DO(직접목적어)가 수동문의 주어로
　　나타나는 문제.

　　아래에 정상적인 4형식 문장으로 제시되는 a의 My father bought me a new cell-phone.이
나, d의 He wrote her a long letter.에서 간접목적어인 me나 her를 주어명사로 변형시켰을 때,
b나 e는 적절한 수동문이 되지 못하고, 어색한 수동주어 문장이 나타나는 경우도 있다.

　　a. <u>My father</u> bought <u>me</u> a new cell-phone.
　　b.＊<u>I was bought</u> a new cell-phone by my father.　　　　　　(?/x)
　　c. <u>A new cell-phone</u> was bought <u>for me</u> by my father.

　　d. <u>He</u> wrote <u>her</u> a long letter.
　　e.＊<u>She was written</u> a long letter by him.　　　　　　　　　(x)
　　f. <u>A long letter was written</u> by her.

(3) 　위 (2)와는 반대로 save, call 등의 동사가 4형식 문에 사용되면, 이번에는 "직접목적어가
　　수동문의 주어"로 나타나면 어색한 문장이 된다. 다음 예를 보자. 아래 (3) c와 g는 비
문법적 표현이다. c에서 직접목적어 "a lot of time"이 간접목적어 "us" 앞에 나타날 때, d
와 같이, us 앞에 전치사 for를 사용해야 정문이 된다. 또 아래 g에서도 접목적어 "A taxi"
가 간접목적어 me 앞에 나타나면, me 앞에 전치사 for가 삽입되어야 정문이다. 즉, 아래 h
와 같이 전치사 for가 필요하다. 수동문의 직접목적어와 간접목적의 이동도 전치사를 필요
로 하는 경우가 있다.

　　a. <u>Computers</u> saved <u>us</u> a lot of time.
　　b. <u>We</u> were saved a lot of time by computers.
　　c.＊<u>A lot of time</u> was saved <u>us</u> by computers.　　　　(x)
　　d. A lot of time was saved <u>for us</u> by computers.　　　　(o)

　　e. <u>He</u> called <u>me</u> a taxi.
　　f. <u>I</u> was called a taxi. (by him).　　　　　　　　　　　(o)
　　g.＊<u>A taxi</u> was called <u>me</u> (<u>by him</u>).　　　　　　　(x)
　　h. A taxi was called <u>for me</u>.　　　　　　　　　　　　　(o)

(4) 다음 예의 "explain---to"나 "suggest---to"는 4형식의 수여동사처럼 보이지만, 앞 ⑦ (1)의
　　수여동사 유형에 속하지 않는 동사들이다. 동사 유형 ㊾ (Onions 4-7)에 해당되는 동사들은
항상 고정된 전치사와 함께 나타난다.

　　a. The problem was <u>explained to</u> the children.
　　b. ~~The children were explained the problem.~~　　　　　(x)

　　a. A meeting place was suggested to us.
　　b. (~~We were suggested a meeting place~~)　　　　　　　(x)

⑧ 5형식 문장의 수동형 문제

　　그 다음 5형식 문의 유형에서 목적어는 수동문의 주어가 될 수 있으나, 명사로 나타나는 "목
적보어"는 부분적으로 수동문의 주어가 될 수는 있지만, 3개의 명사가 서로 완벽하게 수동문의
주어는 될 수는 없다. 이 말이 무엇을 의미하는지, 다음 예문을 보자.

5형식의 문장:

1. <u>We</u> called <u>him</u> <u>John</u>.　(3개의 명사가 나타남)
　　(1)　　　　(2)　　(3)

2. He was called John. (by us)   (간접목적어는 수동문의 주어가 됨)   (o)
   (2)   (3)   (1)

3. *John was called him (by us).   (목적보어 John은 수동문 주어가 될 수 없음)   (x)
   (3)   (2)   (1)

4. We made/elected/appointed John president of the committee.
   (1)   (2)   (3)

위 1과 같은 문장은 주어, 목적어, 목적보어 명사라는 3가지 요소가 있는데, 수동문으로 변형시켰을 때, 위 2와 같은 경우에는 3가지 요소가 다 나타날 수 있다. 그러나 위 3과 같이 목적보어 명사를 수동문의 주어로 나타낼 경우, 능동문의 주어 John은 그 문장의 수동주어로 쓸 수 없다. 왜냐하면, 2와 같이 He가 그의 이름인 John으로 불릴 수는 있으나, John을 him으로는 불릴 수 없기 때문이다. 이런 이유 때문에, 목적보어가 수동문의 주어로 나타나면, 능동문의 주어는 수동문에 나타날 수 없다. 다음 또 하나의 5형식 문장을 보자. 아래 a에서는 3개의 독립된 명사가 나타났다. 그러나 b에서는 (1)번의 John은 나타날 수 없다.

a. John was elected (as) the president of the committee by us.
   (1)   (2)   (3)
b. The president of the committee was elected by us. (이 때, 주어 John은 제외됨)
   (2)   (3)

왜 능동문의 주어 John이 나타날 수 없는가? 그 이유는 John과 the president of the committee가 같은 사람이기 때문이다. 즉, 위 a번의 (1)과 (2)는 같은 사람이기 때문에 b에서는 함께 쓰일 수 없기 때문이다. 이런 이유 때문에 5형식의 "목적보어 명사"는 위 ⑦ 3의 수동문과 ⑦ b의 문장에서는 함께 나타낼 수 없다.

⑨ 사역동사가 나타난, 다음 1을, 2의 수동형으로 변형시키면, "to-부정사"가 나타난다.

1. He made him go there.
2. He was made to go there by him.   ⑥⑤ (Onions 5-10)의 해설 참조

위 ⑨의 2번의 경우는, 사역동사나/감각동사가 아닌, allow/compel/permit 등의 동사가 나타날 때와 동일한 형태가 나타난다. 다음 3-5의 예문을 보자.

3. We were allowed to go there by him.   ⇐ He allowed us to go there.
4. We were compelled to go there by him. ⇐ He compelled us to go there.
5. We were permitted to go there by him. ⇐ He permitted us to go there.
   수동문   능동문
                                          ⑥② (Onions 5-7) (VP 17)

⑩ 조동사가 있는 문장의 수동태

(1) 조동사가 나타난 문의 경우에는 조동사와 함께, "be + p. p."를 사용한다.

1. You should do it right now. ⇒
2. It should be done right now. (by you).

그러나 do/does/did도 조동사이지만, 위 1, 2와 같이 함께 따라가지 않는다. 다음 예를 보자. 즉, 아래 3의 능동문의 본동사 do는 4에서 done으로 나타나고, 3의 부정문의 조동사 does는 4에서 나타나지 않는다.

3. She does not do it.
4. It is not done by her.

(2) "자동사 + 전치사 (숙어)"가, 타동사의 역할을 하는 경우에는 한 단어처럼 취급한다. laugh at, run over 등이 그런 예이다.

1. A car <u>ran over</u> the dog. ⇒ 2. The dog <u>was run over</u> by a car.
3. He <u>laughed at</u> her. ⇒ 4. She <u>was laughed at</u> by him.

(3) well이 포함된 동사구가 수동형이 되면, well은 동사구의 맨 앞에 나타난다.

1. She spoke <u>well</u> of him. (그녀는 그를 칭찬했다) ⇒ 수동
2. He was <u>well</u> spoken by her.

⑪ 의문문의 수동형

의문사가 주어인 경우 "By + 의문사 (목적어)"가 문의 앞에 나타난다. 그러나 목적격 의문사는 "who(m)"와 함께 표현되고, 전치사 by는 문의 끝에 나타나는 유형이 가장 흔하게 쓰인다. 즉, 다음 2번보다 3번이 더 많이 쓰인다.

1. Who made the box? (능동문)
2. <u>By whom</u> was the box made? (수동문)
3. <u>Who(m)</u> was the box made <u>by</u>? (수동문)   3번의 수동형이 더 일반적으로 쓰인다.

"의문부사"가 앞에 나타날 경우 [when/where +조동사 + 주어 + p.p.]의 순서로 나타난다.
4. <u>When</u> did he make <u>the box</u>?
5. <u>When</u> was <u>the box</u> made by him?

⑫ 주절은 능동이고 종속절(sentence)이 "수동주어로 나타날" 때, 수동문의 변형:

(1) 1. 주어 + think / believe / report / say + <u>that</u> + 수동주어 + be + P.P. --   (능동문)
2. It + be + thought / believed / reported / said + <u>that</u> + 수동주어 +be-- (수동문)

3. 수동주어 be + thought / believed / supposed / expect + said +to + 동사-- (수동문)

(2) 위 1-3의 구조를 실제문장으로 나타내면, 다음 1-3과 같다.

1. <u>They report</u> that <u>three people were killed</u> in the accident. (주절 능동)
2. <u>It is reported</u> that <u>three people were killed</u> in the accident. (주절만 수동)
3. <u>Three people are reported</u> <u>to have been killed</u> in the accident.
(종속절의 수동주어를 주절의 수동주어로 인상한다)

위의 예에서, 1은 능동문: 2는 It--that의 구조로 되어, 가주어 It가 수동문의 주어가 된 것이고, 3에서는 종속절의 주어가 수동문의 주어로 나타난 것이다. 다음은 주절/종속절이 모두 능동인 경우의 예를 보자.

1. They say that he is honest. (능동)
2. <u>It is said</u> that he is honest (by them). (상위절만 수동)
3. <u>He is said</u> <u>to be honest</u>. (종속절의 주어가 수동문의 주어로 인상됨)
4. That he is honest is said by them. (문법적으로 가능하나, 잘 쓰지 않음)

(3) 마지막으로, 다른 예 하나만 더 보기로 한다. 주절의 동사가 say, think, feel, report, presume, understand로 나타나고, 종속절에 유도부사 there가 주어로 나타나면, 접속사 that는 아래 2와 같이, to-부정사(구)로 변형되고, there는 to be의 주어로 나타난다. 그 다음 아래 3에서처럼 there가 상위문의 수동주어로 인상된다. 4번도 유도부사 there가 수동문의 주어가 되는 예이다(Michael Swan 200: 392의 418의 4번).

1. They think that <u>there are</u> more than 3,000 different languages in the world. (능동문)

2. <u>It is thought there to be more than 3,000 different languages</u> in the world.
   (상위문의 가주어 It만 수동주어로 됨)
   2의 유도부사 there는 아래 3/4에서 모두 상위문의 수동주어로 인상된다.
   (⑬ (Onions 5-8)의 114쪽 "해설"에서 there to be를 참조하자)

3. <u>There are thought to be more than 3,000 different languages</u> in the world.
   (종속절의 there가 상위문의 It의 위치로 이동하여, 수동주어로 인상됨)

4. <u>There was said</u> to be disagreement between minsters.
   위 ⑪의 예문 중에서, 3의 수동문이 가장 흔히 사용되고, 2번의 수동도 적절한 예문이 된다.

⑬ 목적절의 주어의 성격에 따라 술부의 표현이 달라지는 경우

   1. We won't think that <u>the lady</u> can buy happiness.   (종속절의 주어가 사람인 경우)

      ⇒ a. It won't be thought that <u>the lady</u> can buy happiness.
         (상위절의 we/they와 같은 주어는 앞 ⑫ (2) 1-2와 같이 가주어 It로 변형되고,
         그 It 위치에 종속절의 주어가 ⑫ (2)의 3과 같이 수동주어로 인상됨)

      ⇒ b. <u>The lady</u> won't <u>be thought to be able to</u> buy happiness.
         (바로 the lady가 상위절의 수동주어로 인상된다. 그런데 종속절의 주어를
         다음 2와 같이 money로 바꿀 수도 있다.

   2. We won't think that <u>money</u> can buy happiness.   (종속절의 주어가 무생물인 경우)

      ⇒ a. It won't <u>be thought</u> that <u>money</u> can buy happiness.

      ⇒ b. <u>Money</u> won't <u>be thought to be capable of</u> buying happiness.
         (관용구인 be capable of 도, be able to와 같은 의미로 쓰일 수 있기 때문에,
         다른 형용사구의 표현인, be capable of로도 표현할 수 있다)

⑭ "by + 명사형"이 아닌, 관용적인 수동형의 표현

   수동형의 표현에서는 일반적으로 행위자는 전치사 by 뒤에 나타나지만, 타동사의 과거분사와
   관용적으로 함께 사용되는 전치사는, 여러 가지 다른 전치사로 나타난다. 다음 예를 보자.

   1. be covered with/in   6. be worried about
   2. be interested in   7. be crowded with
   3. be satisfied with   8. be surprised at/by
   4. be pleased with   9. be made of/from
   5. be known to   10. be filled with

전치사 by를 사용하지 않는 관용적인 수동문의 예문

   1. The mountain is <u>covered with snow/in snow</u>.
   2. She is <u>interested in</u> biology.
   3. The bride was <u>satisfied with</u> the diamond ring.
   4. She was very <u>pleased with</u> the gift given by her boy-friend.
   5. The doctor was <u>well known to</u> the people of the town.
   6. They were <u>worried about</u> their examination next day.
   7. The shopping mall was <u>crowded with</u> customers.
   8. They were very <u>surprised at</u> the news.
   9. The box was <u>made of</u> wood.
   10. The room was <u>filled with</u> many visitors.

⑮　명령문에서 수동형

1. Don't close the door. ⇒　　　　Let not <u>be closed</u> the door.
2. Do it right now. ⇒　　　　　　Let it <u>be done</u> right now.

⑯　부정주어 (Nobody/Nothing/No one) 등은, 수동형에서 anything/anyone/anybody형으로
　　변형된다.

1. <u>Nothing</u> pleased her. ⇒　　　She was not pleased with <u>anything</u>.
2. None of them asked about it. ⇒　It was not asked about <u>by anyone of them</u>.
3. Nobody thanked me. ⇒　　　　I was not thanked <u>by anybody</u>.

⑰　수동형으로 변형되지 않는 자동사

1. occur/happen/consist of/exist/appear, disappear/
　　grow up/increase, decrease/change 등
2. cost/resemble/lack/have/posses/belong to/meet 등
　　consist of는 수동형이 불가능하나, composed of는 수동형이 가능하다.

예:　a.　The accident <u>was occurred</u> last night.　　　　　　　　　　　(x)
　　b.　I'm afraid something bad will <u>be happened</u> if we leave them here.　(x)
　　c.　Water <u>is consisted of</u> hydrogen and oxygen.　　　　　　　　(x)
　　d.　No vending machines <u>were existed</u> in Korea until the late 1970s.　(x)
　　e.　Tall buildings began to <u>be appeared</u> after in Seoul in the late 1960s.　(x)
　　f.　Her symptoms <u>were disappeared</u> after she took the medicine.　(x)
　　g.　She <u>was grown up</u> in Cheongju, but she went to college in Seoul.　(x)
　　h.　The population of Daegu has <u>been increased</u> recently.　　　(x)
　　i.　In recent years, her skin color <u>was changed</u>.　　　　　　(x)
　　j.　The girl was met at the party by me　　　　　　　　　　　(x)

연습문제

①　다음 괄호 내의 단어 중, 올바른 것을 선택하세요.

1. The shopping mall was crowded (with, by) customers.
2. They were surprised (at, by, for) the news.
3. I'm (interested, interesting) in English and biology.
4. He was pleased (on, to, with) my present.
5. Her name is well known (by, to, with) everybody.
6. We were (take, taken, took) to the zoo by my uncle.
7. By (who, whom, whose) was the cell-phone invented?
8. Our room is cleaned by (she, her, hers).
9. America (has, is, was) discovered by Columbus in 1492.
10. Everybody was (shock, shocked, shocking) at the terrible news yesterday.

②　수동문을 형성하기 위해, "<u>보조 단어가 필요할 때에는 올바른 보조단어를 넣고</u>", 괄호 안의 동사를
　　바르게 변형시키세요.

1. When the teacher arrived, the problem had already _____. (solve)
2. A prize will _____ (give) to the student who solves the problem.
3. Not much money has _____ (leave) for us to buy the car.
4. The English language has _____ (teach) at various schools in Korea
　　for more than 50 years.
5. A new school will _____ (build) in the suburban area.
6. He doesn't mind _____ (be) (laugh) (　　) by his friends.

7. This book cannot _____ (borrow) from the library.
8. He (   ) (elect) president of the club by them.
9. All stores in the town have _____ (close).
10. We did a lot of work for the company, but we _____ (not, pay).

③ 다음 문장을 수동형 문장으로 바꾸세요.

1. Everyone loves him.   (   )
2. He teaches us English. (직접목적어/간접목적어를 주어로)
    a. 간접목적어를 주어로   (   )
    b. 직접목적어를 주어로   (   )
3. We call him Peter.   (   )
4. You can read this book.   (   )
5. We saw her enter the room.   (   )
6. You should take care of her.   (   )
7. Who made these boxes?   (   )

④ 괄호 안의 말을 이용하여, 주어진 우리말과 뜻이 같도록 "수동형 문장"으로 빈칸을 채우세요.

1. 그는 교실에 들어가는 것이 보였다 (목격되었다). (see)
    He _____ _____ _____ enter the class room.

2. (사람들은) 그가 정직하다고 말한다. (say/honest)
    He _____ _____ to _____ _____.

3. 그 편지는 등기 우편으로 보냈어야 했었는데 그러지 못했다. (send).
    The letter should _____ _____ _____ by registered mail.

4. 그녀는 그녀의 친구들에 의해서 비웃음을 받았다. (laugh).
    She _____ _____ _____ by her friends.

5. 이 상자는 누구에 의해서 만들어 졌는가?
    Who(m) _____ the box _____ _____ ?

⑤ 종합 연습문제

    다음 문장을 읽고, 아래 질문에 답하세요.

    One of the most beautiful of the national ① park is Yosemite in California. Yosemite ② _____ _____ (name) for one of its breath-taking waterfalls, the highest in the United States. Not far south of Yosemite is Sequoia National Park, which ③ _____ _____ (name) for the huge sequoia trees found there. The sequoia tree is the largest and oldest living thing in the world today. Some of the trees were standing before the birth of Christ, and some are so wide ④ (   ) automobiles can ⑤ _____ _____ through tunnels cut into their trunks. Some of these trees, such as the General Sherman Tree, have ⑥ _____ _____ (name) in honor ⑦ (   ) famous people.

①을 바르게 고치세요.   (   )
②는 name을 이용하여 "이름이 붙여지다"로 수동형으로 표현하세요. (   ) (   )
③도 name을 이용하여 "이름이 붙여지다"로 수동형으로 표현하세요. (   ) (   )
④에는 문맥을 보아서 적당한 단어를 넣으세요.   (   )
⑤는 차를 "몰고 갈수 있는"을 표현하는 수동형으로 표현하세요.
⑥도 "이름이 붙여졌다"의 의미를 나타내는 수동형으로 표현하세요.
⑦에는 문맥에 맞는 단어를 넣으세요.

제8장 기원법(Subjunctive Mood)

① 영어에서 문장을 기술하고, 서술하는 방법을 서법(敍法)이라 하는데, 이 서법을 영어로는 mood라 한다. 그런데, 우리나라에서는 서법의 세 가지 종류 중, 마지막 3번을 잘못 해석하고 있다.

(1) 1 직설법: 어떤 사실을 있는 그대로 표현하는 방법; 평서문, 의문문, 감탄문 등.
   2 명령법: 상대방에게 명령, 요구, 금지 등을 표현할 때 쓰임.
   3 가정법(Subjunctive): 사실과 다른 것을 가정하거나, 상상할 때 쓰임. (X)

   위 (1)의 3번인 "Subjunctive"는 가정법이 아니라, "기원법(Subjunctive)"이다. 따라서 가정법(Subjunctive)이라는 표현은 완전히 100% 잘못된 번역이다.

(2) 영어에서는 세 가지의 법(mood)의 유형이 있는데, 첫째, 직설법(Indicative Mood), 둘째, 명령법(Imperative Mood), 셋째 기원법(Subjunctive Mood)이 있다. 우리나라에서 발행된 모든 영어사전 및 영어문법책에서 "가정법을 100% Subjunctive Mood"로 표현하고 있으나, 이것은 완전히 잘못된 "문법용어"라는 것을 지적하고, 이것을 정정할 것을 강조한다. Subjunctive Mood는 "가정법"이 아니라, 소원을 비는 "기원법/소원법"을 의미한다. 우리들의 사전의 2쪽 반 정도를 할애하면서 모든 가정법 유형을 다 설명하고 있다. 이런 이유 때문에, 우리의 핸드폰이나 스마트폰으로, Subjunctive나 Subjunctive Mood를 찾아보면, "가정법"으로 나타난다. 원어민들은 결코 가정법을 Subjunctive Mood로 표현하지 않는다.

   이것은 반드시 시정되어야 하기 때문에, 이 책에서 이것을 강조하고자 한다. 우리가 알고 있는 가정법을 원어민들은 "Conditions(조건)", "Conditions and Suppositions(조건과 가정)", "Contrary-to-fact Statements(사실과 반대의 표현)", "Contrary to Fact Condition(사실과의 반대 조건)", "If-clause" 등, 원어민 학자들마다, 여러 가지 다른 문법용어를 쓰지만, "가정법"을 "Subjunctive Mood"로는 표현하지 않는다.

② 최근에 발간된 Collins Cobuild(2001: 1554)의 "English Dictionary for Advanced Learners"를 보면 "subjunctive"의 정의를 다음과 같이 제시하고 있다.

"In English, a clause expressing a wish or suggestion can be put in Subjunctive, or in the subjunctive mood, by using the base form of a verb or were."
(영어에서 소원이나 또는 제안을 표현하는 절(clause)에서는, 동사의 "원형"이나 "were"를 사용해서, "기원 또는 소원법"으로 표현될 수 있다).

그리고 다음과 같은 예를 제시했다.

(a) He asked that they be removed.
(b) He asked that she do the work right now.
(c) I wish I were somewhere else.

위 세 가지 예가 기원법의 예문이다. 여러 가지 가정법의 If-절은 전혀 나타나지 않는다.

또 다음 Michael Swan(2005: 559)의 표현도 보기로 하자.

③ What is the subjunctive?

Some languages have special verb forms called "subjunctive", which are used especially to talk about "unreal" situations' things which are (a) possible, (b) desirable, (c) imaginary. Older English had subjunctives, but in modern English they have most been replaced by uses of *should, would* and other modal verbs.

"기원법"이란 무엇인가?

(어떤 언어는 "기원법"이라 불러지는 특별한 형태의 동사를 가지고 있다. 이 동사들은 특별하게 ⓐ 가능한 것 ⓑ 바람직한 것/소망스러운 것 ⓒ 상상적인 것을 포함한 비-현실적인 여건의 일들을 논의할 때 쓰인다. 옛 영어에서는 기원법이 있었다. 그러나 현대영어에서는 이들이 모두 should, would 및 다른 서법조동사로 대체되었다.)

이제 Michael Swan(2005)의 예를 보자.

(1) a. It is essential that <u>every child have</u> the same educational opportunities.
(모든 아이들이 동일한 교육기회를 가져야만 한다는 것은 중요한 일이다)

b. It was important that <u>James contact</u> Arthur as soon as possible.
(James가 Arthur를 가능한 한 즉시 만나는 것이 중요하다)

c. Our advice is that the <u>company invest</u> in new equipment.
(우리들의 권유는 그 회사가 새로운 기계의 구입에 투자해야한다는 것이다)

d. The judge recommended that <u>Simon remain</u> in prison for life.
(그 판사는 Simon은 평생 동안 감옥에 투옥할 것을 [추천했다] 판결했다)

위 (1)의 a, b, c, d는 모두 "가능한/소망스러운/바람직한 것들을" 표현한 공식적인 기원법의 표현으로서, 내포절의 주어의 인칭에 상관없이 "원형동사"를 쓰고 있는 것이 특징이다. 가정법의 if-절은 전혀 없다. 그래서 원어민들은 이 문장들을 기원법의 문장이라고 한다.

④ 기원법(Subjunctive)은 상위절에서, 특별한 동사, 형용사, 또는 명사 유형이 기원법을 유도한다. 그리고 이 기원법의 종속절에서는 주어의 인칭에 관계없이 <u>동사의 "원형"</u>이나, 또는 I wish I were a bird.와 같은 문장에서는 "were"가 쓰인다. 특히 "미국영어(AmE)"에서는 that-절에서, 중요하고, 소망스러운 일을 <u>제안하거나</u>, <u>추천하고</u>, <u>요구할</u> 때, 상위절에 다음과 같이 3가지 유형이 기원법을 유도한다.

Barron's TOEFL(1987: 50-51).

ⓐ 주절에 ask, demand, desire, insist, prefer, recommend, require, suggest 등의 동사가 나타나는 유형과,

ⓑ 가주어 It와 함께, 주절에 be + vital, essential, important, necessary 등의 형용사가 나타나는 유형과,

ⓒ recommendation, requirement, suggestion, demand 등 명사가 주절의 주어나, 목적어 및 보어로 나타나는 유형으로 구분된다.

⑤ 위 ④의 기원법을 유도하는 상위절의 3가지 유형에 따라 제시된, AmE(미국식 영어)의 예를 인용한다.

(1) The doctor <u>suggested</u> she not smoke.
(의사 선생님은 그녀가 담배를 피우지 않도록 제안했다)
(NOT ~~The doctor suggested that she will not smoke~~)

(2) Mr. Johnson <u>prefers</u> that she <u>(should) speak</u> with him personally.
(Johnson 씨는 그녀가 직접 그와 이야기해야 하는 것이 좋겠다고 했다)

1. should speak   (BrE)
2. speak   (AmE)

(3) 주절에 사용되는 주어명사 recommendation, suggestion 등이 "머리명사(head nouns)"나, "보어명사" 또는 "목적어"로 나타나도 동일한 현상을 나타낸다.

<u>The recommendation/suggestion</u> that we <u>(should) be</u> evaluated was approved.
(우리들이 당연히 평가를 받아야만 한다는 충고/제안은 승인되었다)

1. should be   (BrE)
2. be   (AmE)

(4) 주절에 가주어 It가 나타나고, be + important, essential, imperative, necessary와 같은 형용사가 나타나도 that-절 내에 동일한 현상이 나타난다.

It is <u>important/essential</u> that the data <u>(should) be</u> verified.
(그 자료가 당연히 입증되어야 하는 것은 중요하다/필수적인 것이다)

1. should be   (BrE)
2. be   (AmE)

(5) 이 기원법의 유형에서, 미국영어의 경우에는, 부정문에 조동사 do/does를 쓰지 않는 것이 특징이다.

We felt it <u>desirable</u> that he <u>not leave</u> school before eighteen.
(우리는 그가 18세 전에 학교를 <u>그만두지 않아야만 하는 것이</u> 바람직하다고 느꼈다)

1. should not leave   (BrE)
2. not leave   (AmE)

아래 (6)–(8)에서 a 번에서는, 영국/미국 영어의 용법에 차이가 없고, b 번의 종속절에서만 차이가 있다.

(6) a. It is imperative <u>to be</u> on time.   (당신이 정시에 오는 것은 명령적이다)
   b. It is imperative that you <u>be</u> on time

1. a. to be   b. should be   (BrE)
2. a. to be   b. be   (AmE)

(7) a. <u>It is essential to file</u> all applications and transcripts no later than July 1.
     (모든 구비 서류와 성적증명서는 7월 1일 이전에 제출하는 것은 필수적이다)
   b. <u>It is essential</u> that all applications and transcripts <u>be filed</u> no later than July 1.

1. a. to file   b. should be filed.   (BrE)
2. b. to file   b. be filed   (AmE)

(8) a. <u>It is imperative to sign</u> your identification card.
     (너의 신분증에 서명을 하는 것은 명령적이다)
   b. <u>It is imperative</u> that your signature <u>appear</u> on your identification card.

1. a. to sign   b. should appear   (BrE)
2. a. to sign   b. appear   (AmE)

(9) Michael Swan의 *Practical English Usage*(2005: 559)에서도 다음과 같이 말하고 있다. 기원법은 중요하고, 소망스러운 일을 바라고, 희망할 때 쓰인다. 그런데, 3인칭 단수 현재 시제에서도 동사 뒤에 -s, 또는 -es를 붙이지 않는다: He see--, She have-- 등으로 표현한다. 그리고 또 be 동사의 경우에도, I be--(원형동사), He were--(과거동사) 등으로 표현한다.

(10) 앞 ④ ⓐ, ⓑ, ⓒ와 같이, 주절에 이 3가지 유형이 나타나면, 종속절에서는 다음과 같은 기원법 특유의 동사 유형이 나타난다. 특히 "미국영어"에서는 종속절에서 성, 수 인칭, 시제에 상관없이, 동사의 원형이 사용되고, 부정문이 나타나도 "미국영어"에서는 부정의 조동사 do, does, did를 쓰지 않는다. 다음 (a)~(g)의 예들은 모두 미국영어의 기원법 예이다.

(a) The doctor <u>suggested</u> that she not <u>smoke</u>. (NOT <u>she should not smoke</u>).
(의사 선생님은 그녀가 담배를 피우지 않도록 권유했다)

(b) He compiled with the <u>requirement</u> that all graduate students in education write a thesis. (NOT <u>should write a thesis</u>)
(그는 교육학과의 모든 대학원 학생들은 논문을 쓰도록 하는 요구조건을 제출했다)

(c) The foreign student advisor <u>recommended</u> that she study more English before enrolling at the university. (NOT <u>she studied more English</u>).
(외국인 학생 지도교수는 그녀가 대학에 등록하기 전에, 더 많은 영어공부를 하도록 권유했다)

(d) The law <u>requires</u> that everyone have his car checked at least once a year. (NOT <u>everyone has his car checked</u>).
(법률은 모든 사람들이 적어도 1년에 한 번씩 그의 차를 점검하도록 요구하고 있다)

(e) The director <u>asked</u> that <u>he be</u> allowed to advertise for more staff. (NOT he should be allowed)
(그 소장님은 그가 더 많은 직원을 채용하도록 허용되어야만 한다고 요청했다)

(f) I <u>recommended</u> that <u>you move</u> to another office. (NOT you should move)
(나는 네가 다른 사무실로 옮겨야만 한다고 [추천했다] 권유했다)

주절에 비인칭 가주어 It가 나타나고, 그 뒤에 be + essential, imperative, important, necessary, vital 등과 같은 형용사가 나타날 때도, 종속절에는 "원형동사 be"가 나타난다.

(g) It is important that <u>Helen be</u> present when we sign the papers. (NOT Helen should be present)
(Helen은 그 서류를 서명할 때 참석하는 것이 중요하다)

⑥ were 기원법

그런데, 이 **"I/he/she/it were"**를 쓰는 기원법의 형태와 가정법에서 If 대신에 쓰는 were 구문은 그 형태가 동일하다. 그래서 가정법의 쓰임과 동일하다고 오해할 수도 있다. 그러나 그 의미가 가정법의 내용과 다르다. 기원법에서는 [**희망/소원**]의 의미로 쓰는 것이 가정법과 다르다. 다음 예문의 해석을 참조하자.

(1) a. I wish I were a bird.   **(희망/바램) 기원법**
  I wish you could come tomorrow. **(희망/바램) 기원법**
 b. I <u>wish</u> I were a bird. ⇒ 기원법은 "**--을 바란다**"는 이 **wish**를 강조하고,

c. I wish I were a bird. ⇒ 가정법은 "**--이라면**" 이라는, **가정에 중점을 두는 점이 서로 다르다.**

아래 (2)번의 예에서는 기원법에 가정법의 if의 의미가, 가미되어 있다. 이 한 가지 유형 이외에는 if의 구절이 전혀 타나지 않는다. 아래 표현에서 비-공식적인 표현에서는 were 대신에 was를 쓰기도 한다.

(2) a. If I were you, I should stop smoking. (내가 너라면, 나는 금연을 할 것을 **희망한다**)
　　b. If I (were/was) rich, ---　　　　　　(가정적/기원적 양쪽의 의미로 현대영어로 표현)
　　c. If she (were/was) to do something like that, ---
　　d. He spoke to me as if I (were/was) deaf.　　(가정적인 의미)

⑦ 고정된 표현(fixed phrases)

　1. God save the Queen!　　2. Long live the King!
　3. God bless you!　　　　　4. Heaven forbid!

위의 고정된 표현에서 주어와 동사 간의 3인칭 단수, 현재의 규칙이 전혀 나타나지 않는다. 이 고정된 표현에서는 영국영어에서도, 기원법의 형식적인 규칙이 나타나고 있다. 그리고 기원법에서, 영국식 영어와 미국식 영어를 비교해보면, 미국식 영어가 특별한 기원법을 쓰고 있다. 영국식 영어는 항상 조동사 should을 사용하기 때문에, 한국인으로 본다면, 별 문제가 없다. 그러나 미국식 영어만이 특이한 용법을 쓰고 있기 때문에 주의를 해야 한다.

⑧ Quirk, Greenbaum, Leech, Svartvik(1972)

A Grammar of Contemporary English(1972: 76-77)의 필자인, 영국식 영문법 학자들인 Quirk, Greenbaum, Leech, Svartvik의 내용을 보기로 하자. 이들도 현대영어에서는 기원법은, 중요한 문법항목이 아니라고 말하고 있다. 다음 그들의 주장을 살펴보기로 하자.

현대영어에서는 이 "기원법/소원법(Subjunctive)"은 중요한 항목이 아니며, 일반적으로, 다른 표현으로 대체되고 있다. 이 기원법은 다음 Ⓐ, Ⓑ, ⓒ와 같이 세 가지 분야로 구분할 수 있다고 했다.

Ⓐ　That-절에 나타나는 "명령적인 기원법(mandative subjunctive)"에서는 동사가 원형동사 (V)의 형태를 갖는다. "명령적"이라는 말은 종속절에서 명령적으로, "동사원형"을 쓰게 한다는 의미이다. 따라서 3인칭 단수, 현재 형에서도 주어와 동사 간에 나타나는 정상적인 일치의 형태는 없다. 이 기원법의 사용은 주로 형식적 (formal style)인 미국영어에서 나타나며, 비-형식적인 문체에서는 일반적으로 to-부정사 구조나, 또는 "should + 원형동사" 형을 쓴다고 했다. 다음 각 예문에서 (a) 형은 형식적 기원법이고, (b) 형은 비-형식적인 영국영어 문장이다.

(a) We ask that individual citizen watch closely any developments in this country.
　　(각 시민은 이 나라의 어떤 개발이라도 주의 깊게 주시할 것을 요청하는 바이다)

(b) We ask that individual citizen to watch closely any developments in this country.

(a) It is necessary that every member inform himself of these rules.
　　(모든 회원들이 이 규칙들을 스스로 숙지하는 것이 절대적으로 필요하다)

(b) It is necessary that every member should inform himself of these rules.

(a) There was a suggestion that Brown be dropped from the team.
　　(Brown을 팀에서부터 탈락시키자는 제안이 있었다)

(b) There was a suggestion to drop Brown from the team.

ⓑ 고정된 기원문(The Formulaic Subjunctive)에서도 역시 "원형동사 (V)"로 구성되어 있기 때문에, 아래 예의 줄친 부분 중, a와 e는 소원을 표현하는 현대 영어의 조동사 may를 쓰지만, 나머지는 본동사로 쓰였다. 주어와 동사 간에, 3인칭 단수의 일반적 규칙이 적용되지 않는다. 오직 몇 가지 고정된 표현에서만 이 형태가 쓰이기 때문에, 고정된 구조 전체를 알아두어야 한다고 했다.

a.	<u>Come</u> what <u>may</u>, we will go ahead.	(무엇이 닥치던, 우리는 전진할 것이다)
b.	God <u>save</u> the Queen!	(하느님께서 여왕을 구해주소서!)
c.	So <u>be</u> it then!	(그렇다면 좋다!)
d.	<u>Suffice</u> it to say that…	(…라 말해두자/…라 말해두면 충분하다)
e.	<u>Be</u> that as it <u>may</u>, …	(그건 어떻던/하여간)
f.	Heaven <u>forbid</u> that…	(하느님께서 결코 그런 일이 없도록 하소서!)

ⓒ "were-기원법의 형태"는 그 의미에서 가정적인 의미가 있고, 기원적인 동사 wish와 같은 조건적이고 양보적인 절 다음의 쓰인다. 이 기원법은 오직 한 가지 "were-형태"에서만 쓰이고, 이 형태는 1인칭과 3인칭 단수 현재에서도 "be 동사형"에만 쓰인다. 이것은 직설법의 was에 해당되는 것으로, 비-형식적인 문체에서는 to-부정사를 쓴다.

⑴ If I (were/was) rich, …
   If she (were/was) to do something like that, …
⑵ He spoke to me as if I (were/was) deaf.
⑶ I wish I (were/was) dead.

⑨ 다음은 Hornby(1975: 214-217)의 현대적 표현의 기원법

Hornby(1975: 214-217)에서는 "Subjunctive Mood의 의미"를 "소원(whishes), 희망(hopes), 편애/선호성(preferences)"으로 요약하고, 현대영어로 된 다양한 용법을 제시했다. 먼저 may를 사용한 다음 ⑴과 같은 표현이 더 평범한 표현이라고 했다. 미국영어도 다음 ⑴과 같은 표현을 쓰지만, 기원법의 "형식적 문법"을 여전히 쓰고 있는 점이 영국영어와 다르다.

⑴ 1. <u>May</u> God bless you!   (하느님이 당신에게 축복을 주시기를!)
    2. <u>May</u> you have a long and happy life! (당신이 오래 사시고 행복한 인생이 되기를!)
    3. Long <u>may</u> you live to enjoy it! (오래 장수하고 인생을 즐겁게 사시도록!)
    4. Much good <u>may</u> it do you!   (그것이 당신에게 많이 유익하시기를!)

⑵ may와 might를 that-종속절에서 사용하는 것은, 다음 예의 괄호 내의 will, would를 쓰는 것보다 좀 격식을 차리지 않은, 비-형식적인 표현이라 했다.

1. I trust that this arrangement <u>may</u> (will) meet with your approval.   (less formal)
2. I hope he (will) <u>may</u> succeed.   (less formal)
3. I hoped that he <u>might</u> (would) succeed.   (less formal)

⑶ 동사 wish나 또는 if only는 that-종속절에서도 쓰인다. 이때 접속사 that는 언제나 생략된다. 바라는 내용이 현재나 미래의 일에 대한 것일 경우에는 절 내에서 과거시제가 쓰인다. 또 과거에 실현되지 못했거나, 실현되지 않았던 소원을 표현하는 경우에는 과거완료시제가 쓰인다.

1. I wish I <u>knew</u> how to do it.   (그 방법을 알고 있으면 좋겠는데. 몰라서 미안하다)
2. I wish I <u>had known</u> how to do it.   (그 방법을 알았더라면 좋았는데. 몰라서 미안했다)
3. I wish I <u>hadn't gone</u>.   (나는 가지 않았더라면 좋았는데, 실제는 가고 말았다)
4. I wish I didn't have to go there.   (안 가도 되면 좋겠는데. 실제로는 가야만 한다)
5. <u>If only</u> the rain would stop!   (비가 그쳐주기만 하면 좋겠는데!)   (감탄문)
6. <u>If only</u> I knew!   (알고 있으면 좋겠는데!)   (감탄문)
7. <u>If only</u> I had known!   (그때, 알고 있었다면 좋았는데!)   (감탄문)

(4) wish는 직접목적어, 간접목적어와 함께 사용하기도 한다.

1. He wished me a pleasant journey.　　　(그는 나에게 즐거운 여행을 빌어주었다)
2. They wished her success in her new career. (그들은 그녀의 새로운 직업에 성공을 빌었다)
3. He wished me a good night.　　　　　　(그는 나에게 잘 자라고 기원했다)
4. I wish you all a merry Christmas and a happy New Year.

(5) wish는 또 to-부정사구와 함께 쓰이기도 한다. 이 형식에는 want가 wish보다 더 일반적으로 쓰인다.

1. Where do you wish/want me to go?
2. What do they wish/want me to do?

　　If-절 내에서는 want나 wish를 사용해서 소망(desire)을 나타내기도 한다. (단 if-절 내에서 will은 쓰지 않는다)

3. If you want to smoke, you must go into a smoking compartment.

(6) wish는 전치사와 함께 쓰기도 한다. <u>wish for</u>는 <u>desire for</u>의 의미를 갖고, 달성할 수 없는 경우에 쓰이기도 한다. 예컨대, 상점에 물건을 사러 갔을 때, "I wish for a fountain pen." 이라 하지 않는다. 대신 "I want a fountain pen."이라 한다. <u>wish for</u>는 소망의 대상이 우연히, 예기치 않게 이루어지지 않는 한, 좀처럼 이루어 질 수 없는 경우에 흔히 쓰인다.

1. What do you <u>wish for</u>? said the genie to Aladdin.
    (무엇을 원하느냐? 라고 요정이 Aladdin에게 말했다)

2. The weather was all that one could <u>wish for</u>/all that could be <u>wished for</u>.
    (날씨는 말할 수 없이 좋았다)

3. She had everything that a woman could wish for.
    (그녀는 여성이 갖고 싶어 하는 것을 모두 갖고 있다)

(7) Shall I/Shall we…?는 상대방의 희망을 물어보는 의문문을 유도하는데 쓰인다. 이것은 남을 위해 무엇을 해주고 싶을 경우에 쓰인다. 영국식 영어 shall이 잘 쓰이지 않는 지역에서는 대신, "Do you want me/us to, …?"나 "Would you like me/us to, …?"가 쓰인다.

1. Shall I thread the needle for you?
2. Shall I open the door?
3. Shall we carry the box into the house for you?

(8) 선호(preference)의 의미는 동사 prefer로 표현하다.

1. I prefer my meal well done.　　　　(VP 22)　　⑦ (Onions 5-18)
2. Would you prefer to start early?　　(VP 7)　　㊷ (Onions 3-6)
3. I should prefer you to start early.　(VP 17)　　㊷ (Onions 5-8)
4. I prefer walking to cycling.　　　　(VP 14)　　㊿ (Onions 5-8)

⑩　위 ①-⑦의 Subjunctive의 논의에서, 가정법의 내용은 전혀 없다.

　　그런데 "가정법에 대한 용어"는 원어민 학자들에 따라 완전히 통일된 하나의 "문법용어" 는 없다. 대체로, "Conditions," "Conditions and Suppositions," "If Clause," "Contrary-to-fact statements," 등으로 표현한다. 따라서 "Subjunctive Mood"는 "가정법"을 표현하는 문법용어가 아니다. 위에 제시된 여러 원어민 영문법 학자들의 주장을 보아도, "Subjunctive", 또는 "Subjunctive Mood"가 가정법을 의미하는 것이 아닌 것이 확실하다. 예컨대, 가정법 현재, 가정법 미래, 가정법 과거, 가정법 과거완료, 혼합 가정법 등, 중요한 주된 가정법은 전혀 논의되지 않았다. 가전법의 의미가 가미된, 앞 "⑥의 were 기원법"과, 동일한 유형의 "⑧ ⓒ의 were 기원법"을 제외하고는 전혀 가정법은 논의되지 않았다.

그런데 마지막으로 강조하고자 하는 문제는, 현재 미국영어에서는 이 기원법이, 여전히 공식적인 문법적 표현으로 일반사회에 널리 쓰이고 있다. David Crystal의 The Cambridge Encyclopedia of The English Language. Second Edition(2003)의 311쪽에서, 미국영어에서는 여전히 Subjunctive 표현이 쓰이고 있음을 확인하고 있다. 따라서 TOEFL/TOEIC 시험 문제에도 나오기 때문에, 미국영어를 주로 사용하는 한국인으로서는 중요하게 생각해야 한다. 이 Subjunctive Mood로 본다면 "미국영어"와 "영국영어"의 견해가 전혀 다르다. 즉, 영국영어는 옛날 영어로 보지만, 미국영어는 현재 공식적으로 사용하는 문법적인 표현이다.

연습문제

① 다음 기원문을 괄호 내의 의미와 같게 영국영어와 미국영어를 구별하여 쓰시오. ((1)-(4))

(1) It is essential that <u>every child</u> (가지다) the same educational opportunities.
1. (영국영어)　　　(　　　　　　　　　)
2. (미국영어)　　　(　　　　　　　　　)

(2) It was important that <u>James</u> (만나다) Arthur as soon as possible.
1. (영국영어)　　　(　　　　　　　　　)
2. (미국영어)　　　(　　　　)

(3) The director asked that <u>he (허용되다) be</u> allowed to advertise for more staff.
1. (영국영어)　　　(　　　　　　　　　)
2. (미국영어)　　　(　　　　　　　　　)

(4) We felt it <u>desirable</u> that he (떠나서는/그만두어서는 안 된다) school before eighteen.
1. (영국영어)　　　(　　　　　　　　　)
2. (미국영어)　　　(　　　　　　　　　)

② 다음 기원문의 "줄친 부분"을 영국식 영어로 변형시켜라. 즉, "위 ⑦의 Quirk, Greenbaum, Leech, Svartvik"의 유형으로 변형시켜라.

(1) We ask that individual citizen <u>watch</u> closely any developments in this country.
　　　　　　　　　　　　　　　　　　　　　　　　　　　　　(　　　　　　　　)
(2) It is necessary that every member <u>inform</u> himself of these rules.　(　　　　　　　)
(3) There was a suggestion that Brown <u>be dropped</u> from the team.　(　　　　　　　)

③ 다음 "현대영어 기원문"의 "<u>진정한 의미를 오른쪽의 괄호 내에 우리말로 쓰세요.</u>" 이 문제는 현대영어에서 비-형식적으로 표현한, 앞에서 제시된 Hornby(1975)의 "I wish--"와 "If only--"의 용법을 참조하라.

(1) I <u>wish</u> I knew how to do it.　　　(　　　　　　　　　　　　　　)
(2) I <u>wish</u> I had known how to do it.　(　　　　　　　　　　　　　　)
(3) I <u>wish</u> I hadn't gone.　　　　　(　　　　　　　　　　　　　　)
(4) I <u>wish</u> I didn't have to go there.　(　　　　　　　　　　　　　　)
(5) I <u>wish</u> you hadn't said that.　　　(　　　　　　　　　　　　　　)
(6) <u>If only</u> I was better looking!　　　(　　　　　　　　　　　　　　)
(7) <u>If only</u> she hadn't told the police!　(　　　　　　　　　　　　　　)

제9장 가정법(Conditions and Suppositions)

① 가정법 현재:

가정법 현재형은 "현재사실의 불확실성"을 표현할 때에 쓰이며, 아래에서 10가지 유형을 제시하고 있는데, 이 유형들이 실용회화에서는 가장 빈번하게 쓰인다. 그러나 현재 수능시험에서는 가정법 미래, 과거, 가정법 과거완료, 혼합가정법 등에 대한 문제가 자주 나오고 있다.

1. 주절, if-절에서 모두 현재시제

   a. <u>If</u> he comes, what are we to do?
   b. What can we do, <u>if</u> he doesn't come?
   c. <u>Provided</u> (if) the weather keeps like this, the farmers have no need to worry about the crops.
   d. It doesn't matter where you put it <u>so long as</u> (if) you make a note of where it is.

2. 주절은 미래시제이고, if-절은 현재시제.
   이 유형에서 주절은 의문문 또는 명령문으로도 나타난다.

   a. <u>If</u> it's ready, he'll bring it tomorrow.
   b. What shall we do, <u>if</u> it rains?   b. 주절: 의문문
   c. What are you going to do, <u>if</u> it rains?   c. 주절: 의문문
   d. Come indoors at once, <u>if</u> it rains   d. 주절: 명령문
   e. Don't come, <u>unless</u> I tell you to come.   e. 주절: 명령문
   f. I will take an umbrella <u>in case</u> it rains.
   g. <u>Supposing</u> (if) the enemy wins the war, what will happen to us?

3. 주절은 미래완료시제이고, if-절은 현재시제.

   If you don't hurry and don't get there before five o'clock, he'<u>ll have left</u> the office and <u>gone</u> home.

4. 주절은 <u>미래시제</u>이고, if-절은 <u>현재완료시제</u>.

   a. <u>If</u> he has finished his work by six o'clock, we will be able to take him with us.
   b. <u>Unless</u> he has done the work to my satisfaction, I will not pay him for it.

5. 주절은 <u>현재시제</u>이고, if-절은 <u>현재완료진행/현재완료시제</u>.

   a. If you have been travelling all night, you probably need a rest.
   b. If you've finished your homework, you can/may go out and play.

6. 주절은 <u>미래시제</u>이고, if-절은 <u>과거시제</u>

   If she promised to be here, she'll certainly come.

7. 주절은 <u>현재시제</u>이고, if-절은 <u>과거시제</u>

   a. If he arrived only yesterday, he'll unlikely to leave today.
   b. If you spent the night on the train, you probably need a rest.

8. 주절, if-절 모두 과거시제

If that was what he told you, he was telling lies.

9. 주절은 미래시제, if-절은 과거완료시제

If he hadn't come in when you arrived, he won't come in at all this morning.

10. 주절은 <u>현재시제</u>이고, if-절은 <u>과거완료</u>시제

If he hadn't left any message when you called, he probably intends to be back before you leave.

② 가정법 미래:

"가정법 미래"형은 "미래에 대한 불확실 및 미래에서도 실현불가능한 일을 표현할 때"에 쓰인다. 이 유형의 구조는, 주절에 조동사 would, should, could, might, ought 중 어느 하나가 쓰이고, 그 다음에 "원형동사"가 온다. if-절에는 <u>were to</u> 또는 <u>should</u> 중 어느 하나가 쓰인다. 다음 예를 보자.

a. If he <u>were to/should</u> hear of your marriage, he <u>would be</u> surprised.
b. He <u>wouldn't do</u> it, unless you <u>were to</u> specially ask him.
c. If you <u>should be</u> passing my house, you <u>might</u> return the book you borrowed from me.
d. If you <u>were to</u> start early tomorrow morning, you would/should/could/ might/ought to/<u>be</u> at your destination by evening.

③ 가정법 과거:

"가정법 과거(현재사실의 정반대)"는 "현재시에 대한 또는 현재시와 미래시 양쪽에 대한 실현불가능한 일" 또는 "가상의 경우를 표현할 때"에 쓰인다. 주절에 조동사 would, should, could, might의 어느 하나가 쓰이고, 그 다음에 "원형동사"가 온다. if-절에는 과거시제의 동사가 쓰인다. be 동사의 경우는 성, 수, 인칭에 상관없이, "<u>were</u>"가 사용되고, 일반 동사의 경우는 "<u>단순과거형</u>"이 사용된다. 다음 예문을 보자:

a. If I <u>had</u> the money, I <u>should pay</u> you.
b. If he <u>heard of</u> your marriage, he <u>would be</u> surprised.
c. He <u>wouldn't do</u> it unless you specially <u>asked</u> him.
d. Supposing (if) I <u>accepted</u> this offer, what <u>would</u> you <u>do</u>?
e. He <u>wouldn't be</u> in debt, if he <u>were</u> not so extravagant.
f. If you <u>went</u> to Washington D.C., you <u>might see</u> the White House.
g. If he <u>took</u> his doctor's advice, he <u>might</u> soon <u>be</u> well again.
h. You <u>could do</u> it, if you <u>tried</u>.
i. <u>Supposing</u> (if) my father <u>saw</u> me with you, what <u>might</u> he <u>think</u>?

cf. <u>I wish</u> I knew.   <u>Only if</u> I knew!

<u>I wish</u>와 <u>only if</u>의 가정법에서는 위 "<u>가정법 과거</u>"의 예문에 제시된, if-절의 과거동사나 아래에 제시되는 "가정법 과거완료"의 시제를 그대로 사용하는 것이다. 의미는 가정법 과거나 가정법 과거완료의 의미와 동일하다. 이것은 "가정법에 의존하지 않는 가정법인" 아래 ⑦-⑪을 참조하라.

④ 가정법 과거완료

"가정법 과거완료" 형은 과거사실의 정반대 현상"을 기술하거나, 가정할 경우에 쓰이며, 또 과거 시에 관한 가정의 경우, 과거 시에 있어서의 결과에 대해 가상을 기술하는데 쓰인

다. 주절에는 조동사 would, could, should, might의 어느 하나에, 완료부정사를 함께 사용하는 형식이 쓰인다. (현재완료형을 사용해서, 언급된 내용이 현시점에서 보는 결과라고 한다면) 조건절 (if-절)에는 과거완료시제가 쓰인다.

    a. If he <u>had heard of</u> your marriage, he <u>would have been surprised</u>.
    b. I <u>should never have got</u> here in time (= I should not be here now),
       if you <u>hadn't given</u> me a lift(BrE)/= a ride(AmE) in your car.
    c. If <u>you'd been</u> at the meeting, I <u>should have seen</u> you yesterday.
    d. If you <u>hadn't told</u> me about it, I <u>should/might never have known</u>
       (=I should still be unaware of) the facts.
    e. You <u>could have done</u> it, if you <u>had tried</u>.
    f. If he<u>'d taken</u> his doctor's advice, he <u>might not have died</u>. (= he might still be alive).

⑤ 혼합가정법

    혼합가정법에서, If-절은 가정법 과거완료형이 나타나나, 주절에는 가정법 과거형태가 쓰이며, <u>now, today와 같은 현재를 표현하는 부사가 반드시 나타난다</u>. 이런 이유 때문에 혼합가정법이라 한다.

    a. If she <u>had taken</u> my advice, she <u>would be</u> happy <u>now</u>.
    b. If it <u>hadn't snowed</u> last night, the road <u>would not be</u> icy <u>today</u>.
    c. If I had taken your advice <u>then</u>, I would be a doctor <u>now</u>.
    d. If I had caught that plane <u>in the morning</u>, I would be dead <u>now</u>.

⑥ If ---should: If ---happen to

어떤 일의 실현 가능성이, <u>있을 것 같지 않거나</u>(unlikely), 특히 가능성이 희박할 경우 (not particularly probable)에는, If-절에 would을 쓰는 것이 아니라, should을 쓴다. 다음 예를 보자.

    a. If you <u>should run into Peter</u>, tell him he owes me a letter.
       (네가 Peter를 마주치게 되면, 나에게 편지를 보내야 한다고 전해라)

    "If ---happen"의 형태도 마찬가지로 쓰인다.

    b. If you happen to pass a supermarket, perhaps you could get some eggs.
       (네가 supermarket을 지나가게 되면, 달걀 좀 사오느라)

위와 같은 경우에는, 주절에 would을 쓰지 않는다. 다음 예를 보자.

    c. If he should be late, we<u>'ll have to start</u> <u>without him</u>.
       (그가 만일 늦는다면, 그가 없이 시작할 것이다)

⑦ If-절에 의존하지 않는 가정법 "I wish--" (이 표현은 앞에서 언급한 Subjunctive [기원법/소원법])와 중복이 되지만, 앞에서 언급한 것 같이, 그 의미가 다르다. 기원법에서는 소원/희망을 나타낸다)

(1) I wish + "가정법 과거의 If-절의 동사구."

    a. If I were a bird, I could fly in the sky.
    b. I wish I were a bird. (I'm sorry, but I am not a bird).
       (내가 새라면 좋을 텐데, 나는 새가 아니다)

대부분의 영문법 책에서는 "I wish---" 유형의 가정법에서, 가정법 If-절의 동사구를 대체시키는 것으로만 설명을 끝내고 있는데, 사실은, 가정법 과거유형의 "주절의 동사구"도 I wish-가정법에 그대로 쓰이는 것이다. 다음 c의 예를 보자.

    c. I wish I could fly in the sky. (I'm sorry, but I can not fly in the sky).
        (내가 하늘로 날 수 있으면 좋을 텐데, 나는 하늘로 날 수 없다)

⑵ I wish + "가정법 과거완료의 If-절의 동사."

    a. If you had been at the meeting, I could have seen you yesterday.
    b. <u>I wish</u> I had been at the meeting <u>yesterday</u>.

그러나 이 가정법 과거완료에서도, "주절의 동사구"를 I wish-유형으로 쓰기도 한다. 다음 예를 보자.

    c. <u>I wish</u> I could have seen you at the meeting <u>yesterday</u>.

이 "I wish--" 표현의 가정법에서, 동사 wish가 과거형인 "wished"로 표현되는 경우도 있는데, 이것은 말을 한 시점이 과거이기 때문에, 과거로 표현한 것뿐이다. 다음 예를 보자.

    a. I wished I were rich. 는   "내가 부저였다면" 하고 <u>"원했다."</u>
    b. I wished I had been rich. 는   "내가 부자였다면" 하고 <u>"원했다."</u>
    c. He talked as if he were a doctor. 도   "그는 의사인 것처럼" "말했다."
    d. He talked as if he had been a doctor. 도 마찬가지로 "그는 의사였었던 것처럼" "말했다."로 된다.

⑶ As if (though) + 가정법 과거의 If- 절의 동사구

    a. He talks <u>as if</u> he were my father.   (In fact, he isn't my father).
    b. She talks <u>as though</u> she had seen a ghost. (In fact, she didn't see a ghost).

⑷ Without (But for): (…이 없었다면)

    a. <u>Without</u> his help, I would have great difficulty.
    b. <u>But for</u> your assistance, I would have great difficulty.

⑸ It's (high) time + 가정법 과거: (…할 시간이다)

    a. It's time you went to bed.   (네가 잠자러 갈 시간이다)
    b. It's time children went to bed. (아이들이 잠자러 갈 시간이다)

⑹ To-부정사: (…한다면/…이 된다)

    a. <u>To hear him speak English</u>, you would take him an American.
        (그가 영어를 하는 것을 듣는다면, 당신은 그를 미국사람으로 생각할 것이다)

    b. I would be happy, <u>to be of help</u> to you.
        (내가 당신에게 도움이 될 수 있다면, 나는 행복할 것이다)

    c. <u>I should be glad</u> to see him. ⇒

        I should be glad <u>if I were to see him</u>.
        (만약 내가 그를 만난다면, <u>반가울 텐데</u>)

위에서 "…to be of help you."에서 of는 명사 help를 형용사 helpful로 만드는 역할을 한다. 예컨대, "It is of no use crying over spilt milk."에서 of의 역할과 같다. 이때에도 of 뒤의 명사 no use를 useless로 변형시키는 역할을 한다. 이 전치사 of나, 다른 전치사, with, in 등의 경우도 같은 역할을 한다. 뒤의 제20장 전치사 ⑥을 참조하라.

위 (6) a, b에서 to-부정사는 모두 "--한다면"/"--이 된다면"의 의미를 나타낸다.

⑧ If가 생략된 가정문

다음 예에서는 도치현상이 나타나 if가 생략된다. 다음 3가지 예문을 보자.

  a. <u>Were I rich</u>, I could buy the car. ⇒ <u>If I were rich</u>, I could buy the car.
  b. <u>Had I known about her</u>, my whole life would have been changed.
     == <u>If I had known about her</u>, my whole life would have been changed.
  c. <u>Should you change your mind</u>, I would be very happy.
     == <u>If you should change your mind</u>, I would be very happy.

위의 예문에서, 도치현상이 일어나면, if는 삭제되고, 동사나 조동사가 주어 앞으로 나타난다.

⑨ If의 대용어

  a. provided (providing) (that) = only if
  b. in case = (---에 대비하여)/= if
  c. on condition that = if
  d. as (so) long as = only if
  e. supposing (supposed) that = if
  f. granted (that) = even if
  g. unless = if ---not
  h. otherwise = if --not
  i. but for = 그것이 아니라면/--없다면
  j. 접속사 and와 or도 if의 의미를 지닌다.

Work harder, <u>and</u>(그러면) you will be succeeded in the future. <u>or</u>(그렇지 않으면) you won't be succeeded in the future.

⑩ 명사/형용사에 if의 내용이 포함되는 경우, 아래 예문 a의 줄친 부분은 b의 줄친 부분과 같은 의미를 지닌다.

  a. <u>A lady</u> would not say the word.
  b. <u>If she is a lady</u>, she would not say the word.
    (그녀가 숙녀였더라면, 그녀는 그 말을 안 했을 것이다)

  a. <u>A true friend</u> would not have betrayed him.
  b. <u>If he had been a true friend</u>, he would not have betrayed him.
    (그가 진정한 친구였었다면, 그는 그를 배신하지 않았을 것이다)

⑪ It's time + 과거시제: 현재의 의미
It's time 뒤에 주어와 더불어 동사의 과거형을 쓸 수도 있다. 그러나 형태는 과거일지라도 현재를 의미한다.

  a. It is time she <u>went</u> to bed.   (그녀가 잠자러 갈 시간이다)
  b. It is about time you <u>washed</u> those trousers. (너는 바지를 빨 때가 됐다)
  c. I'm tired. It is time we <u>went</u> home.   (나는 피곤해. 우리는 이제 집에 갈 시간이다)
  d. It is high time you <u>got</u> a job.   (BrE)   (너는 이제 취직할 때다)

⑫ 수사 + 비교급 + and로 나타난 문장은 if의 의미를 지닌다.
    a. <u>One more times further and</u> you would have been arrested for an illegal gambler by the police.
        = If you had been there one more times, you would have been arrested for an illegal gambler by the police.
        (한 번만 더 거기에 갔었다면, 너는 불법 도박자로 경찰에 체포되었을 것이다)

    b. <u>Two more steps further and</u> you would have been fallen over the cliff.
        = If you had moved two more steps further, you would have been fallen over the cliff. (만일 네가 두 발짝 더 앞으로 갔었다면, 너는 절벽 아래로 떨어졌을 것이다)

연습문제

① 다음 괄호 안의 동사 형태를 가정법에 맞는 올바른 형태로 바꾸세요.

1. If I (be) him, I would help her to be happy.
2. If I (have) enough money, I could buy the car.
3. If I (meet) her at the party yesterday, I could have asked her to help me.
4. If I had had a camera, I (will take) a picture of the White House.
5. I wish I (can speak) English better.
6. I wish I (hear) the news <u>at that time</u>.
7. I wish I (be) as strong as him.
8. If it not (be) for your help, I could not have succeeded.
9. Had he been awoke, he (can have) heard the noise.
10. (have) I (know) about it earlier. my life would have been changed into a different way.

② 의미가 통하도록 빈칸에 적절한 단어를 고르세요. 3, 4번은 미국영어의 유형으로 표현하세요.

1. If he had heard about the class reunion, he _____ in the meeting.

    Ⓐ might have participated   Ⓑ might participate
    Ⓒ may participate   Ⓓ would participate

2. If it _____ for the doctor's careful treatment, he could have died.

    Ⓐ were not   Ⓑ has not been
    Ⓒ would not have been   Ⓓ had not been

3. It is important that she _____ present when we sign the papers.

    Ⓐ should be   Ⓑ be
    Ⓒ must be   Ⓓ has to be

4. We felt it desirable that he _____ leave school before eighteen.

    Ⓐ does not   Ⓑ do not
    Ⓒ did not   Ⓓ not

5. He looked at her _____ he had never seen her before.

    Ⓐ as if   Ⓑ even if
    Ⓒ but for   Ⓓ if

③ 다음 예문에서 틀린 부분을 찾아 바르게 고치세요.

1. I wish my English is as good as hers.
2. If I have been at the party yesterday, I could have seen you there.
3. You won't catch the bus unless you don't rush.
4. It is necessary that we prepared for the final examination.
5. Start right now, <u>or</u> you will be in time for the last train.
6. Work harder, <u>and</u> you will fail in the examination.
7. If it didn't snowed last night, the road would not be icy <u>today</u>.
8. I'll lend you the book <u>as well as</u> you promise to bring it back on time.
9. If the sea between Korea and Japan were dry up, I will promise I can fly too.
10. It's high time you do your homework.

④ 주어진 우리말과 뜻이 같도록 빈칸을 채우세요.

1. 네가 항상 더 열심히 공부했었더라면, 너는 지금처럼 되지 않았을 텐데.
    If you ____ always ____ harder, you wouldn't have become what you are now.
2. 만일 해가 서쪽에서 뜬다면, 나도 날 수 있다고 약속할 수 있다.
    If the sun ____ ____ rise in the west, I can promise I can fly too.
3. 그녀가 내게로 다시 돌아온다면 나는 얼마나 행복할까?
    How happy I am, only if she ____ ____ back to me again!
4. 내가 영어 선생님이라면 좋을 텐데!
    I wish I ____ an English teacher.
5. 그가 아프지 않았었더라면, 이 파티에 참석할 수 있었을 텐데!
    If he ____ not ____ sick, he ____ ____ ____ present at this party.

⑤ 종합 연습문제

다음 글을 읽고, 아래 질문에 답하세요.

In the Middle Ages, it is said that Latin was the universal language, and important documents were written in that language. Gradually, however, Latin Ⓐ <u>fell into disuse</u>, and by the eighteenth century, French had become the language of diplomacy. However, from the nineteenth century English was commonly used to transact international affairs. For this reason English is referred to as a universal language. This is because British people had spread all over the world and they made many colonized lands, most of Ⓑ <u>them/which</u> are now independent, but some still remain as dependences.

If the English language Ⓒ <u>had not been used/had not used</u> as a universal language in the nineteenth century, some other languages Ⓓ <u>might have used/might have been used</u> for that purpose by now. However, since we cannot reverse the past history of the world, it is said that people from the countries where English is spoken as a native language Ⓔ <u>may have a great benefit from their birth</u> by God. It is because they can get a job in foreign countries Ⓕ <u>only by using their native language</u>.

Ⓐ의 줄친 부분을 해석하세요.
Ⓑ의 줄친 단어 중에서 바른 것을 고르세요.
Ⓒ의 줄친 부분 중에서 바른 것을 고르세요.
Ⓓ의 줄친 부분 중에서 바른 것을 고르세요.
Ⓔ의 줄친 부분을 해석하세요.
Ⓕ의 줄친 부분을 해석하세요.

제10장 일치(Agreement)

일치(agreement): 일치는 주어와 술어동사 간의 일치를 말하는 것이다. 먼저 다음 ①에서 and로 결합된 두 개의 명사를 복수로 표현할 것 같지만, 단수로 표현하고, 또 ②에서 복수 주어를 단수동사와 함께 쓰이는 예를 보기로 한다.

① a. Bread and butter is my favorite breakfast.
   b. Curry and rice is loved by many Europeans.
   c. A cup and saucer is on the table.

② a. Twenty dollars is a reasonable price.
   b. Two miles is a suitable distance for me to jog.

③ A as well as B: (B는 물론 A의 경우에는   A와 일치를 보인다)
   John as well as his friends is coming.   (그의 친구들은 물론 John도 온다)

④ Not only A but also B: (A는 물론 B의 경우에는   B와 일치한다)
   Not only his father but also his sons were satisfied with the news.
   (그의 아버지뿐만 아니라 그의 아들들도 그 소식에 만족했다)

⑤ Either you or she has to go there right now.
   (너나 그녀 중에서 지금 당장 그기에 가야 한다)   (= or 다음의 주어와 일치)

⑥ Neither you nor your friends were wrong.
   (너나 너의 친구들 중에서 어느 쪽도 틀리지 않았다)   (= nor 다음의 주어와 일치)

⑦ A stapler or a few clips are needed to keep the pieces of paper together.
   (종잇조각을 함께 묶어 두기 위해서는 stapler나 종이 집게가 필요하다)
   (이 경우에는 or 다음의 주어와 일치)

⑧ Three fourth of the earth's surface is water. (지구표면의 4분의 3이 물이다)
   (분수, 소수, 양이나, 수치에 관한 어구 뒤에는 보통 단수동사를 쓴다)

   a. Three quarters of a ton is too much.
      (1 ton의 4분의 3은 너무 많다)

   그러나 "물건이나 사람의 수"를 나타낼 때는 분수가 단수형일지라도, 복수동사를 쓴다.

   b. A third of the students are from abroad. (학생들의 3분의 1이 외국에서 왔다)

   <One in three/one out of five + 복수명사>와 같은 경우는 단수/복수 모두 가능하다.

   c. One in three new cars break/breaks down in the first 5 years.

⑨ an/one eighth(8분의 1), one eighth(8분의 1), a hundred(1백), one hundred(1백)가
   모두 가능하나, one을 쓰는 것이 더 공식적이다.

   a. I want to live for one/a hundred years. (NOT --- for hundred years)
      (나는 1백 년 동안 살고 싶다)

   그러나 a는 숫자의 첫머리에서만 허용되고, 3,100을 표현할 때는, 다음과 같이 b는 허용되나 c는 허용되지 않는다.

b. three thousand one hundred
c. \<three thousand a hundred\>는 허용되지 않는다.

⑩ 집합명사는 <u>전체를 언급할 때는 단수</u>, <u>각 구성원을 말할 때는 복수</u>도 된다.

    a. <u>My family</u> is large in comparison with yours.
    b. <u>All my family</u> are fond of classical music.   (Cf families: 세대)

⑪ "one of the + 복수명사"의 경우는 단수동사만이 허용된다. 그러나 one of the --who/which/that 등의 관계절이 나타날 때는 원어민들조차도 흔히 단수/복수동사를 다 쓰고 있지만, (Practical English Usage. 2005: 522), 선행사가 복수이므로 복수표현이 더 정확하다고 했다.

    a. One of my cats <u>has</u> disappeared.   (단수)
    b. She's one of few women who <u>have</u> climbed Everest.   (복수)
       (그녀는 Everest 산을 등반한 몇 여성들 중의 한 사람이다)
    c. She is one of the professors who <u>study</u> cloning biology.   (복수)
       (그녀는 복제 생물학을 연구하고 있는 교수들 중의 한 사람이다)

⑫ another는 원래 단수를 표시하는 "형용사적 용법"과 "대명사적 용법"이 있지만, "another + 수량표시 복수명사" 경우에는 뒤에 복수명사를 쓰기도 한다. 또 another 대신에 an extra, a good, a happy 등이 앞에 오면 복수명사를 쓰기도 한다.

    a. I want to stay for <u>another three weeks</u>.   (나는 3주 더 머물고 싶다)
    b. We'll need <u>an extra ten dollars</u>.   (우리는 10달러가 추가로 필요할 것이다)
    c. He has been waiting for <u>a good two hours</u>. (그는 꼭 2시간을 기다리고 있었다)
    d. She spent <u>a happy twenty minutes</u> looking through the photos.
       (그녀는 사진을 돌아보면서 즐겁게 20분을 기다렸다)

⑬ 다음의 대명사들은 모두 "단수동사와 함께 쓰인다."

    (1) everybody,   each student,   nobody   anyone
       everyone,   each one   no one/none   anybody
       everything,   either/neither   nothing   anything

    a. Every boy <u>and</u> girl <u>has</u> his or her locker. (every가 and로 연결되어도 단수)
    b. Each student <u>has</u> his own desires.
    c. Nobody <u>has</u> shown up yet.

    (2) 그러나 every가 시간의 "간격(interval)"을 언급할 때는, 복수명사와 함께 쓴다.

    a. I see her <u>every days</u>. (나는 그녀를 며칠마다 만난다)
    b. There is a meeting <u>every three months</u>. (매 석 달마다 모임이 있다)
    c. She had to stop and rest <u>every two or three steps</u>.
       (그녀는 매번 두 발자국 또는 세 발자국 마다, 멈추어 쉬어야 한다)

    (3) 그러나 some은 복수/단수 양쪽에 쓰인다.

    a. Give me <u>some apples</u>.   복수
    b. She is honest in <u>some ways</u>.   복수
    c. <u>Some books</u> are interesting.   복수
    d. I saw him talking <u>some woman</u>.   단수
    e. He has been seeing <u>some woman</u>.   단수

    (4) no one/none

    ⓐ no one은 nobody와 동일한 의미로 뒤에, of가 올 수 없다.

a. <u>No one</u> wished me a happy birthday. (NOT ~~No one of my friends--~~)
b. I stayed in all evening waiting, but <u>no one came</u>.

ⓑ <복수의 사람 또는 사물 중, 단 한 사람 또는 하나도 ---않다>라는 의미를 나타낼 때, none (of), not any (of), not one (of)의 강한 어조를 쓴다. 위 a 의 no one은 이런 의미로는 쓰이지 않는다.

c. <u>None</u> of my friends wished me a happy birthday.

⑭ <none, neither and either + 복수명사>는 공식적으로는 단수동사를 쓰나, 비-공식 영어에서는 복수동사를 쓰기도 한다.

a. None of the cures really works.
b. None of the cures really work.   (informal)
c. Neither of my brothers has/have been outside Korea.
d. Have/Has either of them been seen recently?

⑮ All:
a. 사물을 언급할 때는 "단수"
b. 사람을 언급할 때는 "복수"

a. All is calm./All is bright.   (사물)
b. All were silent./All were happy.   (사람)

⑯ 학문명, 병의 이름, "복수형 국가의 이름"은 모두 단수

a. <u>Mathematics</u> is my favorite subject   (수학은 내가 좋아하는 과목이다)
b. <u>Linguistics</u> is an interesting subject. (언어학은 재미있는 과목이다)
c. <u>Measles</u> is an infectious illness.   (홍역은 전염성이 있는 병이다)
d. a headache/a stomachache/a toothache

그러나 되풀이되는 병을 언급할 때는 빈도부사 often과 함께 복수형을 쓰는 것이 더 자연스럽다.

e. I often get <u>headaches</u>. (NOT ~~I often get a headache.~~)

그러나 상세한 "시간과 여건이" 표현되면, 단수형 병명도 자연스럽다.
f. I <u>often get a headache</u> when I have been working on the computer.

g. 섬으로 구성된 나라 이름: The Republic of <u>Philippines</u>, <u>Netherlands</u>와 <u>The United States</u> of America 등의 국가명도 단수이다.

⑰ many a + 단수명사:

"many a + 명사"는 사전에 나타나 있으나, 문학적인 분야에서는 허용하지만 일반 회화에서는 전혀 사용되지 않는 표현이다.

He asked me <u>many a time</u>. (문학적 표현)

⑱ a. more than one + 단수명사 ⇒   "의미로는 복수이지만, 단수명사로 쓰인다."
   b. more + 복수명사 than one ⇒   복수동사

a. <u>More than one student</u> is interested in English study.
   (한 사람 이상의 학생이 영어공부에 흥미가 있다)
b. <u>More persons than one</u> were found guilty.
   (한 사람 이상의 사람들이 유죄로 밝혀졌다)

위 ⑱ a 예문은 "관용구조"로서 항상 단수이다. 그러나 비슷한 b의 예문인 "more persons than one"은 복수로 표현된다.

⑲ a. a number of ⇒   "많은"의 의미로,   "복수"
    b. The number of ⇒   "···의 수"의 의미로, "단수"

⑳ a. most of + 사물   ━━━━━▶   단수로 취급
    b. most of + 사람   ━━━━━▶   복수로 취급
    c. none of + 사물/사람 ━━━▶   단수로 취급
                                  (아래 c' (1)과 (2)의 예를 참조하라)

    a'. <u>Most of the work is</u> already finished.
    b'. <u>Most of us are</u> happy to meet her.

    c'. (1): <u>None of my friends is</u> interested.   (more formal: 더 형식적 표현)
        (2): <u>None of my friends are</u> interested. (more informal: 더 비-형식적 표현)

    d'. <u>None of the work is</u> done.

㉑ "단수명사 + 단수명사"의 형태로 하나의 명사를 형성할 때, 앞에 a를 쓴다.

    a.   A shoe shop   (= a shop that sells shoes)
    b.   A toothbrush   (= a brush for teeth)
    c.   A ticket office   (= an office that sells ticket)

㉒ 위 ㉑에 대한 예외가 되는 "<u>a + 복수명사 + 단수명사</u>"의 유형을 보자.

a clothes shop 옷가게	a drinks cabinet 음료 진열대	a glasses case 안경집
a goods train(BrE) 화물 열차	a customs office 세관원	a sports car 스포츠카
a arms control 군비억제	a savings account 예금계좌	
the sales department 영업부	a greeting(s) card 연하장	

    an antique(s) dealer/shop 골동품 상/골동품 점
    the drug(s) problem 마약 문제
    the arrival(s) hall (at an airport) 입국장
    the outpatients department (of a hospital) 외래환자 진료실

㉓ 다음 단어의 의미는 항상 복수명사가 된다.

the poor	the elderly	the police	cattle	staff	deer
the rich	the disabled		sheep	fish	

위의 단어들은 복수명사로 취급된다. 단 "a police man/woman"의 경우는 단수이다.

㉔ 불특정 "3인칭 단수"를 종종 불특정 "3인칭 복수"로 표현한다.

    a.   If <u>a person</u> doesn't want to go on living, <u>they</u> are often very difficult to help.
        (살아갈 의지가 없는 사람은, 도와주기가 무척 어렵다)

    b.   If <u>anybody</u> calls, take <u>their name</u> and ask <u>them</u> to call again later.
        (누가 전화하면, 물어보고, 나중에 다시 전화하라고 부탁해)

    c.   Whoever comes, tell them I'm not in.
        (누가 오면, 나는 없다고 해라)

d. <u>Each individual</u> thinks <u>they</u> are different from everybody else.
    (모든 사람은 자신이 다른 사람과 다르다고 생각한다)

㉕ 그러나 "수량"을 언급할 때, <u>명사가 복수이지만</u>, <u>단수동사</u>, <u>단수한정사</u>를 쓰는 경우도 있다.

(1) a. Where <u>is</u>   <u>that</u>   five   <u>dollars</u> I lent you?
            단수동사 단수한정사   복수명사
        (내가 빌려준 <u>그 5달러</u>는 어디에 있나?)

    b. We've only got <u>five liters</u> of gas left. ----- <u>That</u> isn't enough.
                       5리터스 (복수)   단수 한정사
        (우리는 휘발유가 단지 5리터만 남아 있다. ---그것은 충분하지 않다)

(2) <here's, there's and where's> 등은 비-공식적인 회화체에서는 흔히 쓰인다.

    a. Here<u>'s your keys</u>.
    b. Where<u>'s those books</u> I lent you?
    c. There<u>'s some children</u> at the door.

연습문제

① 다음 예문의 괄호 내의 단어 중에서 올바른 것을 선택하세요.

1. Each of them (have/has) to finish (his/their) homework by noon.
2. Both of the boxes (are/is) full of books.
3. Every student in the class (are/is) bored to death.
4. Three years (are/is) a enough time for them to keep a friendship with
    before marriage.
5. One of my friends (has/have) been sick for a week.
6. Bread and jam (was/were) his favorite breakfast.
7. Not only students but also their teacher (have/has) caught a bad cold.
8. Either he or his friends (has/have) to answer the question.
9. One-third of the students (was/were) late for class.
10. Mary as well as her friends (are/is) coming to the party.

② 밑줄 친 부분을 어법에 맞게 고치세요.

1. A large number of problems still <u>has</u> to be solved.
2. A lot of furniture <u>are</u> being made in the well-known Korean furniture
    companies, too.
3. The number of cars <u>have</u> greatly increased recently.
4. She is one of my professors who <u>studies</u> cloning biology.
5. Trial and errors <u>are</u> one of the methods being used in the invention and
    discovery.
6. Sixty percent of the residents <u>are</u> in favor of the reform.
7. Identical twins who were separated at birth <u>was</u> reunited by searching for
    their mother.
8. Each year a great number of people <u>is</u> travelling by air.
9. Neither the rich nor the poor <u>seems</u> to be happy.
10. Sheep as well as the dog <u>is</u> to be fed.

③ 다음 빈칸에 들어갈 단어를 보기에서 찾아 알맞은 형태로 고쳐 쓰세요.

```
보기:    be/have
```

1. More than one student (   ) going to get a new job.
2. It is not he but you who (   ) responsible for the accident.
3. He as well as you (   ) safe.
4. All my family (   ) fond of classical music.
5. Either you or he (   ) to stay here after six o'clock.
6. I knew that he (   ) injured.
7. Every desk and chair (   ) to be repaired.
8. Jane with her parents (   ) left on a trip for America yesterday.
9. Curry and rice (   ) my favorite dish.
10. The committee (   ) composed of seven members.
11. A black and white dog (   ) running over there.
12. The rules of this game (   ) simple.

④ 종합 연습문제

다음 글을 읽고, 아래 질문에 답하세요.

There in an interesting way to take care Ⓐ (   ) the books you don't need anymore. You can leave them somewhere, and they may Ⓑ (   ) picked Ⓒ (   ) and read by others. This practice of "Book Crossing" was started by Ron Hornbaker in the U. S. in 2001. He created the website "bookcrossing.com," which helps people share books with friends and even total strangers. By 2010, it had almost a million members.

It is simple to join this network. To leave or "release" a book somewhere, log on to the website and register the book. Note where and when it will be released, and then go out to release it. Members can search the website for books released in their area, and then Ⓓ go hunting. He or she must enter the book's identification number and information about where and when it was Ⓔ (   ). After it Ⓕ (   ) read, the book should Ⓖ (   ) again for someone else to read.

Become a part of this community of readers. There are several benefits to Book Crossing. First, you can enjoy books Ⓗ (   ). Also, you can share your books with others. Finally, Ⓘ you can help save trees.

① 이 책 교환 website를 제안한 사람은 누구인가?
② Ⓐ 공란에 적당한 전치사를 넣으세요.
③ Ⓑ 공란에 들어갈 조동사를 넣으세요.
④ Ⓒ 공란에 들어갈 "부사적 불변화사 (adverbial particles)"를 써 넣으세요.
⑤ Ⓓ의 go hunting을 이 글의 문맥에 맞게 해석하세요.
⑥ Ⓔ의 공란에는 "주어 갔다", "가져갔다"라는 의미를 영어로 써 넣으세요.
    이 표현은 이미 앞에 나타난 적이 있다.
⑦ Ⓕ의 공란에는 그것이 "읽혀진"이란 우리말을 "영어의 수동완료형"으로 써 넣으세요.
⑧ Ⓖ의 공란에는 "방출되어야 한다."라는 말을 영어로 써 넣으세요. 이 표현도 위에 나타났다.
⑨ Ⓗ의 공란에는 "무료로"라는 두 글자로 된 영어 단어를 써 넣으세요.
⑩ Ⓘ의 내용을 해석하세요.

제11장 화법(Narrations)

화법에서는, 말하는 사람의 말을 그대로 인용하는 것을 "직접화법"이라 하고, 이때 말한 내용은 인용부호 ("---") 안에 둔다. 그리고 화자는 전달 동사를 사용한 후, 콤마(,)를 사용하고, 그 다음에 인용문은 그대로 인용한다. 다음 예를 보자.

① a. She <u>said to</u> me,　　　"The girl <u>is</u> very honest."

　　　　　(1) 전달동사　　(2) 콤마(,)　　(3) 인용문

　　b. She <u>told</u> me <u>that</u> the girl <u>was</u> very honest.
　　　　　　　　　(4)

위 a를 b 문장으로 바꾸는 것을 "직접화법"에서 "간접화법"으로 바꾼다고 말한다.

위와 같이 "직접화법"의 문장을 "간접화법"의 문장으로 바꾸는 데에는 문의 유형에 따라, 여러 가지가 달라지지만, 우선 평서문을 위와 같이 바꾸는 데에 필요한 사항을 열거하면 다음과 같다.

---

② 전달동사의 문제: 전달동사가 직접화법에서

　　a. 현재, 현재완료일 때는 인용문 시제의 변화가 없다.
　　b. 전달동사가 과거일 때는, 인용문의 현재 ⇒ 과거, 과거/현재완료 ⇒ 과거완료로 변한다.
　　c. 전달 동사가 say/said로 나타나면 그대로 간접화법에도 사용되지만,
　　d. say to/said to는, tell/told로 바꾼다.
　　e. 그 다음 위 ① a, (2)의 콤마(,)를 제거하고, 인용부호(" ")를 삭제한다.
　　f. 위 ① b의 (4)와 같이 접속사 that를 사용한다.
　　g. 시제를 일치시킨다: 위 b와 같이 <u>the girl was</u> 로 한다.
　　h. 그러면 위 ① b와 같이, She <u>told</u> me that the girl <u>was</u> very honest.로 된다.

---

③ 간접화법의 문장에서는 직접화법에서 사용한 대명사나, 부사를 전달자의 입장에서 적절하게 바꾸게 된다. 다음 예를 보자.

this ⇒ that　　　　　　　　　　　　　　here ⇒ there
now ⇒ then　　　　　　　　　　　　　　ago ⇒ before
today ⇒ that day　　　　　　　　　　　tonight ⇒ that night
tomorrow ⇒ the next day/the day after
yesterday ⇒ the previous day/the day before
last week ⇒ the week before
next month ⇒ the following month

이제 위에서 열거한 내용으로, 다음 ④ a와 같은 직접화법의 표현을 간접화법으로 바꾸어 보자.

---

④ 평서문의 화법 변화

　　a. Mary <u>said to</u> me, "I want to go swimming <u>tomorrow</u>."
　　b. Mary <u>told</u> me <u>that</u> she <u>wanted</u> to go swimming <u>tomorrow</u>. 또는
　　c. Mary <u>told</u> me that she <u>wanted</u> to go swimming <u>the next day</u>.

Mary가 한 말을 다른 사람에게 "오늘 바로 전달한다면", 위 b처럼 되지만, 며칠 후나, 한 일주일 후에 다른 사람에게 전한다면, 위 c와 같이 말해야 한다. 시간부사 tomorrow가 왜 이렇게 달라져야 하는지 이해가 될 것이다.

이제 앞 ② a, b, c, d에서 나타난 시제 일치문제를 보자. 전달동사의 시제가 현재이면, 종속절의 시제가 변할 필요가 없다. 그러나 전달동사의 시제가 과거이면, 종속절의 시제도 과거, 또는 대과거(과거완료)로 바꾸어야 한다. 이를 시제 일치라 한다. 다음 예를 보자.

1. Mary <u>says</u>, "I <u>will stay</u> at home today."
2. Mary <u>says</u> that she <u>will stay</u> at home today.
3. Mary <u>said</u>, "I <u>will stay</u> at home today."는
4. Mary <u>said</u> that she <u>would stay</u> at home that day.로 된다. (얼마 후에 말할 경우)

---

⑤ 의문문의 화법의 변화

    a. 의문문에서는 직접화법의 전달동사 say, said to를 모두 ask로 바꾼다.
    b. 콤마와 인용부호(" ")를 제거한다.
    c. 의문사가 있으면 의문사를, 의문사가 없으면, if나 whether를 접속사로 한다.
    d. 의문문의 종속절을 평서문 형식의 <주어 + 동사>의 형태로 바꾼다.
    e. 시제를 일치시킨다.

---

⑥ 의문사가 있는 의문문: 의문사가 있는 의문문은 그 의문사가 접속사의 역할을 하고, 그 다음의 문장은 "주어 + 동사"의 순서로 바꾼다.

a. She <u>said to</u> me, "What are you going to do today?"
b. She <u>asked</u> me <u>what</u> I <u>was</u> going to do today.

c. 의문사가 없는 의문문: 의문사가 없는 의문문의 접속사는 if나 whether로 한다.

1. She <u>said to</u> me, "Do you want to go?"
2. She <u>asked</u> me <u>if (whether)</u> I <u>wanted</u> to go.

---

⑦ 명령문의 화법 변화

    a. 전달동사는 직접화법의 문에 나타난 내용에 따라, 적절하게 다음 예와 같이 바꾼다.

    1. 충고, 조언 ⇒ advise
    2. 부탁, 요청 ⇒ ask
    3. 명령 ⇒ tell, order.

    b. 콤마(,)와 인용부호를 삭제한다.
    c. 명령문에서는 특별한 접속사를 사용하지 않는다. 대신 직접화법에 나타난 동사를 모두 to-부정사의 형태로 바꾼다.

---

1. The doctor <u>said to</u> me, "Take the medicine twice a day in the morning and afternoon after meals"
2. The doctor <u>advised</u> me <u>to take the medicine</u> twice a day in the morning and afternoon after meals.
3. He <u>said to</u> me, "Please close the door."
4. He <u>asked</u> me <u>to close</u> the door.

⑧ 감탄문의 화법 변화

a. 전달동사는 문맥에 따라 say, exclaim, cry out/cry with a sigh, shout/shout with joy (delight) 등으로 바꾼다.
b. 콤마(,)와 인용부호(" ")를 제거한다.
c. 시제를 일치시킨다.
d. 간접화법으로 바꿀 때,

1. 감탄문으로 그대로 사용할 수도 있고,
2. 감탄문에 very를 사용해서 평서문으로 바꾸어도 된다.
3. 이때 접속사 that를 사용해도 좋고, 삭제해도 좋다.

a. She said, "What a beautiful flower it is!"
b. She said it was a very beautiful flower.
b. She exclaimed what a beautiful it was.

a. She said to me, "How nice it is!"
b. She told me it was very nice.
b. She exclaimed (that) it was very nice.

a. She said, "Hurrah, I won the game!"
b. She shouted with joy that she had won the game.
b. She exclaimed with delight that she had won the game.

⑨ 기원문의 화법전환

a. 전달동사는 pray, wish, express with one's wish 등의 표현으로 바꾼다.
b. 콤마(,)와 인용부호(" ")를 제거한다.
c. 기원문은 접속사는 that로 연결하고, 종속절에 조동사 may를 사용한다.
d. 시제를 일치시킨다.

a. She said to me, "God bless you!"
b. She prayed that God might bless me.
b. She expressed her wish that God might bless me.

a. She said to him, "Good luck."
b. She wished him good luck.

⑩ and나 but로 연결된 긴 복합문의 화법전환

a. 만일 주어진 문장이 and로 연결된 평서문이면, 앞 ④의 평서문의 화법전환과 동일한 절차를 따른다.
b. 그런데 첫 번째 문의 접속사는 that로 하고, 두 번째의 절을 연결할 때에는 "and"를 사용하고 또 접속사 that"를 사용하면 된다. 그러면 접속사는 "and that"로 된다. 만일 두 번째 문장이 의문문이면, 앞 ⑤의 의문문의 화법전환 방법을 이용하면 된다.
c. 시제를 일치시킨다.

1. He said to me, "I am too busy and I can't help you any more."
2. He told me that he was too busy and that he couldn't help me any more.

1. He said to me, "I forgot to bring my umbrella." "Would you please share your umbrella with me."
2. He told me that he had forgotten to bring his umbrella, and that asked me if I could share my umbrella with him.

연습문제

① 다음 두 문장이 같은 의미를 갖도록 빈칸에 알맞은 말을 써 넣으세요.

1. He said to me, "I am very tired."
   ⇒ He _____ me that _____ very tired.

2. "I've missed the bus." John said.
   ⇒ John said that _____ the bus.

3. She said to me, "I am too late for class."
   ⇒ She _____ that she _____ too late for class.

4. He said to me, "What are you going to do tomorrow?"
   ⇒ He _____ me what _____ to do (_____).

5. My mom said to me, "Wash your face and brush your teeth."
   ⇒ My mom _____ me _____ and brush (_____).

6. The doctor said to me, "Don't drink too much."
   ⇒ The doctor _____ me _____ drink too much.

7. Tom said, "What a beautiful moon it is!"
   ⇒ Tom _____ what a beautiful moon (   )

8. She said to me, "Do you want to go with me?"
   ⇒ She _____ me if I _____ to go with (_____).

9. She said to me, "I've been busy until now."
   ⇒ She _____ me that she _____ busy until (_____).

10. Peter said, "I must have my hair cut."
    ⇒ Peter said that he _____ his hair cut.

11. She said to me, "God bless you!"
    ⇒ She _____ that God _____ bless _____.

12. Jane said, "How happy I am!"
    ⇒ Jane _____ how happy _____.

13. She said, "God bless him!"
    ⇒ She _____ that God _____ bless him.

14. She said to him, "Good luck!"
    ⇒ She _____ him good luck.

15. She said, "I am too tired and I can't do anything."
    She said that _____ too tired and (   ) she _____ do anything.

② 밑줄 친 부분을 어법에 맞게 바르게 고치세요.

1. Please show me what <u>do</u> you have.
2. The captain ordered us <u>fasten</u> our seat belts.
3. He asked me <u>what's the matter with</u> me.

4. He <u>said</u> me if I could help him.
5. He <u>told me</u>, "if I were not ill, I would do it at once."
6. He <u>asked</u> me, "Where are you from."
7. He advised John <u>didn't listen</u> to her any more.
8. She <u>said</u> me if I could help him.
9. She <u>asked</u> me, "Have you ever been abroad?"
10. Yesterday my brother said there <u>is</u> a letter for me.

③ 다음 문의 화법을 바꾸세요: 직접화법은 간접화법으로, 간접화법은 직접화법으로 바꾸세요.

1. She said to me, "I will go there tomorrow."
2. He said, "I wish I were a millionaire."
3. The boy told me that he had dreamed of a curious dream the previous night.
4. She said to me, "Start out the work at once."
5. The doctor said to her, "Don't eat too much."
6. He said, "How exciting the game is!"
7. She said, "May God forgive her!"
8. He said, "It is raining, and I am not so much willing to go."
9. "Alas! How foolish I have been!" he cried.
10. The policeman said to the thief, "Stay where you are. Don't run away."

④ 종합 연습문제.   다음 글을 읽고, 아래 질문에 답하세요.

There once lived a prince who was always unhappy. The king tried to cheer him up with every method possible, but Ⓐ <u>nothing worked</u>. "Why do you unhappy?" Ⓑ _____ the king. The prince Ⓒ _____ the king, "I don't even know myself, Father."

Unable to look at his son's sad face any longer, the king called for philosophers, doctors, the wise men, and professors to ask for their advice. After examining the prince, the wise men finally Ⓓ _____ to the king. "You must find a truly happy man, and exchange the prince's shirt for Ⓔ <u>his</u>."

The king immediately sent his men to all part of the world to look for a happy man. They found a priest and brought him to the king. The king Ⓕ _____ the priest, "How would you like to accept a higher position of my bishop?" "Your Majesty, Ⓖ <u>if only it were so!</u>" The king was disappointed. He was looking for a truly happy man who would not want more than what he had.

Before long the king's men brought news of the ruler of a neighboring country where people were satisfied in peace. The king visited the ruler and Ⓗ _____ what made him so happy. The ruler Ⓘ _____, "Indeed I have everything anybody could possibly want. But I can't sleep at night, worrying about my death and losing all I have accomplished." The king once again concluded that this man's shirt couldn't cure his son.

④ Ⓐ의 "nothing worked"를 해석하세요.
Ⓑ에 맞는 전달동사를 써 넣으세요.
Ⓒ에 맞는 전달동사를 써 넣으세요.
Ⓓ에 맞는 전달동사를 써 넣으세요.
Ⓔ의 his를 해석하세요.
Ⓕ에 맞는 전달동사를 써 넣으세요.
Ⓖ의 "only if it were so!"를 해석하세요.
Ⓗ에 맞는 전달동사를 써 넣으세요.
Ⓘ에 맞는 전달동사를 써 넣으세요.

제12장 관계대명사 및 관계부사
(Relative Pronouns and Relative Adverbials)

제1편 관계대명사

① 일반 예문 및 전체 개관

1. I know a boy <u>who</u> speaks three languages.
2. I met people <u>that</u> smile a lot.　　　(원래는 who인데, 비형식적 문에서, that를 쓴다)
3. I met a man <u>whose name</u> I had forgotten.
4. Do you understand <u>what</u> I said?
5. Tennis is the sport <u>which</u> she likes most.
6. People <u>who</u> take physical exercises live longer.
7. There is a program tonight <u>which</u> you might like.

② 관계대명사의 역할: 접속사 + 대명사:

아래 1번이 2번 같이 변형된다. 그리고 3의 도표를 보자.

1. She is the lady. + She admired him very much. ⇒
2. She is <u>the lady</u> <u>who</u> admired him very much.
    　　　선행사　관계대명사
3.

선행사　　　　　　　　　　　　　격	주격	소유격	목적격
사람	who	whose	whom
사람, 동물	which	whose (of which)	which
사람, 동물, 사물, 사람 + 동물 형용사의 최상급, 서수 (first, second ⋯) the only, the very, all, every 등을 포함한 표현	that	x	that
자체 내에 선행사 포함	what	x	what

③ 관계대명사 주격:

⑴ who: 앞 동사의 목적어 및 뒤 문장의 주어(object and subject)의 역할

　두 문장을 연결할 때, "선행사"는 사람이고, 앞 동사의 목적어이며, 이어지는 관계대명사가 주어역할을 하면 who, 소유격 역할을 하면 whose, 목적격 역할을 하면 whom을 쓴다.

1. I met a boy. + He lives in the same apartment as I do. ⇒
2. I met a boy who lives in the same apartment as I do.
3. I met a man. + The man has the same name as mine. ⇒
4. I met a man who has the same name as mine.

(2)   관계대명사 소유격: whose

1. Children must be taken care of by the government. + Their parents are lost.
2. Children whose parents are lost must be taken care of by the government.
3. I have a friend. + His brother lives in Jaeju-do.
4. I have a friend whose brother lives in Jaeju-do.

위에 제시된 소유격 관계대명사 whose 대신에, 아래 예 b에서는, "the name of which", c에서는 "that -- the name of", d에서는 "of which -- the name"의 유형도 사용된다. 다음 예를 보자.

a. He's written a book whose name I've forgotten.
b. He's written a book the name of which I've forgotten.
c. He's written a book that I've forgotten the name of.
d. He's written a book of which I've forgotten the name.

위 a의 whose name이 가장 형식적인 표현이고, b, c, d의 표현은 좀 비공식적인(informal) 표현이나, 회화체에서는 흔히 사용된다. 위 c, d의 표현을 비교해보면, the name과 of which의 순서가 정반대로 바꾸어져 있다. 이렇게 순서가 바꾸어져도 상관은 없다.

(3)   관계대명사 목적격 whom: 타동사의 목적어

1. The man is my English teacher. + You met him at the bus stop.
2. The man is my English teacher whom you met at the bus stop.

   whom: 전치사의 목적어로 된다.

3. He married a girl. + He worked with her at the same office.
4. He married a girl whom he worked with at the same office.

④   관계대명사 which (주격), whose (of which) (소유격), which (목적격)

   선행사가 사물이나 동물이고, 이어지는 관계사절에서 주어의 역할을 하면 which, 소유격의 역할을 하면 whose (of which), 목적어의 역할을 하면 which를 사용한다.

(1)   which: 주격

1. This is the wine. + It was made in France.
2. This is the wine which was made in France.
3. This is an apple tree. + It was planted by my grandfather.
4. This is an apple tree which was planted by my grandfather.

(2)   whose (of which): 소유격

1. She has glasses. + Its legs are broken.
2. She has glasses whose legs are broken.
3. She is an actress. + Her father is also an actor.
4. She is an actress whose father is also an actor.
5. The house whose roof was damaged by the last heavy storm.
6. The house the roof of which was damaged by the last heavy storm.
7. The house of which the roof was damaged by the last heavy storm.

   앞 ③ (2)의 6, 7의 예에서 보여준 것 같이, of which와 the roof의 순서가 바뀌어져도 상관은 없다.

(3)   which: 목적격 (타동사의 목적어)

1.   The money has disappeared. + I left it on the desk.
2.   The money (which) I <u>left</u> on the desk has disappeared.
3.   Do you like the smart-phone? + I bought <u>it</u> to you yesterday.
4.   Do you like the smart-phone (which) I bought you yesterday?
     (4에서는 bought 동사의 목적어가 which이므로 3의 it는 없어진다.)
5.   The ladder began to slip. + I was working on <u>it</u>.
6.   The ladder <u>on which</u> I was working began to slip.
     The ladder <u>which</u> I was working <u>on</u> began to slip.
7.   We are producing huge amount of carbon dioxide into the atmosphere.
     + Almost one-third of it comes from our cars.
8.   We are producing huge amount of carbon dioxide into the atmosphere,
     almost one-third of <u>which</u> comes from our cars. (관계사의 계속적인 용법)

⑤   관계대명사: that

　　관계대명사 that은 사람, 동물, 사물 등으로 된 선행사 다음에 나타날 수 있다. that은 소유격은 없고, 전치사가 앞에 나타날 수 없다. 또 that은 제한적인 용법에만 쓰이고, 계속적인 용법은 없다. 특히 선행사가 형용사의 최상급일 때, 또 서수(first, second …)나 the only, all, any(thing), every(thing), some(thing), no(thing), none, little, few, much, the same, the very 등의 수식을 받을 때나, 의문대명사 who로 시작되는 의문문에서는, 관계대명사로 that을 사용한다.

1.   She gave him all the money that she had.
2.   Do you have <u>anything</u> that belongs to me? (혹시 나의 물건인 어떤 것을 갖고 있지 않니?)
3.   This is one of <u>the few</u> really good books that this author has written.
     (이 책은 이 작가가 쓴 정말로 좋은 몇 권의 책 중의 하나이다)
4.   I hope <u>the little</u> that I've done has been useful. (내가 한, 조그마한 일이 유용하기를 희망한다)
5.   <u>All</u> that you say is certainly true.　　　(네가 말한 모든 것은 확실히 사실이다)
6.   <u>Who</u> is the lady <u>that</u> is talking with John?　　(John과 이야기하고 있는 저 숙녀는 누구냐?)
     [앞에 의문사 who가 나타나면 관계대명사는 who가 아닌 that로 한다]
7.   She was <u>the only person</u> <u>that</u> survived the terrible bus accident.
     (그녀는 그 끔찍한 사고에서 살아난 유일한 사람이다)

　　선행사가 "사람 + 동물"일 경우에도 관계대명사 that을 쓴다.

8.   Look at <u>the boy and his dog</u> <u>that</u> are walking together on the road!

⑥   관계대명사: what

　　관계대명사 what은 선행사를 그 안에 내포하고 있다. 즉, what = the thing which (that)와 같은 것으로, 해석은 "(…한 것)"으로 해석된다.

(1)   what의 일반적인 예문

1.   <u>What she said</u> made me angry.
2.   I hope you are going to give me <u>what I need</u>.
3.   This is exactly <u>what I wanted</u>.
4.   He is not <u>what he was</u>.　　　　　(관용적인 표현으로 "그는 옛날의 그가 아니다.")

(2)   what의 관용적인 예들

1.   He is "what you call" "a jack-of-all-trades."
     (그는 "소위 말하는" "팔방미인"이다.) 이 표현도 관용적인 표현이다.

2. what one is = 사람의 됨됨이, 상태, 성격, 인격 등을 표현할 때 what이 쓰인다.
3. what you call = what is called. "소위", "이른바"의 관용적 표현.
4. what is better (worse) = 더욱 좋은 (나쁜) 점은.
5. what with (slang: due to, because of): "… 때문에."

   What with the economy the way it is, many people cannot afford to take vacations this year. (경제 여건 때문에, 많은 사람들이 올해 여행을 할 수 없게 되었다)

(3) what은 또 일반 한정사(determiner)의 의미로도 쓰인다.

1. What money he has comes from his family. (= The money that he has…)
   (그가 갖고 있는 돈은 그의 가족으로부터 나온 것이다)
2. I'll give you what help I can. (= any help that I can.)
   (내가 도울 수 있는 한, 내가 너를 도울 것이다)

⑦ 관계대명사의 "제한적 용법"

제한적인 용법이란 "관계대명사 절"이 그 앞의 선행사를 수식하고, 의미를 한정시키는 구조를 말한다. 다음 예를 보자.

1. She has "two sons and a daughter" who all became teachers.
2. What's the name of "the tall man" who just came in?
3. "People" who take physical exercise live longer.
4. Who owns "the car" which is parked outside?

⑧ 관계대명사의 "비-제한적 용법"

그러나 다음의 예들은 비-제한적인 용법으로 해석된다. 비-제한적인 용법으로 해석할 때에는, 먼저 접속사의 의미로 "그러나/그리고/그래서"를 추가한 후에 해석하거나, 앞 문장의 의미 전체를 지칭할 때는, "그것은/그것이/그것을"의 의미로 해석한다. 다음 예를 보자.

1. She has two sons and a daughter, all of whom became teachers.
   (그녀는 두 아들과 한 딸을 두고 있다. 그런데 그들 모두가 선생이 되었다)

위의 "all of whom"에서 목적격 whom으로 나타나지만, became의 주어이기 때문에, 의미상으로는 who와 같은 주어의 역할을 한다. 즉, all of who became teachers.의 의미로 해석된다. 이 때 왜 "whom"이 나타나는가 하면 of가 전치사이기 때문에, 전치사의 목적어로 who가 whom으로 변형되었기 때문이다.

2. I called Jane, who didn't answer the phone.
   (나는 Jane에게 전화를 했다. 그러나 그녀는 전화를 받지 않았다)
3. He gave her some advice, which she neglected.
   (그는 그녀에게 좀 충고를 했다. 그런데 그녀는 그것을 (내가 그녀에게 충고를 준 것을) 무시했다)
4. I tried to open the door, which was impossible.
   (나는 그 문을 열려고 했다. 그러나 그것(내가 문을 열려고 한 것)은 불가능했다)

그런데 "계속적 용법"의 구조에 쓰이는 표현은 대단히 다양하게 나타난다: "양화사적인 한정사(quantifying determiners)는" some, any, none, all, both, several, enough, many, few 등이 있다. 그 중에서 몇 가지의 표현만 선택해서 표현해보자.

5. We've tested three types of watch, none of which is completely waterproof.
   (우리는 3개의 시계를 점검했지만, 그 중 어느 것도 완전하게 방수효과를 보인 것은 없었다)

6. She had a teddy-bear, <u>both of whose eyes</u> were missing.
   (그녀는 장난감 곰 한 마리를 갖고 있었는데, 그 곰의 두 눈이 모두 없었다)

이 비-제한적 용법에는, 양/수의 표현, 최상급 표현, 서수를 사용한 첫째, 둘째 등이 비-제한적 관계대명사로 쓰인다: 예컨대, a number of whom, three of which, half of which, the majority of whom, the youngest of whom 등도 사용된다.

   a. There were large number of crowds, <u>the number of whom</u> was not known.
      (많은 군중이 있는데, 그 군중의 수는 알려지지 않았다)
   b. There are 15 motor vehicles in the parking lot, <u>only three of which</u> are cars.
      (주차장에 15대의 차량이 있는데, 그 중에서 3대만이 승용차이다)
   c. She has seven school textbooks, <u>half of which</u> are written in English.
      (그녀의 학교 교과서는 7개인데, 그 중에서 절반이 영어로 쓰인 책이다)
   d. John's classmates are 26, <u>the majority of whom</u> are from the countryside.
      (John의 반 친구는 26명인데, 그 중에 절반은 시골에서 왔다)

관계대명사 who와 which는 위와 같이 계속적인 용법으로 쓰이는데, 관계부사에서는 when과 where만이 계속적인 용법으로 쓰인다. 관계부사의 계속적인 용법은 관계부사편의 ④를 보라.

⑨ 관계대명사의 생략:

⑴ 목적격 관계대명사의 생략

관계대명사가 타동사나 전치사의 목적어로 쓰일 때만 생략될 수 있다. 단 제한적인 용법에서만 생략이 가능하고, 비제한적인 용법에서는 생략되지 않는다. 아래 1번의 whom은 타동사 meet의 목적어이고, 2번의 which는 전치사 at의 목적어이기 때문에 생략이 가능하다. 그러나 3번과 같이 전치사 at 다음에 바로 관계대명사가 따라오면, 생략되지 않는다.

1. The man (~~whom~~) she is going to <u>meet</u> is her boy friend.
2. What's the name of the hotel (~~which~~) you stay <u>at</u>?
3. What's the name of the hotel <u>at which</u> you stay?

⑵ 주격 관계대명사의 생략

주격 관계대명사는 "주격관계 대명사 + be 동사"의 경우에 가능하다. 다음 예를 보자.

1. The boy (~~who is~~) standing over there is a friend of mine.
2. The house (~~which was~~) repaired and remodeled looked much better.

그리고 또 다음과 같은 문의 구조에서도 생략될 수 있다. there is, here is, it is, what is, who is로 시작되는 구문에서 주격관계대명사는 생략된다. It--that 강조구문에서도 생략된다.

1. She is not the gay woman (~~that~~) she <u>used to be</u>.
   (그녀는 옛날의 명랑했던 여성이 아니다)
2. <u>Here's</u> the book (~~which~~) will tell you how to learn Chinese.
   (중국어를 어떻게 배울 것인가를 당신에게 알려주는 책이 여기에 있다)
3. <u>There is</u> a man (~~who~~) wants to see you.
   (당신을 만나고자 하는 한 남성이 있다)
4. <u>It was</u> the lady (~~that~~) told me the news.
   (그 소식을 나에게 말해준 것은 그 여성이다)
5. Who was it (~~that~~) told you this secret?
   (그 비밀을 당신에게 말해준 사람이 누구인가?)
6. This is the best book (~~that~~) there is in the library on that topic.
   (이 책이 그 주제에 대해 도서관에 있는 가장 좋은 책이다)

⑩ 유사 관계대명사

유사 관계대명사로는 as, but, than 등이 있는데, 아래 예문에서 이들의 역할을 확인해 보자.

(1) as: 선행사로서, 앞에 the same이나, such가 붙는 경우, 또는 so나 as와 함께 쓰일 때, as 는 관계사와 비슷한 역할을 한다.

1. I used the same cell-phone <u>as</u> you did.
2. This is the same watch <u>as</u> I lost.
3. <u>As</u> many men <u>as</u> came were all warmly welcomed.
   (오신 많은 사람들마다 모두 따뜻한 환대를 받았다)
4. <u>Such</u> advice <u>as</u> he was given has proved to be important.
   (그가 받은 그런 충고는 중요한 것으로 입증되었다.)

(2) but: 관계대명사 역할을 하는 but은 부정문 다음에 사용되어서, "부정의 뜻"으로 해석된다.

1. There is no rule <u>but</u> has exception.
   (예외가 없는 규칙은 없다)
2. There was no one <u>but</u> admired his bravery.
   (그의 용감성을 감탄하지 않는 사람은 없었다.)

(3) than: 비교문과 유사하며, than은 두 문장을 연결하는 역할을 한다.

1. We don't have to carry <u>more money than</u> is needed these days,
   because most of bank transactions can be done by mobile banking services.
   (우리들은 요사이 필요한 것보다 더 많은 돈을 가지고 다닐 필요가 없습니다.
   왜냐하면 대부분의 은행거래는 모바일 은행 서비스로 처리되기 때문이다)

2. Nowadays parents give their children <u>more money than</u> is necessary.
3. She worries <u>more than</u> is necessary.

⑪ 삽입절로 나타나는 관계대명사 (절)

영문해독을 어렵게 만드는 것이 바로 이 삽입절로 나타나는 관계절 때문이다. 다음 몇 가지 예를 보자. "삽입절"로 자주 쓰이는 동사 및 구조는 다음과 같다: **줄 친 부분이 삽입절이다.**

(1) S + think, believe, suppose, guess, say, know, claim, imagine, be sure, etc.

a. She is the lady + (<u>I think</u>) she was honest. = She is the lady who <u>I believe</u> was honest. (그녀는 내가 믿기로 정직했던 여성이다)

b. He is the man <u>who(m) I thought</u> to be honest.
   = He is the man <u>whom I thought</u> to be honest.
   (이 문장에서는 관계대명사가 thought의 목적어이고, to be honest는 목적보어로 쓰였다:
   그는 내가 정직했었다고 생각했던 사람이다)

c. The man <u>who we suspected was a thief</u> proved to be a police man.
   (우리가 도둑이라고 의심했던 그 남자는 경찰관으로 판명되었다)

d. I saw a lady who <u>I thought</u> was a famous actress.
   (나는, 내가 생각했던, 유명한 여배우였던 한 여성을 보았다)

e. She lent me some books which <u>I knew</u> were difficult to understand.
   (그녀는, 내가 알기로, 이해하기 어려운 몇 권의 책을 나에게 빌려주었다)

제2편 관계부사

① 관계부사

　관계부사는 when, where, why, how 등으로 분류되는 데, 아래 도표에서처럼 선행사를 갖게 되고, 또 도표의 우측에 제시한 것 같이, 관계부사는 "전치사 + 관계대명사"로 바꿀 수도 있다. 다음 예를 보자.

when:	That was the time <u>at which</u> (when) I had met her.
where:	This is the house <u>in which</u> (where) I live
why:	This is the reason <u>for which</u> (why) I came over here.
how:	This the way (~~how~~) I have solved the problem.

　그런데 관계부사 how만은, 선행사와 관계부사를 함께 사용하지 않는다. 그리고 관계부사 when, where, why가 일반적으로 쓰일 때, 각각 선행사, the time, the place, the reason을 쓴다. 그러나 그 사용방법에는 다음 ②의 세 가지 (1), (2), (3) 표현 중에서, 어느 하나를 선택하고, 나머지 둘은 포기해도 된다. 다음 예를 보자.

② 관계부사의 선택 사항:

1. I don't know ((1) the time/(2) when/(3) the time when) the traffic accident happened.
2. This is ((1) the place/(2) where/(3) the place where) the President was born.
3. Tell me ((1) the reason/(2) why/(3) the reason why) you were absent from school.

　아래의 표에서 마지막 how는 선행사가 the way이지만, the way how라고 함께 사용하지 않는다. 두 개의 요소 중에서, 하나만 사용한다. 즉 선행사 the way를 사용하던가, 관계부사 how를 사용해야 한다. 그러나 how가 아닌 "<u>the way that</u>"로는 사용할 수 있다. 더 구체적인 선택 항목의 예는 아래 ③의 1, 2, 3을 보라.

관계부사	선행사	관계부사는 "전치사 + 관계대명사"로 바꾸어 쓸 수 있다.
when	the day, the time, the year	when : at/on/in which
where	the place. the town, the city	where: at/on/in which
why	the reason	for which
how	the way	the way in which는 the way로 쓴다.

③ 관계부사의 생략:

　앞 ②의 세 가지 예에서처럼 "관계부사의 선택사항"에서 (1)번을 선택했을 때에는 (2)번과 (3)번을 생략하고 선행사만 사용한 예이다. 다음 예를 보자.

1. This is (1) the place the President was born. 　(선행사만 사용한 예)
2. This is (2) where the President was born. 　(관계부사만 사용한 예)
3. This is (3) <u>the place where</u> the President was born. (선행사/관계부사를 함께 사용한 예)

위 1에서는 선행사를 선택하고 (2)의 관계부사를 포기할 수도 있고, 반대로 2에서는 관계부사를 선택하고, (1)의 선행사를 포기했다. 3에서는 (1)의 선행사와 (2)의 관계부사 모두를 선택할 수도 있다. 이 내용을 설명한 것이 앞 ②의 "관계부사의 선택사항"에서 제시된 1, 2, 3의 예문이었다.

④ 관계부사의 계속적 용법:

관계부사에서는, when과 where만이 계속적인 용법으로 쓰이고, 나머지는 계속적인 용법으로 사용되지 않는다. 다음 예를 보자.

1. I went to San Francisco, <u>where</u> I met him.
   (나는 San Francisco에 갔다. <u>그런데 거기서</u> 나는 그를 만났다)
2. I was just about to go out, <u>when</u> she called on me.
   (나는 막 나가려고 했다. <u>그런데 그 때</u> 그녀는 나를 방문했다)

⑤ 관계대명사와 관계부사의 "양면성" (두 가지 방법으로 표현하는 법)

앞 관계부사의 도표 오른쪽을 보면, "관계부사"를 "관계대명사"로 바꿀 수 있다고 했다. 즉, when, where, why는 대부분 선행사와 함께 관계부사로도 표현되고, 동시에 관계대명사로도 표현할 수 있다. 다음 예에서 1번은 관계부사로 표현한 것이고, 2번은 관계대명사로 표현한 예이다. "here"와 같은 부사가 아닌 "in the house"라는 전치사구로 나타나면, 관계대명사로 표현하는 것이 원칙이다. 더욱이 아래 예문 "2의 b (1)"은 전치사와 관계대명사가 함께 나타난 예이고 "2의 b (2)"에서는 전치사가 관계대명사구의 맨 뒤에 나타나는 것이 특징이다. 그런데 전치사가 관계절의 끝에 나타나는 표현은 비공식적인(informal) 것으로 회화체에서 많이 사용된다. 따라서 뒤에서 제시되는 연습문제에서 관계대명사의 전치사가 맨 뒤에 나타나면, 앞에 제시된 것은 "관계부사가 아닌", "관계대명사"를 요구하는 문제가 된다.

1. a. This is an old house.
   b. He was born <u>here</u>.
      ⇒ This is the old house (<u>where</u>) he was born.

2. a. This is an old house.
   b. He was born "in the house."
      ⇒ (1) This is the old house (in which) he was born.
         (2) This is the old house (which) he was born <u>in</u>.

⑥ 복합 관계대명사 (관계대명사 + ever 유형)

자체 내에 선행사를 포함하고 있으며, ① 주격/목적격 명사절과 ② 양보의 부사절을 이끈다.
①. 복합 관계대명사는 모두 그 자체 내에서 "anyone/anything"과 같은 선행사를 포함하고 있기 때문에, whoever는 ("--하는 사람은 누구나"), whomever는 ("--하는 사람은 누구에게나"), whichever는 ("--하는 것은 어떤 것이나"), whatever ("--하는 것은 무엇이나")로 해석된다. ②. 동시에 이 단어들이, 그대로 "양보의 부사절"을 이끈다. 다음 도표 Ⓐ를 참조하라.

(1) 복합 관계대명사의 경우는 "<u>주격/목적격 명사</u>와 <u>양보의 부사적 역할</u>"을 한다.

   a. <u>Whoever phoned just now</u> was very polite.
      (지금 막 전화를 건 사람은 누구이든 그는 대단히 친절했다)   (주어 명사)
   b. Send the invitation letter to who(m)ever is willing to come.
      (기꺼이 오려고 하는 사람은 누구에게나 초대장을 보내라)   (목적어 명사)
   c. I'm not opening the door, <u>whoever you are</u>.
      (당신이 <u>누구라 할지라도</u>, 나는 문을 열지 않을 것이다)   (양보의 부사절)

Ⓐ

복합 관계대명사	① 복합관계사의 명사절	② 양보의 부사절
whoever	anyone who…. (…하는 사람은 누구나…)	no matter who…. (누가 …할지라도….)
whomever	anyone whom… (…하는 누구를/에게…)	no matter whom… (누구를/에게 …할지라도…)
whichever	anything that… (…하는 것은 어느 것이나…)	no matter which… (어느 것을 …할지라도…)

위 Ⓐ의 도표에서 whoever는 그대로 두 가지 역할을 한다. 즉, ①의 항목에서는, 복합 관계대명사의 역할을 하고, ②에서는 부사의 양보적인 의미를 갖는다. 예컨대, whoever는 복합 관계대명사일 경우에는 그 의미가 "…하는 사람은 누구나"로 해석되지만, ②의 양보의 부사절인 경우에는 "누가 …라 할지라도"의 의미를 갖는다. 한 단어가 한 번은 명사가 되고, 두 번째에는 부사의 역할을 된다.

(2) whenever, wherever, however의 관계부사는 ①. "시간/장소의 부사절"과 ②. "양보의 부사절"을 이끈다. 다음 도표 Ⓑ를 참조하라.

<u>시간/장소의 부사절과 양보의 부사절을 이끄는 예문</u>

a. <u>Whenever</u> I see her, she smiles at me.　　　　　　　　　　　(시간의 부사절)
 (내가 그녀를 볼 때는 언제나, 그녀는 나에게 미소를 짓는다)
b. <u>Whenever you come</u>, you'll be welcome.　　　　　　　　　　(양보의 부사절)
 (네가 언제 올지라도, 너는 환영을 받을 것이다)
c. <u>No matter how hard you try</u>, you cannot achieve it.　　　　(양보의 부사절)
 (당신이 아무리 열심히 시도해본다 할지라고, 그것을 성취할 수 없다)

이제 아래 도표 Ⓑ에서 복합관계 부사가 두 가지 다른 역할을 하는 예를 보자.

Ⓑ

복합 관계부사	① 시간/장소의 부사절	② 양보의 부사절
whenever	any time when… (…할 때는 언제나…)	no matter when… (언제 …할지라도…)
wherever	any place where… (…하는 곳은 어디나…)	no matter where… (어디에서…할지라도…)
however	x	no matter how… (아무리 …할지라도)

(3) 앞 Ⓐ의 도표에서 <u>가장 특이한 것은</u> 명사절을 유도하는 whoever, whichever, whatever 등은 "주어/목적어"에도 사용되고, 동시에 이 단어들이 "양보절"에도 그대로 쓰인다. 즉, 하나의 명사가 <u>명사의 역할</u>도 하고, 동시에 <u>부사의 역할</u>을 하는 것이다. 다음 예를 보자.

1. Whoever(= anyone who) comes will be warmly welcomed. 주어 (복합관계사)
   (오는 사람은 누구나 따뜻하게 환영받을 것이다)

2. Give it to who(m)ever wants it. 목적어 (복합관계사)
   (그것을 원하는 사람은 누구에게나 주어라.)

1. If you love her, whatever she does, you'll like it. 양보절 (관계부사)
   (만일 당신이 그녀를 사랑한다면, 그녀가 무엇을 할지라도,
   당신은 그것을 좋아할 것이다)

2. Whoever you are, you have to follow the rules. 양보절 (관계부사)
   (당신이 누구이든 간에, 당신은 규칙을 따라야만 합니다)

(4) "양보의 부사절을 유도하는 의미"와 "시간/장소"를 의미하는 차이는, 전체문장을 해석해보면, 알 수 있다. 예컨대 아래 3번에서, when을 먼저 해석해서, "언제 당신이 거기에 간다 할지라도"로 해석해야 한다. "당신이 갈 때는 언제나"로 해석해서는 안 된다. 즉, 다시 말하면, wh-words(wh-로 된 단어)를 먼저 해석해야 양보의 의미가 나온다.

1. Whatever(= no matter what) you say, they may not believe you.
2. Whichever(= no matter which) you choose, the result will be the same.
3. Whenever(= no matter when) you go there, you will be welcome.
4. Wherever(= no matter where) you go, she will follow you.
5. However(= no matter how) hard you try, you will not be satisfied.
6. However(= no matter how) late you go there, you will find your reserved seat.

위의 양보의 부사절만 아래에 다시 해석해 보면, 다음과 같다.

1. 무엇을 당신이 말한다 할지라도,
2. 어느 것을 당신이 선택한다 할지라도,
3. 언제 당신이 거기에 간다 할지라도,
4. 어디를 당신이 간다 할지라도,
5. 얼마나 열심히 당신이 노력한다 할지라도,
6. 얼마나 늦게 당신이 거기에 간다 할지라도,

연습문제

① 올바른 문장이 되도록 괄호 안의 단어를 선택하세요.

1. Tell me the boy's name (who/whom), you said him honest, came here yesterday.
2. Do you know the shop (which/who) sells good quality of wine?
3. A child (his/whose) parents are dead is called an orphan.
4. A boy and his dog (who/that) were crossing the street have fortunately escaped a dangerous accident.
5. A picture of a mountain (whose/its) top was covered with snow is hanging on the wall.
6. She is the only daughter (whom/that) the gentleman has.
7. I can give you (that/what) you really need.
8. He said he was sick, (which/that) proved to be false.
9. This is the story (that/which) she was interested in.
10. A great man is too often unknown, or (that/what) is worse, mistakenly known.

② 다음 두 문장의 뜻이 같도록 빈칸에 적당한 단어를 쓰세요.

1. He has three daughters. However, none of them is married.
   ⇒ He has three daughters, none of (   ) is married.

2. Everybody loves the boy, for he is kind, honest and diligent.
   ⇒ Everybody loves the boy, (   ) is kind, honest and diligent.

3. People worked with him. He was respected by the people.
   ⇒ He was respected by the people (   ) he worked <u>with</u>.

4. This is the town in which he lived for over ten years.
   ⇒ This is the town (   ) he lived <u>in</u> for over ten years.

5. Today he was absent from school. He is often absent.
   ⇒ Today he was absent from school, (   ) is often the case.

③ 밑줄 친 부문을 어법에 맞게 바르게 고치세요.

1. I am going to meet a lady <u>she</u> taught me English when I was in high school.
2. He moved to Seoul, <u>there</u> he continued his study for the college entrance examination.
3. She was told to finish the work, <u>that</u> she neglected.
4. This is the town <u>where</u> I was born <u>in</u>.
5. <u>Whenever</u> you say, I won't change my original plan.
6. We have to do <u>which</u> we often don't like to do.
7. We accept <u>whatever</u> wants to be a member of our club.
8. Today is the day <u>when</u> we are going to have a party <u>on</u>.
9. Tennis is the sport <u>where</u> I am interested <u>in</u> most.
10. This is the reason <u>why</u> he couldn't come to the meeting <u>for</u>.

④ 다음 빈칸에 "-ever"가 붙은 알맞은 단어를 넣어 문장을 완성하세요.

1. (   ) you are, you may not interfere with our business.
2. (   ) busy you are, you should eat regularly for your health.
3. (   ) you say, they won't believe you.
4. (   ) you go, you'll find French bakery chains such as Paris Baguette and Tours les Jours.
5. (   ) you are in an emergency state, please call the emergency phone 119.

⑤ 다음 두 문장을 "관계대명사"를 사용하여 한 문장으로 만드세요.

1. a. This is an old house.
   b. He was born <u>in</u> the house.
      ⇒ This is the old house (   ) he was born <u>in</u>.

2. a. The tall man is my teacher.
   b. The tall man has just came in.
      ⇒ The tall man (   ) has just came in is my teacher.

3. a. Mr. Johnson has two sons and a daughter.
   b. <u>Some of them</u> have already been sent to college.
      ⇒ Mr. Jonson has two sons and a daughter, (   ) have already been sent to college.

4. a. He used to teach <u>at</u> a school.
   b. This is the school.
      ⇒ This is the school (   ) he used to teach English.

5. a. This is the key.
   b. I have been looking for it.
   ⇒ This is the key (　　　　　　　) I have been looking <u>for.</u>

6. a. I will lend you the book.
   b. Some interesting stories are <u>in</u> it.
   ⇒ I will lend you the book (　　　　) has some interesting stories <u>in.</u>

7. a. My birthday is on March 1st.
   b. I am going to have my birthday party <u>on</u> that day.
   ⇒ March 1st is the day (　　　　) I am going to have my birthday party <u>on.</u>

⑥ 종합 연습문제. 다음 문장을 읽고, 아래 질문에 답하세요.

　　Here on earth, we undertake great engineering projects to Ⓐ <u>get rid of</u> biological waste from cities and livestock farms. What about sea, Ⓑ <u>there/where</u> huge animals produce a lot of waste? A recent study suggests that sperm whales in the Southern Ocean have the ability to offset greenhouse gases with their poop. Whale Ⓒ <u>poop</u> pulls carbon dioxide from the atmosphere and moves it to the bottom of the ocean.

　　How does Ⓓ <u>it</u> work? Sperm whales dive deep in the ocean, Ⓔ <u>which/where</u> they feed on squid. They come back to the surface to breathe and, while they are at it, they poop a floating stream of liquid. The whale poop showers over Ⓕ <u>minute</u> plants floating stream of liquid. Because Ⓖ <u>it</u> is rich in iron, their poop helps stimulate plankton growth in the ocean. The plankton take in carbon dioxide from the atmosphere and eventually sink to the bottom of the ocean.

　　These ocean giants and certain other marine mammals may, therefore, be among the most environmentally friendly animals on the planet. Australian biologists estimated that about 12,000 sperm wales live in the Southern Ocean. Ⓗ <u>According to</u> the researches, one sperm whale can take care of roughly 200,000 tons of carbon dioxide a year. This is equal to the amount of carbon dioxide Ⓘ <u>giving off/given off</u> by 40,000 cars. Unfortunately, however, the whale population is decreasing. If whale poop indeed cleans the environment, shouldn't we make sure that whales are protected?

⑥ Ⓐ get rid of의 의미를 쓰세요.
　 Ⓑ 알맞은 어휘를 선택하세요.
　 Ⓒ poop의 의미를 우리말로 쓰세요.
　 Ⓓ it의 의미를 간략하게 우리말로 쓰세요.
　 Ⓔ 알맞은 관계사를 선택하세요.
　 Ⓕ minute의 발음과 의미를 쓰세요.
　 Ⓖ it의 의미를 우리말로 쓰세요.
　 Ⓗ according to의 의미를 쓰세요.
　 Ⓘ 알맞은 어휘를 선택하세요.

제13장 형용사(Adjectives)

Hornby(1975)의 앞 7가지 형용사 유형 ㉛-㉟은 "형용사의 종류"에 따라 문장의 구조가 달라지는 예를 제시한 것이다. 그 대표적인 "형용사"와 문장유형을 요약한다. (AP 1)의 유형은 그 기본 구조가 "주어 + be + 형용사 + to-부정사"로 구성되어 있다. 그런데 다음 (AP 1A)의 유형에서 사용되는 형용사는 "to-부정사" 바로 앞에 나타난다. 형용사의 유형이 변화됨에 따라, 아래와 같이 5가지 유형으로 분류될 수 있다: 즉, (AP 1 A, B, C, D, E) 유형으로 변형된다.

1. AP 1A (형용사 + to-부정사): (It is easy to deceive John.)   to-부정사 명사적 용법
2. AP 1B (형용사 + to-부정사): (Mary is eager to please.)   to-부정사 부사적 용법
3. AP 1C (형용사 + to-부정사): (It's wrong of Jim to leave.)   to-부정사 부사적 용법
4. AP 1D (형용사 + to-부정사): (The weather is likely to be fine.) to-부정사 부사적 용법
5. AP 1E (형용사 + to-부정사): (John was the first to arrive.)   to-부정사 형용사적 용법

6. AP 2   (형용사 + 전치사 + 명사/대명사):   (She was afraid of the dog)
7. AP 3   (형용사 + (전치사) + 절):   (I'm sure that he'll come soon.)

① (AP 1A) 유형의 형용사는 easy, difficult, hard(= difficult), safe, dangerous 등과 painful, pleasant, (im)possible, exciting, thrilling 등이 있는데, 전자는 동사의 목적어를 가주어 It 의 위치로 이동시키는 형용사들이고, 후자는 전치사의 목적어를 가주어 It의 위치로 이동시키는 형용사들이다. 이 두 가지 형용사를 합쳐서 Hornby(1975)는 (AP 1A)의 형용사라 했다.

이 두 가지 유형의 기저구조는 It---be--+ (AP 1A) +--to-Infinitives 구조이다. 그러므로 먼저 진주어인 to-부정사(구)가 가주어 It의 위치로 이동할 수도 있고, 그 다음 동사나, 전치사의 목적어만 가주어 It의 위치로 이동한다. 다음 예를 보자.

(1) a. It was easy to deceive John. ⇒   기저구조
     b. To deceive John is easy.   진주어가 가주어 It로 이동
     c. John was easy to deceive.   동사의 목적어가 가주어 It로 이동

(2) a. It was painful to listen to the story of her sufferings. ⇒ 기저구조
     b. To listen to the story of her sufferings was painful.   진주어가 이동
     c. The story of her sufferings was painful to listen to.   전치사의 목적어 이동

② (AP 1B) 유형에 쓰이는 형용사는 희로애락, 공포 등의 감정을 표시하는 것, 또는 마음이 내킨다든지, 내키지 않는다든지, 놀람, 좋다, 싫다 등과 같은 심적 상태를 표시한다. 또 "--ed" 어미를 갖는 분사적인 형용사로서, 종종 very, rather, quite 등 "정도부사"와 함께 잘 쓰인다. 이 유형의 "to-부정사" 구조는 앞의 형용사를 수식하는 부사적 용법으로 쓰인다. 이 점이 (AP 1A)와 다르다. (AP 1A)는 다음 (1) a, b에서 볼 수 있는 것 같이, 주어와 목적어가 동일했다. 그러나 (AP 1B)는 다음 (2) a-e처럼 주어와 목적어가 전혀 다르고, to-부정사는 형용사를 수식하는 "부사적" 역할을 한다.

(1) a. John (S) is easy to deceive.   (AP 1A)
     b. To deceive John (O) is easy.   (AP 1A)

(2) a. Mary (S) is eager to introduce (O) John to her parents.   (AP 1B)
        (Mary는 그녀의 양친에게 John을 소개하는데 열렬하다)
     b. We (S) are all glad/happy/relieved to know (O) that you're safe.   (AP 1B)
        (우리는 네가 안전하다는 것을 알고 기뻤다/행복했다/마음이 놓였다)

c. We're are all <u>sorry</u> to hear of (O) <u>your illness</u>.
(네가 아프다는 것을 듣고 우리는 모두 미안하다)

d. We're all <u>glad/happy/relieved</u> to know (O) that you're safe.
(우리는 네가 안전하다는 것을 알고 기뻤다/행복했다/마음이 놓였다)

e. You should <u>be proud</u> to have such (O) a clever and beautiful wife.
(너는 그렇게 영리하고 아름다운 부인을 둔 것을 자랑으로 생각해야 한다)

③ (AP 1C)는, 기본구조를 "It--be--+--(AP 1C)--+--(of + 의미상의 주어) + to-부정사"를 갖는다. 그리고 주어는 항상 유생물 주어이어야 한다. 그래서 이 유생물 "of you"의 의미상의 주어가 아래 (1) a번의 문장에서, 가주어 It의 자리로 이동하면, b번 문장에서는 "of you"가 삭제된다. 앞 (AP 1A)와 다른 점은 to-부정사로 된 동사의 목적어가, It의 위치로 이동하는 일은 없다. 그러나 가주어 It가 나타나는 문장을 감탄문, 부정감탄문으로 변형시킬 수는 있다.

(1) a. It was silly of you to make such a mistake.   (b에서 "of you" 삭제)
(너는 그런 잘못을 해서 바보스러웠다)

b. You were silly to make such a mistake.   (a에서 b로 바꿀 수 있다)
(너는 그런 잘못을 해서 바보스러웠다)

(2) 이 유형에서는 위와 같이 "의미상의 주어"가 "유생물"이어야 하고, "(of + 주어)"는 삭제되는 일이 있다. 앞 (AP 1A)에서는 다음 c, d와 같은 의미상의 주어 "for + 주어"가 사용될 수 있으나, (AP 1C)에서는 사람의 성격을 나타내므로, "for + 주어"는 사용되지 않는다.

c. The house was difficult <u>for you</u> to find.
(너는 그 집은 찾기가 어려웠다)

d. It was difficult to find the house.   (for + 주어삭제)
(그 집을 찾는 것은 어려웠다)

④ (AP 1D) 유형에서는 형용사 뒤에 to-부정사가 따라오기는 하나, (AP 1A/B/C)의 유형에 들어가지 않은 소수의 형용사가 있다. 미래의 일에 대해서 무엇인가 서술하거나, 질문을 할 때, likely, certain, sure가 이 유형에 쓰인다. probable은 이 유형에 쓰이지 않는다. 이 형용사들은 <u>예언, 예견의 뜻을 나타내는 형용사이다.</u>

a. The weather <u>is likely</u> to be fine.
(날씨가 좋을 것 같다)

b. Our team <u>is (un)likely</u> to win.
(우리 팀이 이길 것 같다/이길 것 같지 않다)

c. Your team <u>is certain</u> to win.
(너의 팀이 이기는 것이 분명할 것이다)

d. We're <u>sure</u> to need help.
(우리는 분명히 도움이 필요할 것이다)

위의 문장을 it---that의 구조로 바꾸어 쓸 수 있다.

a. It's likely <u>that</u> the weather will be fine.
(날씨가 좋을 것 같다)

b. It's (un)likely <u>that</u> our team will win.
(우리 팀이 이길 것 같다/이길 것 같지 않다)

c. It's certain <u>that</u> our team will win.
(너의 팀이 이기는 것이 분명할 것이다)

⑤ (AP 1E)는 이른바 특정화(specification)한 to-부정사가 "서수사"나, next/last 뒤에 쓰이는데, 보통 이러한 형용사 앞에는 정관사 the를 붙인다.

a. He's often **the first** to arrive and **the last** to leave.
(그는 종종 맨 먼저 와서 맨 나중에 떠난다)

b. Who will be **the next** to go?
(다음에 갈 사람은 누구냐? = 누가 다음에 갈 것인가?)

c. The second to draw a ticket in the lottery is Mr. Robinson.
(복권 뽑기에서, 복권을 뽑을 두 번째 사람은 Mr. Robinson이다)

또 서수사나, next/last 뒤에, 명사가 올 수도 있다. 그 경우에는 형용사 앞에 반드시 정관사를 붙인다.

d. Who was **the first man** to walk on the moon?
(달 표면에 걸어 다닌 최초의 사람은 누구였던가?)

⑥ **(AP 2)의 형용사는, 종종 전치사(구)를 사용함으로서, 명확하게 완성되는 경우가 있다.**
그때의 전치사는 뒤에 오는 명사/대명사/동명사/절을 지배하게 된다. 많은 과거분사도 이 유형에 나타난다. 이 전치사는 예컨대, "fond of"처럼 관용적으로 고정된 것도 있다. 그런데, angry <u>with</u> someone, angry <u>at/about</u> something, anxious <u>for</u> news, anxious <u>about</u> somebody' health와같이, 의미에 따라 전치사의 선택이 다를 수 있다.

대부분의 형용사는 하나 이상의 유형에서 사용되고 있다. 예컨대, anxious는 (AP 1)에서 "<u>anxious to know</u>"로도 쓰이고, (AP 2)의 "<u>anxious for/about</u>"로도 쓰인다. 또 어미가 "--ed"인 과거분사의 대부분도 (AP 1)에서 "<u>amazed/delighted at</u>"로도 사용된다. 형용사와 함께 쓰이는 전치사를 기억하려면 실제로 문장이나 회화체의 글에서 용법을 관찰하거나, 용법이 나와 있는 사전을 보는 것이 제일 좋다.

다음 예문은 여러 가지 형용사나 과거분사가 여러 가지(전치사 + 전치사의 목적어)와 함께 쓰이는 예를 제시한 것이다.

a. Are you <u>afraid of</u> the dog/<u>afraid of</u> being bitten by the dog/
<u>afraid of</u> what people will think if you run away from the dog?
(너는 개가 무서운가/개에 물릴까 두려운가/개를 피해 도망간다면 사람들이 어떻게 생각할 것인가 걱정인가?)

b. The doctors say that milk is <u>good for</u> you/<u>good for</u> your health.
(의사들은 우유가 너에게/너의 건강에 좋다고 한다)

c. <u>What</u>'s he looking so <u>happy/pleasant/angry/worried/aggrieved</u> <u>about</u>?
(aggrieve: 학대하다. aggrieved: 괴롭혀진, 기분이 상한)
(그는 무엇 때문에 저렇게 행복한가/기쁜가/화났는가/걱정하는가/기분이 상했는가?)

d. Aren't you <u>ashamed of</u> yourself/of your behavior/of what you did/
of having behaved so badly?
(너는 너 자신에 대해서/너의 행동에 대해서/네가 한 것에 대해서/아주 나쁘게 행동한 것에 대서 부끄럽다고 생각하지 않는가?)

⑦ **(AP 3)의 형용사는 절(clause)을 사용함으로서, 그 의미를 분명하게 하는 경우가 있다.**
접속사는 that가 가장 많이 쓰이나, 대개의 경우는 생략된다. 단, that-절의 경우에는 전치사가 앞에 나타나는 일은 없다.

a. She <u>was</u> not <u>aware</u> <u>that</u> her husband earned $ 50 a week.   that-절
(그녀는 그녀의 남편이 한 주에 50달러의 돈을 버는 것을 알지 못했다)

b. They were <u>anxious</u> <u>that you should return.</u>/<u>for your return</u>.　　　　that-절
　(그들은 네가 돌아오는 것을 열망하고 있었다)

a. She <u>was</u> not <u>aware (of)</u> <u>how much</u> her husband earned.　　that-절 이외의 절
　(그녀는 그녀의 남편이 얼마나 돈을 버는지 알지 못했다)

b. I'm not quite <u>sure</u> <u>how to</u> do it/how it is done.　　　　that-절 이외의 절
　(나는 그것을 하는 방법을 확실할 수 없습니다)

c. I'm not <u>sure</u> <u>why</u> he wants it.　　　　　　　　　　　that-절 이외의 절
　(왜 그가 그것을 원하는지 잘 모르겠다)

d. We were <u>worried</u> about <u>where</u> you had to go.　　　　　that-절 이외의 절
　(우리는 네가 어디에 도착했는가를 걱정하고 있었다)

e. He's <u>doubtful</u> (about) <u>whether</u> he can afford it.　　　　that-절 이외의 절
　(그는 그것을 살만한 여유가 있는지 의심스럽다)

　　더 구체적인 내용은 앞 형용사 유형 ⑧-⑧을 참조하라

⑧ Order of Descriptive Adjectives "묘사적 형용사의 배열순서 세 가지"

　　아래 Ⓐ에서 "묘사적 형용사(descriptive adjective)"의 어휘배열 순서를 제시한 도표를 보자(Michael Swan 2005: 11). 아래 Ⓐ에서 "출처와 재료"에 대한 단어들은 보통 맨 마지막에 오고, 그 앞에 크기, 연령(나이), 모양, 색체 등의 순서로 배열된다. 우리나라에서 나온 영문법 책에서는 오직 이 Ⓐ의 묘사적 형용사의 순서만 제시되고 있는데, 그 외 Ⓑ의 유형분류적, 그리고 Ⓒ의 의견/감정/판단적 유형이 전체 형용사 유형을 결정하는 요인이 된다는 것을 명심해야한다. 다음 3가지 유형을 살펴보자.

Ⓐ 다음 "묘사적인 형용사(descriptive adjective)"의 배열 순서를 보자.

관사 지시사 수사	크기	연령	모양	색체	출처	재료	명사
a	fat	old		white			horse
a	big			grey		woollen	sweater
these		new			Italian		boots
two	small		round	black		leather	handbags
an	enormous			brown	German	glass	mug
a	little	modern	square			brick	house

　　그런데 위 Ⓐ의 묘사적 형용사는 아래 Ⓑ의 유형분류적 형용사 유형에 따라, 그 위치가 다르게 나타난다. 즉, 다음 "<u>유형분류적 형용사</u> +명사" 앞에, Ⓐ의 묘사적 형용사가 첨가되어 쓰이는데, 이때, 첨가될 수 있는 묘사적 형용사만 나타난다.

ⓑ "유형분류적 형용사(classificational adjective)" 앞에 나타나는
"묘사적 형용사(descriptive adjective)": 예컨대, an <u>old</u> political idea.

Ⓐ 묘사적(description) 형용사	Ⓑ 유형분류적 (classification) 형용사	명사	잘못된 배열의 예시
an old the latest a green leather	political educational wine dancing	idea reform bottle shoes	(~~a political old idea~~) (~~the educational latest reform~~) (~~a wine green bottle~~) (~~dancing leather shoes~~)

위 도표에서 "Ⓑ + 명사"의 순서는 고정되어 있는데, 그 앞에 Ⓐ의 묘사적 형용사가 첨가되는 경우가 하나의 유형으로 제시된다.

위 Ⓑ 도표에서는 Ⓑ의 "<u>유형분류적 형용사(classificational adjective)</u>" 앞에, 위 Ⓐ의 묘사적 형용사가 온다. 예컨대, "an old political idea"와 같이 표현할 때, Ⓐ의 "<u>묘사적 형용사 + 유형분류적 형용사 + 명사</u>"가 그 순서대로 나타난다.

ⓒ 그 다음 "의견 형용사(opinion adjective)"가 나타나는 경우에는, 다음 도표에서처럼, 그 "<u>의견 형용사</u>" ⓒ의 뒤에, Ⓐ의 "<u>묘사적 형용사(descriptive adjectives)</u>"가 나타난다.

ⓒ 의견, 감정, 느낌, 판단적 형용사	Ⓐ 묘사적(descriptive) 형용사	명사	잘못된 배열의 예시
a lovely a wonderful beautiful	cool old green	drink house mountains	(~~a cool lovely drink~~) (~~an old wonderful house~~) (~~green beautiful mountains~~)

위에서는, "<u>ⓒ의 의견형용사 + Ⓐ의 묘사적 형용사 + 명사</u>" 순서로 나타난다. 즉, 형용사, lovely, wonderful과 같은 "의견형용사"가 나타나면, "a <u>wonderful</u> old house"처럼, 의견 형용사가 먼저 오고, 그 다음 Ⓐ의 묘사적 형용사는 그 "뒤에" 온다.

그러므로 형용사의 배열순서는 앞 Ⓐ와 같은 단순한 "묘사적 형용사(descriptive adjective)"의 배열순서와 같이 나타날 수도 있고, 또 위 Ⓑ와 같은 "유형분류적 형용사(classificational adjective)"가 나타나는 경우와, ⓒ의 "의견 형용사(opinion adjective)"가 나타나는 세 가지 유형으로 분리되어 나타낸다. "<u>그런데, 중요한 것은 위 세 가지 유형을 하나로 통합할 수는 없다.</u>" 그리고 위 Ⓐ의 도표에서, Michael Swan(2005: 11)도 "The order of descriptive words is not completely fixed."라고 말하고 있다.

이 말은 위 Ⓐ와 같은 "묘사적 순서"는 "완벽하게 고정된, 절대적인 것"이라고 말할 수 없다는 것이다. <u>그러나 보통 출처, 재료가 맨 나중에 오고, 크기, 연령, 모양, 색채 등이 그 앞에 나타나는 것이 "보통의 순서"</u>라고 언급하고 있다. 그러나 사람에 따라 이 묘사적 형용사의 배열순서가 다소 바뀌어질 수도 있다는 말이다(Michael Swan. 2005: 11).

⑨ As/How/So/Too/Very

앞에서 제시된 묘사적 형용사의 어순을 완전히 떠나서, 아주 다른 어순으로 제시되는 경우가 많이 있다. 그것을 여기에서 분석하기로 한다.

"대단히 (so)"를 의미하는 as, how, so, 관용구 too---to--와 또 so의 의미를 나타내는 부사 this/that 등 다음에는, 형용사가 a/an 앞에 나타난다.

아래에 제시된 유형의 용법은 좀 형식적인(a formal style) 것으로 인정되고 있다. 아래 예에서, 바로 그 뒤에 부정관사를 동반한 명사구가 반드시 함께 쓰인다. 따라서 명사 a voice, a person, a pianist, a car, a day가 형용사 "뒤에" 나타난다. 즉, good a voice, polite a person, good a pianist, that big a car, warm a day로 나타난다. 이 유형은 앞에서 제시된 Ⓐ의 묘사적 형용사 유형과 전혀 다르다.

(1) a. I have <u>as good</u> a voice <u>as</u> you. 　　　　as (부사)----as (접속사)
　　 b. She is <u>too polite</u> a person to refuse. 　　too---to는 관용구
　　 c. <u>How good</u> a pianist is he? 　　　　　　how는 부사
　　 d. I couldn't afford <u>that big</u> a car. 　　　　that은 부사
　　 e. It was <u>so warm</u> a day that I could hardly work. 　so는 부사

(2) 명사 앞에만 나타나는 형용사: elder, live, little, mere, sheer, bloody, very, wooden 등등

　　 a. My <u>elder</u> brother is a pilot. 　　b. They are <u>live</u> fish.
　　 c. A nice <u>little</u> house. 　　　　　　d. He's a <u>mere</u> child.
　　 e. It's <u>sheer</u> madness. 　　　　　　f. You are a <u>bloody</u> fool! (너는 대단한 바보야!)

⑩ 형용사가 명사 뒤에 오는 경우

(1) 과거분사로 된 형용사가 다른 어구와 사용되어 길어질 경우.

　　 She found a box (~~which was~~) <u>filled with</u> many books.

(2) -thing, -body 등으로 끝나는 명사를 수식할 때.

　　 I want to have something <u>cold</u> <u>to drink</u>. Let's go somewhere <u>quiet</u>.

(3) 최상급, every, all 등의 수식을 받는 명사는, - able, -ible로 끝나는 형용사를 그 명사의 뒤에 오게 하여 수식을 받는다. 다음 예를 보자.

　　 a. Send <u>the all</u> tickets <u>available</u>. 　　b. He used every means <u>available</u>.
　　　　 (가능한 한 모든 표를 보내도록 하라) 　　 (그는 동원할 수 있는 모든 수단을 사용했다)

　　 c. She has <u>the most beautiful</u> voice <u>imaginable</u>.
　　　　 (그녀는 상상할 수 있는 가장 아름다운 목소리를 가지고 있다)

　　 d. We made good use of the latest knowledge <u>available</u>.
　　　　 (우리는 이용할 수 있는 가장 최신의 지식을 활용했다)

(4) 관용적인 표현

　　 Secretary <u>General</u>　　(사무총장)　　　President <u>elect</u>　　(대통령 당선자)
　　 authorities <u>concerned</u>　(관계당국)　　　the sum <u>total</u>　　(총계)
　　 a court-<u>martial</u>　　　(군법회의)　　　a poet <u>laureate</u>　　(계관 시인)
　　 an heir <u>apparent</u>　　(추정 상속인)　　 Korea <u>proper</u>　　(한국본토)

attorney <u>general</u>	(법무장관 AmE)	things <u>American</u>	(미국풍물)
consulate <u>general</u>	(총영사관)	a devil <u>incarnate</u>	(악마의 화신)

⑪ 형용사의 서술적 용법

형용사는 명사를 직접 수식하기도 하지만, 2형식 문장으로 상태나 성질을 설명하기도 하고, 또 5형식의 명사보어로 사용되기도 한다.

(1) 주격보어로 쓰인 경우
 a. He seems <u>happy</u>.
 b. She became <u>angry</u>.

(2) 목적격보어로 쓰인 경우
 a. The judge thought the boy <u>innocent</u>.
 b. His wife made him <u>happy</u>.

(3) 서술적 용법으로만 쓰이는 형용사

afraid, afloat, alike, alive, alone, asleep, awake, ashamed, content, unable, worth 등

 a. The baby is <u>asleep</u> now.   b. Is he still <u>alive</u>?
 c. She is not <u>afraid of</u> the dog.   d. They are not <u>content with</u> the result.
 e. The book was <u>worth reading</u>.

(4) 서술적 용법과 한정적 용법으로 뜻이 달라지는 경우

 a. a <u>certain</u> lady (어떤 부인)   It is quite <u>certain</u>. (certain = sure)
 b. I was <u>late</u>.   The <u>late</u> Mr. Johnson. (고 Johnson 씨)
 c. The king was <u>present</u>.   The <u>present</u> King

⑫ 수량 형용사

(1) many: 가산명사
 How <u>many</u> brothers and sisters do you have?

(2) much: 비-가산명사
 How <u>much</u> money do you have with you now?
 I don't have <u>much</u> time.

(3) few와 little

		약간의	거의 없는	가산명사: 수가 적지 않는, 꽤 많은	비-가산명사: 양이 적지 않은, 꽤 많은	가산 비-가산명사에 공통 사용
가산 (수)		a few	few	not a few quite a few		a lot of lots of plenty of
비가산 (양/정도)		a little	little		not a little quite a little	

a. I have a few friends.　　　　(나는 몇 명의 친구가 있다)
b. I have few friends　　　　　(나는 친구가 거의 없다)
c. I have a little money.　　　　(나는 돈이 조금은 있다)
d. I have little money.　　　　(나는 돈이 거의 없다)

⑬ 주의해야 할 수사를 포함한 표현

(1) 숫자 다음에 오는 hundred, thousand, million은 모두 단수

　　a. 1988: nineteen eighty-eight, 2012: two thousand and twelve
　　b. 7. 10 A. M: seven-ten A. M.

(2) 막연한 수를 나타낼 때는 수의 단위를 나타내는 명사를 복수형으로 한다.

　　a. dozens of, scores of, hundreds of, thousands of, millions of 등
　　b. Hundreds of people came to watch the game.

(3) every + 서수/기수 + 단수명사: "--- 마다"

　　a. The World Cup is held every four year.
　　b. The meeting takes place every second year.

(4) **"수사 + 명사"가 형용사로 쓰이면 다음 a와 같이 단수형을 쓰고, 형용사를 수식하는 경우는 b와 같이 복수형을 쓴다.**

　　a. There are two cats on the top of a three story building.
　　　(3층 건물의 꼭대기에 두 마리의 고양이가 있다)
　　b. It is a three-feet wide table.

　　　(위 a와 b에서 단수인 a building을 수식하므로 단수 형용사 "a three story"로 b에서는 형용사 wide를 수식하므로, 복수형인 "three feet"를 사용했다)

다음 예문에서도 줄친 복수명사가 그 뒤의 형용사를 수식한다. 그래서 모두 복수 형용사 형이다.

　　c. He is about six feet tall.　　　(그는 키가 약 6피트이다)
　　d. The water was several meters deep.　(그 물은 수심이 몇 미터 깊었다)
　　e. The baby is nine months old.　　(그 애기는 태어난 지 9개월이 된다)
　　f. The table is three feet wide.　　(그 탁자는 너비가 3피트이다)

⑭ 형용사를 포함한 중요 구문

　　사람의 성격 형용사: careful, foolish, good, honest, kind, nice, silly, wise 등

(1) It is + 형용사 + "of + 명사" + to-부정사 구문
　　It is very kind of you to say so. (= You are very kind to say so)

(2) 주어 + "동사 + 형용사 + to-부정사"

　　a. You don't look happy to see me.　　(너는 나를 만나서 기쁘지 않게 보인다)
　　b. The soup is ready to eat.　　　　(국은 먹을 준비가 되었다)
　　c. I'm anxious for her to get a good education.
　　　(나는 그녀가 좋은 교육을 받기를 열망하고 있다)

⑮ It is + 형용사 + that 구문: **앞 8장의 기원법의 상위절에 쓰이는 "형용사 유형" 참조.**

(1) 형용사가 화자의 주장, 요구, 명령, 권유 등을 나타낼 때에는 that-절이 이끄는 종속절에서 동사 원형을 갖는다. 이 유형에 쓰이는 형용사는 vital, important, essential, necessary, imperative 등이다.

It is <u>necessary</u> that you <u>(should) take</u> an entrance examination to be admitted to an American university.
(너는 미국대학에 입학허가를 받기 위해서 입학시험을 보아야할 필요가 있다)

(2) 화자의 주관적인 감정, 놀라움, 섭섭함을 나타내는 형용사가 쓰일 때에는 that-절이 이끄는 종속절에서 "should + 동사원형"을 쓴다.

   a. It is curious that he shouldn't have passed the examination.
      (그가 시험에 합격하지 못했다니 이상하다)

   b. I'm sorry that he should leave so soon.
      (그녀가 그렇게 즉시 떠나게 되어 미안합니다)

(3) 주절의 형용사가 likely, certain, sure 등이 쓰이면 that-절의 주어를 전체문의 주어로 해석된다.

   a. It's likely that he will come. = He is likely to come.
   b. I'm sure that she will succeed. = She is sure to succeed.

⑯ the + 형용사

   the + 형용사는, 복수 보통명사도 되고, 단수 보통명사도 되고, 또 추상명사도 된다.

(1) 복수 보통명사

the rich:	부자들	the poor:	가난한 사람들
the old:	노인들	the young:	젊은 사람들
the wounded:	부상자들	the disabled:	불구의 사람들
the blind:	눈먼 사람들	the deaf:	귀먹은 사람들

He is collecting money for <u>the blind</u>. (눈먼 사람들을 위해 돈을 모금합니다)
<u>The unemployed</u> are losing hope. (실직자들은 희망을 잃어가고 있습니다)

After the accident, <u>the injured</u> were taken to hospital.
(사고 후에, 부상자들은 병원으로 실려 갔습니다)

(2) 단수 보통명사

   a. Who last saw <u>the deceased</u> alive?
      (누가 마지막으로 고인이 살아 있는 것을 보았습니까?)
   b. <u>The accused</u> is alleged to be a member of the notorious gang.
      (피고는 악명 높은 갱단의 한 사람으로 추정된다)
   c. <u>The accused</u> has the right to present witnesses for his or her case.
      (피고인은 자신의 사건에 증인들을 출석시킬 권리를 갖고 있다)

(3) 추상명사

   the true: 진실   the good: 선   the beautiful: 미   the evil: 악

(4) 관용적인 표현 many: many a = 단수로 표현

    a. <u>Many a man</u> has repeated the same mistakes.
    (많은 사람들이 동일한 실수를 했다) = (이 표현은 문학적인 표현이며 실제로는
    거의 쓰지 않는다)

    b. like so many = 마치 --인 것처럼
    They worked <u>like so many</u> bees. (그들은 많은 벌처럼 일했다)

    c. as many = 동수의
    She made five mistakes in <u>as many</u> lines.
    (그녀는 다섯줄에서 다섯 개(동수)의 과오를 냈다)

    d. a great many, a good many = 매우 많은

(5) much: as much = 동량의

    a. I thought <u>as much</u>. (나도 그 정도는 생각했다)

    b. as much as to say = 마치 --라고 말 하듯이
    She shook her head <u>as much as to say</u>, "Impossible."
    (그녀는 "불가능"이라고 말하듯이 그녀의 머리를 흔들었다)

    c. not so much A as B = not A so much as B. = A라기 보다 차라리 B
    He is <u>not so much</u> a scholar <u>as</u> a politician. (그는 학자라기보다는 차라리 정치인이다)

    d. not so much as = 조차도 --못 한다
    He can <u>not so much as</u> write his own name. (그는 그의 이름조차도 쓸 수 없다)

    e. without so much as --ing = 조차 없이
    She went away <u>without so much as</u> saying goodbye to us.
    (그녀는 우리에게 작별의 인사도 없이 떠났다)

(6) much/less/more/more than의 관용구: 다음 4가지 구조에서는 그 의미가, "A라기 보다는 B이다"로 표현된다.

    a. not so much A as B
    b. not A so much as B
    c. less A than B
    d. B rather than A

He is <u>not so much</u> a statesman <u>as</u> an economist. ⇒

= He is <u>not</u> a statesman <u>so much as</u> an economist.
= He is <u>less</u> a statesman <u>than</u> an economist.
= He is <u>more</u> an economist <u>than</u> a statesman.
= He is an economist <u>rather than</u> a statesman.

(7) few: quite a few = many

    a. <u>Quite a few</u> students attended the meeting. (꽤 많은 학생들이 그 모임에 참가했다)
    b. Only a few = but few = not many
    <u>Only a few</u> passengers survived the plane crash.
    (단지 몇 명의 승객만이 비행기 추락에서 살아남았다)

⑻ little: quite a little = much

    a. She knows <u>quite a little</u> about plants. (그녀는 식물에 대해서 "<u>많이</u>" 알고 있다)
    b. <u>Only a little</u> = but little = not much: 조금만
       There was <u>only a little</u> money left for us. (우리들에게 돈이 "<u>조금만</u>" 남아있다)

⑰ high/low를 보어로 쓰는 명사
wage, pay, price, income, cost, standard, speed, regard, temperature 등등

    a. The price of the gold ring is <u>high</u>. (그 금반지의 가격은 높다)
    b. The book is <u>expensive</u>.   (그 책은 비싸다)

"가격은" 높고 낮다(high or low)로 표현하고, "어떤 물건 (그 책은)"은 비싸다, 싸다 (expensive or cheap)로 표현한다.

⑱ large/small로 (수/양)을 표시하는 명사

family, population, attendance, audience, profit, sum, amount, sale, salary, change 등

    a. There was a <u>large (small)</u> attendance at the meeting.
       (그 모임에 청중은 적었다)

    b. The population of the town was <u>small (large)</u>.
       (그 도시의 인구는 적었다)

    c. My family is small (large).
       (나의 가족은 적다/많다)

⑲ 형용사 worth와 worth-while의 특별한 용법: (Michael Swan. 2005: 620-621)

  ⑴ 형용사 worth는 다음과 같은 무엇의 가치를 표현하는 표현을 사용한다.

    a. That piano must be <u>worth</u> <u>a lot</u>.
    b. I don't think their pizzas are <u>worth</u> <u>the money</u>.
    c. Shall I talk to Rob? --It's not <u>worth</u> <u>the trouble</u>.
    d. <u>What/How much</u> is that painting <u>worth</u>?

위의 예를 보면, worth 다음에 형용사, 명사의 역할을 하는 요소가 나타날 수 있고. 동시에, worth 앞 수사의 소유격 다음에 나타날 수도 있다. 또 worth 다음에 동명사도 쓰인다.

    e. They've ordered <u>a million dollars</u>' worth of computer software.
       (그들은 수백만 달라 가치의 컴퓨터 소프트웨어 부품을 주문했다)

    f. It's worth <u>talking</u> to Joe.
    g. It's worth <u>repairing</u> the car.
    h. Is it worth <u>visiting</u> Leicester?

  ⑵ worth 대신에 worthwhile이 쓰이는데, 특히 "시간을 소비할 가치"를 언급할 때 사용한다. 또 worthwhile 다음에 to-부정사도 사용한다.

    a. Is it worthwhile visiting Leicester?
    b. We thought it might be worthwhile to compare the two years' accounts.
       (2년 동안의 회계결과를 비교해 보는 것은 가치가 있다고 생각했다)

⑳ 분사(participles)가 형용사로 쓰이는 경우

(1) 현재분사 및 과거분사가 형용사로 쓰이는 경우는 매우 흔하다. 줄친 현재분사나 과거분사를 보자.

   a. an <u>interesting</u> book.   (재미있는 책)
   b. a <u>lost</u> dog.   (잃어버린 개)
   c. a <u>falling</u> leaf/<u>fallen</u> leaves   (낙엽)
   d. The upstair toilet window is <u>broken</u>.   (2층 화장실의 창문이 깨어졌다)
   e. His idea seems <u>exciting</u>.   (그의 생각은 흥미로운 것 같다)
   f. The above <u>mentioned</u> point.   (위에서 말한 요점)

(2) a. We couldn't agree on any of the problems <u>discussed</u>.
     (우리는 논의된 문제들 중에서 어느 것에도 의견의 일치를 볼 수 없었다)

   b. The people <u>questioned</u> gave very different opinions.
     (질문을 받은 사람들은 아주 다양한 의견을 제시했다)

   c. Those <u>selected</u> will begin training on Monday.
     (선발된 사람들은 월요일에 훈련을 시작할 것이다)

(3) 과거분사와 함께 쓰이는 much와 very.

여기에 쓰이는 과거분사는 보통, 지적인 상태(mental state), 감정 feelings, 반응 (reaction) 등을 언급하는 단어들과 함께 쓰인다.

   a. He's (very) much <u>admired</u> by his students. (NOT…~~very admired~~…)
     (그는 그의 학생들로부터 많은 존경을 받았다)

   b. UK's trade position has been (very) much <u>weakened</u> by inflation.
     (영국의 무역은 인플레이션(물가상승)으로 많이 약해져 왔다)

   c. a very <u>frightened</u> animal. (NOT… ~~a much frightened animal~~) (놀란 동물)
   d. a <u>shocked</u> expression.   (충격을 받은 표현)
   e. The children were very <u>bored</u>.   (어린이들은 아주 지루해 했다)
   f. She looked very <u>surprised</u>.   (그녀는 아주 놀란 것 같았다)
   g. I'm very <u>amused</u>/much <u>amused</u>/very much <u>amused</u> by Miranda's
     performance.   (나는 마란다의 연기에 아주 즐거웠다)

(4) frightened by/frightened of

   a. She was <u>frightened by</u> a mouse that ran into the room.
     (그녀는 방안으로 뛰어든 쥐 때문에 깜짝 놀랐다)

   b. She's always been terribly <u>frightened of</u> dying.
     (그녀는 항상 죽음을 무척 두려워 해왔다)

   c. I was <u>annoyed by</u> the way of she spoke to me.
     (나는 그녀가 나에게 말하는 태도에 불쾌했다)

   d. We were <u>shocked at</u> the price of London.
     (우리는 London의 물가에 충격을 받았다)

㉑ 형용사 Possible과 Impossible의 특별한 용법

우리는 흔히 possible과 impossible을 우리말에서 사용하는 것과 같이 사용하나, 원어민들은 우리의 생각과 같이 사용하지 않는다. impossible은 부정적인 의미에만 쓰이고, possible은 부정적인 의미에 쓰지 않는다. 아래 ⑴, ⑵가 이것을 말해준다. 다음 ⑴번에서 that man을 impossible과는 함께 쓰나, ⑵에서처럼 possible과는 함께 쓰지 않는다. 대신 "it--to-부정사 구조"인 ⑶번이나, "to-부정사(구)"를 주어로 한 ⑸번같이 표현한다면 정문이다. 마찬가지로, 아래 our team이라는 명사도 ⑷, ⑸번 같이, 부정적인 의미로 쓰면 정문이다. 긍정적인 의미로 쓰려면, ⑹과 같은 "it--to-부정사 구조"로 표현하면 정문이다. 긍정적인 표현으로 아래 ⑺과 같이 말하지 않는다. 이것은 원어민들이 그렇게 쓰기 때문이다. 앞 형용사 유형 ㉛의 "해설"에 제시된 내용을 다시 인용한다.

(1) That man is impossible to work with. (o) 부정적인 의미
  (그 사람은 함께 일하기란 불가능하다)
(2) *That man is possible to work with. (x) 긍정적 의미
  (그 사람은 함께 일하기란 가능하다)
(3) It's possible to work with that man. (o) It--to-부정사 구조에는
  (그 사람과 함께 일하는 것은 가능하다)   긍정적 의미로 사용한다.

(4) Our team is impossible to defeat. (o) 부정적인 의미
  (우리 팀을 패배시키는 것은 불가능하다)
(5) To defeat our team is impossible. (o) 부정적인 의미
  (우리 팀을 패배시키는 것은 불가능하다)
(6) It's possible to defeat our team. (o) It--to-부정사 구조에는
  (우리 팀을 패배시키는 것은 가능하다)   긍정적 의미로 사용한다.

(7) *Our team is possible to defeat. (x) 긍정적 의미

만일 위 ⑸, ⑹에서, 타동사 defeat 대신에 win/lose라는 자동사를 쓰면, our team이라는 명사는 목적어를 쓰지 않고, 아래 ⑻에서처럼 our team이 주어로 나타난다. 그러면 ⑻ a, b, c는 자동사로서, 모두 정문이다. 그리고 ⑻ d, e의 경우는, 타동사로서, 목적어 "a/the game"이라는 목적어를 갖는 경우에는, 정문이다.

(8) a. Our team cannot win. (o)
  b. Our team cannot lose. (o)
  c. Our team cannot be defeated. (o)

  d. Our team can be lost the game. (o)
  e. Our team can be won the game. (o)

따라서 아래 ⑼, ⑽과 같이 말하지 않고, ⑾과 같이 말한다.

(9) *To win/lose our team is (im)possible. (x) 줄친 부분은 to-부정사 주어
(10) *It's (im)possible to win/to lose our team. (x) 줄친 부분은 to-부정사 주어

(11) It's (im)possible to defeat our team. (o)

⑼-⑽에서 "명사 our team"이 to-부정사(구)로 된 "주어명사"로 나타나면, 형용사 (im)possible과 함께 쓰지 못한다. 대신 형용사 (im)possible은 오직 ⑾의 "it---to-부정사 구조"에서만 정문이 되기 때문이다. 그런데, 맨 앞 ⑴은 정문이고, ⑵, ⑺번은 비문인 것은 어쩔 수 없는 표현이다. 원어민들이 그렇게 쓰지 않기 때문이다.

㉒ 국가/지역 이름에서 온, <u>형용사,</u> <u>한 사람</u> 및 <u>전체 국민들을</u> 일컫는 표현

country/region 나라/지역	adjective 형용사	person 한 사람	Population 전체 국민들 (복수)
America (The United States)	American	an American	the Americans
Belgium	Belgian	a Belgian	the Belgians
Brazil	Brazilian	a Brazilian	the Brazilians
China	Chinese	a Chinese	the Chinese
Congo	Congolese	a Congolese	the Congolese
Europe	European	a European	the Europeans
Italy	Italian	an Italian	the Italians
Japan	Japanese	a Japanese	the Japanese
Kenya	Kenyan	a Kenyan	the Kenyans
Korea	Korean	a Korean	the Koreans
Morocco	Moroccan	a Moroccan	the Moroccans
Norway	Norwegian	a Norwegian	the Norwegians
Palestine	Palestnian	a Palestinian	the Palestinians
Portugal	Portuguese	a Portuguese	the Portuguese
Russia	Russian	a Russian	the Russians
Switzerland	Swiss	a Swiss	the Swiss
Tyrol	Tyrolean	a Tyrolean	the Tyroleans
Greece	Greek	a Greek	the Greeks
Iraq	Iraqi	a Iraqi	the Iraqis
Israel	Israeli	a Israeli	the Israelis
Thailand	Thai	a Thai	the Thais

㉓ Exceptions (예외): 위 ㉑의 표현에서 예외적인 표현

country/region 나라/지역	adjective 형용사	person 한 사람	Population 전체 국민들
Britain	British	a British person (Briton)	the British
England	English	an Englishwoman/man	the English
France	French	a Frenchman/woman	the French
Ireland	Irish	an Irishwoman/man	the Irish
Spain	Spanish	a Spaniard	the Spanish
The Netherlands (Holland)	Dutch	a Dutchwoman/man	the Dutch
Wales	Welsh	a Welshwoman/man	the Welsh
Denmark	Danish	a Dane	the Danes
Finland	Finnish	a Finn	the Finns
Poland	Polish	a Pole	the Poles
Scotland	Scottish (Scotch)	a Scot	the Scots
Sweden	Swedish	a Swede	the Swedes
Turkey	Turkish	a Turk	the Turks

연습문제

① 다음 예문의 괄호 안에 주어진 단어 중에서 맞는 말을 고르세요.

1. I have (a few/a little) money with me now.
2. This rose smells (sweet/sweetly).
3. I am very (pleased/pleasant) to hear of your success.
4. The teacher told us to be (quiet/quietly).
5. The baby is now (asleep/sleep) on the bed.
6. My brother speaks English (alike/like) an American.
7. Tom and Peter are very (alike/like) each other.
8. It is necessary that she (buy/buys) a travel insurance when she travels by plane.
9. I want to have (cold something/something cold) to drink.
10. The meeting will be held every (fourth year/years).

② 다음 예문에서 줄친 부분을 바르게 고치세요.

1. There are many different kinds of <u>alive fishes</u> in the aquarium.
2. <u>Three five-years-old children</u> are asleep on the same bed.
3. She is difficult <u>of her to solve</u> the problem.
4. He is easy <u>to make money for him</u>.
5. I am very <u>interesting in</u> your new program.
6. She wears <u>a red beautiful dress</u>.
7. There is <u>an old wonderful museum</u> in the city.
8. There is <u>a brick square modern house</u> on the hill.
9. He gave me a <u>square wonderful soft woolen</u> rug.
10. She bought <u>small round leather a black</u> handbag.

③ 괄호 안의 단어를 바르게 배열하여 문장을 완성하세요.

1. There was a debate on the (reform, latest, educational) program in the board of education.
2. We've bought a (wooden, round, green) table yesterday.
3. There was a (brown, new, lovely, glass) cup on the table.
4. He was given a (gold, little, round) medal for the first prize of speech contest.
5. There was a (square, small, red, woolen) rug on the floor.

④ 다음 예문의 전체 의미에 맞게, 괄호 내에 주어진 맞는 표현을 선택하세요.

1. The children were (patient/impatient) to start.
2. The price of book is (high/expensive)
3. Mr. Kim spends a rather (large number/large amount) of hours a week studying.
4. It is (considerate/considerable) of you not to play the piano while I am studying.
5. The members of choir stood in five rows to their (respective/respectable) height.
6. The man who caused the traffic accident seemed to be (drunk/drunken).
7. What gate should we go through? You should go to (the second gate/gate two)

⑤ 줄침 부분의 주어명사 중에서 문장의 "주어인 것"은?

a. <u>John</u> is easy to deceive.
b. <u>The house</u> is difficult to find.
c. <u>Jane</u> is eager to please.

d. Some people are hard to please.

⑥   다음 문장 중에서 정문인 것은?

a. That person is impossible to work with.
b. That man is possible to work with.
c. Our team is possible to defeat.
d. It is (im)possible to lose our team.

⑦   다음 문장 중에서 줄친 부분이 정문인 것은?

a. To win our team is possible.
b. To lose our team is (im)possible.
c. It's (im)possible to win our team.
d. It's possible to defeat our team.

⑧   종합 연습문제

다음 글을 읽고, 아래 질문에 답하세요.

In 1975, psychologist Stephen Worchel did an interesting experiment. A participant was given a chocolate chip cookie from a jar and asked to taste and rate Ⓐ its quality. For half of the raters, the jar contained ten cookies; for the other half, it contained just two. When the cookie was one of the only two available, it was rated more delicious, more desirable and more expensive Ⓑ (   ) when it was one of ten. Why did the participants show Ⓒ (different/similar) preferences after tasting the same cookies?

This happened because of Ⓓ the so-called "scarcity effect." When something is Ⓔ (   ), we automatically think it's more desirable. On the other hand, we don't set much value on something when it is available everywhere. Therefore, suggesting that a product is scarce or in limited Ⓕ (demand/supply) is an effective marketing technique. People are more Ⓖ (   ) to Ⓗ comply with the salesmen's persuasion and buy a product when they think it is scarce. This "available in limited supply" trick Ⓘ shows up everywhere. Special "limited edition" or "last chance to buy" signs are good examples.

Whether we like it or not, we are often influenced by the scarcity effect: we tend to be more attracted to scarce items. But we should be wise enough to know that the scarce cookie doesn't actually taste better.

⑧   Ⓐ의 줄친 부분을 해석하세요.
     Ⓑ에 들어갈 비교의 접속사 단어를 써 넣으세요.
     Ⓒ 괄호 안의 올바른 단어를 선택하세요.
     Ⓓ 줄친 부분을 해석하세요.
     Ⓔ 괄호 내에 들어갈 단어를 써 넣으세요.
     Ⓕ 괄호 내의 올바른 단어를 선택하세요.
     Ⓖ 괄호 내에 들어갈 형용사를 써 넣으세요.
     Ⓗ 줄친 부분을 해석하세요.
     Ⓘ 줄친 부분을 해석하세요.

제14장 부사어구(Adverbials)

앞 동사 유형에서 2형식 문형에 5개의 "부사보어"가 있고, 5형식 문형에는 6개의 "부사보어"가 있다고 주장했다. 이 부사보어의 존재는 원어민인 Hornby(1975)에서 이미 사용해 왔으나, 우리나라에서 발행되는 영문법 책에서는 아직 "부사보어"라는 용어조차 없다. 그러나 필자는 이 부사보어를 당연히 인정한다. 다음 부사보어가 나타나는 문장의 예를 보자. 아래 ①-②의 예에서, 부사, 전치사구, 부사적 불변화사(adverbial particles), 및 가격, 거리, 무게, 기간 등을 표현할 때에는 이 명사들이 부사보어가 된다. 다음 예를 보자.

① 2형식 문형에 5개의 부사보어 유형이 있다.

1. Your friends are <u>here</u>.   ⑧ (Onions 2-4)
2. There are three windows <u>in this room</u>.   ⑩ (Onions 2-6)
3. They had come/gone (자동사) <u>a long way</u>.   ⑱ (Onions 2-14)
4. My hat blew <u>off</u>.   ⑲ (Onions 2-15)
5. Children came <u>running</u> to meet us.   ㉕ (Onions 2-21)

② 5형식 문형에는 6개의 부사보어 유형이 있다.

1. Please put the milk <u>in the refrigerator</u>.   ㊱ (Onions 5-1)
2. Put your shoes <u>on</u>.   ㊲ (Onions 5-2)
3. Put <u>on</u> your shoes.   ㊳ (Onions 5-3)
4. Why don't you put <u>on</u> those shoes you bought a week ago. ㊴ (Onions 5-4)
5. He brought his brother <u>to see me</u>.   ㊵ (Onions 5-5)
6. They've hired a fool <u>as our football coach</u>.   ㊶ (Onions 5-6)

이 2형식 및 5형식 부사보어의 유형 중에서, ① 거리, ② 기간, ③ 가격, ④ 무게 등을 표현하는 문장에서는, 이 4가지의 명사가 부사보어의 역할을 한다. 이것을 우리는 지금까지 무시하고 있었다고 본다. 2형식 및 5형식에서 이점을 부각시킨 문장만 요약해보면 다음과 같다.

2형식 1. He jumped <u>two meters</u>.   자동사
     2. The flowers cost <u>5 dollars</u>.   자동사
     3. They came <u>a long way</u> from their home lands. 자동사
     4. We waited just <u>two hours</u>.   자동사
     5. The box weighs <u>5 kilograms</u>.   자동사

5형식 1. The police <u>followed</u> <u>the spy</u> <u>all afternoon</u>. 타동사
     2. This car <u>carried</u> <u>me</u> <u>1,000 miles</u> so far.   타동사
     3. The construction of the dormitory <u>cost</u> the school authorities 타동사
        <u>three million dollars</u>.

위 2형식 예문에서는 동사가 모두 "자동사"이기 때문에, 4가지 유형의 "명사들"은 모두 "부사보어"의 역할을 하고, 5형식 문장에서는 동사가 모두 타동사이기 때문에, 타동사의 "<u>목적어 명사보어</u>"가 된다는 것을 확인할 수 있다.

③ "부사어구(adverbials)"란 여기에서는,

(1) 단순부사(simple adverbs), 예컨대, now, often, well, much, too, quite 등.
(2) 접미사가 달린 부사, 예컨대, quick<u>ly</u>, probab<u>ly</u>, clock<u>wise</u> 등.
(3) 부사구: 예컨대, now and again(가끔), now and then(때때로), two weeks ago, since two o'clock 등.
(4) 그리고, 부사절: when I was a boy 따위를 가리키는 용어이다.

④ 먼저 정도/양태의 수식부사(Modifying Adverbs of Degree and Manner)를 보기로 한다.

이런 종류의 부사는 enough/yet를 제외하고, 모두 형용사 앞에 온다. 이 유형의 부사로 가장 잘 쓰이는 것은 very와 too이다. very 대신에 구어체로는 terribly(굉장히), awfully(무섭게), incredibly(믿어지지 않게), remarkably(눈에 뜨일 만큼), extremely(극단적으로) 등등 강조하는 말을 들 수 있다.

a. Your work is very good.
b. These shoes are too large.
c. We've been having awfully bad weather recently.
d. I felt incredibly embarrassed.
e. Lunch is nearly/almost ready.

enough는 형용사 뒤에 온다.

a. Are these shoes large enough?
b. This is (not) quite large enough.
c. Your work is not nearly/nowhere near good enough.

yet도 문의 마지막에 나타난다.

a. You don't need start yet.   (너는 아직 출발할 필요가 없다)
b. She didn't receive his letter yet.   (그녀는 그의 편지를 아직 받지 못했다)
c. Have you read this book yet?   (너는 이 책을 벌써 읽었니?)

부사는 또 다른 부사를 수식한다.

a. We found your house very/quite easily.
b. You're walking too quickly/fast.
c. She plays tennis really well.

⑤ 정도/양태부사의 역할

(1) 동사수식

She sings beautifully.
She went upstair to get dressed.

(2) 형용사 수식:

His story was very interesting.
He was much bored with her long story.
He is very old.

(3) 다른 부사 (구/절) 수식

Thank you very much.
You're walking too slowly
He left soon after lunch.
I had arrived long before he came.

(4) 문 부사

Frankly (Frankly speaking), I don't like him.

Generally (Generally speaking), women live longer than men.

(5) (대)명사 수식

Only children were admitted to see the movie.
Even a child can understand it.

⑥ **부사의 위치**: 부사는 (1) 문의 앞, (2) 문의 뒤, (3) 일반 동사 앞, be 동사 뒤, 조동사 뒤에 온다. 다음 (1), (2), (3)의 예를 보자.

(1)
a. Occasionally we go to a concert, but we go much more often to the movie theater.
b. Yesterday I met you at three o'clock, but tomorrow I'll meet you at four.
c. At three o'clock tomorrow I'll meet outside the theater.   문의 앞

(2)
a. I go there occasionally.   문의 뒤
b. She sang that song well.   문의 뒤
c. He has done that work badly.   문의 뒤

(3)
a. I seldom play tennis.   일반 동사 앞
b. We have often been there.   조동사 뒤
c. She is still waiting.   be 동사 다음

빈도부사 always, often, sometimes, usually, seldom, scarcely, nearly, never 등은 위 (3)의 예문에서 본 것 같이, **일반 동사 앞에, be 동사 뒤에, 조동사 뒤에 온다.**

(4) 여러 개의 부사가 올 때, 부사어구의 순서

일반적 순서: 1   장소/방향   2   시간
             1   장소/방향   2   빈도   3   시간

a. I went swimming in the lake before breakfast.   (1, 2)
b. I have been to Seoul several time this year.   (1, 2, 3)
c. He walked around the park twice before dinner.   (1, 2, 3)

(5) 부사 enough는 항사 형용사 뒤에 온다.

a. Are these shoes large enough?
b. Your work is not good enough.

(6) 같은 종류 또는 종류를 달리하는 둘 이상의 부사어구가 한 문장에 나타날 때, 문장에서 순서를 결정해야 한다. 시간부사가 두 개 이상 있을 때에는, 작은 단위의 시간부사가 앞에 오는 것이, 반드시는 아니나, 원칙이다.

a. I saw the movie on Tuesday evening last week.
b. I'll meet you at three o'clock tomorrow.
c. We arrived at five o'clock yesterday evening.

(7) 시간 부사 at, in, on의 순서와 그 의미

a. at는 시간에:
b. in은 하루의 한 부분에:
c. on은 특정한 날에:

a. I usually get up <u>at six o'clock</u>.　　　(시간)
I'll meet you <u>at 5: 30</u>.
Give me a call <u>at lunch time</u>.

b. I work best <u>in the morning</u>.　　　(하루의 일부)
We usually go out <u>in the evening</u>.
I'll do that work <u>in the afternoon</u>.

c. I'll call you <u>on Monday</u>.　　　(특정한 날)
My birthday is <u>on March 21st</u>.
They're having a party <u>on Christmas Day</u>.

(8) 그러나 "막연한 의미의" 어군으로 된 부사는 위와 같은 전치사를 필요로 하지 않는다.
a. one morning in May.　　　(5월의 어느 아침)
b. one hot July afternoon.　　　(7월의 더운 어느 오후)
c. one wet evening in November.　　　(11월의 습기 찬 어느 저녁)
　그렇지만 "막연한 의미의" "one morning"에서도 "수식하는 형용사가 나타나면", 부정관사 "a"가 필요하게 되고, 또 그 앞에 전치사 on이 나타난다. 다음 예를 보자.

d. on <u>a</u> sunny June morning.　　　(햇빛이 난 6월의 어느 아침에)
e. on <u>a</u> frosty morning in January.　　　(1월의 서리가 내린 어느 아침에)

(9) 그러나 "비형식적인", "회화체에서는" 이 on이 삭제된다.

I am seeing her <u>Sunday morning</u>.
= I am seeing her <u>in the morning on Sunday</u>.

(10) 요일이 되풀이 될 때에는 복수를 사용한다.

She goes to church on <u>Sundays</u>.

(11) 시간 표현에서는 in이 "얼마 있으면"의 의미로 쓰인다.

a. in a few hours(2, 3시간 있으면), in three hours' time(3시간 정도 있으면),
b. in two or three years' time(2, 3년 있으면)

⑦　관용적인 표현으로 쓰이는 빈도부사 어구

every		now and then(때때로) now and again(가끔) so often
once/twice		an hour
three/four, etc two or three/three or four, etc several	times	a day a week a month a year, etc
every every other		hour/day/morning/week, etc.
every two/three, etc every few(복수명사 앞에서: "몇 --마다")		minutes/hours/days, etc
every second/third		day/week, etc

위 예문표의 부사적 어구 once, twice, again, as a rule 등은 보통 후치되나, (빈번하지는 않지만) 전치될 수도 있다.

a. The buses run <u>every hour</u>.　　　　　　　　　　(매 시간마다)
b. We have English lessons <u>every other day</u>.　　　(하루건너)
c. He plays tennis <u>two or three times a week</u>.　　(일주에 두서너 번)
d. We heard shots <u>now and then</u>. (shots: 총성)　　(종종/가끔)
e. We stopped to rest <u>every three hours</u>.　　　　(매 3시간마다)
f. <u>We stopped to rest every few hours</u>:　　　　　(몇 시간마다)
g. The furnace should be cleared of ash <u>every third day</u>. (매 3일마다)

강조하기 위해서 부사구가 앞에 오는 경우도 있다.

a. <u>Now and again</u>(가끔) we heard shots in the woods.
b. <u>Again and again</u> I've warned you not to arrive late.
c. <u>As a rule</u> I don't go to the office on Sundays.
d. <u>Every so often</u>(= occasionally) we stopped to look at our map.

그러나 시간 단위의 부사를 강조하기 위해서, 또 다른 것과 대조를 하기 위해서는, 큰 부사어구를 앞으로 이동시킬 수도 있다.

a. <u>Yesterday</u> I met you <u>at three o'clock</u>, but <u>tomorrow</u> I'll meet you <u>at four o'clock</u>.
b. <u>Yesterday afternoon</u> we arrived <u>at 5 o'clock</u>, but <u>tomorrow</u> we'll arrive <u>at 2 o'clock</u>.

⑧　부사적 불변화사(Adverbial Particles)

부사적 불변화사는 독특한 특성을 지닌 일군의 부사이다. 그 중에서 중요한 것은 up, down, in, out, on, off, away, back 등이 있다. 이 불변화사는 동사와 결합하여 규칙적으로 분명한 의미를 나타낸다. take one's hat off, put your shoes on 등은 규칙적인 표현이다. 그러나 put off a meeting = postpone it는 특수한 의미를 나타낸다. 이 불변화사의 대부분은 전치사의 역할도 한다.

이 불변화사는 ⑲ (Onions 2-15) 예문표 19로 사용된다. 이들은 모두 부사보어로 쓰인다. 종전의 문의 5형식에서는 부사보어를 인정하지 않았는데, 이것은 잘못이다.

a. Won't you sit <u>down</u>?
b. My hat blew <u>off</u>.
c. We must turn <u>back</u>.

또 ㉗ (Onions 5-2), ㉘ (Onions 5-3), ㉙ (Onions 5-4) 예문표 57-59에도 나타난다.

d. Don't throw that old hat <u>away</u>.
e. Don't throw <u>away</u> that old hat.
f. Turn <u>off/on</u> the faucet.

⑨　주의해야 할 부사의 용법

(1)　very/much

형용사나 부사의 원급/현재분사를 수식할 때는 very를 사용하고, 비교급/최상급, 과거분사형을 수식할 때는 much를 사용한다. 그러나 널리 사용되어 거의 형용사로 인정되는 과거분사 tired, surprised, worried, pleased, satisfied, delighted 등은 very의 수식을 받기도 한다.

a. I am <u>very</u> <u>worried</u> about Jane.   (과거분사가 형용사로 인정된 경우에는 very)
b. We were <u>very</u> <u>surprised</u> when Peter passed the exam.
c. She was <u>very</u> <u>satisfied</u> with the result of the exam.

a. She was very <u>much</u> <u>loved</u> by her grandmother.   (과거분사 앞 much)
b. Journey time will be very <u>much</u> <u>reduced</u> by the new road.   (과거분사 앞 much)
c. I am very <u>much</u> <u>happier</u> in my new jobs.   (비교급 앞 much)

그런데 부사 much가 문장의 뒤에 오는 경우도 많다.
a. He doesn't speak <u>much</u>.
b. Does he play tennis <u>much</u>? (= often)
c. Do you like camping <u>much</u>?
d. He doesn't like wine very <u>much</u>.

(2) ago와 before의 두 가지 부사

ago는 현재를 기준으로 (−전에), before는 과거의 어떤 시점을 기준으로 (−전에)를 표시한다. 다음 예를 보자.

a. We met each other <u>a week ago</u>
b. I saw her <u>two days ago</u>.

그러나 before는 다음 a, b와 같은 단문에서는 현재완료형과 과거형 시제에는 그대로 쓰인다. 그리고 순서가 정해진 일에는 과거형 시제에서도 before를 사용한다. 그렇지만 과거형 시제와 과거완료형 시제를 가진, "두 문장이 함께 결합된 복합문에서는" 반드시 before는 과거의 어떤 시점을 나타내고 있다. 다음 c, d의 예문과 e의 예문을 비교해 보자.

a. I have met her <u>before</u>.   (나는 전에 그녀를 만난 적이 있다)
b. I visited the temple (once) <u>before</u>.   (나는 그 사원을 전에 한 번 가 보았다)
c. He opened the entrance gate <u>before</u> he entered his house.
   (그는 그의 집으로 들어가기 전에 출입 대문을 열었다)
d. The bus started <u>just before</u> I reached the bus stop.
   (그가 버스 정류장에 도착하기 바로 전에 버스는 떠났다)
e. We <u>knew her</u> because we <u>had seen her</u> <u>a month before</u>.
   (우리는 한 달 전에 그녀를 만났었기 때문에 그녀를 알고 있었다)

(3) too/either

too는 긍정문에서, either는 부정문에서 "역시, 또한"의 의미로 쓰인다.

a. He had some rice cake, and I had some, <u>too</u>.
b. Have a nice day! You, <u>too</u>.
c. He is not a teacher. I'm not, <u>either</u>.
d. If you don't want to go, I won't go, <u>either</u>.

(4) already/yet/still

already는 긍정문에서 "이미/벌써"의 의미이고, 의문문이나 부정문에서는 "벌써", "그렇게 빨리"라는 놀라움의 의미를 갖는다. yet는 부정문에서는 "아직"으로 해석되고, 의문문에서는 "이미/벌써"의 의미를 갖는다. still은 "여전히"의 의미를 갖는다.

a. He has finished his homework <u>already</u>.
b. Have you finished your homework <u>already</u>?
   (너는 너의 숙제를 벌써 다 끝냈니? (놀랍구나)

c. I have not finished my homework <u>yet</u>.   (나는 <u>아직</u> 나의 숙제를 끝내지 못했다)
d. Have you finished your homework <u>yet</u>?   (너는 너의 숙제를 <u>벌써</u> 끝냈니?)
e. I am <u>still</u> doing my homework.   (나는 나의 숙제를 <u>여전히</u> 하고 있다)

(5) neither--- nor--- (--도 --도 아니다)

a. I have <u>neither</u> knowledge <u>nor</u> understanding of economics.
    (나는 경제학의 지식도 없고 이해도 하지 못한다)

b. We <u>neither</u> moved <u>nor</u> made any noise.
    (우리는 움직이지도 않고 어떤 소리도 내지 않았다)

c. Neither he nor I am the right person for the job.
    (그나 나도 그 직업에 대해서 적당한 사람이 아니다)

⑩ 어형이 같은 형용사와 부사

a <u>fast</u> train의 fast는 형용사이고, The train was travelling <u>fast</u>.의 fast는 부사이다. 형용사에서 어형을 바꾸지 않고, 그대로 부사로 사용할 수 있는 것이 많은데, 대부분은 짧고 보통 잘 쓰이는 말이다. 그 중에서 fast처럼, 형용사와 부사가 공통 형으로 쓰이는 것은, 이 fast 하나밖에 없다. 예컨대, 다른 것들은, wrong처럼 어형을 바꾸지 않고도 그대로 부사로 쓰이나, 또 "--ly" 형의 부사를 쓰는 수도 있다. a wrong answer의 wrong은 형용사이고 to guess wrong의 wrong은 부사이다. 그러나 과거분사 앞에서는 We were wrongly informed.처럼 wrongly라는 부사형을 사용해야 한다.

아래에서 어형을 같이하는 형용사와 부사 및 "--ly" 형의 부사가 쓰이지 않는 부사의 차이, 예컨대, high와 highly의 차이에 대해서 논의한다. 이 차이는 의미의 차이는 없고, "관용상의 차이"인 경우가 많다.

(1) 명사에 "--ly"를 첨가함으로써, 시간을 나타내는 "형용사"가 되는, 소수의 단어들이 있다: hourly(시간마다의), daily(매일의), weekly(주마다의), fortnightly(2주마다의), monthly (매달마다의), quarterly(4개월마다의) 등이다. 이들 형용사는 그대로 "부사"로 사용된다.

a. There is <u>an hourly</u> service of trains to New York.   (형용사)
b. The buses run <u>hourly</u>.   (부사)
c. We advertised for a house in several <u>weekly</u> periodicals.   (형용사)
    (우리는 집을 구한다는 광고를 몇 개의 주간지에 냈다.)
d. This periodical is published <u>weekly</u>.   (부사)
    (이 정기간행물은 주마다 발행된다.)

(2) 접미사 "--ly"가 man, king, scholar와 같은 명사에 붙어서, "…<u>의 성격을 갖고 있는</u>", "…<u>의 자질을 갖고 있는</u>"의 의미를 나타내는 경우, 그렇게 형성된 말은 항상 형용사이며, 부사로는 쓰이지 않는다.

이런 형용사의 중요한 것들은: beastly(짐승 같은), brotherly(형제 같은), cowardly(겁쟁이 같은), (un)earthly(unearthly: 이 세상의 것이라고 생각되지 않는/earthly: 이 세상의, 현세의, 세속적인), fatherly(아버지 같은), (un)friendly([비]-우호적인/친절한), gentlemanly(신사다운), heavenly(천국 같은, 천국의), kingly(왕의, 왕다운), leisurely(느긋한, 유유한), lively(life + ly: 활발한), lovely(아름다운), masterly(명인다운, 숙달한), motherly(어머니 같은), princely(왕자다운), queenly(여왕다운), (un)scholarly(학자답지 않은/학자다운), sisterly(자매 같은), (un)soldierly(군인답지 않은/군인다운), womanly(여자다운) 등등이 있다.

(3) 위의 이 유형은 부사로는 쓰이지 않는다고 했다. 그래서 이와 같은 형용사가 나타내는 의미를 전치사구로 된, 부사구로 표현하면, "in a leisurely manner(유유한 태도로)"라든가, "in a cowardly fashion(비겁한 모양으로)"과 같이 말할 수는 있다.

a. That's <u>cowardly</u> thing to say.　　　　　(형용사) (그것은 말하기가 비겁하다)
b. He behaved <u>in a cowardly fashion/manner</u>. (부사)　(그는 "비겁한 태도로" 행동했다)

(4) early, fast, half, long, straight와 같은 어형은 "형용사/부사로도" 사용할 수 있다.

a. We had <u>an early</u> breakfast.　　　　　(형)
 (주의: 보통 식사 이름 앞에는 부정관사를 쓰지 않지만, 형용사가 앞에 사용되면, 부정관사를 a/an을 사용한다)
b. We had breakfast <u>early</u>.　　　　　　(부)
c. We had breakfast <u>earlier</u> than usual.　(부)
d. We went by a <u>fast</u> train.　　　　　　(형)
e. Don't speak so <u>fast</u>.　　　　　　　　(부)
f. The post is <u>fast</u> in the ground.　　　(형) (그 기둥은 땅에 단단히 박혀있다)
g. The paper was stuck <u>fast</u> to the desk.　(부) (그 종이는 책상에 딱 붙어있다)
h. He was <u>fast</u> asleep.　　　　　　　　(부) (그는 푹 잠들었다)
i. We waited <u>half</u> the afternoon.　　　　(형)
j. This is <u>not half</u> good enough.　　　　(부)
 (이것은 조금도 좋지 않다) =
 not half… = not… at all
 = (구어: 조금도 …않다)
k. We've had a <u>long</u> wait.　　　　　　　(형)
l. Have you been waiting <u>long</u>?　　　　(부)
m. I can't stay very <u>long</u>.　　　　　　　(부)
n. I want a <u>straight</u> answer to my question. (형) (내 질문에 정직한 대답을 해주기 바란다)
o. Tell me <u>straight</u> what you think so.　(부) (네가 생각하고 있는 것을 솔직하게 말해라)
p. He has come <u>straight</u> from Seoul.　　(부)

(5) cheap, clean, clear, close, dead, direct, easy, fair, false, firm, flat, high, large, loud, low, mighty, quick, right, round, sharp, short, slow, soft, sound, strong, sure, tight, wide, wrong은 형용사로 쓰인다.

　ⓐ 이러한 형용사들은 그대로 부사로도 쓰인다. 또 접미사 "--ly"를 붙여 부사로도 쓴다. ⓑ **"부사에서 중요한 것은" 이 단어들이 "--ly"가 붙지 않은 그대로의 어형을 부사로 쓰는 것은 관용적인 문제이므로, 규칙을 제시해서 설명할 수는 없다**. "guess wrong(추측을 잘못하다)"은 "guess wrongly"보다는 더 평범한 관용적인 표현이다. 그러나 과거분사 앞에서는 I was wrongly informed.처럼 언제나 wrongly를 사용해야 한다.
　(Michael Swan. 2005: 24-27/Hornby. 1975: 182-192)

　경우에 따라서는 그 말이 부사로 쓰였는지, 서술 형용사로 즉, 보어의 형용사로 쓰였는지 의심스러울 때가 있다. to hold one's head <u>high</u>(머리를 높이 들고 있다)에서 <u>high</u>는 형용사로 ㉘ (VP 22: Onions 5-18; 예문표 73참조) 사용하나, 의미는 부사이다. Open your mouth <u>wide</u>(입을 크게 벌려라)에서는 **부사로 쓰인다**. 그러나 *Hold one's head highly. (x) 라고는 하지 않는다.

⑪　여기서부터 위에 제시된 어휘에 대해서 접미사 "--ly"가 붙은 경우와 붙지 않은 경우를 알파벳 순서로 그 용법을 예시한다.

(1) | cheap(ly) |

cheap, cheaply는 다 부사로도 쓰인다. 동사 buy, sell의 경우에는 cheap가 보통 부사로 쓰인다.

a. That shopkeeper buys <u>cheap</u>, but doesn't sell <u>cheap</u>.
b. My wife buys her clothes <u>cheap(ly)</u>.

(2) | clean(ly) |

clean은 completely(완전하게), absolutely(절대적으로)라는 의미의 "부사"로 쓰인다.

a. I <u>clean</u> forgot to ask him about it.   (나는 그것에 대해서 그에게 물어 본다는 것을 깨끗이 잊었다)
b. I'd clean forgotten it.   (나는 그것을 완전히 잊었다)
c. The prisoner got <u>clean away</u>.   (그 죄수는 감쪽같이 도망쳤다)
d. He kicked the ball <u>clean over the roof</u>.   (그는 공을 지붕 위로 멋지게 넘겼다)

clean은 또 복합어에서 형용사로 쓰인다. clean-shaven, clean cut 등. cleanly/klénli/는 형용사 clean을 대신하나, 사람이든 동물이든 "<u>청결을 좋아하는 습관이 있는</u>(habitually clean)"의 의미로 쓰인다.

e. Are cats <u>cleanly</u> animals?   /klénli/ 형용사

보통 부사는 발음이 cleanly/kliːnli/이지만 위의 형용사는 /klenli/인 것에 주의해야 한다.

f. This knife cuts very <u>cleanly</u>.

(3) | clear(ly) |

clear는 위의 clean과 같은 의미를 나타내면서, 부사적으로 쓰인다.

a. The bullet went <u>clear</u> through the door.   (총알은 깨끗이 문을 관통했다)

clear는 또 "복합어"로도 쓰인다. 즉, a clear-cut face(뚜렷한 윤곽의 얼굴), a face with defined features, clear-cut outlines(뚜렷한 윤곽)으로 쓰인다. clear는 또 not touching(닿지 않고), well away from(…에서 멀리 떨어져서)의 의미로, 부사적으로도 쓰인다.

b. Stand/Keep clear of the gates of the lift.   (BrE)/elevator(AmE)
   (elevator 문 앞을 깨끗이 비워두라)
c. Thieves got clear away. (= without their pursuers getting near them)
   (도적들은 감쪽같이 도망쳤다)
d. The horse jumped clear of the hedge.   (= without touching it)
   (그 말은 울타리를 시원하게 뛰어넘었다)

clearly는 형용사나 동사를 수식하는데도 쓰인다. 그때는 clearly로 쓴다.

e. He is clearly wrong./clearly in the wrong.   (그는 분명하게 잘못 됐다)
f. You must clearly understand that…   (당신은 …을 분명하게 이해해야 한다)
g. It must clearly be understood that…   (…을/를 분명히 이해되어야만 한다)

clear 또는 clearly가 후치될 경우도 있다.
h. He spoke loud(ly) and clear(ly).   (그는 큰 소리로 깨끗하게 말했다)

i. The moon shone clear(ly).　　　　　　　(달은 깨끗이 빛났다)

정도부사가 앞에 올 때에는 clearly가 쓰인다.

j. He speaks quite clearly.　　　　　　(그는 아주 분명하게/깨끗하게 말합니다)

(4) ┃ close(ly) ┃

close는 near(가까이)의 의미를 지닌 "부사"로 쓰인다.
a. Stay close to me.　　　　　　　　　(나에게 가까이 있어라)
b. He was following close behind.　　　(그는 바짝 뒤를 따라오고 있었다)
c. This success brings us closer to final victory.
(이번의 성공은 우리들을 마지막 성공에 더 가깝게 다가가게 하고 있다)
d. The (more) closer (closely) we look into the problem, the greater the difficulties
appear to be. (그 문제를 더 면밀히 들여다 보면 볼수록, 더 큰 어려움이 있는 것 같다)

위 마지막 예문은 격식을 차린 문체에서는, The more closely we look into the
problem, …이 더 좋을지도 모른다. 다른 경우에는 closely를 사용할 필요가 있다.

e. The prisoners were closely (= strictly) guarded.　　(죄수들은 엄격하게 감시된다)
f. Watch closely (= carefully) what I do.　　(내가 하는 것을 더 면밀히 주목해 보라)
g. He sent me a letter of two closely written pages.
(= with the words and lines close together).
(그는 좁혀 쓴 두 장으로 된 편지 하나를 나에게 보냈다)
h. It was a closely contested election.　　(그 선거는 치열하게 겨루었던 선거였다)

(5) ┃ dead(ly) ┃

dead는 completely, absolutely(완전히, 전혀)의 의미로 "부사적인 의미로" 쓰인다. 왜냐
하면 뒤에 나타나는 형용사를 수식하기 때문이다: dead level(아주 평평한), dead straight
(아주 똑바른), going dead slow=(going as slow as possible, almost stopped: 서 있는
것처럼 생각되리만큼 느리게 가는), dead certain(절대 틀림없는), dead drunk(아주 취한),
dead beat(지쳐빠져서 = tired out, exhausted)

The wind was blowing dead against us. (바람이 우리들에게 정면으로 불어오고 있었다)

(a) deadly는 "형용사"이다: deadly poison(치명적인 독약): deadly hatred(지독한 혐
오), the seven deadly sins(기독교의 7대 죄악)--pride(자만), covetousness(탐욕),
lust(육욕), anger(분노), gluttony(탐식), envy(시샘), sloth(나태) 등 일곱 가지.

(b) deadly는 "like death(죽은 것처럼)"의 의미로, "부사"로 쓰인다. deadly pale(몹시
창백한), deadly dull(몹시 재미없는) 등등. deadly는 여기서 비유적으로 쓰였다.

(6) ┃ deep(ly) ┃

deep는 형용사이다. 그러나 deep-laid schemes(교묘하게 짠 계획)과 같은 복합어나 to
drink deep(흠뻑 마시다)와 같은 구에서는 deep가 부사적으로 쓰인다. deeply는 부사로 to
regret something deeply: to think deeply about a problem: to be deeply offended(크
게 화내다)와 같이 쓰인다.

(7) ┃ direct(ly) ┃

direct는 straight, without detours(우회하지 않고), without intermediaries(중개인 없

이) 등의 의미로, 부사적으로 쓰인다.

a. The train goes <u>direct</u> to Washington. (그 열차는 Washington으로 직접 간다)
b. We went <u>direct</u> to the station. (우리는 바로/직접 역에 갔다)
c. I will communicate with you <u>direct</u>. (나는 바로/직접 당신과 이야기하겠다)

다음 directly의 용법과 비교해 보라.

a. We are not <u>directly</u> affected by the changes in taxation.
(우리는 세금제도의 변화로 직접적으로 영향을 받지 않았다)

b. She's <u>directly</u> descended from Charles Dickens.
(그녀는 Charles Dickens 가문의 직계 후손이다)

directly의 의미는 좀 애매하지만, at once, immediately, 또는 after a short time, very soon의 의미로도 사용된다.
c. He left directly after breakfast. (그는 점심 식사 후에 바로 떠났다)
d. I'll be with you directly. (나는 곧 너와 함께 (합류) 하겠다)

(8) | easy, easily |

easy는 다음과 같은 소수의 어구에서 "부사적으로" 쓰인다.

a. Take it <u>easy</u>. 쉬엄쉬엄 해라. (= Don't work too hard or too energetically)
b. Stand <u>easy</u>. (쉬어! 군대의 구령)
c. Go easy with the butter. (버터를 너무 바르지 말고, 적당히 발라라)
= (구어체 = use it with moderation)
d. Easier (= more easily) said than done. (말하기는 쉽고, 행하기는 어렵다)

위의 보기 이외에는 easily가 쓰인다.

a. He's not easily satisfied. (그는 쉽게 만족하지 않는다)
b. You can easily imagine my surprise. (너는 나의 놀라움을 쉽게 상상할 수 없다)
c. He won the race easily. (= with ease) (쉽게 경주에서 이겼다)

(9) | fair(ly) |

fair는 고정된 몇 개의 구에서 "<u>부사적으로</u>" 사용된다. play fair(정정당당하게 행동하다). hit fair(정면으로 맞다). fight fair(정정당당하게 싸우다). <u>bid fair to</u>(…할 것 같다 = seem likely to).

이 밖의 경우에는 fairly가 쓰인다. treat a man fairly(사람을 공평하게 대하다): act fairly by all men(모든 사람에 대하여 공평하게 행동하라).

fairly는 "to a certain extent"(좋은 의미로, 꽤, 상당히)의 의미이며, 부사로 쓰인다. fairly good(꽤 좋은): fairly certain(아주 확실한): fairly well(꽤 잘, 상당히 건강하게): fairly soon(꽤 일찍이). 이 용법의 fairly는 rather와 다른데 주의해야 한다. rather는 비교급이나, too가 뒤에 오는 말이다. 다음 두 문장을 비교해 보자:

a. This book is fairly difficult. (이 책은 꽤 어렵다)
b. This book is rather more difficult. (이 책은 오히려 더 어렵다)
c. This book is rather too difficult for you. (이 책은 오히려 너에게는 너무 어렵다)

(10) | false(ly) |

false는 "<u>play somebody false</u>"(남을 속이다, 배반하다 = cheat or betray him)의 경우 처럼 부사적으로 쓰인다. 다른 경우에는 falsely가 쓰인다: falsely accused(부당하게 고발되다, 부당하게 비난 받다).

(11) | fast(ly) |

fast는 부사로 쓰이며, fastly가 부사로 쓰이는 일은 드물다.

a. Don't run/speak so <u>fast</u>. (그렇게 너무 빨리 뛰지 말라/그렇게 너무 빨리 말하지 마라)
b. It was raining <u>fast</u>. (비가 세차게 오고 있었다)
c. He was <u>fast</u> asleep. (그는 푹 잠들어 있었다)

(12) | firm(ly) |

firm은 다음과 같은 구에서 부사적으로 쓰인다: stand firm(단호한 태도를 가지다): hold firm to one's beliefs/convictions(신념/확신을 끝까지 고수하다). 그 밖에는 firmly가 쓰인다.

a. I firmly believe that … (나는 …을/를 단호히/굳건히 믿는다)
b. Fix the post firmly in the ground. (그 말뚝을 땅에 단단히/굳건히 고정하라/박아라)
c. I had to speak firmly to him. (나는 그에게 단호하게 말할 수밖에 없었다)

(13) | flat(ly) |

flat는 <u>fall flat</u>(벌렁 넘어지다, 완전히 실패하다 = fail)의 뜻을 나타낼 때 부사적으로 쓰인다.

a. The scheme fell flat. (그 계획은/음모는 완전히 실패했다)
b. His joke all fell flat. (그의 농담은 완전히 실패했다)

그 밖의 경우에는 형용사 flat에 대응한, absolutely(딱 잘라서, "단호하게"의 뜻으로), in a downright way(철저하게), without qualification(<u>무조건</u>으로)의 의미로 flatly가 쓰인다.

c. He flatly refused my request. (그는 나의 요구를 완전히/무조건 거절했다)
d. The suggestions were flatly opposed. (그 제안은 단호하게 반대를 받았다)
   (=met with complete and unqualified opposition). (qualification: 자격, <u>조건</u>)

(14) | high(ly) |

high는 많은 구에서 부사적으로 쓰인다. aim high(대망을 품다): fix one's hope high (희망을 높은 곳에 두다): hold one's head high(머리를 높이 들다): play high(큰 도박을 하다. gamble for high stakes): search high and low(이를 잡듯이 수색하다). 그 외에 다음처럼 run 뒤에 부사 high가 쓰인다.

a. The sea was running <u>high</u>. (바다가 거칠게 출렁이고 있었다)
b. Passions were running <u>high</u>. (감정이 고조되어 있다)

highly는 분사 앞에 쓰인다. highly amusing(매우 재미있는): highly paid(높은 급료를 받는). a highly educated/intelligent woman(높은 교육을 받은/지능 있는 여자). 또 다음 표현에서는 highly가 쓰인다. speak/think highly of someone(아무를 매우 칭찬하다/훌륭하다고 생각하다). esteem someone highly(아무를 매우 존경하다).

(15) large(ly)

large는 loom(어렴풋이 보이다/아련히 떠오르다), bulk(크게 보이다/크기) 뒤에서 부사적으로 쓰인다. to loom/bulk large(불안/위협 따위가 크게 보이다. Cf to talk big(호언장담하다 = boast: to talk large도 to talk big과 같은 의미로 쓰인다). large와 big은 그 의미와 용법이 동일하다. 그러나 large가 big보다 더 공식적인 표현이다.

largely는 to a great extent(매우 많이)의 의미로 쓰인다.
His success was largely tue to…   (그의 성공은 크게 … 때문이었다)

(16) loud(ly)

loud는 talk, laugh와 함께 부사적으로 사용된다.

a. Don't talk so loud.   (그렇게 크게 말하지 마라)
b. Who laughed loudest?   (누가 가장 크게 웃었나?)

** loudest가 부사이기 때문에 정관사 the를 사용하지 않는다.

loudly도 talk와 함께 사용된다.

c. He spoke loud(ly) and clear(ly).   (그는 크게 분명하게 말했다)

다른 동사의 경우에는 loudly를 쓰는 것이 보통이다.

d. He called loudly for help.   (그는 도와달라고 크게 소리쳤다)
e. She complained loudly of having been kept waiting.
(그녀는 기다리게 한 것에 대해서 크게 불평했다)

(17) low(ly)

low는 speak, sell, bow(인사하다), curtsey(여자가 인사를 하다), buy, sell, aim(겨냥하다) 따위의 동사와 함께 "부사적으로" 쓰인다.

a. He bowed/She curtseyed low.   (= made a low bow/curtsey) to the Queen.
(그는 낮게 절했다./그녀는 낮게 절했다)
b. I like to buy low and sell high.   (나는 싸게 사서 비싸게 팔고 싶다)
c. He aimed low so as to hit the man in the leg.
(그는 그 사람 다리를 맞추도록 낮게 조준했다)

low는 복합어의 low-born(천한 태생의), low-bred(버릇없이 자란)에서도 쓰인다. lowly는 보통 형용사 (신분 따위가 낮은, 겸손한)의 의미로 쓰이며, lowly-born(비천한 태생의)과 같은 부사적 용법은 흔하지 않다.

(18) mighty; mightly

mighty는 미국영어의 구어체로, 형용사를 수식하는 부사로 쓰인다.

It was mighty kind of you. (참 친절하게 해주셨습니다) mightly는 드물다.

(19) quick(ly)

quick은 구어체이며, 운동을 나타내는 동사 뒤에 quickly 대신 쓰인다.

a. I ran <u>as quick(ly) as</u> I could.　　(나는 할 수 있는 한 빨리 뛰었다)
b. Come <u>quick(ly)</u>. I need help.

이 외의 경우에는 quickly가 쓰인다.

c. The term passed <u>quickly</u>.　　(기간이 빨리 지나갔다)
d. Retribution <u>quickly</u> followed.　　(보복은 재빨리 뒤따랐다)

위에서처럼 동사 뒤에도 앞에도 쓰인다.

(20)　| right(ly) |

right는 보통 부사로 쓰인다.

a. It serves you <u>right</u>.　　(그것 봐! 그거 고소하다! 꼴좋다!)
b. He guessed/answered <u>right</u>.　　(그는 올바로 맞추었다/올바로 대답했다)
c. Nothing goes <u>right</u> with me.　　(내겐 잘 되는 것이 하나도 없다)
d. I'll come <u>right</u> away.　　(나 곧 갈게)

rightly는 correctly(올바르게)의 의미로 동사와 함께 사용되며, 중간 위치에 놓인다.

e. He rightly guessed that …　　(…을/를 정확하게 추측했다.)
f. I can't rightly recollect whether …　　(…나는 …이 …인지 어떤지 정확하게 추측할 수 없다)
g. They decided, rightly or wrongly, that …　　(그들은 …을 옳게 또는 잘못되게 결정했다)

(21)　| (a)round(ly) |　　　round(BrE)/around(AmE)

부사 (a)round는 "빙 돌아서 출발점에 되돌아오다"의 의미를 나타내는데 쓰인다.

a. Christmas will soon be <u>around</u> again.　　(크리스마스는 곧 다시 돌아올 것이다)
b. I shall be glad spring comes <u>around</u> again. (봄이 다시 오면 나는 기쁠 것이다)

또, around는 말을 건 사람이 있는 (있었던, 있게 될) 장소를 나타내는데 쓰인다.

c. Come <u>around</u> and see me this evening.　　(오늘 저녁에 와서 나를 만나라)

또한 around는 운동을 나타내는 동사와 함께 쓰인다.

d. Hand these papers <u>around</u>. (= distribute them).　　(이 논문/종이들을 나누어 주라)
e. The car will be <u>around</u>. (= will be here) in a minutes.　　(2, 3분 있으면 차는 돌아올 것이다)

(a)roundly는 형용사나, 부사의 (a)round와 거의 아무 관계도 없으며 "pointedly(날카롭게)", "flatly(솔직히)"의 의미를 갖는다.

f. I told her (a)<u>roundly</u> that she was not wanted. (그녀를 원하지 않는다고 잘라 말했다)
g. She cursed me (a)<u>roundly</u>.　　(그는 나에게 호되게 악담했다)

(22)　| sharp(ly) |

sharp는 "at six o'clock sharp(정각 6시에)"와 같이, punctually의 의미이며, 부사적으로

쓰인다. 또 <u>look sharp</u>(빈틈없이 경계하다: = <u>be quick</u>, <u>hurry up</u>), sing sharp(날카로운 소리로 노래하다 = sing above the true pitch), turn sharp left/right(급히 왼쪽/오른쪽으로 돌다 =make a sharp or abrupt turn to the left/right)에서도 부사적으로 쓰인다.

sharply는 다음과 같이 쓰인다. answer sharply(딱 잘라서 대답하다), speak sharply to someone(아무에게 거칠게/호되게 말하다, sharply =harshly, severely). 또한 a sharply pointed pencil(끝이 날카로운 연필) 등을 기억해 두자.

a. We will meet at ten o'clock <u>sharp</u>.　　　(우리는 10시 정각에 만날 것이다)
b. He spoke <u>sharply</u> to his friends.　　　(그는 그의 친구들에게 거칠게 말했다)

(23) | short(ly) |

short는 몇 개의 고정된 구에 부사적으로 쓰인다.

a. stop <u>short</u>　　　　　　　　　　　(급히 서다/세우다; <u>short = 갑자기</u>)
b. pull up <u>short</u>　　　　　　　　　　(급히 멈추다: <u>pull up = 멈추다</u>)

c. <u>break/snap something off</u> <u>short</u>:　　　"갑자기 무엇을 중지하다."
d. break something off　　　　　　　　"…을 끊다/중지하다"
e. cut short　　　　　　　　　　　　　단축하다.
f. cut short an interview/proceedings, etc:　면접/의사진행 등을 단축하다)
g. go short of something　　　　　　　　(…이 부족하다)

shortly는 다음과 같은 의미로도 쓰인다.

h. 곧(in a short time, soon) 예컨대, shortly afterward(바로 그 다음에)
i. 간단히(briefly), 무뚝뚝하게(curtly), 급히(abruptly) 예컨대, answer shortly(간단히/급히 대답하다)

j. He once stopped <u>short</u> while he was driving. (그는 운전 도중에 한번 갑자기 멈추었다)
k. He will shortly arrive in Korea.　　　(그는 곧(머지않아) 한국에 올 것이다)

(24) | slow(ly) |

slow는 go와 함께 부사적으로 쓰인다.

a. I told the driver to go slow(er).　　　(나는 운전사에게 천천히 가자고 말했다)

이 경우 slower 대신 go more slower라고도 한다.
b. The workers decided to go slow.　　　(노동자들은 파업하기로 결정했다)
　　(= work slowly: 임금이나 노동조건에 대한 불만, 항의 등을 표시하려고 파업하다)
c. You should go slower (= be less active) until you feel really well again.
　　(정말 건강이 회복될 때까지 무리해서는 안 된다). 이 go slower는 추상적인 표현이다.

그 밖의 경우는 slowly가 쓰인다.

a. Drive <u>slowly</u> around these corners in the road. (길의 이 모퉁이들에서는 천천히 도세요)
b. How <u>slowly</u> the time passes!　　　　(세월이 참 안 가네!)
　　(얼마나 천천히 가는가!)

(25) | soft(ly) |

    soft는 비교급을 사용해서 "부사적으로" 쓰이는 수가 있다.
a. play (the piano) <u>softer.</u> (피아노를 더 부드럽게 치다).

    그 밖의 경우에서는 softly가 쓰인다.

b. Tread <u>softly</u> so as not to wake the baby. (아기를 깨우지 않게 살금살금 가라)

(26) | sound(ly) |

    sound는 sound asleep(푹 잔다)에서 부사로 쓰인다.

a. You'll sleep the sounder (= more soundly) after a day in the fresh air.
    (신선한 공기를 하루 종일 마신 후에는 당신은 더 푹 잠잘 것이다)

    그 외에는 soundly가 쓰인다. thrash/beat someone soundly(아무를 몹시 때리다)
(thrash: =beat). sleep soundly(푹 자다).

(27) | strong(ly) |

    strong은 다음과 같은 몇 가지 구에서 부사로 쓰인다.

a. still going strong (= continuing vigorously = 아직 원기 왕성하다).
b. come to it strong/go to it strong/rather a bit strong; = exaggerate/go to
    unnecessary lengths(허풍을 떨다/과장해서 말하다/지나치게 하다)로 두 구어적인
    표현이다.

    그 밖의 경우에는 strongly가 보통이다. a strongly built man(근골이 튼튼한 남자).
strongly oppose a measure(법령/대책에 강력히 반발하다).

c. He is a strongly built man.   (그는 근골이 튼튼한 남자이다)

(28) | sure(ly) |

    sure는 "<u>sure enough</u>(과연, 정말)"나 구어체로 쓰이는 <u>as sure as</u> (예컨대, <u>as sure as</u>
my name isn't Barry Mackenzie. "확실히, 틀림없이" 내 이름은 Barry Mackenzie가 아니
다)에서는 부사적으로 쓰인다.

a. As sure as, my name isn't Barry Mackenzie.

    그 밖의 경우에는 surely가 쓰인다: working slowly but surely(천천히 그러나 확실하게
일해서).

b. They are working slowly and surely   (그들은 천천히 그러나 확실하게 일하고 있다)

(29) | tight(ly) |

tight는 과거분사 앞 이외에는 부사적으로 쓰인다.

a. Hold it <u>tight</u>. (그것을 꽉 잡아라)
b. Hold <u>tight</u> to my hand. (내 손을 꽉 잡아라)
c. <u>Screw</u> the nuts <u>up</u> <u>tight</u>. (나사를 꽉 죄어라)
d. The coat was made to fit <u>tight</u> around the waist.
(이 코트는 허리 둘레가 꽉 조이게 만들어졌다)
e. We were packed <u>tight</u> in the bus. (우리는 버스에 짐짝처럼 실렸다)

과거분사 앞에서는 tightly로 쓰인다.

f. The goods were <u>tightly packed</u> in the boxes. (상품들은 그 상자 속에 단단히 포장되었다)
g. The children sat with their hands <u>tightly clasped</u>. (어린이 손을 꽉 잡고 앉았다)
(clasp: 걸쇠/자물쇠: 손을 꽉 잡다)

(30) | wide(ly) |

wide는 보통 부사적으로 쓰인다.

a. Open your mouth <u>wide</u>, said the dentist.(그 치과의사는 "너의 입을 크게 벌려라"고 말했다)
b. The windows were <u>wide</u> open/open <u>wide</u>. (문은 확 열려 있었다)
c. He was <u>wide</u> awake. (그는 잠이 확 깨어 있었다)
d. Their views are still <u>wide</u> apart. (그들의 견해는 아직도 크게 다르다)
e. We searched <u>far and wide</u> for the missing child.
(우리는 없어진 아이를 사방팔방으로 찾았다)
f. It fell <u>wide</u> of the mark. (그것은 표적에서 멀리 빗나가 떨어졌다)

widely는 과거분사 앞에 쓰인다.
widely scattered/separated/known (널리 아주 흩어져서/떨어져서/알려져서)
g. He has travelled <u>widely</u>. (그는 널리 여행했다)

(31) | wrong(ly) |

wrongly가 더 평범하게 쓰이나, wrong이 다음과 같은 구에서는 부사로 사용된다.

a. get something wrong (…을 오해하다)
b. go wrong (계획 등이 실패하다/사람이 타락하다)
c. guess wrong (추측을 잘못하다)
d. tell someone wrong (아무에게 잘못 전하다)
e. I got his instructions wrong. (= misunderstood them) (그의 지시를 잘못 이해했다)
f. All our plans have gone wrong. (우리들의 모든 계획이 잘못 되었다)
g. Surely he hasn't told you wrong (= wrongly informed you) again?
(설마 그가 네게 또 잘못 전하지는 않았겠지?)

그러나 다음과 같은 과거분사 앞에서는 wrongly가 쓰인다.

h. You've wrongly informed. (너는 잘못 전달 받았다)

⑫ 접미사 "--ly" 형의 부사는 의미가 달라지는 경우가 있다.

부사가 접미사 "--ly"를 붙일 때와 붙이지 않을 때와는 의미가 달라지는 것이 있다. speak louder와 speak more loudly와의 차이는 의미의 차이가 아니라, speak louder쪽이 더 구어체적이며, speak more loudly가 더 정확하다고 생각될 뿐이다. 그런데 hard와 hardly, just와 justly, most와 mostly, pretty와 prettily에서는 각각 그 의미가 다르다.

(1) | hard, hardly |

부사의 hard(열심히)는 형용사의 hard와 의미상의 연관성이 있다.
a. You must try harder.   (더 열심히 노력해야 한다)
b. He looked hard at me.   (그는 나를 뚫어지게 노려보았다)
c. It's freezing hard.   (몹시 추워진다)
e. He was running as hard as he could. (그는 할 수 있는 한 열심히 뛰고 있었다)
f. She was hard at work/working hard. (그녀는 일에 열심이다/열심히 일하고 있다)

그러나 hardly는 통상적인 의미가 scarcely(거의 …가 아니다)이다.

a. This dress hardly long enough.   (이 드레스는 거의 충분히 길지 않다)
b. We hardly ever (= seldom) go to the cinema.
                                            (우리는 거의 영화구경은 가지 않는다)
c. I hardly know her.   (나는 그녀를 거의 알지 못한다)
d. You'd hardly believe it.   (너는 그것을 거의 믿지 않는다)

이제 다음 문장을 비교해 보라.

a. He works hard. (is a hard worker)   (그는 열심히 일한다)
b. He hardly does anything nowadays. (does very little).
                                            (그는 요사이 거의 어떤 일도 하지 않는다)
c. He was hard hit by the financial crisis.   (그는 경제적 위기를 심하게 당했다)
    = (was badly hit, suffered severe losses).
    (He was hard hit by… 그는 심각하게 타격을 받았다)
d. He was hardly affected by the financial crisis.
    = (suffered little loss because of it.) (그는 경제적 위기에 거의 영향을 받지 않았다)

e. hard-earned money는 (힘들여 번 돈), 즉, money earned through hard work의 의미이다.

(2) | just, justly |

부사의 just는 형용사 just, 명사 justice와는 전혀 관련이 없다. 부사 just의 예를 보자.

a. just now   (방금)
b. just then   (바로 그때)
c. just here/just there; just as you say   (꼭 네가 말하듯이…)
d. just so   (정말 그래) 등.

a. We only just managed to catch the train. (우리는 간신히 차를 탈 수 있었다)
b. I've just seen him.   (나는 막 그를 보았다)
c. He earns just enough money for his need. (그는 그가 필요한 만큼 충분한 돈을 번다)

부사의 justly는 형용사의 just 및 명사의 justice와는 관련이 없다.

a. As you justly (rightly) observe…   (당신이 올바로 보고 있는 것처럼…
b. He was justly punished.   (그는 당연한 벌을 받았다)

(3) | late, lately |

부사 late는 early의 반대어이다. go to bed <u>late</u>/get up <u>late</u>/stay up <u>late</u> 등.
arrive late: sooner or later(조만간): marry late in life(늦게 결혼하다) 등등.

이것에 비해, lately는 최근(recently)의 의미이다.

I haven't seen Green <u>lately</u>.　　　　　　(나는 최근에 Green을 보지 못했다)

(4) | most, mostly |

부사 most는 much, more, most라는 불규칙 비교변화의 최상급이다.

a. What pleased me <u>most</u> was that… 부사 mostly는 "대개(for the most part)"의 의미이다.
(나를 가장 기쁘게 하는 것은 …이다)

b. Houses in England are <u>mostly</u> built of brick or stone, not of wood.
(영국의 집들은, 나무가 아닌, 대개 벽돌이나 돌로 지어진다)

(5) | pretty, prettily |

부사 pretty는 구어체로 쓰이며, "꽤, 상당히(fairly, moderately)"의 의미를 나타낸다.
(종종 very의 뜻으로, 겸손한 표현에 쓰인다)

a. The situation seems pretty hopeless. (그 상황은 아주 희망이 없는 것 같이 보인다)
b. The car is new, or pretty nearly so.　　(이 차는 새 차이다. 아니면 거의 그렇게 보인다)
(=almost new).

prettily는 prettily dressed처럼 예쁘게, 귀엽게 차려입은(in a pretty way, attractively)
의 의미를 나타낸다.

⑬　"just"의 사용에 대한 영국영어와 미국영어의 차이점:
　　(Michael Swan. 2005: pp. 287-288)

---

(1) 영국영어에서는 just가 "현재/과거"의 두 가지 시제로 동시에 사용되나,
　　어떤 소식을 전할 때에는 현재완료형을 선호한다.

　　a. Where's Eric? He's <u>just</u> gone out.　(현재/현재완료)
　　b. John <u>just</u> phoned.　　　　　　　　(과거)
　　　 His wife's <u>had</u> a baby.　　　　　　(His wife <u>has had</u> a baby: 현재완료)

(2) 미국영어에서는 just가 모든 경우에 과거로 쓰인다.

　　a. Where's Eric? He just <u>went</u> out.　　(과거)
　　b. I just <u>had</u> a brilliant idea.

(3) just now는 미국영어 영국영어에서 동일하게 현재/과거에도 쓰인다. 현재일 때의
　　just now는 at this moment, 과거일 때에는 a few moment ago의 의미로 쓰인다.

　　a. She's not in just now. Can I take a message?　　(현재)
　　b. I saw Phil just now. He wanted to talk to you.　　(과거)

　　이 just now는 문의 마지막에 올 수도 있고, 문의 중앙에 올 수도 있다.

연습문제

①. 다음 괄호 안에서 맞는 말을 고르세요.

1. I have received no news from her (still, yet).
2. My friend arrived here two days (before, ago).
3. There (once, before) lived a wise king named Solomon.
4. It was a (very, much) interesting story.
5. They are (very, much) more civilized than we are.
6. He is (much, very, more) older than she is.
7. "Do you mind opening the window?" (Yes, No), not at all.
8. If you don't go there, I will not go (too, either).
9. Have you ever seen a Koala (ago, before)?
10. This bridge is (very, much) longer than that one.

②. 다음 문장에서 틀린 것을 찾아, 바르게 고치세요.

1. Raise your hand highly.
2. He laughs always at me.
3. She arrived at 7 o'clock here this morning.
4. All our plans have gone wrongly.
5. We have wrong informed.
6. She had early breakfast.
7. We met on sunny spring morning.
8. Keep clearly of the gate of the elevator.
9. He speaks quite clear.
10. Open your mouth widely.

③ 다음 표현 중에서, 줄친 부분을 부사로 사용할 수 있다면 (o)를, 부사로 사용할 수 없다면 (x)를 하세요.

1. The shopkeeper buys cheap, but doesn't sell cheap.   (   )
2. The bullet went clear through the door.   (   )
3. He was clear wrong.   (   )
4. He was following close behind.   (   )
5. The prisoners were closely guarded.   (   )
6. The wind was blowing deadly against us.   (   )
7. She took deadly poison to kill herself.   (   )
8. He was fastly asleep.   (   )
9. She holds firm to her belief.   (   )
10. Please fix the post firmly in the ground.   (   )
11. The teacher told the students to hold their head highly. (   )
12. This movie is highly amusing.   (   )

④ 다음 표현 중에서 줄친 부분이 "부사"로 사용할 수 있다면 (o), 없다면 (x)로 표시하세요.

1. She spoke loud/loudly.   (   )
2. I ran as quickly/quick as I could.   (   )
3. My wife buys her clothes cheap/cheaply.   (   )
4. She spoke clear/clearly.   (   )
5. a. Are cats cleanly animals?   (   )
   b. This knife cuts cleanly.   (   )
6. a. We are packed tight in the bus.   (   )
   b. The goods were tight packed in the boxes.   (   )
7. a. I got his instruction wrongly.   (   )
   b. You've wrongly informed.   (   )
8. a. Hold it tight.   (   )
   b. Screw the nuts up tightly.   (   )
9. a. He got a highly paid job.   (   )
   b. He holds his aim highly.   (   )
10. a. He looked hard at me.   (   )
    b. He holds firmly to his belief that he is right.   (   )

⑤ 종합 연습문제

다음 글을 읽고, 아래 질문에 답하세요.

Everybody knows about Ⓐ the law of demand. When the price of a product goes up, fewer people want to purchase it. When the price goes down, more people want to buy it. It is a common belief that the law Ⓑ works Ⓒ (perfectly/perfect) Ⓓ at all time. However, there are some goods that don't follow this law.

Some kinds of high-status goods, such as designer handbags and luxury cars, are called Veblen goods. Increasing their prices doesn't lead to a decrease in demand. On the contrary, higher prices make the goods much more Ⓔ seek Ⓕ after. This abnormal market behavior is called the Veblen effect. It is named after an American economist Thorstein Veblen. He pointed out that some people are willing to pay a higher price, for two possible reasons. For one, many of them believe that a higher price must mean better quality. For another, Ⓖ status-seeking consumers think that the products will help them look Ⓗ (special/specially).

However, this market behavior is not Ⓘ (completely/complete) Ⓙ free from the law of demand. Even Veblen goods are, on some levels, Ⓚ subject to the laws. The demand for Veblen goods does not increase infinitely with price. Demand may go up with price until the price reaches a certain limit, but demand will begin to fall if the price goes above its peak. In other words, the law of the demand applies to some extent.

⑤ Ⓐ 줄친 부분을 해석하세요.   Ⓖ 줄친 부분을 해석하세요.
    Ⓑ works를 해석하세요.   Ⓗ 괄호 내의 맞는 단어를 선택하세요.
    Ⓒ 괄호 내에서 맞는 단어를 선택하세요.   Ⓘ 괄호 내의 맞는 단어를 선택하세요.
    Ⓓ 줄친 부분을 해석하세요.   Ⓙ 줄친 부분을 해석하세요.
    Ⓔ 문맥에 맞는 seek의 변형된 표현을 쓰세요.   Ⓚ 줄친 부분을 해석하세요.
    Ⓕ seek after의 뜻을 쓰세요.

제15장 비교와 대조(Comparisons and Contrasts)

형용사의 비교급과 최상급은 ① 규칙적인 변화와 ② 불규칙적인 변화가 있다. 우선 아래 ①에서 규칙적인 변화부터 보기로 하자.

① 규칙변화: 1음절 원급에 -er, est를 붙이는 변화

(1) 원급   비교급   최상급

old   older   oldest
young   younger   youngest
tall   taller   tallest
strong   stronger   strongest

(2) 단어가 2음절, 또는 어미가 -e로 끝나면, --r, --st를 붙인다.

nice   nicer   nicest
clever   cleverer   cleverest
large   larger   largest
simple   simpler   simplest

(3) "자음 + y"로 끝나면 y를 i로 고친 후, --er, --est를 붙인다.

busy   busier   busiest
heavy   heavier   heaviest
happy   happier   happiest

(4) "단모음 + 단자음"으로 끝나면 마지막 자음 하나를 더 겹쳐 쓰고 --er, --est를 붙인다.

thin   thinner   thinnest
big   bigger   biggest
hot   hotter   hottest
fat   fatter   fattest

(5) 3음절 이상의 형용사와 부사는 그 앞에 more, most를 붙인다.

beautiful   more beautiful   most beautiful   (형용사)
intelligent   more intelligent   most intelligent
practical   more practical   most practical
interesting   more interesting   most interesting   (현재분사)

② 형용사/부사의 불규칙 변화

원급   비교급   최상급

good/well   better   best
bad/ill   worse   worst
many/much   more   most
little   less   least
old   older   oldest
                    elder   eldest: (명사 앞에서 제한적인
                                                     용법으로 만 사용)
far   farther/further   farthest/
                                        furthest: (거리에 대해서 동일하게 쓰임)

③ 두 개의 물건을 동등하다는 점에서 비교할 때. (원급비교)

(1) 두 개의 물건, 사람, 성질, 정도를 등을 동등하다는 점에서 비교 할 때, 우리는 "동등성의 비교(comparison of equality)"의 형식을 쓴다. 그 형식은 "(as + 형용사/부사 + as)"이다. 앞의 as는 부사이고, 뒤의 as는 접속사이다.

  a. Your house is <u>as large as</u> mine.
  b. Does John work <u>as hard as</u> Harry?
  c. I earn <u>as much money as</u> you.
  d. We need <u>as many people as</u> possible.
  e. My hands are <u>as cold as</u> ice.

(2) 2개의 물건을 비교할 때, "<u>몇 배 더 --하다</u>"로 표현할 때는 two times/three times 등을 쓴다.

  a. I can walk <u>three times faster than</u> her.
  b. It was <u>ten times more difficult than</u> I expected.
  c. He works five <u>times harder than</u> her.

(3) 원급이 사용되는 중요 표현들

  a. "as + 원급 + as possible": "가능한 --하게"
     He walked <u>as fast as possible</u>.

  b. "as + 원급 + can be":   "매우", "극도로", "더할 나위 없이 --한",
     She is <u>as kind as can be</u>.   그녀는 "더할 나위 없이" 매우 친절했다.

  c. not so much A as B; A라기 보다는 차라리 B.
     He is <u>not so much a scholar as a politician</u>.
     (그는 학자라기보다 오히려 정치가이다)

  d. as good as: "--와 같은", "--와 다를 바 없는"
     He is <u>as good as</u> (no better than) a begger.   (그는 거지와 다를 바 없다)

  Cf. My grades aren't <u>as good as</u> yours.   (내 성적은 너의 성적만큼 좋지 않다)

  e. "as many (much) as--": "--만큼이나"
     I play <u>as much tennis as</u> I can.   (나는 할 수 있는 만큼 많이 tennis를 칩니다)
     She was <u>as good as</u> her words.   (그녀는 약속을 이행하였다)
     She doesn't work <u>as many hours as</u> I do, but she makes <u>as much more money</u>
     than I do. (그녀는 나만큼 많은 시간을 일하지 않지만, 돈은 나보다 더 많이 번다)

(4) 동등성 비교에서 "같지 않다"는 부정의 의미를 나타낼 경우에는 앞의 부사인 as는 종종 so로 바뀌는 수가 있다. 그러나 as가 그대로 쓰일 경우도 종종 있다. 특히 동사가 not와 단축된 바로 뒤에는, as가 그대로 많이 쓰인다. 그러나 quite와 같은 부사가, not와 형용사 부사 사이에 올 때는, so 쪽이 많이 쓰인다.

  a. Your house is <u>not quite so large as</u> mine.
  b. Your house <u>isn't as/so large as</u> mine.
  c. John <u>doesn't work as/so hard as</u> Harry.
  d. This box isn't <u>as large as</u> that.
  e. This box <u>isn't quite so large as</u> that.

④ "비형식적 표현(an informal style)"에서는 부정문과 의문문만 much나 many를 사용하고, 서술/긍정문에는 a lot of, 또는 lots of 등을 쓴다. 아래 예문 c, d, e가 완전히 틀린 것은 아니지만, "화살표(⇒) 오른쪽의 표현을 선호한다. 다음 16장 명사 ④. Ⓐ, Ⓑ를 참조하라.

    a. How <u>much</u> money have you got?   (NOT I've got <s>much</s> money.)
    b. He's got <u>a lot of</u> men friends, but he <u>doesn't know many</u> women.
    c. A good teacher needs <u>much</u> patience. ⇒ A good teacher needs a lot of
                                             patience.
    d. I have <u>much</u> free time this summer. ⇒ I have a lot of free time.
    e. I got <u>much</u> pleasure from my work. ⇒ I got lots of pleasure from my work.

⑤ 두 개의 물건 중에서, 한 쪽이 "더 --하다"로 비교할 때. (비교급의 용법)

(1)   2개의 물건, 사람, 성질, 정도 등을 "<u>한 쪽이 더 --하다는 점에서</u>" 비교할 때, "<u>형용사의 비교급을 쓰고, 뒤에 than</u>"을 붙인다. 양이나 질을 언급할 때는 much/many를 사용한다. 단 "보다 열등하다"는 inferior, "보다 우수하다"는 superior, "보다 연소하다"는 junior, "보다 연상이다"는 senior, "보다 앞서다"는 prior를 쓴다. 이와 같은 라틴어계의 형용사의 경우에는 "<u>예외로 than이 아니라 to</u>"가 뒤에 온다.

    a. He is <u>much older than</u> her.   (그는 그녀보다 더 나이가 많다)
    b. The baby is <u>more attractive than</u> you.   (그 애기는 당신보다 더 매력적이다)
    c. Your house is <u>larger than</u> mine.   (너의 집은 나의 집보다 더 크다)
    d. My house is <u>smaller than</u> yours.   (나의 집은 너의 집보다 더 작다)
    e. John works <u>harder than</u> Harry.   (John은 Harry보다 더 열심히 일한다)
    f. His new book is <u>more interesting than</u> his earlier books.
       (그의 새로운 책은 그의 그 전의 책들보다 더 재미있다)

(2)   비교급이지만 Latin어에서 나온 superior/inferior/senior/junior/prior 등의
    단어에서는 than 대신에 to를 쓴다.

    a. superior to: "--보다 월등한(= better than)"

    He is <u>superior to</u> me in mathematics. (그는 수학에서 나보다 더 우수하다)
    The men are <u>superior to</u> the women in hard labor work.
    (남성은 힘든 노동일에서 여성부다 더 우수하다)

    b. inferior to: "보다 열등한(= worse than)"

    The women's positions are <u>inferior to</u> men's in most companies.
    (대부분의 회사에서 여성의 위치는 남성들의 위치보다 열등하다 (아래이다))
    In physical strength, <u>women are inferior to</u> men.
    (체력적인 힘에서, 여서들은 남성보다 열등하다 (못하다))

    c. senior to: "보다 손위의"
    The most senior students are <u>one year senior to</u> the junior students.
    (대부분의 4학년 학생들은 3학년 학생보다 한 쌀 위이다)

    d. junior to: "보다 손아래의"
    Freshmen are one or two years <u>junior to</u> junior and senior students.
    (1학년 학생들은 3학년, 4학년 학생들보다 한 살 또는 두 살 아래이다)

    e. prior to: "보다 전에/먼저"
    The constitutional law is <u>prior to</u> all other laws.
    (헌법은 모든 다른 법률보다 앞선다)

f. prefer A to B: "B보다 A를 선호한다"
   I prefer tea to coffee. (나는 커피보다 차를 더 좋아한다)

(3) "열세(劣勢)의 비교(comparison of inferiority)"로도 나타낸다. 그 형식은
    less… than이다.

   a. The new edition is <u>less expensive than</u> the old edition.
      (신판은 구판보다 덜 비싸다)
   b. His new novel is <u>less interesting than</u> his earlier ones.
      (그의 새로운 소설은 그의 그전의 소설보다 덜 재미있다./재미가 적다)
   c. He earns <u>less money than</u> I do.
      (그는 나보다 돈을 덜 번다)
   d. I've got <u>less problems than</u> I used to have.
      (나는 그전보다 적은 문제들을 갖고 있다./그 전보다 문제가 적다)

   그러나 열세의 비교보다도 "<u>부정(not)의 동등비교 쪽이</u>" 더 많이 쓰인다.

   e. The new edition is <u>not so expensive as</u> the old edition.
      (신판은 구판보다 그렇게 비싸지 않다)
   f. His new novel is <u>not so interesting as</u> his earlier ones.
      (그의 새로운 소설은 그의 그 전 소설들보다 그렇게 재미있지 않다)

   특히, 형용사나 부사가 짧은 경우에는 "부정(not)"의 동등비교가 더 잘 쓰인다.

   g. Tom's <u>not so tall as</u> his brother.   (g 표현이 h보다 더 잘 쓰인다.)
      (Tom은 그의 형만큼 크지 않다.)

   h. Tom's <u>less tall than</u> his brother.
      (Tom은 그의 형보다 덜 크다.)

   i. Mr. Green's <u>not so old as</u> he looks.   (i 표현이 j보다 더 잘 쓰인다.)
      (Green 씨는 보기보다 그렇게 늙지 않았다.)

   j. Mr. Green's <u>less old than</u> he looks.
      (Green 씨는 보기보다 덜 늙었다.)

   k. "the + 비교급 + of the two": "둘 중(둘 이상의 복수)에서 더 --한"

      Tom is <u>the better of</u> the two.

⑥ "The + 비교급, --the + 비교급"의 표현

(1) 비교나 대조는 또한 "<u>the + 비교급</u>, … <u>the + 비교급</u>"을 사용해서도 나타낸다.
    이 표현은 두 가지가 평행해서 더해지거나 덜해지는 것을 나타낸다.

   a. <u>The more learned</u> a man is, <u>the more modest</u> he usually is.
      (사람은 학식이 많으면 많을수록 더욱 겸손해진다)
   b. <u>The longer</u> we stayed there, <u>the more</u> we liked the place.
      (우리가 거기에 더 오래 머물면 머물수록, 우리는 그곳을 더 좋아한다)
   c. <u>The sooner</u> you start, <u>the sooner</u> you'll finish.
      (네가 더 일찍 일을 시작하면 할수록, 일을 더 일찍 끝낼 것이다)
   d. <u>The more</u> he read, <u>the less</u> he understood.
      (그가 더 많이 읽으면 읽을수록, 그는 더 이해를 못할 것이다)

(2) 비교급 + and + 비교급: "점점 더 --한"

    a. It is <u>getting hotter and hotter</u>.   (날씨가 점점 더 더워진다)
    b. <u>More and more people</u> are using the Internet.
       (점점 더 많은 사람들이 Internet을 사용한다)

(3) 동일한 사람이나, 동일한 사물이 갖는 두 가지 다른 성격을 비교할 때는, -er을 쓰지 않고,
     형용사나 부사 앞에 more를 쓴다. 이때 more는 "오히려", "차라리"의 의미를 갖는다.

     She is <u>more wise than</u> intelligent. (그녀는 지적이라기보다는 차라리 현명하다)

(4) 비교급을 강조 할 때는 다음과 같은 부사를 사용한다. 의미는 "훨씬 --한"으로 표현된다.
     강조할 때, 비교급에는 very를 사용하지 않는다. 대신 much, far, even, still, a lot, <u>all the
     better</u>, <u>all the more important</u>, <u>any the worst</u>, <u>none the wiser</u> 등이 쓰인다.

     a. My boyfriend is <u>much/far older than</u> me.
     b. Russian is <u>much/far more difficult than</u> Spanish.
     c. This problem is <u>a lot more difficult than</u> that one.
     d. This dress is <u>even more nicer than</u> those ones.

     <all the + 비교급>은 수준이나 정도가 한층 더 심해지는 상태를 나타낸다. <all the
     + 비교급> 뒤에 for를 사용해서 그 이유를 제시한다.

     e. I feel <u>all the better for</u> that swim.
        (나는 그 수영 때문에 그만큼 더 기분이 좋다)
     f. Her accident made it <u>all the more important</u> to get back home.
        (그녀의 사고는 그녀가 집에 돌아가게 될 만큼 중요하게 만들었다)

     any와 more도 비슷한 형태로 쓰인다. <not any the + 비교급>, <none the + 비교
     급>은 어떤 사건이나 행위 등이 있었지만, 그것 때문에 변한 것이 조금도 없다는 것을
     나타낸다.

     g. He didn't seem <u>any the worse</u> for his experience.
        (그는 자신이 겪은 일이 그의 경험에 비추어 보아 더 나빠지지 않은 것 같다)
     h. He explained it all carefully, but I was still <u>none the wiser</u>.
        (그는 그것을 아주 주의 깊게 설명했지만, 나는 여전히 알아듣지 못했다)

⑦ 비교급 + than을 포함한 관용적 표현

(1) no more than: **단지 "--일 뿐(= only)"**
     I have <u>no more than</u> two dollars.

(2) no less than = **as many/much as: "--만큼이나"**
     He is <u>no less clever than</u> his elder brother. (그는 형만큼이나 현명하다).

(3) not more than = **보다 많지 않다, "기껏해야": at most**
     There are <u>not more than</u> 20 books in his bookshelf.

(4) not less than = **보다 나을망정 못하지 않은, "많아야": at least**
     He has <u>not less than</u> 10 children.

(5) A is no less --than B: A는 B만큼 --하다.
     A is not less --than B: A는 B에 못지않게 --하다.

a. She is <u>no less beautiful than</u> her elder sister.
(그녀는 그녀의 언니만큼 아름답다): as beautiful as

b. She is <u>not less beautiful than</u> her elder sister.
(그녀는 그녀의 언니 못지않게 아름답다) :
= perhaps more beautiful than her elder sister.

(6) A is no more B than C is D: C가 D가 아닌 것처럼 A도 B가 아니다.

A whale is no more a fish than a horse is (a fish).
(말이 물고기가 아닌 것처럼, 고래도 물고기가 아니다)

(7) as--as의 관용어
as poor as a church mouse: (아주 가난한)
as cool as a cucumber: (아주 침착한)
as busy as a bee: (아주 바쁜)
as wise as Solomon: (매우 현명한)
as cold as ice: Her attitude was <u>as cold as ice</u>. (그녀의 태도는 얼음같이 차가웠다)
as hard as nails: He was strongly built <u>as hard as nails</u>. (그는 무쇠같이 강건했다.)
as black as night: The lunar eclipse caused us to be dark <u>as black as night</u>.
(월식이 우리들을 한밤처럼 어둡게 했다)
as---as hell: I'm <u>(as) tired as hell</u> of listening to your problems.
(나는 너의 문제를 듣는데 진절머리가 난다)

회화체에서는 첫 번째 as는 보통 탈락된다.

⑧ 최상급의 용법

최상급에는 항상 정관사 the를 쓴다.

(1) the + 최상급 + of + 복수명사

a. She is the tallest of all students in her class.
b. He is the cleverest of his classmates.

(2) the + 최상급 + in + 장소/집단

a. Seoul is the largest city in Korea.
b. I am the happiest in the world.

(3) *** 최상급에서 the를 쓰지 않는 경우

a. 부사의 최상급일 때.
She <u>ran fastest</u> in her team.

b. 비교할 대상이 없는 동일 사항, 사람 등.
The ceiling of this dome is <u>highest</u> at this point.

(4) 최상급을 강조할 때는 very/much/by far/quite를 쓴다.

a. Bring out your <u>very best</u> wine. Michael's coming to dinner.
b. You are <u>the very first person</u> I've spoken to today.
(당신이야말로 오늘 내가 이야기를 하게 된 바로 첫 번째 사람이다)

    c. This is your <u>very last chance</u>.
       (이것이 너의 바로 마지막 기회이다)

    d. He's <u>much the most imaginative</u> of them all.
       (그는 그들 전체 중에서 가장 상상력이 풍부하다)

    e. She's <u>by far</u> the oldest.
       (그녀는 단연 최고령자다)

    f. He's <u>quite the most</u> stupid than I've ever met.
       (그는 내가 만난 사람 중에서 가장 바보 같은 사람이다)

    g. I'm <u>really the oldest</u> in the firm.
       (나는 회사에서 정말 최고령자다)

    h. This is <u>easily the worst party</u> I've been to this year.
       (이 파티는 내가 올해 다녀온 파티 중에서 물론/분명히 아주 나쁜 파티이다)

(5)   문맥에 따라 최상급이 양보의 의미도 갖는다.

    a. The best expert can make mistakes.
    b. (= Even the best expert can make mistakes)

(6)   관용적인 표현

    a. as poor as a church mouse: (아주 가난한)
    b. as cool as a cucumber: (아주 침착한)
    c. as busy as a bee: (아주 바쁜)
    d. as wise as Solomon: (매우 현명한)
    e. Tom is <u>the last man</u> to tell a lie.   (Tom은 거짓말할 사람이 아니다)
    f. That doesn't matter <u>in the least</u>.   (그것은 조금도 염려할 바가 아니다)
    g. <u>To the best of my knowledge</u>, it is not true.
                          (내가 아는 한, 그것은 사실이 아니다)
    h. <u>Make the most of</u> this opportunity.   (이 기회를 잘 활용하라)

(7)   최상급을 표현하는 여러 가지 방법:
       다음 a 외에 b, c, d로 표현해도 동일한 최상급의 표현이 될 수 있다.

    a. John is <u>the tallest student</u> in my class.
    b. <u>No student in my class</u> is taller than John.
    c. John is <u>taller than any other student</u> in my class.
    d. <u>No student</u> in my class is <u>as (so) tall as John</u>.

⑨   to-부정사구가 절(clause) 대신 쓰이는 수가 있다.

    a. They say that <u>nothing pays better than</u> to be honest.
       (사람들은 정직한 것보다 더 잘 보답해 주는 것은 없다고 말한다)

   ⇒ They say that <u>nothing pays better than</u> honest does.
      (사람들은 정직이 보답해 주는 것보다 더 잘 보답해 주는 것은 없다고 말한다)

   ⇒ They say that <u>nothing pays better than</u> <u>so well as honest does</u>.
      (사람들은 정직이 보답해 주는 것만큼 더 잘 보답해 주는 것은 없다고 말한다)

    b. He <u>knew better than to mention</u> the subject to her.
       (그는 그 문제를 그녀에게 말할 만큼 무분별하지는 않았다)

⑩   종속절에서는 정형동사를 생략

비교의 종속절에서 정형동사는 흔히 생략된다. 즉, 다음 보기에서 괄호 내의 동사는 생략해도 좋다.

    a.   Your house is <u>as large as</u> mine (is).
    b.   John doesn't work <u>so hard as</u> Henry (does).

다음 예의 경우, 괄호 안의 말이 생략되는 수가 있으니 주의하라.

    a.   I like him <u>more than she</u> (does).
        (나는 그를 [그녀가 그를 좋아하는 이상으로] 좋아한다)
    b.   I like <u>him</u> more than (I like) <u>her</u>.
        (나는 [내가 그녀를 좋아하는 이상으로] 그를 좋아한다)

위의 a의 문장에서는 I와 she가 대비되고, b의 문장에서는 him과 her가 대비되어 있다. 다음 문장을 비교해보라.

    c.   Jane likes <u>me</u> more than she likes Harry.
    d.   <u>Jane</u> likes <u>me</u> more than Anne does.
        (<u>Jane</u> likes <u>me</u> more than Anne likes me)
        (Jane은, Ann이 나를 좋아하는 이상으로, 나를 좋아한다)

c의 문장에서는 me와 Harry가 대비되고, d의 문장에서는 Jane과 Anne이 대비되어 있다. 구어체에서는 대비되는 말을, 음조 또는 강세에 의해서, 혹은 음조와 강세 양자의 결합에서 확실하게 나타낸다. 그러나 문어체에서는 그것이 애매하게 되는 수가 있다.

    e.   Tom likes <u>me</u> better than (he likes) Harry.

위의 예문은, 문어체에서 다음 중 어느 쪽인가를 표현해야 한다.

    f.   Tom likes <u>me</u> better than he likes Harry.
        (Tom은 그가 Harry를 좋아하는 이상으로 나를 좋아한다)
    g.   Tom likes <u>me</u> better than Harry does.
        (Tom은 Harry가 나를 좋아하는 이상으로, 나를 좋아한다)

⑪   비교의 부사절에서는 주어와 동사가 다 생략될 수가 있다

    a.   My uncle is <u>better than today</u> (he was) when I wrote to you last week.
        (오늘 나의 아저씨는 내가 지난주에 네게 편지했을 때보다 보다 더 좋아졌다)
    b.   He is <u>more shy than</u> (he is) unsocial.
        (그는 비사교적이라기보다는 더 수줍어한다)
    c.   Some people think <u>much more about their rights than</u> (they do) about their duties. (어떤 사람들은 자기의 의무보다도 권리 쪽을 훨씬 더 중요하다고 생각하는 사람들이 있다)

다음 보기에서 주어가 강조되기 때문에 절 뒤로 위치가 옮겨진 것에 주의하라.

    d.   Nobody did <u>more</u> for education in this country <u>than</u> (did) the late Mr. Green.
        (고(故) Green 씨만큼 이 나라의 교육을 위해 노력한 사람은 없다)

⑫   than that의 비교절에서는 should이 쓰이는 경우가 있다.

    a.   There is <u>nothing more than</u> I want that you <u>should</u> be happy and contented.
        (네가 행복하고 만족해하는 것보다 더 바라는 것은 없다)

b. I am ready to do the work myself <u>rather than</u> that you <u>should have to do it</u>.
(네가 그 일을 해야 하는 것보다, 차라리 내 자신이 기꺼이 하겠다)

c. It is <u>more important</u> that the explanation <u>should</u> be clear <u>than that</u> <u>it should</u>
<u>cover every possible exception</u>)
(모든 가능한 예외를 열거하는 것보다, 전체 설명이 더 명확한 것이 좋다)

⑬ 비교급과 최상급의 차이점

우리는 한 사람, 물건, 행동, 사건, 또는 한 집단을 다른 사람이나, 물건과 비교할 때, 비교급을 쓴다. 또 우리는 he, she, it가 소속되어 있는 전체 group과 어떤 물건/사람을 비교할 때, 최상급을 쓴다. 다음 문장을 비교해 보자.

(1) a. Mary is <u>taller than</u> her three sisters.
  b. Mary is <u>the tallest of</u> the four girls.   (두 사람 이상 복수일 때, of 전치사를 쓴다)
  c. Your accent is <u>worse than</u> mine.
  d. Your accent is <u>the worst in</u> the class.   (어떤 group에서는 in 전치사를 쓴다)
  e. He plays <u>better than everybody else in</u> the team.
  f. He is <u>the best in</u> the team.

(2) 그러나 group 구성원이 단 두 사람이거나, 두 개의 물건 중에서, 두 개의 여건 중에서, 더 큰 것이나, 더 좋은 것을 언급할 때는, 비교급 앞에서도 정관사 the를 쓴다. 다음 예 a, b, c를 보자.

  a. I like Betty and Mary, but I think Betty is <u>the nicer (nicest) of the two</u>.
  b. I will give you <u>the bigger (biggest) steak</u>: I am not hungry.
  c. You'll sleep <u>the sounder (= more soundly)</u> after a day in the fresh air.

(위 c번은 앞 14장 부사어구 26번의 예문이다). 비교급에서도 정관사 the를 쓴다.

연습문제

① 다음 괄호 안의 표현 중, 알맞은 것을 고르세요.

1. Your house is as (larger/large) as mine.
2. Does John work as (hard/hardly) as Harry?
3. He earns as (much money/more money) as John.
4. He walked as (fast/fastly) as possible.
5. Your house isn't so (large/larger) as his.
6. He is (as/much) older than her.
7. The baby is (more/as) attractive than you.
8. John works (harder/hard) than his wife.
9. She is two years senior (than/to) her husband.
10. You are superior (to/than) all your classmates in mathematics.

② 다음 밑줄 친 부분이 틀렸다면 바르게 고치세요.

1. Tom is <u>taller of the two</u>.
2. Mr. Green is <u>little</u> older than he looks.
3. The sooner you start, <u>sooner</u> you'll finish the work.
4. She is <u>the more wiser</u> than intelligent.
5. I prefer coffee <u>than</u> milk.
6. All freshmen are one or two years younger <u>to</u> senior students.
7. It is <u>get</u> colder and colder in late November.

8. I am the happiest man <u>of</u> the world.
9. She ran <u>the fastest</u> in her team.
10. Tom is <u>the lastest</u> man to tell a lie.

③ 다음 줄친 부분과 동일한 다른 표현으로 바꾸세요.

1. Tom is <u>not so tall as</u> his brother.   줄친 부분을 열세(劣勢)의 비교 표현으로 바꾸세요.
2. Mr. Green is <u>less older than</u> he looks. 줄친 부분을 부정의 비교표현으로 바꾸세요.
3. She is two years <u>junior to</u> me.   줄친 부분을 "라틴어계의 형용사"가 아닌 일반
                                         영어의 표현으로 바꾸세요.
4. They say that nothing pays better than <u>to be honest</u>. 다른 표현으로 바꾸세요.
5. I <u>like coffee better than tea</u>.   줄친 부분을 prefer 동사의 구조로 바꾸세요.

④ 괄호 안의 주어진 단어를 바르게 배열하세요.

1. This dress is (nicer, even, than, more) those ones.
2. Mr. Green is (so, as, not, old,) he looks.
3. It was (times, difficult, more, ten, than) I expected.
4. Your house is (not, so, quite, large, as) mine.
5. This box isn't (so, as, large, quite,) that.

⑤ 종합 연습문제
    다음 글을 읽고, 아래 질문에 답하세요.

Many young people in English-speaking countries take time Ⓐ <u>off</u> before they start university. This is known as a gap year. A gap year experience can last for several weeks or up to a full year. "Gappers" use this time for different purposes. While some travel or pursue their hobbies, many enjoy doing volunteer works, often abroad.

The concept has Ⓑ <u>its</u> origins in the United Kingdom. In the past, only a small number of students could take a gap year. The idea of gap year gained moment in the 1990s. Prince Harry spent a gap year in Africa in 2004. Since then, taking time out has become Ⓒ <u>a rite of passage</u> for tens of thousands of UK students. It is becoming popular with US students, too.

Does this time off help the gappers? Research says that it Ⓓ <u>does</u>. Students who take a gap year are Ⓔ <u>the more focussed</u> and motivated when they start to study at college. A gap year gives them the opportunity to learn about the real world and acquire essential life skill. Ⓕ <u>The most importantly</u>, they get a chance to find out about themselves. For these reasons, some of Ⓖ <u>most prestigious universities</u> are concerned of the benefits of a gap year. Harvard University, for instance, encourages every new freshman to consider taking Ⓗ <u>the options</u> seriously.

⑤   Ⓐ off의 문법적 용어를 쓰세요.
     Ⓑ its의 의미를 정확히 해석하세요.
     Ⓒ a rite of passage를 해석하세요.
     Ⓓ does의 의미를 쓰세요.
     Ⓔ 정관사 the가 필요한지 않은지 말하세요.
     Ⓕ 정관사 the가 필요한지 않은지 말하세요.
     Ⓖ 정관사 the가 필요한지 않은지 말하세요.
     Ⓗ the options를 해석하세요.

제16장 명사(Nouns)

① 명사의 유형

명사를 크게 두 분야로 구부하면, 셀 수 있는 명사, 가산명사와 셀 수 없는 명사, 비-가산명사로 분류된다. 동시에 셀 수 있는 명사는 앞에 "관사"와 뒤에 "복수형"을 표시할 수 있다.

    a. 가산 명사(Countable noun)   C ⇒   보통명사/집합명사
    b. 비-가산명사(Uncountable noun)   U ⇒   물질명사/추상명사/고유명사

(1) 보통명사: 보통명사는 가산명사로서 앞에 관사를 붙일 수 있고, 또 단수/복수로 나타낼 수 있다.

a boy, two pencils, a table, flowers, a city, cities. 등

    a. There is <u>an apple</u> on <u>the table</u>.
    b. There are three <u>apples</u> on <u>the table</u>.
    c. <u>A boy</u> has <u>a book bag</u> on his back.

(2) 집합명사: 집합명사는 하나의 집합체로 간주할 때는 단수로 인정되고, 그 구성원 하나하나를 언급할 때는 복수로 인정된다. 이런 경우에 "군집명사"라고도 한다.

audience, class, family, team, government, committee, staff, the police, mail 등

    a. He <u>has a large family</u>.   집합체   (단수)
       (우리는 대 가족을 갖고 있습니다)
    b. <u>My family have</u> decided to go on a picnic.   구성원   (복수)
       (우리 기족들은 소풍을 가기로 결정했습니다)
    c. <u>The team are</u> full of enthusiasm.   구성원   (복수)
       (그 팀 구성원들은 열성으로 가득 차있습니다)
    d. <u>The team which was</u> full of enthusiasm won the game.   집합체   (단수)
       (열성으로 가득했든 그 팀은 경기에서 이겼습니다)
    e. <u>The police are</u> on his track.   집합체   (복수)
       (경찰들은 그를 추적하고 있습니다)
    f. <u>A policeman/A policewoman is</u> following us.   구성원   (단수)
       (남자경찰이/여자경찰이 우리를 따라오고 있습니다)
    g. Is there <u>mail</u> this morning?   집합체   (단수)
       <u>(오늘 아침에 우편물이 있습니까?)</u>

(3) 물질명사: 비-가산명사 중에서, 물질명사 tea, water, chalk, sugar, cheese, coffee, fire 등은 다음과 같이 단수/복수를 표시한다.

a cup of tea, a piece of chalk, a slice of bread, a bar of soap 등.

    a. I need <u>some cheese</u>.   물질명사
    b. Give me <u>a piece of</u> cheese.   치즈 한 조각
    c. We need <u>two cups of</u> coffee.   커피 두 잔
    d. There was <u>a big fire</u> in the neighborhood.   큰 불

(4) 추상명사: 비-가산명사 중에서, 추상명사는 특별한 경우를 제외하고는 관사를 갖지 않는다. 그러나 추상명사가 보통명사로 변형될 때에는 관사를 갖는다. 아래 예문 중 f를 보라.

추상명사: art, life, news, hope, kindness, beauty 등이 이 유형에 속한다.

    a. <u>Art</u> is long, <u>life</u> is short.   (추상명사)
    b. <u>No news is</u> good news.   (추상명사)
    c. <u>The news</u> that he had been injured <u>was</u> a shock to us all. (추상명사)
      (그가 부상당했다는 그 소식은 우리 모두를 충격을 받게 했다)
    d. She is <u>kindness itself</u>. (그녀는 친절 그 자체이다)   (추상명사)
    e. <u>Beauty</u> is only skin deep. (미는 피상적인 것일 뿐이다)   (추상명사)

    f. <u>The pen</u> is mightier than <u>the sword</u>.   (보통명사로 변형)
      (문은 무보다 강하다)

(5) **고유명사**: 고유명사는 장소, 사람, 등 기타 특정한 사물에 주어진 명칭을 고유명사라고 한다. 그래서 고유명사는 첫 글자를 대문자로 써서 고유명사임을 나타낸다. 고유명사는 원칙적으로 관사를 사용하지 않고, 또 복수형도 나타낼 수 없다. 그렇지만 고유명사에도 정관사를 쓰는 경우가 많이 있는데, 그 예는 다음 제17장 관사 ③의 (6)을 참조하라. 그러나 일반적으로는 사용하지 않는다.

    <u>Seoul</u> is the capital of <u>Korea</u>.

그러나 고유명사가 보통명사로 쓰일 때에는 "부정관사"나 "수사"가 붙고, 또 복수형으로 나타나기도 한다.

    a. I wish to become <u>a Newton</u>.   뉴턴 같은 사람
    b. Three are <u>three Kims</u> in our class.   세 사람의 김씨

그런데 정관사 the가 나타나는 예외적인 경우는 많이 나타난다. 국제적 공식표기에서는 우리 나라의 명칭도 정관사를 사용하는 명칭을 갖는다. 정관사 the를 사용하는 경우는 republic, state, union과 같은 어휘를 갖는 경우에 사용되고, 또 섬, 군도를 표현할 때도 정관사 the를 사용한다. 예컨대, 필리핀은 섬으로 이루어진 나라이기 때문에 우선 군도(섬) 앞에 정관사 the를 부여하고, 또 republic이라는 어휘 때문에 또 정관사를 사용하여, "The Republic of the Philippines." 이라 표기한다. 서구의 화란(네덜란드)도 그 나라의 공식 명칭이 The Netherlands.로 되고, 특히 이 나라의 수도는 정관사 the를 붙여, The Hague.라 한다. (이 해설은 Michael Swan(2005: 65)에서 인용한 것임을 밝혀둔다). 고유명사인 수도의 이름 앞에 정관사 the를 사용하는 경우는 이 The Hague 뿐이다.

Korea: South Korea: The Republic of Korea.   (남한)
      North Korea: The Democratic People's Republic of Korea   (북한)

The Philippines Islands: 필리핀군도. The Republic of the Philippines(필리핀). The United States(미국). The United Kingdom(영국). The People's Republic of China(중국) 등으로 표현된다. 이와 같이 고유명사 앞에 정관사 the를 사용하는 예들은 위에서 언급한 것 같이, 다음 제17장 관사 ③의 (6)을 참조하라.

② 주의해야 할 명사의 용법

(1) 물질명사의 뜻이 변해서, 그 물질의 "종류", "제품" 등을 나타내는 경우에는 보통명사로 변하여 부정관사가 앞에 나타난다. 이 표현은 "묘사(description)"의 한 방법이다. 구체적인 예는 다음 제17장 관사 ①의 (6), (7)을 참조 하라.

    a. This is <u>a very good</u> wine.   (형용사 good 때문에 a가 필요하다)
    b. It was <u>a very delicious</u> dinner. (식사명 앞에는 관사가 필요 없지만 형용사가 나타나면
                                    부정관사 a가 필요하다.)

c. It was <u>on a sunny</u> Sunday that we met for the first time.
(형용사 sunny 때문에 a가 필요하다)

(2) 추상명사도 보통명사로 변형된다.

　　a. He has done me <u>a kindness.</u>　　　　(그는 내게 친절을 베풀었다: 구체적 행위)
　　b. She was <u>a beauty</u> when she was young.　(그녀는 젊었을 때 미인이었다)
　　c. He did <u>many kindnesses</u> over the years.　(그는 수년 동안 많은 친절을 베풀었다)
　　d. Please do me <u>the kindness</u> to answer this letter quickly.(BrE)
　　　　(이 편지를 빨리 답해주는 친절을 저에게 베풀어 주세요)

(3) 가산명사와 비-가산명사의 구별

　이 문제는 참으로 어려운 문제이다. 우리는 영어를 많이 읽고 많은 문장을 읽어보면서 판단하는 것이 좋다고 본다. 원어민들조차도 그 이유를 설명하기 어려운 점이 있기 때문이다. 다음 예를 보자. 우선 쉬운 것부터 보자.

　a cat, a newspaper, three chairs, two newspapers 에서는 앞에 나타난 관사와 뒤에 붙은 복수 표시로 가산명사임을 확인할 수 있다. 그러나 비-가산명사인, 집합명사, 물질명사, 추상명사는 단수/복수의 경계를 구분하기가 어려운 것들이 많이 있다. 보통 house는 가산명사, sand는 비-가산명사로 구분된다.

　그러나 예컨대, "여행"이라는 의미를 가진 "a journey"는 가산명사이고, "travel"은 비-가산명사이다. glass(유리: 물질명사)는 비-가산명사이고, 컵을 의미하는 glass는 가산명사이다. "vegetables"는 가산명사이고, "fruit"는 비-가산명사이다. 어떤 기준으로 이렇게 결정되는가에 대해서는 명확한 답이 없다. 원어민들조차도 논리적으로 설명하지 못한다. 그렇게 사용하니까 따라갈 수밖에 없다. 아래의 예를 보자.

(4)　비-가산 명사　　　　　　　　가산명사

accommodation　(BrE)　　　　　a place to live
accommodations　(AmE) (숙박시설)
baggage/luggage(수화물)　　　　a piece of/an item of baggage.
bread(빵)　　　　　　　　　　a piece of/loaf of
chess(서양장기)　　　　　　　　a game of chess
chewing gum(껌)　　　　　　　a piece of chewing gum
equipment(장비/비품)　　　　　a piece of equipment; a tool, etc
furniture(가구)　　　　　　　　a piece/article of furniture; a table, a chair, etc
information(정보)　　　　　　　a piece of information
knowledge(지식)　　　　　　　a fact
*lightning(번개)　　　　　　　　a flash of lightning
luck(행운)　　　　　　　　　　a piece/bit/stroke of luck
luggage(수화물) (BrE)　　　　　a piece/an item of luggage; a case, a trunk, a bag
money(돈)　　　　　　　　　　a note; a coin; a sum
news(소식)　　　　　　　　　　a piece of news
poetry(시= 추상명사)　　　　　a poem
progress(진전)　　　　　　　　a step forward; an advance
publicity(광고)　　　　　　　　an advertisement
research(연구)　　　　　　　　a piece of research; an experiment
rubbish(쓰레기)　　　　　　　　a piece of rubbish
slang(속어)　　　　　　　　　a slang word/expression
*thunder(천둥)　　　　　　　　a clap of thunder
vocabulary(어휘)　　　　　　　a word/expression
work(일)　　　　　　　　　　a job; a piece of work

③ 추상/물질/집합/명사가 가산명사로 변하는 예

(1) 물질명사: glass/paper

    a. I'd like <u>some typing paper</u>.
    b. I'm going to buy <u>a paper</u>. (a newspaper)

    a. The window of this car is specially made of unbreakable <u>glass</u>.
    b. Would you like <u>a glass of milk</u>?

(2) 특히 "액체 또는 가루로 된 물질명사"는 다른 종류와 비교해서 이야기할 때에는 "<u>가산명사</u>"로 변할 수 있다.

    a. Not all washing <u>powders</u> are kind to your hands.
       (모든 <u>세제들이</u> 다 여러분의 손에 좋은 것은 아니다)

    b. We have a selection of fine <u>wines</u> at very good price.
       (우리는 아주 좋은 가격에 좋은 <u>포도주들을</u> 선택할 수 있다)

(3) fruit, rice, wheat, spaghetti, hair는 집합체로의 단수로 나타나고,
vegetables, peas, grapes, oats는 집합명사의 개별 요소로, 복수형으로 나타낸다.

이런 유형의 과일, 곡물류, 채소류, 음식명 중, 어떤 이름은 "<u>비-가산명사의 단수로 나타나고</u>" 반면, 다른 것들은 "<u>복수-가산명사</u>"로 나타나는데, 그 분류의 기준은 없다.

    Ⓐ 비-가산명사: fruit, rice, spaghetti, macaroni(이태리 식 국수), sugar, salt, corn,
                     wheat(밀), barley(보리), rye(호밀), maize(= corn) (BrE) 등

    Ⓑ 가산명사: vegetables, beans(콩), peas/pease(완두콩), grapes(포도), oats(귀리),
             lentils(편두) 등

    a. <u>Fruit is</u> very expensive, but <u>vegetables are</u> cheap.
    b. <u>Wheat is</u> used to make bread, but <u>oats are</u> used to make porridge.
       (밀은 빵을 만드는데 사용 된다, 그러나 귀리는 죽을 만드는데 사용된다)
    c. <u>Is the spaghetti</u> ready?
    d. <u>These grapes are</u> sour.
    e. <u>His hair is</u> black.

그러나 한/두 가닥의 머리카락은 가산명사인 단수/복수로 표현한다.

    f. So why has he got <u>two blonde hairs</u> on his jacket?

(4) 추상명사: time   (일반적인 시간 = 비-가산)/   (몇 번 = 가산),
            life   (일반적인 인생 = 비-가산)/   (어렵고 힘든 삶, 인생 = 가산),
            experience (일반적인 경험 = <u>비-가산</u>)/   (특별한 경험 = <u>가산</u>)

많은 추상명사는 종종 "일반적인 의미"와 "특별한 의미"에 따라 "<u>비-가산명사</u>" 또는 "<u>가산명사</u>"로 변형된다. 특히 어떤 추상명사를 "묘사(describe)" 할 때, "수식할" 때는 부정관사 a/an을 붙여서, 단수로 표현하고, 또 복수형으로도 변형시킬 수 있다. 이 묘사의 문제는 다음 17장 ①의 (7)에서도 다시 논의된다. 다음 예에서 a는 일반적인 것이고, b는 수식을 받는 경우이다.

    a. Don't hurry, --there is plenty of <u>time</u>.   (일반적인 것)
    b. Have <u>a good time</u>! (잘 놀고 와!)   (수식을 받는 것)

a. Life is complicated. (일반적인 것)
(인생은 복잡하다)
b. He's had a really difficult life. (특별히/대단히 어려운 인생) (수식을 받은 것)
(그는 정말 어려운 삶을 겪어왔다)

a. She hasn't got enough experience for the job. (일반적인 것)
b. I had some strange experiences last week. (수식을 받은 것)
(나는 지난주에 좀 이상한 경험(들)을 했다)

a. It's hard to feel pity for people like that. (일반적인 것)
(그와 같은 사람들에게는 딱한 느낌을 거의 느끼지 못했다)
b. It's a pity it's raining. (수식을 받은 것)
(비가 오고 있기 때문에 딱하게 되었다.)

a. Your plan needs more thought. (일반적인 것)
(너의 계획은 좀 더 생각해보는 것이 필요하다)
b. I had some frightening thoughts in the night. (수식을 받은 것)
(나는 밤에 좀 무서운 생각이 들었다.)

a I need to practise conversation. (일반적인 것)
b. Jane and I had a very interesting conversation. (수식을 받은 것)

(5) Illness: 병명

병명은 영어에서 어미에 -s가 첨가된 것을 포함해서 단수 비-가산명사로 쓰인다.

a. If you had already measles, you can't get it again.
b. There is a lot of flu around at the moment.

   좀 가벼운 병명은 보통 가산명사로 쓰인다.
   a cold, a sore throat, a headache 등.

그러나 toothache, earache, stomachache, backache 등은 영국영어에서는 복수로 사용되나, 미국영어에서는 단수로 사용된다.

I've got toothache.   (BrE)
I've got a toothache. (AmE)

④ 명사의 복수형

(1) 규칙변화: 단수형 어미에 -s를 붙인다.

books, maps, girls, trees, etc

(2) 어미가 s, z, sh, x, ch [ʧ]로 끝나면 -es를 붙인다.

buses, boxes, benches, dishes, etc

(3) a. "자음 + y"로 끝나면 y를 i로 바꾼 후, -es를 붙인다.

   lady⇒ ladies, city⇒ cities, study⇒ studies, etc

b. "모음 + y"로 끝나면, 그대로 -s를 붙인다.

   boy⇒ boys, key⇒ keys, monkey⇒ monkeys, etc

(4) "자음 + o"로 끝나면 -es를 붙인다.

hero⇒ heroes, potato⇒ potatoes

예외: piano⇒ pianos, photo⇒ photos, studio⇒ studios, etc

(5) 어미가 -f, -fe로 끝나면, v로 고치고, -es를 붙인다.

leaf⇒ leaves, wolf⇒ wolves, knife⇒ knives, wife⇒ wives, etc

예외: roof⇒ roofs, safe⇒ safes(금고), chiefs, cliffs, dwarfs, beliefs, etc

(6) 불규칙 변화

man⇒ men, woman⇒ women, foot⇒ feet, tooth⇒ teeth, child⇒ children, ox⇒ oxen, etc

(7) 외래어의 복수

datum⇒ data, focus⇒ foci(focuses), oasis⇒ oases, basis⇒ bases
antenna⇒ antennas, antennae(촉각, 더듬이), phenomenon⇒ phenomena(현상)

(8) 복수로 표현되는 물건: 짝으로 된 것;

a. a pair of scissors, a pair of pants, a pair of glasses, etc

b. 항상 복수로 표현되는 것:
in the suburbs(복수 취급)/in a suburb(단수 취급) measles(단수 취급),
billiards(단수 취급), means(단수 취급), belongings(복수 취급)

(9) 어떤 학과 명: 단수 Linguistics, Politics, Economics, Physics, etc

a. Mathematics is difficult to learn.
b. English is difficult to learn.

그러나 "영어"라는 단어가 "The English language"로 표현되면 정관사 the를 쓴다.
c. The English language is difficult to learn.

(10) 형용사로 쓰일 때는 단수: <u>a five act</u> play, <u>a ten year</u> old boy, etc

dozen, score, hundred, thousand 등이 위와 같이 앞에 a나 수사 one, two, three가 오면 <u>a dozen</u> of eggs, <u>three score</u> of eggs처럼 단수가 되지만, 막연한 some, several, many 뒤에서는 뒤에 -s가 붙는다.

<u>some dozens</u> of eggs, <u>some scores</u> of years ago, <u>several hundreds</u> of people 등등.

(11) 단수/복수 동형인 것:

fish, deer, sheep, cattle, Japanese, Chinese, etc

(12) 부정관사 + "<u>복수명사</u>" + 단수명사의 구조

바로 위 (10)의 예와는 달리, "부정관사 + <u>복수명사</u> + 단수명사"의 예외적인 경우도 있다.
a clothes shop   a drinks shop   a customs officer   a sports car
a glasses case   a goods train(BrE)   a savings account

⑤ 명사의 소유격

(1) 사람과 동물을 나타내는 명사는 apostrophe (-'s)를 붙이고, 어미가 -s로 끝나는 복수명사는 apostrophe (-')만 붙인다.

the boy's book, a dog's legs: the boys' books, a girls' school, etc

(2) 무생물의 소유격은 of를 사용해서 표현한다.
The door of the room, the cover of the book, the engine of the car, etc

(3) 시간, 거리, 무개, 가격 등을 나타내는 경우에는 "-'s"를 쓴다. 또 관용적인 표현에도 쓰인다.

    a. today's newspaper, an hour's meeting, a mile's distance, a pound's weight, two dollar's worth of sugar, etc

    b. for heaven's sake(제발), for convenience' sake(편의상), for conscience' sake(양심상)

(4) 이중 소유격

a/an, this, that, some, any 등과 함께 소유격을 사용할 때, 전치사 of를 사용하여 이중소유격으로 표현한다.

    a. He is a friend of mine.
    b. Do you know any friends of hers?
    c. This is a house of Mr. Lee's.
    d. Look at that house of Mrs. John's.

(5) 소유격 뒤의 명사를 생략하는 경우

    a. 명사의 반복을 피하기 위해서

        This bag is my mother's. (bag).
        That bike is Mike's. (bike).

    b. house, store, shop 등의 소유격 뒤에 명사가 오면 보통 삭제한다.

        I am going to stay at grandparents' (house) during the vacation.
        I went to the barber's (shop) to have my hair cut.

(6) 소유의 다양한 형태

개인 소유

    a. John's pants look very nice.
    b. John's and Mary's desks were repaired.

공동 소유

Jane and Susie's car was broken.

⑥   가산명사, 비-가산명사 및 공통으로 쓸 수 있는 영역의 어휘들

셀 수 없는 명사에 쓰이는 a little, much와 셀 수 있는 명사에 쓰이는 a few, many 및 가산 및 비-가산 명사에 공통으로 사용되는 some, a lot of, lots of, any의 사용 영역을 설정 해보면 다음 쪽 도표 ⓐ와 같다. 그런데 A good teacher needs <u>much</u> patience.는 문법적으로 틀린 것은 아니지만, 원어민들은 긍정/서술문에는 a lot of, lots of를 쓰고, 부정/의문문에만 much를 사용한다. 아래 a번과 다음 쪽 ⑧의 내용을 보자. 그리고 부정/의문문에는 any를 쓰고 긍정/서술문에는 some을 쓴다. 그러나 무엇을 권유할 때는 의문문에도 some을 사용한다. 아래 j번을 참조하라. 다음 쪽 도표를 참고로 보자.

a. Does he have <u>much</u> homework?/She doesn't have <u>much</u> money.   (의문/부정문)
b. A good teacher needs <u>a lot of</u> patience./He has <u>a lot of</u> free time.   (긍정/서술문)
c. She doesn't have <u>many</u> friends./She has few friends.
d. He doesn't have <u>any</u> idea./Do you have <u>any</u> plan to take a trip?   (부정/의문문)
e. We need <u>lots of</u> cheese.   (a lot of = lots of는 그 의미가 동일하며, 가산명사와
f. We need <u>a lot of</u> cookies.   비-가산명사에 동일하게 쓰인다)
g. She has <u>a few</u> friends.
h. I can speak <u>a little</u> English.
i. I bought <u>some</u> juice.
j. Would you like <u>some</u> coffee?   (some은 권유의 의미로는 의문문에도 쓰인다)
k. I have <u>few</u> friends.
l. I have <u>little</u> money.

ⓐ

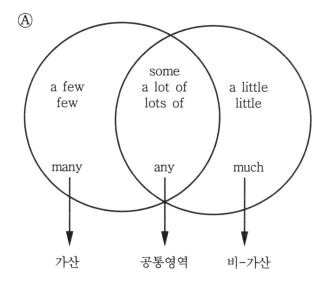

| 가산 | 공통영역 | 비-가산 |

ⓑ

주의: 앞에서도 언급했지만, 원어민들은 "긍정문"에서는 much를 사용하지 않는다.
　　　다음 a, b 두 가지 예가 완전히 비-문법적인 표현으로 보지는 않지만, 원어
　　　민들은 전혀 쓰지 않는다. 대신 c, d와 같이 a lot of로 표현한다.
　　　바로 위 15장의 ④를 참조하라.

a. She has <u>much money</u> to buy her own car.
b. A good teacher needs <u>much patience</u>.

c. She has <u>a lot of money</u> to buy her own car.
d. A good teacher needs <u>a lot of patience</u>.

⑤ "동사"를 일반 명사로 변형시킨 명사들

(1) 행동을 표시하는 동사들을 동사로 표시하지 않고, 일반 명사로 변형시킨 명사들이 많이 있다. 이 유형의 명사들은 그 명사에 상응하는 동사들이 글자 그대로 존재한다. 이런 명사들은 특히 구어체에서 많이 쓰이고 있다. 다음 예에서 줄친 부분의 명사를 확인해 보자. (Michael Swan. 2005: 590).

a. There was a loud crash.
b. Just have a look at yourself.
c. Did I have a cough?
d. Would you like a taste?
e. I need a wash.
f. What about a drink?
g. Let's have a talk about your plan.
h. Come on-- one more try.
   (자-- 한 번 더 시도해보라)
i. Let's your sister have a go on the swing.(BrE)
   (너의 여동생을 그네를 타러 가게 허락해라)

위에 제시된 줄친 부분의 어떤 것은 이미 사전에 명사로 나타나 있는 것도 있지만, i번의 have a go on the swing?은 대단히 구어체적인 명사적 표현이라고 본다.

(2) 이와 같은 유형의 명사들은 "일반적인 목적어 표현을 갖는 동사" 예컨대, have, take, give, go for 등에 의해서 유도되어 나온다. 다음 예를 보자.

a. I'll have a think and let you know what I decide. (informal BrE)
b. I like to have/take a bath before I go to bed.

c. If it won't start, let's give it a push.
   (시동이 걸리지 않으면, 좀 밀어보자)

d. I don't know the answer, but I'm going to make a guess.
f. I try to go for a run every day.
   (나는 매일 달리기를 하려고 한다)

연습문제

① 다음 괄호 안의 단어 중 올바른 것을 고르세요.

1. I have a lot of home (work/works) to do.
2. How (much/many) money have you spent for the last weekend?
3. He has got very long (hair/hairs).
4. The police (is/are) following us.
5. There (is/are) a lot of (furniture/furnitures) in his room.
6. I've bought some (fruit/fruits), and (it/they) (is/are) very expensive.
7. Vegetables (are/is) expensive, too.
8. She doesn't have enough (experience/experiences) for her new job.
9. Would you like to have (some/any) coffee?
10. He came home with a half (dozens of bottle/dozen of bottles) of wine.

② 어법상 틀린 부분을 찾아 바르게 고치세요.

1. He took a travel around the world for almost a year.
2. Journey around the world took him almost a year.
3. He is going to take trip to Hawaii next week.
4. He has written two poetry about the beauty of four seasons.
5. Her early life was happy and comfortable, but later she had really difficult life.
6. The crowd was fighting among themselves.

7. She has bought three scores of eggs.
8. The jury consist of twelve persons.
9. The jury was divided in their opinions.
10. She has bought some dozen of eggs.

③ 다음 빈칸을 적당한 단어로 채우세요.

1. She has bought a _____ of new shoes.
2. We need a _____ of paper to write our phone numbers on.
3. She had two _____ of bread and a _____ of coffee for her lunch.
4. He wears a new ____ of shorts today.
5. The teacher needs a _____ of chalk to write letters on the board.
6. Everyone needs a _____ of soap to wash his or her face.
7. They received a _____ of good news today.
8. There were several _____ of lightning during the thunder storm last night.
9. There were several _____ of thunder during the thunder storm last night.
10. The customs officer has checked every _____of my baggage.

④ 종합 연습문제

다음 글을 읽고, 아래 질문에 답하세요.

Gatorade is well-known sports drink. Many athletes love to drink it to prevent dehydration. How did this famous product get Ⓐ its name. In the early 1960s, a team of researchers at the University of Florida started a project to develop a product which would combat dehydration. Dehydration can cause fatigue and muscle cramps, Ⓑ keep athletes Ⓒ (   ) playing their best. In 1965, the researchers succeeded Ⓓ (   ) developing a drink which would rapidly replace fluid and salts lost during physical activity. They decided to test the new product on 10 members of the University of Florida football team. The name of the team was Gators, so the product was Ⓔ (   ) "Gatorade."

The football coach recognized the value of Gatorade and had his players Ⓕ (   ) it. The Gators had a winning season and earned the nickname "the second-half team." Ⓖ They outplayed all their opponents in the second half of the game. When an opposing coach was asked why they lost, he replied, "We didn't have Gatorade. Ⓗ That made the difference."

The rights to Gatorade Ⓘ purchase by the Quaker Oats Company in 1983. Since then, it has been the number one sports drinks in the United States. Ⓙ Now Gatorade is produced with 30 different flavors worldwide. It is the official sports drink of many American sports leagues, including the National Football League and the National Basketball Association.

④ Ⓐ its를 해석하세요.
   Ⓑ keep를 문장에 맞는 형태로 바꾸세요.
   Ⓒ 필요한 전치사를 넣으세요.
   Ⓓ 필요한 전치사를 넣으세요.
   Ⓔ 문맥에 맞는 수동형 과거분사를 넣으세요.
   Ⓕ 문맥에 맞는 동사를 넣으세요.
   Ⓖ 축구시합의 후반부에 왜 더 좋은 성적을 내는지 이유를 설명하세요.
   Ⓗ 줄친 부분을 해석하세요.
   Ⓘ purchase를 문맥에 맞는 형태로 변형시키세요.
   Ⓙ 줄친 부분을 해석하세요.

제17장 관사(Articles): (a/an/the)

① 부정관사 a/an

⑴ 부정관사 a/an은 원래 셀 수 있는 "하나"라는 의미를 갖고, 자음 앞에서는 "a" 모음 앞에서는 "an"으로 나타난다. an apple, an hour, an umbrella, 등.

    a. Bring me a cup of coffee, please.   (커피 한 잔을 주세요)
    b. Rome was not built in a day.   (Rome은 하루에 이루지지 않았다)

⑵ 어느 종류, 어느 유형을 언급할 때.

    a. She is a doctor.   (그녀는 한 사람의 의사이다)
    b. I am a student.   (나는 한 사람의 학생이다)
    c. He is a farmer.   (그는 한 사람의 농부이다)

⑶ per의 의미: "--마다"

    a. You must take this medicine twice a day. (너는 이 약을 하루에 두 번 먹어야 한다)
    b. An apple a day keeps the doctor away.   (속담: 하루에 사과 하나를 먹으면 의사를 멀리할 수 있다)

⑷ the same의 의미: "--와 동일한"

    a. Birds of a feather flock together.   (속담: 같은 깃털을 가진 새들은 함께 모인다)
    b. We were all of a mind.   (우리는 모두 한 마음이었다)
    c. Two of a trade seldom agree.   (같은 장사끼리는 화합이 안 된다)

⑸ 고유명사가 일반 가산 명사로 변형된 예:

    a. He is an Edison.   (그는 Edison 같은 사람이다)
    b. He is a Johnson.   (그는 Johnson 가문의 한 사람이다)
    c. They are the Johnsons.   (그들은 Johnsons 가문의 사람들이다)
    d. I am reading a Dickens.   (나는 Dickens의 작품을 읽고 있다)

⑹ 비-가산명사(물질 명사/추상명사) 앞에 부정관사 a/an이 나타나면, 셀 수 있는 보통 명사처럼 되어 개체, 구체성, 사건 등을 나타낸다.

    a. There was a fire in the neighborhood last night.
      (어제 밤에 이웃에 화제가 있었다)
    b. There is always some reasons for a rumor.
      (풍문에는 어떤 이유는 항상 있기 마련이다)
    c. She has to write a paper on the protection of environment.
      (그녀는 환경보호에 대한 논문을 하나 써야만 한다)
    d. When she entered the classroom, there was a short silence.
      (그녀가 교실에 들어갔을 때, 잠시 침묵이 있었다)

⑺ a/an은 일반적으로 무엇을 "묘사(describe)"할 때, "수식"할 때, 명사 앞에 놓인다.

    a. She's a nice person.   b. That was a lovely evening.
    c. He's got a friendly face.   d. It's an extremely hot day.

특히 원래는 the sun, the moon, the earth, the world처럼 항상 정관사 the를 사용하는 단어들조차도 "묘사/수식을 받을 때는 그 앞에 a/an을 쓴다." 또 원래 식사명 앞, 요일/날자 앞에는 어떤 부정관사도 쓰지 않지만 "어떠하다고 묘사를 할 때는" 부정관사 a/an을 쓴다. 다음 예를 보자.

    a. We were watching a wonderful, bright, round sun that was rising on the horizon early in the morning.
    (이른 아침에 지평선 위를 떠오르는 멋있는 밝고 둥근 해를 바라보고 있었다)

    b. We are living on a beautiful, colorful, round world which can only be seen from satellites.
    (우리는 인공위성에서만 볼 수 있는 아름답고, 화려한, 둥근 지구 위에 살고 있다)

    c. We enjoyed a very delicious dinner when we were invited at her home.
    (우리들은 그녀의 집에 초대받았을 때, 대단히 맛있는 저녁을 즐겼다)

    d. It was on a warm, sunny Monday morning that we met for the first time.
    (우리가 처음 만났던 것은 어느 따뜻한 월요일 아침이었다)

② Ⓐ 관용적 표현

a. at a loss	당황하여	h. in a twinkling	순식간에/눈 깜작할 사이에
b. at a glance	한눈에/일견하여	i. keep an eye on	--을 감시하다
c. all of a sudden	갑자기	j. take a fancy to	--을 좋아하다
d. as a result	결과적으로	k. to a man	만장일치로
e. as a whole	전체적으로	l. to a certainty	틀림없이
f. for a change	기분전환으로	m. with a view to	--을 예상하여
g. in a word	한마디로		

Ⓑ 일정한 수나 양의 표현 앞에 a/an

a. a bit of	약간의	e. a good many	많은
b. a couple	둘의/한 쌍의	f. a lot of	많은
c. a dozen	12개	g. a few	(가산명사)
d. a little	(물질/추상명사) 조금은 --있다		조금은 --있다

③ 정관사 the

(1) 앞에 나온 명사를 다시 가리킬 때 쓴다.

1   a. She's got two children: a boy and a girl.

    b. The boy is fourteen and the girls is eight.

2   다음 예 a와 같은 경우에 수식을 받는 명사구는 the를 갖게 되고, b의 예는 다른 것과 비교해서, 예컨대 the yellow one과 비교해서, the green one을 선택할 때, 쓰인다.

    a. Who are the girls over there with John?
    (John과 함께 있는 저기 저 소녀들은 누구냐?)

    b. I like the green one.
    (나는 녹색의 것을 좋아한다)

⑵ the = "the only one around" 유일한 것에 the를 붙인다.

the sun, the moon, the earth, the world, the universe, the future, the government, 등
I haven't seen <u>the sun</u> for days.　　　　　(나는 며칠 동안 해를 보지 못했다)
Did you trust <u>the government</u>?　　　　　　(너는 정부를 믿었는가?)
People used to think <u>the earth</u> was flat.　(옛날 사람들은 지구가 평탄하다고 믿었다)

⑶ 최상급(superlatives)과 서수 first, 또는 next, last, same, only 에는 정관사 the를 쓴다.

 a. I am <u>the eldest</u> among our brothers and sisters in my family.
  Can I have <u>the next</u> pancake?
  We went to <u>the same</u> school.

  위와 같이 최상급과 서수 및 몇 가지 단어에 정관사 the를 쓰는 경우 외에, 앞 15장 비
  교와 대조의 ⑬의 ⑵와 같이, 비교급에서도 정관사 the를 쓴다.

 b. I like Betty and Mary, but I think Betty is <u>the nicer (nicest) of the two</u>.
  I will give you <u>the bigger (biggest) steak</u>: I am not hungry.
  You'll sleep <u>the sounder (= more soundly)</u> after a day in the fresh air.

⑷ "잘 알려진(the well-known)"의 의미를 가질 때도 쓴다.

 a. She married <u>Richard Burton</u>, <u>the actor</u>.
  (그녀는 배우인 Richard Burton과 결혼했다)

 b. I'd like you to meet <u>Cathy Parker</u>, <u>the novelist</u>.
  (나는 네가 소설가인 Cathy Parker를 만나기를 바란다)

⑸ 상대방이 알고 있다고 생각되는 것에는 정관사 the를 사용한다.

 a. I've been to <u>the doctor</u>.
 b. Could you pass me <u>the salt</u>?
 c. Please closed <u>the window</u>.

⑹ 대양, 산맥, 군도, 강, 사막, 운하, 복수명사형 국가, 호텔, 극장, 신문, 잡지명, 선박 이름 앞
 에서 정관사 the를 사용한다.

The Pacific	태평양	The Grand Hotel	그랜드 호텔
The Himalayas	히말라야 산맥	The Playhouse	플레이 하우스 극장
The West Indies	서인도 제도	The British Museum	대영 박물관
The Rhine	라인 강	The Times	타임스 잡지
The Sahara	사하라 사막	The Suez Canal	수에즈 운하
The Titanic	타이타닉 선박	The Netherlands	네덜란드

④ 관용적 표현에 나타나는 정관사 the

a. in the end	마침내/결국은		f. to the point	적절한/요령 있는
b. in the wrong	부정으로/잘못된		g. in the way	방해가 되어
c. on the whole	대체로/전체적으로		h. on the way	도중에/--길에
e. in the main	대게는/주로		i. to the skin	피부까지/완전히

⑤ 관사의 위치

 일반적으로 관사를 사용할 때는 "<u>관사 + 부사/형용사 + 명사</u>"의 순서로 되지만 다음과
 같은 경우에는 좀 다르다.

⑴ "all [both/half/double] + the + 명사"

    a. We cannot fool <u>all the people</u> <u>all the time</u>.
       (우리는 항상 모든 사람들에 장난칠 수 없다)
    b. She paid <u>double the price</u> by mistake.
       (그녀는 실수로 정가의 두 배를 지불했다)

⑵ "so [as/too/how] + 형용사 a/an + 명사"

    a. She is not <u>so quick a learner as</u> her sister.
    b. <u>How beautiful a flower</u> this is!
    c. This is <u>too difficult a book</u> for me to read.
    d. We had <u>so good a</u> time. = We had a very good time.
    e. Jack is <u>as clever a boy</u> as Tom (is).

⑶ "such [what +a/an +형용사 + 명사]"

    a. They are having <u>such a wonderful time</u>.
    b. <u>What a</u> beautiful flower this is!

⑷ 부사 quite나 rather는 관사의 앞/뒤 어느 곳에 와도 상관이 없다.

    a. Mrs. Kim is <u>quite a good</u> cook.
    b. You can't do the work in <u>such a</u> short time.
    c. She is <u>quite a rich woman</u>.
    d. She is <u>a quite rich woman</u>.
    e. I would <u>rather</u> have <u>the smaller one than</u> the larger one.
    f. I would have <u>the smaller one</u> <u>rather than</u> the larger one.

⑥ 기타 주의를 요하는 경우

⑴ 내가 말하는 것을 상대방이 모를 경우, 단수 가산명사 앞에 a/an을 쓴다.

There's <u>a rat</u> in the kitchen.
We need <u>an envelope</u>.

복수명사나 "비-가산명사" 앞에는 관사를 쓰지 않는다.

She's afraid of <u>rats</u>.
I need <u>help</u>.

⑵ 피해야 할 4가지 일반적인 잘못된 점

1. "일반적인 일에 대해서" 이야기 할 때, 정관사 the를 쓰지 않아야 한다. 정관사 the는 "모든 것"을 의미하지 않는다. 다음 예 a의 복수형이 전체의 의미를 나타낸다. 물질명사의 경우는 다음 예 b와 같이, 관사 없이 전체의 의미를 나타낸다.

    a. <u>Elephants</u> can swim well. (~~The elephant can swim.~~)
    b. Gas (Petrol) is expensive. (~~The gas/The petrol~~)

2. 복수명사나 비-가산명사 앞에는 관사를 쓰지 않아야 한다.

    a. John collects stamps.   (~~a stamps~~)
    b. Our garden needs water. (~~a water~~)

3. my, this나 다른 한정사와 함께 부정관사를 사용해서는 안 된다.

my work (~~the my work~~)
this problem (~~the this problem~~)

4. 관사가 없는 단수 가산명사는 쓰지 않아야 한다.

Give it to the cat.   (~~Give it cat~~)
Annie is a doctor.   (~~Annie is doctor~~)

⑶ 다음 예 a에서, 상대방이 어느 것인지 알고 있을 때, 정관사 the를 쓰고, 예문 b에서,
a post office라 말하면 "어떤 우체국"을 의미하는 것이다.

    a. I'm going to the post office.
    b. Is there a post office near here?
       (이때에는 "이 근처에 어떤 우체국(any post office)이 있니?"라는 의미를 지닌다.)

c. I didn't like the movie.	(화자와 청자가 본/알고 있는 영화)
d. Let's go and see a movie.	(화자는 어떤 영화라고 언급하지 않은 영화)
e. She arrived on the 8. 15 train.	(화자가 어느 기차라고 언급한 기차)
f. She arrived in an old taxi.	(화자가 어느 taxi라고 언급하지 않은 taxi)
g. Did you wash the clothes?	(청자가 어느 옷이라는 것을 알고 있을 경우)
h. I need to buy clothes.	(청자는 어떤 옷을 말하는지 모를 경우)
i. What did you do with the coffee I bought?	(두 사람이 알고 있는 coffee)
j. I don't drink coffee.	(이때 화자는 어떤 coffee도 안 마신다)의 의미

⑷ 상황에 따라 분명한 것을 물을 때.

    a. Could you close the door?   (Only the door is open)
    b. Anne is in the kitchen.
    c. Could you feed the dog?
    d. Did you enjoy the party?

⑸ 단수 고유명사 앞에는 the를 쓰지 않는다.

Mary lives in Switzerland.
My name is James Bond.

    예외: The Netherlands. (섬을 포함시킨 나라 이름은 대개 정관사 the를 사용한다.)
        그것의 수도 The Hague. (고유명사인 수도의 이름 앞에 정관사 the를 사용하는 경우는
                               이 The Hague 뿐이다.)

        The Philippines Islands: 필리핀군도.
        The Republic of the Philippines. The U.S.A. The United Kingdom.
        고유명사 앞에 정관사 the를 사용하는 예들은 앞 ③의 ⑹번을 참조하라.

⑹ 일반적인 추상명사: 같은 의미를 가진 추상명사에서, 가산명사와 비-가산명사와의 구별은 앞
16장 명사 ①의 ⑻-⑽을 참고하라. 그리고 다음과 같은 추상명사 앞에는 관사를 쓰지
않는다.

I need information and advice.   (~~an information and an advice~~)
You've made very good progress.   (~~a very good progress~~)

   특히 명사 weather와 English는 a/an 관사를 쓰지 않는다. 대신 weather는 복수형으로나,
정관사 the와 함께 쓰인다. English에 대해서는 아래 d, e, f, g를 보라.

   a. He goes running in all <u>weathers</u>.   (그는 어떤 날씨에도 달리기를 한다)
   b. They are talking about <u>the weather</u> a lot. (그들은 날씨에 대해서 많이 이야기하고 있다)
   c. What is <u>the weather</u> like?   (날씨가 어떠하냐?)
   d. She speaks <u>very good English</u>.

그러나 English language 앞에는 다음 e와 같이 정관사 the를 사용하고 f, g는 허용되지 않는다. 앞 ①의 (7)과 비교해 보라.

   e. <u>The English language</u> is very difficult to learn.   (o)
      (이때에는 정관사 the를 쓴다)
   f. * This book has been written in <u>an easy English</u>.   (x) 이렇게 말하지 않는다.
   g. * This book has been written in <u>a difficult English</u>. (x) 이렇게 말하지 않는다.

앞 16장에서 언급한 다음 예문과 비교해 보자. 앞에서 언급한 것 같이, 어떤 사물을 "묘사할 (describe)" 때에는 부정관사 a/an을 사용하는데, 왜 명사 English 앞에서는 a/an을 쓰지 않는가? 그 이유는 설명할 수 없다. 원어민들이 그렇게 사용하기 때문이다.

물질명사의 뜻이 변해서, 그 물질의 종류, 제품 등을 나타내는 경우에는, 앞 ①의 (7)에서 언급한 "묘사(description)"의 의미로 변하여 보통명사로 부정관사 a/an이 붙는다.

   h. This is <u>a very good</u> wine.   (형용사 good 때문에 a가 필요하다)
   i. It was <u>a very delicious</u> dinner. (식사명 앞에는 관사가 필요 없지만 형용사가 나타나면
                                부정관사 a가 필요하다)
   j. It was <u>on a sunny</u> Sunday that we met for the first time.
                           (형용사 sunny 때문에 a가 필요하다)

(7) 집단(groups): nurse or the nurses; railway or the railways

우리는 어떤 집단의 회원을 "복수주어"로 언급할 때에는, 관사를 쓰지 않는다. 그러나 "어떤 집단 전체"를 언급할 때에는 --마치 잘 알려진 인물을 언급할 때처럼 -- 정관사 the를 쓴다.

   a. <u>Nurses</u> mostly work very hard.   (개인)
     <u>The nurses</u> have never gone on strike. (집단 전체)
   b. It's difficult for <u>railways</u> to make a profit.
     <u>The railways</u> are getting more and more unreliable.
   c. <u>Farmers</u> often vote Conservative.
     What has his government done for <u>the farmers</u>?

(8) 물리적 환경(physical environmental)의 the town, the sea.

정관사 the는 "물리적 환경"을 언급하는 많은 일반적인 표현으로 사용된다.
The town, the country, the mountains, the sea, the seaside, the wind, the rain, the weather, the sunshine, the night 등.

   a. My wife likes <u>the seaside</u>, but I prefer <u>the mountain</u>.
   b. British people talk about <u>the weather</u> a lot.

(9) on the bus, at the hairdresser.

모든 사람들의 생활의 일분분인 어떤 유형에 대해서 논의할 때, the bus나, the hairdresser 라는 단순가산명사에 the를 쓴다. 이런 경우에, 예컨대, the bus는 우리가 알고 있는 bus를 의미 하는 것이 아니라, 이때, the는 <u>우리 모두가 bus를 함께 탄다는 것을 의미하는 일반적인 경험의 의미</u>를 나타내는 것이다.

a. I have some of my best ideas when I am on the bus.
b. Most of my friends go to the hairdresser two or three times a month.

그러나 일반적으로 기차, 버스, 택시, 자전거로 간다고 할 때는 by train, by bus, by taxi, by bike로 정관사를 쓰지 않는다.

⑽ 관사 없는 일반 표현

    a. to/at/in/from school/university/college.
    b. to/at/in/into/from church.
    c. to/in/into/out of/hospital.   (BrE)
    d. She was unhappy at the university.   (AmE)
    e. Say that again and I will put you in the hospital.   (AmE)
    f. leave/start/enter/school/university/college.
    g. Jane is in hospital. (as a patient)
    h. I left my coat in the hospital when I was visiting Jane.

"장소 명사와 함께 관사를 갖는 것과 관사를 갖지 않는 것에는" "의미의 차이가 있다."

I met her at college.   (when we were students)
I'll meet you at the college.   (The college is just a meeting place)

⑾ "and"로 연결된 이중으로 된 명사에는 보통 전치사 뒤에서 관사가 생략된다.

with (a) fork and (a) knife,   on (the) land and (the) sea,
with (a) hat and (a) coat,   (an) arm in (an) arm(팔을 끼고)
(the) husband and (the) wife, from (the) top to (the) bottom
(the) day and (the) night, (the) side by (the) side(나란히)

⑿ man and woman

man and woman이 일반적인 의미로 쓰일 때에는 관사 없이 쓰인다.

    a. Man and woman were created equal.
    b. Men and woman have similar abilities and needs.

⒀ 수단, 방법을 표현할 때

    a. by car   d. on foot   g. by phone
    b. by boat   e. on horseback   h. by mail
    c. by train   f. on TV   i. by fax

⒁ days, months and seasons.

다음 표현에서 last Saturday, Thursday, April, next September 앞 정관사 the가 생략된다.

    a. Where were you last Saturday?
    b. See you on Thursday.
    c. I was born in April.
    d. We were moving next September.

계절의 표현에서, spring, the spring, summer, the summer로 표현할 수 있지만, 의미의 차이가 있다. 특별한 의미를 부여할 때에는 정관사 the를 쓴다.

    e. I worked very hard in the summer that year.

(15) musical instrument

The violin is really difficult to learn.
Who is that on the piano?

그러나 jazz나 pop 음악에 대해서나, classical music에 대해서 이야기할 때, 종종 정관사 the가 탈락한다.

a. This recording was made with Miles Davis on trumpet.
b. She studied oboe and saxophone at the Royal Academy of Music.

(16) 소유격 "--'s" 다음에 관사 탈락

a. the coat that belongs to John = John's coat.   (not John's the coat)
b. the wife of the boss = the boss's wife.   (not boss's the wife)

(17) noun modifiers(명사 수식어) 일 때, 정관사 the를 생략한다.

a. lesson in how to play the guitar = guitar lessons.
b. a spot on the sun   = a sunspot

(18) both and all

both와 all 다음에 나타나는 관사는 보통 생략한다. 그러나 생략하지 않고 괄호 안에 넣어둔 표현도 있다. 따라서 이것의 생략은 선택적으로 본다.

a. Both (the) children are good at math.
b. All (the) three brothers were arrested.

(19) 호격: 상대방을 부를 때

Waiter, please give me a glass of water.

(20) kind of, sort of, type of 다음의 관사도 생략한다.

a. What kind of (a) person is she?
b. That's funny sort of (a) car.
c. What sort of (a) bird is that?

(21) amount와 number 뒤에 나타나는 정관사 the는 삭제된다.

a. I was surprised at the amount of (the) money collected.
b. The number of (the) unemployed is rising steadily.

(22) the radio, the cinema(BrE) = the movie theater(AmE),

the theatre(BrE) = (연극만 공연하는 극장)에는 정관사 the를 사용하나, television이나 TV 앞에는 정관사 the를 쓰지 않는다.

a. I always listen to the radio while I'm driving.
b. It was great treat to go to the cinema or the theater when I was a child.
c. What's on TV?

그런데 TV를 "꺼라/켜라"라고 할 때에는 정관사 the를 사용한다. 예컨대,

d. Please turn <u>on the TV</u> or <u>turn off the TV</u>.라고 한다. 앞 ⒀과 비교해 보자.

그러나 위에서 언급한 4가지 유형 ⑴ radio, ⑵ TV, ⑶ cinema, ⑷ theater를 "**예술의 형태**" 또는 "**전문 직업**"으로 이야기할 때는 다음과 같이, 정관사 the를 쓰지 않는다.

e. "<u>Cinema</u>" is different from "<u>theater</u>" in several ways.
f. He's worked "<u>radio</u>" and "<u>television</u>" all his life.

⒄ jobs and position(직업과 지위)

   a. <u>The Queen</u> had dinner with <u>the President</u>.

그러나 여왕의 이름이나 대통령의 이름이 밝혀질 때에는 정관사 the를 쓰지 않는다.

   b. Queen Elizabeth had dinner with President Kennedy.

그리고 보통 문장의 주어명사가 아닌 보어 내에 나타나면, the를 생략한다.

   c. They appointed him Head of Librarian.
   d. He was elected President in 1990.

그러나 다음과 같은 경우에는 정관사 the를 쓴다.

   e. Where is the librarian?
   f. I want to see the President.

⒄ 감탄문인, 다음 a의 예문에서는 관사가 쓰이지만, b, c의 비-가산명사 앞에서는 관사가 쓰이지 않는다.

   a. What a lovely dress!   그러나 다음 b, c와 같은 비-가산 명사에는 관사 없이 쓰인다.
   b. What nonsense!
   c. What luck!

⒄ 몸의 일부분   a. Kate broke <u>her arm</u>.
                      b. He stood in the doorway, his coat over <u>his arm</u>.

위 a, b도 몸의 일부분이지만, 전치사(구)로 된, 다음과 같은 3가지 유형이 있다. 즉, on the back, by the collar, in the back 등은 모두 몸의 일부분을 의미하는 표현이다.

⒜ <u>on the back</u>(--을 가볍게 두들기다)   ⒝ <u>by the collar</u>(--의 목덜미를 잡다)

   a. He patted me <u>on the back</u>.   a. He took me <u>by the hand</u>.
      (그는 나의 등을 가볍게 두드렸다)   (그는 나의 손을 잡았다)
   b. He patted me <u>on the shoulder</u>.   b. She seized me <u>by the collar</u>.
      (그는 나의 어깨를 가볍게 두드렸다)   (그녀는 나의 목덜미를 잡았다)

⒞ He has a pain in the back(그는 등이 아프다)

   a. She hit him <u>in the stomach</u>.   (그녀는 그에게 배를 때렸다)
   b. He was shot <u>in the leg</u>.   (그는 다리에 총을 맞았다)
   c. She has a pain <u>in the back</u>.   (그녀는 등이 아프다)

(26) 측정(measurement)

    a. Do you sell eggs <u>by the kilo</u> or <u>by the dozen</u>?
    b. Sugar is sold <u>by the pound</u>.
    c. He works <u>by the hour</u>.
    d. This car runs 120 miles <u>an hour</u>.

(27) 관용적으로 관사를 사용하지 않는 경우

    at sunrise, on business, by chance, in fact, under control, etc

(28) 두 개 또는 그 이상의 명사가 and로 이어질 때, 뒤의 관사를 생략하는 경우와, 반복하는 경우에는 의미가 다르다.

    a. <u>A novelist and poet was</u> present at the meeting.
      (동일 인물: 소설가이고 시인이신 분이 모임에 참석했다)

    b. A novelist and a poet were present at the meeting.
      (별개의 인물: 한 사람의 소설가와 한 사람의 시인이 모임에 참석했다)

연습문제

① 다음 괄호 내에서 문장에 맞는 말을 고르세요.

1. Who are (the girls/girls) over there with John?
2. Which do you like? I like (a green one/the green one).
3. (Elephants/The elephants) can swim too.
4. (Gas/The gas) is expensive.
5. Is there (a post office/the post office) near here?
6. Could you close (a window/the window)?
7. I don't drink (coffee/a coffee).
8. We are having (a terrible/terrible) weather these days.
9. What's on (the TV/TV)?
10. Children walk (hand in hand/hand to hand).

② 다음 문장의 공란에 필요한 관사 a, an, the를 넣으세요. 필요 없는 공란에는 (x)를 하세요.

1. (   ) Bees fly from (   ) flowers to (   ) flowers.
2. Eggs are sold by (   ) dozen.
3. Please turn on (   ) TV.
4. She has a boy and a girl. (   ) boy is thirteen and (   ) girl is nine.
5. Could you pass me (   ) salt?
6. He patted me on (   ) back.
7. Have you ever been to (   ) Philippines?
8. You've made (   ) good progress.
9. This is (   ) very good wine.
10. My wife likes (   ) seaside, but I prefer (   ) mountains.

③ 다음 문장에서 틀린 곳을 고쳐서, (필요하면 단어를 추가시켜) 올바른 문장으로 다시 쓰세요.

1. What beautiful a flower this is!
2. How beautiful flower it is!
3. How nice day it is!
4. The girls all went to the party.

5. Man is only animal that can talk.
6. A pen is mightier than a sword.
7. The criminal was sent to the prison at once.
8. He is not such honest a man as you think.
9. Korean language is easy for foreigners to learn.
10. He took me by hand.

④ 종합 연습문제

다음 글을 읽고, 아래 질문에 답하세요.

① (　　　) "Mediterranean ② diet" gained worldwide interest as ③ (a/the) model of healthful eating. People in this area --Spain, Greece, and southern Italy--have long life-expectancy and very ④ (little/a little) heart disease. Many scientists found the answer in their use of olive oil, a prime component of the Mediterranean diet.

People in these ⑤ (cultures/culture) eat small amount of meat and ⑥ dairy products. Instead, olive oil is the principal source of dietary fat. Bread is dipped in olive oil. Salads are ⑦ tossed with ⑧ it. Olive oil is added to almost ⑨ every dish. Some people even drink a glass of olive oil every morning. ⑩ People of the Mediterranean have recognized the benefits of live oil.

The Mediterranean diet shows that not all fat is bad. Olive oil consists of mainly mono-unsaturated fat. It is healthier type of fat. It can lower your risk of heart disease by reducing the levels of bad cholesterol in your blood. In contrast, saturated and trans fat--such as butter and animal fat--increase your risk of heart disease. They increase your levels of bad cholesterol. ⑪ According to the Food and Drug Administration (FDA), consuming about two tablespoons of olive oil a day may reduce the risk of heart disease. Simply by substituting olive oil for saturated and trans fat, you can have a healthier diet.

①　①번의 괄호 안에 맞는 관사를 넣고, 왜 그 관사가 정답인가를 설명하세요.
②　"Mediterranean diet"에서 "diet"를 해석하세요.
③　맞는 표현을 선택하세요.
④　맞는 표현을 선택하세요.
⑤　맞는 표현을 선택하세요.
⑥　⑥번을 해석하세요.
⑦　⑦번을 해석하세요.
⑧　⑧번의 it는 무엇을 말하는가?
⑨　⑨번을 해석하세요.
⑩　⑩의 문장을 해석세요.
⑪　⑪번 전체 문장을 해석하세요.

제18장 대명사(Pronouns)

대명사에는 일반적으로, 인칭대명사, 재귀대명사, 의문대명사, 지시대명사 그리고 부정대명사로 나누어 볼 수 있다. 먼저 인칭대명사부터 보기로 하자.

① 인칭대명사

인칭대명사와 격변화

	단 수				복 수			
	주격	소유격	목적격	소유대명사	주격	소유격	목적격	소유대명사
1인칭	I	my	me	mine	we	our	us	ours
2인칭	you	your	you	yours	you	your	you	yours
3인칭	he	his	him	his				
	she	her	her	hers	they	their	them	theirs
	it	its	it	--				

(1) 다음 a-f의 예문을 통해서, 인칭대명사의 예들을 참고로 하자.

위의 도표에서 me, him, her, us 그리고 them은 목적어로 사용될 뿐만 아니라, be 동사의 보어로도 사용된다. 짧은 비공식적인 표현에서는 다음과 같은 표현이 쓰인다.

a. Who said that?　　(누가 그렇게 말했니?)
　 (It was) her.　　 (그것은 그녀였어요)
b. Who's there?　　 (거기 누구요?)
　 Me.　　　　　　 (저요)

좀 더 형식을 갖춘 표현에서는

c. Who said that?　　(누가 그렇게 말했니?)
　 She did.　　　　 (그녀가 말했어요)

그런데 be 동사의 보어로서

d. It is I./It was he.라고 할 수는 있으나, 이 두 표현은 지나치게 문법적이라 할 수 있다.

보통 사용하는 표현은

e. It is me./It was him.으로 주격보어는 모두 "목적격"으로 표현된다.

그리고 and로 묶여진 "주어를 사용할 때", 1인칭의 경우 주격대명사 "I" 대신에 그것의 목적격 대명사 "me"를 사용하는 것이 보통이다.

f. John and "me" are going shopping this weekend.

그리고 we, you, they 등은 막연한 일반 사람을 가리킬 때 쓴다.

g. <u>We</u> have a lot of rain in summer.　　　(여름에 비가 많이 옵니다)
h. <u>You</u> should respect your parents.　　　(여러분들은 양친을 존경해야 합니다)
i. <u>They</u> say it's going to snow tomorrow.　(내일 눈이 올 것이라고 들 합니다)

(2) 소유대명사의 용법

　　a. John is a friend of mine.　　　(John은 나의 친구 중의 한 사람이다)
　　b. This bike is John's.　　　　　(이 자전거는 John의 것이다)
　　c. This bag is hers.　　　　　　(이 bag은 그녀의 것이다)
　　d. Is this bag yours or his?　　　(이 bag은 너의 것이냐 그의 것이냐?)

② 재귀대명사

재귀대명사를 도표로 나타내면 다음과 같다.

	1인칭		2인칭		3인칭	
단수	I	myself	you	yourself	he she It	himself herself itself
복수	we	ourselves	you	yourselves	they	themselves

재귀대명사의 용법

(1) 주어의 동작이 주어 지신에게 돌아가는 경우를 말하며, 동사 또는 전치사의 목적어가 된다.

　　a. He killed <u>himself</u>.　　　　　　　　　(그는 자살했다)
　　b. She looked at <u>herself</u> in the mirror.　　(그녀는 거울에서 자신을 쳐다보았다)
　　c. I <u>cut myself</u> shaving this morning.　　(나는 아침에 면도 하다 베였다)
　　d. We got out of the water and <u>dried ourselves</u>.　(우리는 물에서 나와 몸을 말렸다)
　　e. I'm going to the shops to <u>get myself</u> some tennis shoes.
　　　　(나는 테니스 화를 사기위해 상점으로 가려한다)
　　f. <u>Talking to oneself</u> is the first sign of madness.
　　　　(혼자 중얼거리는 것은 미치게 되는 첫째 증상이다)

　　　재귀대명사는 "<u>전치사의 목적어</u>"로도 많이 사용된다.

　　g. His letters are all <u>about</u> himself.
　　　　(그의 편지는 모두 그 자신에 관한 것이다)
　　h. I'm going to tell her a few fact <u>about</u> herself.
　　　　(나는 그녀 자신에 대한 새로운 사실을 그녀에게 말하려 한다)
　　i. I love you <u>for</u> yourself, not for your money.
　　　　(나는 당신의 돈을 좋아하는 것이 아니라, 당신 자신을 사랑한다)

(2) 강조적인 용법

　　a. It's quicker if you do it <u>yourself</u>.
　　　　(너 자신이 그것을 한다면 훨씬 빠르다)
　　b. The manager spoke to me <u>himself</u>.
　　　　(지배인이 나에게 직접 말했다)
　　c. The house <u>itself</u> is nice, but the garden's very small.
　　　　(집 자체는 좋으나, 정원은 아주 작다)
　　d. I'll go and see the President <u>himself</u> if I have to.
　　　　(내가 대통령을 만나야 한다면, 내가 가서 대통령을 직접 만날 것이다)

인칭대명사가 아닌, 일반대명사의 강조표현

e. She speaks Chinese and <u>that</u> very well.
   (그녀는 중국어를 하는데, 그것도 아주 잘 한다)

(3) 인칭대명사 대신에 사용되는 재귀대명사

a. These shoes are designed for heavy runners like <u>yourself</u>.   (like you)
   (이 신은 너와 같이 많이 뛰는 사람들을 위해서 만들어진 것이다)
b. Everybody was early except <u>myself</u>.   (except me)
   (모든 사람들은 나를 제외하고 일찍 서둘렀다)
c. There will be four of us at dinner: Robert, Alison, Jenny and <u>myself</u>. (me)
   (저녁식사에는 우리 넷이 올 것이다: Robert, Alison, Jenny 그리고 나)

(4) 대표적인 관용적 용법

a. by oneself: 홀로/도움을 받지 않고

   1. I often like to spend time <u>by myself</u>.
      (나는 종종 나 홀로 시간을 보내고 싶다)
   2. Do you need help? No, thanks. I can do it <u>by myself</u>.
      (도움이 필요합니까? 아니요. 나 홀로 그것을 할 수 있습니다)
   3. She is old enough to dress <u>herself</u> now.
      (그녀는 이제 혼자 옷을 입을 만큼 나이가 들었다)

b. by itself: 저절로, 자동적으로. of itself도 "저절로, 자동적으로"의 의미로 사용되나,
   by itself가 더 많이 쓰인다.

   1. The machine works <u>by itself</u>. (그 기계는 자동적으로 (저절로) 움직인다)
   2. The door opened <u>by itself</u>./of itself. (문이 저절로 열렸다)

c. for himself: 그의 힘으로

   He has done the work <u>for himself</u>. (그는 자신의 힘으로 그 일을 해냈다)

d. in itself: 본래, 그 자체로

   Advertizing in modern times has become a business <u>in itself</u>.
   (현대의 광고는 그 자체로 하나의 사업이 되었다)

e. <u>between ourselves</u>(우리들끼리 얘긴데)

   <u>Between ourselves</u>, we don't like to meet him anymore.
   (우리들끼리 얘긴데, 우리는 그를 더 이상 만나고 싶지 않다)

f. 기타 관용적 표현

seat oneself:	앉다	excuse oneself:	변명하다
dress oneself:	옷을 입다	make oneself at home:	편안히 하다
help oneself to:	…을 마음껏 먹다	kill oneself:	자살하다
beside oneself:	제정신이 아니다	accustom oneself to:	…에 익숙하다
avail oneself of:	을 이용하다/을 활용하다	apply oneself to:	…에 전념하다
behave oneself:	예의바르게 행동하다.	overwork oneself:	과로하다

③ 의문대명사

의문대명사에는 who, whose, whom, which, what 등이 있는데, 앞 12장에서 논의된 관계대명사에 관련되지 않는 것만 몇 가지 살펴보자.

(1) who, what, whose, whom, which
who는 주로 사람의 이름, 사람들과의 관계 등을 물을 때 사용되며, what은 직업이나 신분에 관한 사항을 나타낸다.

   a. Who is he? He is John and he is my brother.
   b. What does your father do? (너의 아버지는 무엇을 하니? = 직업이 무엇이니?)
      He is a businessman.
   c. Whose bag is this?
   d. It's mine.
   e. Who(m) do you want to see?
   f. Which size do you want?
   g. What does she want to do?
   h. Which of them does he like best?

(2) 간접의문문의 의문 대명사(의문부사)
간접의문문의 의문 대명사(의문부사) 다음의 어순은 평서문의 어순과 동일하다.

   a. Do you know <u>who he is</u>?
   b. Do you know <u>what she wants</u>?
   c. Do you remember <u>when the accident happened</u>?
   d. Did you ask her <u>why she was absent from school yesterday</u>?
   e. Do you know <u>how much she paid for the dress</u>?

(3) 그러나 상위 문에 think, believe, guess, suppose, imagine과 같은 동사가 나타나면, 의문 대명사나 의문부사(구)가 문장의 앞으로 이동한다. 다음 예를 보자.

   a. Who do you think the woman is? (o) <= Do you think <u>who</u> the woman is? (x)

   b. What do you think she said about it? (o)
      <= Do you think <u>what</u> she said about it? (x)

   c. Where do you imagine they have gone? (o)
      <= Do you imagine <u>where</u> they have gone? (x)

   d. <u>How much</u> do you suppose he paid for the shirt? (o)
      <= Do you suppose <u>how much</u> he paid for the shirt? (x)

   e. When do you suppose she went there? (o)
      <= Do you suppose <u>when</u> she went there? (x)

④ 지시대명사

(1) 지시대명사 this와 that:
this와 these는 공간적으로, 시간적으로, 심리적으로 화자와 가까운 것을 의미하고, 반면에

that과 those는 공간적, 시간적, 심리적으로 화자와 거리가 떨어져 있는 것을 의미한다.

a. Who is <u>this</u>?　(이게 누구냐?)
b. Who is <u>that</u>?　(저게 누구냐?)
c. <u>This</u> is very nice. Can I have some more?
　(이것은 참 좋습니다. 제가 좀 더 먹을 수 있나요?)

d. <u>That</u> smells nice. Is it from lunch?
　(저 냄새가 좋습니다. 그건 점심 냄새지요?)
e. We went on a picnic <u>yesterday</u>. <u>That</u> was wonderful.
　(우리는 어제 소풍을 갔습니다. 그것은 참 좋았습니다)

f. However, we are going to the movie theater <u>this evening</u>. <u>This</u> will be more fun.
　(그러나, 우리는 오늘 저녁에 영화를 보러 갑니다. 이것은 더 멋있을 것 같습니다)

g. Hello. <u>This</u> is Elizabeth. Is <u>that</u> Ruth? (over the phone)
　(여보세요. 저는 Elizabeth입니다. 그쪽은 Ruth이지요?)

(2) 시간 관계: 시간표현에서 this와 these는 현재 진행되고 있는 상황이나 사건 또는 막 시작하려고 하는 상황이나 사건을 표현하는데 쓰인다. 그러나 that이나 those는 막 종료된 상황이나 사건을 표현한다. 다음 예를 보자.

a. I like <u>this</u> music. What is <u>it</u>?　　　(나는 이 음악이 좋아. 이것이 무슨 음악인데?)
b. Listen to <u>this</u>? You'll like <u>it</u>. (NOT <s>Listen to that</s>) (이것 한번 들어 봐. 너도 좋아할 거다)
c. Watch <u>this</u>. <u>This</u> is a police message.　(이것 봐. 이것은 경찰의 경고문이야)

d. <u>That</u> was nice. What was it? (NOT <s>This was nice</s>) (저것은 참 좋았다. 저게 무엇이었지?)
e. Did you see <u>that</u>? Who said <u>that</u>?　　　(너 저것 보았어?/저것은 누가 말했지?)

(3) those who …: (…하는 사람들)

a. Heaven helps <u>those who</u> help themselves. (속담: 하늘은 스스로 돕는 자를 돕는다)
b. Those who want to take a trip should sign up their names on the board, please.
　(여행을 가고자 하는 사람들은 게시판에 서명을 해주세요.)

(4) 다음 예의 this와 that의 형태는 대명사이지만 의미는 "부사"이다: "이렇게", "그렇게"

a. I didn't realize it was going to be <u>this</u> hot.
　(나는 이렇게 더울 것이라는 것을 미처 생각하지 못했다)

b. If your boy-friend is <u>that</u> clever, why can't he solve this problem?
　(너의 남자 친구가 그렇게 영리하다면, 왜 이 문제를 풀지 못했니?)

(5) as such, such as, such that: ① 형태는 대명사이나 의미는 "as such/such that"
["그와 같이"로 (부사)]이다. 또는 ② "그와 같은"의 의미로 형용사도 된다.

a. He is a foreigner and must be treated <u>as such</u>.　　　　　부사
　(그는 외국인입니다. 그래서 그와 같이 대접해야한다)

b. His behavior was <u>such that</u> everyone disliked him.
　(그의 행동이 그와 같았기 때문에, 모두가 그를 싫어했다)

c. Poets <u>such as</u> Keats and Shelley are rare.　　　　　　형용사
　(Keats와 Shelley 같은 시인은 드물다)

d. 앞의 명사나 문장을 대신해서 such만을 쓸 수도 있다.

He killed him, but <u>such</u> was not his intention.
(그는 그를 죽였지만, 그것은 그의 의도가 아니었다)

⑤ 부정(不定)대명사

부정대명사는 무엇을 반대(否定)한다는 의미의 부정이 아니라, 무엇이 구체적으로 정해져 있지 않은 상태, 형태, 상황을 의미하는 것이다. 이 부정대명사에는 많은 유형의 대명사들이 있다.

1. some과 any의 차이점

(1) some과 any는 "구체적으로 양이나 수가 정해지지 않은", 또 "중요하지 않은" 것을 언급하는 것이고, some은 긍정/서술문에, any는 부정/의문/조건문에 사용된다. some이 권유의 의미를 지닐 때에는 의문문에도 사용된다.

　　a. Do you have <u>any</u> questions?
　　　(어떤 질문이 있습니까?)

　　b. Yes, I have <u>some</u>./No, I don't have <u>any</u>.
　　　(네 좀 있습니다./아니요, 질문이 없습니다)

　부탁, 권유의 긍정의 대답을 기대할 경유, some을 사용한다.

　　c. Would you like <u>some</u> more beer?
　　　(맥주를 좀 더하시지요?)

　　d. Could I have <u>some</u> coffee, please?
　　　(커피 좀 주세요.)

(2) any는 부정, 의문, 조건문에

　　a. I don't want <u>any</u> of these books.
　　　(나는 이 책들 중에서 어느 것도 원하지 않습니다)

　　b. We got there without <u>any</u> trouble.
　　　(우리는 어떤 문제도 없이 거기에 도착했다)

　　c. Any child can do it. (긍정문의 any는 강조/양보의 뜻)
　　　(어떤 아이라도 그것을 할 수 있다)

(3) somebody와 someone, anybody와 anyone, everybody와 everyone, nobody와 no one은 의미상으로 큰 차이는 없다. "-- one 유형"은 보통 문어체에 많이 쓰이고, "-- body 유형"은 회화체에 더 많이 쓰인다.

(4) one: 앞에서 언급된 명사와 같은 종류의 것(불특정 명사)을 나타낸다.
　　it: 앞에서 언급된 특정한 것, 바로 그것을 언급할 때 쓰인다.

　　a. Is there <u>a bank</u> near here? Yes, there's <u>one</u> over there.
　　b. Did you buy <u>the fashion magazine</u>? Yes, I bought <u>it</u>.

(5) "every-/each-유형"은 항상 단수이다. 그러나 "some- 유형"은 단수인 경우도 있고, 또 복수의 경우도 있다. some은 권유의 경우에는 의문문에도 사용된다.

a. There's <u>somebody</u> outside <u>who wants</u> to talk to you.　　　(단수)
b. There're <u>some people</u> outside <u>who want</u> to talk to you.　　(복수)
c. Would you like to have <u>some</u> coffee?　　　　　　　　　　(권유의 경우)

(6) anybody, somebody를 단수 대명사로 앞에서 언급하고서, 뒤에서는 이 대명사들을 복수 대명사 they, them, their로 이어 받는 예는 흔히 나타난다.

a. If <u>anybody wants</u> a ticket for the concert, <u>they</u> can get it from my office.
b. There <u>is somebody</u> at the door. Tell <u>them</u> I am busy.

(7) anyone, any one, anybody는 원래 단수명사이고, another도 항상 단수명사를 선택한다. 다음 예를 보자.

a. <u>Does anyone</u> know where John lives?　　　　　　　(단수)
b. You can borrow <u>any one book</u> at a time.　　　　　　(단수)
c. Give me <u>another piece</u> of cake.　　　　　　　　　　(단수)

(8) 그러나 any는 앞에서 제시된 everyone, every one과는 좀 다른 차이점이 있다. 다음 예를 보자. any는 복수형을 선택할 수도 있다.

a. <u>Everyone has</u> gone home. No one left.　　　　　　(단수)
b. There aren't <u>any cakes</u> left. They have eaten them all.　　(복수)

위에 제시된 기본이론을 참고로 하면서 다음 일반 대명사 유형을 보자.

a. someone, somebody, something
b. everybody, everyone, everything
c. no one, nobody, nothing
d. another, anyone, anybody, anything
e. one (you), all, both, each, one--the other, some--others, each other, one another

(9) one (you): 일반화된 "사람"의 의미로 쓰인다.

a. One (You) should knock the door before going into someone's room.
(누구의 방에 들어가기 전에 우리는 문에 노크를 해야만 한다.)
b. One (You) can usually find people who speak English in Sweden.
(Sweden에서는 우리가 영어로 말하는 사람들을 흔히 만날 수 있다)

(10) all은 사람을 의미할 때는 복수로 취급하고, 사물이나 상황을 나타낼 때는, 단수로 취급한다.

a. All were happy.
b. All is ready.
c. All I want is money.

(11) all, both, every-, whole, entire, 등과 부정어 not가 결합하면, 부분부정을 나타낸다. 그런데 다음 a, b에서처럼 "형태는 단수이지만", 의미는 "<u>복수의 의미</u>"를 나타낸다.

a. All that is glitters is not gold.　　(반짝이는 것은 모두 금이 아니다)
b. Not every man can be rich.　　　　(모든 사람들이 다 부자일 수는 없다)
c. The rich are not always happy.　　(부자들은 다 행복한 것은 아니다)
d. The whole of her life <u>wasn't</u> happy. (그녀의 전체 인생이 모두 행복한 것은 아니었다)

all은 가산명사/비-가산명사 어느 쪽에도 사용된다. 그리고 소유격 of나 그 외의 한정사 앞에 나타난다.

e. <u>All wines</u> are not sweet.
f. Is <u>all (of) this money</u> yours?
g. Are <u>all (of) these books</u> yours?
h. <u>All (of) these students</u> passed the examination.

(12) both(둘 다), either(둘 중, 어느 한쪽), neither(둘 중, 어느 것도 -- 아닌)

a. <u>Both of these books</u> are cheap.
b. Come on Tuesday or Thursday. <u>Either day is</u> OK.
c. She didn't get on with <u>either parent</u>. (그녀는 어느 쪽 부모님과도 잘 지내지 못했다)
   (NOT ~~either parents~~)

그러나 "either of"의 형태를 사용하면, 복수명사를 사용할 수 있다.

d. You can use <u>either of the bathrooms</u>.
e. I don't like <u>either of my math teachers</u>.

명사와 관련되지 않으면, either만 사용할 수 있다.

Would you like tea or coffee? I don't mind, either.

neither는 둘 중에서, 이것도 저것도 다 "아니다"는 의미를 나타낼 때는, 단수명사와 함께 쓰인다.

f. Can you come on Monday or Tuesday? I'm afraid <u>neither day is possible</u>.

그러나 neither of의 형태를 사용하면, 복수명사를 사용할 수 있다.

g. <u>Neither of my brothers</u> can sing.
h. <u>Neither of us</u> saw it happen.

그런데 neither of + noun/pronoun 다음에 공식적인 용어에서는 "단수동사"를 사용하나, 비-공식 영어에서는 "복수동사"도 쓰인다.

h. Neither of my sisters <u>is</u> married.   (formal style)
i. Neither of my sisters <u>are</u> married.   (informal style)

그러나 명사와 관련이 없다면 neither만 쓴다.

j. Which do you want? Neither.

(13) each와 every는 항상 단수명사이다.

a. <u>Each student has</u> a computer.
b. <u>Every girl wants</u> to have her own room.

그런데 each 다음에 "of + 복수명사의 형태"가 나타나도, 단수동사를 갖는다. 다음 예를 보자.

c. Each "<u>of the products</u>" displayed at the fair has its advantages over the others.
   (그 박람회에 전시된 각 상품들은 다른 것에 비해서 장점을 가지고 있다)

위 (12)의 g, h의 "neither"와 비교해 보자. neither는 그 뒤에 "of + 복수명사"가 오면 비-공식적 영어에서는 "복수"로 인정되었지만, 위 c의 each는 그대로 단수형을 유지한다.

⒁ one -- the other: (둘 중의 하나는 --이고, 다른 하나는 --이다). "One--the others"는 "하나는 --이고, 그 외의 나머지는 --이다."의 의미이다.

    a. I have two pets: one is dog, the other is rabbit.
    b. I have two younger sisters: one is a teacher, and the other is a doctor.
    c. Here are ten books. One is mine, and the others are his.

⒂ some -- others: [어떤 것(사람)은 --이고, 또 어떤 것(사람)은 --이다.]

셋 중의 하나는 one, 다른 하나는 another가 되고, 나머지 하나는 the other (the third)로 표현한다. some -- the others에서 some은 복수로서 "몇 개는 --이고. 나머지 전체는 -- 이다"의 의미를 갖는다.

    a. Some like classic music, and others like jazz.   (전체의 수가 정해져 있지 않은 경우)
    b. Some played card games, and others watched TV. (전체의 수가 정해져 있지 않은 경우)

    c. I have three foreign friends: one is American, another is Chinese, the other (the third) is Vietnamese.
      (이 예는 전체가 세 세람인 경우)

    d. There are ten books. Two of them are mine, and the others are hers.
      (전체 열 개 중에서 두 개는 나의 것이고, 나머지는 그녀의 것이다)

이때 "two of them" 대신에 some (두 개 이상)을 쓸 수도 있다.

⒃ each other는 "서로"의 의미로 보통 두 사람 간에, one another는 보통 셋 이상일 때, 쓰인다. one after another는 "차례, 차례로" "잇따라", "연속적으로"의 의미를 나타낸다.

    a. John and I know <u>each other</u> very well.
    b. We should be polite to <u>one another</u>.
    c. The visitors arrived <u>one after another</u>.

⒄ 대명사 it의 특별한 용법: 날씨, 거리, 계절, 요일, 시간, 날자, 상황 등에 대해서, 일반적으로 비-인칭 주어 it를 사용한다.

    a. It's fine today.
    b. How far is it from Seoul to Incheon?
    c. It is winter now.
    d. What time is it now?
    e. What day is it today?
    f. What's the date today? It's the 1st of March, 2015.
    g. It's getting dark.
    h. It's all over now

앞에 나타난 명사, 구, 절을 다시 언급할 때
    i. I bought a cell-phone yesterday and gave <u>it</u> to my son.

⒅ 문의 구조에 나타나는 가주어와 가목적어

    a. <u>It</u>'s nice <u>to talk to you</u>.   (가주어 It와 진주어 to talk to you)
      = To talk to you is nice.
    b. <u>It</u> is easy <u>to read this book</u>.   (가주어 it와 진주어 to read this book)
      = To read this book is easy.

⒆ a. We think it easy to read this book.　(가목적어와 진목적어 to read 이하)
　　= We think to read this book is easy.
　b. We think it true that he told a lie.　(가목적어와 진목적어 that 이하)

⒇ It is---that의 강조 구문: It is---that 구조 내에 들어가는 어휘가 강조를 받는다.

　a. 일반 구문과 강조 구문
　　a)　I saw John at the station yesterday.
　　b)　It was John that I saw at the station yesterday.

　b. 부사(구)
　　It was at the station that I saw John yesterday.
　　It was yesterday that I saw John at the station.

(21) (a) It가 가주어가 되는 그 외의 구문들:

　a. It is important for you to understand it. (네가 이것을 이해하는 것은 중요하다)
　　가주어　　　　의미상의 주어　　진주어

　b. It is no use crying over the spilt milk.
　　(엎질러진 우유에 대해서 우는 것은 소용없는 일이다)

　c. It's nice seeing you.
　　(선생님을 뵙게 되어서 참 즐거웠습니다)

　d. It does not matter whether you come or not.
　　(네가 오든 안 오든 상관없는 일이다)

　e. It is quite strange why she hadn't come.
　　(왜 그녀가 오지 못했는지 아주 이상하다)

(b) It가 가목적어

　a. I made it a rule to keep my diary in English.
　　(나는 영어로 일기를 쓰는 것을 규칙으로 삼았다)

　b. You will find it pleasant to talk with her.
　　(너는 그녀와 이야기 하는 것이 즐겁다는 것을 알게 될 것이다)

　c. He took it for granted that the invitation would include his wife)
　　(그는 그 초대가 당연히 아내와 함께 오라는 것이라고 여겼다)

　d. 명사의 반복을 피하기 위한 that (those) of --의 구조
　　The tail of dogs is longer than that of pigs.
　　(개의 꼬리는 돼지의 꼬리보다 더 길다)

　　The ears of rabbits are longer than those of cats.
　　(토끼의 귀들은 고양이의 귀들보다 더 길다)

(c) 앞 절의 문장을 받는 경우의 this/뒤의 문장을 받는 경우의 this

　a. He did not say anything, and this made him angry.
　　(그는 아무 말도 하지 않았다. 그런데 이것이 그를 화나게 했다)

b. I want to tell you <u>this</u>: we have no time to lose.
(나는 너에게 이것을 말하고 싶다. 우리는 낭비할 시간이 없다)

(d) To know is <u>one thing</u>, and to teach is <u>another</u>.
(무엇을 알고 있다는 하나의 일이고, 그것을 (다른 사람에게) 가르친다는 것은
전혀 다른 일이다)

연습문제

① 의미가 통하도록 바른 단어를 선택하세요.

1. Some like the sea; (   ) prefer the mountains.
   Ⓐ some   Ⓑ others   Ⓒ the others   Ⓓ another

2. I don't like these socks. Show me some better (   ).
   Ⓐ one   Ⓑ the other   Ⓒ ones   Ⓓ another

3. I have three sisters; one is a house wife, (   ) is an office worker, the other is a doctor.
   Ⓐ the second   Ⓑ second   Ⓒ another   Ⓓ other

4. There are five bags. Two of them are mine. (   ) are Peter's.
   Ⓐ another   Ⓑ others   Ⓒ the others   Ⓓ the other

5. There are ten books; one is mine. (   ) are hers.
   Ⓐ The others   Ⓑ Some   Ⓒ Others   Ⓓ Another

6. I have only two sisters; one is an office worker and (   ) is a teacher.
   Ⓐ another   Ⓑ the other   Ⓒ the others   Ⓓ others

7. I have three foreign friends: one is American, another is Chinese, (   ) is Canadian.
   Ⓐ the other   Ⓑ the others   Ⓒ others   Ⓓ other

② 올바른 문장이 되도록 괄호 내의 알맞은 말을 고르세요.

1. Would you like (any/some) coffee?
2. Let me introduce my friend. (It/This) is Jin-Soo Park.
3. Let's invite a friend of (her/hers) to the party.
4. Our school uniforms are green; (their/theirs) are blue.
5. The guests arrived one after (another/others) for the party.
6. Every student has (his/their) own locker.
7. It is one thing to watch an interesting movie; it is quite (another/the other) to make a movie itself.
8. (Who/Whom) do you think the speaker is?
9. Everything is ready, but not all (are/is) present at this moment.
10. There's somebody outside who (wants/want) to see you.

③ 다음 문장의 빈칸에 적당한 단어를 넣으세요.

1. Would you please give me (   ) to eat; I am hungry.
2. He made (   ) sick by overworking.
3. You should avail (   ) of this chance.
4. He has applied (   ) for a new job.

5. The population of this town is smaller than (   ) of the neighboring town.
6. She found (   ) difficult to study with him.
7. Both of the workers did their best, but (   ) of them has succeeded.
8. Please come on either Saturday or Sunday. Either day (   ) all right.
9. I am a student, and I expect to be treated as (   )
10. There are three foreigners in the room. One is American, (   ) is Chinese, (   ) is Canadian.

④ 다음 문장에서 틀린 곳을 찾아 바르게 고치세요.

1. The washing machine works for itself, once we switch it on.
2. He has done his homework by himself, without help of his elder brother.
3. Advertizing in modern times has become a business by itself.
4. I've lost my glasses, so I have to buy a new one.
5. Between you and I, playing tennis game doesn't make sense. It's because you are far too superior to me.
6. Two miles are a long distance for the five year old-children to walk.
7. It is I who is responsible for the work.
8. Neither of my sister are married.
9. Do you think who the woman is?
10. Do you suppose what's her name?

⑤ 종합 연습문제

다음 문장을 읽고, 아래 질문에 답하세요.

Ⓐ (Self-portraits) are pictures Ⓑ artists paint Ⓒ (of themselves). Self-portraits have been made since earliest times. However, it only became a serious trend in the 15th century. With the appearance of better and cheaper mirrors, artists could easily model for their own Ⓓ (works of art).

One of the most famous self-portrait artists was Vincent van Gogh. He completed 37 self-portraits between 1886 and 1889. He may have painted so many self-portraits because he didn't have enough money to pay for a professional model. Ⓔ <u>He usually looks elsewhere.</u> His self-portraits depict the face as it appeared in the mirror. Ⓕ So his right side in the picture is in reality the left side of his face.

The story of artists Frida Kahlo can be read in her self-portraits. About Ⓖ (one third) of her work is the exploration of herself, physically and mentally. Kahlo created 55 self-portraits Ⓗ (as a kind of therapy to face the most troubling events in her life). In reality, she wore a long dress and covered herself with jewelry to hide her crippled leg and broken body. In her self portraits, however, Ⓘ (she comes out from hiding and reveals her pain). Ⓙ (She lets out her feelings on her canvases).

⑤ Ⓐ 괄호 안의 내용을 해석하세요.
Ⓑ에서 생략된 관계 대명사를 넣으세요.
Ⓒ 괄호 안의 말을 해석하세요.
Ⓓ 괄호 안의 말을 해석하세요.
Ⓔ 줄친 부분을 해석하세요.
Ⓕ에서 오른쪽이 왜 왼쪽으로 나타나는지 그 이유를 설명하세요.
Ⓖ 괄호 안의 말을 해석하세요.
Ⓗ 괄호 안의 내용을 해석하세요.
Ⓘ 괄호 안의 내용을 해석하세요.
Ⓙ 괄호 안의 내용을 해석하세요.

제19장 도치구문(Inverted Constructions)

우리는 문장의 의미를 이해하려고 할 때, 무엇보다도 먼저 문의 구조를 이해하야 정확한 의미를 파악할 수 있다. 그런데, 문장의 구조가, 도치되어 나타나면, 이것이 우리가 문장의 의미를 파악하는데, 어려움을 준다. 그래서 도치된 문의 구조를 미리 알아두는 것이 절대로 필요하다. 일반적인 문장도 그 구조가 도치되어 나타나는 경우가 너무나 많다. 문장의 뜻을 정확히 파악하는 데 중점을 두기 위해서 이 도치구문의 장을 설정했다. 다음 예문을 보자.

① 의문문, 기원문, 감탄문은 주어 동사의 위치가 도치되어 나타날 수 있다.

    a. Isn't it cold?   (의문문)
    b. Hasn't she got lovely eyes?   (의문문)
    c. May all your wishes come true!   (기원문)
    d. How beautiful are the flowers!   (감탄문)

② 다음과 같은 짧은 대화에서, 긍정이나, 부정의 뜻을 표현할 때.

    a. I'm hungry. So do I.   (긍정적 응답)
       The main store shortened its business hours, and so did its branches.
       (본점이 영업시간을 줄였다, 그래서 그것의 지점도 시간을 줄였다)

    b. I don't like opera.   ⓐ Neither do I. (나도 역시 좋아하지 않는다)
                     ⓑ Nor do I.   (나도 좋아하지 않는다)   (부정적 응답)
       Miss Kim doesn't like him. Neither do I.
       (김 양도 그를 좋아하지 않는다, 나도 역시 좋아하지 않는다)

③ 문학적인 표현에서는 as, than, so 등이 접속사의 의미로 쓰일 때, 이 어휘들이 나타나는 절에서는 도치현상이 나타난다. 이 때 as는 "마찬가지로," "--과 같이"의 의미를 갖고, than은 그대로 "--보다," so는 that와 결합하여 "대단히, 그렇게 ---하다"의 의미를 갖는다.

    a. She was very religious, as were most of her friends.
       (그녀는 대부분의 그녀의 친구들과 마찬가지로, 대단히 종교적이었다)
    b. City dwellers have a higher death rate, than do country people.
       (도시에 사는 사람들은 시골에 사는 사람들보다 더 높은 사망률을 갖는다)
    c. So ridiculous did she look that everyone burst out laughing.
       (그녀는 아주 괴상망측하게 보였음으로 모든 사람들이 웃음을 터뜨릴 수밖에 없었다)

④ 가정법에서, If-절의 If가 생략되었을 때, 도치현상이 나타난다.

    a. Were I rich, I could buy the car. ⇒ If I were rich, I could buy the car.
       (내가 부자라면, 내가 그 차를 살 수 있을 텐데)
    b. Had I known about her, my whole life would have been changed.
       ⇒ If I had known about her, my whole life would have been changed.
        (내가 그녀를 알고 있었더라면, 나의 전체 인생이 바꾸어졌을 텐데)
    c. Should you change your mind, I would be very happy.
       ⇒ If you should change your mind, I would be very happy.
        (당신이 당신의 마음을 바꾸어 주신다면, 나는 대단히 행복할 텐데)

⑤ 부정적인 의미를 지닌, 부사적 표현이, 문장의 앞에 강조의 의미로 제시될 때, 도치 현상이 나타난다.

    a. Under no circumstances, can we cash checks/cheques.
       (어떤 경우라 할지라도, 우리는 수표를 현금으로 바꿀 수 없다)
    b. At no time, was the President aware of what was happening.
       (결코 한번도, 대통령은 무엇이 일어나고 있었는지 알지 못했다)
    c. Not until much later did she learn who her real father was.
       (훨씬 후에야, 그녀는 누가 그녀의 진정한 아버지였는지 알게 되었다)

부사적인 부정표현인 "not until" 만이 앞에 나타나도, 동일하게 도치 현상이 나타난다.

    d. Not until he received her letter, did he fully understand her feelings.
       (그가 그녀의 편지를 받고서야, 그는 그녀의 감정을 완전히 이해할 수 있었다)
    e. No sooner had we finished putting our tents than a violent thunderstorm arose.
       (우리가 우리의 천막을 치는 것을 끝내자 말자, 강력한 폭풍이 일어났다)

⑥ 부정적인, 제약의 표현인 hardly, neither --nor, seldom, rarely, little, never 등이나, "only + time expressions"가 앞에 나타날 때, 도치현상이 나타난다.

    a. Hardly had I arrived when trouble started.(BrE)
       (내가 도착하자말자, 문제가 나타났다/시작되었다)
       hardly--when/scarcely--when ⇒ -- 하자 말자
    b. Seldom have I seen such a remarkable creature.
       (그와 같은 놀랄만한 사람을 나는 좀처럼 보기가 드물었다) creature: 사람
    c.

> have/be 등과 같은 조동사가 있는 경우에는, 이들이 주어 앞으로 나아가지만, 조동사가 없이, 일반 동사만 있는 경우에는, 그 문의 시제에 맞게 do/does/did의 조동사를 일부러 만들어서, 이들을 앞으로 나아가게 하고, 동사의 자리에는 일반 동사의 원형이 나타나게 한다. 다음 c, d, e, f, g, h의 예가 바로 그런 경우이다.

    d. Little did I realize the danger he faced.   시제가 과거형이므로 did 사용
       (그가 위험에 직면했다는 것을 거의 알지 못했다)
    e. Only then did I understand what she meant.   시제기 과거형이므로 did 사용
       (그때서야 비로소, 나는 그녀가 무엇을 의미했던가를 이해했다)
    f. Not a single word did she say.   시제기 과거형이므로 did 사용
       (그녀는 한마디의 말도 하지 않았다)
    g. Diana rarely shops for anything on lines.
       ⇒ Rarely does Diana shop for anything on line.   현재형이므로 does 사용
       (Diana는 "인터넷(on line)"으로 거의 어떤 물건도 구입하지 않는다)
    h. Not only did we lose our money, but we were nearly killed.
       (우리가 우리의 돈을 잃었을 뿐만 아니라, 거의 죽을 뻔 했다)
    i. They rarely buy anything at Homeplus.
       ⇒ Rarely do they buy anything at Homeplus.   복수형 현재이므로 do 사용
    j. Only after her death, was I able to appreciate her.
       (그녀가 죽고 난 후에야, 나는 그녀를 이해할 수 있었다)

** 그러나 "not far"나 "not long"과 같은 부정적 부사구조에서는 부사구와 주절의 도치현상은 나타나나, 주절의 주어가 대명사일 때에는, 주어와 조동사/동사간의 도치현상은 나타나지 않는다. 다음 예를 보자.

   a. You can see foxes <u>not far</u> from here.
      ⇒ Not far from here, <u>you can see foxes.</u>   (o)
         Not far from here, can you see foxes.   (x)

   b. She got married not long after that.
      ⇒ <u>Not long after that,</u> she got married.   (o)
        <u>Not long after that,</u> got she married.   (x)

⑦ 장소를 표현하는 부사적 표현이 문장의 앞에 나타날 때, 자동사구 전체가 종종 주어 앞에 온다. 이 유형은 특히 새로운 "부정형 주어(indefinite subject)"가 나타날 때, 즉, 어떤 새로운 주어를 독자들에게 소개할 때, 문학적인 묘사의 용법으로 쓰인다.

   a. <u>Under a tree</u> <u>was lying</u> <u>one of the biggest man</u> I had ever seen.
     (나무 아래에 내가 지금까지 본 사람 중에서 가장 큰 사람이 누워있었다)
   b. <u>On the grass</u> <u>sat</u> <u>an enormous frog.</u>
     (풀 위에 거대한 개구리가 한 마리 앉아있다)
   c. <u>Directly in front of them</u> <u>stood</u> <u>a great castle.</u>
     (바로 그들의 앞에, 하나의 큰 성이 놓여있다)
   d. <u>Along the road</u> <u>came</u> <u>a strange procession.</u>
     (길을 따라 이상한 행렬이 다가왔다)

⑧ 보어의 도치: 주어가 상당히 길 경우, be 동사 뒤에 나타나는 보어인, 과거분사 p. p. (enclosed, included, attached 등)가 문의 맨 뒤에 나타나는데, 이 과거분사가 도치되어 문의 앞에 나타나면, 동사가 그 다음에 오고, 마지막으로 주어가 온다. 다음 a, b의 예를 보자.

   a. <u>Revised monthly reporting forms and instructions</u> <u>are</u> <u>enclosed.</u> ⇒
     (수정된 월말 보고서식과 지시사항들이 첨부되어 있다) 동사   보어
             주어
   b. <u>Enclosed</u> <u>are</u> <u>revised reporting forms and instructions.</u>

   a. <u>Your books, winter clothes, cakes of soap, tooth brushes and pastes, and</u>
     (너의 책들, 겨울옷들, 비누, 칫솔과 치약, 샴푸 병들이 소포에 포함되어 있다)

   <u>bottles of shampoo</u> <u>were</u> <u>included in the parcel.</u> ⇒
      주어   동사   보어
   a. <u>Included in the parcel</u> <u>were</u> <u>your books, winter clothes, cakes of soap, tooth brushes and pastes, and bottles of shampoo.</u>

⑨ 강조, 도치구조는 한 문장의 구조에서, 정상적인 특수한 어순의 변화를 유도할 뿐만 아니라, 절(sentence)의 순서도 바꾸어 놓는다. 다음 예를 보자.

   a. ① I had not realized (that) ② she was not in her office ③ until she called me.
     (그녀가 나에게 전화했을 때(까지) 그녀가 그녀의 사무실에 있지 않았다는 것을 나는 알지 못했다)

앞의 문장은 세 개의 절로 구성되어 있다. 그런데 ①의 절만 강조, 도치시키면, 다음 b와 같이 변형시킬 수 있다.

b. <u>Not had I realized</u> (that) she was not in her office until she called me.

그런데 위 a 문장에서, ③번의 부사절 전체를 다음과 같이, "It--that"의 강조, 도치, 구조에 넣을 수도 있다.

c. <u>It</u> was "<u>until she called me</u>" <u>that</u> I had not realized she was not in her office.

따라서 이 "강조, 도치구문"은 정상적인 긍정문의 구조를 이해하기 어렵게 만들어서 문장의 의미를 파악하기 힘들게 만든다. 이런 이유 때문에 이 도치구문을 잘 이해할 필요가 있다고 본다.

⑩ 위의 문장에 제시된 부사구 대신에, 구어체에서는 here, there나 다른 짧은 부사나, "부사적 불변화사(adverbial particles)"가 나타날 수도 있다.

a. <u>Here comes</u> John!
b. <u>There goes</u> your sister!
c. I stopped the car, and <u>up</u> walked a policeman.　　(부사적 불변화사 up)
   (내가 차를 세웠는데, 한 사람의 경찰이 다가왔다)
d. The door opened and <u>out</u> came Susan's boyfriend. (부사적 불변화사 out)
   (그 문이 열었는데 Susan의 남자친구가 나타났다)

** 위와 같은 경우에, 주어가 대명사이면, 그 대명사 주어는 동사 앞에 나타난다.

e. Here she comes.　　(NOT: ~~Here comes she~~)
f. Off we go!

⑪ 직설법의 "전달동사(reporting verbs)": 어떤 직설법의 이야기를 인용할 경우, "전달동사" said, asked, suggested 등은 주어 앞에 나타난다.

a. "What do you mean." <u>asked</u> John.　　(or John asked)
b. "I love you." <u>whispered</u> Jane.

** 이 경우에도 주어가 대명사이면, 그 주어는 동사 앞에 온다.

c. "What you mean?" he asked.

연습문제

① 다음 문장을 도치된 문장으로 변형시키십시오.

1. I have never met him before.
2. Jane seldom shops at Homeplus
3. If John had met her at the party, he could have herd the news.
4. If She had that much money, she would immediately buy it.
5. They rarely shopped such items on line.
6. We can allow any pets in this coffee shop under no circumstances.
7. Your dreams may come true.
8. She said not a single word.
9. He learned who his real father was, not until much later.
10. Mary seldom comes my place.

② 다음 문장을 도치된 구조의 문장으로 변형시키세요.

1. A church stands on a hill.

2. A grasshopper lies on the grass.

3. You can see foxes not far from here.

    "not far from"/"not long after that" 등의 표현 뒤에, 대명사 주어가 나타날 때에는 주절의 주와 동사 간에 도치현상은 나타나지 않는다.

③ 다음 예문의 공란에 올바른 어휘를 채우세요.

1. Seldom did Mary's attention to detail(s) with regard to her work_____ her business ability, when making management decisions.

    ⓐ affect   ⓑ affecting   ⓒ to affect   ⓓ affected

2. Had Homeplus Store _____ that the promotional sale would not be popular with its customers, it would have canceled the event.

    ⓐ realized   ⓑ been realized   ⓒ realize   ⓓ realizes

3. Only after consensus was reached did the owner _____ to forgo (abandon) having his employees do mandatory overtime work.

    ⓐ decided   ⓑ decides   ⓒ deciding   ⓓ decide

④ 종합 연습문제

다음 글을 읽고 아래 질문에 답하십시오.

Legalized gambling is a divisive issue within communities, especially those looking to build a new casino. Supporters point out that casino can dramatically expand the economy of a region, as they create jobs and generate ⓐ tax revenue. ⓑ In addition, other local business benefit from the influx of tourists that casino can attract.

However, people who oppose legalized gambling maintain that ⓒ crime rates typically increase after casino are built, ⓒ as ⓓ does ⓔ the rate of gambling addiction, ⓕ a disorder that can cause people a host of financial, economical, and social problems. Given the myriad of opinions on the topic, governments must ensure that they have approval from residents before introducing casino into a community.

1. ⓐ의 tax revenue의 의미를 써라.
2. ⓑ의 In addition의 의미를 써라.
3. 위의 문장에서 ⓒ의 as가 그 문장에서 갖는 "의미"를 써라.
4.   위의 문장에서 ⓓ의 does는 어떤 "역할"과 "의미"를 갖는지 설명하라.
5. ⓔ의 the rate of gambling addiction과 ⓕ의 disorder와의 관계를 설명하라.

제20장 접속사(Conjunctions)

① 접속사의 역할과 종류: 접속사는 단어와 단어, 구와 구, 절과 절을 연결하는 역할을 하는데, 동사의 목적어로서, 또는 동사의 주어로서의 역할을 할 수도 있다. 또 부사구나, 부사절로서의 역할을 하기도 한다.

② 등위 접속사 중에서, 우선 먼저, 동사의 주어, 또는 목적어나, 부사구의 역할을 하는 전치사구를 보기로 하자.

(1) a. John _and_ I are good friends.　　　　　　　　단어와 단어의 결합
　　 b. I have a brother _and_ a sister.
　　 c. Will you go by bus _or_ by train.　　　　　　구와 구의 결합 (부사구)
　　 d. They are poor, _but_ they are happy.　　　　　절과 절의 결합

(2) a. It is morning, _for_ birds are singing.　　　　　절과 절의 결합
　　　 (아침이다. 왜냐하면, 새들이 지저귀고 있으니까.)
　　 b. _As_ he ran fast, I couldn't catch him.　　　　절과 절의 결합
　　　 (그가 빨리 뛰어갔기 때문에, 나는 그를 따라갈 수 없었다)

③ 등위접속사 and, or, but 등

(1) a. I keep two pets; one is a dog _and_ the other is a rabbit.
　　 b. I keep a black _and_ white dog.

　　　 위 a와 b에서 and는 보통 의미의 등위접속사이다. 그러나 다음 예를 보자.

　　 c. Work hard, _and_ you will succeed.
　　　 (열심히 일하라. 그러면, 너는 성공할 것이다)
　　 d. Wake up early, _and_ you will catch the first train.
　　　 (일찍 일어나라. 그러면, 너는 첫차를 탈 것이다)

　　　 위 c, d에서 and의 의미는: "--하여라. 그러면"의 뜻을 갖는다.

(2) 다음으로 or의 예를 보기로 하자. 다음 a의 예에서는 일반적인 의미인 "또는", "혹은"의 의미이지만 b의 예에서는 "그렇지 않으면"의 의미를 갖는다.

　　 a. Which do you like better, spring _or_ fall?
　　 b. Go at once, _or_ you will be late for class.
　　　 (즉시 가라, 그렇지 않으면 너는 수업에 지각할 것이다). 다음 c, d도 동일한 의미를 갖는다.
　　 c. = _If_ you don't go at once, you will be late for class.
　　 d. = _Unless_ you go at once, you will be late for class.

(3) but, however("그러나"의 의미로 앞의 표현과 상반되는 견해를 표현한다)

　　 a. He is ten years old, _but_ I am eleven years old.
　　 b. That is not a dog, _but_ a wolf.
　　 c. I didn't feel like going there. Later, _however_, I decided to go.
　　　 (나는 거기에 가고 싶지 않았다. 그러나 후에 나는 가기로 결정했다)
　　 d. I like him. _However_, I don't want to fully support him.
　　　 (나는 그를 좋아한다. 그러나 나는 그를 전적으로 지지하고 싶지는 않다)

⑷ so의 용법: 접속사로 쓰이면, "그래서", "그러므로"의 의미를 갖는다.
We had heavy rain in the morning, <u>so</u> I stayed at home.
(아침에 비가 많이 왔다. <u>그래서</u> 나는 집에 있었다)

④   because와 for의 용법과 의미상의 차이

---

a. Because I was sick for six months, I lost my job.
b. I decided to stop and have lunch, <u>for</u> I was feeling hunger.
   (나는 (하던 일을) 멈추고 점심을 먹기로 했다. 왜냐하면, 배가 고픈 것을 느꼈기
   때문이었다.)

c. He stayed at home, <u>for</u> it was raining.
   (그는 집에 머물러 있었다, 왜냐하면 비가 오고 있었기 때문이다)

d. He must be ill, <u>for</u> his looks pale.
   (그는 아픈 것임에 틀림없다, 왜냐하면 얼굴이 창백하니까)

e. He looks pale, for he is ill.   (o)
   He must be ill, because he looks pale.   (x)

Michael Swan(2005: 67)이 정의한 for의 용법을 간단히 인용하기로 한다.

<u>For</u> introduces new information, but suggests that the reason is given as an
after-thought. (for는 새로운 정보를 소개하는 것이다. 그러나 그 이유가 "사후생각"
으로 제시되는 것이다)

이 말은 for가 나타나는 앞 문장에서부터, 그 이유를 새롭게 찾아낸다는 것이다. 위 a의
예문에서는 6개월 동안 아팠기 때문에, 실직한 이유가 너무나 분명하다. 그러나 b에서는
"<u>사후-생각(after-thought)</u>"으로, 제시된 이유를 나타낸다. 이 "사후-생각"은 한국어의
어휘 사전에는 없는 용어이다. 이 "<u>사후-생각이</u>"란, for의 앞 문장으로부터 "후에 나타
난 생각으로", "후에 추가된 생각으로", "추가적으로 느낀 생각으로" 그 이유가 새롭게
제시된다.

앞 ②의 ⑵ a의 예를 다시 생각해 보자

It is morning, <u>for</u> birds are singing. (아침이다. "새들이 지저귀고 있으니까.")

즉, 새들이 지저귀고 있는 점이 "after-thought(사후-생각으)"로, 아침임을 재확인시켜
주는 것이다. 따라서 사후-생각을 나타내는 이유 때문에, for는 항상 전체 문의 뒤에 나
타난다. 그러나 because는 전체 문장의 앞/뒤 어느 곳에서도 나타나는 점이 for와 다르
다.

a. Because I was sick for six months, I lost my job.
b. I lost my job, because I was sick for six months.

---

⑤   종속접속사

위에서 제시된 예들은 "<u>등위 접속사</u>"이다, 그러나 다음 ⑴, ⑵와 같은 예들에 나타난 접속사는
"<u>종속접속사</u>"이다. 다음 ⑴은 상위문의 동사의 목적어로서 전체 문장에 종속된 것이고, ⑵에서는
보어명사를 수식하는 역할을 하면서 상위문에 종속된 것이다. 또 상관접속사 both A and B,
either A or B 등과 같은 접속사는 다음 ⑥에서 논의된다.

(1) a. I think <u>that</u> he is honest.
    b. We don't know <u>whether</u> he comes <u>or</u> not.   명사절을 유도하는 경우: know 동사의
    c. I don't know <u>when</u> he will come here.   목적어

(2) a. This is the house <u>where</u> he lives in.   형용사절을 유도하는 관계부사의 경우
    b. This is the place <u>which</u> he was born in.   형용사절을 유도하는 관계대명사의 경우

⑥   상관접속사: 동일한 구조를 갖는 A와 B가 분리되어 있으면서도 서로 관련을 갖고 연결되어 있는 접속사이다. both A and B, either A or B, neither A nor B, not only A but also B, as well as 등이 이 유형에 속한다.

(1) both A and B: A와 B 둘 다.
    Both animals and plants <u>need</u> water and air.   (복수)

(2) either A or B: A나 B 둘 중의 하나
    Either he or she <u>doesn't</u> want to come.   (일치는 B에 따라 결정됨)
    (그나 그녀도 오기를 원하지 않는다)

(3) neither A nor B: A도 아니고 B도 아니다.
    Neither his brother nor his sister <u>is</u> at home.   (일치는 B에 따라 결정됨)
    (그의 형도 그의 여동생도 집에 있지 않다.)

(4) not only A but also B: A뿐만 아니라 B도 역시
    Not only he but also she <u>studies</u> very hard.   (일치는 B에 따라 결정됨)
    (그 뿐만 아니라 그녀도 대단히 열심히 공부한다)

(5) A as well as B: B뿐만 아니라 A도
    We as well as she were happy.   (일치는 A에 따라 결정됨)
    (그녀는 물론 우리들도 행복하다)

(6) A는 B도 C도 --않는다.
    I like neither coffee nor tea.   (일치는 A에 따라 결정됨)
    (나는 커피도 차도 좋아하지 않는다)

(7) 명사절을 이끄는 종속접속서: that, whether, if, what 등

    a. <u>That she can win the game</u> is certain.
       (그녀가 게임에 이길 수 있는 것은 확실하다)
       = It is certain <u>that she can win the game</u>.   진주어

    b. I know <u>that she can win the game</u>.   목적절
    c. My point is <u>that we should continue our study</u>.   보어절
       (나의 요점은 우리들이 공부를 계속해야한다는 것이다)

(8) 감정을 나타내는 형용사나 분사 뒤에는 접속사 that를 쓴다.

    a. It's <u>surprising</u> <u>that</u> he should be so conservative.
       (그가 그렇게도 보수적이라니 놀라운 일이다)
    b. It <u>surprised</u> me <u>that</u> he was still in bed.
       (그가 아직도 병상에 누워있었다는 것은 나를 놀라게 했다)

(9) 문장의 주어가 the reason이면, 접속사로 because나, due to는 원칙상 사용하지 않고, 접속사 that만 사용한다.

a. <u>The reason</u> I didn't go to America was <u>that</u> I got a new job.
(NOT ~~because or due to~~)
(내가 미국에 가지 않았던 이유는 내가 새로운 직장을 얻었기 때문이다)

b. The principal <u>reason</u> for the overpopulation of people in the world is <u>that</u> through science and technology, we have achieved a low death rate.
(세계에서 인구가 넘쳐나는 주된 이유는 과학과 기술을 통해서, 우리가 저-사망률을 달성했기 때문이다)

(10) Whether, if, what-절의 용법

a. I asked her <u>whether (if) she could skate</u>   목적절
(나는 그녀가 skate를 탈수 있는지 어떤지 그녀에게 물었다)

b. I wonder <u>if she will help her classmates</u>.   목적절
(나는 그녀가 그녀의 학급친구를 도와줄지 어떨지 궁금하다)

c. <u>Whether he will send his sons to college or not</u> is important.   주어절
(그가 그의 아들들을 대학에 보낼 것인지 어떤지가 중요한 일이다)

위의 a, b, c의 예를 보면, 마치 whether 대신에 if를 자유롭게 대체시켜 쓸 수 있는 것처럼 보이지만, 반드시 그런 것은 아니다. 다음과 같은 3가지 경우에는 whether 대신에 if를 쓰지 못한다.

1. whether or not (--인지, 어떤지)는 고정된 하나의 관용어구이다. 따라서 whether 대신에 if를 사용할 수 없다. 즉, (~~if or not~~)은 허용되지 않는다.

a. I don't know <u>whether or not</u> he comes tomorrow.   (o)
b. I don't know ~~if or not~~ he comes tomorrow.   (x)

2. whether는 전치사의 목적절로 사용될 수 있지만, if는 전치사의 목적절로 사용될 수 없다. 다음 예를 보자.

a. She thought <u>about whether</u> she had to go to college. (o)
b. She thought ~~about if~~ she had to go to college.   (x)

3. whether는 바로 다음에 to-부정사구를 사용할 수 있지만, if는 to-부정사구를 쓸 수 없다. 다음 예를 보자.

a. They didn't decided <u>whether to go</u> swimming or not. (o)
b. They didn't decided ~~if to go~~ swimming or not.   (x)

다음은 what-절이 이끄는 용법을 보자.

c. <u>What he needs</u> is money.   주어절
(그가 필요한 것은 돈이다)

d. She wants to know <u>what he thinks about it</u>.   목적절
(그녀는 그가 그것에 대해서 어떻게 생각하는지 알기를 원한다)

⑦ 부사절을 이끄는 종속접속사

(1) 시간을 나타내는 부사(구):

before/ago/when/as/after/since/from -- till (until)/not -- till/before long/not because -- but because/while/whenever/as long as/as soon as/on (upon) "--ing"/no sooner -- than/the moment (the instant) he comes home/by/until, during/for 등

a. before/ago   (이 before와 ago는 앞 14장 "부사어구"에서 간단히 언급되었으나,
여기서는 좀 더 구체적인 더 많은 예를 제시한다)

Ⓐ 지금/그때 이전의 불특정한 시점을 언급할 때, before는 이 경우 주로 현재완료형을 쓴다.

ⓐ She has already left her home <u>before</u> I arrived there.
(그녀는 내가 그녀의 집에 도착하기 전에 이미 떠났다)
ⓑ I think I have seen him before.
(나는 그를 전에 본적이 있는 것 같다)

Ⓑ before는 과거 이전의 어느 시점, 즉, 화자가 언급하는 과거의 어떤 사건보다 더 이전의
시점을 나타내기도 한다.

She <u>realized</u> that she <u>had seen</u> him <u>before</u>. (그녀는 그를 전에 본적이 있는 것 같다)

Ⓒ before가 어느 시점에서 시간을 되돌려 표현할 때, 즉, "<u>표현된 시간 뒤에</u>" <u>before</u>가
오면, <u>그 시간만큼 되돌아가는 것</u>을 의미한다.

When I <u>went back</u> to my home town that I <u>had left</u> <u>eight years before</u>, everything
was different. (내가 8년 전에 떠났던 나의 고향을 방문했을 때, 모든 것이 달라졌다)

Ⓓ before와 ago가 다음 ⓐ, ⓑ에서처럼, 함께 쓰일 경우, ago는 현재시간을 기준으로해서 과
거시를 표현하고, before는 그 앞에 나타난 시간만큼 되돌아가는 점이 다르다. 다음 ⓐ, ⓑ
의 예를 보자.

ⓐ I <u>met</u> that woman in Scotland <u>three years ago</u>.   (현재시간을 기준으로 과거시점)
(나는 그 여자를 3년 전에 Scotland에서 만났다.

ⓑ When I <u>got talking</u>, I <u>found</u> that I had been at the same school with her
husband <u>ten years before</u>. (내가 이야기를 하다 보니, 나는 그녀의 남편과 10년
전에 같은 학교에 다녔다는 것을 알게 되었다)   (ten years를 역으로 되돌아 과거)

b. when: We all welcomed them <u>when</u> they returned home.
(우리는 모두 그들이 집으로 돌아왔을 때, 환영했다)
c. until: They have been waiting for me <u>until</u> I reached the destination.
(그들은 내가 목적지에 도착할 때까지 나를 기다리고 있었다)
d. as: The students whistled <u>as</u> they walked along the street.
(학생들은 거리를 걸어가면서 휘파람을 불었다)
e. after: They went out <u>after</u> they had dinner. (그들은 저녁식사 후에 외출했다)

f.   Since가 나타나는 아래 예들을 보라. 시제에 관한한, 주절은 현재완료형이거나, 과거완료형이
고, since-절은 보통 과거시제로 나타난다. 즉, since his childhood처럼 과거를 언급하는 명
사가 나타난다.

① a. I <u>have known</u> him <u>since his childhood</u>. (나는 그의 어린 시절부터 그를 알고 있었다)
b. We haven't seen Jamie <u>since Christmas</u>.
c. I'm sorry when Jacky moved to Canada; we <u>had been</u> good friends
<u>since university days</u>.

그러나 특히 변화에 대한 이야기가 나타나면, 주절이 현재시제, 또는 과거시제로도 나타난다.

② a. You'<u>re looking</u> much better <u>since</u> your operation.
b. She <u>doesn't come around</u> to see us much <u>since</u> her marriage.
c. Things <u>weren't going</u> well <u>since</u> Father's illness.

③ "It's a long time since---"이라는 구문에서는, 현재/과거형이 모두 보통 쓰이고 있다.

 a. It's a long time since the last meeting.
 b. It was a long time since that wonderful holiday.

그러나 미국영어에서는 현재완료/과거완료형을 선호한다.

 c. It's been a long time since the last meeting.
 d. It had been a long time since that wonderful vacation.

④ 위 예문에 나타난 since-절의 시제는 일반적인 과거시제를 나타내었다. 그러나 문장의 의미에 따라 since-절의 시제가 과거/현재완료의 의미를 나타낼 수도 있다.

 a. I've known her since we were at school together. 일반적인 since-절의 시제
 b. I've known her since I've lived on this street.
 c. You've drunk about ten cups of tea since you arrived. 일반적인 since-절의 시제

 d. You've drunk about ten cups of tea since you've been sitting here.
  이 문장에서는 당신이 "여기에 앉아있는 이래"를 강조하고 있다.
 e. We visit my parents every week since we bought the car.
  이 문장에는 every week가 현재완료의 의미를 대신하고 있다.
 f. We visit my parents every week since we've had the car.
  이 문장도 주절에 every week가 나타나고, since-절이 과거완료형이므로, 허용될 수 있는 문장으로 이해된다(Michael Swan. 2005: 513).

 g. He worked hard from morning till night every day.
  (그는 매일 아침부터 밤까지 열심히 일했다)
 h. Mom has prepared lunch while we have cleaned up every room in the house.
  (엄마는 우리가 집안의 모든 방을 청소하는 동안 점심을 준비했다)
 i. I can meet her whenever I visit her home.
  (내가 그녀의 집을 방문할 때는 언제나 그녀를 만날 수 있었다)
 j. I can use her library as long as I stay at her home.
  (나는 그녀의 집에 머무는 동안에는 내가 그녀의 서재를 사용할 수 있다)
 k. As soon as I came home, I washed my face and feet.
  (내가 집에 오자마자, 나는 나의 얼굴과 발을 씻었다)
 l. No sooner had I entered the restaurant than the waiter asked me what I wanted to have. (내가 그 식당에 들어가자마자 사환은 내가 무엇을 먹겠느냐고 물었다)
 m. On entering the room, she fell down. (그녀는 방에 들어가자마자, 쓰러졌다)
 n. Telephone me the moment (that) you get the result.
  (그 결과를 입수하는 순간 나에게 전화해라)
  I loved you the instant (that) I saw you.
  (나는 너를 보는 순간에서부터 너를 사랑했다)

 o. 기간, 동안을 나타내는 during과 for:

during은 어떤 일이 막연하게 어떤 기간 동안에 일어나고 있을 때 사용하고, for는 "몇 시간", "얼마나 오랜 시간"을 언급할 때 쓰인다. 따라서 for는 one, two, three hour(s), a week, a year과 같이 숫자와 함께 사용되는 점이 다르다. 다음 예를 보자.

1. My father was in hospital during the summer.
 (나의 아버지는 여름 동안 병원에 입원했다)

2. My father was in hospital for three months.
 (나의 아버지는 석 달 동안 입원했다)

(2)

> by와 until의 차이점: 두 단어의 뜻이 모두 "--까지" 이나, 이 두 단어의 용법에는 차이점이 있다. until은 어떤 시점까지 지속되는 사건이나, 상태를 논의할 때 쓰이나, by는 행동이나, 어떤 행사가 미래의 어느 순간까지, 또는 그 전에 끝내는 경우에만 쓰인다. 다음 예를 보자.
>
> a. Can I borrow your car? (내가 너의 차를 좀 빌릴 수 있니?)
>
> b. Yes, but I must have it back <u>by tonight</u>. (= tonight or before)
> (그래, 그러나 나는 그 차를 오늘 밤까지 되돌려 받아야 한다)

> a. Can I stay here <u>until the weekend</u>?
> (내가 여기서 주말까지 머물 수 있니?)
> b. Yes, but you'll have to leave <u>by Monday</u> at the latest.
> (그래, 그러나 너는 늦어도 월요일까지는 떠나야 한다)
>
> a. Can you repair my watch if I leave it <u>until Saturday</u>?
> (만일 내가 나의 시계를 토요일까지 여기에 두면, 너 수리해 주겠니?)
> b. No, but we can do it <u>by next Tuesday</u>. (NOT --~~until next Tuesday~~)
> (아니야, 우리는 다음 화요일까지는 수리할 수 있다)

(3) not until, not long before 등의 구조를 해석하는 문제

위의 두 가지 접속사가 나타나면, 해석은 단어의 순서를 따르기 보다는, 우리말의 흐름에 맞게 의역하는 것이 더 선호된다. 다음 예의 해석 a보다 b가 더 자연스럽다.

It is <u>not until</u> I came to Korea that I learned Chinese characters.

a. (내가 한자를 배운 것은 한국에 왔을 때까지는 아니었다)
b. (내가 한국에 와서 (처음/비로소) 한자를 배우기 시작했다)

It will <u>not be long before</u> John graduates from university.

c. (John이 대학을 졸업하는 것은 멀지 않을 것이다)
d. (멀지 않아 John이 대학을 졸업할 것이다)

(4) not because -- but because: 이 구조는 not -- but의 구조에 because가 추가된 것이다. She passed the examination, not because she was lucky, but because she worked hard. (그녀가 시험에 합격한 것은 운이 좋아서가 아니라, 열심히 공부했기 때문이다)

(5) 장소를 나타내는 부사, where, wherever,

a. They live in the same old house <u>where</u> their father lived for 20 years.
(그들은 그들의 아버지가 20년 동안 살았던 그 옛 집에 살고 있다)
b. You may go <u>wherever</u> you want to.
(너는 네가 가고 싶은 곳은 어디든지 가도 좋다)

(6) 원인/이유를 나타내는 부사: because, since, now that, as 등

a. Mother is always busy <u>because</u> she has to clean up every nook and cranny.
(어머님은 집안의 구석구석을 다 청소해야 하기 때문에 항상 바쁘다)

b. <u>Since</u> we have enough time, we don't have to hurry to finish it early.
(우리는 충분한 시간이 있기 때문에, 그 일을 일찍 끝내려고 서두를 필요는 없다)

c. <u>As</u> I was very late this morning, I went to school by taxi.
(오늘 아침에 대단히 늦었기 때문에, 나는 taxi로 학교에 갔다)

d. <u>Now that</u> we have raised enough money, we can help a few poor people.
(이제 우리가 충분한 돈을 모금한 이상, 몇몇 가난한 사람들을 도울 수 있다)

(7) 조건을 나타내는 부사절: If, unless 등

a. <u>If</u> it is fine tomorrow, we'll go on a picnic.
(내일 날씨가 좋다면, 우리는 소풍을 갈 것이다)

b. <u>Unless</u> you study hard, you'll get poor grades.
(네가 열심히 공부하지 않으면, 너는 나쁜 성적을 받을 것이다)
= If you do not study hard, you'll get poor grades.

(8) 양보의 의미를 나타내는 부사: though, (although), even if, (even though) 등:

아래 e에서 "Child <u>as/though</u> he is"가 "양보의 의미를 나타낼 때에는" child 앞에 부정관사를 쓰지 않는다. 그리고 f의 "Be it ever so --"도 "아무리 --하다 할지라도"라는 양보의 의미를 갖는다. though, even though, although 등은 양보의 의미로 절을 이끌지만, 동일한 의미를 가진, in spite of는 전치사의 역할을 하기 때문에 명사를 선택한다. 이 현상은 because가 절을 이끌게 되나 because of는 전치사의 목적어로 명사를 선택하는 것과 동일하다.

a. <u>Though</u> he is poor, he is honest.

b. <u>Even if</u> (or though) he is young, he is strong enough to help hard work.
(그는 어릴지라도, 힘든 일을 도울 만큼 힘이 쎄다)

c. <u>Although</u> it was raining, we went out.

d. We went out <u>in spite of</u> the rain.

e. <u>Child as he is</u>, he knows quite a lot of things./Child <u>though</u> he is, he knows a lot.
(그는 비록 어린일지라도, 그는 여러 가지 많은 것을 알고 있다)

f. Be it ever so humble, there is no place like home.
(아무리 초라하다 할지라도, 우리들의 집과 같은 곳은 없다)

g. <u>Poor as he is</u>, he is quite happy.
(그는 가나할지라도, 그는 아주 행복하다)

h. <u>Whether</u> you like it <u>or</u> not, you have to do the work.
(네가 그 일을 좋아하든 싫어하든, 너는 그 일을 해야 한다)

(9) 특수한 "양보"의 의미를 갖는 접속사 "be와 let"

Ⓐ **명령형 양보의 부사절**

a. 동사 원형 + as 절
b. 동사 원형 + what 절
c. 동사 원형 + where 절
d. Be + S + ever + so + 형용사
e. Let + S + be ever so + 형용사

ⓐ Try as you may, you cannot do it in a week.
== However hard you may try,

== No matter how hard you may try,
아무리 열심히 노력한다 하더라도, 당신은 그것을 일주일 내에 할 수 없다.

ⓑ Come wat will. I will stick to my conviction.
== Whatever may come/happen,
== No matter what may come/happen,
무슨 일이 닥치더라도, 나는 나의 소신을 바꾸지 않겠다.

ⓒ Go where you will, there is no place like home.
== Wherever you may/will go,
== No matter where you may/will go,
어디에 간다할지라도, 집 같은 곳은 없다.

Ⓑ ⓐ Be it ever so humble, there is no place like home.
== However humble it may be,
== No matter how humble it may be,
아무리 누추하다 하더라도, 집 같은 곳은 없다.

ⓑ Let a man be ever so rich, he should not live an idle life.
== However rich a man may be,
== No matter rich a man may be,
아무리 부유하다 하더라도, 사람은 게으른 생활을 해서는 안 된다.

다음 두 가지 구조도 양보의 부사절을 유도하지만, Be로 시작된 도치된 문장이다.

ⓒ Be it that he is right, nobody accepts it.
(그가 옳다할지라도, 누구도 그것을 인정하지 않는다)
ⓓ Be it true or not, no one believes it.
(그것이 진실이든 아니든, 아무도 그것을 믿지 않는다)

Ⓒ If도 양보의 의미를 표현할 때다 있다. 이 때 if는 "even if/even though"의 의미를 갖는다.

A person can be lonely if he or she is loved by many people.
(사람은 비록 그나 그녀가 많은 사람들로부터 사랑을 받고 있을지라도, 외로울 수 있다)

(10) 비교를 나타내는 경우: as -- as, than 등

The town was much bigger than I expected.
(그 마을은 내가 예상했던 것보다 더 컸다)

The mountain is not as high as we heard.
(그 산은 우리가 들어서 알고 있는 것보다 높지 않았다)

(11) 방법, 상태

a. Do as you are told. (지시를 받은 대로 하라)
b. He talks as if he is the owner of the house.
(그는 마치 그 집의 주인인 것처럼 말하고 있다)

(12) 목적을 나타내는 경우 so that -- may (or can), lest -- should

a. He studied very hard <u>so that</u> he <u>may</u> pass the entrance examination.
(그는 입학시험에 합격할 수 있도록 대단히 열심히 공부했다)
b. They studied very hard <u>lest</u> they <u>should</u> fail.
(그들은 실패하지 않도록 대단히 열심히 공부했다)

(13) 결과를 나타내는 경우: so -- that, such -- that 등

a. This research paper is <u>so</u> difficult <u>that</u> I can't understand it.
(이 연구 논문은 너무 어려워서 나는 그것을 이해할 수 없다)

b. This is <u>such a</u> difficult research paper <u>that</u> I can't understand it.

(14) 목적: "so that"와 "--, so that"의 차이. 위 (13)과 비교해 보자.

a. I stopped <u>so that</u> you could catch up.　　　　　　(목적)
(나는 네가 따라올 수 있도록 멈추었다)
b. He got up early, <u>so that</u> he could catch the first train.　　(결과)
(그는 일찍 일어났다. 그래서 그는 첫차를 탈 수 있었다)

연습문제

① 올바른 문장이 되도록 괄호 안에서 알맞은 것을 고르세요.

1. I lost my job, (because/for) I was sick for six months.
2. I decided to stop and have lunch, (for/because) I was feeling hunger.
3. Drive carefully, (and/or) you'll be killed.
4. She has been living in Seoul (since/until) she graduated from middle school.
5. I don't know (if or not/whether or not) he comes tomorrow.
6. She thought about (whether to/if to) go on a picnic next Saturday.
7. I stayed at home (because of/because) it was raining all day.
8. She went out (even though/in spite of) it was raining hard.
9. (Although/In spite of) the rain, the streets were full of demonstrating people.
10. Can you repair my watch until Saturday? No, but we can do it (until/by next Monday).

② 다음 예문에서 어법상 틀린 것을 찾아 바르게 고치세요.

1. A woman as she is, she is as brave as a strong man.
2. Be it ever how humble, there is no place like home.
3. It is hard to believe if she is such an old lady.
4. My father was in hospital for the summer.
5. Let's start before it will get dark.
6. She plays neither the piano, nor plays the violin.
7. During I was out, there was a phone call for me.
8. Can I stay here by the weekend?
9. Do in Rome, like the Romans do.
10. He seldom, it ever, goes to church.

③ 다음 두 a, b의 문장의 의미가 같도록 빈칸을 채우세요.

1. a. As soon as she returned home, she fell down.
　 b. On (　　　　　　) home, she fell down.
2. a. He was strong enough to lift the heavy stone.
　 b. He was (　) strong (　　　) he could lift the heavy stone.

3. a. Are you going out in such a heavy rain?
   b. Are you going out (   ) such a heavy rain?
4. a. He gave me money as well as books.
   b. He gave not only (   ) but also (   ).
5. a. He doesn't drink, and he doesn't smoke.
   b. He (   ) drink, (   ) smoke.
6. a. Even though he is rich, he still works very hard.
   b. (   ) he is rich, he still works very hard.
7. a. It will not be long before he is all right.
   b. He will be all right (   ) (   ).
8. a. No sooner had I closed my eyes to sleep than the phone rang.
   b. (   ) had I closed my eyes to sleep when the phone rang.
9. a. He ran fast lest he should be late for school.
   b. He ran fast, (   ) he (   ) not be late for school.
10. a. Under no circumstances, had we allowed such bad conduct.
    b. (   ) had we allowed such bad conduct.

④ 종합 연습문제

다음 문장을 읽고, 아래 질문에 답하세요.

   Mining is basically extracting mineral ores from the planet. These ores contain not Ⓐ ( ) the minerals we are looking Ⓑ ( ), but Ⓒ ( ) contain impure elements that we don't want. Ⓓ ( ) the extracted ores cannot be used Ⓔ <u>as they are</u>. They need to be carefully processed Ⓕ <u>to get rid of the impurities</u>. This way, we can get the valuable minerals like gold, silver, aluminium, salt, diamonds, copper, and even uranium.

   By extracting and processing the ores, we get the minerals that serves as the raw materials for various products. With the minerals as raw materials, we can make the almost countless number of products which we use in our daily lives. Ⓖ <u>To name a few</u>, we can make stoves, jewelry, computers, satellites, cars, and even clothing.

   However, mining offers benefits Ⓗ <u>at a price</u>. One big problem with mining is acidic wastewater from mining operations. Acid water can leek into the nearby soil and watershed, dragging poisonous heavy metals such as lead, zinc, copper and mercury into the ground and surface water. Mining can also disturb plants and animals. Ⓘ <u>In order to mine</u>, a large piece of land must be cleared. Trees are cut down, and habitats for animals are destroyed. Like many other human activities, mining impacts the environment and so must be undertaken with extreme care.

④   Ⓐ의 괄호에 들어갈 접속사를 써 넣으세요.
    Ⓑ에 들어갈 전치사를 써 넣으세요.
    Ⓒ에 들어갈 접속사를 써 넣으세요.
    Ⓓ에 들어갈 접속사를 써 넣으세요.
    Ⓔ "as they are."를 해석하세요.
    Ⓕ "to get rid of impurities."를 해석하세요.
    Ⓖ "To name a few"를 해석하세요.
    Ⓗ "at a price."를 해석하세요.
    Ⓘ "In order to mine"을 해석하세요.

제21장 전치사(Prepositions)

① 전치사의 기능:

문장 내에서 의미상의 주어의 역할(for/of)을 하거나, 또는 be 동사가 본동사일 경우, of 전치사는 보어를 유도한다. 그 외에는 형용사(구) 및 부사(구)의 역할을 한다.

(1) 문장에서 의미상의 주어의 역할

    a. It is very kind of you to say so.
       (네가 그렇게 말하다니 참으로 친절하다)   "of you"는 의미상의 주어

    b. It was very difficult for him to find the house.
       (그가 그 집을 찾는 것은 대단히 어려웠다)   "for him"은 의미상의 주어

(2) be 동사가 본동사이고, 형용사 다음에 of(for, about)가 나타나면 앞 "(AP 2)의 의미로", "전치사 of의" 명사 목적어가 문장의 의미를 분명하게 하고, 문장을 종결한다.

    a. We are sure of your success.   (우리는 너의 성공을 확신한다)
    b. Are you afraid of the dog?   (너는 그 개를 두려워 하니?)

(3) 형용사(구)의 역할

    a. The books on the table are mine.
       (테이블 위에 있는 책들은 나의 것이다) "on the table"은 앞에 있는 The books를 수식한다.

    b. The news about our school was on TV yesterday.
       (우리 학교에 대한 소식이 어제 TV에 나왔다) about our school은 앞의 The news를 수식한다.

    c. He is a man of ability.   (그는 능력이 있는 사람이다)
    d. This book is of great use.   (이 책은 대단히 유용한 책이다)

(4) 부사(구)의 역할

    a. We played tennis after school.   (방과 후에 우리는 tennis를 쳤다)
    b. He solved it with ease.   (그는 쉽게 그것을 해결했다)

② 전치사의 목적어

전치사 다음에는 명사, 동명사, 명사구, 명사절 등이 전치사의 목적어로 온다. 따라서 인칭대명사가 전치사의 목적어로 올 때에는 목적격이 와야 한다. 이 외에 전치사 다음에 to-부정사(구)나 원형동사가 와서, 부사(구)의 역할을 하는 경우도 있고, 또 전치사와 그것의 목적어가 함께 형용사(구)를 형성하는 경우도 있다. 아래 ②의 (4), (5), (6)을 참조하라.

(1) 명사구

    a. Are you afraid of spiders?   (너는 거미를 두려워하니?)
    b. She ran up the stairs.   (그녀는 계단 위로 달려갔다)

    이 up은 동사 유형을 다룰 때, "부사적 불변화사(adverbial particles)"로 언급된 것인데,

"부사보어"로 쓰인다. 동시에 "전치사"의 역할도 한다. 이것은 앞 동사/형용사 유형의 결론 (145쪽)에서 ①번을 참조하라. (Onions 2-15), (Onions 5-2), (Onions 5-3), (Onions 5-4)

(2) 동명사(구)

    a. I often dream of being a good English speaker.
       (나는 종종 영어를 잘하는 사람이 되는 꿈을 꾼다)
    b. I don't like the idea of getting married yet.
       (나는 아직 결혼을 할 생각이 없다)
    c. He is proud of being rich.
       (그는 부자임을 자랑한다)

(3) 명사절

    a. Your success depends on what you do and how you work for it.
       (너의 성공은 네가 무엇을 하고, 네가 그 일을 어떻게 하느냐에 달려있다)
    b. Men differ from animals in that they can speak and think.
       (인간은 말을 할 수 있고 생각할 수 있는 점에서 동물과 다르다)

       위 b에서 "in that"은 관용적으로 쓰이는 숙어이다.

(4) 부정사구(to-infinitive and bare infinitive): 부사구와 형용사구의 역할을 한다.

    a. I was about to leave.   (나는 막 떠나려고 했다)
    b. We had no choice but to keep waiting.   (우리는 계속 기다릴 수밖에 없었다)
    c. I could do nothing except agree.   (나는 동의하지 않을 수 없었다)
    d. We couldn't do anything but keep waiting. (우리는 계속 기다릴 수밖에 없었다)
    e. He, being a christian, had no alternative to marry in a church.
       (기독교인으로서, 그는 교회에서 결혼식을 올릴 수밖에 없었다)

(5) 전치사(구)가 형용사(구)의 역할을 한다.

    a. The books on the table are mine.   (탁자 위에 있는 책은 나의 것이다)
    b. This is the middle school which I graduated from.
       (이것은 내가 졸업한 중학교이다)

(6) 전치사(구)가 부사(구)의 역할을 한다.

    a. Put the book on the table, please. (그 책을 탁자 위에 두세요)   (부사보어)
    b. Will you go to the park with me.   (너 나와 함께 공원에 가겠니?)

③ 전치사의 형태상의 종류

(1) 하나의 낱말로 이루어진 전치사:

about, for, at, in, on, by, of, on, with, from, to 등

    a. What do you know about it?   (너는 그것에 대해서 무엇을 알고 있니?)
    b. What are you looking for?   (너는 무엇을 찾고 있나?)
    c. What did you look at there?   (너는 거기서 무엇을 보았니?)

(2) 이중 전치사: 단순한 두 개의 전치사가 결합되어 사용될 수 있는 경우

from behind, from under 등

   a. The actor showed himself <u>from behind</u> the curtain.
     (그 배우는 커튼 뒤에서 나타났다)

   b. A cat came out <u>from under</u> the bed.
     (고양이가 침대 아래에서 나왔다)

(3) 군(群) 전치사: 여러 개의 낱말이 결합하여 만들어진 전치사

because of, in front of, out of, in the middle of, in spite of, by means of, on account of, on the ground of 등

   a. <u>Because of</u> the rain, we remained at home.
     (비 때문에 우리는 집에 있었다)
   b. We promised to meet him <u>in front of</u> the station.
     (우리는 그를 역 앞에서 만나기로 했다)

   c. The thieves ran <u>out of</u> the house when the emergency bell was ringing.
     (도둑들은 비상벨이 계속 울리자, 그 집에서 도망쳐 나갔다)
   d. They are <u>in the middle of</u> dinner.
     (그들은 저녁식사 중이다)

   e. <u>In spite of the rain</u>, she went out without carrying an umbrella.
     (비가 오는데도 불구하고, 그녀는 우산도 없이 외출했다)
   f. Thoughts are expressed <u>by means of</u> words.
     (생각들은 어휘에 의해서 표현된다)

   g. The picnic was put off <u>on account of</u> rain.
     (소풍은 비 때문에 연기되었다)
   h. She wants to resign <u>on the grounds of</u> her health.
     (그녀는 그녀의 건강상의 이유로 사직하기를 원하고 있다)

(4) 화자가 이미 알고 있는 것에 초점을 맞추어 그것과 연결된 표현으로 말할 때, 전치사로 구성된 "담화적 표현(discourse markers)"에는 다음과 같은 것이 있다.

with reference to,	(…에 관하여)
talking (speaking) of/about,	(…에 관하여 말하자면)
regarding/as regards,	(…에 관하여)
as far as … is concerned/as for	(…관한한/…에 관하여)

   a. <u>With reference to</u> your letter of March 17, I am pleased to inform you that we accept your suggestion without any conditions.
     (3월 17일부 선생님의 편지에 관하여, 아무 조건 없이 선생님의 제안을 수락하게 된 것을 알려 드리게 되어 기쁘게 생각합니다)

   b. <u>Talking (speaking) about</u> travel, have you been to Athens yet?
     (여행 이야기가 나왔으니 하는 말인데, 아테네에 갔다 오신 적이 있는지요?)

   c. <u>Regarding (As regards)</u> those sales figures, I don't really think it's satisfactory.
     (판매 수치에 관한한, 나는 그것이 만족스럽다고 생각하지 않아요)

d. <u>As far as marketing is concerned</u>, I think our plan is not so much better than we expected.
(판매에 관한한), (판매에 관하여 나의 견해를 말하자면), 나는 우리들의 계획이 기대했던 것보다 그렇게 좋다고 생각하지 않습니다)

(5) including(…을 포함하여/…을 넣어서)

    a. There are seven of us <u>including</u> myself.
      (나 자신을 포함하여 모두 7명이다)
    b. All on the plane were lost <u>including</u> the pilot.
      (조종사를 포함하여 비행기에 탑승한 모든 사람들이 죽었다)

④   시간을 나타내는 전치사

(1) What do you do <u>on the week end</u>?   (AmE)
    What do you do <u>at the week end</u>?   (BrE)

(2) at: 전치사 at와 함께 쓰이는 표현들.

    at seven, at noon, at present, at night, at dawn, at midnight 등

(3) on: 날짜: on November 17th, on the evening of November 18th

(4) in: 하로의 일부분: in the morning, in the afternoon, in the evening, in the night

    이렇게 in the morning이나 in the night로 표현할 때에는, 보통의 "아침, 오후, 저녁, 밤" 등을 나타낸다. 그런데, 이와 비슷한 at night와 in the night와 비교하면, at night는 평범한 "밤"을 언급할 때 사용되고, in the night는 특별한 날의 밤을 의미한다. 다음 예를 보자.

    a. I worked <u>in the night</u> of March 21st. (나는 3월 21날 밤에 일했다)   특별한 날의 밤
    b. I often work <u>at night</u>.   (나는 종종 밤에 일한다)   보통의 밤

    그러나 어느 "요일"의 아침, 오후, 저녁, 밤 등을 언급할 때에는, on을 쓴다. 그리고 그 요일의 "아침, 오후, 저녁, 밤" 등을 "묘사(describe)할 때에", 부정관사 "a"를 함께 사용한다. 예컨대, "따뜻한, 더운, 추운" 등과 같은 형용사를 포함시켜 묘사할 때에는 "on a"를 사용한다. 이 표현은 날짜를 표현하는 경우에도 동일하게 적용된다. 다음 예를 보자,

    a. We went skating <u>on a very cold Sunday morning</u> in December.
      (우리는 12월 어느 추운 아침에 스케이트를 타러 갔다)
    b. We met each other <u>on a warm spring Saturday morning</u>.
      (우리는 따뜻한 어느 봄날 토요일 아침에 서로 만났다)

    c. My birthday is <u>on</u> December 21st, in 1999.
      (나의 생일은 1999년 12월 21이다)
    d. My birthday is <u>on a very cold December 21st</u>, in 1999.
      (나의 생일은 1999년 추운 12월 21이다)

    그러나 물론 뒤의 수식 어구에 의해서 수식을 받는 경우에는 정관사 the가 쓰인다.

    e. He died <u>on</u> the morning of May 22nd.

(4) 그런데, 날짜를 표시하는 방법에서는 영국영어(BrE)와 미국영어(AmE)에서 한 가지 차이점이 있다. 다음 예를 보자. 다음 c의 예는 영국영어에서 단순한 숫자로 표현한 예이다.

(BrE): a. I was born <u>on the 22nd of November</u>, 2001.
(AmE): b. I was born <u>on November 22nd</u>, 2001.
(BrE): c. 22, 11, 2001.

영국영어에서는 항상 날짜가 앞에 나타나고, 그 다음 달이 나타난다. 그러나 미국영어에서는 위 b와 같이, 월이 먼저 나타나고, 그 다음에 날짜를 표시한다. 위의 영국영어의 예에서 "on the 22nd of November"로 전치사 of가 필요하게 되나, 미국영어에서는 바로 "on November 22nd"로 표현하기 때문에 전치사 of가 사용되지 않는다.

(5) in: 월/계절/년을 표현할 때,   in May, in 2013, in the 21st century.
                                        in the winter, in summer, in spring
(6) in: (…있으면/…지나면)   I will be back in a few days.

(7) in: (넓은 장소)   She lives in Seoul.

(8) from: (…부터)   since: (…이래로)
     till/until: (…까지. 계속)   by: (…까지. 완료)
     for: (…동안. 숫자와 함께 사용되는 기간)   during: (…동안. 막연한 기간)
     through: (처음부터 끝까지. 줄곧)   within: (… 이내로)

⑤ 장소를 나타내는 전치사

(1) at: 비교적 좁은 장소   in: 넓은 장소

     on: 표면 위에   ⟷   beneath: 접촉한 표면 아래
     above: 보다 높이   ⟷   below: 보다 아래로
     over: 바로 위   ⟷   under: 바로 아래
     up: 밑에서 위로   ⟷   down: 위에서 아래로

     도표 참조

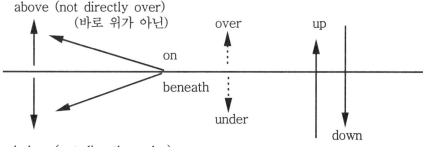

(2) in: (…의 안에)   into: (…의 안으로)   out of: (…의 밖으로)

     across   (…을 가로 질러)
     through   (…을 통하여)
     along   (…을 따라)

     around(AmE)/round(BrE)   (…의 주위에/의 주위를 도는)
     around/about는 동일한 의미로 쓰인다.

     다음 도표를 참조하라.

도표 참조

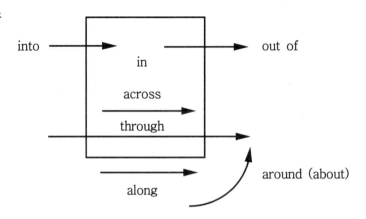

앞 (1)번 유형의 장소를 나타내는 전치사:

　　a. I have bought a smart-phone <u>at</u> a smart-phone shop <u>in</u> Seoul.
　　　 (나는 서울에서 한 스마트폰 상점에서 스마트폰을 샀다)
　　b. Someone is <u>at</u> the door to see you.
　　　 (누군가 당신을 만나려고 문간에 와 있다)

　　c. There stood a church <u>on</u> a hill.
　　　 (언덕 위에 교회가 있었다)
　　d. Ice melted away <u>beneath</u> our feet.
　　　 (우리들의 발아래의 얼음은 녹았다)

　　e. The ship sank slowly <u>beneath</u> the waves.　　(주로 문학적인 표현에 많이 나타남)
　　　 (그 배는 천천히 파도 아래로 침몰했다)
　　f. His behavior is <u>beneath</u> contempt. (= really disgraceful)
　　　 (그의 행동은 멸시를 받고 있다)

위의 도표에서 보여준 것 같이 above는 바로 수직으로 위에 있는 것을 의미하지 않는다.

⑥　│ above와 over의 차이점 │

　　above와 over는 둘 다 "… 보다 위에, 높은"의 의미를 갖지만, above가 더 평범하게 쓰인다.

　　a. The water came up above/over our knees.
　　　 (물이 정강이 위로 차올랐다)
　　b. Can you see the helicopter above/over the houses?
　　　 (집 위로 날아가는 헬리콥터를 볼 수 있니?)

　　c. We've got a little house above the lake. (NOT, ~~over the lake~~)
　　　 (우리는 호수 위쪽에 작은 집을 하나 갖고 있다)

*** 따라서 above는 "바로 위"가 아닌 것을 나타낸다.

⑦　│ before │ 가 전치사로 쓰일 때에는, 주로 "시간표현"과 "위치"를 나타낼 때 쓰인다.

　　a. I must move my car <u>before</u> <u>9 o'clock</u>.
　　b. We use indefinite article "an" <u>before</u> vowels. such as an apple,

⑧ | below와 under의 차이점 |

below와 under도 동일하게 "… 보다 낮은"의 의미를 갖는다. 그래서 거의 비슷하게 보인다.

   a. Look in the cupboard below/under the sink.
     (싱크대 아래 찬장 (서랍장) 안을 보라)
   b. The climbers stopped 300m below the top of the mountain.
     (등산객들은 그 산의 꼭대기 아래 300미터 지점에서 멈추었다)

*** 그러나 위 b의 예를 보면 "below도 수직적으로 바로 아래가 아닌 것을" 나타낸다.

⑨ | covered와 under의 차이점 |

우리는 무엇이 덮여 있어서, 물건이 감추어져 있을 때, under를 더 많이 사용한다.

   a. I think the cat is under the bed.
     (나는 고양이가 침대 아래에 있다고 생각한다)

   b. What are you wearing under your sweater?
     (너 sweater 아래에 무엇을 입고 있니?)

그런데 다음의 예에서도 under를 쓴다.

   c. The whole village is under the water.
     (온 마을이 물에 잠겨 있다) (NOT, ~~below water~~)
   d. The sun has risen above the horizon.
     (해는 지평선 위로 떠올랐다)

   e. The sun has just sunk below the horizon.
     (해는 막 지평선 아래로 가라앉았다)
   f. A flock of doves flew away over the houses.
     (한 무리의 비둘기가 집 위로 날아갔다)

   g. Someone is lying under the tree.
     (누군가가 나무 아래에 누워있다)
   h. Some squirrels went up and down the tree.
     (몇 마리의 다람쥐가 나무로 올라갔다 내려왔다 한다)

앞 (2)번 유형에서 장소를 나타내는 전치사:

in	…의 안에	into	…의 안으로	towards	…쪽으로
across	…을 가로질러	out of	…의 밖으로	beside	…의 옆에

around(AmE)/round(BrE):   …의 주변에/…의 주위를 도는
around/about: about는 around/round와 동일한 의미로도 쓰인다.

   a. Someone is in the room. (누군가 방 안에 있다)
   b. Students ran into the classroom when the bell rang.
     (종이 치자 학생들은 교실로 달려 들어갔다)

   c. They rushed out of the classroom when the class was over.
     (수업이 끝나자 그들은 교실에서 밖으로 달려 나왔다)
   d. It took me about ten minutes to walk across the Golden Gate Bridge.
     (금문교를 가로질러 가는데 10분쯤 걸렸다)

e. The bus passed <u>through</u> several tunnels on my way to Daegu.
(버스가 대구로 가는 길에 몇 개의 굴을 통과했다)

f. There is a mile of tall-thick trees <u>along</u> the streets.
(거리를 따라 1마일쯤 우거진 가로수길이 있다)

g. The moon moves <u>around</u> the earth.
(달은 지구 주위를 돌고 있다)

h. We sat <u>around</u> the bonfire.
(우리는 모닥불 주위에 앉아 있었다)

i. Shall we walk (<u>around</u>/<u>about</u>) the park?
(공원 주위로 산책을 할까요?)

j. John took a seat <u>between</u> Peter and Harry.
(John은 Peter와 Harry 사이에 자리를 잡았다)

k. She is very popular <u>among</u> her classmates.
(그녀는 그녀의 반 친구들 중에서 아주 인기가 있다)

l. He is going to take a plane <u>from</u> Incheon <u>to</u> New York.
(그는 인천에서 New York까지 비행기로 가려고 한다)

m. The plane took off Incheon <u>for</u> San Francisco.
(비행기는 San Francisco를 향해서 인천에서 이륙했다)

n. She went <u>towards</u> the post office.
(그녀는 우체국 쪽으로 갔다)

o. Who's the guy sitting <u>beside</u> Jane?
(Jane 옆쪽에 앉아 있는 사람이 누구니?)

⑩ | beside, by의 의미 차이 |

beside는 영어로 "at the side of" (…의 옆쪽에)의 의미이고, by는 영어로 "next to"로 표현하는데, 우리말로 "바로 옆에"의 의미이다. 그리고 near는 "가까이"로 해석되는데 다음 실제의 예를 보자.

a. Who's the guy sitting <u>beside</u> Jane?
(Jane 옆쪽에 앉아 있는 사람이 누구냐?)

b. Come and sit <u>by</u> me.
(와서 내 옆에 앉아라)

c. We live <u>near</u> the sea. (Perhaps three kilometers away)
(우리는 바다 근처에 살고 있다)

(3) 기타 여러 가지 목적으로 쓰이는 전치사:

1 원인/이유: from   주로 외적인 요인   die of (from)   병/노년
              through   부주의/태만   at/over   감정적 원인
              for/with 행위의 원인

a. He got sick <u>from</u> drinking too much.
(그는 술을 너무 많이 마셔서 병이 났다)

b. She has made a lot of mistakes <u>through</u> her carelessness.
(그녀는 부주의로 많은 실수를 했다)

c. His father died <u>of</u> old age, not any serious diseases.
(그의 아버지는 어떤 심각한 병이 아니라, 나이가 많아서 돌아가셨다)

d. They were glad <u>at</u> the news.
(그들은 그 소식에 기뻐했다)

e. She was grieving <u>over</u> the death of her husband.
(그녀는 그녀의 남편의 죽음에 대해서 슬퍼하고 있었다)

f. She cried <u>for</u> joy.   She cried <u>for</u> mercy.
(그녀는 기뻐서 울었다/외쳤다)   (그녀는 동정해 달라고 애원하며 울었다)

g. The girl was shivering <u>with</u> cold.
(그 소녀는 추위로 떨고 있었다)

h. It's of no use crying <u>over</u> the spilt milk.
(엎질러진 우유에 대해서 울어보았자 소용이 없다)

2   목적/결과: for 목적,   after 추구,   to 결과,   into 변화된 결과
    a. Shall we go out <u>for</u> a walk?   (산책하러 나갈까요?)
    b. Police are <u>after</u> the thieves.   (경찰이 도둑들을 추적하고 있다)

    c. What are they <u>after</u>?   (그들은 무엇을 노리고/추구하고 있는가?)
    d. Joan of Arc was burned <u>to</u> death. (Joan of Arc는 분신 처형되었다)
    e. Water is frozen <u>into</u> ice.   (물이 얼음으로 변했다)

3   재료/수단: of/with   외형이 변화되지 않는 재료,   by 수단/행위자
                 from   외형이 변화되는 재료,   with 도구
                 through   방법

    a. This bridge is built <u>of</u> wood.
       (다리는 나무로 만들어졌다)

    b. Wine is made <u>from</u> grapes.
       (포도주는 포도로 만들어진다)

    c. We have built a house <u>with</u> bricks.
       (우리는 벽돌로 집을 지었다)

    d. She went to America <u>by</u> air.
       (그녀는 비행기로 미국에 갔다)

    e. He wrote it <u>with</u> a ball-point pen.
       (그는 볼펜으로 그것을 썼다)

    f. She looked at stars <u>through</u> a telescope.
       (그녀는 망원경으로 별들을 보았다)

    g. The city was destroyed <u>by</u> an earthquake.
       (그 도시는 지진으로 파괴되었다)

4   by 계측의 단위,   at 가격
    of 제거:

clear something of	깨끗이 치우다
relieve something of	무엇을 감해주다
deprive something of	무엇을 박탈해 가다
rob someone of	…로부터 무엇을 훔쳐가다

    a. Sugar is sold <u>by</u> the pound.
       (설탕은 파운드로 판다)

b. He bought me a smart phone <u>at</u> a high price.
(그는 스마트 폰을 고가로 나에게 사주었다)

c. A pickpocket robbed her <u>of</u> her purse.
(소매치기는 그녀의 지갑을 훔쳐갔다)

5 동시동작 및 부대상황 나타내는 with

a. Don't speak <u>with</u> your mouth full.
(입에 음식을 넣고서 말하지 마라)

b. He sat <u>with</u> his eyes closed.
(그는 눈을 감은 채 앉아 있다)

6 의문문, 관계사절, to-부정사 구문의 경우에는 전치사가 문장의 뒤에 나타날 수 있다.

a. Who(m) were you talking <u>to</u> at the door in the morning?
(<u>To</u> whom were you talking at the door in the morning?)
(아침에 문간에서 누구에게 이야기 하고 있었니?)

b. She is hard to work <u>with</u>. (It is hard (for us) to work <u>with</u> her).
(그녀는 함께 일하기가 어려운 사람이다)

c. He has no friend (whom) he can play <u>with</u>.
(그는 함께 놀 친구가 없다)

⑪ 전치사가 명사를 전혀 다른 품사로 변형시킬 수도 있다. 다음 예를 보자.

It is <u>of</u> no use crying over spilt milk. (= It is useless crying over spilt milk.)
(엎질러진 우유에 대해서 우는 것은 소용없는 일이다)

위 문장에서 of는 소유격의 역할을 하는 것이 아닌, 특별한 역할을 한다. 즉, 뒤에 나타난 명사 use를 <u>no use</u>에 맞게 <u>useless</u>와 같은 형용사로 변형시키는 역할을 한다. 이와 같은 다른 예를 보자. 아래 예에서 **"전치사 + 명사는" "형용사 또는 부사"**의 역할을 한다.

1. of importance = important
2. with fluency   = fluently
3. with care   = carefully
4. of value   = valuable
5. in brief   = briefly
6. by accident   = accidently
7. of help   = helpful

a. This moment is <u>of</u> great importance to me.
(이 순간은 나에게 대단히 중요합니다)

b. He will be able to speak Korean <u>with</u> fluency in a few months.
(몇 달만 있으면, 그는 한국어를 유창하게 말할 수 있을 것입니다)

c. Please handle that box <u>with care</u>.
(이 상자를 조심스럽게 다루어 주세요)

d. This ring is <u>of great value</u> to me.
(이 반지는 나에게 아주 소중합니다)

e. It was a long letter, but <u>in brief</u>, he wanted more money.
(그것은 긴 편지였습니다. 그러나 간단히 말하면, 그는 돈을 좀 더 주기를 원했습니다)

f. <u>By accident</u>, I have met an unexpected rain.
(우연히, 나는 예상치 못한 비를 만났습니다)

g. It was <u>of a great help</u> to me.
(그것은 나에게 큰 도움이 되었습니다)

⑫ 전치사를 포함하는 관용구의 유형

(1) 동사 + 전치사

    a. Water <u>consists of</u> hydrogen and oxygen.   (물은 수소와 산소로 이루어져 있다)
    b. Happiness <u>consists in</u> contentment.   (행복은 만족함을 아는 데 있다)

    c. <u>result from</u>(결과로 일어나다/생기다/유래하다)
    This is the damage (which) <u>resulted from</u> the fire.
    (이것이 화재로 야기된 손해입니다)

    d. <u>resulted in</u> a heavy loss (failure). The plan <u>was resulted</u> in heavy loss (failure).
    (그 계획은 큰 손실/실패로 끝났습니다)

    e. <u>wait for</u>(…을 기다리다)/await는 전치사 없이 사용함.
    I am <u>waiting for</u> my friend. (나는 나의 친구를 기다리고 있는 중입니다)

    f. <u>wait on</u>(…에 시중들다)
    <u>Are</u> you <u>waited on</u>? (선생님은 누구의 시중을 받고 있습니까?) = (어떤 종업원으로부터
                          음식을 시켰거나, 무엇을 주문했느냐는 질문이다)

(2) 형용사 + 전치사

    a. <u>anxious about</u>(…을 근심하는)
    He was <u>anxious about</u> the health of his father.
    (그는 그의 아버지의 건강에 대해서 근심스러워 했다)

    b. <u>anxious for</u>(…을 열망하는)
    She was <u>anxious for</u> the safe return of his son from the army service.
    (그녀는 그녀의 아들이 군복무를 마치고 무사히 돌아오기를 열망하고 있다)

    c. <u>be possessed of</u>(…을 소유하고 있는)
    He <u>is possessed of</u> large fortune. (그는 큰 재산을 소유하고 있다)
    He <u>is possessed of</u> the most brilliant talents. (그는 탁월한 재능을 소유하고 있다)

    d. <u>be possessed with</u>(…에 사로잡힌)
    He <u>is possessed with</u> the idea that some one is persecuting him.
    (그는 누군가가 그를 괴롭히고 있다는 생각에 사로잡혀 있다)

    e. <u>tire of</u>(…에 싫증이 난)
    He is <u>tired of</u> eating the same food everyday.
    (그는 매일 꼭 같은 음식을 먹는데 싫증이 났다)

    f. <u>tire with</u>(…에 싫증이 난)
    He soon <u>tired with</u> the continuous study.
    (그는 계속적인 공부에 이내 싫증이 났다)

(3) 전치사 + 명사

    a. <u>on the street</u>(미국영어)/<u>in the street</u>(영국영어)   (거리에)
    We live <u>on the same street</u>. (우리는 같은 거리에 산다) (AmE)
    We live <u>in the same street</u>.   (BrE)

    b. <u>in the way</u>(방해가 되는/가로막는)
    When I went to the parking lot, I found that someone had parked a car <u>in the</u>
    <u>way</u> of my car. (내가 주차장에 갔을 때, 누구의 차가 내 차를 가로막고 주차되어 있다
    는 것을 알았다)

c. <u>by the way</u> (화제를 바꿀 때) 그런데/그것은 그렇고
<u>By the way</u>, have you met him yesterday? (그건 그렇고, 어제 너는 그를 만났어?)

d. <u>for (with) the purpose of</u>(…할 목적으로)
He bought the land <u>for (with) the purpose of</u> building a store on it.
(그는 그 땅 위에 가게를 지을 목적으로 구입했다)

<u>out of question</u>(말도 안 되는/불가능한)
For the homeless poor people, private medical care is simply <u>out of question</u>.
(무주택 빈민에게는, 개인 병원의 치료는 단순히 불가능하게 되어있다)

(4) 동사 + "<u>부사 adverbial particles(부사적 불변화사)</u>" + 전치사

(1) Catch <u>up</u> <u>with</u> him, please.   (그를 따라 잡으세요)
(2) We'll do <u>away</u> <u>with</u> the rule.   (우리는 그 규칙을 폐지할 것이다)
(3) She looks <u>forward</u> <u>to</u> your visit.   (그녀는 당신의 방문을 고대하고 있다)
(4) He cannot put <u>up</u> <u>with</u> her.   (그는 그녀를 더 이상 참을 수 없었다)
(5) We looked <u>up</u> <u>to</u> him.   (우리는 그를 우러러 보았다. = 존경했다)
(6) They look <u>down</u> <u>on</u> us.   (그들은 우리는 얕잡아 보고 있다)
(7) She made <u>up</u> <u>for</u> the lost time.   (그녀는 낭비한 시간을 보충했다)
(8) She fell <u>in</u> <u>with</u> him in New York.   (그녀는 그를 New York에서 우연히 마주쳤다)

⑬ 영어에서는 특별한 동사, 명사, 형용사가 나타나면, 그 어휘들과 함께 나타나는 전치사들이
있는데, 그 유형의 예문들을 제시하니 참고하기 바랍니다.

1   <u>accuse</u> a person <u>of</u> something.   She <u>accused</u> me <u>of</u> poisoning her dog.

2   afraid of.   Are you <u>afraid of</u> spiders?

3   <u>agree with</u>/a person/opinion/or policy;

a. I entirely <u>agree with</u> you.
b. He left the firm because he didn't <u>agree with</u> their sales policy.
c. We <u>agree about</u> most things.

이와 같이 몇 개의 동사(agree, consent) 및 형용사(inclined, entitled, prone)는 명사 앞에
서, 전치사 with/to/on과 함께 쓰이나, 이들은 또 "to-부정사"와 함께 쓰기도 한다.

4   <u>agree on</u> a matter of decision;   Let's try to <u>agree on</u> a date.

5   <u>agree to</u> a suggestion: I'll <u>agree to</u> your suggestion, if you lower a price.

6   She <u>agreed to</u> <u>do</u> what we wanted. /   He's <u>inclined</u> <u>to</u> anger.
                          He's <u>inclined</u> <u>to</u> lose his temper.

7   a. angry <u>with</u> (<u>at</u>) a person <u>for</u> doing something: I'm angry <u>with her</u> <u>for lying</u> to me.
    b. angry <u>about</u> (<u>at</u>) something: What are you so <u>angry about</u>?

8   <u>angry about</u>/<u>at</u>:   What are you <u>angry about</u>?

9   <u>anxious about</u> = <u>worry about</u>:   I'm getting <u>anxious about</u> money.

10 anxious for (= eager to have)
We are all anxious for an end to this misunderstanding.

11 anxious + infinitive (eager, wanting)
She's anxious to find a better job.

12 apologize to somebody for something

a. I think we should apologize to her.
b. I must apologize for disturbing you.

13 arrive in/at
What time do you arrive at the hotel?
When did you arrive in Korea?

14 ask for
a. Don't ask for money. Ask for help.
b. Ask for the menu.

15 bad at/good at
a. I'm not bad at tennis.
b. Are you good at English?

16 believe in
a. I half believe in life after death.
b. If you believe in me, I can help you.

17 belong to/on
a. Those glasses belong on the top shelf.
b. I belong to a local athletics club.

18 blue with cold/red with anger
a. She is blue with cold.
b. My face is red with anger.

19 care of/about/for
a. Nurses care of people in hospital.
b. Most people care about other peoples' opinion.
c. He spent years caring for his sick son.
d. I don't much care for strawberries.

20 clever at
I'm not clever at cooking.

21 congratulate on/congratulations on
a. I congratulate you on your exam results.
b. Congratulations on your graduation!

22 crash into (NOT against)
a. I wasn't concentrating and I crashed into the car in front.

23 depend/dependent on/upon
a. We may play football. It's dependent on the weather.
b. He doesn't want to be dependent on his parents.

24 detail(s) of
Write now for detail(s) of our special offer.

25 die of/from
a. Many people died of flu last year.
b. A week after the accident, he died from his injuries.

26 different from/to/than
a. American football is very different from/to soccer
b. Our job is different from/than we we expected. different than(AmE)

27 difficulty with
I'm having difficulty with my travel arrangements.

28 disappointed with/at/about
You must be pretty disappointed with/at/about your exam results.

29 discussion about/discuss something
a. We had a long discussion about it.
b. We discussed it yesterday.

30 divide something into
a. The book is divided into three parts.
b. Please divide the apple into 3 pieces.

31 dream of/about
a. I often dreamed of being famous when I was younger.
b. What does it mean if you dream about/of mountains?

32 dress(ed) in
Who's the woman dressed in green?

33 drive into (NOT against)
Granny drove into a tree again yesterday.

34 enter into an agreement/a discussion
a. enter a place.
b. We've just entered into an agreement.

35 example --of
Cherry is the example of fortified
wine.

36 explain something to somebody
Could you explain this rule to me?

37 fight/struggle with
I've spent the last two weeks
fighting with the tax office.

38 frightened of/by
a. She was frightened by a mouse that
ran into the room.
b. She's always been terribly frightened
of dying.

39 get in(to) and out of a car, taxi,
or a small boat
a. When I got into my car, I found the
radio had been stolen.
get on(to) and off a train, plane, bus,
ship, or horse
b. We'll be getting off the train in
ten minutes.

40 good at
Are you good at playing the
54 look at

41 [the] idea of --ing(--할 생각)
I don't have the idea of getting
married yet. (아직 결혼할 생각은 없다)

42 ill(sick) with
The boss has been ill(sick) with flu
this weekend.

43 impressed with/by
I'm very impressed with/by your work.

44 increase in activity/output
I'd like to see a big increase in
productivity.

45 independent/independence of/from
a. He really wants to get a job so that
he could be independent of his
parents.
b. When did India get its independence
from Britain?

46 insist on
George's father insists on paying.

47 interest/interested in
a. He has a great interest in biology.
b. Not many people have interested
in English grammar.

48 interested to-infinitive
I'm interested to see that Alice and Jake
are going out together.

49 kind to
People have always been kind to me.

50 lack of
Lack of time prevented me from writing
a new English grammar book.

51 [to] be lacking in(--이 부족한)
She is lacking in tact.
(그녀는 재치가 부족하다)

52 laugh at
I hate being laugh at
(나는 조롱을 받는 것을 싫어한다)

53 listen to
If you don't listen to people, they don't
listen to you.
guitar?

Don't look at me while I change
my pants.

55 look after
Thanks for looking after me while
I was ill(sick).

56 look for
Can you help me (to) look for my
lost keys.

57 make, made of/from
a. Paper is made from wood.
(재료의 원형이 변화될 경우)
b. Tables are made of wood.
(재료의 원형이 그대로 남아 있는 경우)
58 marry/marriage
a. Her marriage to John didn't last long.
b. He married one of his classmates.

59 nice to
You were very nice to us last night.

60 operate on
Doctors operated on the patient as soon
as he arrived at the hospital.

61 pay for
Excuse me. You haven't pay for
your drinks.

62 please with
The parents were very pleased with
their son's graduation with honors.

63 polite to
They were very polite to the guests
they invited.

64 prevent from --ing
The noise from up stairs prevented me
from sleeping.

65 proof of
The proof of the pudding is in the
eating. (백문이 불여일견: 푸딩의 맛은 먹어
보아야 한다)

66 reason for
None knows the reason for the
accident.

67 remind -- of
She remind me of my mother.

68 responsible/responsibility for
Who's responsible for the accident?

69 run into (meet)
I ran into Peter at Victoria Station.

70 rude to
They were very rude to my family
last weekend.

71 search (for)
a. They searched everyone's bags.
b. They searched the man in front of me
from head to foot.
c. The customs were searching for the
drugs at the airport.

72 shocked at/by
She was very shocked at/by the news
of Peter's death.

73 shout at (공격적 외침)
If you don't stop shouting at me
I'll come at and hit you.

74 shout to (= call to) (알리다/연락하다)
Mary shout to us to come and swim.

75 smile at(미소를 보내다)
If you smile at me like that, I'll give
you anything you want.

76 sorry about/for
sorry about (나쁜 일에 대해서)
sorry for (나쁜 일에 대한 사과)
a. I'm sorry about your exam results.
b. I'm sorry for breaking your window.

77 sorry for a person (사람에 대한 송구한 표현)
I'm sorry for your children.

78 speak to/with(AmE)
Can I speak to/with your father for
a few minutes?

79 suffer from
My wife is suffering from hepatitis. (간암)

80 surprised at/by
Everybody was surprised at/by a
terrible weather.

81 take part in
I don't want to take part in
the meeting.

82 think of/about
a. I'm thinking of studying medicine.
b. I've also thought about studying
medicine.

83 throw at (공격적 표현)
throw to (경기에서 사용)
a. Stop throwing stones at the cars.
b. If you get the ball, throw it to me.

84 translate into
Could you translate this into English
for me?

85 trip over
He tripped over the cat and fell down.

86 typical of
This wine is typical of the region.

87 wrong with
What's wrong with you today?

연습문제

① 다음 예문의 괄호 내의 알맞은 단어를 고르세요.

1. We are going to visit our grandparents' house (during/for) the vacation.
2. The bus will be here (after/in) a few minutes.
3. I was born (on/in) the 15th (of/in) October (in/at) 1999.　　(BrE)
   I was born (on/in) October 15th, (in/at) 1999.　　(AmE)
4. It is (of/with) no use crying over spilt milk.
5. Water consists (of/with) hydrogen and oxygen.
6. Happiness consists (with/in) contentment.
7. He is anxious (for/about) the health of his father.
8. We met (on/in) a warm spring morning in April.
9. She couldn't wake up early (on/in) the morning.
10. I often work (at/in the) night.
11. It has been raining (from/since) the last Sunday.
12. You should finish your homework (by/until) 10 o'clock in the morning.
13. She was anxious (for/about) the safe return of his son from the army service.
14. She is leaning (to/against) the wall.
15. Flies can walk (under/on) the ceiling.
16. He seized me (with/by) the collar.
17. I am very interested (with/in) the story.
18. (For/During) the three years of my high school days, I enjoyed studying English.
19. She has been living (within/in) her income.
20. He lives within five miles (of/to) Washington.

② 다음 예문의 빈칸에 적당한 단어를 넣으세요.

1. The sun was sinking (　　　　　) the horizon.
2. A bullet passed (　　　　) the door.
3. He goes to school (　　　　) bike.
4. Tanks are made (　　　　) steel.
5. She patted me (　　　　) the back.
6. They have provided us (　　　　) enough food.
7. The school supplies the children (　　　　) free text books.
8. He died on (　　　　) morning of March 25th.
9. Is she angry (　　　　) me?
10. I've mistaken him (　　　　) his elder brother.
11. He was accused (　　　　) bribery.
12. Wine is made (　　　　) grapes.
13. He was frozen (　　　　) death.
14. He is famous (　　　　) his invention.
15. (　　　　) what does happiness consists?
16. Please make yourself (　　　　) home.
17. I've been informed (　　　　) the news.
18. He compared our life (　　　　) a voyage.
19. She is looking forward (　　　　) her birthday.
20. I have nothing to do (　　　　) the affair.

③ 다음 예문에서 틀린 것을 찾아 바르게 고치세요.

1. I have nothing to write.
2. I waited for him by three o'clock.
3. You are old enough to be independent from your father.

4. She married with a young and rich man.
5. He killed himself by a pistol.
6. I have a friend in Canada to correspond to from time to time.
7. Jane came and sat besides me.
8. He covered over the table with a white cloth.
9. The committee consists in seven members.
10. They took it granted that they could come along with their wives.

④　종합 연습문제

다음 글을 읽고, 아래 질문에 답하세요.

Ⓐ (　　) has been nearly a year Ⓑ (　　) I first Ⓒ <u>set foot in</u> Kenya to spend my gap year. So far, I haven't suffered from any really dreadful disease that Ⓓ <u>the locals</u> have to deal Ⓔ (　　). This afternoon, I had terrible diarrhea, perhaps because of food poisoning. Ⓕ <u>Thanks to some herbal medicine</u>, however, I feel fetter now and ready to Ⓖ <u>reflect on</u> what has happened here over the past year.

When I look back, everything in Kenya Ⓗ (has been/had been) great. The school building project was almost completed. Books and other school supplies arrived, news desks and chairs were brought into the building, and high-tech instructional equipment was also installed in every class room. The kids from the village will soon study in better classrooms and Ⓘ <u>take breaks</u> on a safer playground. Of course, they will enjoy clean water. The new well will give clear water to every kid. I am proud that I could Ⓙ be (　　) <u>help</u> to the kids here.

I didn't know that a gap year in Africa would teach me so many valuable lessons. I realized the importance of teamwork. Also, I learned that helping others makes me happy. I had plenty of opportunities to learn about the local culture and cuisine, too. Tomorrow will be my last day in Kenya, and I will miss everything here, Ⓚ (　　) the horrible diarrhea.

Ⓐ번의 공란에 적절한 단어를 넣으세요.
Ⓑ번의 공란에 적절한 단어를 넣으세요.
Ⓒ의 "set foot in"을 해석하세요.
Ⓓ의 the locals를 해석하세요.
Ⓔ의 공란에 적절한 전치사를 넣으세요.
Ⓕ번의 줄친 부분을 해석하세요.
Ⓖ번을 해석하세요.
Ⓗ번 괄호 안의 표현 중 적절한 것을 고르세요.
Ⓘ번의 take breaks를 해석하세요.
Ⓙ번의 괄호 내에 적절한 전치사를 넣으세요.
Ⓚ "…을 제외하고"를 의미하는 전치사를 써 넣으세요.

제22장 특수구문(Miscellaneous Specific Structures)

도치구문:　영어에서 가장 기본적인 문의 구조는 "주어 + 동사 + 목적어(보어)"로 구성되는 평서문의 어순일 것이다. 그러나 우리 모두가 알고 있는 것과 같이, 의문문이나, 부정 의문문으로 변형시키면, 그 어순은 기본 평서문의 구조를 벗어난다. 여기에 강조, 도치문의 구조로 변형시키면 더욱 다양한 특수 구조를 나타낸다. 그러나 다음 ①의 (1) 예들은 강조, 도치된 것이 아닌 예들이다.

① 도치·강조에 의한 것이 아닌, 다음 (1)의 두 가지 예들이, 영어에서 가장 특수구조의 예들이다. Chomsky(1957)와 Hornby(1975)에 의한 다음 두 가지 예를 보자.

(1) a. <u>John</u> is easy to deceive. (John을 속이는 것은 쉽다)
　　 b. <u>To listen to the story of her sufferings</u> was painful to listen to.
　　　　(그녀의 고생스러운 이야기를 듣는 것은 괴로웠다)

위 (1) a, b의 문장은 다음 Ⓐ와 같은 기저구조에서, 변형으로 Ⓑ, Ⓒ와 같은 문장이 나타난다.

Ⓐ <u>It</u> is easy <u>to deceive John</u>.　기저구조: John을 속이기가 쉽다.

Ⓑ <u>To deceive John</u> is easy.　진주어 "to-부정사구"가 가주어 It의 위치로 이동.

Ⓒ <u>John</u> is easy to deceive.　동사 deceive의 목적어 "John"이 가주어 It로 이동.

Ⓐ It was painful <u>to listen to the story of her sufferings</u>.　기저구조

Ⓑ <u>To listen to the story of her sufferings was painful</u> to listen <u>to</u>.
　 진주어 to-부정사 이하가 가주어 It로 이동.

Ⓒ <u>The story of her sufferings</u> was painful <u>to listen to</u>.　치사의 목적어만 가주어 It로 이동

위 ① (1)의 두 가지 예문의 Ⓒ의 구조는, 기저구조인, Ⓐ의 "It + be + (AP 1A)의 형용사 + to-부정사"에서 변형되어 나왔기 때문에, Ⓒ의 외형적인 주어, (John, the story of her sufferings)는 사실은 타동사 deceive의 목적어, 또는 전치사 to의 목적어이다. 그러나 이들이 외형적으로는 주어의 위치를 차지하고 있다. 그런데 이 구조가 위 Ⓑ, Ⓒ와 같은 변형을 통해서 나타난 것이다. 이와 같은 특수한 형용사 구조가 존재하기 때문에, 이 구조를 학생들에게 반드시 가르쳐야 한다.

위 두 문장의 주어, John, 및 The story of her sufferings, 등은 문장의 주어의 위치에 나타나지만, <u>주어가 아니라, "목적어"이다.</u>

(2) 위 (AP 1A) 유형에 쓰이는 가장 대표적인 형용사는 easy, difficult, hard (= difficult), safe, dangerous 등의 형용사들이 있다.

(3) 위 (1) b에서, 전치사의 목적어가 주어의 위치로 이동하는 유형에 쓰이는 형용사는 painful, pleasant, (im)possible, exciting, thrilling 등인데, 이 형용사도 (AP 1A)의 형용사에 포함된다.

(4) (AP 1A)의 "<u>기저구조</u>"는 "It + be + <u>(AP 1A)</u> + to-infinitive" 유형으로 나타나고, 이 때, to-부정사 구조는 "진주어"로서 "명사(구)"로 쓰인다. 그러므로 해석할 때, It로 이동한 목적어를 먼저 해석하고, 진주어인 to-부정사를 그 다음에 해석하는 것이 더욱 자연스럽다. 더 구체적인 것은 형용사 유형 ⑧의 내용을 참조하라.

② Michael Swan(2005: 260)

앞에서 논의된 형용사 유형인, ⑧ (AP 1A)를 논의했을 때, Michael Swan(2005: 260)
은 새로운 몇 가지 유형을 제시했다. Michael Swan은 동사나 전치사의 목적어를 가주어 It
의 위치로 이동하게 하는 (AP 1A) 유형의 형용사에, good, ready, 및 부사 enough와
"too--to-부정사 구조," 및 "It--for--to-부정사 구조"도 추가했다. 다음 (1), (2)의 예에서
이동한 경우에는 "목적격 조사" "을/를"을, 이동하지 않은 a'와 b'의 경우에는, "주격조사"
"은/는"이 허용되고 있다. 즉, 주격/목적격의 두 가지 다른 조사가 허용되는 경우이다. 왜 a'
와 b'의 주어명사에, 목적격 조사 "을/를"을 허용해야하는가? 그것은 타동사 understand와
learn의 목적어이기 때문이다. 이것이 곧 주격에 목적격의 의미가 가미되는 현상이다.

(1) a. It is impossible to understand his theory. ⇒
     a'. His theory is impossible <u>to understand</u>.
        (그의 이론은/을 이해하기가 불가능하다)   (이동한/이동하지 않은 경우를 통합)

     b. It is difficult for Europeans to learn Japanese. ⇒
     b'. Japanese is difficult for Europeans <u>to learn</u>.
        (일본어는/를 유럽사람들이 배우기가 어렵다) (이동한/이동하지 않은 경우를 통합)

다음 (2)의 예문들도 위 (1) a, b와 같은 "It---to-infinitive phrases"의 구조를, "기저
구조"로 가정했다. 위 (1)의 예와 같이, 목적격/주격 조사를 사용해도 우리말의 해석에는 별
문제가 없다고 본다. 앞 형용사 유형 ⑧의 ③ Michael Swan ①, ② 참조하자.

(2) a. <u>These berries</u> are <u>good</u> <u>to eat</u>.
        (이 딸기들은/을 먹기가 좋다)   (이동한/이동하지 않은 경우를 통합)

     b. <u>The apples</u> were ripe <u>enough</u> <u>to pick</u>.
        (이 사과들은/을 따야할 만큼 충분히 익었다) (이동한/이동하지 않은 경우를 통합)

     c. The letters are <u>ready to sign</u>.
        (그 서류들은/을 서명하도록 준비가 다 되었다) (이동한/이동하지 않은 경우를 통합)

     d. The box was <u>too heavy to lift</u>.
        (그 상자는/를 너무 무거워서 들 수가 없었다) (이동한/이동하지 않은 경우를 통합)

다시 한 번 강조하면, 주어명사를 왜 "목적격 조사"를 붙여서 해석해야만 하는가? 그것
은 그 문장의 끝에 제시된 to-부정사로 된 타동사의 목적어이기 때문이다.

(3) a. It is nice to talk <u>to</u> her.   ((3) a, b는 전혀 독립된 문장이다)
     b. She is nice to talk <u>to</u>.

     (그러나 b의 She는 "to 전치사"의 목적어의 의미가 가미되어 해석한다.
      즉, "그녀에게" 말을 거는 것은 좋다. 로 해석된다)

(4) a. It is very easy to get along <u>with</u> <u>him</u>.   ((4) a, b도 완전히 독립된 문장임)
     b. He is very easy to get along <u>with</u>.

     ((4) b의 He의 의미도, (4) a의 "with him"과 같은 의미가 가미된 표현인 "그와
      함께"라는 의미로 해석된다)

③ 미국식 영어의 기원법(Subjunctive Mood)도 특수한 구조이다.

　　기원법(Subjunctive)은 상위절에서, 특별한 동사, 형용사, 또는 명사 유형이 기원법을 유도한다. 그리고 이 기원법의 종속절에서는 주어의 인칭 시제에 관계없이 <u>동사의 "원형"이나, 또는 be 동사일 경우는 "were"가 쓰인다.</u> 특히 "미국영어(AmE)"에서는 that-절에서, 중요하고, 소망스러운 일을 <u>제안하거나</u>, <u>추천하고</u>, <u>요구할 때</u>, 다음과 같이 3가지 유형으로 나타난다.

ⓐ 주절에 ask, demand, desire, insist, prefer, recommend, require, suggest 등의 동사가 나타나는 유형과,

ⓑ 가주어 It와 함께, 주절에 be + vital, essential, important, necessary 등의 형용사가 나타나는 유형과,

ⓒ recommendation, requirement, suggestion 등 명사가 주절의 주어나, 목적어 및 보어로 나타나는 유형으로 구분된다.

　　그런데 미국식 영어의 기원법에서 "<u>성</u>", "<u>수</u>", "<u>인칭</u>", "<u>시제(tense)</u>"에 관계없이 "동사원형"을 쓰는 것이 특수하다. 다음 (1)-(5)의 예를 보라.

(1) Mr. Johnson <u>prefers</u> that she <u>speak</u> with him personally.　　(위 ③ ⓐ의 예)
　　(Johnson 씨는 그녀가 직접 그와 이야기해야 하는 것이 좋겠다고 했다)

　　1. should speak　　　(BrE)
　　2. not smoke　　　　(AmE)

(2) It is <u>important/essential</u> that the data <u>(should) be</u> verified.　　(위 ③ ⓑ의 예)
　　(그 자료가 당연히 입증되어야 하는 것은 중요하다/필수적인 것이다)

　　1. should be　　　(BrE)
　　2. be　　　　　　(AmE)

(3) <u>The suggestion</u> that we <u>(should) be</u> evaluated was approved.　　(위 ③ ⓒ의 예)
　　(우리들이 당연히 평가를 받아야만 한다는 충고/제안은 승인되었다)

　　1. should be　　　(BrE)
　　2. be　　　　　　(AmE)

(4) We felt it <u>desirable</u> that he <u>not leave</u> school before eighteen.
　　(우리는 그가 18세 전에 학교를 <u>그만두지 않아야만 하는 것이</u> 바람직하다고 느꼈다)

　　1. should not leave　　(BrE)
　　2. not leave　　　　　(AmE)

(5) 부정문 표현의 특성:

　　위 (4)의 예문은 "부정문에서, 미국영어에서는 조동사 do/does/did"를 사용하지 않고, <u>그냥 not만 사용하는 것이</u> 특징이다. 그러나 영국영어에서는 위 (4)에서 should not leave"로 표현하기 때문에, 즉, 조동사 should이 나타나기 때문에, 부정의 조동사 do, does, dud를 사용할 필요는 없다.

④ 일반문의 도치, 강조, 생략의 예들

    a. That proposal I've accepted.
       (그 제안을 나는 받아 들였다)
    b. It was on a warm spring morning that I met her for the first time.(강조)
       (내가 그녀를 처음으로 만났든 것은 따뜻한 봄날 아침이었다)
       (It--that 구조로 강조 표시)
    c. Come right now if you want to.   (생략)
       (네가 오려면 지금 당장 오라)

(1) 목적어, 보어, 부사(구) 등이 강조되어 문장의 앞에 나타나는 경우

    a. What he had in mind nobody knows.   (목적어/강조)
       (그가 무엇을 생각하고 있었는지 아무도 모른다)
    b. Happy are those who are honest.
       (정직한 사람은 행복하다)
    c. Blessed are the poor in spirit, for theirs is the kingdom of heaven.
       (= The poor in spirit are blessed, for the kingdom of heaven is theirs)
       (마음이 가난한 자는 복이 있나니, 왜냐하면, 천국이 저희들의 것이기 때문이다)
       (성경의 한 구절)   (보어/보어/강조)

    d. Never have I seen such a tall man.   (부사[구]/강조)
       (나는 그와 같이 키 큰 사람을 본 적이 없다)
    e. Behind the curtain was the thief still hiding.   (부사구/강조)
       (그 도적은 커튼 뒤에 여전히 숨어 있었다)
    f. On the hill stood a small house.   (부사구/강조)
       (언덕 위에 작은 집이 한 채 있다)
    g. No sooner had he seen the policeman than he ran away. (부사구/강조)
       (그는 경찰관을 보자마자 달아났다)
    h. Under the table was my cell-phone.   (부사구/강조)
       (테이블 아래에 내 핸드폰이 있었다)

(2) 부정어 및 부정적 강조에 의한 도치: never/hardly/little/seldom/not until, etc.

    a. Hardly did he listen to me.   (그는 거의 내말을 듣지 않았다)
    b. Never was he a good student.   (그는 결코 좋은 학생이 아니었다)
    c. Little did I dream that I would see you again.
       (내가 너를 다시 만나리라는 것은 꿈에도 생각하지 못했다)
    d. Seldom do we have snow here in winter.
       (여기서는 겨울에 눈이 거의 오지 않는다)
    e. It was not until midnight that Ann came home.
       (자정이 될 때까지 Ann이 돌아오지 않았다)
       = Not until midnight did Ann come home.

(3) "only + 부사(구/절)"가 문장의 앞에 나타날 경우에도, 도치가 나타난다.

    a. Only after comparing the cost of living in major American cities, did John make a final decision about which universities to submit application to.
       (단지 미국 중요 도시들의 생활비를 비교한 후에야, John은 어느 대학에 지원서를 제출할 것인지 최종 결정을 내렸다)

    b. Only recently did the owner of the building discover that several tenants are dissatisfied with the cleanliness of the lobby and hallways.
       (최근에 와서야, 그 건물의 주인이 몇 명의 입주자들이 로비와 복도의 청결성에 만족하지 않았다는 것을 알게 되었다)

(4) 관용적인 도치 (앞 19장 도치구문 참조)

    a. She was tired. <u>So was I</u>.   (그녀는 지쳤다. 나도 역시 그렇다)
    b. Everybody doesn't like snakes. <u>Neither (Nor) do</u> I.
       (모든 사람들이 뱀을 싫어한다. 나도 역시 싫다)
    c. <u>Were</u> I a bird, I could fly to you.   (If I were a bird, ⋯)
       (내가 만약 새라면, 너에게 날아갈 수 있을 텐데)
    d. <u>Had</u> I studied harder, I could have passed the exam. (If I had studied harder, ⋯)
       (내가 더 열심히 공부했었더라면, 내가 시험에 합격했을 텐데)
    e. <u>There is</u> a man at the door.   (문간에 어떤 사람이 있다)
    f. <u>There lived</u> a king named Solomon.   (Solomon이라 이름을 한 왕이 살았다)
    g. <u>There</u> goes the bell. <u>Here</u> comes our bus.
       (어, 벨이 울린다)   (자, 우리가 탈 버스가 온다)

    더 구체적인 내용은 앞에서 도치구조를 다룬 19장을 참조하라.

(5) 특수구문: 상위문에 think, believe, guess, suppose, imagine과 같은 동사가 나타나면, 의문대명사나 의문부사가 문장의 앞으로 이동한다. 이 문제는 앞 제18장 ③의 (3)에서 제시된 바 있다. 다음 예를 보자.

    a. Who do you think｜ the woman is? <== Do you think who the woman is?

       (너는 그 여자가 누구라고 생각하니?)

    b. What do you think｜ she said about it? <== Do you think what she said about it?

       (너는 그것에 대해서 그녀가 무엇이라 말했다고 생각하니?)

    c. Where do you imagine｜ they have gone? <== Do you imagine where they have gone?

       (너는 그들이 어디로 갔다고 상상하니?)

    d. <u>How much</u> do you suppose｜ he paid for the shirt? <== Do you suppose <u>how much</u>
                                                           he paid for the shirt?
       (너는 그가 그 셔츠에 얼마를 지불했다고 생각하니?)

    e. When do you suppose｜she went there? <== Do you suppose when she went
                                                     there?
       (너는 그녀가 언제 거기에 갔다고 생각하니?)

(6) 특수구문: 외형상으로는 양보종속절 같이 보이지 않지만, 양보종속절을 유도하는, be와 let동사가 있다. 이 내용은 앞 19장에서 언급된바 있다.

  1. <u>Be</u> it ever so humble, there is no place like home.
    (그것이 (우리의 집/가정이) 아무리 초라하다 <u>할지라도</u>, 우리의 집과 같은 곳은 없다)

    a. "No matter how humble it may be, there is no place like home."
    b. "<u>However humble it may be</u>, there is no place like home."

    다음 두 가지 구조도 양보 종속절의 의미를 갖는다.

    c. Be it that he is right, nobody accepts it. (그가 옳다할지라도, 누구도 그것을 인정
                                                     하지 않는다)

    d. Be it true or not, no one believes it.
       (그것이 진실이든 아니든, 아무도 그것을 믿지 않는다)

  2. 또 다른 명령문 형태의 접속사는 let로 시작되는데, let도 양보절을 유도한다.

    e. Let a man be ever so rich, he must not be idle.
       (사람이 아무리 부자라 할지라도, 그는 개울러서는 안 된다)

  위의 문장을 다른 영어표현으로 나타내면 다음과 같다.

    f. No matter how rich a man may be, he must not be idle.

(7) as로 나타나는 양보 절에서 보어의 도치: 강조하는 다음 a, b에서는 부정관사 a를 생략한다.

    a. Child as he was, he was very intelligent.
       (그는 어린이 일지라도, 대단히 영리했다)
    b. Boy as he was, he was very brave.
       (그는 비록 소년이었지만, 대단히 용감했다)
       (예문 a, b에서는 명사 앞에 관사를 쓰지 않는다)
    c. Poor as she is, she is honest.
       (그녀는 가난할지라도, 정직하다)

(8) 강조: It is ---- that 형의 강조구문

    a. It is me that met her in the park yesterday.
       (어제 공원에서 그녀를 만났던 것은 나다)
    b. It was her that I met in the park yesterday.
       (어제 내가 공원에서 마난 사람은 그녀였다)

    c. It was in the park that I met her yesterday.
       (어제 내가 그녀를 만났던 곳은 공원이었다)
    d. It was yesterday that I met her in the park.
       (내가 공원에서 그녀를 만났던 것은 어제였다)

(9) 1. 강조형 do/did와 "과거시제를 대신하는 did"

    a. Do you really love her?/Yes I do love her.   (do는 강조동사)
       (당신은 그녀를 정말 사랑하는가?/네, 나는 그녀를 정말로 사랑합니다)
    b. Did you really love her? Yes I did?   (did는 "loved"의 대동사)
       (당신은 그녀를 정말로 사랑했던가?/네 나는 정말 사랑했었습니다)
    c. Never did I love her? = (I never loved her).   (did는 과거시제 "-ed"에 해당함)
    d. Never did I realize that I was in danger of losing my life. (did = "--ed")
       = I never realized that I was in danger of losing my life
       (내가 나의 목숨을 잃을 위험에 처해 있었다는 것을 알지 못했다)

  2. 동일한 어구의 반복에 의한 강조 및 do를 쓰는 강조

    a. She has been waiting for hours and hours, but he hasn't showed up.
       (그녀는 계속 몇 시간을 기다리고 있었으나, 그는 나타나지 않았다)
    b. He talked on and on the same story. (그는 같은 이야기를 계속해서 말했다)
    c. Please do come in. (어서 들어오세요)
    d. Why didn't you meet her?/But I did meet her.   강조 (did = "--ed")
       (왜 그녀를 안 만났니?/아니 나는 그녀를 확실히 만났지!)

3. 강조표현 "도대체"를 표현하는 관용구

   a. <u>What on earth</u> (<u>in the world</u>) do you want?
      (도대체 너는 무엇을 원하는 거냐?)
   b. <u>Where in the world</u> have you been?
      (도대체 너는 어디 갔었니?)

⑽ (대)명사 강조

   a. She is <u>the very</u> lady I want to see.
      (그녀야 말로 내가 만나고 싶은 바로 그 사람이다)
   b. I <u>myself</u> did it.   (내 자신이 직접 그것을 했다)

⑾ 부정문 강조

   a. She doesn't like the sports <u>at all</u>.
      (그녀는 전혀 운동을 좋아하지 않는다)
   b. There is no doubt <u>whatsoever</u> (= whatever) about her story.
      (그녀의 이야기에 대해서는 의심할 점이 전혀 없다)

⑿ 비교급/최상급의 강조: very (much), even, a lot of, a lot, far, still, etc.

   a. This is <u>by far</u> the best.   (이것이 단연 최고이다)
   b. This is the <u>very</u> man that I was looking for.
      (이 사람이 내가 찾고 있는 바로 그 사람이다)
   c. I work every day, <u>even</u> on Sundays.
      (나는 매일 일합니다. 일요일 날까지도 일합니다)
   d. I like it <u>very much</u>.   (나는 그것을 대단히 좋아합니다)
   e. This is <u>a lot more better</u> than that.
      (이것이 그것보다 훨씬 더 좋습니다)
   f. I need <u>still much</u> money and <u>still more</u> help.
      (나는 여전히 더 많은 돈과 더 많은 도움이 필요합니다)
   g. We are having <u>quite a lot of</u> trouble with the kids just now.
      (우리는 지금 어린이들과 많은 어려움을 겪고 있다)

⒀ 생략

1. 동일 어구의 생략
   a. Come tomorrow if you want (to. [come̶]̶)
      (오고 싶다면, 내일 오라)
   b. One of them lives in Seoul and the other (l̶i̶v̶e̶s̶) in Daegu.
      (그들 중에 한 사람은 서울에 살고, 다른 한 사람은 대구에 산다)
   c. When (s̶h̶e̶ ̶w̶a̶s̶) young, she was beautiful.
      (그녀는 젊었을 때, 아름다웠다)
   d. To some, life is pleasure; to others (l̶i̶f̶e̶ ̶i̶s̶) suffering.
      (어떤 사람들에게는 인생이 즐겁고, 다른 사람들에게는 고통이다)

2. 관용적인 생략

   a. Correct errors if (there are) any.   (잘못이 있으면 고쳐라)
   b. Put "a" or "the" where (it is) necessary. (필요한 곳에 a나 the를 넣으세요)
   c. Do you like it?   (이것을 좋아하십니까?)
      Of course. I do. = (I like it.)   (물론이죠)
      No, I don't = No, I don't (like it.)   (아니요)
   d. (This is) Not for sale.   (비매품)

⑤ **삽입, 동격, 공통 관계**: 문장을 서술해 나가기 위해서는 앞의 말에 대해서 반박하거나, 동의하거나, 부연설명하거나, 동격적인 표현을 쓰거나, 공통적인 표현을 사용하는 것은 당연한 것이다.

⑴ 삽입: 어떤 표현을 전개해 나가면, 자연스럽게 삽입해야할 표현이 추가된다. 다음 예를 보자.

    a. She is, <u>as it were</u>, a walking dictionary.
      (그녀는, 소위 말하는, 걸어 다니는 사전이다: 대단히 많이 알고 있다)
    b. She seldom, <u>if ever</u>, goes out after dark.
      (그녀는, 외출을 한다 해도, 어두워진 후에는, 거의 나가지 않는다)

    c. The newspaper is, <u>so to speak</u>, the eyes and ears of our society.
      (신문은, 말하자면, 우리 사회의 눈과 귀가 된다)
    d. Shakespeare, <u>as everybody knows</u>, is a great dramatist.
      (모든 사람들이 아는 바와 같이, Shakespeare는 위대한 극작가이다)
    e. Because zero gravity, or <u>microgravity</u>, <u>to be more precise</u>, working in space is quite different from working on earth. (무중력, 혹은, 좀 더 정확히 말하면, 초-무중력 때문에, 우주에서의 작업은 지상에서의 작업과 아주 다르다)

⑵ 관계대명사 구문 내의 삽입절

    a. I met a man who, <u>I believe</u>, is the honest itself yesterday.
      (나는 어제 내 생각으로 대단히 정직한 사람을 만났다)
    b. We must do what, <u>we believe</u>, is right.
      (우리는 우리들의 생각에서 정당한 것만 해야 한다)

⑶ 동격: 동격도 부연설명에서 반드시 쓰이는 표현방법이다.

    a. Abraham Lincoln, <u>the 16th President of the United States of America</u>, set slaves free.
      (미국의 16대 대통령인 Abraham Lincoln은 노예를 해방시켰다)
    b. The fact <u>that he lost the tennis match</u> surprised us.
      (그가 tennis 시합에서 졌다는 그 사실은 우리를 놀라게 했다)
    c. I cannot bear <u>of</u> parting from her.
      (나는 그녀와 헤어지는 것은 참을 수 없다)
    d. He raised <u>the question whether</u> globalization would lead to a loss of culture (or not).
      (그는 국제화가 어떤 고유문화의 상실을 초래시킬지 어떨지 하는 문제를 제기했다)

⑷ 공통관계: 동일한 문 구조에 관련되는 요소.

    a. <u>A man</u> of virtue, not of wealth, deserves our real respect.
      (부를 소유한 사람이 아니라, 덕을 소유한 사람이 우리들의 존경을 받을 가치가 있다)
    b. Democracy is <u>the government</u> of the people, by the people, and for the people.
      (민주주의는 국민의 정부, 국민에 의한 정부, 국민을 위한 정부이다)
    c. He always blames, and (he) never praises <u>his students</u>.
      (그는 그의 학생들을 항상 꾸짖었지, 결코 칭찬한 적이 없다)
    d. He has been and (he) will be <u>a hard worker</u>.
      (그는 부지런한 일꾼이었으며, 또 앞으로도 부지런한 일꾼이 될 것이다)
    e. Work with and not against <u>nature</u>. (One should work with----)
      (자연과 더불어 살아야지, 자연에 대항해서 살지 마라)
    f. We can, and (we) indeed must help <u>the poor</u>.
      (우리는 가난한 사람들을 도울 수 있고, 또 진정으로 도와야만 한다)

연습문제

① 다음 강조된 문장을 보통의 어순으로 바꾸세요.

1. Whether I will be invited or not, I am not certain.
2. Never have I dreamed of studying abroad in my life.
3. Not until the next day was I told the fact.
4. No sooner had we entered the room than there was a loud clash in the next room.
5. He will not go; neither will I.
6. In no other way, can the matter be explained.
7. Under no circumstances can we take pets along with in this coffee shop.
8. Blessed are the poor in spirit, for theirs is the kingdom of heaven.
9. On the hill stands a small house.
10. Had I studied harder, I could have passed the exam.

② 강조되는 표현이 되도록 괄호내의 단어를 배열하세요.

1. (think, you, do, who) the woman is?
2. (you, suppose, do, what) she said about that?
3. (imagine, you, when, do) they have gone?
4. (on, earth, what) do you want?
5. This is the (man, that, very) I was looking for.
6. He is (it, were, as) a walking dictionary.
7. Correct errors (are, if, there) any.
8. (it, who, was, that) interviewed you yesterday?
9. (little, did he, realize) that he was in danger of losing his life.
10. Never (I, a, such, have, seen) beautiful sunset.

③ 강조를 받는 부분에 밑줄을 치세요.

1. We did have a good time.
2. What I am today, I owe to my father.
3. Such was his astonishment that he could hardly speak.
4. What in the world, are you talking about?
5. It was not until the next morning that we got the right information.
6. Never again will we follow the same procedure.
7. I know nothing whatsoever about it.
8. This is by far the best.
9. What he had in mind, nobody knows.
10. He works every day, even on Sundays.

④ 다음 문장에서 생략할 수 있는 부분을 괄호 속에 넣으세요.

1. Write as long as you can write.
2. You may go if you want to go.
3. When I was a boy, I used to walk about 4 kilometers to go to school.
4. You like her better than you like me.
5. The sooner you go, the better it will be.
6. He said he would call soon, but he didn't call.
7. Did you find the book that you wanted.
8. Having been born in Canada, she is very good at English as a native speaker.
9. Some like to live in big cities, others like to live in the country-sides.
10. Let's send him, if it is necessary.

⑤ 종합 연습문제
　다음 문장을 읽고, 아래 질문에 답하세요.

　A desert gets less Ⓐ (　　　) 25 centimeters of rain a year. It is hard for people to live in such a place. It is also hard for animals and plants, Ⓑ (　　　) they have learned how to survive in this extreme environment. They survive without Ⓒ (　　　) water or a shady spot to cool down.

　"Sand gazelles" in the deserts of Saudi Arabia, Ⓓ (　　) (　　　　), save water in an amazing way. They shrink their liver and heart to cope with long periods of drought. By shrinking their organs, the gazelles don't have to breathe as much, and thus reduce the amount of water lost through breathing. Reptiles do well in the desert, too. Ⓔ They control their body temperature by gaining or losing heat from their surroundings. Camels can go for days without water and are able to eat the tough desert plants. Ⓕ They store body fat in their humps, which helps them survive.

　Ⓖ Cactuses are among the most drought-resistant plants on the deserts. They have no leaves, but are able to store water in their stems. Ⓗ Their waxy skin helps seal in moisture. "Mesquite trees" have adapted to desert conditions by developing long root systems to draw water from deep underground near the water table. "Ocotillos" survive by becoming inactive during dry periods, Ⓘ then Ⓙ springing to life when water becomes available. After raining, ocotillos quickly grow. They also have a waxy coating on their stems which serves to hold in moisture.

위 문장에 나타난 특수 단어의 의미 참조

*** gazelle: any of numerous small, graceful, swift African and Asian antelope.
　　　　　(아프리카 아시아 지역에 사는 작고, 우아하고, 빠른 뿔이 돋은 영양의 일종)

*** mesquite: a spiny deep rooted tree or shrub in southwestern U.S. and Mexico.
　　　　　(미국 서남부 및 멕시코에 있는 가시 돋친 긴 뿌리를 가진 키 작은 관목)

*** ocotillo: a desert shrub of southwestern U.S. and Mexico characterized by naked thorny branches that after rainy season put forth foliage and clusters of scarlet flowers.
　　　　　(미국 서남부 및 멕시코 사막에서, 비온 후에 가시 돋친 가지들이 잎과 분홍빛 꽃을 피우는 관목)

Ⓐ 괄호 내에 들어갈 적합한 단어를 써 넣으세요.
Ⓑ 괄호 내에 들어갈 적합한 단어를 써 넣으세요.
Ⓒ 괄호 내에 들어갈 적합할 단어를 써 넣으세요.
Ⓓ 괄호 내에 들어갈 적합한 단어를 써 넣으세요.
Ⓔ 문장을 해석하세요.
Ⓕ 문장을 해석하세요.
Ⓖ 문장을 해석하세요.
Ⓗ 문장을 해석하세요.
Ⓘ then을 해석하세요.

Ⓙ: Ⓙ 앞에 생략된 단어를 넣고, then 다음의 문장을 해석하세요.

정답과 해설: 제1장 조동사(Auxiliary Verbs)

① 정답과 해설

1.	go:	의문형 조동사 Did가 과거형이기 때문에, 본동사는 현재형 go이어야 함.
2.	shall:	1인칭 복수 "--할까요?"하는 부가의문문은, Shall we? 임.
3.	to know:	동사 need는 본동사/조동사 두 가지 역할을 하는데, 본동사일 때는 반드시 need 다음에 to-부정사가 옴.
4.	to go:	4번에서도 need는 본동사로 쓰였기 때문에, to go로 됨.
5.	to see:	동사 like는 그것의 목적어를 to-부정사 또는 동명사를 쓰지만, 특별한 조건이 동반하는 경우에는 to-부정사를 씀: 이 두 가지 선택의 차이는 동사 유형 ㊵의 (VP 6D) (Onions 3-4)의 "해설"을 참조할 것.
6.	has:	시제가 현재이고, 주어가 3인칭 단수이기 때문에 has임.
7.	will:	조동사 must는 그 의미가 have to와 동일하기 때문에 함께 쓸 수 없음. 따라서 will (have to) 이어야 함.
8.	do:	주어 her parents가 복수이기 때문에 복수동사 do가 와야 함.
9.	cooking:	get used to = be used to의 to는 전치사이기 때문에 동명사가 필요함.
10.	speak:	조동사 can이 있기 때문에 본동사는 현재형 speak.
11.	say:	dare가 조동사이기 때문에 본동사는 say가 됨.
12.	work:	need가 조동사로 쓰였기 때문에 본동사로 work가 필요함.
13.	have:	need가 조동사로 쓰였기 때문에 원형동사 have 이어야 함.
14.	question:	dare도 조동사로 쓰였기 때문에 본동사는 question 이어야 함.
15.	is used to:	위 9번과 같이 to는 전치사이기 때문에 의미상으로 동명사 eating이 필요함.

②

1.	will be able to:	조동사 can의 미래형은 없다. 따라서 be able to의 앞에 will을 붙여서 She will be able to가 되어야 함.
2.	Did he have to:	조동사 must의 과거형도 없다. 따라서 의문문으로 바꾸려면 조동사 Did 를 쓰고 have to를 써야 함.
3.	Must (S) help:	이 문장에서는 must가 조동사로 쓰였기 때문에, must만 주어 앞으로 이동시키면 된다.
4.	had to:	2번에서 말한 것 같이, must의 과거형은 없다. 따라서 must를 had to 로 변형시켜야 함.
5.	He cannot be:	must는 두 가지 의미를 갖고 있다. 하나는 "--해야 한다"이고, 다른 "--임에 틀림없다"이다. 그래서 "--임에 틀림없다"의 반대는 "--일 수 없다"이어야 한다. 즉, must ⇒ cannot be 이어야 함.
6.	Does she have to:	의문문으로 변형시키려면, 조동사 Does를 쓰고, have to로 해야 함.
7.	don't know--, either:	이 문장은 부정어 not의 삽입과, 부정문에서, "역시"는 either를 씀. I don't know about it, either.로 되어야 함.
8.	I will let you go to prison for 10 years:	이 표현은 "you shall be prisoned"라는 법정용어 대신에, 주어 I를 사용한 일반적인 회화체 표현으로 바꿀 수 있다.
9.	Never did I see-:	부사 never가 문의 앞으로 이동하면, 조동사가 주어 앞에 오고 saw는 "did I see (him again.)"으로 변형되어야 함.
10.	may well be proud of:	may well을 쓰면, may가 조동사이므로 be proud of 앞에 나타나야 한다. 종속절에, he may well be proud of his son.으로 됨

③

1.	may not/may:	허락을 요청할 때는. May I--?로, 허락을 거절할 때는, No, you may not. 허락할 때는, Yes, you may.로 표현함.
2.	must/need not:	Must I--?는 "--을 해야만 합니까?"의 질문임. 이 질문에 "그렇게 해야 한다"는 must로, "할 필요가 없다"에는 need not.로 함.
3.	a. (BrE) should: b. (AmE) (x)	"기원법"에서 "--하는 것이 바람직하다"로 제안할 때. 영국영어는 should attend로, 미국영어는 attend임. she가 3인칭 단수/현재일지라도, 원형동사로 attend만 사용.
4.	a. (BrE) should: b. (AmE) (x)	해설은 위 3번과 동일함. 미국영어에서는, we <u>be</u> evaluated was approved.로 됨.

5. a. (BrE) should: 해설은 위 3-4번과 동일함.
   b. (AmE) (x) 미국영어에서는, the data <u>be</u> verified.로 됨.
6. have: "너는 그 음악회를 보았어야만 했다"의 의미이므로,
   you should have seen의 have 이어야 함.
7. studied: "더 열심히 공부했어야만 했다"의 구조이므로 should have studied에
   서 과거분사형 studied이어야 함.
8. than: 문의 구조가 "rather -- than"이므로 접속사 than이 와야 함.
9. must: "지쳤음에 틀림없다"의 의미이므로, must be tired의 must 이어야 함.
10. to 과거의 규칙적인 습관의 의미이므로, used to의 to 이어야 함.

④ 1. is able to: can = be able to로 표현할 수 있다.
   2. work: need가 조동사로 쓰였기 때문에 본동사는 work로.
   3. Dare: 의문문에 dare가 조동사로 쓰였기 때문에 본동사는 원형동사 leave로
      되어야 함.
   4. don't have to: don't have to와 need not의 의미가 동일함.
   5. let/go 또는 법정용어 "You shall be prisoned."를 회화체의 표현으로 바꾼 것임.
      make/go:
   6. was not able: could의 과거표현은 was able to로 바꿀 수 있음.

⑤ (1): (2)의 discussed <u>about</u>, (3)의 reached <u>to</u>, (4)의 marry <u>with</u>에서, 전치사는 필요 없음.
⑥ (3): (1)의 superior 자체가 "···보다"의 의미를 갖기 때문에 <u>more</u>가 필요 없음,
   나머지 (2), (3), (4)는 정문임.
⑦ ⑩ "Mary <u>looked</u> Monica full <u>in the face</u>."에서, "Mary는 Monica의 얼굴을 뚫어지게 똑바로 보았
   다."이다. 이때, looked가 "in the face"와 결합되어있다. 따라서 looked는 다른 전치사 at, up,
   for와 함께 사용될 수 없다. "looked at(···을 보다)", "looked up(···을 쳐다 보다)", "looked for
   (···을 찾다)"는 이문장의 의미에 맞지 않는다. 제17장 관사, ⑥의 (25)를 참조할 것: 신체의 일부
   를 "가볍게 치다," "때리다," "쓰다듬다" 일 때, 전치사 in the를 쓰는 것과 동일하게 looked in
   the face 에도 적용된다.

⑧ 종합 연습문제

(1) 즉, 다시 말하면   (4) 음파가 귀 중앙부분의 작은 뼈에 도달했을 때, 이 뼈들이 진동하는 것.
(2) cannot be seen   (5) move
(3) sound waves   (6) sent

⑧번 전체 문장의 해석

귀에는 3개의 주요 부분이 있다: 즉, 바깥쪽 귀, 중간 쪽 귀, 안쪽 귀. 음파는 보이지 않지만, 공
기를 통해 이동한다. 바깥쪽 귀는 이러한 음파를 공기 중에서 모은다. 음파는 귀 굴속으로 들어가 고
막을 향해 이동한다. 음파는 진짜 막대기가 북을 치는 것처럼 귀의 고막을 울린다.

고막에서 진동이 중간 쪽 귀로 이동한다. 음파가 중간 쪽 귀의 미세한 뼈에 이동하면, 이 뼈들도
또한 진동한다. 이것이 음파가 안쪽 귀에 도착하는 것을 돕는다. 안쪽 귀에는 액체와 수천 개의 작은
털이 있다. 진동은 작은 털을 움직이게 한다. 이것이 진동을 신호로 바뀌게 한다. 그 다음에 이 신호
가 뇌로 전달된다.

제2장 시(Time)와 시제(Tense)

① 정답과 해설

1. remained at: 과거부사 yesterday가 있기 때문에 과거형이어야 함.
2. comes: "가까운 미래"는 종속절에서 현재시제로 표현함. "포괄적 현재시제" 임.
3. will come: 주절에서 타동사 know의 목적어가 될 때는 종속절에도 will을 씀.
4. understand: understand는 "인지동사"이므로 진행형으로 사용할 수 없음.
5. will have read: 시제가 "미래완료형"이어야 하므로, will have read로.
6. saw: this morning이라는 "과거부사" 때문에 saw임.
7. had taken 주절의 동사가 과거형인 "jumped"이므로, 그 이전의 종속절은 과거완료
   형이어야 함.
8. stands: "포괄적 현재시제"는 항상 현재형 시제임.

9. was having:　　　　소유를 나타내는 have는 진행형이 불가능하지만, "먹는다"는 의미의
　　　　　　　　　　　　have는 진행형으로 쓰이고, 종속절이 과거이기 때문에 과거진행형으로
　　　　　　　　　　　　쓰였음.
10. did:　　　　　　　앞에 when이 과거를 나타내는 의문부사이기에, 완료형은 불가능함.

②　1. laid:　　　　　　　타동사 (두다/놓다)는　　　　　　　lay/laid/laid
　　　　　　　　　　　　자동사 (눕다/거짓말하다)　　　　　　lie/lay/lain
　　2. will have been teaching:　앞의 this May next year가 미래이기 때문에,
　　　　　　　　　　　　will have been teaching으로 됨.
　　3. had taken:　　　　주절 He realized가 과거이기 때문에. 종속절은 과거완료형 임.
　　4. have you been living:　since 앞의 문의 형태는 "현재완료형"이어야한다. 그러나 "How
　　　　　　　　　　　　long"이라는 의문사가 오면, 반드시 "현재완료진행형"이어야 함.
　　5. rings:　　　　　　종속절 시제가 "정해진", "포괄적 현재시제"이므로 rings 이어야 함.
　　6. came:　　　　　　just now는 과거 부사이므로, came.
　　7 loves:　　　　　　love도 진행형이 불가능하므로 loves 이어야 함.
　　8. have:　　　　　　아침식사를 하는 것은 생활의 습관이므로, have 이어야 함.
　　9. has been/is getting:　뒤에 since last week 때문에, has been/is getting 이어야 함.
　　10. borrow (x)
　　　　(AmE) rent/(BrE) let:　영어에서는 집을 세낼 때, borrow라는 표현을 쓰지 않는다.

③　1. be ⇒ have been:　　　"역까지 갔다 왔다"는 의미이므로 have been to로.
　　2. do ⇒ will have done:　전체시제가 미래이므로, will have done으로.
　　3. Ⓐ be ⇒ have been　　결혼한 상태가 20년이므로, 현재완료 수동으로.
　　　　Ⓑ have ⇒ have had　　"지금까지" 별 문제가 없으므로 현재완료로.
　　4. rain ⇒ has been raining　지난 일요일 이후, 현재가지 계속되므로 "현재완료진
　　　　　　　　　　　　행 형"으로 함.
　　5. Ⓐ pass ⇒ have passed　결혼한 상태가 지금까지 지속되므로, "현재완료로".
　　　　Ⓑ marry ⇒ married　　결혼한 것은 과거의 일이기에 "단순과거로".
　　6. be ⇒ has been　　　　지난 5일간 지속된 병은, "현재완료"로 표현함.
　　7. lose ⇒ had lost　　　when-절의 시제가 과거이므로. 과거완료로.
　　8. wait ⇒ had been waiting　when-절의 시제가 과거이고, 그때부터 지금까지 기다
　　　　　　　　　　　　리기 때문에. "과거완료 진행형"으로.
　　9. do ⇒ will be doing　　"내일 이 시간이" 미래이므로, "미래진행형"으로.
　　10. study ⇒ will have been studying　"다음 달까지 2년 동안"은 미래이므로, "미래완료진행
　　　　　　　　　　　　형"이어야 함.

④　1. b. No sooner had he seen me, he ran away.
　　　　　No sooner가 앞에 나타나면, 강조의 의미 때문에, 조동사가 주어 앞에 온다.

　　2. b. She told me that her father had been ill (sick) since Christmas.
　　3. b. It was first time that I had heard her sing. 이 표현은 관용적인 표현이다.
　　4. b. She has been dead for five years.
　　5. b. I happened/chanced to be out when my friend came to see me.

⑤　Ⓐ: "개가 물지 않는다"는 do not bite로 표현함.
⑥　Ⓒ: "believe" 동사는 현재진행형으로는 쓸 수 없음.
⑦　Ⓑ: Ⓑ가 완벽한 문장임. Ⓐ는 주절, 종속절의 시제가 맞지 않고, Ⓒ는 gone to가 been to로 되
　　어야 정문이고, Ⓓ는 과거부사 last year 때문에, 과거시제이어야 함.

⑧　Ⓓ: Ⓓ가 정답임. Ⓐ의 put into effect는 관용구로 "…을 시행하다"의 의미로 완벽하고,
　　Ⓑ도 "그에게 심오한 변화를 주다"로 정문이고,
　　Ⓒ도 "나의 결정에 영향을 받지 않는다"로 정문이다. 그러나
　　Ⓓ의 affect는 "명사"이므로, "감동, 정서"의 의미를 갖는다. "effect"의 명사형이어야 함.

⑨　Ⓓ: Ⓐ의 need는 조동사이므로 3인칭 단수/현재의 경우에도 어미에 -s를 쓰지 않음. Ⓑ의 may
　　는 주절의 동사와 시제 일치가 되지 않았음. Ⓒ는 not가 better 뒤에 와야 함.
　　Ⓓ의 should은 정확함: should의 문법성은 13장 형용사 ⑮ ⑵를 참조할 것.

⑩　종합 연습문제
1.　Ⓐ ordered　　Ⓑ wore　　Ⓒ sticky　　Ⓓ for　　Ⓔ of　　Ⓕ laying

(a) has는 필요 없다. 왜냐하면 a month ago라는 과거부사 때문
(b) 해야만 했다.
(c) the queen(여왕벌)

2. a. ⓓ: 이 대화에서 교수부인은 그의 남편이 "책 쓰기를 끝냈다"는 것을 의미했으나, 여점원은 "책 읽기를 끝냈다"는 것으로 잘못 이해하고 있기 때문에 ⓓ가 정답이다.
   b. Ⓐ 가방에 넣었다.   Ⓑ 나의 물건들   ⓒ 잠시 멈추었다   ⓓ 글을 천천히 읽는 사람

⑩번 전체 문장의 해석

1. Frank 삼촌은 양봉가이다. 삼촌은 한 달 전에 한 통의 벌을 주문했고, 마침내 그것이 도착했다. 나는 지난주에 삼촌을 방문해서, 어떻게 새로운 벌집을 만들어 내는지 배웠다.

　　Frank 삼촌과 나는 각각 그물로 된 helmet을 썼다. 우리는 벌침으로부터 우리 자신들을 보호해야만 했다. Frank 삼촌은 종이 상자 안의 벌들에게 설탕물을 뿌렸다. 이것은 벌들의 날개를 끈적거리게 만들었고, 그래서 그들은 몇 분 동안 날 수 없었다. 그리고 그는 상자 안에서 여왕벌을 찾았다. 여왕벌은 벌집에서 중요하며, 다른 벌들은 그녀를 지키기 위해 공격할 것이다. 그는 조심스럽게 상자에서 여왕벌을 꺼내 나무로 만든 새 벌집에 넣었다. 다음으로 Frank 삼촌은 상자 안의 나머지 벌들을 새 벌집에 쏟아 부었다. 곧 여왕벌은 알을 낳을 것이고, 그 벌집은 성장할 것이다.

2. 영어교수인 나의 남편은, 몇 권의 책을 써왔다. 그가 그의 최근의 책을 끝마쳤을 때, 나는 아이스크림과 샴페인을 사기위해 슈퍼마켓에 들렀다. 여자점원은 나의 물건을 가방에 담아주면서, "무엇을 축하하나요?"라고 물었다. "나의 남편이 책을 한 권 끝냈습니다."라고 나는 대답했다. 그 여자점원은 잠시 멈추었다. 그러다 "책을 천천히 읽으시는 분인가요?"라고 했다.

제3장 To-부정사: 1편 To-부정사의 명사적 용법

정답과 해설

① 1. ⓓ to meet:　　want 동사는 to-부정사를 목적어로 선택함.
   2. Ⓑ to be:　　동사 seem은 주격보어로 형용사/명사를 선택하나 진행형으로 된 동사 앞에서는 반드시 to be를 사용함.
       　　　　　　동사 유형 ㉞의 (Onions 2-30) (VP 4E) 참조.
   3. ⓒ to take:　　가목적어 it가 있기 때문에 진목적어도 명사형인 to take care of 임
   4. Ⓑ to:　　동사 appear는 완료형 앞에서는 to be가 아닌, "to-부정사"인 to만 선택: (Onions 2-30)의 예문 34의 7-9를 보라.
   5. Ⓐ to be:　　동사 happen, chance, seem, appear 등은 to be in/out 등을 선택함. (Onions 2-30)의 예문 34의 5-6을 보라.
   6. Ⓐ to be는 삭제해도 좋고 안 해도 좋다:　　seem, appear 두 개의 동사는 형용사/명사보어를 선택하면 "to be"를 선택해도 되고, 선택하지 않아도 된다. 동사 유형 ㉝의 (Onions 2-29)를 참조하라.
   7. ⓒ to be는 반드시 사용:　　동사 see, appear, happen, chance는 다음 4가지 경우에는 to be를 반드시 사용한다.

       ① 첫 글자 a로 시작되는 서술형 형용사 asleep, alive, afraid 등의 앞.
       ② enjoying, swinging 등 진행형 현재분사 앞에서는 반드시 사용함,
       ③ 동사의 과거분사 앞.
       ④ to be in/out 등 뒤에서는 반드시 씀. (Onions 2-29) 참조

   8. ⓓ meeting:　　동사 remember가 과거의 일을 언급할 때는 동명사를 씀.
   9. Ⓑ to know:　　명사 something, anyone, anything 등은 그 뒤에 to-부정사로 된 목적어 명사보어를 둔다.
   10. Ⓐ to:　　what to do는 관용적인 표현임.

② 1. to start:　　동사 prefer는 동명사나 to-부정사와 함께 사용되지만, "would prefer"로 표현되면 to-부정사와 함께 쓴다.
   2. to meet　　동사 expect는 to-부정사와 함께 씀.
   3. to see　　동사 pretend도 to-부정사와 함께 씀.

4. to send 동사 forget는 과거를 언급할 때는 동명사, 현재나 미래에서는 to-부정사를 씀.

5. to give 동사 promise도 to-부정사와 함께 씀.

③ 1. what to: "무엇을 해야 할지"는 what to do로.
   2. how to: "…하는 방법"은 how to로.
   3. whether to: "…해야 할지, 안해야 할지"는 whether to로.
   4. which button: "어느 button은 which button으로.
   5. how to thank "어떻게 감사해야 할지"는 how to thank로.

④ 종합 연습문제

   Ⓐ to-부정사의 명사적 용법: 타동사 want의 목적어   Ⓓ a lie
   Ⓑ 그의 아들은 그의 아버지를 도와주곤 했다.   Ⓔ to find
   Ⓒ dig (up)   Ⓕ to dig (up)

④번 전체 문장의 해석

1. 한 나이 많은 노인이 그가 감자를 심을 정원 파기를 원했다. 그러나 감자 심을 정원을 혼자서 파는 것은 대단히 힘든 일이었다. 그의 아들이 정원을 파는 것을 전에는 도와주곤 했었다. 그러나 그 아들은 지금 형무소에 수감되어 있다. 그 노인은 아들에게 편지를 한 통 썼다. 그 편지에서 아버지가 감자 심는 일은 이제 불가능하다고 했다. 아버지는 그의 아들로부터 편지 한통을 받았다. 그 편지는 "아버지!", "감자 심을 정원을 절대로 파지 마세요!" "제가 거기에 나의 모든 총을 다 묻어두었습니다."라고 말했다. 바로 그 다음날 아침에, 경찰관들이 그의 정원을 파려고 왔다. 그러나 그들은 어떤 총도 찾을 수 없었다. 이내 그 노인은 또 아들로부터 한통의 편지를 받았다. 그 편지는 "아버지!", "이제 감자를 심으세요."라고 쓰여 있었다.

2. 형무소에 있었던 그 아들이 그의 아버지에게 왜 그와 같은 편지를 썼는가 하는 이유는 감자 정원은 그의 아버지 보다는 오히려 경찰관들에 의해서 파주게 만드는데 있었다. 형무소에 있었던 그 사람은 그의 모든 총을 거기에 묻었다고 말하면서 일부러 거짓말을 했다. 그래서 경찰관들이 그의 총을 찾기 위해 그 정원을 파야만 했다. 그래서 이 우스운 이야기는 그의 아버지로 하여금 직접 감자 정원을 파지 않게 도와주게 한 것이다.

제3장 To-부정사: 2편 To-부정사의 형용사적 용법

정답과 해설

① 1. Ⓒ to talk with: "함께 이야기를 할"의 의미에는 전치사 "with"가 반드시 필요함.
   2. Ⓑ to read: 앞의 명사 time을 수식하는 전형적인 형용사적 용법.
   3. Ⓐ to express: "to express"는 앞의 "words"를 수식하므로, "말로는" 나의 감사함을 표현할 수 없다 임.
   4. Ⓐ cold: "cold"는 "동사"가 아니다. 그런데 여기에 제시한 이유는 action verb(행동을 표현하는 동사)는 to-부정사를 쓰나, "형용사"는 그냥 "something, anything" 뒤에서 앞의 명사를 수식한다는 것을 보여주기 위해 사용한 것임.
   5. Ⓑ to neglect: "to neglect"도 전형적인 to-부정사의 형용사적 용법으로 쓰임.

② 1. to tell: "to tell"은 앞의 story를 수식하는 형용사적 용법.
   2. to play against: "to play against"는 "어는 팀을 <u>상대로 경기를 하다</u>"의 의미일 때는, play against 로 표현.
   3. to play with: "친구와 함께 놀 때"는 play with 임.
   4. to sit on: "sit down"으로 표현하면, 부사적 의미를 갖기 때문에, "sit on" 만이 정답임. 전치사 on의 목적어가 a chair 이기 때문.
   5. to talk: 이 문장에서 special도 앞의 anything을 수식하고, to talk도 anything을 수식하는 형용사의 역할을 함.

③ 1. Ⓐ 형용사적 역할   2. Ⓐ a pleasant place
     Ⓑ with   Ⓑ …을 하자마자
     Ⓒ 형용사적 역할   Ⓒ a right
     Ⓓ on   Ⓓ …은 물론

414   정확한 영문법 완벽한 5형식

3. a. of: accuse someone <u>of</u> 의 관용구.　　b. with: buy something <u>with money</u>에서
　　　　　　　　　　　　　　　　　　　　　온 전치사.

　　c. in: put something in에서 온 전치사 in.

4. Ⓐ to be (taken)의 to be 이다.　　Ⓑ to: according to의 전치사(구)에서 논 to.

5. a. 명사적 용법　　b. 형용사적 용법
　c. 명사적 용법　　d. 형용사적 용법
　e. 명사적 용법

④　종합 연습문제

　1. Ⓐ 명사적 용법(목적어 명사)
　2. Ⓑ eucalyptus leaves
　3. Ⓒ 형용사적 용법
　4. Ⓓ 주어명사절을 유도하는 접속사

④번 전체 문장의 해석

　　Koala들이 잠자기를 좋아한다는 것은 잘 알려진 사실이다. 그들은 잠을 자면서 하루 15시간을 보내고, 다른 5시간은 쉬는데 보낸다. 왜 Koala들이 그렇게 많은 잠을 자는가? Koala들이 오직 eucalyptus 나무 잎만 먹는 것이 그 이유 중의 하나이다. 이 eucalyptus 나무 잎들은 Koala들이 뛰어다니고 주변을 돌아다닐 만큼 충분한 힘을 주지 못한다. 그리고 Koala들이 물을 마시지 않는 것도 또 하나의 이유가 된다. 그들은 오직 eucalyptus 잎에 있는 수분만 먹는다. 그래서 그들은 몸속의 물(수분)을 낭비할 수가 없다. 이런 이유 때문에 Koala들은 활동적일 수가 없고, 많은 잠을 자게 된다. 그들은 대부분 시간에 잠을 자고, 그들이 식사를 할 때에만 잠에서 깨어난다.

제3장 To-부정사: 3편 To-부정사의 부사적 용법

정답과 해설

① 1b. to hear:　　　　　"to hear"는 "듣고서"라는 의미이며, "충격을 받았다"라는 동사구를 수식하기 때문에, 동사를 수식하는 부사이다.
　2b. never to return:　　"never to return"은 결과를 나타내는 표현임. (Onions 2-26)을 참조.
　3b. to speak:　　　　　두 문장이 의미적으로 동일하기 때문에, too--to에서 온 to-speak임.
　4b. to use:　　　　　　4b의 strong enough 다음에 의미상으로 to use를 사용해야 의미가 동일하게 됨.
　5b. to marry:　　　　　의상으로 to marry는 앞의 how stupid라는 형용사를 수식하므로 부사적 용법임.
② 1. to have:　　　　　　"to have"는 "갖게 되어서"로 해석되어, 앞의 satisfied라는 형용사를 수식하기 때문에, 부사임.
　 2. to say:　　　　　　이때, "to-부정사의 용법"은, "가정 또는 놀라움"의 의미를 갖기 때문에 전체 문장을 수식하는 부사구임.
　 3. to be:　　　　　　　이때 to be는 to-부정사의 결과적인 용법임. ㉙ (Onions 2-25) 참조.
　 4. too hot:　　　　　　too--to의 구조에서, 앞의 too--의 구조는 이유를 나타내므로 의미적으로 부사적인 역할을 함.
　 5. only to fail:　　　　영어에서 "only to-부정사가 나타나면", 어떤 일의 결과를 나타냄. ㉟ (Onions 2-31)의 13번 참조.
③ 1. enough:　　　　　　"enough"는 형용사/부사 두 가지 품사가 있으나, 이 문장에서는 형용사 rich가 먼저 오고, 다음에 부사 enough가 오는데, 이 enough는 "to buy her own new car"라는 다른 부사구로부터 수식을 받는다. 즉, 부사가 다른 부사를 수식하는 것임.
　 2. to catch:　　　　　이 "to catch"도 다른 부사인 early를 수식하는 부사구이다.
　 3. To hear:　　　　　앞 2번과 같이 "to-부정사"가 가정 (if)의 의미를 갖기 때문에, 문장 전체를 수식하는 부사구가 된다.
　 4. to:　　　　　　　　"to leave"는 "--하게 되어서"라는 부사구로 앞의 sorry를 수식함.
　 5. to have:　　　　　"to have kept"도 앞의 sorry를 수식하는 부사구임.

④　종합 연습문제

④번 전체 문장의 해석

　　여러분들은 왼쪽에서부터 오른쪽으로 영어를 읽고 씁니다. 그러나 중국인이나 아랍 사람들은 위에서 아래로 또는 오른쪽에서 왼쪽으로 씁니다. 그런데 왜 여러분들은 영어를 왼쪽에서부터 오른쪽으로 씁니까? 우리는 그것이 옛날 그리스 사람들이 그렇게 써왔었기 때문이라고 추측합니다. 그래서 사람들은 여러 가지 방법으로 단어를 붙여서 그들을 읽었습니다. 그들은 왼쪽에서부터 오른쪽으로 쓰고 읽는 것이 가장 좋은 방법이라고 결정했습니다. 후에 로마사람들도 라틴어를 이 방법으로 사용했습니다. 영어는 그 뿌리를 그리스어와 라틴어에 두고 있습니다. 그래서 우리는 영어를 왼쪽에서부터 오른쪽으로 읽고 씁니다.

　　그러나 글을 쓰는데 있어서, 왼손잡이 사람들에게는, 오른쪽에서부터 왼쪽으로 시작하는 것이 더 좋게 느낄는지도 모른다. 우리가 왼손잡이가 아니라면, 왼쪽에서부터 오른쪽으로 가는 것이 그 반대 방법보다는 더 자연스럽고 실질적이라는 것은 아주 사실이다.

제3장 4편 To-부정사의 부정 및 의미상의 주어와 시제

정답과 해설

①　1. of:　　형용사 careless는 사람의 "성격/태도" 등을 나타내므로 전치사 of.
　　2. for:　　전치사 "for him"으로 to-부정사의 의미상의 주어가 되어야 함.
　　3. on:　　관용구 "count on"에서 나온 구문이므로, 전치사 on이 필요함.
　　4. of:　　관용구 "by virtue of"에서 나온 구문이므로 of가 필요함.
　　5. for:　　"to come in"은 "the guests"가 그것의 의미상의 주어이므로 전치사 for가 필요함.
　　6. to be:　"happen to be out. (우연히 외출하게 되었다)"에서 온 to be. (Onions 2-30) 참조.
　　7. for:　　"to-부정사" "to do"의 의미상의 주어이므로 for가 필요함.
　　8. of:　　사람의 재능, 성격, 태도를 표현하는 clever는 주어명사 앞에 전치사 of 사용.
　　9. of:　　관용어구 "be aware of (…을 알고 있다)"에서 온 of.
　　10. with:　"함께 일한다"를 표현할 때는 전치사 with가 쓰임.

②　1. 주절의 시제가 과거이고, 종속절이 to be sick이면, 종속절의 시제도 과거.

　　It seemed that she was sick.

　　2. 주절의 시제가 과거이고, "to + 현재완료형"이 오면, 실제는 과거완료형임.

　　It seemed that he had been sick.

　　3. 위 2번과 같이, 주절이 과거이고, "to + 현재완료형"이 오면, 과거완료형임.

　　It seemed that she had been a beauty in her youth.

③　1. a. 그들은 한 젊은 소녀가 어린이들을 돌보도록 광고를 내었다.　　(2형식)
　　　　b. 그들은 한 젊은 소녀가 어린이들을 돌볼 것을 광고로 내었다.　　(5형식)
　　2. a. 우리들은 새 차가 배달되도록 기다리고 있다.　　(2형식)
　　　　b. 우리들은 새 차가 배달되기를 (될 것을) 기다리고 있다.　　(5형식)
　　3. a. 그들은 분쟁이 수습되도록 희망하고 있다.　　(2형식)
　　　　b. 그들은 분쟁이 수습될 것을 희망하고 있다.　　(5형식)
　　4. a. 나는 택시가 역에서 당신을 만나도록 준비할 것이다.　　(2형식)
　　　　b. 나는 택시가 역에서 당신을 만나줄 것을 주선할 것이다.　　(5형식)

④　다음 문장의 to-부정사의 주어, 또는 목적어에 밑줄을 처라.

　　1. <u>My wish</u> is to live a happy life.
　　2. We asked <u>him</u> to help us.
　　3. He doesn't want <u>anyone</u> to know about it.
　　4. Do <u>you</u> know how to swim?

5. They promised <u>us</u> to give a call this evening.

⑤ 1. 우리는 작년에 결혼하기로 했었으나, 결혼하지 못했다.
   2. 그는 지난주에 그를 만나기로 희망했었으나, 만나지 못했다.

⑥ 종합 연습문제

   Ⓐ to find   Ⓓ (주차장소를) 남겨두다.
   Ⓑ drinking   Ⓔ a parking space: 주차공간 (장소)
   Ⓒ move

⑥번 문장의 전체의 해석

   한 남자가 매우 중요한 회의가 있기 때문에 서둘러 시내 거리로 차를 운전해 가고 있었다. 그러나 불행하게도 그는 주차공간을 찾을 수가 없었다. 그는 잠시 하늘을 쳐다보며, 하느님께 주차공간을 찾아달라고 부탁했다. 그는 "만약 주차공간을 찾아주신다면, 일요일마다 교회에 나가고 술을 마시는 것을 끊겠다."고 말했다. 바로 그때, 그는 차 한 대가 움직여 주차공간이 생기는 것을 보았다. 그곳은 그에게 매우 가까웠다. 그 남자는 다시 하늘을 올려다보며, "신경 쓰지 마십시오. 방금 한 곳을 찾았거든요."라고 말했다.

제4장 원형부정사(Bare Infinitives)

정답과 해설

① 1. would rather 다음에는 원형동사 accept가 와야 한다.
   2. "get 사역동사 + 사람 목적어" 뒤에는 to finish로 되어야 한다.
   3. 사역동사 had 다음에 원형동사 cook이 와야 한다.
   4. nothing but 다음에는 원형동사가 cry가 온다.   (관용적 표현)
   5. 감각동사 hear + 목적어 + 원형동사 play가 나타나야 한다.
   6. 감각동사 feel + 목적어 + 원형동사 fall이 온다.
   7. would better 다음에도 원형동사 get up이 와야 한다.   (관용적 표현)
   8. cannot but 다음에는 원형동사 agree가 온다.   (관용적 표현)
   9. 감각동사 observe +목적어 + 원형동사 shed가 온다.
   10. allow + 목적어 + to-부정사, to stay와 함께 쓰인다.

② 1. (o) 감각동사 watch + 목적어 다음에 원형동사 fly가 온다.
   2. (x) could not 다음에는 원형동사 admire가 온다.   (관용적 표현)
   3. (o) 완료형 have known 다음에도 원형동사가 온다.   (관용적 표현)
   4. (x) 사역동사 make + 목적어 + 원형동사 seem이 와야 한다.
   5. (x) 사역동사 have + 목적어 + 원형동사 visit가 온다.
   6. (o) 사역동사 have + 목적어 + 원형동사 put이 온다.
   7. (o) 관용적 표현 would rather than 다음에 원형동사.
   8. (x) 사역동사 get + 사람 목적어 + to-부정사 to carry가 온다.
   9. (x) 사역동사 make + 목적어 + 원형동사 drive가 온다.
   10. (o) 사역동사 have 다음에 원형동사가 왔다.

③ 1. do: 뒤에 your best가 있기 때문에 do.
   2. to prevent: 원형 동사가 아닌, to prevent.
   3. swim: 지각동사 saw가 앞에 왔기에 원형동사 swim.
   4. smoke: had better 다음에는 원형동사.
   5. for: 뒤의 to-부정사 to go there의 의미상의 주어이므로 for.
   6. to read: 의미상의 주어 for me가 나타났기 때문에 to read.
   7. lose: "never have known" 다음에는 원형동사가 온다.   (관용적 표현)

④ 1. 감각동사 hear 다음에 원형동사 call이 와야 한다.
   2. have no choice but 다음에는 to-부정사가 온다: to laugh.
   3. 과거부사 last year 때문에 seems <u>to have visited</u>로 된다.
   4. could not but 다음에도 원형동사가 온다: cannot but admire.
   5. would better 다음에도 원형동사가 온다: would better get back

6. 사역동사 make 다음에도 원형동사가 온다.
7. get + "사람 목적어" 다음에는 to-부정사가 온다.

⑤ 종합 연습문제

Ⓐ (새로운 연구는) 그렇지 않다고 (다르다고) 암시했다.
Ⓑ into
Ⓒ draw
Ⓓ 연구자들에게 놀랍게도
Ⓔ 낙서가 아마도 참가자들이 몽상을 하지 못하게 했을 것이다.
Ⓕ (to) focus
Ⓖ boring

⑤번 전체 문장의 해석

　　누군가 회의 중에 낙서를 하고 있다. 사람들은 이 사람이 주의를 기울이지 않고 있다고 말한다. 이것이 정말일까? 새로운 한 연구는 다르게 암시하고 있다.

　　이 연구에서 연구자들은 40명의 참가자들을 두 집단으로 나누었다. 연구자들은 각 집단에게 짧은 테이프를 듣도록 요청했다. 그러나 연구자들은 한 집단에게는 들으면서 낙서를 하도록 했다. 테이프에서는 한 여자가 생일 파티에 관한 잡담을 많이 했다. 그녀는 8개의 장소 이름을 언급했다. 그녀는 또한 파티에 오는 8명의 사람들에 대해서도 이야기했다.

　　연구자들에게 놀랍게도, 낙서를 한 집단이 정보를 더 잘 기억했다. 그들은 16개의 정보 중에서 평균 7.5개를 기억했다. 낙서를 하지 않은 집단은 5.8개의 정보만 기억했다. 연구자들은 "낙서가 아마 참가자들이 몽상을 하지 못하게 했을 거"라고 말한다. "또한 낙서가 지루한 정보를 듣는 동안 집중하는데 도움을 주었을 것이다"라고 말한다.

제5장 동명사(Gerunds)

정답과 해설

① 1. trying: 　　관용어구 "no use/of no use" 다음에는 동명사가 옴.
　 2. eating: 　　앞의 stop 동사는 동명사를 목적으로 하는 동사임.
　 3. crying: 　　"사람의 기분을 나타내는" "feel like"의 like는 전치사이기 때문에, 명사/동명사가 옴
　 4. to get: 　　manage가 "그럭저럭 --을 해내다"의 경우, manage는 to-부정사 선택".
　 5. seeing: 　　remember가 과거의 일을 언급할 때는, 동명사 목적어.
　 6. turning down: 동사 regret이 "--을 뉘우치다/후회하다"의 의미일 때, 동명사 목적어.
　 7. laugh: 　　관용구 "cannot but + 원형동사"를 씀.
　 8. seeing: 　　"was worth"의 형용사 worth는 그 다음에 동명사 seeing을 선택함.
　 9. to: 　　동사 prefer는 무엇을 비교할 때, "--보다" 의미로 전치사 to로 씀.
　 10. getting: 　be used to = get used to의 to는 전치사이므로 그것의 목적어는 동명사.

② 1. Ⓑ 　　동사 object는 "반대하다"일 때, 전치사 to를 쓰고, 수동태 "is treat"가 명사형이 되어야 하므로, is가 being으로 변형되어, being treated로 됨
　 2. Ⓐ 　　without가 전치사이므로, 동명사. saying.
　 3. Ⓓ 　　동사 mind는 동명사를 목적으로 선택하므로 explaining.
　 4. Ⓓ 　　동사 imagine은 "목적어 + 동명사"를 선택하므로 him becoming.
　 5. Ⓐ 　　동사 forget가 현재/미래를 언급할 때는 to-부정사를 선택. to lock.
　 6. Ⓐ 　　동사구 be used to에서 to가 전치사이므로, to making.
　 7. Ⓑ 　　동사 devote는 목적어 다음에 명사/동명사를 씀. "목적어 + to his study."
　 8. Ⓓ 　　동사 object가 "반대하다"일 때, to 다음에 동명사 smoking이 필요함.
　 9. Ⓐ 　　동사구 be far from에서 from 전치사이므로 명사/동명사를 선택한다. 그러나 is satisfactory에서 is가 being으로 되어서, "being satisfactory"이어야 함.
　 10. Ⓐ 　　부사구 when it comes to의 to도 전치사이므로, 동명사 driving이어야 함.

③ 1. ③ accepting: 관용구 cannot help는 동명사 목적어.

418　정확한 영문법 완벽한 5형식

2. ② your being: dream of의 of가 전치사이므로, you are able to의 are가 명사
                                   형인 being 으로 되어, your being으로 되어야 함.

3. ② having been scolded: ashamed of의 of도 전치사이므로, having scolded도 이 구조
                                   에는 맞지만, 의미상으로 맞지 않는다. 전체 의미는 "야단을 맞
                                   은 것을 부끄러워하지 않는다"이다. "야단을 맞다"로 바꾸려면,
                                   수동형인 "having been scolded"로 되어야 함.

4. ④ locking: without가 전치사이므로, 동명사 locking이어야 함.

5. ④ is: many people's names가 주어가 아니라, Remembering이 주어
                                   이므로 단수동사 is가 됨.

④ 종합 연습문제

Ⓐ   Tim Berners-Lee
Ⓑ   World Wide Web
Ⓒ   Gutenberg의 인쇄술
Ⓓ   돈과 명성을 멀리했다.
Ⓔ   영국 Elizabeth 여왕 2세로부터 기사 직위를 받았음.

①   그의 발명 덕분에
②   그는 부자도 될 수 있었고, 유명해질 수도 있었다.
③   그는 여전히 어떤 사람도 World Wide Web을 소유하지 못하게 싸우고 있다.

④번 전체 문장의 해석

     대부분의 인터넷 주소는 World Wide Web의 첫 글자를 따서 WWW로 시작한다. 어떤 사람들은 World Wide Web이 인터넷과 같다고 생각한다. 그러나 그것은 사실이 아니다. 인터넷은 전 세계 컴퓨터들의 거대한 연결망이다. 이것은 수백만 대의 컴퓨터를 함께 연결한 것에 불과하다. 반면에, World Wide Web은 사람들이 인터넷 상에서 화면을 구성하고, 연결하며, 검색할 수 있게 하는 도구이다.

     Tim Berners-Lee는 1989년에 이 영향력 있는 도구를 발명했다. 그는 1955년에 London에서 태어났고, 옥스퍼드 대학교에서 물리학을 공부했다. 스위스의 제네바에 있는 CERN이라는 물리학 연구소에서 일하고 있는 동안, 그는 인터넷을 통해 정보를 공유하는 도구를 개발할 필요성을 느꼈다. 그의 발명의 덕분에, 누구나 빠르고, 쉽게 인터넷 상에서 엄청난 양의 정보에 접근할 수 있게 되었다.

     어떤 사람들은 그의 업적을 구텐베르크의 인쇄 기술만큼 중요한 것으로 평가했다. 의심할 여지없이, 그는 부자가 되거나 유명해질 수 있었다. 그러나 그는 세상의 주목을 받거나 돈을 벌기를 원하지 않았다. 사실 그는 어떤 사람도 World Wide Web을 소유할 수 없도록 하기위해서 열심히 싸우고 있다. 그는 여전히 자신의 발명품으로 모든 사람들이 혜택을 받기를 원하고 있다. 그래서 그 도구는 모든 사람들에게 무료로 사용되고, 앞으로도 그럴 것이다. Berners-Lee는 세계에 기여한 이 공로로 2004년에 Elizabeth 여왕 2세로부터 기사 직위를 받았다.

제6장 분사(Participles)

정답과 해설

①   1. her disappeared: "없어진 지갑"은 과거분사형이어야 함.
     2. excited: "기분이 아주 좋았던"도 과거분사이어야 함.
     3. exciting: "사람 이외에 사물/행사 등"에는 "현재진행형"이어야 함.
     4. interested in: "interested in"의 전치사 in은 관용적인 표현임.
     5. crowded: "고객들로 꽉 찬"은 과거분사와 함께 crowded with임.
     6. exhausted: "지쳐서 누웠다"는 과거분사로 표현함.
     7. singing: "현재 노래를 부르고 있는"은 "현재진행형"이어야 함.
     8. taken: "사진을 찍어 받았다"는 사역동사 have와 함께 목적어 + 과거분사로 표현.
     9. printed: 이 유형은 (Onions 5-21)의 유형으로, 목적어 +p.p.로 목적어의 형용사보어로 됨.
    10. boring: "사람 이 외의 사물/행사"의 경우에는 "현재분사"를 씀.

②   1. Not knowing what to do: 분사구문을 만들 때, 부사절의 동사 원형에 "--ing"을 붙여야 함.

2.	closed:	"부대상황 (--한 채로)"의 표현에는 과거분사를 씀.
3.	going out:	분사구문의 동사는 원형에 "--ing" 붙여야 함. going out는 이 때 연속동작을 표현하는 것임. 즉, and went out를 의미함.
4.	waiving:	분사구문의 동시동작을 표현할 때, 진행형 waving을 씀.
5.	There being:	There was의 was의 원형이 be이므로 being으로 표현됨.
6.	It being:	종속절의 주어와 주절의 주어가 다를 경우, 종속절의 주어 It를 표시하고, It being fine으로 해야 함.
7.	Walking:	여기서도 종속절의 동사를 진행형으로 표시해야 함.
8.	frightening:	사람 외의 사물/행사는 현재분사형으로 표현해야 함.
9.	shaving:	종속절의 동사는 항상 현재분사형으로.
10.	humiliated:	10번의 문제는 분사구문에 관한 문제가 아니다. "동사 feel 유형 (Onions 2-19)"에 나타나는 과거분사형이 옴.

③
1. Being rich, she was envied by the people in her neighborhood.
2. It being a very nice day, we are going on a picnic.
3. Having lived in Beijing, she is fluent in Chinese.
4. Not hearing anything about the problem, I was very worried.
5. (Having been) born and brought up in New Zealand, he speaks English well.
6. Being compared with her, he learns skating faster.
7. Having eaten a lot of kimchi everyday in Korea. he doesn't feel like eating it any more.
8. It being likely to rain, she took an umbrella with her.
9. It having rained all day, unpaved roads in the country-side were very muddy.
10. Not feeling well, I wasn't able to go to school yesterday.

④
1. As/After I had breakfast as usual, I started my own work.
2. If other conditions are equal, this is much better than that.
3. When/After the sun had risen, the farmer went out to work.
4. As there were no trees and plants in the garden, the house looked rather dull.
5. She lay down on the floor, and the dog was sleeping at her feet.
6. He sat on the floor, and his head was buried in his hands.

⑤
1. Having been hurt
2. running down
3. waiting
4. running
5. satisfied
6. waiting

⑥ 종합 연습문제
Ⓐ standing
Ⓑ whistling
Ⓒ paid
Ⓓ fired
Ⓔ Believing
Ⓕ 이웃 상점에서 물건을 배달하러 온 소년에게 퇴직금을 (공짜로) 준 것이 우스운 일이다.

⑥번 전체 문장의 해석

한 상점의 지배인이 상품 포장실을 지나가고 있었다. 그런데 그때 한 소년이 즐겁게 휘파람을 불면서, 상자에 기대어 서 있는 것을 보았다. 그 지배인은 "미안하지만, 너는 George가 아니냐?" 하고 물었다. 그 소년은 "네, 그렇습니다."하고 친절하게 답했다. "너는 일주일에 봉급을 얼마나 받느냐?" 라고 그 지배인은 물었다. "10달러입니다. 사장님!"이라 대답했다. "이것이 너의 봉급이다. 너를 해고한다."라고 지배인이 말했다.

그 지배인은 현명한 결정을 했다고 믿어지기 때문에, 작업반장에게 "우리가 그 소년을 언제 채용했던가?"하고 물었다. "우리는 그 소년을 채용한 적이 없습니다. 그는 다른 상점으로부터 단지 소포를 배달하러 왔습니다."라고 작업반장이 대답했다.

제7장 수동태(Passive Constructions)

정답과 해설

①
1. with: 수동문에서 by 대신에, crowded는 with를 씀.
2. at: 동사 surprised는 by 대신에 at를 씀.

3. interested: 동사 interested는 by 대신에 전치사 in을 씀.
4. with: 동사 pleased도 by 대신에 with를 씀.
5. to: be known은 by 대신에 to를 씀.
6. taken: were 다음에는 과거분사 taken을 씀.
7. whom: 목적어 의문대명사 who(m)은 by를 씀.
8. her: 수동문의 전치사 by 다음에는 목적격 대명사 her를 씀.
9. was: 역사적인 사실은 시제가 항상 과거형이므로 was.
10. shocked: shock도 과거분사형인 shocked 다음에, by 대신에, at를 씀.

② 1. been solved: 수동문에는 항상 be동사가 삽입되어야 한다. 그런데 시제가 완료형이기에 been이 삽입되어야 한다.
2. be given: 이 문장은 미래형이므로 동사 be가 삽입되어 will be given으로 되어야 함.
3. been left: 완료형이기에 been이 삽입되고 leave의 p.p형 left가 들어가서 has been left가 되어야 함.
4. been (taught/teaching): 완료형이기에 has been taught나 진행형 has been teaching도 가능함.
5. be built: 시제가 미래이기에 will be built.
6. being laughed at: 동사 mind는 동명사를 목적으로 선택하기에 동사 be가 being으로 되고 laughed at로 되어야함.
7. be borrowed: 조동사 cannot 다음에 be가 와서 cannot be로 된 후, 다음에 과거분사 borrowed가 옴.
8. (is/was) elected: 시제가 확실하지 않기 때문에, is/was elected로.
9. been closed: "이 마을의 모든 상점이 문을 닫았다"는, have been closed로.
10. were not paid: 주어가 we이기에 복수동사 were not paid로

③ 1. He is loved by everyone.
2. a. We are taught English by him.
   b. English is taught us by him.
3. He is called Peter.
4. This book can be read by you.
5. She was seen to enter the room.
6. She should be taken care of by you.
7. By whom were these boxes made?
   Who(m) were these boxes made by?

④ 괄호 안의 말을 이용하여 주어진 우리말의 뜻이 같도록 빈칸을 채우세요.

1. was seen to   (사역동사가 나타난 문장이 수동형으로 변형될 때 to-부정사가 나타남)
2. is said/to be honest (종속절의 주어가 상위문의 수동 주어로 되는 경우임)
3. have been sent   (과거에 "--을 해야 했는데, 하지 못했을 때", 쓰이는 유형임)
4. was laughed at   (전치사가 수동형에 따라가는 예)
5. was/made by   (의문사가 수동문의 주어로 나타나는 유형)

⑤ 종합 연습문제

1. parks   5. be driven
2. is named   6. been named
3. is named   7. of
4. that

⑤번 전체 문장의 해석

미국 California의 국립공원들 중에서 가장 아름다운 공원이 "Yosemite" 공원이다. Yosemite라는 이름은 미국에서 가장 높은, 우리들의 숨을 멈추게 하는, 폭포의 이름을 따서 부여된 이름이다. Yosemite 폭포에서 남쪽으로 멀지 않은 곳에, "Sequoia" 국립공원이 있는데, 이 공원은 거기에서 발견된 대단히 거대한 sequoia 나무의 이름을 따서 부여된 이름이다. 이 sequoia 나무는 오늘날 세계에서 가장 크고, 가장 오래 살아있는 생명체이다. 이 sequoia 나무들 중에 어떤 것은 예수님 탄생 이전부터 존재했었고, 어떤 나무는 그 줄기가 대단히 넓기 때문에, 그 밑줄기에 굴을 만들어서 승용차들이 지나갈 수도 있다. "General Sherman tree(Sherman 장군의 나무)"와 같이, 이 나무들 중의 어떤 것은 유명한 사람의 이름을 따서 이름이 부여되었다.

제8장 기원법(Subjunctive Mood)

정답과 해설

①　(1)　(BrE):　should have
　　　　(AmE):　have
　　　　　　미국영어에서는 every child가 3인칭 단수 현재형일지라도 원형동사 have를 사용함

　　(2)　(BrE):　should meet
　　　　(AmE):　meet
　　　　　　위 (1)번과 같이 James가 3인칭 단수 현재일지라도 meets가 아니라, 원형동사 meet를 씀.

　　(3)　(BrE):　should be
　　　　(AmE):　be
　　　　　　위 (1), (2)번과 같이 원형동사 be만 사용함.

　　(4)　(BrE):　should not leave
　　　　(AmE):　not leave
　　　　　　미국영어에서는 기원형의 부정문에서, 조동사 do/does/did 등을 사용하지 않는다.

②　(1)　to watch
　　(2)　should inform
　　(3)　to drop

③　(1)　(내가 그것을 하는 방법을 알고 있으면 좋겠는데) (현재 그 방법을 몰라서 미안하다)
　　(2)　(나는 그것을 하는 방법을 알고 있었더라면 좋았겠는데) (그때 몰라서 미안했다)
　　(3)　(나는 가지 않았어야만 했는데) (실제로는 가고 말았다)
　　(4)　(나는 안가도 되면 좋겠는데) (실제로는 가야만 한다)
　　(5)　(나는 네가 그 말을 하지 않기를 바랐는데) (실제로는 그 말을 하고 말았다)
　　(6)　(나는 더 좋게 보이기를 바랄 뿐인데!) (단순한 현재의 감탄문)
　　(7)　(그녀가 경찰에 말하지 않았기를 바랄 뿐이었는데!) (그녀는 그때 경찰에 고발하고 말았다!)

제9장 가정법(Conditions and Suppositions)

정답과 해설

①　1.　were:　가정법 과거의 If-절에서 be 동사는 성, 수, 인칭에 관계없이 were.
　　2.　had:　가정법 과거이고, 동사가 have이면, 그것의 과거형 had.
　　3.　had met:　가정법 과거완료의 If-절은 과거완료형이므로 had met.
　　4.　would have taken:　가정법 과거완료의 주절은 would/should/could/might + 현재완료형이므로 would have taken.
　　5.　could speak:　"I wish--"형의, 종속절은 can의 과거형 could +speak.
　　6.　had heard:　at that time이라는 과거부사 때문에, 가정법 과거완료의 if-절의 내용이어야 함. 따라서 과거완료형인 had heard이어야 함.
　　7.　were:　be 동사가 주어졌기 때문에, 그것의 과거형 were이어야 함.
　　8.　had not been:　주절의 구조가 가정법 과거완료형이므로, 그 앞 If-절의 "당신의 도움이 없었더라면"의 구조는 과거완료형인 had not been 이어야 함.
　　9.　could have:　가정법 과거완료의 If-절에서, if가 삭제된 구조이므로, 주절은 would/should/could/might + 현재완료형이므로 could have heard.이어야 함.
　　10.　Had --known:　주절이 가정법 과거완료형이므로, If가 생략되어, 조동사가 주어 앞에 나온 구조임.

②　1.　Ⓐ: If-절의 구조가 가정법 과거완료형이므로, 주절은 might have participated인 Ⓐ.
　　2.　Ⓓ: 이 문장도 가정법 과거완료형이므로, If-절이 과거완료형으로 나타난, Ⓓ
　　3.　Ⓑ: 이 문장은 앞 8장의 기원법(subjunctive) 이므로 미국식 영어로는 be.
　　4.　Ⓓ: 이 문장도 기원법의 구조이고, 미국영어에서는 이 때, 부정문에 do가 나타나지 않은 Ⓓ임.
　　5.　Ⓐ: 전체 문장의 의미로 보아, as if 이어야 함.

③　1.　is ⇒ were　　　　"I wish--"유형에서는 종속절의 be가 복수과거형인 were.

2. have been ⇒ had been　　　주절이 가정법 과거이므로, If-절은 과거완료형인 had been 이어야 함.

3. don't ⇒ 삭제　　　접속사 unless는 부정의 의미를 갖고 있기에, don't가 삭제되어야 함.

4. prepared ⇒ prepare　　　이 문장은 기원법의 구조이므로 원형동사 prepare이어야 함.
5. or ⇒ and　　　"그러면"의 뜻이 되려면 and 이어야 함.
6. and ⇒ or　　　"그렇지 않으면"의 의미가 되려면 or 이어야 함.
7. didn't ⇒ hadn't (혼합가정법)　　　혼합가정법 구문이므로 If-절이 과거완료형 hadn't이어야 함.
8. as well as ⇒ as long as　　　문장 전체의 의미로 보아 as long as로 바꾸어야 함.
9. were ⇒ were to (가정법 미래)　　　가정법 미래이므로 were가 were to로 되어야 함.
10. you do ⇒ you did　　　It's high time이 오면, you do가 you did로 됨.

④　1. had, studied　　　가정법 과거완료의 구문이므로, If-절에 had studied.
　　2. were, to　　　가정법 미래의 구문이므로, If-절에 were, to.
　　3. would come　　　문의 구조로 보아서, 이때, "Only if--"는 가정법 과거형의 주절의 형태를 따른다: 따라서 would come.
　　4. were　　　"I wish--" 다음에 be는 복수과거형 were.
　　5. had, been, could, have, been　　　가정법 과거완료의 구조이므로 If-절은 과거완료 had been, 주절은 could have been임.

⑤　종합 연습문제

　　Ⓐ　쓰이지 않게 되었다.
　　Ⓑ　which: 관계대명사의 계속적인 용법이다.
　　Ⓒ　had not been used (수동태이어야 함)
　　Ⓓ　might have been used (수동태이어야 함)
　　Ⓔ　출생에서부터 큰 혜택을 받는다고 할 수 있다.
　　Ⓕ　단지 그들의 모국어만 사용함으로써

⑤번 전체 문장의 해석

　　중세에는 라틴어가 국제어였다고 한다. 그래서 중요한 문서들은 라틴어로 쓰였다고 한다. 그러나 점차 라틴어가 사용되지 않게 되었고, 18세기까지는 불어가 외교적인 언어가 되었다. 그러나 19세기부터는 영어가 일반적으로 국제 업무를 처리하는 데 사용되었다. 이런 이유 때문에 영어가 국제어라고 일컬어졌다. 이것은 영국인들이 전 세계로 퍼져나가 많은 땅들을 식민지로 만들었기 때문이다. 이 식민지의 대부분이 지금은 독립되었으나, 여전히 어떤 곳은 아직도 종속된 영역으로 남아있다.

　　만일 영어가 19세기에 국제어로 사용되지 않았더라면, 지금까지 어떤 다른 언어가 그 목적어로 사용되었을 것이다. 그러나 우리는 과거의 세계역사를 되돌릴 수 없기 때문에, 영어를 모국어로 사용하고 있는 국가들로부터 온 사람들은 출생시부터, 하느님의 큰 혜택을 받았다고 말하고 있습니다. 왜냐하면, 그들은 그들의 모국어만 사용하고도, 외국에서 좋은 직업을 얻을 수 있기 때문이다.

제10장 일치(Agreement)

정답과 해설

①　1. has/his　　　each는 항상 단수동사와 일치를 보임.
　　2. are　　　both는 항상 복수동사와 일치를 보임.
　　3. is　　　every도 항상 단수동사와 일치를 보임.
　　4. is　　　three years나 ten dollars 등은 단수동사와 일치를 보임.
　　5. has　　　one of + 복수명사는 단수동사와 일치를 보임. (단 관계대명사가 없을 때)
　　6. was　　　bread and jam, cup and sauce 등은 단수동사와 일치를 보임.
　　7. has　　　not only--but also의 경우는 but also 다음 명사와 수의 일치를 보임.
　　8. have　　　either or his friends도 or 다음의 명사와 일치를 보임.
　　9. were　　　분수의 경우는 of 다음의 명사와 일치를 보임.
　　10. is　　　as well as는 as well as 앞의 명사와 일치를 보임.

②　1. has ⇒ have　　　a large of number는 "많은"의 의미이므로, 복수동사 have.
　　2. are ⇒ is　　　a lot of furniture에서 furniture가 단수이므로 단수동사 is.
　　3. have ⇒ has　　　the number of cars에서 the number가 단수 주어이므로 has.

4.	studies ⇒ study	One of my professors 다음에 관계대명사가 있을 경우, 복수동사를 씀. 관계대명사가 없을 경우에는 단수동사를 씀. 위 5번과 비교해 보라.
5.	are ⇒ is	bread and jam, ten dollars와 같이 단수동사와 일치함.
6.	are ⇒ is	six percent of residents는 앞 six percent와 일치를 보여서 단수임.
7.	was ⇒ were	twins는 항상 복수동사와 일치를 보임.
8.	is ⇒ are	"a great number = a lot of" 이므로 "많은"의 의미로 복수동사와 일치.
9.	seems ⇒ seem	the poor는 복수이므로 seem.
10.	is ⇒ are	as well as는 그 앞의 명사와 일치를 보임: sheep는 복수이므로 are.

③
1.	is	more than one은 의미와는 달리 항상 단수로 표현함.
2.	are	"not --but" 구조에서는 but 다음의 주어와 일치됨: you who are임.
3.	is	as well as의 구조에서는 그 앞의 주어와 일치함: is.
4.	are	가족 구성원 개개인을 언급할 때는 복수동사 are.
5.	has	either -- or의 구조에서는 or 다음의 주어와 일치: has.
6.	had/been	주절의 동사가 과거이므로 had been:
7.	has	every는 and와 연결되어도 단수임: has.
8.	had	과거부사 yesterday 때문에 과거 완료형 had left 이어야 함.
9.	is	curry and rice도 단수로 간주하므로 is.
10.	is	committee가 하나의 단체를 언급하므로 단수동사 is.
11.	is	A black and white dog는 한 마리의 개를 의미하므로 is.
12.	are	rules가 복수이므로 복수동사 are.

④ 종합 연습문제

①	Ron Hornbaker	⑥	picked up
②	of	⑦	has been
③	be	⑧	be released
④	up	⑨	for free
⑤	책을 찾으러 가다	⑩	당신은 나무를 절약하는 데 도움을 줄 수 있다. 책은 종이로 만드는데, 종이는 나무로 만들기 때문이다.

④번 전체 문장의 해석

　　　당신에게 더 이상 필요하지 않은 책을 관리하는(처리하는) 흥미로운 방법이 있다. 당신이 책을 어디엔가 놓아두면 다른 사람들이 주어가서 그 책들이 읽혀집니다. 이와 같은 책 교환(Book Crossing)의 관행은 2001년 미국의 Ron Hornbaker에 의해서 시작되었다. 그는 "bookcrossing.com"이라는 web-site(웹사이트)를 개설했는데, 이것은 사람들이 친구들과 책을 공유해서 사용하는 것을 도와주며, 전혀 모르는 사람들과도 책을 공유할 수 있게 합니다. 2010년까지 이 책교환 웹사이트는 거의 백만 명의 회원을 갖게 되었다.

　　　이 네트워크에 가입하는 것은 간단하다. 책을 어딘가에 놓아두거나, 방출하려면, 웹사이트에 접속하여 그 책을 등록한다. 어디에, 언제, 그 책이 방출되는지 적어두고, 그 책을 방출하러 나간다. 회원들은 자신들의 지역에 방출된 책을 찾기 위해, 웹사이트를 검색할 수도 있는데, 검색했다면, 그 다음 "책을 찾으러 나간다(go hunting)." 책을 찾은 사람은 웹사이트를 방문해야 한다. 그는 책의 고유번호와 어디에, 언제, 책을 주어 갔는지에 대한 정보를 입력해야 한다. 책을 읽은 후에는 또 다른 사람이 읽을 수 있도록, 그 책을 다시 방출해야 한다.

　　　이 독서가들의 공동체에 한 사람이 되어 주십시오. 책을 교환하는 데에는 여러 가지 이점(혜택)이 있습니다. 첫째, 여러분들은 무료로 책을 즐길 수 있습니다. 또한 여러분들은 다른 사람들과 책을 공유할 수도 있습니다. 마지막으로, 선생님은 나무를 살리는 데 도움을 주는 것입니다.

제11장 화법(Narrations)

정답과 해설

①
1.	told/he was	전달동사 said to가 told인 과거로 되므로, 인용문 동사도 he was 로.
2.	he had missed	전달동사가 said 인 과거이고, 인용문 동사가 과거이면, 인용문 동사를 과거완료인 he had missed 로.

3. told me/was   전달동사 said to가 과거형인 told가 되면, 인용문 동사도 과거형인 was 로.

4. asked/I was going/the next day   의문문에서는 said to가 asked 로 변하고, 의문사 what이 접속사가 된다. 인용문 동사는 was going to로 되고, tomorrow가 the next day 로 됨.

5. told/to wash my face/my teeth   전달동사 said to가 told로 되고, 명령문에서는 접속사는 없고, to-부정사를 쓰기에, to wash my face로 your teeth가 my teeth로 됨.

6. advised/not to   명령문의 전달동사가 said이기에, 인용문의 동사도 과거형인 advised로 되고, 인용문이 명령문이므로 to-부정사인 not to drink로 됨.

7. said (exclaimed)/it was   전달문이 감탄문이기에, said를 exclaimed로, 전달문의 시제는 과거이므로 인용문의 동사도 it was로 됨.

8. asked/wanted/her   전달문이 의문문이고, 의문사가 없기에, if를 쓰고, 시제는 전달동사가 과거이므로 인용문의 동사도 wanted, 인용문의 me가 her로 됨.

9. told/had been/then   인용문의 접속사는 that로, said는 told로, 인용문의 시제가 현재완료이기에, 과거완료 had been으로, now는 then으로.

10. had to have   전달동사는 과거형 said이고, 접속사는 that이므로, 인용문의 시제 have to는 과거형 had to have로 변형됨.

11. prayed (wished)/might/me   인용문이 기원문이기에 전달동사는 prayed/wished로, 인용문의 동사는 might로, you는 me로 변형됨.

12. exclaimed (said)/she was   인용문이 감탄문이기에, 전달동사는 said나 exclaimed로 인용문의 동사는 she was로 변형됨.

13 prayed (wished)/might   인용문이 기원문이기에 전달동사는 wished/prayed로, 기원문의 동사는 might로 변형됨.

14. wished (prayed)   인용문이 기원문이기에 전달동사는 wished/prayed로 하고 목적어 him 다음에 good luck로 변형됨.

15 she was/that/couldn't   인용문이 평서문이므로 접속사는 that, 그러나 인용문이 복문이므로 and 다음에 that를 추가하고, 동사는 전달동사의 시제에 맞추어 couldn't로 변형됨.

② 1. do 삭제   의문문의 종속절은 평서문이므로 주어 + 동사로 의문형 조동사 do가 필요 없음.

2. fasten ⇒ to fasten   동사 order는 목적어 다음에 to-부정사를 씀.
3. the matter was with me   be 동사가 필요함: what the matter was with me.
4. said ⇒ asked   "--인지 어떤지"를 물어보기 때문에 전달 동사는 asked로.
5. told me ⇒ said to   인용문이 그대로 제시되었기에, 전달동사는 said to로.
6. asked ⇒ said to   이 문장도 인용문이 그대로 제시되었기에, 전달동사는 said to로.

7. didn't listen ⇒ no to listen   이 문장은 직접화법의 문장을 간접화법의 문장으로 바꾸었기 때문에, 인용문의 동사 형태가 not to listen으로 되어야 함.

8. said ⇒ asked   이 문장은 의문사가 없는 의문문을 간접화법으로 바꾼 문장이기 때문에, if가 접속사로, 전달 동사는 asked로 되어야 함.

9. asked ⇒ said to   이 문장도 직접화법의 형태이므로, 전달동사가 said to로 됨.
10. is ⇒ was   Yesterday와 said가 모두 과거의 시제를 나타내므로 인용문의 동사도 there was로 되어야 함.

③ 1. She told me that she would go there the next day.   직접화법을 간접화법으로 변형
2. He said that he wished he were a millionaire.
3. The boy said to me, "I dreamed of a curious dream last night."   간접화법을 직접화법으로 변형
4. She told me to start out the work at once.   직접화법을 간접화법으로 변형
5. The doctor advised her not to eat too much.
6. He exclaimed how exciting the game was.   직접화법을 간접화법으로 변형
7. She prayed that God might forgive her.
8. He said that it was raining and that he was not so much willing to go.
9. He cried with a sigh that he had been very foolish.

10. The policeman ordered the thief to stay where he was, and that not to run away.

④   종합 연습문제

  Ⓐ 어떤 것도 소용이 없었다.   Ⓔ 진정으로 행복한 사람의 shirt
    (먹혀들어가지 않았다/ 잘 되지 않았다) Ⓕ asked
  Ⓑ asked   Ⓖ 그것이 그렇게 될 수 있다면 얼마나 좋겠습니까?
  Ⓒ said to   (실제는 그렇게 될 수 없다는 말)
  Ⓓ said   Ⓗ asked
                Ⓘ said/answered

④번 전체 문장의 해석

 옛날에 항상 불행한 한 왕자가 살았다. 왕은 가능한 모든 방법을 동원해서 그를 기분 좋게 하려고 했지만 아무것도 소용이 없었다. "왜 불행하니?"라고 왕이 물었다. "저도 잘 모르겠어요, 아버지."라고 했다.

 아들의 슬픈 얼굴을 더 이상 볼 수 없어서, 왕은 충고를 얻으려고, 철학자, 의사, 교수들을 불렀다. 왕자를 살펴본 후에 현인들은 마침내 왕에게 말했다. "왕께서는 진실로 행복한 사람을 찾아서 왕자의 셔츠(shirt)와 그 사람의 셔츠를 교환해야 합니다."

 왕은 즉시 행복한 사람을 찾기 위해서 곳곳에 신하들을 보냈다. 그들은 사제를 만나 그를 왕에게 데려왔다. 왕이 사제에게 "나의 주교라는 더 높은 직책을 받아들여 주시겠습니까?"라고 물었다. "폐하 그럴 수만 있다면요!"라 했다. 왕은 실망했다. 왕은 그가 가진 것 이상의 것을 바라지 않는 정말로 행복한 사람을 찾고 있었다.

 얼마 후 왕의 신하들은 사람들이 편안히 만족스러워 하는 이웃 나라의 통치자에 대한 소식을 가져왔다. 왕은 그 통치자를 방문해서 무엇이 그를 그렇게 행복하게 하는지를 물었다. "정말로 저는 사람들이 바랄 수 있는 모든 것을 가졌습니다. 그러나 저는 제가 죽어 이루어 놓은 모든 것을 잃게 될까봐 걱정이 되어 밤에 잠을 잘 수 없습니다."라고 그 통치자가 대답했다. 왕은 다시 한 번 이 남자의 셔츠도 아들을 치유할 수 없다는 결론을 내렸다.

제12장 관계대명사 및 관계부사

정답과 해설

① 1. who   "you said him honest"는 삽입구로 쓰였고, came의 주어는 who임.
  2. which   선행사가 the shop이기에, which가 온다.
  3. whose   선행사 a child의 소유격 관계대명사는 whose임.
  4. that   사람과 동물이 함께 선행사로 나타나면, 관계대명사는 that임.
  5. whose   선행사가 a mountain이기에, 소유격 관계대명사 whose임.
  6. that   "the only--"의 선행사가 나타나면, 관계대명사는 that임.
  7. what   이 문장에서 관계사의 선행사가 없기 때문에, 관계대명사는 what 이어야 함.
  8. which   관계대명사 앞에 콤마(,)가 있기 때문에, 계속적 용법의 관계대명사 which임.
  9. which   interest in에서 전치사 in의 목적어로 될 수 있는 것은 which임.
         관계 대명사 that 앞에는 전치사가 올 수 없음.
  10. what   관용구 "what is worse(더 나쁘게도)"로 쓰였기 때문에 what임.

② 1. whom   관계대명사의 계속적인 용법으로 쓰려면, non of whom 이 되어야 함.
  2. who   이 문제도 관계대명사의 계속적인 용법으로 쓰여야 해석이 됨: who 이어야 함.
  3. that/whom 이 문장에서는 관계사 that가 쓰이는데, that 앞에는 전치사가 올 수 없기 때문에

다음 사각형 내의 a와 같이 전치사가 오직 후미에만 온다는 조건이 있어야 함.

---

  a. He was respected by the people <u>that</u> he worked <u>with</u>. (o)
  b. He was respected by the people <u>whom</u> he worked <u>with</u>. (o)

  위 3. a는 전치사 with가 관계대명사 that 앞으로 이동하지 않는다는 조건하에 인정됨.

4.	which	뒤에 있는 전치사 in의 목적어로 관계대명사 which임.
5.	as/which	as is often the case = which is often the case (종종 그러했던 것 같이)

③
1.	who	she ⇒ taught의 주어인 who로.
2.	where	there ⇒ 계속적인 용법의 where로.
3.	which	관계대명사 that는 계속적인 용법에 쓸 수 없음: which이어야 함.
4.	which	where는 뒤에 있는 전치사 in의 목적어가 될 수 없음: 관계대명사 which이어야 함.
5.	whatever	say의 목적어가 되려면 whatever가 되어야 함.
6.	what	선행사가 없기 때문에 what만이 쓰일 수 있음.
7.	whoever	"club에 회원이 되기를 원하는 사람은 누구나"는 whoever이어야 함.
8.	which	이 경우에서도, 뒤에 전치사 on이 나타나기 때문에 관계사, which가 와야 함.
9.	which	뒤의 전치사 in의 목적어가 되려면 관계사 which가 와야 함.
10.	which	뒤의 전치사 for의 목적어가 되려면 동일한 관계사 which이어야 함.

④
1. Whoever
2. However
3. Whatever
4. Wherever
5. Whenever

⑤
1. which
2. who
3. some of whom
4. where
5. which
6. which
7. which

⑥ 종합 문제연습

Ⓐ 제거하다
Ⓑ where
Ⓒ 배설물
Ⓓ 향유고래의 배설물이 지구상의 이산화 탄소를 심해로 옮겨간다는 이야기
Ⓔ where
Ⓕ [mainju:t]/작은
Ⓖ 향유고래의 poop(배설물)
Ⓗ …에 의하면
Ⓘ given off

⑥번 전체 문장의 해석

여기 지상에서, 우리는 도시와 가축 농장에서 나오는 생물학적 쓰레기를 없애기 위해 대규모의 토목사업 계획을 착수한다. 거대한 동물들이 많은 배설물을 배출하는 바다는 어떠할까? 최근의 한 연구에 의하면, 남대양에 있는 향유고래들은 자신들의 배설물로 온실가스를 상쇄할 능력이 있다고 한다. 고래의 배설물은 대기 중에 있는 이산화탄소를 끌어당겨 심해로 옮겨간다.

이것이 어떻게 이루어질까? 향유고래는 심해로 깊이 잠수해서 오징어를 먹는다. 고래는 숨을 쉬기 위해 수면으로 되돌아오는데 수면에 있는 동안, 물줄기를 품어낸다. 이 고래의 배설물은 수면에 떠다니는 아주 작은 식물들에게 뿌려진다. 철분이 풍부하기 때문에 고래의 배설물은 바다에서 플랑크톤의 성장 촉진제가 된다. 플랑크톤은 대기 중의 이산화탄소를 흡수해서 결국 해저로 가라앉는다.

그러므로 이런 거대한 해양 동물과 어떤 다른 해양포유류는 지구상에서 가장 친환경적인 동물에 속할지도 모른다. 오스트레일리아의 생물학자들은 약 12,000마리의 향유고래가 남대양에서 서식한다고 추정했다. 과학자들에 의하면, 향유고래 한 마리는 1년에 약 20만 톤의 이산화탄소를 처리할 수 있다고 했다. 이것은 4만 대의 자동차에서 내뿜는 이산화탄소의 양과 같다. 그러나 불행하게도 고래의 개체 수는 줄어들고 있다. 만약 고래의 배설물이 이렇게 환경을 깨끗하게 한다면, 우리는 고래가 보호되도록 해야 하지 않겠는가?

제13장 형용사(Adjectives)

정답과 해설

①
1.	a little	돈은 비-가산명사인데, "little"은 돈이 거의 없다는 의미이고, "a little"은 "조금은 있다"는 의미임.
2.	sweet	smell 이라는 감각동사는 형용사를 보어로 함.
3.	pleased	be 동사와 함께 쓰이면, am pleased로 과거분사형과 함께 쓰임.
4.	quiet	"조용히 하라"는 명령은 "be quiet"임. 형용사와 함께 쓰임.
5.	asleep	형용사 asleep는 "서술형 구조에만" 쓰임.

6. like　　　　　　이때 like는 전치사임. 그래서 "미국인처럼"으로 해석됨.
7. alike　　　　　 alike도 서술형 형용사로, "서로 비슷하다/닮았다"로 해석됨.
8. buy　　　　　　이 유형의 문장은 "기원문"이므로 미국영어에서는 원형동사 buy. 영국영어에서는 should buy가 됨.
9. something cold　something, anything 등은 형용사를 그 뒤에 둔다.
10. fourth year　　"매 4년마다"라는 의미로는 서수로 every fourth year로 씀.

② 1. alive fishes ⇒ live fishes:　물고기 fish는 단수/복수 동형으로 사용되나, 앞에 many different kind가 나타났기 때문에, 특별히 복수로 인정되고, live는 명사 앞에 나타나 한정 형용사로 쓰였음.

　　2. years ⇒ year:　뒤의 명사를 수식하는 경우에는, 복수형으로 쓰지 않음.

　　3. of her ⇒ for her:　of her는 사람의 성격을 나타낼 때 쓰고, 그 외에는 for her를 to-부정사의 의미상의 주어로 씀

　　4. to make money for him ⇒ for him to make money:
　　　　"그가 돈을 벌다"를 의미할 때는 "의미상의 주어 for him"이 to-부정사 앞에 옴.

　　5. interesting in ⇒ interested in:
　　　　"관심을 가지다/흥미를 가지다"의 의미로는 "be interested in" 으로 표현.

　　6. red beautiful ⇒ beautiful red:
　　　　서술형용사의 순서로 보면, 색체, 연령 모양 등은 일반 형용사 앞에 온다.
　　　　제13장 ⑧, Ⓐ의 "묘사적 형용사의 도표를 참조할 것"

　　7. an old wonderful ⇒ a wonderful old:
　　　　"의견 형용사(감정, 느낌, 견해, 판단)"는 묘사적 형용사 앞에 온다.
　　　　13장 ⑧, Ⓒ의 "의견 형용사(Opinion adjective)" 표를 참조할 것.

　　8. a brick square modern house ⇒ a modern square brick house:
　　　　"연령" 표현이 "모양" 표현 앞에 온다. 13장 ⑧, Ⓐ의 "묘사적 형용사 도표" 참조.

　　9. a square wonderful soft rug ⇒ a wonderful soft square woolen rug:
　　　　13장 ⑧, Ⓒ의 "의견 형용사(Opinion adjective)" 표를 참조할 것.

　10. small round leather a black ⇒ a small round black leather:
　　　　크기, 모양, 색깔, 재료의 순서로 표현된다. 색깔이 맨 뒤로 갈 수 없다.
　　　　13장 ⑧, Ⓐ의 "묘사적 형용사" 도표를 참조할 것.

③ 1. latest educational reform　latest가 먼저 온다. 13장 ⑧, Ⓑ의 "유형분류적 형용사 (classificational adjective) 도표"를 참조할 것.

　　2. round green wooden　모양, 색체, 재료의 순서로 배열: a round green wooden table.
　　　　13장 ⑧, Ⓐ의 "묘사적 형용사 도표"를 참조할 것.

　　3. lovely new brown glass　"의견 형용사"가 먼저 오고, 연령, 색체, 재료의 순:
　　　　a lovely new brown glass cup: 13장 ⑧, Ⓒ의 "의견형용사 (Opinion adjective)" 도표를 참조할 것.

　　4. little round gold　크기, 모양, 재료의 순서: a little round gold medal
　　　　13장 ⑧, Ⓐ의 "묘사적 형용사 도표"를 참조할 것.

　　5. small square red woolen　크기. 모양, 색체, 재료의 순서: a small square red woolen rug.
　　　　13장 ⑧, Ⓐ의 "묘사적 형용사 표"를 참조할 것.

④ 1 impatient　문장의 의미상으로 impatient.

　　2. high　가격(price)은 high, low로 표현하고, 물건 값은, expensive, cheap 로 표현한다.

　　3. large number　이 문장에 가산명사 hours가 있기 때문에 large number가 필요함.

　　4. considerate　considerate는 "사려 깊은", "동정심이 있는" 이고, considerable은 "중요한", "고려할만한"의 의미를 갖고 있다.

　　5. respective　respective는 "각각의" 키, respectable은 "존경할만한"의 의미임.

　　6. drunk　drunk는 여러 가지 유형의 자동사보어로 쓰인다: be, get, seem, look, become, act 등의 주격보어로 쓰인다. 즉, seemed to be drunk. 동사 seem은 과거분사 앞에서는 to be를 쓴다.
　　　　㉞ (Onions 2-30) 참조.

　　7. gate two　보통 gate two로 표현함.

⑤ c번　형용사 easy, difficult, hard는 바로 그 뒤에 오는 to-부정사의 "목적어를 그 문장의 주어위치로 이동시키지만, 형용사 eager는 to-부정사가 뒤에 와도 to-부정사의 목적어를 목적어의 위치에 그대로 둔다. 이 문제는 형용사 유형 ㉛번과 ㉜번을 비교해 보아야 함.

⑥ a번　"That person is impossible to work with."만 정문이다. b, c는 "It--to"의 구조로 표

현해야 정문이다. 즉, "It is possible to work--"나 "It is possible to defeat--"의 구
조로 표현해야 정문이다. d의 동사 win/lose는 "a/the game"만을 동사의 목적으로 하
는 동사이기 때문에 비-문법적이다. 이 "(im)possible"의 용법은 한국인의 논리로는 설
명할 수 없다. 원어민의 판단을 따르는 것이 적절하다.

⑦ d번

이 문제는 13장 형용사의 ㉑번을 참조하거나, 형용사 유형 ㉛의 마지막 "해설"을 참조.
d번 외에, 다른 문장은 모두 비-문법적인 문장이다. 왜냐하면 To win/lose our team
으로 된, to-부정사 주어는 그것의 보어를 be (im)possible로 할 수 없고, 목적어
a/the game일 때만 정문이기 때문이다. 13장 형용사의 ㉑번의 (1)-(11)의 예문설명
을 참조할 것. d는 정문이다.

⑧ 종합 연습문제

Ⓐ a chocolate chip cookie의   Ⓕ supply
Ⓑ than   Ⓖ likely
Ⓒ different   Ⓗ 응하다/받아들이다
Ⓓ 소위 말하는   Ⓘ 나타나다
Ⓔ scarce

⑧번 전체 문장의 해석

1975년, 심리학자, Stephen Worchel은 흥미로운 실험을 했다. 참가자들에게 초콜릿 칩 과자를 병
에서 꺼내 주고, 과자를 맛보고 평가하도록 요청했다. 평가자들의 절반에게 준 병에는 10개의 과자가
들어 있었고, 나머지 절반에게 준 병에는 2개만 들어 있었다. 과자가 단지 2개 중에서 하나였을 때의
과자는, 10개 중에서 하나였을 때의 과자보다 더 맛있고, 더 가치가 비싼 것으로 평가되었다. 왜 참가
자들은 같은 과자를 맛본 후에, 다른 선호도를 보였을까?

이것은 소위 말하는 "회소성 효과" 때문이었다. 어떤 것이 회귀할 때, 우리는 무의식적으로 그것이
좀 더 가치 있다고 생각한다. 반면, 어디서나 구할 수 있는 것은 높이 평가하지 않는다. 그러므로 제
품이 회귀하거나, 한정 수량이라고 말하는 것은 효과적인 마케팅 기법이다. 사람들은 제품이 회귀하다
고 생각하면, 판매원의 설득에 따라 제품을 구입할 것이다. 이런 "한정 수 내에서 구매할 수 있다"는
술책은 어디에서나 있다. 특별 "한정판" 또는 "구매할 수 있는 마지막 기회"라는 말은 좋은 예이다.

우리는 좋든 싫든 간에, 종종 회소성 효과에 영향을 받는데, 우리는 회소한 물건에 더 끌리는 경향
이 있다. 그러나 우리는 회귀한 과자가 실제로 더 맛이 좋은 것은 아니라는 것을 알아볼 만큼 현명해
야 한다.

제14장 부사어구(Adverbials)

정답과 해설

① 1. yet   부정의 의미가 나타난 문장에서는 "아직" 이라는 의미로 부사 yet를 쓴다.
   2. ago   시제가 과거형 arrived로 나타나기 때문에 부사는 ago로.
   3. once   유도부사 there가 앞에 오면, 바로 다음에 "옛날에"의 의미로 once를 씀.
   4. very   very는 현재분사를 수식하기 때문에 interesting 앞에 와야 한다.
   5. much   비교급일 때는 more가 앞에 다른 부사 much와 결합되어 과거분사 civilized를 수식함.
   6. much   비교급 older를 수식하기 때문에 much를 사용. 위 4번과 동일한 구조임.
   7. No   이 mind의 의미는 "--을 상관하겠습니까?"의 의미를 갖고 있기 때문에 우리말의
              "네"라는 의미로, 영어에서는 No를 쓰고, not at all로 표현함.
   8. either   부정문에서 "역시"의 의미로는 either를 씀.
   9. before   "막연히", "전에 --을 한 적이 있느냐?"는 질문에는 before를 씀.
   10. much   비교급 "much --longer than"의 구조이기에, much.를 써야 함.

② 1. highly ⇒ high: 구어체에서는 high가 부사로 쓰임.
   2. laughs always at ⇒ always laughs at: 부사는 본동사 앞에 와야 함.
   3. arrived at 7 o'clock here ⇒
      arrived here at 7 o'clock: 장소부사 here가 먼저 오고 다음 시간부사.
   4. go wrongly ⇒ go wrong(잘못되다):   구어체에서는 wrong이 부사로 쓰임.
   5. wrong informed ⇒ wrongly informed: 과거분사 앞에는 "--ly" 형 부사사용.

6. early breakfast ⇒ an early breakfast:　식사명 앞에는 관사를 사용하지 않지만, 형용사가 앞에 오면 관사 a/an을 사용.

7. on sunny (spring) morning ⇒
   on a sunny (spring) morning:　앞에 형용사 sunny가 오면 관사 a를 사용.
8. clearly ⇒ clear:　일반 회화체에서는 clear가 부사로 쓰임.
9. clear ⇒ clearly:　앞에 "정도부사" quite가 오면 "--ly"형 부사 사용.
10. widely ⇒ wide:　wide는 보통 부사로 쓰인다.

③　1.　(o)　특히 동사 buy가 쓰이는 경우에는 cheap는 부사로 사용.
　　2.　(o)　"깨끗이 지나가다/통과하다"의 의미로 쓰이는 경우에는 clear가 부사로 쓰임.
　　3.　(x)　부사가, 형용사를 수식할 때는 "--ly"형 부사를 사용함.
　　4.　(o)　"가까이"라는 의미로 쓰일 때에는, close가 부사로 쓰임.
　　5.　(o)　과거분사를 수식할 때는 "--ly"형 부사를 사용함.
　　6.　(x)　"dead against(정면으로)"는 관용적 표현임.
　　7.　(o)　deadly가 형용사로 쓰일 때는, "deadly poison(극약)"의 의미일 때 쓴다.
　　8.　(x)　"푹 자다"는 "fast asleep"로 표현함.
　　9.　(o)　"hold firm"에서 firm은 부사로 사용됨.
　　10.　(o)　firmly가 다른 부사구 "in the ground"를 수식할 때는 "firmly"의 부사가 쓰임.
　　11.　(x)　"머리를 들어라"와 같은 구조에서는 high가 부사로 쓰임.
　　12.　(o)　현재분사를 수식할 경우에는 "--ly"형 부사가 쓰임.

④　1.　(o)　loud, loudly 둘 다 사용.　　　　　　　(관용적 표현)
　　2.　(o)　quickly, quick 둘 다 사용.　　　　　　(관용적 표현)
　　3.　(o)　cheap, cheaply 둘 다 사용.　　　　　　(관용적 표현)
　　4.　(o)　후치될 경우에 clear, clearly 둘 다 사용.　(관용적 표현)
　　5.　a.　(x)　　맞는 문장이나, cleanly는 부사가 아니고, "형용사"임.
　　　　b.　(o)　부사로 쓰임.
　　6.　a.　(o)　부사로 쓰임.
　　　　b.　(x)　과거분사 앞에서는 "--ly"형 "tightly"가 쓰임.
　　7.　a.　(x)　wrongly가 아닌, "wrong"이 부사로 쓰임.
　　　　b.　(o)　과거분사 앞에서는 "--ly"형 부사 "wrongly"가 쓰임.
　　8.　a.　(o)　부사로 쓰임.
　　　　b.　(x)　tight가 부사로 쓰임.
　　9.　a.　(o)　과거분사 앞에서는 "--ly"형 부사 사용
　　　　b.　(x)　high가 부사로 쓰임.
　　10.　a.　(o)　부사임. hardly는 부정의 의미가 있기 때문에, 사용불가.
　　　　b.　(x)　이 구조에서는 firm이 부사로 사용

⑤　종합 연습문제
　　Ⓐ　수요의 법칙
　　Ⓑ　적용되다
　　Ⓒ　perfectly
　　Ⓓ　항상/언제나
　　Ⓔ　앞의 much more는 문의 5형식 (Onions 5-21)의 형용사 목적보어로, sought를 요구함.
　　Ⓕ　sought after: 찾게 되는(게)
　　Ⓖ　어떤 높은 지위를 찾는 소비자
　　Ⓗ　special
　　Ⓘ　completely
　　Ⓙ　"벗어나다", "자유로워지다"
　　Ⓚ　그 법칙에 따르다/준수하다

⑤번 전체 문장의 해석

　　누구나 수요의 법칙에 대해서 알고 있다. 상품의 가격이 올라가면, 소수의 사람들만이 그것을 사고 싶어 한다. 가격이 내려가면, 더 많은 사람들이 사고 싶어 한다. 이 법칙이 항상 완벽하게 작용한다는 것이 일반적인 생각이다. 그러나 이 법칙을 따르지 않는 상품들이 있다.
　　유명한 디자이너가 만든 핸드백이나, 고급승용차와 같은 고급 제품들을 Veblen(베블런) 상품이라 부른다. 이 상품들의 가격 상승은 수요의 감소로 이어지는 것이 아니다. 반대로, 더 비싼 가격은 더 많은 사람들이 그 상품을 찾게 한다. 이런 비정상적인 시장 행동을 Veblen 효과라 한다. 그것은 미국의 경제학자 Thorstein Veblen의 이름을 따서 지었다. 그는 가능성 있는 두 가지 이유로, 어떤 사람들은 기꺼이 더 비싼 값을 지불하고 싶어 한다고 지적했다. 그 첫 번째 이유는, 그들 중 많은 사람들은 더 비싼 가격이 더 나은 품질을 의미할 것이라고 믿는다. 또 다른 이유로는, 높은 지위를 추구하는 소비자들은 그 상품들이 자신들을 특별하게 보이도록 도와줄 것이라고 생각한다.
　　그러나 이런 시장 행동이 수요의 법칙에서 벗어나, 완전히 자유로운 것은 아니다. 어떤 수준에서는 Veblen 상품일지라도 시장의 지배를 받는다. Veblen 상품에 대한 수요가 가격에 비례하여 무한정 증가하지는 않는다. 수요는 가격이 어느 정점에 이를 때까지 가격과 비례하여 오를지 모르지만, 만약 가격이 그 정점을 넘어서면, 수요는 떨어지기 시작할 것이다. 다시 말해서, 정점에 이른 이후에는 수요의 법칙이 적용된다.

제15장 비교와 대조(Comparisons and Contrasts)

정답과 해설

① 1. large:　　　　　형용사/부사의 원급 비교에는 as---as를 씀.
　 2. hard:　　　　　hardly는 부사이고, hard가 원급 형용사이기 때문에 as---as를 씀.
　 3. much money:　 money는 비-가산 명사이므로 "much money"가 as---as에 쓰임.
　 4. fast:　　　　　형용사 fast는 원급 비교이므로 as---as를 씀.
　 5. large:　　　　　large도 원급 비교이므로, as---as를 씀.
　 6. much:　　　　　older가 비교급이므로 much---than에 씀.
　 7. more:　　　　　3음절 이상의 형용사이므로 more를 씀: more attractive than의 구문임.
　 8. harder:　　　　비교급 구문이므로 harder를 씀: harder than의 구문임.
　 9. to:　　　　　　senior는 Latin어 계의 형용사이므로 비교급에 than 대신에 to를 씀.
　 10. to:　　　　　superior도 Latin어 계의 형용사이므로 비교급에 than의 의미로 to를 씀.

② 1. the taller:　　　두 사람의 비교에서, 비교급에서도 정관사 the를 씀. 15장 ⑬, (2)를 참조할 것.
　 2. less:　　　　　비교급 older로 보아서, little의 비교급이므로 less older로 되어야 함.
　 3. the sooner:　　"the + 비교급, --the + 비교급"의 구문이므로, the sooner로.
　 4. more wise:　　동일한 사람의 성격을 비교할 때는, the를 삭제하고, "more wise"로 함.
　 5. to:　　　　　　동사 prefer는 비교형에, prefer--to를 씀.
　 6. than:　　　　　younger --than의 비교급의 형식이므로, than.
　 7. getting:　　　"날씨가 점점 --하다"는 관용구는 "be getting + 비교급 형용사"를 씀.
　 8. in:　　　　　　비교급에서, 장소를 표시할 때는, 전치사 in을 씀.
　 9. fastest:　　　부사의 최상급에는 the를 사용하지 않음.
　 10. the last:　　　"--하지 않을 사람"의 의미이므로 the last man으로.

③ 1. less tall than:　　열세의 비교급으로는 less tall than임.
　 2. not so old as:　　부정의 비교표현으로는, not so old as로 됨.
　 3. younger than　　Latin어 계의 표현을 영어식 표현으로 바꾸면, younger than이 됨.
　 4. honest does
　　　/so well as honest does.:　비교급에서 절 대신에 to-부정사 구문인 to be honest를 일반 비교
　　　　　　　　　　　　　　　급으로 변형시키면, honest does나 so well as honest does로 변
　　　　　　　　　　　　　　　형됨. 제15장의 ⑨번의 내용 참조할 것.
　 5. prefer coffee to tea:　동사 prefer는 than 대신에 to를 씀.

④ 1. even more nicer than
　 2. not so old as
　 3. ten times more difficult than
　 4. not quite so large as
　 5. quite so large as

⑤ 종합 연습문제

Ⓐ 부사적 불변화사(adverbial particles)　　　Ⓑ gapping의
Ⓒ 통과 의례 (관례)　　　　　　　　　　　　Ⓓ 효과가 있다.
Ⓔ the가 필요 없다. more가 단순한 부사이기 때문.　Ⓕ the가 필요 없다. importantly가 단순한
Ⓖ the가 필요하다.　　　　　　　　　　　　　　 일반 부사이기 때문에
Ⓗ gapping의 선택문제

⑤번 전체 문장의 해석

　영어를 모국어로 말하는 나라들의 많은 젊은이들은 그들이 대학을 시작하기 전에 휴식시간(take time off)을 갖는다. 이것이 휴식년(a gap year)으로 알려져 있다. 휴식년의 경험은 몇 주 또는 1년에 이르기도 한다. 휴식년을 갖는 사람들(gappers)은 이 기간을 여러 가지 다양한 목적으로 사용한다. 어떤 사람들은 여행을 하거나 또는 그들의 취미를 추구하는 반면, 많은 사람들은 해외에서, 자원봉사 활동을 즐긴다.

　이 개념은 영국에 기원을 둔다. 과거에는 단지 소수의 학생들만 휴식년을 가질 수 있었다. 이 휴식년은 1990년대에 그 개념의 계기(중요성)를 얻게 되었다. 그것은 Harry 왕자가 2004년에 아프리카에서 1년의 휴식년을 보냈기 때문이다. 그 이후로 휴식년을 갖는 것은 수만 명의 영국 학생들에게 하나의 겪어야하는 의례

(관례)가 되었다. 이것은 역시 미국학생들에게도 인기를 더해가고 있다.

　　휴식년을 갖는 것이 휴식년을 갖는 학생들에게 도움을 주는가? 연구는 그렇다고 말한다. 휴식년을 갖는 학생들은 그들이 대학에서 공부를 시작할 때, 더 집중하게 되고 동기부여를 받게 된다. 휴식년은 학생들에게 현실 세계를 배우고 필요한 삶의 기술을 배울 기회를 제공한다. 가장 중요한 것은 그들이 자기 자신들이 어떤 사람인가를 발견할 기회를 주는 것이다. 이런 이유들 때문에, 가장 명성이 높은 대학들 중에서 어떤 대학들은 휴식년의 이점을 확신하고 있다. 예컨대, Harvard University는 모든 신입생들에게 휴식년의 선택을 신중히 고려해 보도록 권장하고 있다.

제16장 명사(Nouns)

정답과 해설

① 1. work: homework는 추상명사이므로 복수명사가 될 수 없다.
　 2. much: 영어의 money는 비-가산명사이므로, much를 씀.
　 3. hair: 머리털 전체를 언급할 때는, 단수로 표시한다.
　 4. are: 영어의 the police는 항상 복수명사이다.
　 5. is/furniture: 영어의 furniture는 비-가산명사이므로 단수로 표현함.
　 6. fruit/it/is: 영어의 fruit도 비-가산 단수명사로 쓰임.
　 7. are: fruit는 단수로 사용하나, vegetables는 복수명사로 씀.
　 8. experience: 일반적인 경험을 의미할 때는, 단수로 표현함.
　 9. some: 권유의 의미로 쓰일 때는, 의문문에도 some을 사용함.
　 10. dozen of bottles: 부정관사 a나, 수사 one, two, three 등이 앞에 오면. dozen은 단수로 표시하고, 그 다음에 상품은 복수로 표시함. 16장 ②의 ⑽번 참조.

② 1. travel: 영어에서 여행은 journey, trip, travel 등 세 가지 명사가 있는데, a journey와 a trip 만이 부정관사를 쓰고, travel 만은 관사 없이 보통 복수명사로 사용함. 16장 ①의 (8)을 참조하라.
　 2. A/The journey: 부정관사 a나 수식을 받는 경우는 the를 사용함.
　 3. a trip: take a trip으로 부정관사 a가 필요함.
　 4. poetry ⇒ poems: poems는 가산명사로 사용되고, poetry는 추상명사로 씀.
　 5. a really difficult life: life는 추상명사이어서, 관사가 필요 없지만, 특별한 수식을 받으면, 부정관사 a가 쓰임.
　 6. were: "The crowd"는 집합명사로 하나의 단체로 볼 때는 단수이지만, 구성원을 언급할 때는 복수임. among themselves는 구성원을 표시하고 있음.
　 7. score: 위 ①의 10번과 동일함: 앞에 수사가 나타나서 score 이어야 함.
　 8. consists: The jury는 하나로 된 단체이므로, "consists of"로 되어야 함.
　 9. were: "의견에 따라 서로 나누어 졌다"는 의미 때문에, 구성원을 의미함. 따라서 복수이어야 함.
　 10. dozens: 확실한 수량이 아닌, 막연한 some, many가 앞에 오면, dozen은 dozens로 됨. 16장 ②의 ⑽번 참조.

③ 1. a pair of shoes 신발은 두 짝(쌍)이므로 a pair가 필요함.
　 2. a piece of paper 종이는 물질명사이므로 a piece of paper로
　 3. pieces/slices, cup 빵도 물질명사이므로 two pieces/slices로, coffee도 물질명사이므로 a cup of coffee로 수량을 표시함.
　 4. a new pair of shorts 짧은 바지도 a pair of shorts로.
　 5. a piece of chalk 백묵도 물질명사이므로 a piece of chalk로.
　 6. a cake of soap 비누도 물질명사이므로 a cake of soap로.
　 7. a piece of news news는 추상명사이므로 a piece of news로.
　 8. several flashes 번개의 "몇 번의 번쩍임(several flashes)"을 several flashes로 표현. 16장 ①의 (9)번 참조.
　 9. several claps "천둥이 몇 번 치다"는 several claps로 표현. 16장 ①의 (9)번 참조.
　 10. every piece baggage(수화물)도 비-가산 명사이므로 every piece로 표현함. 16장 ①의 (9)번 참조.

④ 종합 연습문제

④ Ⓐ Gatorade의 　　　　　　Ⓕ drink
　 Ⓑ keeping 　　　　　　　 Ⓖ Gatorade 음료가 탈수를 막아주어
　 Ⓒ from 　　　　　　　　　　 경기 후반에 힘을 내게 했기 때문
　 Ⓓ in 　　　　　　　　　　Ⓗ 그것이 (Gatorade를 마시지 않는 것) 그 차이를 만들었다.
　 Ⓔ named 　　　　　　　　Ⓘ were purchased
　　　　　　　　　　　　　　　Ⓙ 지금은 Gatorade가 세계적으로 30가지 맛으로
　　　　　　　　　　　　　　　　 생산 되고 있다.

④번 전체 문장의 해석

　　Gatorade는 잘 알려진 스포츠 음료이다. 많은 운동선수들은 탈수를 예방하기 위해 이 음료를 즐겨 마신다. 어떻게 이 유명한 제품이 이 이름을 갖게 되었을까? 1960년대 초, University of Florida 연구팀은 탈수를 막을 수 있는 상품을 개발하는 프로젝트를 시작했다. 탈수는 피로와 근육경련을 일으켜, 운동선수들이 최선을 다해서 경기를 할 수 없도록 한다. 1965년에 연구원들은 신체활동 중에 손실된 체액과 염분을 빠르게 대체하는 음료를 개발하는데 성공했다. 그들은 University of Florida의 미식 축구팀 선수 10명에게 새로운 상품을 실험해 보기로 했다. 이 팀의 이름은 Gators였고, 그 상품은 "Gatorade"라는 이름이 붙여졌다.

　　그 미식축구 코치는 Gatorade의 가치를 인정했고, 선수들에게 마시게 했다. Gators팀은 시즌 내내 이겼고, 특히 "후반부 팀"이라는 별명을 얻었다. 그들은 경기의 후반부에 상대 팀을 모두 압도했다. 상대팀 코치는 그들이 진 이유를 질문 받았을 때, 우리는 Gatorade를 마시지 않았다. "그것이 차이를 가져왔다."라고 대답했다.

　　1983년에 Quaker Oats 회사가 Gatorade에 대한 소유권을 샀다. 그때 이후로 Gatorade는 미국에서 스포츠 음료 중, 1위를 하고 있다. 오늘날 Gatorade는 전 세계에서 30가지의 맛으로 생산되고 있다. 그것은 미국의 미식축구 연맹과 미국농구 협회를 포함한 많은 스포츠 리그의 공식 음료가 되었다.

제17장 관사(Articles): (a/an/the)

정답과 해설

① 　1. the girls: 　　"over there with John"의 수식을 받기 때문에 정관사 the가 필요함.
　　2. the green one: 몇 개 중에서 어느 하나를 선택할 때는, 정관사 the로 선택을 확인함.
　　3. Elephants: 　　어떤 물건, 물체, 사물의 대표적인 전체를 언급할 때는 항상 복수형 명사로 표현함.
　　4. Gas: 　　　　　"수식을 받지 않는 물질 명사"를 언급할 때는, 관사 없이 쓰임.
　　5. a post office: post office는 항상 정관사 the를 동반하나, "막연한 어떤 하나"를 언급할 때는, 부정관사 a와 함께 쓰일 수 있음.
　　6. the window: 　모두가 잘 알고 있는 물건이나, 사물을 지칭할 때는, 정관사 the를 사용함.
　　7. coffee: 　　　수식을 받지 않는 물질명사는 무-관사로 쓰임.
　　8. a terrible: 　 weather는 보통 정관사 the와 함께 쓰이나, 형용사가 앞에 오면 a와 함께 씀.
　　9. TV: 　　　　TV를 "켜라", "끄라"라는 표현 이외는, 보통 무-관사로 표현함.
　 10. hand in hand: "손에 손잡고"의 표현은 관용적인 표현인 hand in hand 로 표현함.

② 　1. (x), (x), (x): 위 ①의 3번과 같이, 대표적인 전체의 의미로 표현할 때는 관사 없이, 복수명사로 표현함.
　　2. the: 　　　　어떤 상품을 "--로 판매한다"라고 할 때는, "by the dozen 이나, by the pound"로 판다고 말한다.
　　3. the: 　　　　TV를 "켜라", "끄라"라고 할 때는, 정관사 the를 사용함.
　　4. The, the girl: 앞에서 이미 a로 언급한 것에는, 뒤에서 정관사 the로 표현함.
　　5. the: 　　　　주위의 사람들에게, 이미 알려진 물건, 사물에는 정관사 the를 씀.
　　6. the: 　　　　우리 몸의 일부 등을 "가볍게 두들겼다"라고 할 때, patted me on the back로 함. 17장 관사 ⑥의 25를 참조할 것.
　　7. the: 　　　　여러 개의 섬으로 이루어진 나라의 이름은 보통 정관사 the를 사용한다.
　　8. (x): 　　　　progress는 비-가산 명사로, 앞에 관사를 쓰지 않는다.
　　9. a: 　　　　　물질명사 wine은 형용사의 수식을 받으면, 비-가산명사라도 부정관사 a를 씀.
　 10. the, the: 　 자연을 표시하는 "해변", "산" 등을 표현할 때는 정관사 the를 씀.
　　　　　　　　　 17장 관사 ⑥의 (8)을 참조 할 것.

③ 　1. What a beautiful flower this is!

2. How beautiful a flower it is!
3. How nice a day it is!
4. All the girls went to the party.
5. Man is the only animal that can talk.
6. The pen is mightier than the sword.
7. The criminal was sent to prison at once.
8. He is not so honest a man as you think.
9. The Korean language is easy for foreigners to learn.
10. He took me by the hand.

④   종합 연습문제

① the: 지중해 바다 앞에는 정관사 the가 필요하다   ⑤   cultures
② 몸무게를 줄이는 의미의 diet가 아니라, 지중해   ⑥   낙농제품
    연안 사람들의 "식단/식품"이라는 의미로 사용했다.   ⑦   toss with: 버무리다.
③   a   ⑧   olive oil
④   little   ⑨   모든 요리

⑩   지중해 연안의 사람들은 olive oil(올리브유)의 효능(혜택)을 인식해 왔다.
⑪   미국 식품의약청에 의하면, 올리브유를 하루에 두 숟갈 씩 먹으면, 심장질환의 위험을 줄일 수 있다고
    한다.

④번 전체 문장의 해석

    "지중해 연안 사람들의 식단"이 건강한 식습관의 한 모델로 전 세계적인의 주목을 받고 있다. 이 지중해
연안의 사람들이란 --스페인, 그리스 및 남부 이태리 사람들로서--기대 수명이 길고 심장 질환에 잘 걸리지
않고 있다. 많은 과학자들은 이 지중해 연안 사람들의 식단의 기본 요소인 "올리브유를 사용하는 것에서" 해
답을 찾고 있다.

    이 지역 문화권에 사는 사람들은 고기와 낙종 제품들을 적게 먹는다. 그 대신, "올리브유"가 식용 지방
의 주된 공급원이다. 빵도 올리브유에 찍어 먹는다. 샐러드(salads)도 올리브유에 버무려서 먹는다. 올리브유
는 거의 모든 요리에 첨가된다. 어떤 사람들은 매일 아침, 올리브유를 한잔씩 마시기도 한다. 지중해 연안의
사람들은 이 올리브유의 효능(혜택)을 인정하고 있다.

    지중해 연안 사람들은 지방이 모두 나쁜 것은 아니라는 것을 보여준다. 올리브유는 주로 단일-불포화성
지방으로 구성되어 있다. 이것은 더 건강한 유형의 한 지방이다. 이 올리브유는 여러분들의 혈관에서 나쁜
콜레스테롤 수치를 줄여줌으로써 여러분들의 심장질환의 위험을 줄여줍니다. 반면에, 버터나 동물성 지방과
같은 그런 포화성 지방이나 트랜스 지방은 심장질환의 위험을 높여준다. 이런 지방들은 여러분들에게 나쁜
콜레스테롤의 수치를 높여준다. 미국 식품의약청에 의하면, 하루에 두 숟가락 정도로 올리브유를 먹으면, 심
장질환의 위험을 줄일 수 있다고 한다. 단순히 포화성 지방이나 트랜스 지방 대신에, 올리브유로 대체하는
것만으로도 여러분들은 더 건강한 식단을 차릴 수 있다.

제18장 대명사(Pronouns)

정답과 해설
①
1.Ⓑ   막연히 "어떤 사람(것)은 --이고", 또 "어떤 (사람(것)은 --이다"라 할 때, 후자는 "others"로 표현함.
2.Ⓒ   "these socks"가 복수이기 때문에, 다른 것도 "복수(ones)"이어야 함.
3.Ⓒ   "세 개 중에서 두 번째 것"을 언급할 때는, 대명사 "another"를 씀.
4.Ⓒ   많은 것 중에, "몇 개는 누구의 것이고", "나머지는 누구의 것이다"라고 할 때는, 후자를 대명사 "the
    others"로 표현함.
5.Ⓐ   많은 것 중에, "단 하나는, 누구의 것이고", "나머지는 누구의 것이다"라고 할 때도, 후자를 대명사
    "the others"로 표현함.
6.Ⓑ   단 두 개 중에서, "하나는 --이고", "다른 하나는 --이다"라고 할 때, 후자는 "the other"이다.
7.Ⓐ   세 개 중에서, 마지막 하나도 "the other", 또는 "the third"로 표현함.

②   1. some: "권유를 의미할 경우에는 의문문에도 some을 사용함.
    2. This: "이 사람은"의 의미로 영어에서는 This를 사용함.
    3. hers: "그녀의 친구들" 중에서의 의미이므로, 소유대명사 hers를 씀.
    4. theirs: "그들의 것"은 소유대명사이므로, theirs를 씀.

5. another: "차례차례, 잇따라"의 의미로는 "one after another"라는 관용구를 씀.
6. his: "every student"는 단수이므로, his (own locker)의 his임.
7. another: "영화를 보는 것은 아주 재미있지만", "영화를 제작하는 것은 전혀 다른 문제이다"라고 말할 때, 쓰이는 영어의 관용구인, "it is quite another."의 another임.
8. Who: 이것은 영어의 의문대명사가 쓰이는 특별한 용법임. 18장의 ③의 (3)을 참조할 것. "종속절의 주어가 문의 맨 앞으로 이동함.
9. are: 영어에서 all이 "사람을 지칭할 때는 복수"로 쓰이고, "사물을 지칭할 때는" 단수임.
10. wants: 선행사 somebody가 단수이므로, wants임.

③ 1. something: "먹을 어떤 것"은 영어로 "something to eat"로 표현함.
2. himself: 이 문장의 주어가 He이므로 재귀대명사는 himself가 되어야 함.
3. yourself: "avail oneself of"는 "--을 이용하다"라는 미국영어의 관용구임.
4. himself: "apply oneself for"는 "--직장에 응모하다"라는 관용구임.
5. that: 앞에 나온 "population"의 대명사로 쓰였음.
6. it: "it--to"의 구조로 가목적으로 쓰였음.
7. neither: "두 사람 중 어느 누구도 --하지 못했다"의 의미이므로 "neither"가 쓰였음.
8. is (formal): "Either day"를 "단수 주어"로 인정했음. 형식적인/공식적인 표현임.
9. such: "such"는 앞에 나온 학생이, "학생으로" 취급되기를 기대한다"는 의미임.
10. another/
the third
(the third): 세 사람을 언급할 때, 둘째는 another로, 셋째는 the other이거나 the other로 표현함.

④ 1. by itself: "스위치만 누르면 저절로 작동한다"의 표현은 "by itself"이다.
2. for himself: "자기 힘으로 숙제를 한다"의 표현은 "for himself"이다.
3. in itself: "광고를 내는 일 자체가" 하나의 사업이 된다는 것은 "in itself"로 표현됨.
4. new ones: 안경은 두 개의 눈에 해당되는 것이므로, 복수형인 "new ones가 됨.
5. you and me: "between"이 전치사이므로 "you와 I"가 목적격 you외 me로 되어야 함.
6. Two miles is: "Two miles"가 형태는 복수이지만, 단수 is로 쓴다.
7. who am: 선행사가 "I 이기 때문에" 동사는 당연히 I와 일치한다.
8. is: "Neither"는 비-공식적인 영어에서는 복수형을 쓰기도 하나, 공식적인 표현은 is로 사용함.
9. Who do you think the woman is?:
상위문의 동사가 think, believe, guess, suppose 등으로 나타나면, 종속절의 주어가 문의 앞으로 나아감. 18장 ③의 (3)을 참조할 것.
10. What do you suppose her name is?:
10번의 설명도 위 9번과 동일함.

⑤ 종합 연습문제

Ⓐ 자화상
Ⓑ that/which
Ⓒ 그들 자신에 대한/그들 자신을
Ⓓ 예술 작품
Ⓔ 그는 보통 다른 쪽을 보고 있다.
(정면으로 보지 않고 있다)

Ⓕ 거울에서는 좌/우 쪽이 반대로 나타나기 때문.
Ⓖ 3분의 1
Ⓗ 그녀의 인생에서 가장 어려웠던 사건들을 직면하면서, 일종의 치유의 방법으로
Ⓘ 그녀는 그녀의 고통을 감추지 않고, 드러내고 있다.
Ⓙ 그녀는 화폭에서 그녀의 감정을 감추지 않고 드러내고 있다.

⑤번 전체 문장의 해석

자화상은 화가들이 자기 자신에 대해서 그린 그림들이다. 자화상들은 아주 옛날부터 그려져 왔습니다. 그러나 이 자화상을 그리는 것은 15세기에 와서 진정한 하나의 흐름이 되었습니다. 더 좋고 값이 싼 거울이 나타나면서, 화가들은 쉽게 자기 자신을 예술작품의 모델로 삼을 수 있었습니다.

가장 유명한 자화상 예술가의 한 사람은 Vincent van Gogh였습니다. 그는 1886년과 1889년 사이에 37개의 자화상의 작품을 완성했습니다. 그는 아마 전문적인 모델료를 지급할 충분한 돈이 없었기 때문에 그렇게도 많은 자화상의 작품을 그렸을는지도 모릅니다. 그의 자화상에서 그는 보통 다른 곳을 보고 있습니다. 그의 자화상들은 거울에서 나타나는 그대로 그의 얼굴을 묘사했습니다. 그러므로 그림에서 그의 오른쪽은 실제로는 그의 얼굴의 왼쪽입니다.

화가 Frida Kahlo의 이야기는 그녀의 자화상에서도 읽어볼 수 있습니다. 그녀 작품의 3문의 1은 그녀 자신의 신체적인, 지적인, 면을 탐구하는 것이었다. Kahlo는 그녀의 인생에서 가장 문제가 된 사건을 직면하면서 치유의 한 방법으로 55개의 자화상을 그려냈다. 실생활에서는 그녀가 절름발이 다리와 부러진 몸을 감추기 위해서 긴 드레스와 보석으로 자기 자신을 감추었다. 그러나 그녀의 자화상에서 그녀는 그녀의 고통을 숨기지 않고 그대로 내보였다. 그녀는 화폭에서 그녀의 감정을 그대로 보였다.

제19장 도치구문(Inverted Constructions)

정답과 해설

①의 1. Never have I met him before.
    2. Seldom does Jane shop at Homeplus.
    3. Had John met her at the party, he could have heard the news.
    4. Had she that much money, she would immediately buy it.
    5. Rarely did they shop such items on line.
    6. Under no circumstances can we allow any pets in the coffee shop.
    7. May your dreams come true.
    8. Not a single word did she say.
    9. Not until much later, did he realize who his real father was.
    10. Seldom does Mary come my place.

②   1. On a hill stands a church.
    2. On the grass lies a grasshopper.
    3. Not far from here, you can see foxes. (o) 주어가 "인칭대명사"이면, 주어, 동사의 위치가
                                         can you see foxes. (x)"로 도치되지 않는다.

③   1. ⓐ affect: 부정적인 부사 seldom이 문의 앞에 나타났기 때문에 도치된 문장이다.
         해석: 경영상의 결정을 내릴 때, 세부항목에 대한 Mary의 관심(주의)은, 그녀 (평소)의 업무능력에
             전혀 영향을 미치지 않는다.

    2. ⓑ been realized: 가정법 과거완료에서 If가 생략되어 도치된 문장으로 나타났다.
         해석: Homeplus의 판매촉진 행사가 고객들에게 인기가 없다는 것을 미리 알았더라면, 그 행사를
             취소했었을 텐데.

    3. ⓓ decide: "Only + 부사절이" 문장의 앞에 나타나 도치된 문장이다.
         해석: 합의를 하고난 후에야 비로소, 사장님은 직원들에게 의무적인 초과근무를 포기할 것을 결정
             했다.

④ 종합연습문제 내용의 전체 해석

   법적으로 합법화된 도박장은 지역사회에서, 특히 새로운 카지노를 세우기를 기대하는 지역사회 내에서,
불화를 일으키는 문제이다. 지지자들은 카지노가 일자리를 창출하고, 세금 수입을 발생시킴에 따라, 지역의
경제를 극적으로 활성화시킬 수 있다는 것을 지적한다. 게다가 지역의 다른 사업들도 카지노가 끌어들일 수
있는 관광객들의 유입으로 혜택을 얻는다는 것이다.

   그러나 합법화된 도박에 반대하는 사람들은 카지노가 설립된 후에, 범죄율이 증가한다고 주장한다. "도
박 중독성 비율이" 높아지는 것은 물론, 사람들에게 많은 재정적, 정신적, 사회적 문제를 일으킬 수 있는
"무질서의 비율도" 높아진다고 주장한다. 이 문제에 대한 수많은 여론이 나타나기 때문에, 정부는 지역사회
에 카지노를 짓기 전에, 지역사회의 주민들로부터 승인을 받는다는 것을 분명히 해야 한다.

④의 1. 세금 자원/세금 수입
    2. --에 첨가해서, 게다가
    3. as는 "--와 같이"라는 의미로 사용되었고, 19장 ③번에서 언급된 접속사 as인데
       이 as가 도치구조를 유도했다.
    4. does는 3인칭 단수, 현재시제의 동사의 대동사인데, 원형은 increase이다.

    5. ⓔ의 the rate of gambling addiction은 ⓕ의 disorder와 동격의 관계를 갖고 있다.
       즉, 도박의 중독성 비율이, 높아지는 것과 같이, 재정적, 정신적, 사회적 문제를 야기하는
       무질서의 비율도 높아진다는 것이다.

제20장 접속사(Conjunctions)

정답과 해설

① 1. because: 　　　　　과거의 이유가 분명하기 때문에 because임.
　 2. for: 　　　　　　　　"for"는 앞 문장으로부터, 후에 생각난 경우에 쓰는데, 하던 일을 멈추고 현재 배고픔을 느껴서, 점심을 먹기 때문에, 반드시 for를 써야 함.
　 3. or: 　　　　　　　　"or"의 의미가 "그렇지 않으면"으로 해석됨.
　 4. since: 　　　　　　　"졸업한 후에도 지금까지" 계속해서 거기에 살고 있기 때문에 since임.
　 5. whether or not: 　　"whether or not"는 고정된 관용구인데, "if or not"는 그런 역할을 못한다.
　 6. whether to: 　　　　"if"는 to-부정사 앞에 쓸 수 없다.
　 7. because: 　　　　　"과거에서 지금까지 그 이유가 분명하므로", because임.
　 8. even though: 　　　"in spite of" 다음에는 절이 올 수 없다. 따라서 even though임.
　 9. In spite of: 　　　　"in spite of" 다음에 전치사의 목적어 명사로 the rain이 올수 있다.
　 10. by next Monday: 　다음 주 월요일까지, "수리를 완성한다"는 의미이기 때문에, by를 씀.

② 1. Woman: 　　　　　양보절의 경우에는 명사 앞에 관사를 쓰지 않음.
　 2. so humble: 　　　　"Be it ever so humble"은 관용적인 양보의 구문임. "However humble it may be"나, No matter however humble it may be로도 표현될 수다.
　 3. If⇒that:로 변형: 　"It --that"의 구조이어야 하므로, that-절이 되어야 의미가 성립됨.
　 4. during: 　　　　　　이때 for는 전치사이지, 접속사가 아니다. 전치사 during을 써야 함.
　　　　　　　　　　　　　for는 수를 표현하는 경우에는 쓰일 수 있음: for a week, for three days 등.
　 5. it gets dark: 　　　종속절에는 현재형이 미래를 나타냄. "포괄적 현재형"이어야 함.
　 6. the violin: 　　　　"nor" 다음에는 앞에 나타난 play를 두 번 쓸 필요는 없다.
　 7. While: 　　　　　　While은 절을 연결하나, during은 그 전치사의 목적어 명사만 필요함.
　 8. until: 　　　　　　by는 어떤 일의 완성을 의미하므로, "기간의 끝"을 나타낼 때는 "until"을 씀.
　 9. as: 　　　　　　　　"like"는 전치사이고, as는 접속사이므로, as로 고쳐야 함.
　 10. if ever: 　　　　　"양보의 의미를 나타내는 표현은" it ever가 아니라, if ever임.

③ 1. returning: 　　　　관용구 "on returning은 as soon as"와 동일한 의미를 갖는다.
　 2. so---that: 　　　　관용구 "so--that"는 "strong enough"의 의미로 표현할 수 있다.
　 3. in spite of: 　　　　의미상으로, "in such a heavy rain을 in spite of such a heavy rain"으로 표현해도 동일한 의미로 표현됨.
　 4. books--money: 　　관용구 "A as well as B"를 "not only--but also"로 표현하면, not only B--but also A로 변형된다.
　 5. neither---nor: 　　접속사 and로 연결된 a의 예문은 b에서 "neither --nor"로 표현할 수 있음.
　 6. Although: 　　　　a의 접속사 "even though"를, b에서는 Although로 변형시킬 수 있음.
　 7. before---long: 　　a의 "not--long before"를, b에서는 "before long"으로 대체시킬 수 있음.
　 8. Scarcely: 　　　　a의 "No sooner ---than"을, b에서는 "Scarcely"로 바꿀 수 있음.
　 9. so ---would: 　　a의 종속절에 있는 "lest"의 의미를, b에서 "so he would not"로 바꿀 수 있음.
　 10. Never: 　　　　　a문의 의미에 맞게, b에서는 Never를 쓸 수 있음.

④ 종합 연습문제

Ⓐ only 　　　　　　　　　Ⓔ 광석들이 있는 그대로는
Ⓑ for 　　　　　　　　　　Ⓖ 몇 가지 이름만 예를 든다면
Ⓒ also 　　　　　　　　　Ⓗ 대가를 지불하고
Ⓓ So/Therefore 　　　　　Ⓘ 채광을 하기 위해서는

④번 전체 문장의 해석

　채광은 기본적으로 지구로부터 "광물/광석"을 추출하는 것이다. 이들 광석들은 우리가 찾고 있는 광석만 포함하고 있는 것이 아니라, 우리가 원하지 않는 불순물도 포함하고 있다. 그래서 추출된 광석들은 "있는 그대로" 사용할 수 없다. 이 불순물들을 제거하기 위해서, 이 광석들을 주의 깊게, 가공되어야 한다. 이와 같이 해서 우리는 귀중한 금, 은, 알루미늄, 다이아몬드, 구리 그리고 심지어 우라늄까지도 얻을 수 있다.

　광석들을 추출하고 가공함으로써, 우리는 다양한 제품의 원자제로 사용될 광물을 얻는다. 원자제로서의 광물을 가지고, 우리는 일상생활에서 사용하는, 셀 수 없는 수많은 제품을 만들 수 있다. 몇 가지만 예로 든다면, 난로, 보석, 컴퓨터, 인공위성, 자동차, 심지어 옷까지 만들 수 있다.

그러나 채광은 상당한 대가를 지불해야 혜택을 제공해 준다. 채광을 위한 하나의 큰 문제는 채광 과정에서 발생하는 산성 폐수이다. 산성수는 인근의 토양과 "상수원 유역(watershed)"에 스며들 수 있는데, 이들은 납, 아연, 구리, 수은과 같은 중금속을 지하수와 지표수(surface water)로 흘러들어가게 한다. 채광은 또한 식물과 동물을 괴롭힐 수 있다. 채광을 하기 위해서는 넓은 땅이 개척되어야 한다. 나무는 잘려나가고 동물들의 서식지는 파괴된다. 많은 다른 인간 활동과 마찬가지로 채광은 환경에 영향을 준다. 그래서 세심한 주의를 기우려 (채광이) 시행되어야 한다.

제21장 전치사(Prepositions)

정답과 해설:

①

1. during: 기간을 나타내는 전치사로, during은 뒤에 명사가 오고, for는 숫자를 표시하는 수사가 명사와 함께 쓰임. 예: during the vacation이나, for three hours로 예를 들 수 있음.

2. in: in은 "얼마 있으면"의 의미로 쓰임. 예: "in a few minutes"는 "몇 분 있으면" 으로 해석.

3. (BrE) on, of, in: 영국영어에서는 날짜 앞에 on, 달 앞에 of, 년도 앞에 in을 쓰는 것이 관례임.
   (AmE) on, in: 미국영어에서는 날짜 앞에 on, 달은 October 15th로, 년도 앞에는 in을 씀.

4. of: "of no use"는 "--하는 것은 아무소용 없다"와 같은 경우에 씀. of는 선택적임. 쓸 수도 있고, 쓰지 않을 수도 있다. of는 뒤의 명사를 형용사로 바꾸는 역할을 한다. 예: use를 useful로. 그래서 no useful은 "아무 소용없다"로 된다. 이 용법은 20장 ⑥을 참조하라.

5. of: "무엇으로 구성되어 있다"의 의미로 of를 씀.

6. in: "--을 만족하는 데 있다"의 의미로 in을 씀. "consist in contentment"는 "만족하는 데 있다"로 표현함.

7. about: 문맥의 의미가 "건강에 대해 걱정한다"이므로 anxious about임.

8. on: 날짜 앞에 쓰는 on임. 회화체에서는 흔히 on을 안 쓰는 경우가 있지만, 쓰는 것이 정확한 표현임.

9. in: "아침에(in the morning)"를 표현하는 데 쓰이는 in이다.

10. at: 이때는 "밤에(at night)"를 표현하는 데 쓰이는 at이다.

11. since: 앞에 "현재완료 진행형" "has been raining"으로 보아 "--이래로(since)"의 since가 쓰임.

12. by: 숙제의 "완료"를 의미하므로 by임.

13. for: "갈망하다, 열망하다"의 의미이므로. anxious for의 for임.

14. against: "벽에 기대고 있다"의 의미이므로, against임.

15. on: "천장의 면(surface)을 의미하므로" on임.

16. by: "우리 몸의 일부분"을 언급할 때에는 예컨대, "나의 목덜미를 잡았다"에서 "seized me by the collar"라고 표현함. 17장 ⑥의 25를 참조할 것.

17. in: 동사 interest는 "--에 흥미가 있다"의 의미로 쓰일 때, 전치사 in과 함께 씀.

18. For: 수사 "three years"라는 것 때문에 반드시 for를 써야 함.

19. within: "그녀의 수입의 한도 내에서" 라는 의미이므로, within 을 씀.

20. of: "Washington을 중심으로 한 5마일 이내"라는 의미이므로, 소유격 of임.

②

1. below: "바로 아래가 아닌"의 의미로 "below the horizon"으로 표현함.

2. through: "총알이 문을 관통했다"에서 passed through로 씀.

3. by: "교통수단으로" 쓰일 때는 관사 없이, by car, by bike, by train 등으로 씀.

4. of: "만들어 지다"의 표현에서, 만들기 전의 물체가, 만든 후에, 변하지 않고 그대로 있을 경우에는 of. 변할 때는 made from임.

5. on: "우리 몸의 일부"를 언급할 때, "patted me on the back"로 표현함. 17장 ⑥의 25 참조.

6. with: 동사 provide/supply + 목적어 + 전치사 with를 씀.

7. with: 위 6번과 같이, 동사 supply도 목적어 다음에 전치사 with를 씀.

8. the: 보통 "on a morning of very cold December 19th."처럼 "추운, 따뜻한, 더운 아침에"라 할 때는, "on a--"라고 표현하지만, "뒤로부터 수식을 받는 경우"는 정관사 the를 씀.

9. with: 형용사 angry는 사람에게 사용될 때, 전치사 with와 함께 쓰임.

10. for: "누구를 --로 잘못 알고 있다"에서 "mistake someone for"라는 for 전치사를 씀.

11.	of:	"--으로 고발당하다"를 영어로 "be accused of"라는 of 전치사를 씀.
12.	from:	"--으로 만들다"라고 표현할 때, 만들기 전의 물체가, 어떤 물건으로 만든 후에, 물건의 성격이 그 전과 달라지면, from을 씀. 앞 4번과 비교해 보라.
13.	to:	"얼어서 죽었다"는 was frozen to death처럼 전치사 to를 사용함.
14.	for:	"무엇으로 유명하게 되었다"는 famous for라는 전치사 for와 함께 씀.
15.	In:	"행복은 무엇으로 구성되어 있는가?"에서 "In what does happiness consists?"에서 "무엇으로"는 "In what"의 전치사 "in"이 필요함.
16.	at:	관용구 "make yourself at home"의 전치사 at이 필요함.
17.	of:	"그 소식을 알게 되었다(I have been informed of the news.)"에서, 전치사 of가 필요함.
18.	to:	"비유하다 compared to"에서 전치사 to가 필요함.
19.	to:	관용구 look forward to에서 전치사 to가 필요함.
20.	with:	"무엇과 전혀 관련이 없다 = nothing to do with"에서 전치사 with가 필요함.

③

1.	write with:	"무엇으로 글을 쓰다"의 의미에서 "write with"의 전치사 with가 빠진 것임.
2.	till/until:	이 글에서 "까지"는 "상태의 변화를 나타내므로" till/until로 고쳐야 함.
3.	of:	관용구 "independent of"의 전치사, of로 고쳐야 함.
4.	with는 삭제	"누구와 결혼하다"라는 영어의 표현은 전치사 with를 사용하지 않음.
5.	by⇒with:	"무엇을 하는 데 쓰는 도구의 의미로는" by가 아니라, 전치사 with를 써야 함.
6.	correspond with:	"누구와 서신교환을 하다"는 correspond with임. correspond to는 "--에 일치한다"의 의미임.
7.	beside:	"무엇의 옆에"는 beside 임. besides는 부사로, "게다가, 더욱"의 의미임.
8.	cover는 삭제	"동사 cover(덮다) 자체가 -의 위에"라는 의미를 갖고 있기에, over는 삭제해야 함.
9.	in ⇒ of	"--로 구성되다"라는 영어의 관용구는 "consist of"의 전치사 of임.
10.	take it for granted:	영어에서 "--로 간주하다"의 관용구는, 이 문장의 경우, 가목적어 it와 전치사 for가 쓰임. 왜냐하면 진목적어는 뒤의 that-절로 나타나기 때문.

④ 종합 연습문제

Ⓐ	It	Ⓓ	그 지방 사람들	Ⓖ	되돌아 보다	Ⓙ	of
Ⓑ	since	Ⓔ	with	Ⓗ	has been	Ⓚ	except
Ⓒ	--에 발을 들여 놓다.	Ⓕ	어떤 약초 덕분에	Ⓘ	휴식을 취하다		

④번 전체 문장의 해석

내가 (a gap year: 세상의 물정을 경험하기 위해서 대학 4년 기간 중에 1년을 봉사활동 등을 하면서 보내는 기간) "a gap year"를 보내기 위해 Kenya에 첫 발을 밟은 이래 거의 1년이 되었다. 지금까지 나는 현지 주민들이 겪어야만 하는 끔찍한 병으로 고생을 해본 적이 없었다. 오늘 오후에 아마 식중독 때문에 심한 설사를 했다. 그러나 약초로 된 약을 먹은 덕분에 나는 지금 훨씬 좋아졌다. 그래서 지난 1년 동안 여기서 일어났던 일에 대해서 되돌아 볼 기회를 갖게 되었다.

되돌아보면, Kenya에서의 모든 것은 아주 좋았다. 학교를 짓는 계획도 거의 완료되었다. 책과 다른 학교 용품들은 도착되었고, 새로운 책상 의자들도 건물 안으로 들여놓았고, 또 모든 교실에 최첨단 교육장비도 역시 설치되었다. 마을 아이들은 곧 더 좋은 교실에서 공부하게 될 것이고, 또 안전한 운동장에서 휴식시간을 보낼 수도 있을 것이다. 물론 그들은 깨끗한 물을 즐겨 마실 수도 있다. 새 우물은 모든 아이들에게 깨끗한 물을 줄 것이다. 나는 여기 아이들에게 도움이 될 수 있어서 매우 자랑스럽다.

나는 Africa에서 보낸 "a gap year"가 그렇게 많은 가치 있는 교훈을 가르쳐줄지 몰랐다. 나는 협동의 중요성도 깨달았다. 나는 또 다른 사람들을 돕는 것이 나를 행복하게 한다는 것도 배웠다. 또 나는 지역문화와 음식에 대해서도 배울 많은 기회를 얻었다. 내일은 내가 Kenya에서 보내는 마지막 날이다. 그래서 끔찍한 설사만 제외하고, 나는 여기서의 모든 것이 그리워지게 될 것 같다.

제22장 특수구조(Miscellaneous, Specific Structures)

정답과 해설

다음 ①번은 앞 연습문제에 제시된 강조구문을 정상적인 구문으로 재배열한 것임. 강조구문과 비교해 보라.

① 1. I am not certain whether I will be invited or not.
2. I have never dreamed of studying abroad in my life.
3. I was told the fact not until the next day.
4. We had no sooner entered the room than there was a loud clash in the next room.
5. He will not go; I will not go, either.
6. The matter can be explained in no other way.
7. We can take pets along with in the coffee shop under no circumstances.
8. The poor in spirit are blessed, for the kingdom of heaven is theirs.
9. A small house stands on the hill.
0. If I had studied harder, I could have passed the exam.

②의 1-3번의 문제는 21장 ①의 (4)번의 해설을 참조하라.

② 1. (Who do you think) the woman is?
2. (What do you suppose) she said about that?
3. (When do you imagine) they have gone?
4. (What on earth) do you want?　　　　　관용구 "도대체(what on earth)"로 재배열.
5. This is the (very man that) I was looking for.　강조구조 "the very man that I--"로 재배열.
6. He is, (as it were), a walking dictionary.　　관용구 "소위 말하는(as it were)"로 재배열.
7. Correct errors if, (there are), any.　　　　생략구문 "if there are any"로 재배열.
8. (Who was it that) interviewed you yesterday? 의문문 구조 "Who was it that"로 재배열.
9. (He little realized) that he was in danger of losing his life.
　　"강조구문 Little did he realize(거의 인식하지 못했다)"에서 did는 realize<u>d</u>의 과거형동사
　　어미로 흡수됨.
10. (Never have I seen such a) beautiful sunset.
　　"괄호 안의 강조구문"을 I have never seen such a beautiful sunset.로 재배열.

③에서는 강조를 받는 부분에 줄을 침.

③ 1. We <u>did</u> have a good time.
2. <u>What I am today</u>, I owe to my father.
3. <u>Such</u> was his astonishment that he could hardly speak.는
　　His astonishment was <u>such</u> that he could hardly speak.로.
4. <u>What in the world</u>, are you talking about?
5. It was <u>not until the next morning</u> that we got the right information.
6. <u>Never again</u> will we follow the same procedure.
7. I know nothing <u>whatsoever</u> about it.
8. This is <u>by far</u> the best.
9. <u>What he had in mind</u>, nobody knows.
10. He works every day, <u>even</u> on Sundays.

④번에 생략할 수 있는 부분을 괄호 안에 넣었음.

1. Write as long as you can (write).
2. You may go if you want (to (go)).
3. When (I was) a boy, I used to walk about 4 kilometers to go to school.
4. You like her better than (you like) me.
5. The sooner you go, the better (it will be).
6. He said he would call soon, but he didn't (call).
7. Did you find the book (that) you wanted.
8. (Having been) born in Canada, she is very good at English as a native speaker.
9. Some like to live in big cities, others (like to live) in the country-sides.
10. Let's send him, if (it is) necessary.

⑤ 종합 연습문제

    Ⓐ than
    Ⓑ but/however
    Ⓒ much
    Ⓓ for example/for instance
    Ⓔ 그들은 주변 환경으로부터 열을 얻거나 잃음으로써 체온을 조절한다.
    Ⓕ 낙타는 혹에 체지방을 저장하는데, 이것이 낙타가 생존하는데 도움을 준다.
    Ⓖ 선인장은 사막에서 가장 가뭄에 잘 견디는 (저항하는) 식물의 하나이다.
    Ⓗ 선인장의 "밀랍 같은 표면이(waxy skin)" 수분이 이탈하는 것을 막아주는 데 도움을 준다.
    Ⓘ 그러다/그러다가
    Ⓙ they (= Ocotillos) are springing to life when water becomes available.
        그러다가, 물을 얻을 (이용할) 수 있을 때, 그들은 갑자기 활발하게 되살아난다.

⑤번 전체 문장의 해석

    사막은 1년 강수량이 25센티미터 이하이다. 이런 곳은 사람들이 살기 어려운 곳이다. 동물과 식물들에게도 역시 살기 힘든 곳이다. 그러나 그들은 이런 극한 환경에서 살아남을 수 있는 방법을 배웠다. 그들은 더 위를 식힐 그늘진 곳이나 많은 물이 없이도 살아남는다.

    예컨대, 사우디아라비아의 사막에 사는 "모래 가젤들은(sand gazelle = 사막에 사는 영양)" 놀라운 방법으로 물을 저장한다. 이 영양들은 긴 건기에 대처하기 위해 그들의 간과 심장을 줄어들게 한다. 내장 기관을 줄어들게 함으로써 가젤은 많이 숨을 쉴 필요가 없게 된다. 이렇게 함으로써 호흡을 통해서 빼앗기는 수분의 양을 줄인다. 파충류도 사막에서는 잘 대처한다. 그들은 주변 환경으로부터 열을 얻거나 잃음으로써 체온을 조절한다. 낙타는 물이 없이도 며칠을 살 수 있고, 거친 사막의 식물을 먹을 수 있다. 낙타들은 혹에 체지방을 저장하는데, 이것이 그들이 살아남을 수 있도록 도와준다.

    선인장은 사막에서 가장 가뭄을 잘 견디는 식물 중의 하나이다. 그들은 잎이 없지만, 그들의 줄기에 물을 저장할 수 있다. "밀랍 같은 표면이(waxy skin)" 수분의 이탈을 막는 데 도움을 준다. "메스키트 나무는 (mesquite trees)" 지하수 근처의 깊은 지하에서 물을 끌어올리는 긴 뿌리조직을 발달시켜 사막의 환경에 적응해 왔다. "오코틸로스(ocotillos)"는 건기 동안에는 활동하지 않고, 물을 얻을 수 있을 때, 활기를 다시 찾는다. 비가 온 후에 오코틸로스는 빨리 자라난다. 그들도 역시 그 줄기에 밀랍으로 덮인 표면을 갖고 있어서, 이것이 수분의 이탈을 막아주는 역할을 한다.

찾아보기 (한글)

아

자

찾아보기 (영어)

A

B

I

M

N

O

P

R

참고문헌

A. S. Hornby. *Guide to Patterns and Usage in English.* (1975. London: The English Language Book Society and Oxford university Press)

C. T. Onions. *Modern English Syntax* (1971. edited by B. D. H. Miller. London: Routledge).

David Crystal. (2003). *The Cambridge Encyclopedia of The English Language. Second Edition.* London: Cambridge University Press.

Michael Swan. *Practical English Usage.* (2005. London: Oxford)

Noam Chomsky. *Syntactic Structure.* (1957. The Hague: Mouton)

Pamela J. Sharpe, Ph. D. *Barron's TOEFL.* (Barron's Educational Inc. New York. London. Toronto. Sydney)

Quirk, Greenbaum, Leech, Svartvik. *A Grammar of Contemporary English.* (1972. New York and London: Seminar Press.)

EBS. (2013). 『포스 (Force) 고교 영어구문 투어』.

EBS. (2011). 『 기 본과 특 별 한 고등 영문법 즐겨 찾기』.

김진만 역. 1988. 『혼비 영문법』 (서울: 범문사)

성문 출판사 편집부. 2007. 『성문 기초 영문법』 (서울: 성문출판사)

송성문. 2009. 『성문 기본 영어』 (서울: 성문출판사)

이찬승. 2010. *Grammar Zone* (G Zone) (서울: 능률출판사)

정옥회. 외 2010. *Fan Club* 1316-2014 (서울: 능률출판사)

윤만근. 2000. 『영어통사론』 (서울: 경진문화사)

윤만근. 2012. 『새로운 문의 5형식』 (서울: 글로벌콘텐츠)

윤만근. 2013. 『새로운 5형식 새로운 영문법』 (서울: 글로벌콘텐츠)

윤만근. 2014. 『새로운 5형식 새로운 영문법』 개정판 (서울: 글로벌콘텐츠)

저자소개

저자학력

경북대학교 사범대학 영어교육과
Victoria University TESL. Diploma.
East-West Center TESL.
연세대학교 교육대학원 석사
Ball State University 대학원 석사.
서울 대학교 대학원 박사.

저자경력

청주대학교 교무처장
청주대학교 국제협력실장
Fulbright 교환교수로 Central Connecticut State University에서
1년 간 한국학 (문화, 역사, 한국어) 강의
청주대학교에서 정년퇴임.

윤만근 휴대전화: 010-9487-1152

저서:

1. 『정확한 영문법, 완벽한 5형식』, 글로벌콘텐츠. 2016년 2월.
2. 『새로운 5형식 새로운 영문법』 개정판, 글로벌콘텐츠. 2014년 9월 25일.
3. 『새로운 5형식 새로운 영문법』, 글로벌콘텐츠. 2013년 5월 25일.
4. 『새로운 문의 5형식』, 글로벌콘텐츠. 2012년 11월 15일.
5. 『최소이론의 변천』, 경진문화사. 2006년 5월 23일.
6. 『최소이론의 변천 (개정판)』, 한빛문화사. 2005년 3월 31일.
7. 『알기 쉽게 요약된 최소이론의 변천』, 한빛문화사. 2003년 3월 20일.
8. 『Chomsky 생성문법의 변천』, 경진문화사. 2001년 6월 8일.
9. 『최소이론의 변천』, 경진문화사. 2001년 5월 15일.
10. 『지배결속이론』, 경진문화사. 2001년 2월 24일.
11. 『영어통사론』, 경진문화사. 2000년, 8월 18일.
12. 『최소이론의 변천』, 경진문화사. 1999년 12월 10일.
13. 『생성문법론』, 한국문화사. 1997년, 12월 15일.
14. 『생성통사론 입문』, 한국문화사. 1996년 3월 10일.
15. 『생성통사론』, 한국문화사. 1996년 3월 2일.
16. 『영어통사론』, 형설출판사. 1991년 2월 25일.
17. Richards and Rogers, *Approaches and Methods*. 2nd Edition:
    윤만근 외 3인, "영어교수법" (번역서), 캠브리지. 2001년.

이 책은 우리의 영문법에서 잘못된 5가지를 지적하고 이들을 수정한 책이다. 무엇을 잘못 가르치고, 무엇을 잘못 배우고 있는지 확인해야 한다. 앞 머리말과 서론에 제시된 5가지 내용을 구체적으로 읽어보고 이해하는 것이 대단히 중요하다.